2012

宜阳年鉴

宜阳县人民政府主办
宜阳县地方史志办公室编

中州古籍出版社

2011

数字宜阳

年末总户数19.24万户（公安）

年末总人口71.14万人（公安）

　农业人口61.33万人（公安）

　非农业人口9.81万人（公安）

　城镇人口14.91万人

　农村人口56.24万人

　人口自然增长率4.63‰（公安）

县域国土面积1616.88平方公里

人口密度440人/平方公里

乡镇16个

村(居)委会353个

生产总值154.2亿元

　第一产业265060万元

　第二产业785179万元

　第三产业492285万元

农林牧渔业总产值500590万元

　农业339429万元

　林业11874万元

　牧业123971万元

　渔业1316万元

　农林牧渔服务业24000万元

年末耕地面积73459公顷

粮食播种面积82816公顷

　夏粮38491公顷

　秋粮44325公顷

粮食总产量346383吨

　夏粮155132吨

　秋粮191251吨

烟叶播种面积8555公顷

烟叶总产量21178吨

造林面积3938公顷

肉类总产量44790吨

牛奶总产量6568吨

禽蛋总产量17158吨

牛存栏12.49万头

猪存栏31.63万头

2012年4月6日，宜阳县（4月份）重大项目集中开工奠基仪式

2010年6月15日，总投资20亿元的洛铜集团宜阳镁材料产业园开工仪式举行

2011年12月20日，洛阳市宜阳县重大项目集中开工奠基仪式

洛阳至尚工业园

洛阳普瑞斯玻璃纤维有限公司

洛阳众悦精密轴承有限公司

中信重工洛阳重铸铁业有限责任公司

交通

2012年2月29日，宜阳县滨河北路工程项目开工仪式

2012年10月9日，黄河同力大桥、西小河桥、富康路、安虎线灵山路段、两桥两路通车仪式

洛宜快速通道

李贺大道

黄河同力大桥

安虎线红旗路段

省道八官线

安虎线灵山路段

水利

2012年5月30日，省水利厅厅长王树山（右一）、市委常委、农工委书记田金刚（左一）为宜阳县水务局揭牌

2012年3月12日，宜阳县阳光水岸四期工程开工奠基仪式

阳光水岸橡胶坝蓄水景色

修复后的胜利水库

打井现场

白杨水厂

田间灌渠

牌窑社区

龙兴社区

灵山社区

城镇建设

县第一人民医院新址

双语实验学校

教 育

宜阳县实业教育中心

红旗实验学校

“滨河之声”广场文化活动

交响乐演奏

中秋晚会

靓丽滨河 文化盛宴

洛风诗韵

爵士乐表演

庄严的出旗仪式

璀璨礼花绽放滨河夜空

古筝表演《春江花月夜》

热情的观众

廉政宣誓

2012 年 7 月 6 日，河南省廉政教育基地揭牌暨“甘棠讲坛”启动仪式在宜阳甘棠村举行

社会

2012 年 9 月 29 日，洛阳市加强行政服务中心建设现场会在宜阳召开

2012 年 5 月 9 日，县锦华购物中心项目奠基仪式

2012年4月18日，河南昊澜香鹿山生态旅游产业园开工启动仪式

2012年4月20日，根在河洛—洛阳市九县（市）书画联展宜阳周在洛阳美术馆开幕

灵山文化庙会

商贸

2012年9月29日，大张盛德美宜阳购物广场开业典礼

韩城小商品市场

国中购物广场

宜阳步行街

白杨镇集贸市场

特色农业

牡丹种植园

黑色杂粮

九都大白蒜

核桃基地

花椒基地

香花辣椒

无公害番茄

烟叶基地

无公害西瓜

史志工作

2012 年 3 月 30 日，副县长李晓波（左二）到高村乡督导检查《洛阳乡镇概览 · 宜阳卷》编写情况

2012 年 10 月 26 日，县地方史志办公室主任程汴玲（左一）在第 13 次全国地州区县年鉴研讨会上发言

2012 年 2 月 14 日，召开地方史志工作会议

2012 年 9 月 18 日，召开《洛阳乡镇概览 · 宜阳卷》评稿会

宜阳县城区图

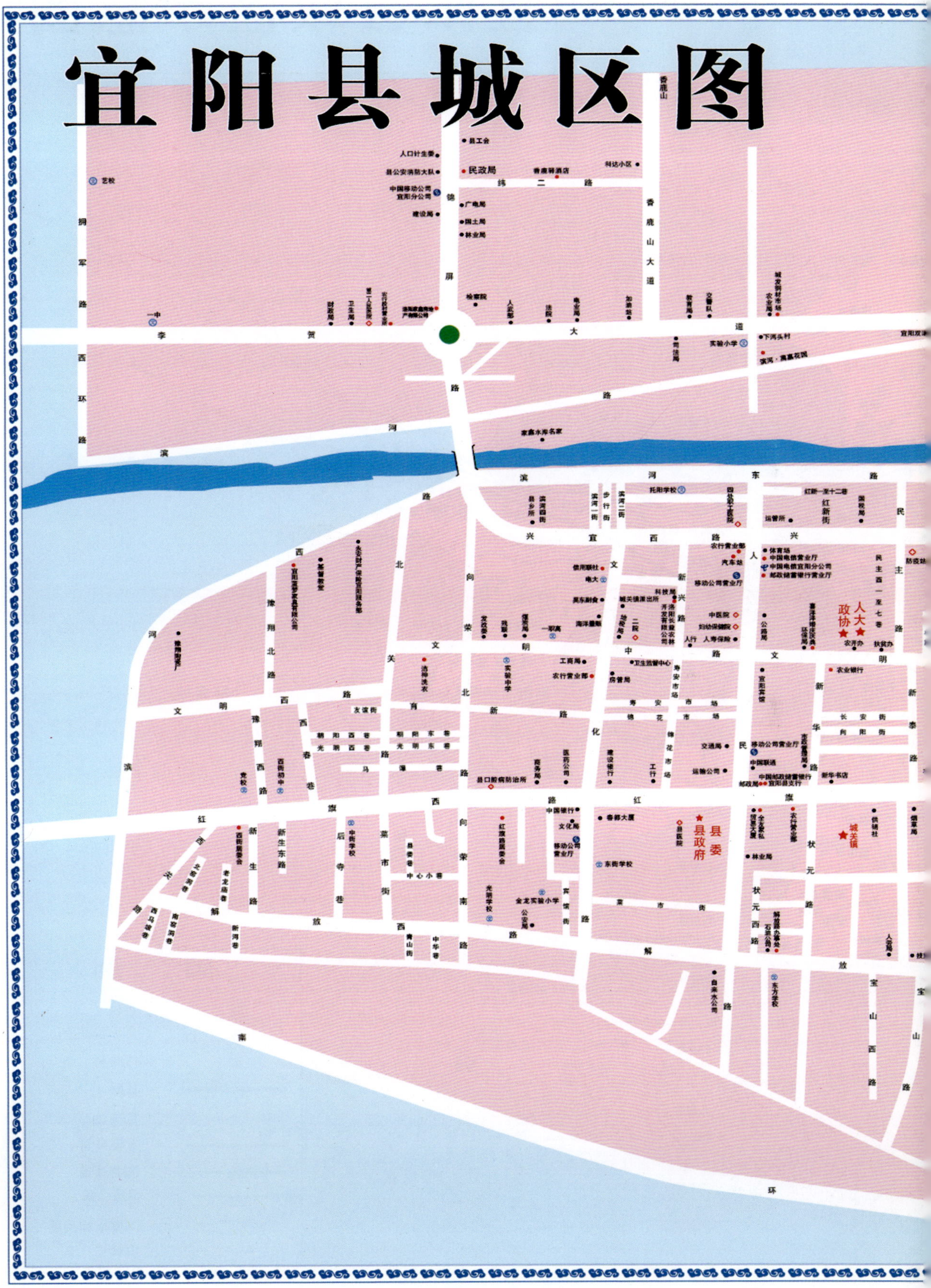

宜阳县城区图
民政局
县工会
人口计生委
县公安消防大队
中国移动公司宜阳分公司
广电局
建设局
国土局
林业局
纬二路
香鹿山
香鹿山大道
锦屏路
李贺大道
一中
艺校
检察院
人武部
法院
实验小学
滨河路
拥军路
西环路
滨河东路
兴宜西路
文明路
红旗西路
红旗路
解放路
解放西路
南环路
县委
县政府
人大
政协
城关镇
体育场
汽车站
中医院
妇幼保健院
人寿保险
工商局
农行营业部
房管局
交通局
运输公司
工行
建设银行
中国银行
文化局
东街学校
中街学校
林业局
新华书店
邮政局
农业银行
扶贫办
人行
公路局
公安局
自来水公司
东方学校

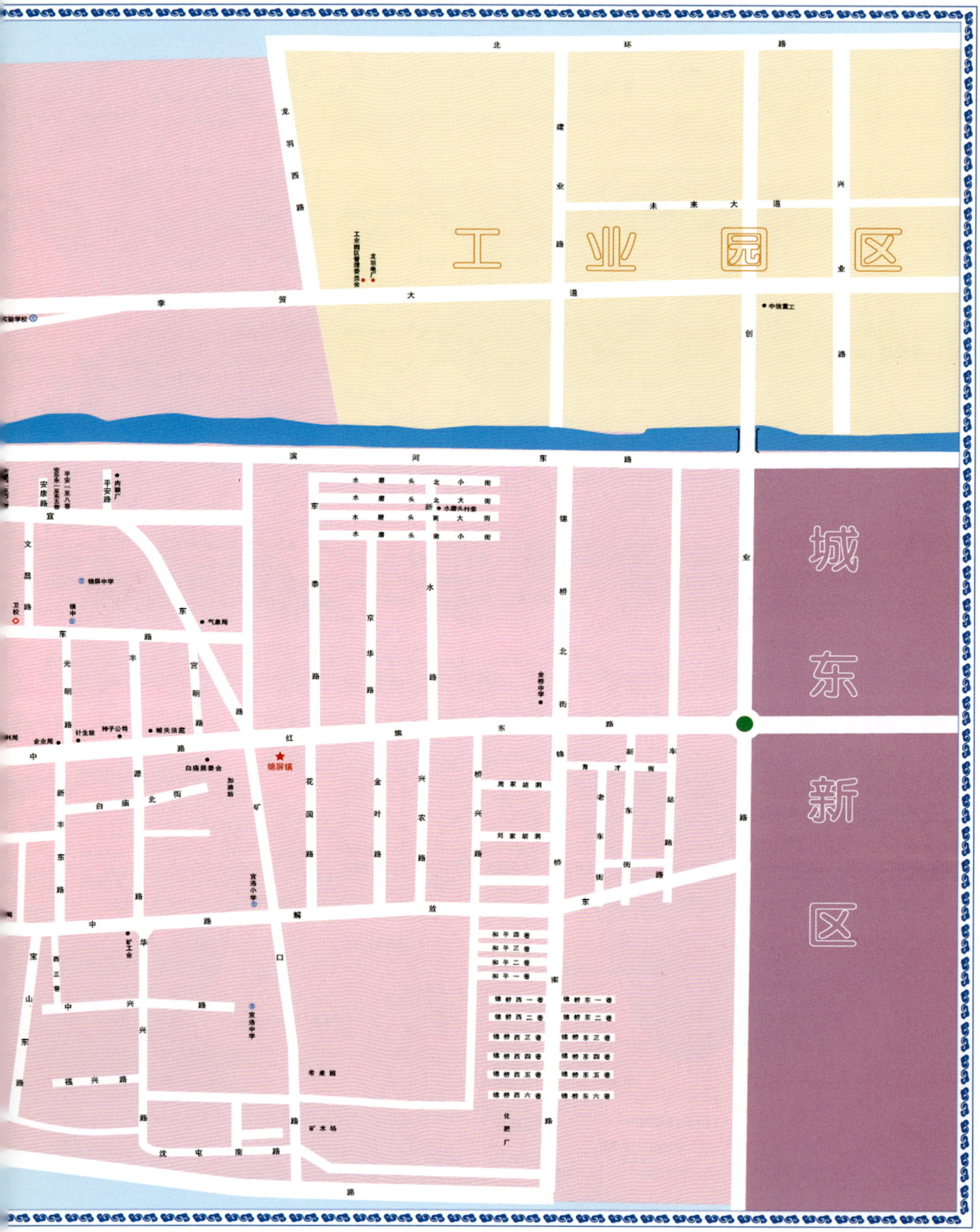
北环路
龙羽西路
建业路
未来大道
兴业路
工业园区
工业园区管理委员会
龙羽电厂
李贺大道
实验学校
中信重工
创业路
滨河东路
水磨头北小街
水磨头北大街
水磨头南大街
水磨头南小街
水磨头村委
东泰路
京华路
新水路
锦桥北街
金桥中学
城东新区
红旗东路
锦屏镇
安康路
平安路
内燃厂
宜
文昌路
锦屏中学
卫校
镇中
气象局
光明路
宫明路
计生站
种子公司
城关法庭
企业局
白庙居委会
加油站
白庙北街
新丰东路
花园路
金叶路
兴农路
周家胡同
刘家胡同
育才街
车站路
老东街
宜洛小学
解放
矿工会
和平四巷
和平三巷
和平二巷
和平一巷
锦桥西一巷
锦桥西二巷
锦桥西三巷
锦桥西四巷
锦桥西五巷
锦桥西六巷
锦桥东一巷
锦桥东二巷
锦桥东三巷
锦桥东四巷
锦桥东五巷
锦桥东六巷
宜洛中学
福兴路
老菜园
矿木场
化肥厂
沈屯南路

《宜阳年鉴》编纂委员会成员

名誉主任	王琰君					
主　　任	黄晓玲					
副 主 任	罗宏伟	张景彦	任潘定	仝宇鹏	张　霞	高振立
	杨树峰	李晓波	李卫国	程汴玲		
委　　员	楚汉章	张红波	冯清利	陈立中	范俊杰	杜文妍
	高君君	张焕停	梁伟涛	张会琴	张军芳	胡松欣
	李　珂	陈世俊	武伟猷	马流章	鲍　丰	张国民
	吴绍良	徐留汉	芦同聚	滑朝凯	麦作温	丁五道
	宋茂欣	周瑞盈	马志敏	张继超	毕云庆	于建勋

《宜阳年鉴》编辑人员

主　　编	程汴玲		
副 主 编	赵苗远		
编　　辑	张殿林	许润媛	孔振国
主要摄影	宋会杰	田义伟	

编辑说明

一、《宜阳年鉴》是宜阳县人民政府主办的具有公报性、资料性、权威性的大型年刊。其宗旨是以马克思主义、毛泽东思想、邓小平理论、“三个代表”重要思想为指导、贯彻落实科学发展观，全面、客观、准确地逐年记载全县政治、经济、文化、社会等诸方面的基本情况，为人们了解、研究和建设宜阳提供信息资料，也为续修地方志积累史料。

二、《宜阳年鉴》采取分类编辑法。设类目、分目、条目三个层次。类目、分目标题使用不同的字体、字号，类目标明于页眉；条目为主要信息载体和基本撰稿形式。

三、《宜阳年鉴》2012 年刊主要反映 2011 年度宜阳各项事业的发展状况。设特载、大事记、县情概览、人物、党务、人大、政务、政协、地方武装、政法、社会团体、城乡建设·环境保护、交通·通信、农业、烟草、工业、重点企业简介、商业贸易、财政·税务·金融·保险、经济监督与管理、教育·科技、文化·卫生·体育、社会生活、乡镇概况、附录等 25 个类目。

四、本年鉴“人物”类目中，领导人物仅限于 2011 年宜阳县在职党政军副县级以上人物，政绩偏重于介绍 2011 年一年。省部级以上荣誉获得者和特殊人物以简介形式出现。

五、《宜阳年鉴》采用稿件均由各部门各单位熟悉情况的专人撰写，并经领导审核。凡全局性的数据均以统计局的资料为准。

六、书中机构名称首次出现用全称，以后用简称。省指河南省、市指洛阳市、县指宜阳县。

七、照片收录截至时间为 2012 年 11 月。

八、《宜阳年鉴》的编纂工作在中共宜阳县委、宜阳县人民政府的直接领导下，得到了各级、各部门、各单位领导及撰稿人员的大力支持和密切配合，在此谨向他们表示诚挚的谢意。因时间紧，人员少，水平有限，错误与纰漏在所难免，恳请广大读者批评指正。

目　　录

特　　载

县委书记王琰君在县委十一届八次、县政府二次全会暨上半年经济运行分析会上的讲话 …………（1）
政府工作报告 …………（7）
2011 年国民经济和社会发展计划执行情况与 2012 年计划（草案）的报告 …………（13）
2011 年财政预算执行情况和 2012 年财政预算（草案）的报告 …………（19）
光荣榜 …………（22）

大事记

1 月 …………（29）
2 月 …………（30）
3 月 …………（31）
4 月 …………（33）
5 月 …………（36）
6 月 …………（37）
7 月 …………（39）
8 月 …………（40）
9 月 …………（41）
10 月 …………（42）
11 月 …………（43）
12 月 …………（44）

县情概览

沿革区划 …………（47）
区位 …………（47）
建置及沿革 …………（47）
资　源 …………（47）
土地资源 …………（47）
矿产资源 …………（48）
水资源 …………（48）
动植物资源 …………（49）
人口资源 …………（49）
气候特征 …………（49）
环境质量 …………（49）
国民经济与社会发展 …………（50）
农业 …………（50）
工业和建筑业 …………（50）
固定资产投资 …………（51）
国内贸易 …………（51）
对外经济 …………（52）
交通、邮电和旅游 …………（52）
财政、金融 …………（52）
教育和科学技术 …………（52）
文化、卫生和体育 …………（52）
人民生活和社会保障 …………（53）
安全生产 …………（53）

人　物

县委领导简介 …………………………………… (54)
王琰君 …………………………………………… (54)
黄晓玲 …………………………………………… (55)
张国松 …………………………………………… (55)
张慧敏 …………………………………………… (57)
罗宏伟 …………………………………………… (57)
仝宇鹏 …………………………………………… (58)
田群献 …………………………………………… (58)
王　涛 …………………………………………… (58)
高建海 …………………………………………… (59)
张　霞 …………………………………………… (59)
任晓平 …………………………………………… (60)
牛　刚 …………………………………………… (60)
人大领导简介 …………………………………… (61)
宋来法 …………………………………………… (61)
杨建坤 …………………………………………… (61)
程竹菊 …………………………………………… (62)
刘建国 …………………………………………… (62)
冯新乾 …………………………………………… (62)
裴万寿 …………………………………………… (63)
阎进卿 …………………………………………… (63)
杜阳林 …………………………………………… (63)
政府领导简介 …………………………………… (63)
黄晓玲 …………………………………………… (63)
张慧敏 …………………………………………… (63)
史洪发 …………………………………………… (63)
高建海 …………………………………………… (64)
牛　刚　刘宝兴 ………………………………… (64)
李晓波 …………………………………………… (64)
张飞跃 …………………………………………… (65)
陈宝国 …………………………………………… (65)
高振立 …………………………………………… (66)
魏　淼 …………………………………………… (66)
政协领导简介 …………………………………… (67)
张景彦 …………………………………………… (67)
王三章 …………………………………………… (67)
仝爱民 …………………………………………… (68)
王留乾 …………………………………………… (68)
武装部领导简介 ………………………………… (68)
张　旭 …………………………………………… (68)
2011 年度宜阳县十大杰出青年 ………………… (68)
孙智献 …………………………………………… (68)
杨惠江 …………………………………………… (69)
李忠杰 …………………………………………… (69)
王　凯 …………………………………………… (69)
闫宏安 …………………………………………… (69)
周云峰 …………………………………………… (69)
张书磊 …………………………………………… (70)
张社民 …………………………………………… (70)
吴长贵 …………………………………………… (70)
段作伟 …………………………………………… (70)
省部级先进个人 ………………………………… (70)
陈红善 …………………………………………… (70)
刘　飞 …………………………………………… (71)
阎发现 …………………………………………… (71)
新闻人物 ………………………………………… (71)
刘晓丽 …………………………………………… (71)
晋升副高级职称以上专业技术人员 …………… (72)

中国共产党

中国共产党宜阳县委员会 ……………………… (74)
概况 ……………………………………………… (74)
工业经济在加速发展中持续提升 ……………… (74)
农业经济在加快转变中持续优化 ……………… (75)
城镇经济在统筹兼顾中持续繁荣 ……………… (75)
旅游经济在科学运作中持续升温 ……………… (75)
民生经济在加大投入中持续改善 ……………… (75)
党的建设在深入实践中持续加强 ……………… (76)
中国共产党宜阳县第十一次代表大会隆重开幕 …………………………………………… (76)

县委办公室 …………………………………… (77)
概况 ……………………………………………… (77)
搞好组织协调，贯彻落实党委路线、方针、政策 …………………………………………… (77)
围绕县委中心工作，做好各项服务 ………… (78)
改善办公条件，规范工作运行 ……………… (78)
结合单位职能，为群众、为企业、为基层办实事 ………………………………………… (78)
完成县下达的信访工作目标任务 …………… (78)
纪检工作 ……………………………………… (78)
概况 ……………………………………………… (78)
监督检查 ………………………………………… (79)
反腐倡廉教育 …………………………………… (79)
领导干部廉洁自律 ……………………………… (79)
查办违纪违法案件 ……………………………… (79)
行风政风建设 …………………………………… (80)
政务环境创优 …………………………………… (80)
农村基层党风廉政建设 ………………………… (80)
纪检监察机关自身建设 ………………………… (80)
组织工作 ……………………………………… (81)
概况 ……………………………………………… (81)
“创先争优”活动成绩斐然 …………………… (81)
开展庆祝建党90周年活动 …………………… (81)
后进村整顿工作 ………………………………… (81)
换届选举工作 …………………………………… (82)
驻村任职工作 …………………………………… (82)
非公企业党建工作 ……………………………… (82)
农村党员干部现代远程教育工作 …………… (82)
大学生村干部管理工作 ………………………… (83)
干部人事制度改革工作 ………………………… (83)
干部选拔任用工作 ……………………………… (83)
干部监督和培训工作 …………………………… (83)
人才工作 ………………………………………… (83)
组织信访工作 …………………………………… (84)
组织部机关建设 ………………………………… (84)
宣传工作 ……………………………………… (85)
概况 ……………………………………………… (85)
新闻宣传 ………………………………………… (85)
网络宣传和舆情监控 …………………………… (86)
理论武装工程 …………………………………… (86)
精神文明创建 …………………………………… (86)
“滨河之声”广场文化活动 …………………… (86)
“乡镇文化周”活动 …………………………… (87)
“千场电影乡村行”活动 ……………………… (87)
节日文化精彩纷呈 ……………………………… (87)
“中国西游文化之乡”成功申报 ……………… (87)
社会宣传活动有声有色 ………………………… (87)
部机关建设进一步规范 ………………………… (87)
党报党刊发行 …………………………………… (88)
统战工作 ……………………………………… (88)
概况 ……………………………………………… (88)
学习“宜阳精神” ……………………………… (88)
服务“福民强县” ……………………………… (89)
民族宗教领域和谐稳定 ………………………… (89)
港澳台和海外统战工作 ………………………… (89)
服务全县非公有制经济 ………………………… (89)
党外代表人士队伍建设 ………………………… (89)
统一战线理论宣传 ……………………………… (89)
精神文明建设与创建工作 …………………… (90)
概况 ……………………………………………… (90)
文明单位创建 …………………………………… (90)
公民思想道德建设 ……………………………… (90)
未成年人教育 …………………………………… (90)
文明中原系列行 ………………………………… (90)
集中整治市场环境 ……………………………… (90)
清洁家园行动 …………………………………… (90)
福民万家活动 …………………………………… (91)
环境创优工作 …………………………………… (91)
关爱农民工 ……………………………………… (91)
县直党委 ……………………………………… (91)
概况 ……………………………………………… (91)
党员学习教育 …………………………………… (91)
组织发展工作 …………………………………… (91)
总支、支部换届 ………………………………… (91)
入党积极分子培训 ……………………………… (91)
党费收缴工作 …………………………………… (91)
举办各种活动 …………………………………… (91)
县直武装工作 …………………………………… (92)

年终总评工作 …………………………… (92)
做好县委、县政府临时性工作 ……………… (92)
信访工作 …………………………………… (92)
概况 …………………………………………… (92)
“五访”联动工作机制 ………………………… (92)
交办督查工作 ………………………………… (93)
信访工作制度 ………………………………… (93)
党史工作 …………………………………… (93)
概况 …………………………………………… (93)
编辑出版大型画册《光辉历程》 ……………… (93)
完成《中共宜阳革命史》第二卷初稿 ………… (93)
按时完成宜阳党史大事当月记、当月报工作 …………………………………………… (93)
出版《中共宜阳县组织史资料》第三卷 …… (93)
完成《中共宜阳县村级组织史》的编写工作 …………………………………………… (94)
举办“创先争优 为党旗增辉”演讲赛 …… (94)
举办“学党史、励壮志”党史知识竞赛 …… (94)
机要保密工作 ……………………………… (94)
概况 …………………………………………… (94)
保密检查工作 ………………………………… (94)
文件清退工作 ………………………………… (94)
试卷保密工作 ………………………………… (94)
机关网站统计工作 …………………………… (94)
保密宣传教育工作 …………………………… (94)
参观警示教育工作 …………………………… (94)
《保密工作》征订工作 ……………………… (94)
定密工作 ……………………………………… (94)
老干部工作 ………………………………… (95)
概况 …………………………………………… (95)
落实老干部的“两项”待遇 ………………… (95)
组织引导老干部发挥作用 …………………… (95)
党员干部培训 ……………………………… (96)
概况 …………………………………………… (96)
主体班培训 …………………………………… (96)
宜阳干部大讲堂 ……………………………… (96)
教研工作 ……………………………………… (96)
中心工作进课堂 ……………………………… (96)
讲师团建设 …………………………………… (97)
函授办学 ……………………………………… (97)
迁建工作 ……………………………………… (97)
老区建设促进会 …………………………… (97)
概况 …………………………………………… (97)
编写上报革命历史资料 ……………………… (97)
老区村经济发展调查 ………………………… (97)
编印《老区建设文稿选编》 ………………… (97)
完成《中国老区建设》的征订任务 ………… (98)
宣传报道工作成绩突出 ……………………… (98)
帮老区打机井一眼 …………………………… (98)
帮助老区办教育 ……………………………… (98)
关心下一代工作委员会 …………………… (98)
概况 …………………………………………… (98)
开展革命传统教育和法制教育 ……………… (98)
关注弱势群体，救助单亲学生 ……………… (99)
参与网吧监督，营造青少年健康成长环境 …………………………………………… (99)
组织开展“中华魂”主题教育活动 ………… (99)

宜阳县人民代表大会

宜阳县人民代表大会 …………………… (100)
概况 ………………………………………… (100)
人民代表大会 …………………………… (100)
县第十二届人民代表大会第六次会议 …… (100)
人大常委会会议 ………………………… (101)
县十二届人大常委会第二十九次会议 …… (101)
县十二届人大常委会第三十次会议 ……… (101)
县十二届人大常委会第三十一次会议 …… (101)
县十二届人大常委会第三十二次会议 …… (101)
县十二届人大常委会第三十三次会议 …… (101)
县十二届人大常委会第三十四次会议 …… (101)
县十二届人大常委会第三十五次会议 …… (101)
监督工作 …………………………………… (102)
重大事项决定 ……………………………… (102)
人事任免 …………………………………… (102)
代表工作 …………………………………… (102)

信访工作 ……………………………… (103)
自身建设 ……………………………… (103)
县乡人大换届选举工作 ……………… (103)
指导乡镇人大工作 …………………… (104)
服务县委中心工作 …………………… (104)
出席洛阳市第十三届人民代表大会第三次
　会议代表 …………………………… (104)

宜阳县人民政府

宜阳县人民政府 …………………… (105)
概况 …………………………………… (105)
工业兴县持续加快 …………………… (105)
城乡面貌持续改观 …………………… (106)
现代农业持续发展 …………………… (107)
新农村建设成绩显著 ………………… (107)
加快教育事业发展 …………………… (107)
医疗卫生体制改革顺利进行 ………… (107)
社会保障工作力度加大 ……………… (107)
着力维护安全稳定 …………………… (108)
政府办公室工作 …………………… (108)
概况 …………………………………… (108)
公文办理 ……………………………… (108)
政务信息 ……………………………… (108)
文稿起草 ……………………………… (109)
督促查办 ……………………………… (109)
调查研究 ……………………………… (109)
政务公开 ……………………………… (109)
群众来访 ……………………………… (109)
应急管理 ……………………………… (109)
目标管理 ……………………………… (109)
依法行政 ……………………………… (110)
招商引资 …………………………… (110)
概况 …………………………………… (110)
签约项目 ……………………………… (110)
在建项目 ……………………………… (110)
招商活动 ……………………………… (110)
亿元以上重大项目进度 ……………… (111)
人事劳动 …………………………… (111)
概况 …………………………………… (111)
城乡居民养老保险工作 ……………… (112)
就业再就业工作 ……………………… (112)
小额贷款发放工作 …………………… (112)
全民技能振兴工程 …………………… (112)
劳动力转移工作 ……………………… (112)
行政审批工作 ………………………… (113)
依法行政工作 ………………………… (113)
社会保险工作 ………………………… (113)
事业单位岗位设置工作 ……………… (113)
就业和社会保障服务中心项目建设 … (113)
机构编制管理 ……………………… (113)
概况 …………………………………… (113)
机构编制管理 ………………………… (114)
实名制数据库管理 …………………… (114)
中文域名注册工作 …………………… (114)
企事业单位改革 ……………………… (114)
丰李镇移交 …………………………… (114)
事业单位登记管理 …………………… (114)
行政监察 …………………………… (114)
概况 …………………………………… (114)
执法监察 ……………………………… (115)
纠风工作 ……………………………… (115)
效能监察 ……………………………… (115)
案件查办工作 ………………………… (115)
民　政 ……………………………… (116)
概况 …………………………………… (116)
生产救灾 ……………………………… (116)
孤儿及流乞救助 ……………………… (116)
城镇最低生活保障 …………………… (116)
城乡困难群众医疗救助 ……………… (116)
农村最低生活保障 …………………… (116)
五保供养及敬老院建设 ……………… (116)
涉军稳定 ……………………………… (116)
拥军优属 ……………………………… (116)
社会福利 ……………………………… (117)
行政区划与地名管理 ………………… (117)

民间社团管理 …… (117)
殡葬管理 …… (117)
婚姻登记 …… (117)
老龄工作管理 …… (117)
行政服务 …… (117)
概况 …… (117)
工作成效 …… (117)
硕果累累 …… (117)
新中心建设 …… (118)
机关事务管理 …… (118)
概况 …… (118)
车辆管理 …… (118)
房产基建 …… (118)
行政服务大厅和信访接待大厅 …… (119)
后勤管理 …… (119)
节能降耗 …… (119)
公车治理 …… (119)
接待工作 …… (119)
概况 …… (119)
接待工作 …… (120)
礼品开发 …… (120)
指导县宾馆工作 …… (120)
开展节支活动，提高管理水平 …… (120)
党风廉政建设 …… (120)
工矿区管理 …… (120)
概况 …… (120)
党的基层组织建设 …… (121)
辖区稳控工作 …… (121)
社区文明建设 …… (121)
搞好民政扶贫，加强社会保障体系 …… (121)
产业集聚区管理 …… (121)
概况 …… (121)
完成集聚区总体规划编制 …… (121)
招商目标任务完成 …… (121)
项目引进 …… (121)
新开工项目 …… (122)
续建项目 …… (122)
竣工投产项目 …… (122)
其他产业项目 …… (122)
基础设施建设 …… (123)
完善政策机制 …… (123)
集聚区融资平台建设 …… (124)
特色产业培育 …… (124)
新农村建设 …… (124)
概况 …… (124)
农村环境整治 …… (124)
农村基础设施改善 …… (125)
农村社区服务中心建设 …… (125)
保洁机制健全 …… (125)
新型农村社区建设 …… (125)
市场发展服务 …… (125)
概况 …… (125)
市场规范管理 …… (125)
企事业单位改革 …… (125)
党建工作 …… (125)
环境创优工作 …… (125)
住房公积金管理 …… (126)
概况 …… (126)
业务情况 …… (126)

政协宜阳县委员会

政协委员会 …… (127)
概况 …… (127)
政协全会 …… (127)
县政协七届五次会议 …… (127)
政协常务会议 …… (128)
县政协七届十八次常委会 …… (128)
县政协七届十九次常委会 …… (128)
县政协七届二十次常委会 …… (128)
县政协七届二十一次常委会 …… (128)
县政协七届二十二次常委会 …… (128)
委员活动 …… (128)
围绕主线，资政建言 …… (128)
把握重点，开展调研 …… (128)
履行职能，参政议政 …… (129)

提案办理，注重实效 ……………………… (129)
创先争优 ，硕果累累 ……………………… (129)
发挥优势，增强活力 ……………………… (129)

地方武装

人民武装部 ……………………………… (130)
概况 ……………………………………… (130)
思想政治建设 …………………………… (130)
党委班子建设 …………………………… (130)
军事斗争准备 …………………………… (130)
规范化建设 ……………………………… (131)
军政军民关系 …………………………… (131)
征兵工作 ………………………………… (131)
武警宜阳县消防大队 …………………… (132)
概况 ……………………………………… (132)
队伍建设 ………………………………… (132)
火灾形势 ………………………………… (132)
专项治理 ………………………………… (132)
消防宣传 ………………………………… (132)
部队管理 ………………………………… (133)
抢险救援 ………………………………… (133)
基础建设 ………………………………… (133)
拥政爱民 ………………………………… (133)

政　法

综　述 ………………………………… (134)
概况 ……………………………………… (134)
保持“严打”高压态势 ………………… (134)
源头治理保平安　信访稳定促和谐 ……… (135)
技防全覆盖建设成效明显 ……………… (135)
织密社会治安防控网络 ………………… (135)
注重涉法涉诉信访工作 ………………… (135)
政法队伍素质稳步提升 ………………… (135)
公　安 ………………………………… (136)
概况 ……………………………………… (136)
命案侦破 ………………………………… (136)
打击“两抢一盗” ……………………… (136)
清网行动 ………………………………… (136)
打黑除恶 ………………………………… (137)
打击经济犯罪与毒品犯罪 ……………… (137)
综合打击效能 …………………………… (137)
巡逻防控 ………………………………… (137)
技防全覆盖 ……………………………… (137)
农村技防建设 …………………………… (138)
治安防范建设 …………………………… (138)
信访案件化解 …………………………… (138)
户政及出入境工作 ……………………… (138)
大情报系统建设 ………………………… (138)
处突维稳 ………………………………… (138)
重大活动安全保卫 ……………………… (138)
服务全县中心工作 ……………………… (138)
校园周边治理 …………………………… (138)
消防管理 ………………………………… (138)
交通管理 ………………………………… (139)
监所管理 ………………………………… (139)
打四黑除四害 …………………………… (139)
网络安全 ………………………………… (139)
公安基础建设 …………………………… (139)
警务督察 ………………………………… (139)
审计工作 ………………………………… (139)
执法规范化建设 ………………………… (139)
警民恳谈 ………………………………… (140)
从优待警 ………………………………… (140)
党团组织建设 …………………………… (140)
文明单位创建 …………………………… (140)
教育培训 ………………………………… (140)
检　察 ………………………………… (140)
概况 ……………………………………… (140)
打击刑事犯罪 …………………………… (140)
查办贪污贿赂、渎职侵权等职务犯罪案件 ……………………………………… (141)
强化诉讼监督 …………………………… (141)

控告申诉工作 …………………………… (142)
预防职务犯罪工作 ……………………… (142)
检察队伍建设 …………………………… (142)
基础设施建设 …………………………… (142)
社会形象 ………………………………… (143)
审　判 ………………………………… (143)
概况 ……………………………………… (143)
队伍建设 ………………………………… (143)
审判工作 ………………………………… (143)
刑事审判 ………………………………… (143)
民事审判 ………………………………… (144)
行政审判 ………………………………… (144)
执行工作 ………………………………… (144)
法警工作 ………………………………… (144)
审判监督 ………………………………… (144)
审判管理 ………………………………… (144)
宣传调研 ………………………………… (144)
司法为民 ………………………………… (145)
信访工作 ………………………………… (145)
基础建设 ………………………………… (145)
获得荣誉 ………………………………… (145)
司法行政 ……………………………… (145)
概况 ……………………………………… (145)
人民调解 ………………………………… (146)
“六五”普法规划落实和进展情况 ………… (146)
干部职工法律知识考试 ………………… (146)
法律援助工作 …………………………… (146)
律师及基层法律服务管理工作 ………… (146)
公证工作 ………………………………… (147)
司法鉴定工作 …………………………… (147)

社会团体

工　会 ………………………………… (148)
概况 ……………………………………… (148)
工会组织建设 …………………………… (148)
“五杯”竞赛活动 评选表彰劳动模范 …… (148)
困难职工帮扶 …………………………… (149)
女职工工作 ……………………………… (149)
荣誉 ……………………………………… (149)
共青团 ………………………………… (149)
概况 ……………………………………… (149)
青少年思想道德教育 …………………… (149)
深化青年志愿者服务活动 ……………… (149)
服务农村青年创业成才 ………………… (150)
团组织自身建设 ………………………… (150)
加强未成年人权益保护 ………………… (151)
大力实施希望工程 ……………………… (151)
第九届十大杰出青年评选 ……………… (151)
获得荣誉 ………………………………… (151)
妇　联 ………………………………… (151)
概况 ……………………………………… (151)
表彰先进 ………………………………… (152)
维护妇女儿童合法权益 ………………… (152)
“爱心妈妈”征募活动 …………………… (152)
“双合格”家庭教育 ……………………… (152)
“六一”慰问 ……………………………… (152)
妇女参政议政 …………………………… (152)
关爱老人 ………………………………… (152)
科技培训 ………………………………… (153)
做好2001～2010年“两规划”监测终期评估 ……………………………………… (153)
文　联 ………………………………… (153)
概况 ……………………………………… (153)
中国西游文化之乡申报成功 …………… (153)
举办庆祝中国西游文化之乡授牌名家书画展 ……………………………………… (153)
全市文联工作交流联谊会在花果山召开 … (153)
创办《昌谷》文艺期刊 …………………… (153)
河南宜阳与湖南浏阳建立文化联谊关系 … (154)
文学创作 ………………………………… (154)
书法艺术 ………………………………… (154)
音协活动及音乐创作 …………………… (154)
摄影活动 ………………………………… (154)
召伯文化活动 …………………………… (155)
残　联 ………………………………… (155)

概况 ……………………………………………… (155)
残疾人社会保障体系和服务体系建设 …… (155)
扶残助残活动“六件实事” ……………… (155)
康复服务 ………………………………………… (156)
就业培训 ………………………………………… (156)
基层残疾人组织建设 ……………………… (156)
文体宣传 ………………………………………… (156)
信访维权 ………………………………………… (156)
服务窗口工作 ………………………………… (156)
工商联 ………………………………………… (157)
概况 ……………………………………………… (157)
加强沟通联系，扩大交流范围 …………… (157)
圆满完成工商联第八届换届工作 ………… (157)
积极履行非公有制经济人士参政议政职能 ……………………………………………… (157)
深入开展“凝聚力工程” ……………… (157)
竭力搞好会员服务工作 …………………… (157)
科　协 ………………………………………… (157)
概况 ……………………………………………… (157)
“创先争优”活动开展情况 ……………… (158)
加大科普创新力度，开展农村科普工作 … (158)
科技专家服务“三农”活动 ……………… (158)
科普惠农兴村计划工作 …………………… (158)
努力开展“三创一带”活动 ……………… (158)
开展丰富多彩的“科普活动日”活动 …… (158)
创建科普示范县工作 ……………………… (158)
搞好校外青少年科技教育工作 ………… (159)
新农村建设帮扶工作 ……………………… (159)
招商引资工作 ………………………………… (159)

城乡建设　环境保护

城乡建设 ……………………………………… (160)
概况 ……………………………………………… (160)
城市基础设施建设 ………………………… (160)
旧城、城中村改造，宜东新区开发 ……… (160)
保障性住房 …………………………………… (161)
农村危房改造 ………………………………… (161)
小城镇基础设施“710”工程 ……………… (161)
建筑市场管理 ………………………………… (161)
房地产行业监管 ……………………………… (161)
物业市场监管 ………………………………… (162)
城区供水及污水处理管理 ………………… (162)
荣誉 ……………………………………………… (162)
市政管理 ……………………………………… (162)
概况 ……………………………………………… (162)
道路绿化工程 ………………………………… (162)
路灯改造工程 ………………………………… (163)
道路养护工程 ………………………………… (163)
锦屏文化广场建设 ………………………… (163)
垃圾中转站建设 ……………………………… (163)
滨河公园二期建设 ………………………… (163)
卫生保洁 ………………………………………… (163)
秩序管理 ………………………………………… (163)
设施管理 ………………………………………… (163)
垃圾处理 ………………………………………… (163)
督导督查 ………………………………………… (163)
城区防汛 ………………………………………… (164)
广告治理 ………………………………………… (164)
招商引资 ………………………………………… (164)
养老保险 ………………………………………… (164)
社会公益 ………………………………………… (164)
新农村帮扶 …………………………………… (164)
党风廉政 ………………………………………… (164)
党的建设 ………………………………………… (164)
荣誉 ……………………………………………… (164)
城乡规划 ……………………………………… (164)
概况 ……………………………………………… (164)
规划编制 ………………………………………… (165)
规划管理 ………………………………………… (165)
规划监察 ………………………………………… (165)
村镇规划 ………………………………………… (165)
人防工作 ………………………………………… (165)
环境创优 ………………………………………… (165)
党风廉政建设 ………………………………… (165)
宣传工作 ………………………………………… (165)

人民防空 ……………………………… （165）
概况 ……………………………………… （165）
人防工程总体规划 ……………………… （166）
人防工程建设管理 ……………………… （166）
指挥通信建设 …………………………… （166）
人防“五进”工作 ……………………… （166）
宣传教育工作 …………………………… （166）
准军事化管理 …………………………… （167）
国土资源管理 ………………………… （167）
概况 ……………………………………… （167）
耕地与基本农田保护 …………………… （167）
建设项目用地保障 ……………………… （167）
城乡建设用地增减挂钩项目申报 ……… （167）
郑卢高速公路（宜阳段）第二次附属物清查 ……………………………………… （168）
土地整治项目库立项申报 ……………… （168）
补充耕地与土地开发整治 ……………… （168）
基本农田调整划定 ……………………… （168）
国有土地使用权处置 …………………… （168）
创建国土资源集约节约模范县活动 …… （168）
矿业秩序治理整顿 ……………………… （169）
矿业权管理 ……………………………… （169）
地籍与测绘服务 ………………………… （169）
土地变更调查 …………………………… （169）
地质灾害防治 …………………………… （169）
地质环境治理项目申报与实施 ………… （170）
土地执法监察 …………………………… （170）
第十一次土地矿产卫片执法检查 ……… （170）
党风廉政建设 …………………………… （170）
依法行政与窗口办件 …………………… （170）
国土资源信访处置 ……………………… （171）
干部队伍建设 …………………………… （171）
对外宣传 ………………………………… （171）
测绘管理 ………………………………… （171）
扶贫帮扶送温暖活动 …………………… （171）
事业单位改革 …………………………… （171）
基层站所建设 …………………………… （172）
环境保护 ……………………………… （172）
概况 ……………………………………… （172）
环境质量 ………………………………… （172）
碧水蓝天工程 …………………………… （172）
污染防治 ………………………………… （172）
环境监测 ………………………………… （172）
环境监督管理 …………………………… （173）
建设项目环境管理 ……………………… （173）
生态保护工作 …………………………… （173）
污染物减排和总量控制工作 …………… （173）
辐射管理 ………………………………… （173）
排污征费 ………………………………… （173）
宣传教育 ………………………………… （173）
法制建设 ………………………………… （173）

交通　通信

交通运输 ……………………………… （174）
概况 ……………………………………… （174）
交通基础设施建设 ……………………… （174）
路政管理 ………………………………… （175）
公路养护 ………………………………… （175）
公路绿化 ………………………………… （175）
招商引资取得新突破 …………………… （175）
道路运输 ………………………………… （175）
安全生产，社会综合治理 ……………… （176）
党建工作明显加强 ……………………… （176）
宣传工作成绩显著 ……………………… （176）
服务群众、奉献爱心 …………………… （176）
积极办理人大代表、政协委员提案 …… （176）
积极为企业搞好服务 …………………… （176）
铁路运输 ……………………………… （176）
概况 ……………………………………… （176）
站线设备 ………………………………… （176）
业务状况 ………………………………… （177）
邮　政 ………………………………… （177）
概况 ……………………………………… （177）
经营成果及荣誉 ………………………… （177）
基础设施建设树立邮政新形象 ………… （177）

全力打造邮政综合服务平台建设 …………（177）
做好新农保发放工作 …………（177）
联合通信 …………（177）
概况 …………（177）
网络建设与优化 …………（178）
配合县重点工程建设 …………（178）
客户服务 …………（178）
业务经营 …………（178）
移动通信 …………（178）
概况 …………（178）
营销服务规模发展 …………（178）
网络建设强化支撑 …………（179）
精细管理营造活力 …………（179）
服务地方助力发展 …………（179）
电　信 …………（179）
概况 …………（179）
公司品牌 …………（179）
客户服务 …………（180）
网络建设 …………（180）
综合管理 …………（180）
获得荣誉 …………（180）

农　业

农　业 …………（181）
概况 …………（181）
粮食生产 …………（181）
良种补贴项目 …………（181）
蔬菜生产 …………（182）
沼气建设 …………（182）
劳动力转移培训 …………（182）
农业执法与市场管理 …………（182）
农民负担监督与农村经济管理 …………（182）
植物保护 …………（182）
推广测土配方施肥 …………（183）
实施花生高产示范基地建设项目 …………（183）
推进农村土地流转 …………（183）
农产品质量监督检测 …………（183）
万名科技人员包万村活动 …………（184）
承办省农运会自行车载重赛 …………（184）
荣誉 …………（184）
畜牧业 …………（184）
概况 …………（184）
畜牧业生产 …………（184）
乡镇长工程 …………（184）
规模养殖 …………（185）
畜禽改良 …………（185）
重大动物疫病防控 …………（185）
畜产品质量安全监管 …………（185）
母猪补贴与保险 …………（185）
饲草饲料 …………（185）
林　业 …………（186）
概况 …………（186）
河南省香鹿山省级森林公园 …………（186）
林业生产 …………（186）
集体林权制度改革 …………（186）
林业执法 …………（186）
林政管理 …………（187）
退耕还林 …………（187）
森林防火 …………（187）
林业科技 …………（187）
森林资源保护 …………（187）
水　利 …………（188）
概况 …………（188）
防汛工作 …………（188）
山洪灾害防治非工程措施建设 …………（188）
抗旱工作 …………（188）
农建工作 …………（188）
河道管理 …………（188）
城区段河道综合治理 …………（189）
灵山段河道综合治理 …………（189）
水库除险加固 …………（189）
农村饮水安全 …………（189）
小农水重点县建设项目 …………（189）
抗旱应急工程 …………（189）
水土保持 …………（189）

全国第一次水利普查 ……………………… (189)
水利服务体系建设 ………………………… (190)
宣传活动 ……………………………………… (190)
农　机 ……………………………………… (190)
概况 …………………………………………… (190)
农机总动力和农机作业情况 …………… (190)
农机购置补贴 ……………………………… (190)
农机培训 ……………………………………… (190)
农机合作社建设 …………………………… (191)
农机新技术推广 …………………………… (191)
农机安全监理 ……………………………… (191)
机构改制 ……………………………………… (191)
农机技术服务 ……………………………… (191)
农机市场建设 ……………………………… (191)
扶　贫 ……………………………………… (192)
概况 …………………………………………… (192)
整村推进工作 ……………………………… (192)
搬迁扶贫 ……………………………………… (192)
扶贫培训 ……………………………………… (192)
“雨露计划”实施方式改革 ……………… (192)
产业化扶贫 ………………………………… (192)
气　象 ……………………………………… (193)
概况 …………………………………………… (193)
气候特点 ……………………………………… (193)
气象要素 ……………………………………… (193)
地面测报 ……………………………………… (193)
天气预报 ……………………………………… (193)
农业气象 ……………………………………… (193)
防汛工作 ……………………………………… (193)
气象科技服务 ……………………………… (193)
人工影响天气 ……………………………… (193)
干旱 …………………………………………… (194)
雷暴暴雨洪涝灾害 ………………………… (194)
高温 …………………………………………… (194)
获奖情况 ……………………………………… (194)
农业综合开发 …………………………… (195)
概况 …………………………………………… (195)
农业综合开发中低产田改造项目 ……… (195)
重点产业化项目 …………………………… (195)
贷款贴息项目 ……………………………… (196)
项目和资金管理 …………………………… (196)
项目工程管护 ……………………………… (196)

烟　草

烟叶种植 ………………………………… (197)
概况 …………………………………………… (197)
烟叶育苗 ……………………………………… (197)
乡镇长工程建设 …………………………… (197)
惠农政策 ……………………………………… (197)
现代烟草农业建设 ………………………… (197)
烟草销售及市场管理 …………………… (197)
概况 …………………………………………… (197)
烟叶生产 ……………………………………… (198)
卷烟销售 ……………………………………… (199)
专卖管理 ……………………………………… (199)
企业文化建设 ……………………………… (199)
荣誉 …………………………………………… (199)

工　业

民营经济 ………………………………… (200)
概况 …………………………………………… (200)
经济指标 ……………………………………… (200)
项目建设 ……………………………………… (200)
项目备案 ……………………………………… (200)
书记工程 ……………………………………… (200)
产业集聚区建设 …………………………… (201)
服务体系建设 ……………………………… (201)
争取政策性资金 …………………………… (201)
承接产业转移 ……………………………… (201)
发展环境 ……………………………………… (201)
电业管理 ………………………………… (201)
概况 …………………………………………… (201)

安全局面保持稳定 ……………………………… (202)
加快电网建设 ……………………………………… (202)
狠抓企业管理 ……………………………………… (203)
提升服务质量 ……………………………………… (203)
加强党的建设 ……………………………………… (203)
推进工会工作 ……………………………………… (203)
完成主要指标 ……………………………………… (204)
煤炭管理 ………………………………………… (204)
概况 ………………………………………………… (204)
煤矿安全监管 ……………………………………… (204)
煤炭企业兼并重组 ………………………………… (205)
煤矿企业关闭退出 ………………………………… (205)
红旗煤矿企业改制 ………………………………… (205)
党风廉政建设 ……………………………………… (205)

重点企业简介

河南省前进化工科技集团股份有限公司 … (206)
概况 ………………………………………………… (206)
集团目前拥有两大主业 …………………………… (206)
获得荣誉 …………………………………………… (206)
技术成果 …………………………………………… (207)
基础建设 …………………………………………… (207)
环境亮化 …………………………………………… (207)
班组建设 …………………………………………… (207)
企业文化 …………………………………………… (207)
员工生活 …………………………………………… (208)
义络煤业公司 …………………………………… (208)
概况 ………………………………………………… (208)
强化安全管理，打造本质安全型矿井 …… (208)
稳产高效，实现产销平衡 ………………………… (208)
经营管理 …………………………………………… (208)
加强企业文化建设，推进精神文明发展 … (209)
关注民生，提升幸福指数 ………………………… (209)
洛阳骏马化工有限公司 ………………………… (209)
概况 ………………………………………………… (209)
生产经营 …………………………………………… (210)
技术改造 …………………………………………… (210)
新项目建设 ………………………………………… (210)
设备管理 …………………………………………… (210)
加大环保投入 ……………………………………… (210)
巩固“无泄漏工作”成果 ………………………… (210)
创新管理 …………………………………………… (210)
导入 CTPM 全面设备管理制度 ………………… (210)
推进“持续改进” ………………………………… (210)
人力资源管理 ……………………………………… (210)
文化建设成果 ……………………………………… (210)
培训工作 …………………………………………… (211)
洛阳黄河同力水泥有限责任公司 …………… (211)
概况 ………………………………………………… (211)
公司荣誉 …………………………………………… (211)
经营指标 …………………………………………… (211)
项目建设 …………………………………………… (211)
管理创新 …………………………………………… (211)
节能减排 …………………………………………… (212)
安全生产 …………………………………………… (212)
团队建设 …………………………………………… (212)
文化建设 …………………………………………… (212)
宜阳红星陶瓷有限公司 ………………………… (212)
概况 ………………………………………………… (212)
提高产品质量，拓宽销售市场 ………………… (213)
产销情况 …………………………………………… (213)
洛阳众悦精密轴承有限公司 ………………… (213)
概况 ………………………………………………… (213)
技术创新 …………………………………………… (213)
企业荣誉 …………………………………………… (213)
企业文化 …………………………………………… (214)
洛阳欧瑞冶金科技有限公司 ………………… (214)
概况 ………………………………………………… (214)
科技研发 …………………………………………… (214)
建设队伍 …………………………………………… (214)
文化建设 …………………………………………… (214)
洛阳牡丹焊材集团有限公司 ………………… (215)
概况 ………………………………………………… (215)
公司产品 …………………………………………… (215)
洛阳普瑞斯玻璃纤维有限公司 ……………… (215)

概况 …………………………………………… (215)
企业管理 ………………………………………… (216)
洛阳迅凯电子科技有限公司 ………………… (216)
概况 …………………………………………… (216)
洛阳华陵镁业有限公司 ……………………… (216)
概况 …………………………………………… (216)
宜阳龙翔建材有限公司 ……………………… (216)
概况 …………………………………………… (216)
安全生产管理 …………………………………… (217)
企业文化 ………………………………………… (217)
洛阳超拓实业有限公司 ……………………… (217)
概况 …………………………………………… (217)

商业贸易

商　业 ……………………………………… (218)
概况 …………………………………………… (218)
对外贸易 ………………………………………… (218)
外经工作 ………………………………………… (218)
家电下乡、家电以旧换新 ……………………… (218)
万村千乡市场工程 ……………………………… (218)
放心早餐工程 …………………………………… (218)
市场监管 ………………………………………… (218)
商业项目 ………………………………………… (219)
红旗大道改造 …………………………………… (219)
安全生产 ………………………………………… (219)
信访稳定 ………………………………………… (219)
粮食流通 ……………………………………… (219)
概况 …………………………………………… (219)
城中村改造 ……………………………………… (219)
企业经营 ………………………………………… (220)
粮食购销 ………………………………………… (220)
粮食仓储 ………………………………………… (220)
企业改革 ………………………………………… (220)
行风建设 ………………………………………… (220)
供销合作商业 ………………………………… (220)
概况 …………………………………………… (220)
"新网工程"建设 ……………………………… (221)
烟花爆竹安全经营管理 ………………………… (221)
项目建设 ………………………………………… (221)
农资经营 ………………………………………… (221)
安全生产 ………………………………………… (221)
信访稳定 ………………………………………… (221)
党建工作 ………………………………………… (221)
盐政管理及食盐销售 ………………………… (221)
概况 …………………………………………… (221)
购销经营 ………………………………………… (222)
盐政管理 ………………………………………… (222)
政策宣传 ………………………………………… (222)
帮扶工作 ………………………………………… (222)
获奖情况 ………………………………………… (222)
石油销售及管理 ……………………………… (222)
概况 …………………………………………… (222)
安全管理 ………………………………………… (222)
资金管理 ………………………………………… (223)
数质量管理 ……………………………………… (223)
非油品经营 ……………………………………… (223)
创先争优 ………………………………………… (223)
农忙服务 ………………………………………… (223)
职工教育 ………………………………………… (223)
网点建设 ………………………………………… (223)
医药经营 ……………………………………… (224)
概况 …………………………………………… (224)
医药商贸城建设 ………………………………… (224)
药品供应 ………………………………………… (224)
锦康公司 GSP 复认证 …………………………… (224)

财政　税务　金融　保险

财　政 ……………………………………… (225)
概况 …………………………………………… (225)
财政收支 ………………………………………… (225)
福民惠民政策 …………………………………… (225)
教育优先发展 …………………………………… (225)

医疗卫生事业投入 …………………………（226）
就业和社会保障投入 ………………………（226）
城市基础设施建设 …………………………（226）
和谐宜阳建设 ………………………………（226）
强农惠农 ……………………………………（226）
精细化科学化管理 …………………………（226）
会计、国有资产管理 ………………………（226）
财政监督检查 ………………………………（227）
打造“文化兴财”活力财政 ………………（227）
获得荣誉 ……………………………………（227）
国家税务 ……………………………………（227）
概况 …………………………………………（227）
税收收入 ……………………………………（228）
征管改革 ……………………………………（228）
环境创优 ……………………………………（228）
素质强税 ……………………………………（228）
队伍建设 ……………………………………（228）
地方税务 ……………………………………（229）
概况 …………………………………………（229）
完成税收任务 ………………………………（229）
支持宜阳发展 ………………………………（229）
推进精细化管理 ……………………………（229）
优化税收秩序 ………………………………（230）
提升队伍活力 ………………………………（230）
反腐倡廉建设 ………………………………（230）
中国人民银行宜阳县支行 ………………（230）
概况 …………………………………………（230）
货币政策 ……………………………………（231）
金融稳定 ……………………………………（231）
金融联席会议 ………………………………（231）
金融生态环境 ………………………………（231）
金融服务 ……………………………………（231）
国库业务 ……………………………………（231）
反洗钱工作 …………………………………（232）
人民币业务 …………………………………（232）
金融统计 ……………………………………（232）
征信工作 ……………………………………（232）
调查研究 ……………………………………（232）
安全管理 ……………………………………（232）
中国工商银行股份
有限公司宜阳支行 ………………………（232）
概况 …………………………………………（232）
资产业务 ……………………………………（233）
负债业务 ……………………………………（233）
中间业务 ……………………………………（233）
中国农业银行宜阳县支行 ………………（233）
概况 …………………………………………（233）
存款继续稳步增长 …………………………（233）
信贷资产结构明显改善 ……………………（233）
中间业务持续快速发展 ……………………（234）
电子银行业务发展势头强劲 ………………（234）
完成资产处置清收任务 ……………………（234）
按目标完成经营损益综合指标 ……………（234）
安全工作成绩显著 …………………………（234）
企业文化建设 ………………………………（234）
班子自身建设 ………………………………（234）
党风廉政建设情况 …………………………（234）
中国银行宜阳支行 ………………………（234）
概况 …………………………………………（234）
资产规模 ……………………………………（234）
负债规模 ……………………………………（235）
经营情况 ……………………………………（235）
网点建设 ……………………………………（235）
网点转型 ……………………………………（235）
内控合规 ……………………………………（235）
中国建设银行股份
有限公司宜阳支行 ………………………（235）
概况 …………………………………………（235）
经营状况 ……………………………………（235）
基础管理、服务水平不断提升 ……………（235）
合规经营能力全面提升 ……………………（236）
中国农业发展银行宜阳县支行 …………（236）
概况 …………………………………………（236）
经营状况 ……………………………………（236）
经营定位 ……………………………………（236）
信贷业务 ……………………………………（236）
营销农村土地整治项目 ……………………（237）
信贷品种 ……………………………………（237）

金融服务 ……………………………………… (237)
企业文化 ……………………………………… (237)
宜阳县农村信用合作联社 …………………… (237)
概况 …………………………………………… (237)
社会贡献 ……………………………………… (238)
“三农”服务 ………………………………… (238)
信用工程 ……………………………………… (238)
活动开展 ……………………………………… (238)
中国邮政储蓄银行
有限公司宜阳支公司 ……………………… (238)
概况 …………………………………………… (238)
财务指标 ……………………………………… (239)
负债业务 ……………………………………… (239)
资产业务 ……………………………………… (239)
理财业务 ……………………………………… (239)
队伍和文化建设 ……………………………… (239)
中国人民财产保险股份
有限公司宜阳支公司 ……………………… (239)
概况 …………………………………………… (239)
承保 …………………………………………… (239)
理赔 …………………………………………… (239)
中国人寿保险股份有限公司宜阳支公司 … (240)
概况 …………………………………………… (240)
业务发展 ……………………………………… (240)
理赔及各种给付 ……………………………… (240)
城镇职工大额医疗补充保险业务 …………… (240)
城镇居民基本医疗保险业务 ………………… (240)
城乡困难群众补充医疗保险和大病医前救助
保险业务 ……………………………………… (240)

国民经济监控与管理

国民经济管理 ……………………………… (241)
概况 …………………………………………… (241)
综合实力明显提升 …………………………… (241)
经济运行调控能力显著增强 ………………… (241)
项目建设力度加大 …………………………… (241)
20 项重点工程快速推进 ……………………… (242)
中央投资项目争取成效明显 ………………… (242)
扶贫惠民项目顺利实施 ……………………… (242)
获得的荣誉 …………………………………… (242)
工商行政管理 ……………………………… (242)
概况 …………………………………………… (242)
开展“百亿送贷”行动 ……………………… (242)
积极为企业服务 ……………………………… (242)
招商引资 ……………………………………… (243)
注册登记和年检验照 ………………………… (243)
市场监管 ……………………………………… (243)
动产抵押 ……………………………………… (244)
查处黑网吧 …………………………………… (244)
食品市场监管 ………………………………… (244)
12315 维权 …………………………………… (244)
“3·15”活动 ………………………………… (244)
政风行风建设 ………………………………… (244)
“五五”普法 ………………………………… (245)
内部管理 ……………………………………… (245)
政务信息 ……………………………………… (245)
物价管理 …………………………………… (245)
概况 …………………………………………… (245)
价格法律宣传 ………………………………… (245)
成本监测 ……………………………………… (246)
价格管理 ……………………………………… (246)
收费管理 ……………………………………… (246)
价格监督检查 ………………………………… (246)
价格调节基金征收管理 ……………………… (246)
价格评估认证工作 …………………………… (246)
产业集聚区电价审核报批工作 ……………… (246)
质量技术监督 ……………………………… (246)
概况 …………………………………………… (246)
计量监督管理 ………………………………… (247)
标准化工作 …………………………………… (247)
质量管理 ……………………………………… (247)
质量监督 ……………………………………… (247)
食品安全 ……………………………………… (247)
特种设备安全监察 …………………………… (248)
安全月宣传活动 ……………………………… (248)

行政执法 …………………………………………（248）
宣传、政务信息 ……………………………………（248）
取得荣誉 …………………………………………（248）
安全生产 …………………………………………（249）
概况 ………………………………………………（249）
落实安全生产责任制 ………………………………（249）
综合协调 …………………………………………（249）
事故隐患排查治理 …………………………………（249）
开展安全生产重点行业集中整治 …………………（249）
非煤矿山整治 ………………………………………（249）
危险化学品和烟花爆竹整治 ………………………（250）
作业场所职业健康检查 ……………………………（250）
宣传培训 …………………………………………（250）
统计工作 …………………………………………（250）
概况 ………………………………………………（250）
第六次全国人口普查 ………………………………（250）
企业一套表工作 ……………………………………（251）
统计服务 …………………………………………（251）
统计法制建设 ………………………………………（251）
城乡经济调查 ………………………………………（251）
审计监督 …………………………………………（251）
概况 ………………………………………………（251）
强化审计监督效力，发挥免疫系统功能 …（251）
抓好党风廉政建设，开展文明廉洁审计 …（251）
强化制度能力建设，提高审计队伍素质 …（252）
深入开展环境创优，加强机关作风建设 …（252）
围绕中心开展工作，发挥职能服务大局 …（252）
食品药品监督管理 ………………………………（252）
概况 ………………………………………………（252）
药品日常监督检查 …………………………………（253）
医疗器械监管 ………………………………………（253）
药品药械打假治理 …………………………………（253）
药品专项整治 ………………………………………（253）
药品“两网”建设与“新农合”结合 ……（253）
党风廉政建设 ………………………………………（253）
开展“环境创优年”活动 …………………………（254）
法制工作有序进展 …………………………………（254）
积极做好包村帮建工作 ……………………………（254）

教育科技

教　育 ……………………………………………（255）
概况 ………………………………………………（255）
党风党建工作 ………………………………………（255）
教师培训 …………………………………………（255）
教师队伍建设 ………………………………………（255）
德育工作 …………………………………………（256）
体育卫生工作 ………………………………………（256）
学校建设 …………………………………………（256）
教学设施不断改善 …………………………………（257）
“两免一补”落实到位 ……………………………（257）
助学金发放 …………………………………………（257）
学科竞赛成绩喜人 …………………………………（257）
高考成绩辉煌 ………………………………………（257）
安全保障工作 ………………………………………（258）
信访稳定工作 ………………………………………（258）
取得荣誉 …………………………………………（258）
科　技 ……………………………………………（258）
概况 ………………………………………………（258）
科技宣传 …………………………………………（259）
科技培训 …………………………………………（259）
科技信息平台建设 …………………………………（259）
科技引进与推广 ……………………………………（259）
专利管理 …………………………………………（259）
高新技术企业及研发中心 …………………………（259）
科技扶贫项目 ………………………………………（259）
防震减灾 …………………………………………（260）
产学研技术合作 ……………………………………（260）
获得荣誉 …………………………………………（260）

文化　卫生　体育

文　化 ……………………………………………（261）

概况 ……………………………………………(261)
群众文化活动丰富多彩 ………………………(261)
第十届"滨河之声"轰轰烈烈 ………………(261)
文化站建设成绩喜人 …………………………(261)
高标准建设农家书屋 …………………………(262)
网吧管理工作创新规范 ………………………(262)
积极开展扫黄打非活动 ………………………(262)
文物保护常抓不懈 ……………………………(262)
大遗址保护列入规划 …………………………(262)
事业单位转企改制平稳推进 …………………(262)
送戏下乡活动蓬勃开展 ………………………(262)
非物质文化遗产保护成效卓著 ………………(262)
图书馆读者服务工作成绩斐然 ………………(263)
旅　游 ………………………………………(263)
概况 ……………………………………………(263)
灵山文化庙会 …………………………………(263)
灵山风景区开发 ………………………………(263)
行业管理 ………………………………………(264)
假日接待 ………………………………………(264)
政务环境创优 …………………………………(264)
旅行社服务网点备案 …………………………(264)
图书发行 ……………………………………(264)
概况 ……………………………………………(264)
精研政策、把握机遇 …………………………(264)
农家书屋 ………………………………………(265)
爱心奉献 ………………………………………(265)
招商引资 ………………………………………(265)
地方史志 ……………………………………(265)
概况 ……………………………………………(265)
学习贯彻《河南省地方志工作规定》 ……(265)
地方史志工作会议 ……………………………(265)
《宜阳年鉴》2011 卷出版 …………………(265)
《宜阳大事月报》编印………………………(266)
印发《历史与时政》 …………………………(266)
编纂《宜阳乡镇概览》 ………………………(266)
供稿任务按时完成 ……………………………(266)
积极参与县里的中心工作 ……………………(266)
用志活动深入开展 ……………………………(266)
新闻中心 ……………………………………(266)
概况 ……………………………………………(266)
新闻宣传再创佳绩 ……………………………(266)
县区新闻版助力宜阳发展 ……………………(267)
完善壮大新闻宣传队伍 ………………………(267)
突发事件应急处置办法逐步健全 ……………(267)
规范记者采访接待　维护宜阳良好形象 …(267)
广播电视 ……………………………………(267)
概况 ……………………………………………(267)
新闻宣传 ………………………………………(267)
事业发展 ………………………………………(268)
机构改革 ………………………………………(268)
依法行政 ………………………………………(268)
安全播出 ………………………………………(268)
电影放映 ………………………………………(268)
档案管理 ……………………………………(268)
概况 ……………………………………………(268)
归档文件整理 …………………………………(268)
机关档案工作规范化管理认证工作 ………(269)
开展档案监督指导和检查 ……………………(269)
档案馆业务管理工作 …………………………(269)
档案信息化建设 ………………………………(269)
卫　生 ………………………………………(269)
概况 ……………………………………………(269)
卫生服务体系更加完善 ………………………(270)
国家基本药物制度初步建立 …………………(270)
基层医疗机构综合改革进展顺利 ……………(270)
公共卫生工作持续推进 ………………………(270)
新型农村合作医疗制度不断完善 ……………(271)
卫生人才队伍素质明显提高 …………………(271)
医政管理更加规范 ……………………………(271)
妇幼工作稳步推进 ……………………………(272)
卫生监督、食品监管力度不断加大 ………(272)
卫生十一项目成绩斐然 ………………………(272)
爱国卫生运动成效显著 ………………………(273)
五项保障工作得到加强 ………………………(273)
体　育 ………………………………………(273)
概况 ……………………………………………(273)
群众体育 ………………………………………(273)
竞技体育 ………………………………………(273)

体育设施建设 ……………………………… (274)
青少年业余体校 ……………………………… (274)

社会生活

人民生活 ……………………………… (275)
概述 ……………………………… (275)
城镇居民收支稳步增长 ……………………………… (275)
农民生活进一步提高 ……………………………… (275)
人口和计划生育 ……………………………… (275)
概况 ……………………………… (275)
开展优质服务活动 ……………………………… (276)
性别比治理 ……………………………… (276)
基层基础建设 ……………………………… (276)
宣传教育 ……………………………… (276)
奖励扶助 ……………………………… (276)
生育关怀行动 ……………………………… (276)
基层队伍建设 ……………………………… (276)
民族宗教 ……………………………… (277)
概况 ……………………………… (277)
民族宗教概述 ……………………………… (277)
教育培训 ……………………………… (277)
宗教事务管理 ……………………………… (277)
工作机制 ……………………………… (277)

乡镇概况

城关镇 ……………………………… (278)
概况 ……………………………… (278)
综合经济指标 ……………………………… (278)
县城建设及城中村改造 ……………………………… (278)
村级组织换届 ……………………………… (279)
社会保障 ……………………………… (279)
安全生产及环境治理 ……………………………… (279)
信访稳定 ……………………………… (279)
教育、卫生、计划生育 ……………………………… (279)
党建及精神文明民主法制建设 ……………………………… (279)
锦屏镇 ……………………………… (279)
概况 ……………………………… (279)
招商引资 ……………………………… (280)
重点工程 ……………………………… (280)
新农村建设 ……………………………… (280)
城中村改造 ……………………………… (281)
农业生产 ……………………………… (281)
畜牧养殖业 ……………………………… (281)
林业生产 ……………………………… (281)
劳务输出 ……………………………… (281)
环境保护 ……………………………… (281)
农民减负 ……………………………… (281)
科技卫生 ……………………………… (281)
民政救济 ……………………………… (281)
扶贫工作 ……………………………… (282)
计划生育 ……………………………… (282)
综合治理 ……………………………… (282)
安全生产 ……………………………… (282)
党的建设 ……………………………… (282)
精神文明建设 ……………………………… (282)
白杨镇 ……………………………… (283)
概况 ……………………………… (283)
烟叶生产 ……………………………… (283)
林业生产 ……………………………… (283)
畜牧业发展 ……………………………… (283)
新上工业项目 ……………………………… (283)
招商引资 ……………………………… (284)
新农村建设 ……………………………… (284)
小城镇经营建设 ……………………………… (284)
集市贸易 ……………………………… (284)
基础设施建设 ……………………………… (284)
文化工作 ……………………………… (285)
教育工作 ……………………………… (285)
卫生工作 ……………………………… (285)
计划生育服务 ……………………………… (285)
党建工作 ……………………………… (285)
扶贫工作 ……………………………… (285)

民政工作 ……………………………………… (285)
劳动保障 ……………………………………… (286)
平安建设 ……………………………………… (286)
社会治安综合治理 …………………………… (286)
新农保、新农合工作 ………………………… (286)
香鹿山镇 ……………………………………… (286)
概况 …………………………………………… (286)
镇域经济不断发展 …………………………… (287)
工业经济 ……………………………………… (287)
农业经济 ……………………………………… (287)
项目建设及招商引资 ………………………… (287)
重点工程不断推进 …………………………… (287)
全面实施民生工程 …………………………… (287)
文化教育卫生工作有力推进 ………………… (287)
安全稳定工作不断加强 ……………………… (287)
新农村建设 …………………………………… (288)
民政扶贫 ……………………………………… (288)
新农保试点 …………………………………… (288)
党委和村级组织换届 ………………………… (288)
柳泉镇 ………………………………………… (288)
概况 …………………………………………… (288)
粮食生产 ……………………………………… (289)
烟叶生产 ……………………………………… (289)
蔬菜基地建设 ………………………………… (289)
农业观光园建设 ……………………………… (289)
林业生产 ……………………………………… (289)
机械制造专业园 ……………………………… (289)
新上项目 ……………………………………… (289)
电力资源 ……………………………………… (290)
中心镇建设 …………………………………… (290)
小城镇经营管理 ……………………………… (290)
新农村建设 …………………………………… (290)
科教文卫稳步发展 …………………………… (290)
社会保障 ……………………………………… (291)
双拥工作 ……………………………………… (291)
劳务输出 ……………………………………… (291)
计划生育 ……………………………………… (291)
环境保护工作 ………………………………… (291)
河道治理 ……………………………………… (291)
党的建设 ……………………………………… (291)
韩城镇 ………………………………………… (291)
概况 …………………………………………… (291)
招商引资 ……………………………………… (292)
烟叶生产 ……………………………………… (292)
蔬菜产业得到发展 …………………………… (292)
镇村面貌大改观 ……………………………… (292)
小城镇建设成绩显著 ………………………… (292)
社会各项事业协调发展 ……………………… (292)
综合治理迈上新台阶 ………………………… (293)
抓基层组织建设，夯实发展基础 …………… (293)
三乡镇 ………………………………………… (293)
概况 …………………………………………… (293)
工业发展及园区建设 ………………………… (294)
招商引资 ……………………………………… (294)
现代农业 ……………………………………… (294)
林业生产 ……………………………………… (294)
畜牧养殖 ……………………………………… (295)
村镇建设管理 ………………………………… (295)
新农村建设 …………………………………… (295)
旅游开发 ……………………………………… (295)
信访稳定及综合治理 ………………………… (295)
安全生产 ……………………………………… (295)
计划生育 ……………………………………… (295)
社会事业 ……………………………………… (296)
党的建设 ……………………………………… (296)
樊村乡 ………………………………………… (296)
概况 …………………………………………… (296)
项目引资 ……………………………………… (297)
安全生产 ……………………………………… (297)
新农村建设 …………………………………… (297)
烟叶生产 ……………………………………… (297)
林业生产 ……………………………………… (297)
畜牧业发展 …………………………………… (297)
小城镇提升改造 ……………………………… (297)
环境治理 ……………………………………… (297)
基层组织建设 ………………………………… (297)
计划生育工作 ………………………………… (298)
综合治理 ……………………………………… (298)

惠农政策 …… (298)
社会事业 …… (298)
赵保乡 …… (298)
概况 …… (298)
书记工程 …… (299)
乡长工程 …… (299)
农业产业结构调整 …… (299)
生态林业建设 …… (299)
民营经济 …… (299)
新农村建设 …… (299)
小城镇经营管理 …… (300)
劳务经济 …… (300)
基础设施建设 …… (300)
完善社会保障体系 …… (300)
惠民政策 …… (300)
计划生育工作 …… (300)
科技工作 …… (300)
党建工作 …… (300)
董王庄乡 …… (301)
概况 …… (301)
烟叶生产 …… (301)
林业生产 …… (301)
畜牧养殖 …… (301)
工业经济 …… (301)
新农村建设 …… (301)
劳务输出 …… (302)
社会事业 …… (302)
环境保护 …… (302)
计划生育 …… (302)
科技工作 …… (302)
信访稳定 …… (302)
平安建设 …… (302)
安全生产 …… (302)
纪检监察 …… (302)
基础设施 …… (302)
党的建设 …… (303)
莲庄镇 …… (303)
概况 …… (303)
工业经济 …… (303)
招商引资 …… (303)
农业经济 …… (303)
林业生产 …… (303)
畜牧养殖 …… (303)
新农村建设 …… (303)
劳务输出 …… (303)
民生改善 …… (304)
基层组织建设 …… (304)
上观乡 …… (304)
概况 …… (304)
花生种植 …… (304)
基础设施 …… (304)
招商引资 …… (304)
平安建设 …… (305)
民生改善 …… (305)
基层组织 …… (305)
张坞镇 …… (305)
概况 …… (305)
招商引资 …… (305)
特色产业 …… (305)
林业生产 …… (306)
畜牧养殖 …… (306)
平安建设 …… (306)
社会事业 …… (306)
新农村建设 …… (306)
基层组织 …… (306)
花果山乡 …… (307)
概况 …… (307)
农业产业结构调整 …… (307)
大力发展特色产业 …… (308)
工业发展成绩显著 …… (308)
新农村建设效果明显 …… (308)
造管并重抓林业 …… (308)
民营经济发展迅速 …… (308)
统筹发展社会事业 …… (308)
加强党的建设 …… (309)
盐镇乡 …… (309)
概况 …… (309)
林业生产 …… (310)

烟叶种植 …………………………………… (310)
畜牧养殖 …………………………………… (310)
基础设施建设 ……………………………… (310)
教育卫生 …………………………………… (310)
民政事业 …………………………………… (310)
计划生育 …………………………………… (310)
综治信访 …………………………………… (310)
特色项目 …………………………………… (310)
党的建设 …………………………………… (311)
高村乡 ………………………………………… (311)
概况 ………………………………………… (311)
粮食生产 …………………………………… (311)
烟叶生产 …………………………………… (311)
黑杂粮生产 ………………………………… (312)
红辣椒生产 ………………………………… (312)
招商引资 …………………………………… (312)
小城镇经营管理 …………………………… (312)
社区服务中心建设 ………………………… (312)
后进村整顿 ………………………………… (313)
村级组织换届 ……………………………… (313)
纪检监察 …………………………………… (313)
开展“进农户问党风”活动 ……………… (313)
林业生产 …………………………………… (313)
畜牧养殖 …………………………………… (313)
劳动保障 …………………………………… (313)
民生工程 …………………………………… (314)
惠民政策 …………………………………… (314)
困难救助 …………………………………… (314)
保障性工作 ………………………………… (314)
教育 ………………………………………… (314)
计划生育 …………………………………… (314)
平安建设 …………………………………… (315)
国土资源保护 ……………………………… (315)

附　　录

宜阳县人民政府办公室关于印发宜阳县实施食品安全四大放心工程工作方案的通知 ………………………………………………… (316)
宜阳县人民政府关于进一步加强城区建筑工地及建筑垃圾运输管理工作的通知 … (319)

特　　载

县委书记王琰君在县委十一届八次、县政府二次全会暨上半年经济运行分析会上的讲话

（2012 年 7 月 31 日）

同志们：

今天会议的中心议题是：贯彻落实市二季度工作会议精神，总结上半年工作，部署下半年任务，进一步动员全县上下继续坚持好字当头，快字当先，坚决打赢三季度“6+1”攻坚战。刚才，宇鹏县长通报了上半年全县经济社会发展考评和责任目标完成排名情况；香鹿山镇、交通局、电业局三家单位作了表态发言；黄县长对上半年的工作进行了系统总结回顾，对下半年的工作进行了具体安排部署，同志们要认真领会，认真落实。下面，我讲三点意见。

一、清醒忧患，责任如山

只有客观辩证地看，才能更加务实地干。认真审视上半年工作，存在三个基本面。

（一）成绩值得肯定，务必坚定信心。今年以来，全县上下按照统筹兼顾，持续提升，“三化”协调发展做示范，“六加一”攻坚战走在前的工作总基调，稳中求进，务实发展，全县经济社会发展总体持续、总体提升、总体协调、总体有效，呈现出比较好的趋势、比较好的态势、比较好的气势。所谓比较好的趋势是指全县经济社会的发展走势、发展总的状况平稳有效，持续向好。从主要经济指标运行情况看，全县生产总值、规模以上工业增加值、全社会固定资产投资、地方财政一般预算收入等几项主要经济指标增速均超出市定目标，基本上实现了“时间任务双过半”。其中，生产总值、全

县委书记王琰君在作报告

社会固定资产投资、财政一般预算收入增速排名分别居9县（市）第5位、第4位和第3位，经济运行的质量明显提高；从全市科学发展考评情况看，在全部8类考评指标中，我县有7项排名全市前5位。其中，产业集聚区、新型城镇化、后进村整顿三项工作排名全市首位，科学发展、公众安全感排名全市第3位，县域经济社会的发展活力明显增强。所谓比较好的态势是指我县经济发展后劲持续增强、各项工作亮点纷呈。上半年，全县上下积极应对严峻复杂的经济形势，在确保经济社会又好又快发展进程中，注重夯实基础，转变发展方式，推动了产业结构的优化升级；注重加强基础设施和服务平台建设，产业集聚区服务带动功能和综合承载能力得到提升；注重扩大招商引资成果、推动民营

经济发展，县域经济的综合实力和内生活力得到增强；注重稳固农业农村的基础地位，“三篇文章”一起做取得阶段性成果，夏粮总产、单产均创历史新高，产量和增速双双排名全市首位。这些都为全县经济发展增添了后劲，夯实了基础。所谓比较好的气势是指在全县干群中正在形成的勇往直前的发展劲头，奋发有为的精神状态，务实发展的浓厚氛围。上半年，我们以“作风转变年”、“基层组织建设年”活动为载体，在重点工程、重大项目、重要工作推进中继续坚持实行“双谈双评双诺”制和媒体公示制，持续推行“一线倒逼工作法”，绝大多数干部真正把心思转到了发展这个第一要务上，思发展、谋发展、促发展成为主旋律、最强音，大家思想统一，步调一致，心齐气顺，做工作有思路、有方法、有激情，干事业有共识、有合力、有氛围，这些都为我县加快发展、科学发展、务实发展提供了不竭动力。

（二）问题客观存在，务必保持清醒。成绩属于过去。我们必须清醒地看到，当前我县总体形势还存在发展不足、结构不优、机制不活和民生改善不快等问题，而且呈现叠加交织状态。主要表现在三个方面：

一是发展的质量不高。从工业效益看，上半年全县规模以上工业增加值、销售收入和利润增速较去年同期降幅较大。工业经济利润6.5亿元，增速19%，虽高于全市平均增速，但低于汝阳、孟津和嵩县。从财政收入看，上半年全县财政一般预算收入增速比去年同期下降10.6个百分点，低于洛宁16.5个百分点，总量是栾川的47%、新安的59.3%、伊川的65%、偃师的68%、孟津的79%，仅高于洛宁、嵩县和汝阳，比孟津少近1个亿，高于洛宁不到4000万元；税收增速低于财政一般预算收入9.1个百分点，税收占财政一般预算收入的比重仅为58.1%，在9县（市）排倒数第二，分别低于前两名汝阳、洛宁20.9和15个百分点，经济发展的效益纵向比明显下滑，横向比差距逐步增大。

二是发展的动力不足。受外需不振、内需不旺和我县固有的产业结构不优等问题的多重影响，我县投资、出口、消费三大动力并减的态势尤为明显。从投资看，上半年全县固定资产投资增速比去年同期下降了2个百分点。其中工业投资增速比去年同期下降93.5个百分点，降至近三年来的最低点；商品房销售面积增速回落38.2个百分点。从出口看，出口总值比去年同期下降174万美元，降幅26.6%，粗放式、传统型、资源性出口的局面还未改变。从消费看，全县社会消费品零售总额增速比去年同期下降2.2个百分点，增速在全省158个县（市）区仅排第139位。特别是从发展后劲看，能源、化工、建材等传统行业，生产经营面临较大困难；高新技术产业增加值仅占全县规模以上工业企业增加值的1.7%，比重偏小，没有对整体经济形成支撑作用；企业资金周转困难，上半年全县产品库存5.4亿元，同比增长44.8%，应收账款3.1亿元，流资严重短缺。

三是发展的基础不牢。从乡镇财政收入完成情况看，16个乡镇只有城关镇、锦屏镇、香鹿山镇、莲庄镇、樊村乡5个乡镇达到了“时间任务双过半”，最少的高村乡完成年度目标的14.8%，赵保乡完成20%。与去年同期相比，柳泉镇、韩城镇、三乡镇、赵保乡、董王庄乡等5个乡镇的增长为负数，其中赵保乡下降了18个百分点。从工程项目推进情况看，全县16个乡镇书记工程正在建设的有三乡镇、柳泉镇、香鹿山镇、韩城镇4个，其余12个乡镇截至目前仍处于在谈或谋划阶段。乡镇长工程共22项，分烟叶、蔬菜、畜牧养殖、苗木花卉四大类，锦屏镇已完成，但仍有张坞镇、莲庄镇两个乡镇至今未开工，其余乡镇也都存在进展不快、效果不好等现象。我们允许暂时的落后，但绝不允许精神上的颓废，允许暂时的差距，但绝不能因为差距而降低标准、自我迁就。面对差距，全县干部一定要有食不甘味、夜不能寐的责任感，义不容辞、责无旁贷的使命感，如临深渊、如履薄冰的危机感，立志改变现状，立志进位争先，变后进为先进，实现后来者居上。

（三）形势蕴藏机遇，务必准确把握。在充分认识困难和挑战的同时，我们也要看到其中蕴藏的发展机遇。当前和今后一个时期，必须紧紧抓住“四大机遇”：

一要抢抓国家加速项目审批带来的机遇。国家自今年5月份起决定加速对水利、交通、能源等重大项目的审批程序，从而快速启动一批事关全局、带动性强的重大项目。省、市也就加快项目审批制定了相应的配套实施办法。我们要抓住这一机遇，迅速梳理出一批成长性强、关联度高、具有示范带动作用的项目，做实各项基础准备工作，力争列入省、市重点项目，为我县经济转型、产业结构调整充实力量，积蓄后劲。

二要抢抓国家加快基础设施建设带来的机遇。今年我国基础设施投资将达7.89万亿元，为2009年以来的历史最高。今年下半年，国家对中西部地区基础设施建设的支持和投入力度将继续加大，并且出台政策鼓励金融机构加大对基础设施建设的投融资力度。我们要做好衔接，抓紧谋划和申报一批重大基础设施项目，加快提升我县基础设施建设的整体水平。

三要抢抓南方地区劳动密集型企业向外转移带来的机遇。受经济下行压力及生产成本增长等因素的影响，华东、苏南地区的劳动密集型企业加速向内地转移，下半年，转移速度将进一步加快。我们要借助郑州产业转移对接会等节会活动平台，根据我县的产业特点，积极引进一批优势项目，推动结构调整，优化产业布局。

四要抢抓金融机构融资支持洛阳发展带来的机遇。今年6月中旬以来，市委、市政府相继与建设银行、交通银行、工商银行、农业银行四大驻豫金融机构达成战略合作协议，未来3至5年，四大金融机构将为洛阳发展提供共计2800亿元的投融资支持，这是近年来我市获得的最大规模的投融资支持，涉及新型农村社区、基础设施、战略性新兴产业、高新技术产业等多个范围和领域。我们要抓住这一宝贵机遇，积极对接，主动作为，争取更多资金、更大支持。

二、把握重点，攻坚克难

攻坚克难的重点和核心在项目、投资和运行，要围绕发展上项目，紧盯项目保投资，确保投资抓运行，有效应对危机和挑战，巩固和发展来之不易的良好局面。

（一）着力抓投资。投资不单是拉动经济增长的主要动力，更是转方式、调结构、惠民生的有效举措。近3年来，我们围绕工业、农业、城建、旅游、民生五大板块，持续扩大投资强度，投资对经济增长的贡献率一直保持在70%以上。但目前在建项目进展的并不顺畅，除个别项目投资进度较快外，大部分项目的投资增长缓慢，甚至停滞不前。前段时间，我们对部分重点项目推进情况进行了现场督导，所督导的10个项目开工了8个，完成投资仅占年度计划投资的16.6%；轴承专业园一期13个项目、西庄专业园8个项目至今没有投产项目，轴承专业园二期15个项目完成投资占年度计划投资的22%；文兴社区仅完成年度投资任务的29%。归结起来一句话，投资跟不上。下半年，必须在保证投资强度，加快投资进度，确保投资有效度上下工夫。一要保证投资强度。首先必须改变传统的工业投资结构，提高建材、冶金、化工等过度依赖资源消耗、低成本生产要素产业的准入门槛，积极发展新材料、食品生物、电子电器等高科技、高附加值、高市场占有率、高成长性战略新兴产业。其次要改变传统招商引资方式，真正实行选商择资，围绕“一区六园”，把产业关联度大、投资规模大、科技含量高的龙头项目、基地型项目作为招商主攻方向。要对产业集聚区现有部分企业进行“腾笼换鸟”式投资，“腾”出低水平重复建设的项目、落后的产业，“换”入新的产业和新的经济增长方式。同时，要鼓励企业建设多层厂房和标准化厂房，提高土地容积率，投资额小的项目不再单独供地，鼓励项目进驻标准化厂房。二要保证投资进度。对今年确定的51个工业项目、21个农业项目、67个城建项目、7个旅游项目、16个民生项目，排出投资计划节点和投资形象节点，形象节点按9月30日和12月31日控制。对没有客观原因而长期停滞的项目进行清障，责令其腾出土地；对项目建设速度快、投资进度快的项目要进行奖励。三要保证投资有效度。投资要掌握政策，遵循规律，进行科学投资，有效投资。要坚持效益优先，提高投资实效，使投资真正发挥效益。工业上要重点围绕精密轴承专业园、装备制造专业园、电子电器专业园、新材料专业园、食品生物专业园、富士康科技产业园和基地型项目扩大投资，确保形成规模，形成集聚集群效应。农业上要重点围绕生态观光农业和畜牧产业集群加大投资，8个畜牧养殖项目是今年的交卷工程，各乡镇要对照先进找差距，自加压力，迎头赶上，年底要严格兑现奖惩。城建上要围绕“1150”、“1122”和“双气”全覆盖工程加大投资，10大城中村改造10月底前征迁工作必须大头落地；对高层实施“编号”管理，年底前竣工高层总数要达到100栋以上；锦屏文化广场、红旗文化广场8月份必须有实质性动作。旅游上要按照提升品位、打造精品的标准扩大投资，现有的莲花公园要按照世界精品莲花大观园的标准来打造，要汇集世界各地260多个莲花品种，同时要做大、做强、做特、做深莲文化和莲产业；三乡汉唐文化园和北京友松公司的老干部安养基地要按照我县打造全国文化旅游名县的一张黄金名片标准来规划建设，把经济、生态和社会效益发挥到最大。四要创新投融资模式。县国土局要抓紧土地有序出让，确保三季度回笼资金1亿元；建投公司要确保争取银行贷款1亿元；在县工信局成立宜信实业公司，加大上级贷款争取力度；县财政局要确保争取周转资金5000万元；充分运用BT、BOT模式，吸引民间资本，确保基础设施建设投资力度。所以，越是资金紧张，越要根据经济社会发展需要算好投资的经济效益账、生态效益账、社会效益账，要把有限的资金用在“刀刃”上，切实提高项目投资的综合效益。

（二）着力抓项目。近几年宜阳的发展实践充分证明，没有项目就没有发展，没有好项目就没有好发展，没有大项目就没有大发展，加快发展的有效载体就是抓项目。一要盯牢盯死大项目。一个项目从谋划到落地、到竣工投产，最能检验干部抓工作的能力，最能体现干部执行力的强弱。县发改委、各项目责任单位要把项目建设作为加快宜阳发展的主战场，在项目一线比能力、比作风、比贡献。当前要重点抓好富士康科技产业园、青岛啤酒、洛铜集团镁材料产业园、洛铜研发中心、中钢洛耐高温材料产业园、电子电器专业园等15个总投资173亿元的大项目，做好前期工作，完善各项手续，力争三季度新开工项目10个。这些项目关系发展方式的转变，关系产业结构的调整，是打基础、增后劲的大项目，必须抓紧、抓好、抓出成效。各项目主体单位要排时间、排进程，主动和发改委及相关部门沟通联系，争取分管领导支持，往前赶，朝前干。在项目推进上，要着力推行领导分包、一线办公、节点推进、媒体曝光、加压推进办法，强化分包领导、责任单位、项目主体联动，集中有效地解决项目落地及建设过程中的共性问题和关键性问题。要加强对重点项目的督导检查，建立倒逼机制，实行周汇报、月讲评制度，以9月30日和12月31日为考评节点，对项目建设进度、完成年度计划比重等进行全面考核。《县重点工程建设月报》要继续每月对10项重点工程进展情况、投资完成情况、存在的问题进行通报。10项重点工程和10件福民实事是年初人代会上我们对全县人民的郑重承诺，不能打折扣，更不能欠账。二要积极谋划好项目。要准确把握扩大内需常态化、能源结构低碳化、金融业态多元化、新兴产业支柱化的趋势，对接我县产业规划，做好项目谋划工作。在工业项目谋划上，重点围绕食品生物医药、电子电器、新材料等战略性新兴产业，谋划一批总投资超20亿元、对经济具有强大支撑和拉动作用的重大项目，谋划一批关联度高、能延长产业链条或资源综合利用的项目，扎扎实实地调整结构，营造竞争优势。在农业项目谋划上，要与新型农村社区建设、生态文化旅游有机结合，既考虑经济效益，更注重为社区提供产业支撑、就业保障和收入保障，重点谋划大型苗木花卉基地、生态旅游观光、传统商贸重镇开发、历史文化古镇开发等带动能力强、辐射范围广的项目。在城建项目谋划上，要注重项目与城市基础设施、公益设施、文化设施建设相结合，房地产开发要与道路修建等基础设施、城市公益设施捆绑，兴建小水电要与治理河道、修建坝顶公园捆绑等。在民生项目谋划上，要注重经济效益与社会效益的有机结合，采取政府主导、市场化运作模式，既惠及民生又保障项目的市场前景，使民生项目、民生工程走得更远，走得更好。三要大力培植税源项目。引进建设一个项目最终的衡量标准是效益。我们必须以最小的土地、资金等生产要素投入，换取更多的财政收入和企业利润，换取更多的就业岗位和职工收入，换取更多的绿色生态和发展空间。围绕我县重点项目建设要着力抓好四个突破：一是在过亿税收的大企业培植上求突破，重点推进富士康科技产业园、青岛啤酒等重大项目，实现重点拉动，发挥集聚优势，增强对全县经济的拉动力。二是在过千万税收的强企业培育上求突破，重点鼓励黄河同力、前进公司、义煤集团、骏马化工等企业实施技术改造、产业扩能，增强企业竞争力。三是在税收千万元以下中小骨干企业的扶持上求突破，重点推进红星陶瓷、中信重工及传统建材、能源等特色产业项目，实现多点撬动，增强县域经济发展的潜力和活力。四是在支撑能力、发展后劲上求突破，重点推进中心商务区、重大基础设施、园区配套等项目，完善园区、城区服务功能，提升承载能力。

（三）着力抓运行。经济运行既要快速度，更要高质量和高效益。我们来看一组数据：今年上半年，我县新增规模以上企业6家，目前均处于试生产阶段；在对县本级税收贡献前30位的企业中，排前三位的是义煤集团、黄河同力和李沟矿，最多的义煤集团贡献了2446万元，第30位的奇航化工仅贡献了17万元，中信重工建成了5年，贡献额仅为125万元。在这前30位企业中，产业集聚区仅有12家，我县产业集聚区一、二季度综合排名均在全市第一位，但129家企业对县本级财政的贡献仅有30%左右。今年一季度，洛宁发恩德矿业为县本级贡献税收7830万元，我县一季度县本级税收为8700万元，一个发恩德快相当于整个宜阳县。这其中的原因就是运行问题、经营问题。下半年，我们必须在抓企业运行上有突破，必须走出粗放式发展的误区。一要狠抓运行调度。进一步健全工业经济领导小组工作机制，完善例会制、重点企业首席服务官制度，制定更加完善的考核奖惩措施，对企业进行跟踪问效。县发改委、电力、金融等部门要强化服务观念，发挥职能作用，及时了解掌握企业生产经营状况，切实搞好煤、电、油、运的综合协调，着力解决资金、电力、原材料等生产要素供给难题，促进企业达产达效。二要狠抓市场开拓。近三年来，全县相继有20多个大项目建成投产，但其产品销售市场情况却不景气。下一步，县工业经济领导小组一定要加大对重大项目产品销售市场的调查研究，要主动为企业想办法，跑销售，闯市场，加大产品销售覆盖半径，努力保持和提高市场占有率。三要狠抓资源整合。要整合企业内部资源，引导企业集中优势资源做大、做强。要整合主导产业资源，一方面积极引导企业树立"抱团打天下"的理念，切实加强沟通协作，坚持基础设施共享、技术力量共享，充分发挥各类资源的综合使用效益；另一方面要进一步加强各产业链间的沟通与衔接，横向拓宽、纵向拉长、经纬结合。要切实通过运行调度、市场开拓、资源整合为企业提供便捷、畅通、高效的运行环境。

在推动经济社会发展的同时，当前尤其要守好四条底线：一是安全生产底线。要以对人民群众生命财产高度负责的态度，认真抓好煤矿、非煤矿山、危险化学品、公共交通、建筑工地等十大重点行业领域的安全生产工作，确保不发生重特大安全事故。二是信访稳定底线。要坚持有理推定、有责推定、有错推定、有解推定的原则，着力解决好群众反映的热点、难点、焦点、燃点问题，确保十八大前后不发生赴京个访、非访、群访和到省重大集访。县四大班子领导要落实信访稳定"一岗双责"，对分包乡镇、分管部门的信访工作承担领导责任；乡镇党委书记和县直委局负责人是本乡镇、本单位信访稳定工作的第一责任人，十八大期间，凡出现赴省、进京两级上访的，一律顶格追究第一责任人的责任。三是环境保护底线。要加大产业结构调整升级，从源头上控制环境污染。同时要对重点企业、重点生产部位进行彻底摸排，加大案件查处力度，坚决扼制主要污染物超标排放，确保下半年不出现重大环境污染和环保网络炒作案事件，以宜阳良好的碧水蓝天环境为洛阳发展做贡献。四是基层基础底线。要坚持书记抓、抓书记，坚决做好后进村整顿工作，要认真总结前期工作成效，进一步强化工作措施，最终实现消除"三类支部"的目标，把每一个党支部都建设成为密切干群关系的战斗堡垒。

三、作风保障，务求实效

面对严峻的发展形势，繁重的发展任务，下半年特别是三季度，要全面打赢"6+1"攻坚战，确保全年各项目标任务圆满完成，必须要靠过硬的作风作保障。当前，关键要做到"四个强化"：

一要强化制度约束。最近一段时期，我们建立健全了县级领导工作去向公示、县党政领导一周工作预安排等制度，并通过一定的形式进行公布，从运行的实际效果看，起到了公开透明、全程监督的作用。下一步要将制度延伸到委局和乡（镇）班子，同时，要继续加大我们在工作中创造并为实践所检验行之有效的"双谈双评双诺"、媒体公示等制度的操作和运用力度，真正把干部推向群众，使权力置于群众的监督之下，让群众对工作知情参与，监督评判，促进干部作风的转变和工作的落实。

二要强化领导带头。前段时间，我们组织对乡镇书记工程、乡（镇）长工程和重点工程、重大项目、重要工作推进情况进行了现场督导，从督导的情况看，领导重视与否成为工作效果好坏的关键。全县各级领导干部要站位发展大局，融入发展大局，服务发展大局，按照"作风转变年"活动的部署和要求，真正转作风、提效能、作表率，做到在职必在位，在位必在岗，在岗必尽责，尽责必见效。要做工作上的"明白人"，真正做到学明白、想明白、说明白、做明白，不仅自身做明白还要带领干部群众干明白；要做落实上的"带头人"，深入基层，深入一线，亲力亲为，做到行动先于一般干部，标准高于一般干部，要求严于一般干部，效果好于一般干部，将领导带头转化为加快工作推进的效率、效果、效益、效应。

三要强化督查督导。督查督导是撬动工作的有力杠杆，推进工作的有效手段，必须敢用、善用、多用。下半年，要围绕作风建设和重点工程、重大项目、重要工作的推进，强化督查督导手段的运用，做到全方位、多渠道、无缝隙、全覆盖。要不断创新督查督导的方式方法，综合采取书面汇报、新闻媒体跟踪、现场督查等形式提升督查的实际效果，让干部接受群众监督，让工作在阳光下运行。

四要强化责任追究。全县各级干部要牢记使命，做到守土有责。“土”就是各乡镇的主政区域、各单位的职责范围，是必须坚守的阵地和堡垒；“责”就是各乡镇、各单位自身的年度责任目标，是全县必须向市委、市政府交卷的目标任务，是“宣言书”和“军令状”。战争年代，丢阵地、违军令要受军法处置，在“决战三季度”和下半年的工作中，庸庸碌碌、无所作为、贻误战机、责任缺失的，同样要受到规章和纪律的严惩。

同志们，今天的会议是决战三季度的誓师会，也是做好后五个月工作，确保全年目标任务完成的动员会。全县各级干部要持续弘扬解放思想，与时俱进，自加压力，勇争一流的“宜阳精神”，紧盯目标任务，奋力攻坚克难，以务实的姿态、务实的作风、务实的干劲推动宜阳经济社会又好又快发展，确保下半年各项工作走在全市前列。

县委十一届八次全会　县政府二次全会暨上半年经济运行分析会议

政府工作报告

——2012年2月19日在宜阳县第十三届人民代表大会第一次会议上

县长　黄晓玲

各位代表：

现在，我代表县人民政府，向大会作政府工作报告，请予审议，并请各位政协委员和列席人士提出意见。

一、过去五年，宜阳发展实现了新跨越

2007年以来，在市委、市政府和县委的正确领导下，在县人大、县政协的监督支持下，县政府团结带领全县人民，认真贯彻落实科学发展观，全力加快县域经济发展，圆满完成了县十二届人大一次会议确定的各项目标任务，使过去五年成为宜阳历史上发展最快、成效最好的五年。

——五年的顽强拼搏，经济总量实现翻番。全县生产总值由57.1亿元增加到154.2亿元，年均增长14.2%。全社会固定资产投资由25.2亿元增加到170亿元，年均增长47%。地方财政一般预算收入由26568万元增加到50668万元，年均增长18.6%。社会消费品零售总额由20.2亿元增加到47.8亿元，年均增长18.7%。城镇居民人均可支配收入由7373元增加到15531元，年均增长16%；农民人均纯收入由2882元增加到5348元，年均增长13.2%。先后荣获中国西游文化之乡、河南省对外开放工作先进县等诸多荣誉，国家卫生县城、河南省园林县城顺利通过复审。

——五年的奋力攻坚，工业经济显著增强。新上黄河同力二期、轴承产业园等331个项目，总投资268亿元。城镇固定资产投资由18亿元增加到167.3亿元，年均增长55.8%。规模以上工业增加值由9.6亿元增加到51.8亿元，年均增长26.8%；工业对经济增长的贡献率由48.7%提高到61.3%。民营经济发展迅猛，营业收入超亿元企业由7家增加到17家，营业收入、增加值、税金由87.7亿元、23.2亿元、3.4亿元分别增加到215亿元、65亿元和6.8亿元，年均增长20%、23%和15%。

县长黄晓玲在作报告

——五年的大力招商，产业优势更加明显。创新招商方式，拓宽开放领域，2007年以来共引进项目424个，到位资金104亿元，荣获河南省对外开放工作先进县。加快产业集聚区建设，五年累计投资92.5亿元，建成“八横十三纵”的路网体系，通车里程达到65公里，铺设各类管网187公里，入驻企业129家。固定资产投资达到78亿元，对全县固定资产投资增长的贡献率达到74.6%。产业集聚区从起步建设到快速发展，现已成为县域经济发展的重要增长极，跻身河南省10个先进产业集聚区行列。

——五年的拓展提升，城乡面貌大为改观。科学编制了城市总体规划，完成了369个行政村的村庄规划。五年来，在实施老城区改造、北城区开发的基础上，强力推进宜东新区开发，建成区面积由8平方公里拓展到27平方公里，城市框架不断拉大，城区布局更为合理。累计投资87亿元，实施矿口路、滨河路、纬一路、同力大道等198个项目，新增城区道路67.8公里，铺设管网160公里，完成拆迁120万平方米、开工207万平方米，建成28个新型住宅小区、55栋高层建筑，城市功能不断完善，城市品位大幅提升。实施阳光水岸开发，建成了3级橡胶坝、6公里长3680亩的水系景观；加快灵山景区开发，华严宝殿、寺院大门、钟鼓楼等16项工程完工。城区环境更加宜居，对外形象明显提升。洛宜快速通道在全市5条快速通道中率先通车，八官线洛河大桥、花果山洛河大桥等项目竣工通车，同力洛河大桥、锦龙洛河大桥加紧建设，全县公路通车里程由1338公里增加到2223公里，新增885公里。累计投资4.5亿元，实施农村电网、移动基站等项目建设，供电、通讯保障能力明显增强。

——五年的调整优化，现代农业加快发展。粮食生产稳定在35万吨。现代烟草农业加快推进，成为“国家级烟叶标准化生产优秀示范区”。新上雨润集团福润公司、华泰牧业、广东万禾等11个总投资22亿元的项目，畜牧养殖规模化发展步伐加快。五年累计造林22万亩，荣获“河南省林业生态县”称号。实施香鹿山四期、五期、六期绿化，总面积达到2.2万亩，成为“省级森林公园”。实施中小型水库除险加固19座，小流域治理80平方公里，恢复改善灌溉面积3.8万亩，解决了15.8万人饮水安全问题，连续三年荣获全省农业战线最高奖“红旗渠精神杯”。五年累计脱贫4.6万人，建设搬迁新村20个，整村推进扶贫81个村。新建改造社区服务中心239个，硬化通组通户道路1684公里，建成文体广场130个。

——五年的财富积聚，保障发展能力更强。地方财政一般预算收入相继突破3亿元、4亿元和5亿元，由26568万元增加到50668万元，年均增长18.6%；税收收入由1.29亿元增加到3.6亿元，年均增长23%，占地方财政一般预算收入的比重由59.7%提高到70.2%。五年累计争取上级资金44.5亿元，有力地支持了各项事业发展。财政支出由2006年的5.7亿元增加到2011年的18.2亿元，年均增长26.5%，累计支出61.7亿元。金融机构存贷款余额由29亿元、10.2亿元分别增加到64亿元、25亿元，年均增长17%和19.6%。

——五年的持续投入，群众生活显著改善。连续五年办理福民实事70项，投入资金36亿元，与广大人民群众利益密切相关的养老难、上学难、就医难、就业难、住房难等“五大难题”得到了有效缓解。全面启动城乡居民社会养老保险试点，为全县60岁以上老人发放基础养老金2380万元。引进社会资金8.3亿元，新建5所民办学校，社会办学取得突破性进展；双语学校、红旗实验学校投入使用。全面实施国家基本药物制度，“卫十一”项目顺利推进，标准化村卫生所、新农合、城乡居民医保实现全覆盖。实施全民技能振兴工程，发放小额担保贷款1.4亿元，累计实现就业4.4万人，年均就业8779人。实施城乡低保提标扩面，提高五保供养标准，累计发放资金1.7亿元。积极实施安居工程，建成幸宜小区、锦屏小区等保障性住房3900套31万平方米。

——五年的和谐发展，各项事业全面进步。加大环境综合整治力度，圆满完成节能减排目标任务。坚持节约集约用地，土地管理日趋规范。加强对重点部位、重点领域的安全监管，安全生产形势保持平稳。创新信访工作机制，强化源头治理，社会大局保持稳定。加大平安建设力度，群众安全感不断增强。圆满完成第二次全国经济普查、第六次全国人口普查。国防、双拥工作取得新成效。民族、宗教、科技、档案、史志、计生、气象、人防、残疾人等各项社会事业都取得了新成绩。

——五年的持续建设，执政水平不断提高。以“三具两基一抓手”和“两转两提”活动为载体，行政效能明显提升。“五五”普法通过验收，群众法制意识不断增强。自觉接受人大、政协监督，认真办理人大代表建议、政协委员提案，满意率达到98%。充分发挥政府网站作用，全面推进政务公开。加强行政监察和审计监督，廉政建设得到新加强。

各位代表！过去的五年，是宜阳发展历史上很不平凡的五年，是改革开放以来县域经济发展态势最好的五年，是城乡面貌变化最大的五年，是人民群众得到实惠最多的五年，是宜阳的美誉度、知名度和竞争力提升最快的五年。过去的五年，最根本的路径是科学发展。我们把宜阳实际与上级政策相结合，从容应对各种困难和挑战，牢牢把握住发展的主动权。过去的五年，最坚定的思路是“三化”协调。坚定不移推进新型城镇化、新型工业化和新型农业现代化进程，发展方向更加明确，发展能力不断提高。过去的五年，最强劲的动力是开放带动。把激活内力与借助外力相结合，促使宜阳经济发展充满活力。过去的五年，最可喜的成果是民生改善。从群众最关心的养老、上学、就医、就业、住房等难点问题入手，为广大群众办了一些多年想做而没有条件做的事情，更多的发展成果惠及民生。过去的五年，最浓厚的氛围是重实重干。充分发扬“解放思想、与时俱进、自加压力、勇争一流”的宜阳精神，全县上下呈现出真抓实干、奋勇争先的大好局面。

回顾这浓墨重彩的五年，我们为宜阳发生的巨大变化而骄傲，为全县人民创造的辉煌业绩而自豪！这是市委、市政府和县委正确领导的结果，是县人大、县政协和社会各界监督支持的结果，是全县人民艰苦奋斗的结果。在此，我代表县人民政府，向全县人民，向人大代表、政协委员，向离退休老领导、老同志，向驻宜部队、武警官兵和公安干警，向所有关心支持宜阳发展的社会各界人士致以崇高的敬意和衷心的感谢！

各位代表！在总结五年工作的同时，我们也清醒地看到经济发展中还存在着一些矛盾和问题。诸如经济总量小，高新技术产业比重低，改善民生与群众的需求还有一定的差距，个别职能部门的服务意识不强、办事效率不高，经济发展环境优势还不够明显等。这些问题，我们将高度重视，采取措施，认真解决。

二、未来五年，宜阳发展面临着新挑战

未来五年，是全面建设小康社会、实现福民强县的关键期，也是深化改革开放、加快经济转型的攻坚期。我们面临着省委、省政府全面加快中原经济区建设的难得机遇，也面临着洛阳市全力实施福民强市战略的大好机遇；立足宜阳，我们还拥有历年来发展奠定的坚实基础。基于以上分析，未来五年政府工作的指导思想是：以科学发展为主题，以福民强县为目标，以转变发展方式为主线，以新型城镇化为引领，以新型工业化为主导，以新型农业现代化为基础，全面推进经济建设、政治建设、文化建设、社会建设和生态文明建设，努力在中原经济区建设和洛阳市“五组团”发展中当先锋、做表率、有更大担当。

未来五年的发展蓝图是：

——县域综合实力要进一步增强。生产总值和全社会固定资产投资年均增长12%以上，分别达到270亿元和340亿元；地方财政一般预算收入年均增长15%以上，突破10亿元。

——科学发展步伐要进一步加快。推进“三化”协调发展，城镇化率达到50%以上；工业对经济增长的贡献率达到75%以上；农业产业化对农民人均纯收入的贡献率达到55%以上。

——人民群众生活要进一步改善。城镇居民人均可支配收入和农民人均纯收入年均增长10%，分别达到25000元和8600元，广大人民群众的生活更有质量、更有品位、更有幸福感。

各位代表！我们坚信，通过未来五年的努力，一个经济更加繁荣、环境更加优美、人民更加幸福、更加宜居宜业的新宜阳必将呈现在世人面前！

三、2012年，要努力开创宜阳发展新局面

2012年既是“十二五”规划承上启下的重要一年，也是新一届政府成立的第一年。做好今年的工作，为今后五年的发展开好头、起好步，意义十分重大。今年工作的总基调是：统筹兼顾，持续提升，“三化”协调发展做示范，“六加一攻坚战”走在前。

总目标是：①争取县域经济综合实力进入全省前50名；②“六加一攻坚战”进入全市上游水平；③十大主要指标达到或超过市定目标：生产总值增长11%，地方财政一般预算收入增长15%，全社会固定资产投资增长23%，规模以上工业增加值增长15%，社会消费品零售总额增长17%，城镇居民人均可支配收入增长10%，农民人均纯收入增长10%，外贸出口增长25%，实际利用外资增长25%，人口自然增长率控制在6.5‰以内。

总路径是：“六个加快推进，一个保障。”即：加快推进新型城镇化进程、加快推进新型工业化进程、加快推进新型农业现代化进程、加快推进旅游服务业进程、加快推进机制转换进程和加快推进民生改善进程；以开展“作风转变年”活动为总保障。

实施10大重点工程：

1. 投资20亿元的西庄洛铜工业园一期
2. 投资15亿元的食品生物医药园
3. 投资10.7亿元的轴承产业园二期
4. 投资10.2亿元的深圳电子电器科技园
5. 投资2亿元的河洛明珠万亩生态农业观光园
6. 投资7亿元的香鹿山生态城一期
7. 投资6.9亿元的滨河公园三期、四期
8. 投资30亿元的文兴·水尚城大型社区一期
9. 投资1.5亿元的宜宾大道（郑卢高速宜阳东出口连接线）
10. 投资3亿元的华富商学院

实施10大福民实事：

1. 实施惠民工程。全面落实种粮补贴、农资综合补贴、农机具购置补贴、优质良种补贴、退耕还林补贴等惠农政策。

2. 实施全民创业工程。新增城镇就业6500人、再就业3000人、公益岗位400个，发放小额担保贷款1亿元，完成技能培训1.5万人次。

3. 实施教育均衡发展工程。加快中小学布局调整，搞好华富商学院、儿童世界等项目建设，开工建设6所乡镇中心幼儿园。

4. 实施医疗保障工程。完善城镇职工、居民医保和新农合制度，新农合报销封顶线提高至15万元。加快新区医院建设进度，实施县中医院改扩建工程。

5. 实施养老保险全覆盖工程。城镇职工基本养老保险参保3.6万人以上、城乡居民养老保险参保35万人以上，社会化发放率达到100%。完善城乡低保及五保供养制度，做到应保尽保。

6. 实施保障性安居工程。投资2.3亿元，新建保障性住房2464套18万平方米，其中经济适用房660套6万平方米、廉租房400套2万平方米、公租房600套3万平方米、棚户区改造住房804套7万平方米。

7. 实施便民工程。投资8.7亿元实施"1122"工程，新建10条道路，升级改造10条道路，建成2座洛河大桥，完成2个市民广场改造。投资5亿元，铺设供热管网26公里、燃气管道25公里，新建换热站21座，力争供热面积达到100万平方米以上。

8. 实施城区改造工程。投资26.4亿元实施"1150"工程，抓好10个城中村、城郊村改造，搞好10个精品社区建设，新开工高层建筑50栋，完成拆迁30万平方米，开工建设65万平方米。

9. 实施新型农村社区建设工程。规划建设50个试点村，重点实施牌窑、官庄、铁炉、后庄、白庙、灵山等6个新型农村社区。搬迁扶贫300户1200人，硬化通组通户道路200公里。

10. 实施平安宜阳创建工程。启动110应急联动服务，及时高效办理群众诉求，办结率和群众满意率达到95%以上。深入开展"打黑除恶扫痞"专项行动，不断提高公众安全感。强化安全生产监管，切实维护群众生命财产安全。

实现上述目标，要重点做好以下六个方面的工作：

（一）加快推进新型工业化，着力提高工业支撑发展能力。充分发挥新型工业化在"三化"协调发展中的主导作用，着力扩张工业总量，加快产业转型升级，努力构建新型产业体系。一是提升项目建设水平。把项目建设作为应对复杂局面、培育竞争优势的重要抓手。强化措施，加快推进，促使东瑞彩钢、深圳海斯迪锂电池等56个在建项目早日竣工。搞好前期服务，开工建设轴承产业园二期、深圳电子电器科技园等25个项目。二是提升产业集聚水平。突出主导产业，培育特色产业，形成产业集群。实施项目21个，新增通车里程16公里，建设标准化厂房30万平方米，新建1座110千伏变电站。加快三乡、柳泉、莲庄、白杨等4个乡镇专业园区建设，努力形成"一园一品"、"一区一业"的格局。牢固树立经营理念，盘活集聚区资源，提升集聚区的综合实力，确保企业营业收入超过170亿元、固定资产投资超过90亿元。三是提升招商引资水平。强力实施开放带动战略，新上亿元以上项目10个、10亿元以上项目3个。开展"大招商"活动。紧盯国内500强、央企和行业龙头企业，瞄准珠三角、长三角和闽东南等重点区域，集群式承接产业转移。拓宽招商领域。在农业方面注重引进食品加工、畜牧养殖、花卉苗木等产业化项目，在城建方面注重引进基础设施建设、公益设施管理等项目，在社会事业方面注重引进教育、卫生、养老等项目。提高引资成效。严格落实招商引资"一把手"负责制，从严考核、从严问责，切实提高项目的合同履约率、资金到位率和开工率。四是提升民营经济发展水平。加快中小企业服务体系建设，在政策、资金等方面重点扶持，着力培育义络煤业、前进化工等20家示范效应好、带动能力强的企业，力争民营经济占生产总值的比重达到60%以上。

（二）加快推进新型农业现代化，着力夯实"三化"协调发展基础。充分发挥新型农业现代化的基础和保障作用，继续实施结构调整、土地流转、生态旅游"三篇文章打捆一起做"，促进农业增产、农民增收和农村发展。一是积极调优农业结构。搞好土地流转8万亩。重点实施20万亩花生、8万亩烟叶、5万亩小杂粮、2万亩连片黑色作物、1.2万亩蔬菜基地等项目建设。加快董大牧业、万禾牧业、华泰牧业等11个项目建设进度，努力打造国家生猪调出大县和河南省肉牛养殖大县。二是持续发展生态造林。新发展核桃种植1.4万亩，使其总面积达到6万亩；搞好黄河同力东山2000亩、锦屏山地质公园1500亩荒山绿化等项目。全县生态造林5.9万亩。三是进一步加快农田水利建设。加强涉农资金的集中使用和监管，努力提高资金使用效益。实施陡沟、张延等9座小型水库除险加固，完成宜洛南渠、寻村渠修复改造。解决4万人饮水安全问题。改造中低产田1万亩。

（三）加快推进新型城镇化，着力提升城乡统筹发展水平。充分发挥新型城镇化的引领作用，按照县城、中心镇和新型农村社区“三级推进”的思路，加快县城内涵式发展、中心镇和新型农村社区集聚式发展。一是持续推进宜东新区开发。投资9890万元，新建一座万吨供水厂和一座2万吨污水处理厂。加快就业服务中心、卫生监督中心等8个项目建设进度。搞好文兴·水尚城大型社区、环岛花园和大世界福建物流产业园等项目建设。二是持续推进城区升级改造。实施“1150”工程，抓好西街、白庙、段村等10个城中村、城郊村改造，搞好国花园、万嘉花园等10个精品社区建设，新开工高层建筑50栋。实施“1122”工程，新建经六路、经九路等10条道路，升级改造骏马大道、锦龙大道等10条道路，确保同力洛河大桥、锦龙洛河大桥按期竣工通车，搞好锦屏文化广场和红旗广场改造。三是持续加快中心镇和新型农村社区建设。抓好三乡、莲庄等8个中心镇建设，努力打造功能完善、特色鲜明、极具活力的小城镇。按照先行先试、率先垂范的原则，重点实施牌窑、铁炉等6个新型农村社区建设。在花果山乡推进整村合并，探索新型农村社区建设新模式。四是持续加快交通、电力等基础设施建设。投资1.4亿元，实施洛陕线牌窑至龙王段、石陵至新安县段、西小河至灵山段等道路改扩建。投资5000万元，实施寻村至柳泉19公里电力线路改建和高村35千伏输变电等项目建设。

（四）加快生态旅游业发展，着力增添县域经济发展活力。坚持以生态旅游业为重点，大力发展新兴服务业，带动三产经济发展。一是抓好生态旅游业发展。强化跟踪服务，加大推进力度，尽快开工建设香鹿山生态旅游产业园。搞好矿山治理及周边地域综合开发规划，抓紧开工建设锦屏山地质公园。用好“中国西游文化之乡”的金字招牌，加大对外推介和招商引资力度，努力将花果山打造成为国家4A级景区。加快灵山寺院景区和莲花公园的22个项目进度，力争“五一”开门迎宾。加快阳光水岸“东进西延”工程进度，力争6月底以前全部完工，形成全线25公里长的水系景观长廊。建设三乡汉唐文化主题公园，重点实施李贺纪念馆、三乡驿站等9大工程。二是抓好文化产业发展。结合韩城国家大遗址保护项目，对福昌阁进行修复，规划融隋唐建筑、庙会文化等元素为一体的主题公园。完成苏羊遗址、汉光武庙等一批重点文物保护单位的升级工作。三是抓好现代服务业发展。尽快完善服务业发展规划，加快城区重点商业市场建设，实施向荣市场、锦花市场改造，努力引进更多的商贸品牌企业。围绕新兴产业发展，培育仓储运输、产品包装等生产性服务业，健全信息服务、农资配送、农技应用等社会化服务体系。

（五）加快转变发展方式，着力推进县域经济可持续发展。一是积极推进改革改制。巩固和扩大改革改制成果，开展事业单位内部三项制度改革“回头看”活动。对尚未完成改制的6家企事业单位，分类实施，加快推进，尽快改制到位。二是积极推进土地节约集约利用。加强土地综合整治，盘活存量土地。规范项目用地审批，优先保障重点项目用地。依法处置违法违规占地，多策并举缓解土地供需矛盾。三是积极破解融资难题。加大财税征管力度，持续推进财税精细化管理。强化重点企业监控，着力培育骨干税源。创新财税征管方式，积极开展专项整治，努力提高税收质量。定期组织银企洽谈活动，规范投融资担保机构管理，着力破解中小企业融资难。四是积极推进“碧水蓝天”工程。加大环境综合整治力度，确保完成节能减排任务。搞好城区污水处理厂和垃圾处理场运营。开工建设8个乡镇垃圾中转站。五是积极抓好安全稳定。深入开展安全宜阳创建活动，抓好煤矿、非煤矿山、危险化学品、消防、校车等重点领域、重点行业的专项整治，坚决杜绝重特大事故发生。强化食品药品安全监管，确保人民群众食品用药安全。加强社会管理，开展信访积案化解活动，切实维护社会稳定。启动110应急联动服务，积极办理群众诉求，妥善处理突发事件。

（六）加快改善群众生活，着力推进各项事业全面进步。集中精力、财力办好与群众利益密切相关的福民实事。一是优先发展教育事业。坚持实施“一保三放开”战略，多渠道扶持发展教育事业。

实施学前教育三年规划，优化教育资源布局，促进义务教育均衡发展。二是提高医疗保障能力。加快拥有1000张床位的新区医院建设进度，力争成为全省一流的县级人民医院。实施县中医院改扩建，确保床位达到500～700张。推进基层医疗卫生机构综合改革和公立医院改革，继续实施基本药物制度。三是健全社会保障体系。扩大城乡居民养老保险、城镇职工养老保险覆盖面，提高城镇居民医保报销比例和最高支付限额。完善机关事业单位工资和津补贴制度。全面实施技能振兴工程，认真落实自主创业和就业扶持政策，多渠道增加就业岗位。加大保障性住房建设力度，着力解决低收入家庭住房难问题。四是加快发展各项事业。广泛开展全民健身活动，提升竞技体育发展水平。做好人口和计划生育工作，稳定低生育水平。持续开展双拥共建，支持驻宜部队和民兵预备役建设。重视社会福利事业，加快残疾人服务体系建设。继续做好民族、宗教、统计、审计、科技、档案、史志等工作。

四、加强自身建设，努力营造最佳发展环境

2012年是县委、县政府确定的“下基层、转作风、提效能”作风转变年。全县上下要积极转变工作作风，提升行政效能，提高服务质量，努力建设法治政府、高效政府、务实政府、阳光政府和廉洁政府。

（一）建设法治政府。全面推进依法行政，按照法定权限和程序履行职责。严格执行人大及其常委会的决议和决定，自觉接受政协的民主监督，认真办理人大代表议案、建议和政协委员提案。加强执法队伍建设，规范行政执法行为。

（二）建设高效政府。继续深化行政审批制度改革，优化审批流程，努力形成零障碍、低成本、高效率的投资环境。实施“一站式办公、一个窗口服务”，为企业、基层和群众提供更加便捷、高效的服务。

（三）建设务实政府。始终把群众的事情、企业的事情当作大事、要事来办，全心全力为企业和群众办实事、解难题。强化政务督查，完善重大项目、重点工作跟踪落实机制，做到有令必行、有禁必止，确保工作有人落实、责任有人承担，切实提高政府的执行力和公信力。

（四）建设阳光政府。健全重大事项社会公示、公众听证、专家论证等制度，提高行政决策的透明度和公众参与度。加快政府网站和电子政务建设，认真落实《政府信息公开条例》，保障社会公众的知情权，让权力在“阳光”下运行。

（五）建设廉洁政府。严格落实廉政建设责任制，推进惩治和预防腐败体系建设。大力弘扬艰苦奋斗、勤俭节约的优良传统，坚决杜绝铺张浪费。从严执行干部作风“十条禁令”，严肃查处违法违纪案件，努力打造一支政治坚定、业务精湛、清正廉洁、作风优良的公务员队伍。

各位代表！回首过去，成果丰硕；展望未来，豪情满怀。站在新的历史起点上，我们肩负着70万宜阳人民的重托。让我们牢记使命，凝心聚力，团结奋进，重实重干，共同开创宜阳更加美好的未来！

2011年国民经济和社会发展计划执行情况与2012年计划（草案）的报告

——2012年2月19日在宜阳县第十三届人民代表大会第一次会议上

县发展和改革委员会主任　李　珂

各位代表：

我受县人民政府委托，向大会报告2011年国民经济和社会发展计划执行情况与2012年计划（草案），请予审议，并请各位县政协委员和其他列席人员提出意见。

一、2011年国民经济和社会发展计划执行情况

2011年是“十二五”发展和中原经济区建设开局之年，面对严峻复杂的经济形势，在县委的正确领导下，全县上下深入贯彻落实科学发展观，抢抓中原经济区建设及洛阳市组团式、向心式发展等重大机遇，围绕“福民强县”目标，全力打好项目建设、经济转型、机制转换、城市提升、民生改善、环境创优“六大攻坚战”，各项工作都取得了喜人成绩，实现了“十二五”发展的良好开局。

（一）主要经济指标完成较好，实现经济平稳较快增长

全年实现生产总值154.2亿元，同比增长14%；规模以上工业增加值48亿元，增长27%；固定资产投资170亿元，增长23.7%；服务业增加值49.2亿元，增长10.2%；社会消费品零售总额47.8亿元，增长18%；财政一般预算收入突破5亿元，增长18.7%；城镇居民人均可支配收入15531元，增长15.8%；农民人均纯收入5348元，增长16.3%。

（二）强化目标责任管理，20项县重点工程进展顺利

出台《关于进一步做好重点项目建设工作的意见》，严格落实重点项目建设督办制度，加大督查暗访力度，定期、不定期地深入项目建设一线，及时发现并解决影响项目建设的突出问题，保证了县重点工程的顺利实施。20项重点工程快速推进，完成投资40.61亿元。其中，投资进度完成较好的项目有世纪广场商贸城项目，完成投资1.5亿元，占年度计划的150%；阳光水岸二期项目，完成投资2亿元，占年度计划的200%；骏马化工硝酸硝基复合肥项目，完成投资1.52亿元，占年度计划的127.09%；城区供热项目，完成投资1.21亿元，占年度计划的100.83%。

（三）狠抓重大项目建设，发展后劲不断增强

坚持把项目建设作为推进各项工作的总抓手，大力开展项目攻坚战。通过建机制、解难题、抓督导、严考核，强化项目谋划，加快项目前期，突出重大项目示范，项目建设攻坚战取得明显成效。全年实施千万元以上工业项目88个，完成投资37.8亿元。美辰钢构年产2万吨钢结构、强豫公司年产5000台农业机械、黄河同力利用水泥窑消纳城市生活垃圾、迅凯电子网络电源线等32个项目竣工投用。福润公司年屠宰加工200万头生猪、骏马公司硝酸硝基复合肥、牡丹焊材焊丝研发基地、奇航化工硅酸钠等19个续建项目扎实推进。东瑞彩钢年产10万吨钢构生产线、华宇光电年产850吨光伏产品、海斯迪年产1500万组聚合物锂电池等69个项目开工建设。洛铜工业园、中铝洛铜、华电新能源等一批前期项目取得重大突破。省市重点工程顺利推进。13项省市重点项目竣工7项，完成投资17.93亿元，超年度目标计划31.8个百分点。

（四）强化经济运行调控，发展质量明显提升

高度重视经济运行分析。每月召开经济分析会、重点企业运行会，及时研究解决企业运行中遇到的问题。加大协调重要生产要素调度。保障企业的要素供给。龙羽宜电因缺煤停产，经过多方协调，12月份并网发电。多渠道破解融资难题。积极协调银行与企业的沟通，县内七家金融机构与24家企业签订贷款协议，落实资金额度达3.5亿元，使金融行业能最大限度地支持地方经济发展。

狠抓节能降耗。严格目标管理，将节能目标任务分解落实到27家重点耗能企业和16个乡镇，实行严格的问责制和“一票否决制”。严格把关新上项目，按照国家产业政策和《产业结构调整目录》，对新上项目甄别筛选，严格限制高耗能、高污染和产能过剩项目开工。

（五）突出新型城镇化建设，县城形象显著改观

以新型城镇化为引领，积极实施县城“一带四区”版块发展，加快宜东新区与洛阳主城区的无缝对接和融合发展，城乡建设亮点纷呈。宜东新区开发快速推进。完成投资1.4亿元，启动实施县委党校综合楼、人民医院整体迁建、卫生监督中心、交通运输局养护大厦、就业和社会保障中心、人民检察院、工商局“12315”服务中心、金税网络中心办公楼等八家迁建单位工程，新区框架初具雏形。城区基础设施不断完善。“1022”工程进展迅速，北环路、同力大道、滨河南路、南环路东延、东环路等5条道路竣工通车；西庄文化广场建成投用；洛河锦龙大桥和同力大桥开工建设；城区集中供气工程完成北城区管道铺设，部分小区实现供气，集中供热工程加紧实施；投资7720万元，完成北城区污水处理工程和总长44公里雨污管道工程。投资5700余万元，完成检察文化广场北路、检察文化广场西路、创业二路、迎宾大道双立交工程和滨河文化活动广场建设等“三路两桥一广场”工程。旧城改造持续提升。投资2.6亿元，完成拆迁15.2万平方米，开工建设18.3万平方米。重点实施了世纪广场、双语学校、五金大厦、豫嘉园、华芳名典、宏泰小区和宜兴家园等14个项目，楼宇经济快速发展，县城面貌大为改观。城中村、城郊村改造快速推进。完成投资9.6亿元，改造拆迁26.9万平方米，西街、中街、水磨头、白庙、后庄、铁炉、河下、段村、下河头、官庄等10个城中村及城郊村改造项目扎实推进。中心乡镇建设效果显著。积极实施白杨镇、柳泉镇、韩城镇等7个乡镇的综合市民广场、达标自来水厂、高标准主街道、公共文化活动中心、垃圾中转站等“10个1”工程建设，中心城镇的承载功能不断加强。柳泉镇、白杨镇被市委、市政府授予“洛阳市小城镇经营管理先进乡镇”称号。新型农村社区建设扎实推进。以工业和商贸为支撑的牌窑社区和以旅游文化为特色的灵山社区各项服务功能日益完善，在新型城镇化进程中起到了很好的示范带动作用。

（六）狠抓农业结构调整，农业现代化建设成绩突出

认真落实上级各项强农惠农政策，粮食总产达到34.6万吨，继续保持全市先进位次。县财政投入涉农资金2.6亿元，重点发展蔬菜、烟叶、油料、黑色作物种植，实现烟叶税1435万元，新建蔬菜基地9560亩、苗木花卉林果基地2826亩、核桃基地1.8万亩，加快了新型农业现代化建设步伐。柳泉镇、韩城镇、高村乡荣获全市结构调整、土地流转、生态旅游三篇文章一起做“先进乡镇”。农村土地流转成绩突出。采取多种形式加快土地流转，以合作社为依托流转土地3915亩，以企业为依托流转土地8703亩，流转入种养大户20082亩。林业生态建设稳步推进。多方筹措资金，实施核桃基地、苗木花卉林果产业基地、宜林荒山绿化、郑西高铁绿化、村镇绿化、森林抚育、低质低效林改造八大工程，共完成造林8万亩，荣立洛阳市创建国家森林城市工作集体“三等功”。畜牧大县建设步伐加快。积极推进标准化规模养殖，新建董大牧业年出栏10万头生猪、荣升养殖年出栏5万头生猪、洛阳东汉禽业年出栏300万只肉鸭、鸿发养殖有限公司二期扩建工程、森龙集团华泰农牧年出栏10万头生猪、广州万禾牧业年出栏10万头生猪、洛阳兴泰养殖年出栏10万头生猪等7个标准化养殖场，养殖规模及种类不断扩大，畜牧大县建设步伐加快。加大农田水利设施投入力度。实施小水库除险加固7座，新增有效灌溉面积2.6万亩，改造中低产田1万亩，解决饮水安全问题6.2万人，连续三年荣获河南省农业战线最高奖“红旗渠精神杯”。

（七）强化集聚区规划建设，产业集聚能力明显提升

狠抓基础设施建设。坚持基础设施作为发展先导，全力加快推进基础设施建设步伐。总投资22.1亿元，实施集聚区路、电、供气、供热、技术研发、标准化厂房等31项基础设施工程建设，产业集聚区服务功能进一步完善。加快推进项目建设。完成投资50.2亿元，共实施千万元以上工业项目37个。宏元工贸年产9000吨精密铸件、至尚有机硅年产2.4万吨硅溶胶铸件项目、迎春电器公司年产25万台（套）工业和家用电器等7个项目竣工投产。华宇光电、东瑞彩钢、轴承产业园一

期、海斯迪电子等30个项目正加紧建设。集聚区工业企业实现营业收入117亿元、固定资产投资81.2亿元、入库税金3.3亿元，分别增长132.6%、104%和44.2%。县产业集聚区荣获“河南省先进产业集聚区”称号和“洛阳市产业集聚区建设一等奖”。

（八）狠抓文化旅游项目建设，旅游经济发展迅速

狠抓旅游景区建设，灵山风景区公路改线工程、凤凰山综合治理、华严宝殿、旧寺院整体修缮、钟楼、鼓楼、景区大门、景区牌坊等10个项目竣工。灵山莲花公园已完成一期500亩荷塘建设、莲花种植和漂流渠等项目。灵山莲花水景公园景区段洛河南北大堤主体已完成。阳光水岸二期工程全部完工，洛河县城核心段通过三级橡胶坝建设形成6公里长水面及10公里长的绿色景观长廊。河洛明珠万亩生态农业观光园以百花园、百果园、百药园为主题，正加快项目推进。持续推进文化旅游名县建设，成功举办庆祝建党九十周年暨第十届“滨河之声”广场文化活动和第12届灵山文化庙会。

（九）加大民生投入力度，居民生活质量进一步提高

圆满完成各项福民实事，荣获“洛阳市民生改善工作先进县”。引进社会资金8.3亿元新建5所民办学校，社会办学取得了突破性进展。红旗实验学校、双语学校二期投入使用，华富商学院一期建筑主体封顶，高考工作连续三年保持全市前3强。全面实施国家基本药物制度，投资2.5亿元的新区医院主体竣工。全面启动国家城乡居民社会养老保险试点，为全县60岁以上老人发放基础养老金2380万元。积极搞好倒房重建和危房改造工作，3092户困难群众搬入新居。完成820个企事业单位改革，荣获洛阳市改革改制工作先进县。

各位代表，2007年以来，在市委、市政府和县委的正确领导下，在县人大、县政协的监督支持下，县政府团结带领全县人民，全面贯彻落实科学发展观，强力推进新型城镇化、新型工业化和新型农业现代化协调发展，圆满完成了县十二届人大一次会议确定的各项目标任务。县域经济发展不仅成功实现了阶段性跨越，而且特色鲜明、亮点纷呈，使过去的五年成为宜阳历史上发展最快、最好的时期之一。先后荣获中国西游文化之乡、河南省对外开放工作先进县、国家卫生县城、河南省园林县城、“河南省对外开放工作先进县”、“河南省先进产业集聚区”、河南省农业战线最高奖“红旗渠精神杯”等诸多荣誉。

二、未来五年发展思路及目标任务

未来五年，是全面建设小康社会、实现福民强县的关键期，也是深化改革开放、加快经济转型的攻坚期。我们面临着中原经济区的新机遇，面临着洛阳市建设国际文化旅游名城、在中原经济区建设中争当“三化”协调发展示范市的新机遇。同时，我们也面临着发展方式转变、经济结构调整、不确定因素增多等诸多新挑战。但是，机遇大于挑战，希望大于困难。我们必须抢抓机遇，加快发展，努力谱写五年发展新篇章。

发展战略：加快实施产业立县、工业兴县、科教强县、生态大县和旅游名县“五大战略”。

发展定位：将宜阳建成河南省新型工业化发展示范县、河南省文化旅游名县、河南省“三化”协调发展示范县和宜居宜业宜游的洛阳市卫星城。

发展重心：坚持实施工业经济、农业经济、城镇经济、旅游经济、民生经济“五轮驱动”。

发展路径：推进新型工业化、新型城镇化、新型农业现代化、城产一体化、洛宜一体化“五化进程”。

发展目标：生产总值年均增长12%，全社会固定资产投资年均增长12%，地方财政一般预算收入年均增长15%，社会消费品零售总额年均增长16%，规模以上工业增加值年均增长20%以上，工业对经济增长的贡献率达到75%以上，城镇居民人均可支配收入和农民人均纯收入年均增长10%，城镇化率达到50%以上。

三、2012年经济社会发展的指导思想和主要目标任务

——指导思想：深入贯彻落实科学发展观，以福民强县为目标，以统筹兼顾、持续提升为主题，以加快转变发展方式为主线，以新型城镇化为引领，以新型工业化为主导，以新型农业现代化为基础，以开展“作风建设年”活动为保障，强力推进“三化”协调发展，着力构建和谐宜阳，努力在中原经济区建设和洛阳市“五组团”发展中当先锋、做表率、有更大担当。

——主要目标：①争取县域经济综合实力进入全省前50名；②“六加一攻坚战”进入全市上游

水平；③十大主要指标达到或超过市定目标：生产总值增长11.5%，地方财政一般预算收入增长14%，全社会固定资产投资增长20%，规模以上工业增加值增长20%，社会消费品零售总额增长18%，城镇居民人均可支配收入增长10%，农民人均纯收入增长10%，外贸出口增长25%，实际利用外资增长25%，人口自然增长率控制在6.5‰以内。

——实施10大重点工程：

1. 投资20亿元的西庄洛铜工业园一期

2. 投资15亿元的食品生物医药园

3. 投资10.7亿元的轴承产业园二期

4. 投资10.2亿元的深圳电子电器科技园

5. 投资2亿元的河洛明珠万亩生态农业观光园

6. 投资7亿元的香鹿山生态城一期

7. 投资6.9亿元的滨河公园三期、四期

8. 投资30亿元的文兴·水尚城大型社区一期

9. 投资1.5亿元的宜宾大道（郑卢高速宜阳东出口连接线）

10. 投资3亿元的华富商学院

实现上述目标，要做好以下工作：

（一）加强经济运行调控，着力保持良好发展势头

强化目标管理和经济运行预测监测。及时跟踪经济运行和政策变化，指导生产要素调度配置，确保经济运行平稳和节点目标的完成。加强生产要素的综合协调。突出抓好迎峰度夏、保电度冬期间电力、热力供应，保障工业企业正常生产用气。引导金融机构加大对就业、中小企业、科技创新、战略性新兴产业和薄弱环节的信贷支持。加强价格监管调控。把稳定价格总水平放在更加突出的位置，切实关注民生价格，把握好价格改革的力度和节奏，加大价格监督检查力度，确保物价水平稳定。

（二）加快重大项目建设，着力推动工业转型升级

按照引进大项目、培育大企业、发展大产业的原则，结合我县资源禀赋、区位特征、主导产业定位和工业发展现状，重点实施“6396转型升级工程”：围绕新材料、食品生物医药、电子电器新兴产业和装备制造、建材、化工优势产业六大产业，投资300亿元，重点实施90个千万元以上工业项目，新开工项目60个，以项目建设强力推进工业结构转型升级，加快新型工业化进程。提升改造装备制造、建材、化工等传统优势产业。加快推进东瑞彩钢10万吨钢构生产线、轴承产业园一期14个轴承零件及成品轴承、西庄产业园、骏马公司硝酸硝基复合肥等项目建设，促其尽快竣工投产；确保海正机械拖拉机和工程机械驱动桥系列产品、前进公司基础雷管自动装填线技术改造、炜润达年产52000吨氮化物高档耐火材料、加快轴承产业园二期、红星陶瓷红瓷生产线等项目尽快开工建设。培育壮大战略新兴产业。重点培育和打造以深圳电子电器科技园为代表的电子电器，以雨润食品、东汉禽业、华裕黑色作物等为代表的食品生物医药，以洛铜工业园、中铝洛铜等为代表的新材料开发三大新兴主导产业。

（三）加大城乡投入力度，着力加快新型城镇化进程

按照县城融合发展、中心镇内涵发展、新型农村社区集聚发展思路，三位一体，联动发展。加大城乡建设力度。重点实施三大工程：①投资8.7亿元实施“1122”工程（改造10条道路，新建10条道路、2座跨洛河大桥、2个市民文化广场），确保形成“十纵十横”的县城路网框架；②投资26.4亿元实施“1150”工程（10个城中村改造、10个精品社区和50栋高层），提升县城品位；③投资5.1亿元，实施双气全覆盖工程，确保年底前实现核心城区供热供气全覆盖。加大电力设施投入力度，投资9737万元，完成110千伏宜阳电网完善及新建项目和2011年农网改造升级工程，加强电力供应保障。加大房地产开发力度，总投资15.7亿元实施10个精品社区、50栋高层建设。确保2012年底，建成精品社区数量达到20个，建设高层达到150栋。突出抓好中心镇建设。按照集聚公共要素、集聚人口人气、集聚发展潜能、增强承接带动功能的总体思路，抓好三乡、莲庄、白杨等8个中心镇建设，努力打造功能完善、特色鲜明、极具活力的小城镇。着力加快新型农村社区建设，重点实施灵山、铁炉、后庄、牌窑、官庄等6个新型农村社区，加快农村生产方式和农民生活方式转变。

（四）加快产业集聚区建设，着力提高承载能力

按照“三规合一”的规划发展思路，尽快调整拓宽产业集聚区发展范围，提高规划编制标准和

质量，并按程序及时报批。将产业集聚区产业发展与镇村合并、县城新区拓展及新型农村社区建设结合起来，着力提高产业集聚区的综合承载能力。加快培育优势产业集群。围绕装备制造、电子电器、食品生物医药、新材料开发等主导产业谋划一批招商项目，重点培育以洛凌轴承为代表的轴承产业园，以深圳海斯迪为代表的电子电器科技园，以向阳红拖拉机为代表的西庄专业园，以洛铜集团为代表的洛铜工业园，以福润为代表的食品生物医药专业园，培育壮大特色优势产业集群。加大基础设施投入。完善集聚区路网框架，采取政府投资、银行融资、社会资金投资等多种形式，实施建业南路向南延伸及拓宽、滨河路向东延伸至同力大桥北引线、恒基南路、恒基北路、轴承专业园二期路网等道路建设；加快轴承产业园和西庄产业园110KV变电站建设，为企业提供可靠电力保障；开工建设轴承产业园和西庄专业园污水处理厂。加快三乡、柳泉、莲庄、白杨等4个乡镇专业园区建设，努力形成“一区一业”、“一园一品”的格局。树立经营产业集聚区的理念，创新投融资方式和社会服务机制，确保规模以上企业营业收入超过170亿元、固定资产投资超过90亿元。

（五）加大农业结构调整，着力推进新型农业现代化

坚持用发展工业的理念发展农业，以工业反哺农业，按照结构调整、土地流转、生态旅游“三篇文章”打捆一起做的要求，优化农业产业结构，确保农业增效、农民增收、农村发展。打造洛阳蔬菜产业基地。积极引导群众和社会资本大力发展蔬菜规模化种植，加强技术培训，提高蔬菜生产水平，发展蔬菜基地1.2万亩，做大做强我县蔬菜产业。积极培育优质花生基地。抓住国家继续实施油料倍增计划机遇，全力打造20万亩优质花生基地。大力发展优质杂粮作物。充分发挥黑色作物种植的产业基地和市场优势，发展黑色作物种植2万亩，扩大种植规模，提高生产水平和效益。加快农村土地流转。以龙头企业建设为载体，以结构调整为抓手，引导农村土地承包经营权有序流转，实现土地流转面积3.5万亩以上，提升土地规模经营水平。狠抓林业生态建设。新发展核桃种植1.4万亩，使其总面积达到6万亩，确保生态造林5.5万亩。加快畜牧大县建设步伐。重点抓好宜阳福润、董大牧业、东汉禽业、兴泰养殖等11个项目建设进度。狠抓农田水利建设。整合资金6000万元，实施陡沟、张延等9座小型水库除险加固，完成宜洛南渠、寻村渠修复改造。解决4万人饮水安全问题，改造中低产田1万亩。

（六）突出生态大县和旅游名县建设，推动新兴服务业加快发展

更加突出生态大县和旅游名县发展战略，着力实施一批重点建设项目，推动新兴服务业加快发展。按照县“十二五”规划提出的二线一区精品旅游线路布局，扩大宣传、强化运作，注重经营，打响品牌。尽快开工建设香鹿山生态旅游产业园、锦屏山地质公园等项目，构筑县城生态屏障；持续提升沿洛河生态景观走廊建设，提高县城环境质量和城市品位，打造生态宜居品牌。强化灵山佛教文化产业园区与白马寺佛教文化产业园、龙门佛教文化产业园的联系和对接，培育佛教文化旅游观光线路，强力打造宜阳“灵山福地”、“西游之乡”、“三乡古镇”、“甘棠遗爱”等文化旅游品牌。加快灵山寺院景区和莲花公园的22个项目进度，开工建设三乡汉唐文化主题公园，重点抓好李贺纪念馆、三乡驿站等9大工程建设。采取市场化运作模式，结合宜阳韩国故城国家大遗址保护项目，对福昌阁进行全面修复。完成苏羊遗址、后晋显陵、汉光武庙等一批重点文物保护单位的升级工作。抓好现代服务业发展。加快锦龙五星级酒店建设，使其尽快投入运营，提高对外来高端人群的接待服务水平。实施向荣市场、锦花市场改造工程，积极引进丹尼斯、大张量贩等商贸品牌企业。

（七）多办实事惠民生，着力促进社会和谐稳定

加强保障性安居工程建设。筹资2.3亿元，加快锦山福地小区、龙兴小区、锦山家园等保障性住房建设进度，新建经济适用房、廉租房、公租房、棚户区改造房2464套18万平方米。全面推进教育提升。搞好布局调整，完成中小学撤并任务，促进义务教育均衡发展；加快县城华富商学院和幼儿活动城项目建设，推进柳泉镇、樊村乡、寻村镇等6个乡镇中心幼儿园建设，提高职业教育和学前教育发展水平。加快卫生事业健康发展。不断深化基层医疗机构改革，继续实施“医疗质量万里行”、“三好一满意”活动，在试点的基础上，全面推行国家基本药物制度。不断完善新农合补偿方案，逐步提高受益面和收益水平。加强就业再就业工作。

继续实施就业优先战略，全县城镇新增就业6500人，城乡失业人员实现再就业3000人，农村富余劳动力向非农产业新增转移就业17万人，城镇登记失业率控制在4%以内。加快新农村建设。进一步改善农村生产生活条件，加强通组通户道路、社区服务中心、安全饮水等基础设施建设，解决农村用电、用水、行路、上学难问题。

各位代表，2012年全县国民经济和社会发展任务已经确定，我们坚信，在县委的正确领导下，在县人大、政协的监督、支持下，经过全县人民的共同努力，一定能够克服各种困难，圆满完成2012年国民经济和社会发展计划的各项目标任务。

滨河文化广场

2011年财政预算执行情况和2012年财政预算（草案）的报告

——2012年2月19日在宜阳县第十三届人民代表大会第一次会议上

县财政局局长　仝爱民

各位代表：

我受县人民政府委托，向大会报告宜阳县2011年财政预算执行情况和2012年财政预算草案，请予审议，并请各位政协委员和其他列席人士提出意见。

一、2011年财政预算执行情况

2011年，在县委的正确领导和县人大、政协的监督指导下，财政工作深入贯彻落实科学发展观，紧紧围绕“福民强县”总体目标，积极应对财政运行中遇到的困难和挑战，切实加强收入征管，积极争取上级支持，大力调整支出结构，深化财政体制改革，有力地促进了全县经济社会又好又快发展，主要体现在“三个明显”：

——财政综合实力明显增强。县十二届人大六次会议审议通过的全县2011年地方财政一般预算收入为48600万元，实际完成50668万元，为年初预算的104.3%，同比增长18.7%，增收7969万元。其中：税收收入完成35552万元，同比增长23.6%，增收6780万元，税收占一般预算收入的比重为70.2%。

——财政保障能力明显提高。县十二届人大六次会议审议通过的全县2011年一般预算支出为101600万元，执行中上级追加专项补助41261万元，中央转贷地方债券2700万元，加上新争取的转移支付补助、上年结余结转、调入资金、超收安排等42906万元，减去上解省、市各项支出6435万元，调整后年度支出预算为182032万元。全年一般预算支出完成180199万元，同比增长27.2%，实际支出为年调整预算的99%。按照现行财政体制，2011年一般预算执行结果为当年结余1833万元，均为上级追加专款到位较晚形成的结转结余。

——基金管理效益明显提升。2011年，在阳光水岸开发、城中村改造、宜东新区开发等国有土地使用权出让金收入的带动下，全县基金预算收入完成56900万元，同比增长22.4%。上年结余1669万元，基金预算支出55541万元，同比增长11.7%。基金预算执行结果为当年结转结余3028万元。

一年来，我们进一步转变理财方式，加强精细化、科学化管理，充分发挥财政资金“四两拨千斤”作用，加大财政支持经济社会发展力度，保持了全县经济平稳较快发展的良好态势。主要做了以下工作：

（一）实行精细管理，全力组织财政收入。面对复杂多变的经济环境和严峻挑战，我们积极应对，推行科学化、精细化管理，坚持每月召开财税形势分析会，逐月分解收入任务，分析财源情况，排查收入空间，充分挖掘征收潜力。支持税务部门依法加强征管，扩大重点税源监控面，加强对重点税源监控；加强房产税、车船税、土地增值税及其它小税种管理，全力以赴抓收入、促进度。依法加强行政事业性收费、罚没收入和政府性基金等非税收入征管，促进财政收入增长。

（二）积极筹集资金，全力支持“三化”发展。支持新型工业化发展。拨付资金4548万元，支持企业项目建设、工业结构调整、企业技术改造。注入投融资公司资本金1400万元，为高科技、高成长性企业发展提供融资支持。支持新型城镇化发展。多渠道筹措资金6.4亿元，保证了阳光水岸、宜东新区开发、城中村改造、洛宜快速通道、城市集中供热、污水处理、供水管网等城市基础设施建设项目顺利实施。支持农业现代化发展。争取产粮产油大县奖励资金1417万元，专项用于粮油生产。筹集资金3500万元，实施食用植物油生产倍增计划和千亿斤粮食增产计划，确保产量稳中有升。筹集新农村建设资金9500万元、农村公路建设资金2408万元、小型农田水利设施建设资金1760万元、农村安全饮水工程资金1618万元、现代农业项目资金1200万元、搬迁扶贫资金600万元，着力改善农业生产生活条件。

（三）优化支出结构，全力保障民生改善。2011年全县民生支出达到13.5亿元，占一般预算支出的75%。加大教育投入。全年教育支出49200万元，同比增长30.8%，占一般预算支出的27.3%。拨付农村义务教育"两免一补"资金7750万元、中职农村困难和涉农专业学生补助资金63万元、中职助学金279万元、农村中小学校舍维修改造资金604万元，普通高中国家助学金359万元，支持教育优先发展。加大就业和社会保障投入。社会保障与就业支出14666万元，同比增长61%。全面落实就业再就业优惠政策，拨付再就业资金858万元。拨付城乡低保、五保资金5141万元，保障了城乡低保和农村五保供养人员的基本生活需要。拨付新型农村养老保险资金2380万元，有效缓解了"养老"难题。拨付倒房重建资金705万元，为受灾群众如期搬入新居奠定了基础。筹集资金7816万元，建设廉租房、公租房、经济适用房等保障性住房，有效缓解了中低收入家庭住房难问题。加大医疗卫生事业投入。医疗卫生支出20082万元，同比增长10.1%。其中拨付资金740万元，支持全县所有乡镇卫生院实施基本药物制度；拨付新农合资金9300万元、城镇居民医疗保险资金723万元，有效缓解了群众看病难的问题；拨付基本公共卫生服务资金1560万元，进一步健全了公共卫生服务体系。加大惠农投入。全面落实惠农政策，兑付粮食直补、农资综合补贴、优质良种补贴资金7694万元、农机购置补贴资金822万元、退耕还林资金850万元、家电下乡补贴资金1669万元、家电以旧换新补贴资金114万元、汽车及摩托车下乡补贴资金311万元。

（四）坚持内聚外争，全力争取上级支持。2011年在狠抓收入征管、优化收入结构的同时，认真研究上级各项奖扶政策，抓住省财政直管县的大好机遇，积极主动到上级反映县情、汇报工作，实事求是地讲明困难、提出设想、赢得理解、争得支持。经过多方努力，全年累计争取上级各类资金12亿元，有效地缓解了我县的财力困难，增强了财政保障能力，对促进我县经济和社会各项事业发展起到了极大的推动作用。

（五）推进改革创新，全力提高管理水平。扎实推进财政国库管理制度改革工作，在稳步实施国库集中支付的同时，及时撤销归并各类财政资金专户，确保财政资金安全。全年国库集中支付达到33亿元，拒付违规违纪及不合理支出579笔、584万元，查处虚假发票1534份、1065万元。认真开展"小金库"专项治理工作，建立和完善防治"小金库"长效机制。扩大政府采购规模，全县政府采购规模达1.86亿元，节约资金4600万元，节约率达20%。扎实推进财政投资评审工作，全年评审项目145个，审核项目资金7.7亿元，审定金额5.7亿元，平均审减率26%，节约资金2亿元。

2011年全县财政运行总体情况良好，这是县委正确领导的结果，是县人大、县政协监督指导的结果，是各乡镇及县直各部门真抓实干的结果，也是社会各界大力支持的结果。在肯定成绩的同时，我们也清醒地看到财政工作中还存在一些迫切需要解决的问题：我县人均财力和人均公共服务水平低，对民生改善的力度还需加大，和谐社会建设对财政保障能力要求越来越高，新增和必保支出项目越来越多，预算管理有待进一步规范和加强，等等。这些都需要在今年工作中继续采取有效措施加以解决。

二、2012年财政预算安排情况

今年是实施"十二五"规划的关键之年，做好财政工作，具有十分重要的意义。2012年，根据全县经济社会发展目标，预算安排和财政工作的指导思想是：深入贯彻落实科学发展观，认真落实省、市财政工作会议和县委经济工作会议精神，围绕"福民强县"总体目标，坚持依法理财、统筹兼顾、增收节支的方针，加强财政科学化精细化管理，深化财税制度改革，优化财政支出结构，提高资金使用效益，切实促进民生改善，努力为全县经济社会又好又快发展提供财力保障。

根据上述指导思想和2012年全县国民经济发展计划要求，综合考虑影响全县财政收支主要因素，2012年全县财政收支预算安排如下：

（一）财政一般预算收入。2012年全县一般预算收入安排58300万元，同比增长15%。其中：税收收入43430万元，同比增长22.2%。

（二）财政一般预算支出。2012年全县一般预算收入58300万元，加上上级补助收入58502万元，减去各项上解预计7500万元，一般预算财力为109302万元，再加上上级提前下达的专项转移支付补助9689万元和上年结余1833万元，全县一般预算支出预算总额为120824万元，全部安排支出。具体支出项目是：一般公共服务支出13205万元，公共安全支出5214万元，教育支出34952万元，科学技术支出1400万元，文化体育与传媒支出1200万元，社会保障与就业支出12866万元，医疗卫生支出16547万元，环境保护支出1231万元，城乡社区事务支出1976万元，农林水事务支出16543万元，交通运输支出857万元，资源勘探电力信息等事务支出541万元，商业服务业等事务支出171万元，金融监管等事务支出154万元，国土资源气象等事务支出4143万元，住房保障支出1000万元，粮油物资储备管理事务支出294万元，预备费2000万元，国债还本付息支出4886万元，其他支出1644万元。

（三）政府性基金预算收支。2012年全县基金预算收入安排31147万元，其中土地类收入30490万元。基金预算支出按“以收定支、专款专用、收支平衡、结余结转下年安排使用”的原则，安排支出34175万元。

三、2012年财政工作重点

2012年财政工作将进一步凸显科学发展、方式转变、民生改善、改革创新，抓关键，办大事，为全县经济社会发展提供坚强的财力保障，突出做好以下重点工作：

（一）进一步围绕全县发展大局，着力促进经济增长。发挥财税政策的激励扶持作用，突出目标导向，突出扶持重点，把有限的财政资金用在刀刃上。继续加大招商引资力度，健全企业服务长效机制，支持产业集聚区发展。突出项目争取，做好与上级促进经济增长政策的对接工作，积极向上争取财源建设项目扶持资金，推动我县经济持续发展。

（二）进一步加强收入征管，着力壮大财政实力。面对2012年财政经济形势，在大力培植财源的同时，狠抓收入征管，加强税源监控，努力促进财政收入高位增长。锁定全年计划目标，把财政收入任务及早分解到各级各部门，明确责任，落实措施，精细征管。深入研究因经济波动和税收政策调整影响财政收入的各种因素，规范税收秩序，多管齐下，堵塞漏洞，加强对重点行业的税收征管，确保应收尽收。不断完善收入考核奖惩机制，形成争先进位的浓厚氛围。

（三）进一步加大强农惠农力度，着力推动农村改革发展。增强农业综合生产能力。加快粮食核心区建设，以农田水利建设为重点，夯实农业发展基础；优化农业产业结构，实施小型农田水利重点项目和千亿斤粮食增产计划、植物油倍增计划建设，促进现代农业发展；拓宽农民增收渠道，落实各项强农惠农政策，完善惠农补贴发放机制；深化农村综合改革和推动农村社会事业发展，完善村级组织运转经费保障机制。

（四）进一步优化支出结构，着力保障民生改善。调整和优化支出结构，坚持“优先福民”。积极支持就业创业。落实更加积极的就业政策，扩大鼓励创业的扶持范围，重点支持高校毕业生、农村转移劳动力、城镇就业困难人员、退役士兵创业。促进教育优先发展。切实把教育作为财政优先保障的领域，围绕落实国家教育规划纲要，多渠道筹措经费，大幅度提高教育支出占财政支出的比重。支持医疗卫生事业发展。提高新型农村合作医疗和城镇居民基本医疗保险财政补助、人均公共卫生服务经费标准，稳妥实施国家基本药物制度，加大城乡医疗救助支持力度。健全社会保障体系。全面实施新型农村养老保险，引导农村居民积极参保，逐步解决农村居民养老问题。加快建立覆盖城乡居民的社会保障体系，扩大养老保险覆盖面。提高城乡居民最低生活保障和农村五保供养标准。

（五）进一步改革创新，着力推进精细理财。深入推进部门预算、政府采购、投资评审等预算管理制度改革，实施财政科学化、精细化管理，提高预算支出执行的约束力。深化国库集中支付制度改革，提高财政资金直接支付比例。加大财政监督检查工作力度，不断提高资金使用效益，确保财政资金安全。规范和加强政府非税收入征管、应收尽收，确保财政收入持续稳定增长。严格控制公务购车用车、公务接待、因公出国（境）等经费支出。坚决压缩一般性支出，努力降低行政成本。逐步推行公务卡改革，提高公务支出透明度。

（六）进一步强化队伍建设，切实提高行政效能。以开展“作风转变年”为契机，强化服务理念，规范和简化工作流程，狠抓政风行风和党风廉政建设，进一步推进财政干部作风转变和效能提升，继续发扬“廉洁、勤政、高效、务实”的作风，努力塑造财政干部的良好形象。

各位代表，2012年我县财政收入预算安排虽保持增长，但支出需求增长远高于财力增长。因此，我们要牢固树立长期过紧日子思想，认真贯彻财税政策，扎实开展财政工作。我们坚信，在县委的正确领导和县人大、县政协监督支持下，只要我们坚持科学发展观，开拓进取，扎实工作，就一定能够完成2012年各项财政工作任务，为加快我县经济社会又好又快发展作出新的贡献！

光 荣 榜

(排名不分先后)

一、全县综合性荣誉

1. 全国爱卫会国家卫生县城。

2. 国家标准委、国家烟草局国家级烟叶标准化生产优秀示范区。

3. 中国民族建筑研究会“中国宜居宜业典范县”。

4. 省政府全省对外开放工作先进单位。

5. 省政府“红旗渠精神杯”先进集体。

6. 省人大全省人大电子表决系统建设先进单位。

7. 省民政厅、卫生厅、残联河南省残疾人社区康复示范县。

8. 省人口计生委、省计生协全省计划生育基层群众自治先进单位。

9. 省财政厅革命老区专项转移支付工作资金和项目管理规范单位。

10. 省财政厅汽车下乡补贴清算工作先进单位。

11. 省财政厅粮食直补和农资综合补贴工作先进单位。

12. 省财政厅农民补贴网建设工作先进单位。

13. 省统计局社科统计工作先进单位。

14. 省统计局农业统计工作综合一等奖。

15. 省统计局统计政务信息工作先进单位。

16. 省统计局全省普查中心系统工作综合评比先进单位。

17. 省科协科普示范县。

18. 省农开办农业综合开发统计工作先进单位。

19. 省第五届农运会大会委员会第五届农民运动会最佳赛区。

20. 市委、市政府“福民强市”目标考评经济社会发展先进单位。

21. 市委、市政府“六加一”攻坚战改革改制先进单位。

22. 市委、市政府“六加一”攻坚战民生项目建设先进单位。

23. 市委、市政府创建国家森林城市工作先进集体（三等功）。

24. 市委、市政府新农村建设先进县。

25. 市委、市政府安全生产先进单位。

26. 市政府“十一五”期间农村敬老院建设工作先进单位。

27. 市政府完成地方财政收支目标任务先进县。

28. 省残工委2010年度残疾人工作先进县。

29. 省财政厅2010年度金融企业财务决算工作先进单位。

30. 市委、市政府2010年度省市实事办理工作先进单位。

31. 市委、市政府2010年度信访稳定工作先进县。

32. 市委、市政府2010年全市老干部工作先进集体。

33. 市政府2010年度全市依法行政工作先进单位。

34. 市政府2010年度园林绿化工作先进单位。

35. 市政府2010年全市灾区群众倒房重建工作先进单位。

36. 市政府2010年度减轻农民负担工作优秀县。

37. 市政府2010年度消防工作先进单位。

38. 市政府2010年集体林权制度改革先进单位。

39. 市政府2010年市供蔬菜生产基地建设先进县。

40. 市政府2010年度农村公路养护工作和建设工作先进单位。

二、先进单位

(一) 省部级

1. 县统计局获国家统计局2006～2010年全国统计法制宣传教育先进单位。

2. 县科协、莲庄镇上涧蔬菜协会获中国科协、财政部全国科普惠农兴村先进单位。

3. 县农业局获农业部全国2008～2010年度“农牧渔丰收奖”二等奖。

4. 城关镇党委、县交通局党委获省委全省先进基层党组织。

5. 县产业集聚区获省政府全省对外开放工作先进产业集聚区。

6. 县产业集聚区获省政府河南省先进产业集聚区。

7. 县委宣传部获省委思想政治工作先进单位。

（二）市厅级

1. 县委办、县政府办、组织部、卫生局、交通局、电业局、交警队、检察院、国土资源局、城关镇政府、宜阳宾馆获省爱卫会2010年度省级卫生先进单位。

2. 县公安局、城关镇派出所获市政府2010年度消防工作先进公安局、派出所。

3. 县财政局、国土资源局在全省国土资源节约集约模范县（市、区）创建工作中受省财政厅、国土资源厅表彰奖励。

4. 县委办获市委2010年度党委系统信息工作先进单位。

5. 县委办获市委2010年度《秘书工作》通联工作先进单位。

6. 县市政局、城市市容环境卫生管理站获市政府全市环境卫生工作先进单位。

7. 县委办获市委2010～2011年度保密工作先进单位。

8. 县政府办获市政府全市政府系统值班通联工作先进单位。

9. 县柳泉镇、张坞镇获市政府2010年集体林权制度改革先进乡镇。

10. 县法院获省法院2010年度全省法院调研工作先进集体。

11. 锦屏镇焦家凹村、三乡镇南寨村、上观乡梨树沟村、董王庄乡庄科村获市政府2010年集体林权制度改革先进村庄。

12. 县住建局、房管局获市政府2010年度全市建设管理工作先进单位。

13. 河南绿锦农业科普示范基地获省科学技术协会、省财政厅河南省“三创一带”活动先进单位。

14. 县妇联获省“双学双比”、“巾帼建功”活动协调小组2010年度河南省“双学双比”、“巾帼建功”活动先进集体。

15. 县妇联获省妇联2010～2011年度妇联宣传工作读书活动先进集体。

16. 县总工会获省总工会全省工会系统“五五”普法工作先进单位。

17. 县国土资源局获省国土资源厅2010年度全省国土资源信访稳定工作先进单位。

18. 县国土资源局获省国土资源厅全省国土资源管理系统推进依法行政先进单位。

19. 县委党校获省委党校函授教育管理工作先进单位。

20. 县科技局、城关镇、高村乡、三乡镇、韩城镇、盐镇乡获省科技厅全省科技宣传暨杂志通联工作先进单位。

21. 县台侨联谊会获省人力资源和社会保障厅、省归国华八百联合会全省侨联系统先进集体。

22. 前进民爆股份有限公司获市政府洛阳市市长质量奖。

23. 县供销社获省供销总社2010年度全省供销社系统信息工作先进单位。

24. 县残联获省残工委2010年省残疾人就业培训工程先进集体。

25. 县新华书店获省新华书店2010年度全省新华书店先进店。

26. 县物价局获省发展改革委2010年度价格监测与信息服务工作先进单位。

27. 县人行获中行济南分行2009～2011年度中国人民银行济南分行文明单位。

28. 县人行获中行济南分行思想政治工作先进单位。

29. 县复员退伍军人问题工作小组办公室获省民政厅2010年度全省复员退伍军人稳定工作先进集体。

30. 县公路局获共青团河南省委2010年度省先进基层团组织。

31. 县志办主编的《宜阳年鉴》（2010年卷）获中国出版工作者协会年鉴工作委员会第五届全国年鉴编校质量检查评比二等奖。

32. 县国土资源局、民政局、财政局、高村乡、韩城镇获2010年全市灾区群众倒房重建工作先进单位。

33. 县财政局、民政局低保股、香鹿山镇、张坞镇获市政府“十一五”期间农村敬老院建设工作先进单位。

34. 县财政局获省财政厅2010年度全省财政监督检查工作先进单位。

35. 县工商局柳泉工商所、张坞工商所获省工商局党组、工商局全省工商行政管理系统先进集体。

36. 张坞镇、樊村乡、张坞镇新庄村、香鹿山镇牌窑村、樊村乡任村和白杨镇东庄村获市委、市政府2010年度市级文明单位。

37. 团县委获团省委全省驻外团工委建设工作先进单位。

38. 县财政局企业经济效益月报和2010年度企业财务会计决策工作受到省财政厅通报表扬。

39. 县财政局及财政局的《宜阳城区南环路项目工程预算》评审报告分别获省财政厅2010年度全省财政投资评审工作先进单位和优秀评审报告。

40. 县财政局获省财政厅2010年度会计管理工作特等奖。

41. 花果山乡获省文化厅第五批河南省文化先进乡镇。

42. 县产业集聚区获市政府2010年度先进产业集聚区。

43. 县产业集聚区获省首届最具投资法治环境产业集聚区评委会、河南法制报社河南省最具投资法治环境产业集聚区。

44. 县工商局获省工商局全省工商系统基层巡回培训工作先进单位。

45. 韩城镇派出所、工商所，张坞镇民政所，花果山乡信用联社获省纠正行业不正之风领导小组2010年度群众满意基层站所。

46. 县地税局莲庄税所获省地税局全省地税系统优秀基层税务所。

47. 县地税局获省地税局税收分析及预测工作先进单位。

48. 县地税局韩城中心税务所获团省委2009～2010年度河南省青年文明号。

49. 城关镇获市政府2010年度全市依法行政工作先进单位。

50. 县财政局获省财政厅会计管理工作先进单位。

51. 县市政局、县城市绿化办、中信重工洛阳重铸铁业有限责任公司、韩城镇获市政府2010年度园林绿化工作先进单位。

52. 县地调队获省统计局全省农村专项调查工作一等奖。

53. 县统计局获省统计局全省统计教育培训工作先进单位。

54. 县水务集团获省住建局城市供水行业水质管理先进单位。

55. 县建材办获省住建局2010年度“十一五”墙材革新工作先进单位。

56. 县公路局工会获省总工会“六好”基层工会。

57. 南驿村、东店村、下庄村、李营村、花庄村、苏羊村获市政府2010年度农村公路养护工作模范村。

58. 樊村乡、盐镇乡获市委、市政府2010年度信访稳定工作先进乡（镇）办事处。

59. 县污水处理厂获省住建局城镇污水处理运营先进单位。

60. 县检察院获省检察院检察宣传工作先进单位。

61. 县检察院公诉科获省检察院“优秀公诉团队”。

62. 县税务局获省税务局2010年度税收科研先进集体。

63. 县纪委获省纪委2010年度全省纪检监察信息工作优秀单位。

64. 县人社局获省人社局2010年度省人力资源社会保障宣传工作先进集体。

65. 县劳动保障监察大队获省人力资源和社会保障厅2010年度劳动保障监察工作先进单位。

66. 县信用联社获省农信联社2010年度先进单位。

67. 县信用联社城关镇信用社党支部获省农信联社“七一”先进基层党组织。

68. 县电业局获市委全市先进基层党组织。

69. 前进化工股份有限公司获市政府2010年度消防工作先进单位。

70. 县法院获省法院首批全省法院文化建设示范单位。

71. 县法院获省法院司法宣传工作中做出突出

成绩基层人民法院。

72. 县财政局获省财政厅全省行政事业资产管理制度建设先进单位。

73. 黄河同力水泥有限责任公司获市委、市政府“福民强市”目标考评企业突出贡献奖。

74. 县财政局支部委员会获市委先进基层党组织。

75. 县财政局在落实财政支农政策工作综合评分中被省财政厅列入前3名。

76. 县人大办获市人大全市人大宣传工作先进单位。

77. 县公路局、公安局、国税局、地税局、信用联社、发展改革委、法院、中行、第一高级中学、香鹿山镇卫生院、赵保乡卫生院获省爱卫会省级卫生先进单位。

78. 城关镇西街村、城关镇解放路办事处、城关镇白庙村、城关镇红旗路办事处、城关镇沈屯村获省爱卫会2010年度省级卫生村。

79. 县检察院获检察日报社全国检察宣传先进单位。

80. 城关镇获省档案局机关档案工作规范管理先进单位。

81. 县教育局获市委、市政府“六加一”攻坚战民生项目建设先进单位。

82. 县财政局获省财政厅财政经建系统各项报表编报工作二等奖。

83. 县财政局获省财政厅经济建设系统财政专项资金管理二等奖。

84. 柳泉镇、韩城镇、高村乡获市委、市政府农业结构调整土地流转生态旅游工作先进单位。

85. 县产业聚集区获市委、市政府洛阳市产业集聚区建设先进单位。

86. 莲庄镇、董王庄乡、韩城镇获市委、市政府新农村建设先进乡镇。

87. 柳泉镇、白杨镇获市委、市政府小城镇经营管理先进乡镇。

88. 县规划局获省建设厅全省城乡规划工作先进单位。

89. 县志办获省史志办全省修志工作先进单位。

90. 县卫生局获卫生部项目资金监管服务中心等单位专项创新项目县。

91. 县卫生局获省卫生厅、省中医药管理局世界贷款卫XI项目管理先进单位。

92. 前进科化集团、龙翔建材有限公司、黄河同力水泥有限责任公司获市委、市政府安全生产先进单位。

93. 县法院获省委政法委全省政法系统“纠正执法问题、促进公正执法”专题教育活动先进单位。

94. 县义络煤业民兵应急连获市委、市政府洛阳军分区民兵预备役基层建设先进单位。

95. 县法院、人社局获省文明办省级文明单位。

96. 花果山乡人武部、董王庄乡人武部获市委、市政府组织民兵参与平安建设先进基层单位。

97. 县人武部获市委、市政府组织民兵参与平安建设先进单位。

三、先进个人

（一）省部级

1. 县工商局陈红善的书法作品在全国首届手卷书法作品展中被评为优秀作品。

2. 县安监局刘飞获国家安全生产监管监察先进个人。

3. 县残联阎发现获中国残疾人联合会、国务院扶贫办2001～2010年农村残疾人扶贫开发工作先进个人。

4. 县委王琰君、县政府黄晓玲、县政府史洪发同志获省政府2010年度“红旗渠精神杯”竞赛活动二等功。

（二）市厅级

1. 县政府黄晓玲同志获市委、市政府创建国家森林城市工作先进个人（三等功）。

2. 县政府张慧敏、县委办徐留汉、民政局李新杰、陈立国、财政局滑朝凯等同志获2010年全市灾区群众倒房重建工作先进个人。

3. 县政府办赵松伟、王志伟同志获市委、市政府2010年度省市实事办理工作先进个人。

4. 县政府张玉杰、县政府办马留章、公安局王志刚等同志获市政府2010年度消防工作先进个人。

5. 县政府办李卫国、张洛宜同志获市政府全市政府系统值班通联工作先进个人。

6. 县广电总台叶明明的作品《〈人大代表风采录〉系列之二张士庭：当好宜阳经济发展先行官》获市2010～2011年度宣传人民代表大会制度好新

闻作品二等奖。

7. 县人大张松文的作品《人大有力监督，代表建议办理取得实效》获市 2010～2011 年度宣传人民代表大会制度好新闻作品三等奖。

8. 县林业局陈金朝、白小军、马晓峰等同志获市政府 2010 年林业生态建设先进个人。

9. 县林业局谷留杰、牛艳丽、杨毅、冯红娟等同志获市政府 2010 年集体林权制度改革先进个人。

10. 县市政局苗交池同志在创建国家森林城市工作中表现突出，被市委、市政府给予嘉奖。

11. 县市政局苗交池同志获省住房和城乡建设厅 2010 年河南省城市园林绿化工作先进个人。

12. 县市政局焦跃峰、李大听同志获市政府 2010 年度全市建设管理工作先进个人。

13. 县市政局李金平、葛会强同志获市政府全市环境卫生工作先进个人。

14. 县住建局赖长伟、李宁波同志获市政府 2010 年度全市建设管理工作先进个人。

15. 县公安局薛永彬同志获省军区、省政法委全省维护国防利益和军人军属合法权益工作先进个人。

16. 县公安局李孝国、李富亮同志获省公安厅 2010 年度全省优秀人民警察。

17. 县公安局李淑香同志获市委、市政府 2010 年度平安建设工作先进工作者。

18. 县政府办张宏波、县科技局孙三成、楚晓瑜、牛彦丽、高村乡李辉、三乡镇张午丙、韩城镇周先强等同志获省科技厅全省科技宣传暨杂志通联工作先进个人。

19. 县司法局赵遵义同志获省信访局、省司法厅河南省律师参与信访工作先进个人。

20. 县残联孙银虎同志获省残工委 2010 年省残疾人就业培训工程先进个人。

21. 县残联孙银虎、柳泉镇黄龙江同志获省残工委全省残疾人工作先进个人。

22. 县新华书店石太生同志获省新华书店 2010 年度全省新华书店优秀经理。

23. 县民政局沈珍珠、陈随军、恒学敏、县财政局杜淑萍同志获市政府“十一五”期间农村敬老院建设工作先进个人。

24. 县委办杨俊利同志获市委办 2010 年度党委系统信息工作先进个人。

25. 县委办王兴敏、王长合同志获市委 2010 年度《秘书工作》通联工作先进个人。

26. 县财政局陈志军同志获省财政厅全省财政“五五”法制宣传教育先进个人。

27. 县财政局董许峰同志获省财政厅 2010 年度金财工程建设先进个人。

28. 县财政局李忠应同志获省财政厅 2010 年度全省财政投资评审工作优秀评审人员。

29. 县文化局周瑞盈同志获省财政厅全省财政系统“薪火相传，开拓创新”书法绘画摄影展三等奖。

30. 县财政局韩索治同志撰写的《爱心·关心·虚心》（报告文学）获财政部机关工会委员会全国财政系统“庆祝建党 90 周年”文学征文活动一等奖。

31. 县财政局韩索治同志撰写的《昨天·今天·明天》（散文）获财政部机关工会委员会全国财政系统“庆祝建党 90 周年”文学征文活动三等奖。

32. 县宗教局司亚平同志获市委、市政府洛阳市民族团结进步创建活动先进个人。

33. 县广电总台范俊卫同志获省广电局全省广播电视技术维护先进个人。

34. 县文化局李万军同志撰写的论文《公共图书馆与未成年人社会育人环境建设探讨》获河南省图书馆学会、安徽省图书馆学会联合征文一等奖。

35. 县工信局罗洪武同志获市委、市政府 2010 年度全市民营经济工作先进个人。

36. 县工信局罗洪武同志获省工信厅 2010 年产业转移系列对接活动工作先进工作者。

37. 县林业局马小峰、王晓辉同志获省林业厅天然林资源保护工程先进个人。

38. 县林业局李孝国撰写的《木材消耗结构统计分析研究》、《林业统计方法，制度改革研究》分别获省林业厅、省统计局林业统计有奖征文一等奖和三等奖。

39. 县地税局张韦华、何婉清、单伟利、王安康等同志参与查办的河南省前进化工股份有限公司案例获省地税局 2010 年全省地税系统“十大规范典型案例”。

40. 县地税局周云峰、董王庄乡梁燕燕同志获市政府 2010 年度全市依法行政工作先进个人。

41. 县粮食局张国民同志获省粮食局2010年“一符四无”活动先进工作者。

42. 县粮食局张国民同志获市委、市政府优秀共产党员。

43. 县市政局宋飞飞、祁跃武同志获市政府2010年度园林绿化工作先进个人。

44. 县司法局王淑芳同志在平安河南建设工作中被评为“中原卫士”。

45. 县司法局杨百川同志被评为“优秀人民调解员”。

46. 县广电总台丁五道同志被评为“指导人民调解工作先进个人”。

47. 县住建局乔双超、马春晓同志获省住建局2006~2010年全省住房和城乡建设系统法制宣传教育先进个人。

48. 县信访局马耀章同志在2010年度信访稳定工作中成绩突出，被市委、市政府记个人三等功。

49. 县政法委潘峰、姚守亮同志获市委、市政府2010年度信访稳定工作先进个人。

50. 韩城镇周先强同志获市委、市政府2010年度信访工作十佳乡镇党委书记。

51. 县住建局赖长伟同志获省住建厅城镇污水处理运营先进个人。

52. 县就业培训管理局仝洪庆同志获省就业工作领导小组全省小额担保贷款工作先进个人。

53. 县信用联社李现伟、索杏利、刘旭涛同志获省信用联社2010年度先进工作者。

54. 县信用联社张宜涛同志获省信用联社“七一”优秀共产党员。

55. 县信用联社索杏利同志获省信用联社“七一”优秀党务工作者。

56. 县住建局姜卫东同志获省住建厅2009~2010年群众满意基层站创建先进个人。

57. 城关镇王晋阳、新农办黄改锁、白杨镇马红干同志获市委、市政府新农村建设先进个人。

58. 柳泉镇李振海、韩城镇杨利伟、县委农办周站通同志获市委、市政府农业结构调整、土地流转、生态旅游工作先进个人。

59. 县产业集聚区耿占武同志获市委、市政府洛阳市产业集聚区建设先进个人。

60. 县农业局吴绍良、郑麦现、赵要尊同志获市政府2010年市供蔬菜生产基地建设先进个人。

61. 张坞镇韩翠乐同志获省妇联和省“双学双比”、“巾帼建功”活动协调小组“河南省巾帼建功标兵”。

62. 县委罗宏伟同志获市委、市政府全市老干部工作先进个人。

63. 县农广校宜阳分校黄国伟同志获省人社厅、省农业厅省农业广播电视教育先进个人。

64. 县农业局李长伟同志获省科协、省农科院、省科技厅河南省科技兴农先进个人。

65. 县公安局赵万明、煤炭局刘飞跃、花果山乡李东伟同志获市委、市政府安全生产先进工作者。

66. 县煤炭局刘湘华同志获市政府煤矿兼并重组工作先进工作者。

67. 县法院邢利红同志获市法院、妇联全省巾帼文明岗十佳河南省巾帼建功标兵。

68. 县法院冯朝阳同志获省法院全省法院先进个人。

69. 县法院户青国同志获省法院2010年度全省法院宣传工作成绩突出先进个人。

70. 县法院杨廷芳同志获省法院全省法院第三次“拖欠进城务工人员工资案件集中办理”活动先进个人。

71. 县委宣传部卢战国同志获市委、市政府2010年度洛阳市网上事项办理和媒体网络工作先进个人。

72. 县法院邢利红同志获省法制报社、首届调解之星评选活动评审委员会优秀调解之星。

73. 县法院邢利红同志获省法院二等功。

74. 花果山乡李东伟、赵保乡楚汉章同志获市委、市政府洛阳军分区先进人武部、党管武装好书记民兵预备役工作先进个人。

75. 张坞镇张树春同志获市委、市政府、洛阳军分区先进人武部、党管武装好书记优秀专武干部。

76. 香鹿山镇徐洪涛同志获市委、市政府洛阳军分区先进人武部、党管武装好书记先进民兵干部。

77. 县委办陈占宏同志获市委2010~2011年度保密工作先进工作者。

78. 县林业局马小峰、王晓辉同志获省林业厅天然林资源保护工程先进个人。

79. 国有林场黄柏锁同志的《项目建设对国有

林场的促进作用统计分析》获省林业厅、统计局林业统计有奖征文二等奖。

80. 县林业局白小军、马小峰同志获省绿化委员会河南省绿化奖章。

81. 县森林公安局李富亮同志获省林业厅“亮剑行动”先进个人。

82. 县林业局杜爱卿同志获省林业厅河南省林木种苗工作先进工作者。

83. 县武装部刘向东、锦屏镇赵学义、城关镇武建峰同志获市委、市政府、洛阳军分区组织民兵参与平安建设先进个人。

三级干部会议

大　事　记

1　月

5日　县委经济工作会议召开。县委书记王琰君、县长黄晓玲等主要领导出席会议。黄晓玲在会上作了《鼓干劲真抓实干 谋发展福民强县 努力实现宜阳“十二五”规划的良好开局》的讲话。关于如何做好2011年的工作，王琰君提出要围绕经济工作指导思想，着力把握好“六个着力点”，打好六大攻坚战：一是着力增强发展活力，打好项目建设攻坚战；二是着力优化经济结构，打好经济转型攻坚战；三是着力加快改革改制，打好机制转换攻坚战；四是着力壮大城镇经济，打好城市提升攻坚战；五是着力提高满意指数，打好民生改善攻坚战；六是着力营造良好环境，打好环境创优攻坚战。最后，王琰君代表县委要求全县各级干部必须做到“三个强化”：一是强化发展；二是强化运作；三是强化为民。

6日　县产业集聚区轴承专业园一期项目开工奠基仪式举行。县产业集聚区轴承专业园计划总投资40亿元，分三期建设，主要引进国内知名轴承和轴承配套企业50～60家，产品涵盖各种特大型、大中型转盘轴承、风电轴承、精密轴承、特种轴承、各种非标轴承以及轴承滚子、钢球、套圈、保持器、轴承模具等相关配套产品，达到年产各类轴承500万套的生产能力，力争3～5年后年销售收入突破100亿元、利税达到10亿元。一期共13个轴承项目，总投资10亿元，建成后，年可实现销售收入40亿元、税收1.5亿元。

6日　县城关镇红旗双语实验学校项目开工奠基仪式举行。红旗双语实验学校项目位于兴宜路，属原洛阳金威钢丝有限公司改造项目。该项目计划投资5000万元，占地2.13公顷，规划建筑面积2.6万平方米，建设小学至初中60个教学班，可容纳学生2500人。

10日　县委书记王琰君，县委常委、办公室主任陈长江等到解放军150中心医院，看望慰问了莲庄乡沙坡头村村民冯武飞，并送去慰问金1万元。冯武飞历经8年时间，建起1座小水库、500米绝壁水渠、2.5公里长地下管道、1座容积超过500立方米的大型水窖，使村里近千亩农田受益。1月8日下午，冯武飞在陪媒体记者前往工程现场采访时，不幸坠下悬崖，生命垂危。

11日　总投资3亿元的县职业教育中心项目奠基仪式举行。县职业教育中心项目规划占地20公顷，建筑面积18万平方米，总投资约3亿元。工程分两期进行，一期投资1.2亿元，全部工程于2012年年底建成。职教中心建成后，最多设置154个教学班，可容纳7000余名学生，将成为河南省最大的县级职业教育培训基地。

13日　在河南省第三届万村千乡农民篮球赛洛阳赛区决赛中，县寻村镇段村代表队获得冠军。

16日　宜阳籍在郑同乡联谊会暨河南宜阳商会成立大会文艺演出在郑州市邮政大厦举行。省纪委副书记、监察厅厅长王流章，河南省供销合作总社监事会主任、河南宜阳商会名誉会长孟少辉，县委书记王琰君，县长黄晓玲及150多位宜阳籍同乡观看了演出。

21日　县委副书记张国松，县政协主席张景彦，县委常委、宣传部长康凌香，县人大副主任杨建坤，副县长张玉杰，县人武部部长刘仁友及有关部门负责人慰问了县消防大队、武警中队和香泉部队。

21日　市公安局党委副书记、副局长金治业等一行3人，先后到宜阳公安局二级英模赵成朝及因公牺牲民警范崇茂同志家中看望慰问英模英烈家属，并送去了省厅和市局的慰问金及慰问品。

21日　县“盛世欢歌夜，军民鱼水情”迎新春双拥文艺晚会在驻宜铁军礼堂举行。

22日　县委常委、组织部长罗宏伟，县人大副主任程竹菊，副县长牛刚，县政协副主席王留乾到驻宜96261部队慰问。

25日　情系宜阳北京联谊会在北京西苑宾馆举行。县委书记王琰君、县长黄晓玲、县人大主任宋来法、县政协主席张景彦等和宜阳在京相关单位领导、各界人士、企业代表近百人出席联谊会。

28日　情系宜阳洛阳联谊会在洛阳华阳广场国际大酒店举行。市人大副主任白志刚、市政府副市长谭建忠、市政协副主席魏险峰、市政府秘书长许新皎及县委书记王琰君、县长黄晓玲、县委副书记张国松、县人大主任宋来法、县政协主席张景彦等和宜阳籍在洛相关单位领导、各界人士、企业代表共100多人出席联谊会。

2　月

9日　县委书记王琰君主持召开四大班子联席会议，会议主要听取了元宵节活动安排、“两会”筹备、森林防火等方面工作情况汇报，并对宜阳当前几项重点工作进行了安排部署。

10日　宜阳被省委、省政府评为全省计划生育优质服务先进县。

11日　县第十二届人大常委会第二十九次会议召开。会议决定2月20日召开宜阳县第十二届人民代表大会第六次会议。会议分别听取审议了县人大常委会关于县十二届人大六次会议筹备工作情况的汇报及县十二届人大六次会议主席团成员和秘书长、副秘书长等几项建议名单（草案）、《县人大常委会关于召开宜阳县第十二届人民代表大会第六次会议的决定（草案）》的说明，听取审议了代表资格审查情况的报告、《县人大常委会2011年工作要点（草案）》、《宜阳县人大常委会工作报告（草案）》以及《宜阳县人民政府人事任免提请议案》。会议表决通过了《宜阳县第十二届人民代表大会第六次会议主席团成员和秘书长名单（草案）》、《宜阳县第十二届人民代表大会第六次会议副秘书长名单（草案）》、《宜阳县第十二届人民代表大会第六次会议特邀列席人员名单（草案）》、《宜阳县第十二届人民代表大会第六次会议列席人员名单（草案）》、《县人大常委会关于召开宜阳县第十二届人民代表大会第六次会议决定（草案）》、《县十二届人大五次会议以来代表变动情况的报告》、《宜阳县人大常委会2011年工作要点（草案）》、《宜阳县人大常委会工作报告（草案）》，通过了县政府提请王涛任县人民政府副县长的决定。

15日　交通运输部部长李盛霖到宜阳调研抗旱浇麦、春运和农村公路建设养护工作。副省长张大卫、市委书记毛万春、市长郭洪昌、县委书记王琰君、县长黄晓玲等陪同。

15日　总投资400万元的阳光水岸工程太阳岛项目举行启用剪彩仪式。

15日　县集中销毁假冒伪劣烟花爆竹270余件，价值约8万余元。

17日　县委第一百二十次常委会议召开。会议认真学习了省委书记卢展工《关于以领导方式转变加快经济发展方式转变》的讲话精神，并听取武装工作、三级干部会议奖项设置、人代会政府工作报告、“十二五”规划等情况汇报。

18日　县大型音乐焰火晚会在阳光水岸太阳岛举行。县委书记王琰君、县委副书记张国松、县人大主任宋来法、县政协主席张景彦等以及上万名群众观看了晚会盛况。

20日至22日　政协宜阳第七届委员会第五次会议在宜阳宾馆召开。县七届政协委员224人参加了会议。张景彦代表县政协第七届委员会常务委员会作工作报告，仝爱民作政协宜阳第七届委员会提案工作报告。会议听取了政协宜阳第七届五次会议提案审查情况报告，补选了10名常务委员，表决通过了各项决议。

20日至22日　县第十二届人民代表大会第六次会议在宜阳宾馆召开。县县长黄晓玲在会上作《政府工作报告》，县人大主任宋来法作《县人大常委会工作报告》。县人民法院院长赵耀武作《法院工作报告》、县人民检察院检察长刘赤炜作《检察院工作报告》等。与会代表讨论审议了各项报告，并表决通过了各项工作报告决议。

21日　237名县政协委员、256名县人大代表分批集体视察红旗环岛、洛宜快速通道、黄河同力二期、轴承专业园、双语实验学校、东关街改造、阳光水岸等建设工程。

23日 县2011年三级干部会议暨“环境创优年”动员大会召开。会上，县委常委、纪委书记任潘定宣读了《县委办公室 县政府办公室关于2010年第四季度经济社会发展考评情况的通报》，县委常委、常务副县长张慧敏宣读了《中共宜阳县委 宜阳县人民政府关于表彰2010年度绩效考核先进单位和先进个人的决定》、《中共宜阳县委 宜阳县人民政府关于通报批评2010年度目标完成情况较差单位的决定》。县委书记王琰君就如何进一步做好宜阳2011年各项工作提出三点意见：一是着力科学发展；二是着力民生民心；三是着力环境创优。

24日 县长黄晓玲主持召开县政府第八十四次常务会议，安排部署政府当前重点工作。会议听取讨论了关于乡镇书记工程考核奖罚的意见以及宜阳基础就业和社会保障服务中心大楼建设情况，听取了政府分管领导关于2011年工作的打算，会议讨论并通过了关于县检察院现有办公用地变更情况的汇报。县长黄晓玲对政府当前重点工作进行了安排部署。

28日 县委第一百二十一次常委会议召开。会议传达了全市企事业单位改制和产业集聚区会议精神，并对宜阳当前工作进行了全面部署。县委书记王琰君强调：县四大班子领导对全县重点工作实行领导分包责任制，并实行阶段任务交办限时办结承诺制，要明确时间节点，细化责任，确保各项工程顺利推进。

28日 宜阳气象局进行第三次大范围人工增雨雪作业，该次作业使全县范围平均降雪达16毫米以上，有效缓解了宜阳旱情。

3 月

1日 县企事业单位改革动员大会召开。会上传达了《中共宜阳县委 宜阳县人民政府关于成立宜阳县企事业单位改革工作领导小组的通知》和《中共宜阳县委 宜阳县人民政府关于全面推进企事业单位改革工作的意见》。

1日 县政府与河北丰汇投资有限公司在洛阳华阳广场国际大饭店举行城区集中供热工程签约仪式。县委书记王琰君、县长黄晓玲、县委副书记张国松、县人大主任宋来法、县政协主席张景彦等出席仪式。县城区集中供热工程建设规模为供热面积300万平方米以上，计划总投资3.6亿元，总体工程分三年完成，首期建设规模达到供热面积50～100万平方米，计划于2011年5月30日开工，10月15日前完成，11月15日正式供暖。

4日 县委常委、人武部政委田群献带领县武装部民兵和消防大队的战士们，为樊村乡沙坡村群众送去了30多吨饮用水，有效地解决了1000多人的饮水困难。

4日 共青团宜阳县十四届四次全委（扩大）会议在宜阳宾馆豫翔楼2号会议室召开。会议听取了共青团宜阳县十四届四次全委（扩大）会议的工作报告，安排部署了2011年团委的具体工作。

5日 第十二届宜阳灵山文化庙会开幕。庙会历时10天，共接待县内外游客48.8万人次，创综合经济效益4600余万元。

7日 市卫生法制与监督工作现场会在宜阳召开。省卫生厅卫生监督处处长郭茂华、市卫生局副局长谢书敏出席会议，副县长刘宝兴出席会议并致辞。会议传达了省食品安全与卫生监督工作及政策法规会议精神，宣读了《洛阳市卫生局关于表彰2010年卫生监督执法先进集体和先进个人的通报》及《洛阳市卫生局关于表彰2010年度卫生行政执法优秀案件的通报》。宜阳县卫生局、涧西区卫生局在会上先后作了典型发言。

7日 洛阳市妇女维权周启动仪式在红旗广场举行。此次活动以“温暖你我他、维权服务进万家”为主题，以强化妇女维权服务，关爱妇女群众，关注妇女民生，维护社会和谐稳定为出发点。采取集中时间、集中精力，多部门、多服务项目的形式，设展板59块，悬挂横幅20条，发放宣传资料1万余份。

8日 县巩固国家卫生县城创建成果暨2010～2012年城乡环境卫生整治行动动员会召开。会上传达了《中共宜阳县委 宜阳县人民政府关于印发〈宜阳县巩固国家卫生县城创建成果实施方案〉的通知》和《中共宜阳县委 宜阳县人民政府关于成立宜阳县迎接国家卫生县城届满复审工作指挥部的通知》。

9日 省交通厅运输局副局长龚全武一行到宜阳调研万里综合客运管理信息系统。市运输局局长助理姚世新、县运管所所长陈新刚、汽车站站长郝喜斌陪同。

10日　县“光影小区”、“盐业大厦”工程奠基仪式举行。新建的“光影小区”、锦屏影剧院，位于县城人民北路东侧，占地面积为0.562公顷，总建筑面积为21908平方米。“盐业大厦”项目占地面积为0.73公顷，总投资6000万元，建筑设计28层商住楼、9层写字楼各1幢，地下停车场1座，地面三层为商业铺面，总建筑面积为4万平方米，建设工期为20个月。

11日　县科技工作会议暨全国科技信息网河南节点宜阳站启动仪式在宜阳宾馆豫翔楼1号会议室举行。省科技厅条件财务处处长刘怀章，市科技局副局长蔡根喜出席会议。会议主要是贯彻落实省、市科技工作会议精神，总结2010年科技工作，安排部署2011年任务，动员全县广大科技工作者进一步鼓足干劲，真抓真干，加快发展，全力打好经济转型攻坚战，为全县经济社会的跨越发展提供强力支撑。会议安排部署了2011年团县委的具体工作。

15日　县安全生产集中整治行动动员大会在宜阳宾馆豫翔楼2号会议室召开。会议传达了副市长王敬林在进一步深化全市安全生产重点行业集中整治行动动员大会上的主要讲话精神和《宜阳县人民政府安全生产委员会关于印发宜阳县进一步深化安全生产重点行业集中整治行动方案的通知》，对全县进一步深化安全生产重点行业集中整治行动进行了安排部署。

17日　县委书记王琰君带领县委办、规划局、交通局、城关镇等部门到西小河流域、黄河厂改造区域调研。县政协主席张景彦，县委常委、办公室主任陈长江，副县长刘宝兴陪同。

17日　县旧城改造项目电业局明苑花园暨衡达福地嘉苑开工奠基仪式举行。电业局明苑花园项目位于城关镇，占地面积6500平方米，总投资7000万元，规划设计2栋25层商住楼，总建筑面积3万平方米，住宅建筑面积3000平方米，地下停车场4000平方米。衡达富地嘉苑项目位于城关镇白庙居委会，涉及拆迁46户、1.2万平方米，是白庙村整体改造的一期工程，项目设计18层商住楼2栋，多层商住楼2栋，规划建筑面积3.6万平方米，预计投资3800万元，计划2011年年底前主体完工，2012年8月底前交付使用。

18日　市“放心农资下乡进村宣传周”活动启动仪式在柳泉镇举行。由市农业局组织的10余家涉农单位参加了此项活动，参加活动的市县专业技术人员达80余人。活动设展板24幅，发放宣传单1万余份。通过宣传咨询活动，提高了农民科学合理使用农资的技能，普及了农资识假辨假的常识，提高了群众质量意识和维权意识，维护了农资市场的正常经营秩序，保障了农业生产和农产品的质量安全。

19日　市林业生态花卉苗木基地建设流动现场会在宜阳召开。会前，与会领导先后到莲庄乡涧河村千亩花卉基地和赵保乡于沟村荒山造林现场进行察看。县长黄晓玲在会上致辞并作典型发言。会上还通报了全市春季造林情况，各县（市、区）主要领导向市领导递交了2011年林业生态建设目标责任书。

21日　县长黄晓玲主持召开县政府第八十五次常务会议，安排部署当前政府重点工作。会议听取了政府分管领导关于2011年的工作打算、县牡丹花会招商引资筹备工作暨2011年委局长工程考核奖惩意见、县拆迁补偿办法、县2011年乡镇长工程实施方案、县2011年农业结构调整、县农村土地承包经营权流转以及关于开展瘦肉精清查专项行动的情况汇报。黄晓玲针对相关工作提出了具体要求。

22日　县委十届一百二十二次常委会议召开。会议对部分单位人事调整进行了研究安排。

23日　县委书记王琰君、县长黄晓玲带领水利局、市政局等有关部门负责人到阳光水岸二期工程调研。县委副书记张国松，县人大主任宋来法，县政协主席张景彦，县委常委、常务副县长张慧敏，县委常委、办公室主任陈长江，副县长牛刚，县总工会主席陈宝国等陪同。

23日　县人大副主任杨建坤、刘建国、冯新乾、杜阳林率领部分市、县人大代表深入县消防大队视察调研消防工作。代表们高度评价消防官兵长期以来为服务地方经济建设、保卫人民群众生命财产安全所做出的突出贡献，并对今后消防工作开展提出了许多中肯的意见和建议。副县长张玉杰、县公安局政委李松宇陪同。

23日　县城中村改造项目山水福地社区暨黄河生活小区二期工程奠基仪式举行。山水福地社区项目位于原黄河机械厂厂区，区域面积4.3万平方米，拆迁3.5万平方米，项目设计高层6栋、多层13栋，规划建筑面积13万平方米，其中商业面积1.2万平方米，预计投资1.3亿元。黄河生活小区二期工程位于县城环城西路与红旗路交叉口，项目规划用地面积1.4公顷，建筑基底面积4947.8平方米，规划建设11层小高层1栋、多层6栋，建筑面积3.5万平方米。

23日　县人民检察院侦查技术大楼奠基仪式在宜东新区举行。县人民检察院侦查技术大楼规划占地2.522公顷，建筑面积11083.56平方米，设计12层，预计总投资2200余万元，是1座集办案、侦查技术等功能为一体的综合性办公场所。工程计划2012年4月竣工。

24日　洛阳市农机“献爱心、备三夏”启动仪式在宜阳举行。桂林高新区科丰机械有限责任公司向全市贫困农户扶持价值40万元的农机具装备。

26日　县第十三届晨光体育活动田径运动会在县一高体育场举行。来自全县各乡镇、县直各学校的36支代表队450名运动员参加了运动会。

26日　县国华苑小区和锦江大厦项目开工奠基仪式举行。国华苑小区建设项目位于北城区，占地面积2万余平方米，建设2幢11层住宅和2幢18层住宅，总建筑面积7万平方米，总投资1亿元。锦江大厦项目位于北城区李贺大道中心地段，规划占地0.658公顷，建设两幢高层，总建设面积为3.1万平方米，总投资4160万元，工期为20个月。

28日　全县政法暨信访稳定工作会议召开。会上宣读了《宜阳县综治委关于表彰2010年度社会治安综合治理先进单位先进个人的决定》、《县委政法委关于表彰2010年度政法工作先进单位先进个人的决定》、《中共宜阳县委 宜阳县人民政府关于表彰2010年度全县信访稳定工作先进单位先进个人的决定》。

30日　县宏泰水岸华都项目开工奠基仪式举行。宏泰水岸华都项目规划用地5.4万平方米，计划建设12栋1326户高层和小高层建筑，总建筑面积21.3万平方米，总投资约4.2亿元，安排住户659户。

30日至4月6日　县长黄晓玲带领考察团30余人赴苏、浙、豫三省九市，考察学习城市建设、城中村改造、产业集聚区建设、文化产业发展等方面的好经验、好做法。县政协主席张景彦，县委常委、宣传部长康凌香，县委常委、办公室主任陈长江，县委常委、统战部长王三章，县人大副主任冯新乾，副县长牛刚、张玉杰，县总工会主席陈宝国，县政府党组成员王留卿及相关乡镇和委局负责人一同考察。

4　月

4月　河南省文化厅组织的第五批河南省先进文化乡镇评比活动揭晓，宜阳县穆册乡荣获“河南省文化先进乡镇”称号。

5日　宜阳县在花果山举行“中国西游文化之乡”暨“中国西游文化研究中心”授牌仪式。中国民间文艺家协会副主席夏挽群、副秘书长吕军，市人大副主任李柳生，市政府副市长杨炳旭以及县委书记王琰君、县委副书记张国松、县人大主任宋来法等出席授牌仪式。

7日　宜阳县名家西游文化书画展开幕。此次共展出作品70余幅，均出自中国徐悲鸿画院李志天、黄新宏等8位名家之作，内容涉及人物、山水、花鸟等多种题材，作品风格独特，个性鲜明，充分展示了宜阳西游文化的丰富内涵。

7日　宜阳县情及项目交流会在洛阳大酒店举行。上海市徐汇区原区委常委、武装部部长张兆国，中国扶贫基金会信息扶贫基金管委会常务副主任、中国CEO俱乐部副会长罗海蛟，上海市徐汇区教育局武装部副部长、徐汇区未成年保护委员会办公室常务副主任马卫东，上海徐房（集团）有限公司总经理张德敏，世龙投资（上海）有限公司董事长廖世建，上海徐汇房产经营有限公司总经理施冬云等企业家，县委书记王琰君，县人大主任宋来法，县委常委、纪委书记任潘定，县委常委、办公室主任陈长江，县委常委、统战部长王三章，县委常委、副县长王涛，副县长高建海、刘宝兴，县长助理李保柱及县国土资源局、发展改革委、产业集聚区、教育局、规划局、工信局、招商局、赵保乡等单位一把手参加了会议。

8日　广东省河南商会主席戴治国、副主席崔河一行20余人到宜阳参观考察。戴治国一行先后参观了宜阳快速通道、西庄专业园、阳光水岸等项目，并在至尚工业园会议室召开座谈会，对宜阳发展给予了高度评价，并提出有利于宜阳发展的宝贵意见。

11日　县长黄晓玲主持召开县政府第八十六次常务会议，安排部署政府当前重点工作。会议听取讨论了关于县考察团赴苏、浙、豫三省九市考察的报告以及关于县城市提升攻坚战进展情况和下步打算、县企事业单位改革、白庙城中村改造配置土地问题、县中小学布局调整、加快县民办教育发展的意见等工作汇报。会议讨论并原则通过了关于李沟矿业公司土地证变更和锦屏镇陈宅村委委托莲庄镇管理等会议议题。黄晓玲对政府当前重点工作进行了安排部署。会议还对政府第八十七次常务会议涉及的议题及内容进行了安排部署。

11日　县委十届一百二十三次常委（扩大）会议召开。会议重点听取了乡镇党委换届，省委、省政府老干部工作迎检准备，2011年城中村改造拆迁安置意见，重点社区规划建设，县锦龙大桥工程、香鹿山开发和第二十九届中国洛阳牡丹文化节对外经济技术合作项目签约仪式宜阳专场准备，"打黑除恶扫痞"专项斗争和万人捕判大会筹备及信访工作汇报，牛刚作了宜阳考察团赴苏浙豫三省九市考察报告；最后，王琰君对近期的重点工作进行了详细安排部署。

11日　上海企业家考察团帮困助学捐赠暨签约仪式在赵保乡屏阳中学举行。市委常委、统战部长胡广坤，上海市徐汇区原区委常委、人武部部长张兆国，中国CEO俱乐部副会长罗海蛟，县委书记王琰君，县长黄晓玲等出席仪式。此次来自上海的企业家考察团向屏阳中学捐赠了总价值10万余元的笔记本电脑、投影仪、液晶电视等一大批先进教学设备，中国CEO俱乐部还与屏阳中学签订了长期的帮困助学协议。

12日　县委书记王琰君主持召开红旗大道综合改造专题会议。会议对红旗大道综合改造工作进行了安排部署。

12日　县金澜湾项目开工仪式举行。该项目由洛阳市鹏燕翔房地产置业有限公司开发承建，总投资3.5亿元，总建设用地4万平方米，建筑面积15万平方米，其中包括5栋26层、3栋18层、2栋11层、3栋多层及相关配套设施，建成后可安置居民1200户。

13日至14日　国家土地督查济南局研究员刘清琦一行4人，到宜阳对2010年以来全县土地管理工作开展情况例行督查。

13日　第二十九届中国洛阳牡丹文化节宜阳县对外经济技术合作项目签约仪式在洛阳举行。本次集中签约的36个项目总投资94亿元，投资10亿元以上项目3个，投资1亿至10亿元项目19个，5000万至1亿元的项目10个，涉及装备制造、旅游资源开发、高新技术、电子电器、化工、农产品深加工、基础设施等领域。

14日　县政协七届二十次常委会召开。会议通报了《政协宜阳县委员会2011年工作要点》以及县政协七届五次会议以来提案立案情况和主席、副主席领办的重点提案。会议通报了土地流转调研方案、老城区改造调研方案以及有关县政协人员人事任免情况。县住建局、水利局分别以多媒体的形式汇报了2011年的工作计划和当前工作进度。最后，张景彦作了重要讲话。

14日　县劳动就业和社会保障服务中心项目奠基仪式举行。该项目位于宜东新区，总投资2000余万元，占地约1.33公顷，规划为10层框架结构，总建筑面积10678平方米。

14日　河南正阳彩钢有限公司向柳泉卫生院捐赠彩超仪式举行。市委统战部副部长、市工商联党组书记张丽君，县委常委、统战部长王三章出席捐赠仪式。经市委统战部、市工商联牵线，河南正阳彩钢有限公司向柳泉卫生院捐赠价值80万元的彩超1台。

18日　县第十二届人大常委会第三十次会议召开。会议听取审议了县人民政府关于人口和计划生育工作、广播电视工作、卫生工作情况的报告，听取审议了县人民政府关于提请将锦屏镇陈宅村委托莲庄镇管理的议案、《宜阳县人大常委会关于确认许可对县十二届人大代表王怀路采取强制措施的决定》的说明、县人大常委会人事任免代表联络工作委员会关于县十二届人大六次会议代表议案情况的报告。会议对3个工作情况报告进行了满意度表决，表决通过了县人民政府关于提请将锦屏镇陈宅村委托莲庄镇管理的议案、确认许可对县人大代表王怀路采取强制措施的决定、县十二届人大六次会议代表议案由县人民政府办理的决定。

18日　县委十届一百二十四次常委会议召开。

18日　洛阳新奕林果科技示范园区举行了授牌仪式，该园区被市、县科技局分别授予"农业科技示范园区"。新奕林果科技示范园区位于县西北方向，距县城10公里。园区周边5公里范围内无任何工业企业，空气清新，水质清澈，是生产有机食品和绿色无公害果品的理想之地。

20日　县长黄晓玲，县政协主席张景彦，县委常委、常务副县长张慧敏，县委常委、组织部长罗宏伟带领县领导及相关部门负责人到偃师市考察城中村改造工作。黄晓玲一行先后到偃师市上海国际商贸城、标准化厂房、西寺庄整村改造等项目现场进行参观交流。座谈中，偃师市市委副书记、市长刘尚进重点介绍了偃师市土地一级开发情况。通过参观和座谈，黄晓玲认为，偃师市的城中村改造工作实现了群众受益、投资商得利、政府满意三方面共赢的局面，这种因地制宜，分类推进的操作模式，充分考虑和兼顾各方利益的做法值得宜阳学习。

20 日 县新农村建设流动现场会召开。县委副书记张国松，县政府党组副书记、正县级干部史洪发，县长助理何丙林及16个乡镇的党委书记和主抓副职参加了会议。与会人员先后参观了寻村镇段村村（新型农村社区建设）、柳泉镇元村村（垃圾池改造）、韩城镇陡沟村（垃圾填埋场建设）、三乡镇滩子村（示范村施工现场、垃圾池改造、垃圾填埋场建设）、三乡镇东村（垃圾填埋场建设）。最后在三乡镇政府召开会议，会上传达了《关于进一步完善农村卫生保洁长效机制的通知》，韩城镇、三乡镇作了典型发言。张国松在会上作了重要讲话，并对下步新农村工作重点进行了安排部署。

20 日 县政协在县电视总台六楼演播大厅举办了2011年第一期“政协讲坛”。邀请洛阳历史文化著名学者郑贞富教授作了题为“宜阳历史遗产和文化产业的发展”的专题讲座，全县200多余名政协委员到场参加了学习培训。全体委员通过培训学习，对宜阳历史文化有了更深层次的了解，进一步增强了热爱宜阳的情感和建设宜阳的历史责任感。

21 日 由中国散文学会、中国诗歌学会、中共洛阳市委宣传部主办，洛阳市作家协会等单位承办的“诗意河洛——百名作家写洛阳”大奖赛颁奖仪式举行。县作家司伟平获散文类二等奖，李小平获诗歌类二等奖。

21 日 省军区副司令员罗爱国带领工作组，在市军分区司令员陈凤辉、参谋长王志平的陪同下到宜阳检查指导民兵整组工作。

22 日 县灵山莲花水景公园建设项目开工奠基仪式举行。灵山莲花水景公园工程，位于灵山景区北面的洛河主河道内，由洛阳国诚置业有限公司投资1.7亿元开发建设，建设项目主要为灵山段洛河河道治理工程、橡胶坝工程、水兑河入河口治理工程。

24 日 投资近2500万元的同力大道改建工程主体完工。该工程位于县东城区，西起民主路，东至同力东路，全长2.5千米，设计标准为城市主干道Ⅱ级，宽50米。

25 号 县莲庄乡撤乡建镇庆典仪式举行。

27 日 县委十届一百二十五次常委会议召开。常委会议对部分单位和乡镇人事调整进行了研究安排。

27 日 县委十届全委（扩大）会议召开。全县副县级以上领导干部及县委委员参加会议。全委（扩大）会议对县委十届一百二十五次常委会议关于对乡镇正职进行调整的意见进行了票决，并一致通过了常委会议意见。

27 日 全县秸秆综合利用暨禁烧工作会议在董王庄乡召开。会议主要对2011年县秸秆综合利用和禁烧工作进行安排部署。

27 日 县董大牧业生猪项目开工奠基仪式在董王庄乡举行。该项目投资1.2亿元，占地约26.67公顷，年出栏生猪10万头，建成后可实现年产值1.8亿元。

27 日 县金水湾小区工程项目开工奠基仪式举行。该项目位于北城区，由洛阳恒铸置业有限公司承建，占地11136.7平方米，建筑面积2.3万平方米，拟建6栋多层、1栋高层、临街商业房，是集居住、休闲娱乐、购物为一体的功能完善的住宅小区。

28 日 县庆“五一”暨劳模表彰大会召开。会议对2010年以来在全县经济和社会建设中作出突出贡献的先进个人进行了表彰。县委副书记张国松代表县四大班子向奋战在县各行各业的广大劳动者致以节日的问候，向受表彰的先进个人表示热烈的祝贺并发表重要讲话。与会领导为受表彰的40名劳动模范和“五一”劳动奖章获得者颁发了荣誉证书、赠送了书画作品，并与广大干部职工一起观看“庆‘五一’，劳动者之歌”文艺演出。

28 日 县同力洛河大桥项目开工仪式举行。同力洛河大桥项目工程概算总投资4000万元，南起省道S319安虎线，经锦屏镇河下村，向北跨越洛河后，在寻村镇黄窑村与省道S323八官线相连。该项目全长2564米，其中洛河大桥长516米，引线长2048米，是横穿产业集聚区，连接锦屏镇和寻村镇的重要通道。该项目按二级公路标准设计，时速每小时60公里；桥梁按公路一级荷载标准设计，桥宽18米，洪水频率为百年一遇，计划工期为10个月。

5　月

3日　县委书记王琰君主持召开县委十届第一百二十六次常委（扩大）会议。会上，县委书记王琰君结合宜阳实际总结分析了市委书记毛万春、市长郭洪昌在全市2011年第一季度工作会议上的讲话精神。王琰君要求2011年确定的福民实事，一定要排除万难，坚决兑现，真正取信于民，造福于民。要突出抓好事关民生的县医院迁建、县职教中心、双语实验学校二期、阳光幼儿城、世纪广场商贸城建设、锦华市场开发改造、灵山风景区开发、“双气入户”等各项工程。王琰君强调，全县上下要弘扬“解放思想、与时俱进、自加压力、勇争一流”的宜阳精神，并把其作为全县干部群众长期坚持的一种精神和行动准则。关于城中村改造拆迁工作，王琰君提出：一是统一规划，分步实施；二是边建边拆，过渡安置；三是积极借鉴偃师市经验，积极探索县城中村改造拆迁新模式。会议还对新农村建设、金融税收、产业集聚区建设等工作提出具体要求。

5日　县新型农村社会养老保险试点工作大会召开。会议先后传达了《中共宜阳县委　宜阳县人民政府关于成立宜阳县新型农村社会养老保险工作领导小组的通知》、《宜阳县人民政府关于印发宜阳县新型农村社会养老保险办法（试行）的通知》、《宜阳县人民政府办公室关于印发宜阳县新型农村社会养老保险办法（试行）实施细则的通知》。会上，张慧敏作了全县新型农村社会养老保险试点工作动员讲话。县长黄晓玲就做好全县新农保试点工作提出了具体要求。

6日　县乡镇规划工作会议召开。会议下发了《宜阳县人民政府办公室关于认真做好2011年村镇规划工作的通知》。

7日　省爱卫办主任、省卫生厅副厅长黄玮一行9人，到宜阳进行国家卫生县城届满省级复验。验收组分8个小组，分别针对8个方面进行了现场检查。

9日　县长黄晓玲主持召开县政府第八十八次常务会议，安排部署当前政府重点工作。会议听取了城关镇白庙村城中村改造配置土地问题、乡镇水利服务体系建设、县交通运输局养护中心建设及张坞镇、三乡镇、高村乡2011年书记工程、乡镇长工程、小城镇建设进展情况汇报。会议还对政府当前重点工作进行了安排部署。

10日　县“关爱农民工志愿服务活动”启动大会召开。会议按照《中央文明委关于组织开展关爱农民工志愿服务活动的通知》和市文明办“关爱农民工志愿活动实施方案”的要求，在全县干部职工中开展每人10元的募捐活动，掀起关爱农民工志愿服务高潮，营造文明和谐的社会环境和人际关系。

10日　洛阳文晟机械设备有限公司环保设备制造项目开工仪式举行。该项目位于寻村镇夏街村，总投资3亿元，占地16.2公顷，主要生产由该公司自主研制的垃圾压缩站成套设备。项目建成投产后，年可生产成套设备1500套，创年产值4亿元，实现利税1亿元。

12日　由中国烟叶总公司生产处处长周义和任组长的国家烟草局验收组到宜阳检查指导现代烟草农业建设工作。

13日　省委组织部副巡视员周斌到宜阳调研基层党建工作。周斌一行先后深入寻村镇锁营村、寻村镇政府、寻村镇官庄村、阳光水岸工程、锦屏镇高桥村等处，察看了宜阳“创先争优”示范工程和乡镇村组党建工作开展情况。

14日　县党政机关灾害疏散演练活动在县一中成功举行。县党政机关200余名干部职工参加了演练。

14日　寻村镇更名为香鹿山镇座谈会在寻村镇政府机关大会议室召开。省民政厅区划地名处副处长靖铭、陈旭阳，省民政厅区划地名处副处级调研员胡爱萍，市民政局副局长郝春苑，县政府副县长李晓波等人出席座谈会。寻村镇31个村支部书记、村委主任、部分村民代表、部分县人大代表政协委员、寻村镇党政班子成员、二级机构负责人共计80余人参加了座谈会。会议就寻村镇为什么要更名为香鹿山镇进行了座谈，对寻村镇更名为香鹿山镇进行了举手表决，参会代表一致同意寻村镇更名为香鹿山镇。

16日　县委书记王琰君主持召开县委十届第127次常委会议。会议对全县党委换届工作进行了安排部署。

16日　高村乡高村健康新文化侨心小学竣工典礼举行。香港轩辕教育基金会主席罗文春、市外侨办主任王建军、副县长刘宝兴及来自香港的37

位轩辕教育基金会善长出席了典礼。高村健康新文化侨心小学教学楼工程是由香港轩辕教育基金会的赞助人陈丽冰、陈志强姐弟慷慨捐资28万港币，县政府配套75万元实施的学校改扩建工程。2010年3月动工兴建，2011年3月全部竣工。典礼结束后，香港轩辕教育基金会全体人员前往上观乡三合坪小学实地考察，又现场捐款2万多元。

16日　县莲岳诗书画联谊会成立十周年庆典活动举行，中华诗词学会副会长晨菘参加了会议。莲岳诗书画联谊会成立于2001年3月，从最初的12名诗书画爱好者自发结社，历经10年的发展，已拥有全县及周边县市400余名联谊会员，成为宜阳及周边市县最有影响的文化团体之一。

17日　以省财政厅财政监督检查处处长李志刚为组长的检查组对宜阳“小金库”治理工作进行督导检查。县委常委、常务副县长张慧敏，县政协副主席、财政局长仝爱民陪同。

19日　全县中小学布局调整工作动员会在宜阳宾馆豫翔楼2号会议室召开。会议指出，宜阳中小学布局调整规划目标是：到2013年，全县初级中学调整为28所，完全小学调整为133所。2011年完成撤并中小学124所；2012年完成撤并中小学71所；2013年完成撤并中小学48所。农村初中布局调整要在原有的基础上进一步收拢，并向乡镇所在地集中。农村小学布局调整要在坚持学生就近入学的前提下，依据村庄布局规划和新型农村社区建设，按照相对集中、规模适度的原则，进一步调整撤并一些村小学和教学点。

23日　县长黄晓玲主持召开县政府第八十九次常务会议，安排部署当前政府重点工作。会议先后听取了樊村乡、白杨镇、董王庄乡、赵保乡、上观乡、穆册乡关于2011年书记工程、乡镇长工程、小城镇建设、秸秆禁烧暨综合利用情况的汇报；会议还听取讨论了县招商引资考核奖惩办法、县医院迁建等卫生系统建设项目以及县2011年秸秆禁烧暨综合利用工作情况汇报。黄晓玲对政府当前防汛抗旱及其他重点工作进行了安排部署。

23日　县花果山风光摄影比赛评选揭晓。此活动由县花果山管理委员会与县摄影家协会联合举办，共收到350余幅作品。中国摄影家协会会员、河南省艺术摄影协会会长张春贵精心评选出24幅获奖作品。宋向阳的《雾锁山村》荣获一等奖；郑孝伟的《苍山云烟》、赵越冠的《花果山红叶》、田义伟的《放马山歌》荣获二等奖；许可新、陈旭、乔会宜、宋玉杰、王新朝、胡志坚、赵银伟、赵红宾、韩世峰、张会斌10人获得三等奖；另有10人荣获优秀奖。

24日　县委书记王琰君主持召开会议，专题听取中国宜阳宋庆龄国际幼儿园项目和双语实验学校教师新村项目规划设计方案汇报。县长黄晓玲，县委副书记张国松，县人大主任宋来法，县政协主席张景彦，副县长牛刚、刘宝兴，县政协副主席、财政局长仝爱民参加了会议。与会的县领导结合自身感受，分别就项目规划设计提出了建设性意见和建议。

24日　香山绿洲城中村改造项目开工奠基仪式举行。该项目由洛阳华耀置业有限公司开发建设，规划占地11万平方米，一期建设面积2.7万平方米，为拆拆安置居民住房；二期为商业开发和高层商住楼建设，总投资5.4亿元。

27日　省助残济困总会秘书长荆涛、市残联理事长刘峥伟到宜阳检查助残济困工作。荆涛一行详细了解宜阳助残济困工作，对所取得的成绩给予充分肯定，并表示省助残济困总会和市残联今后将继续加大对宜阳肢体残疾人的资助力度，帮助其早日走出家门，更好地参与社会活动。

29日　县委书记王琰君主持召开县委十届第一百二十九次常委会议。会上，县委书记王琰君传达了市委常委会会议精神，对宜阳县领导干部调整情况进行了通报，要求新任县委班子成员要立刻开展工作，做好工作衔接。

30日　省食品药品监督局副巡视员吴希悦到宜阳，对省级食品安全示范县创建工作进行检查指导。县委常委、常务副县长张慧敏，副县长刘宝兴出席汇报会。

6　月

1日　省审计厅副厅长万明云带领检查组到宜阳检查指导卫十一项目工作。县长黄晓玲，县委常委、常务副县长张慧敏，副县长刘宝兴出席汇报会。黄晓玲就县卫十一项目开展情况作了汇报。万明云一行充分肯定了宜阳在项目工作中取得的成绩，同时也指出了存在问题，提出了整改要求。

2日　县委书记王琰君在县委三楼会议室主持召开四大班子联席会议。会上，王琰君就近期副县级领导干部调整情况作了介绍，县委常委、组织部长罗宏伟就十一次党代会筹备情况进行了汇报。关于如何做好当前和下一步工作，王琰君强调“十个切实”：一是切实抓好招商引资和项目建设；二是切实抓好“三夏”生产和秸秆禁烧；三是切实抓好安全生产和安全度汛；四是切实抓好县城建设和城中村改造；五是切实抓好产业集聚区建设；六是切实抓好文化旅游业发展；七是切实抓好改革改制；八是切实抓好“六加一”指标考核工作；九是切实抓好自身建设和干部队伍建设；十是切实抓好十一次党代会的筹备工作。

6日　县委书记王琰君在县委三楼会议室主持召开第一百三十次县委常委（扩大）会议。会议审定了两委委员和县委候补委员名单，确定了出席市党代会代表候选人。最后，县委常委、组织部长罗宏伟汇报了干部调整情况。

6日　超拓机械年产3300吨高耐磨矿用弹性体装备及成品制造项目开工奠基仪式举行。该项目拟占地面积9公顷，预计投资3.2亿元，主要从事矿山设备及其备件的技术开发、生产、销售、技术咨询与服务。项目建成投产后，每年可实现产值2.8亿元，上缴税收6500万元，并可节约2万多吨钢铁，减少5000吨优质煤燃烧排放，符合资源节约型、环境友好型企业要求。

7日　县委书记王琰君在县委三楼会议室主持召开第一百三十一次县委常委会议。会上，王琰君对禁烧工作进行了安排部署。

7日　县长黄晓玲主持召开县政府第九十一次常务会议。会议听取了莲庄镇、盐镇乡2011年书记工程、乡镇长工程、小城镇建设、秸秆禁烧暨综合利用，政府各分管口领导关于当前重点工作暨下半年工作打算，县企事业单位改革，市民营经济新闻发布会等情况汇报。黄晓玲对当前夏季禁烧、如何保障夏季高峰期居民用电以及防汛等重点工作进行了安排部署。

8日　中共宜阳县第十届委员会第十四次全体会议召开。宜阳县十届县委委员、县委候补委员及纪委委员出席会议，会议由县委书记王琰君主持。会上，县委常委、组织部长罗宏伟就宜阳县十一次党代会有关情况作了汇报，会议以举手表决的方式通过了十一次党代会大会议程和日程安排（草案）；通过了十一届县委委员、候补委员和纪委委员候选人预备人选名单，以及两个委员会常委、书记、副书记候选人预备人选名单和宜阳县出席洛阳市十次党代会代表候选人预备人选名单；通过了大会选举办法（草案）；通过了大会主席团建议名单，大会主席团常务委员会建议名单，大会执行主席、常务主席建议名单，大会秘书长和副秘书长建议名单；通过了大会代表资格审查委员会主任委员、副主任委员、委员建议名单；通过了大会列席人员建议名单；县委工作报告（征求意见稿）和县纪委工作报告（征求意见稿）；讨论通过“宜阳精神”（草案）。

9日　县锦屏山开发总体规划汇报会召开。会上，来自北京大衍致用旅游规划设计院的专家就锦屏山总体规划作了简要汇报，与会县领导结合自身感受，分别就锦屏山旅游开发规划设计工作提出了自己的看法和建议。关于如何做好锦屏山旅游开发下一步工作，王琰君提出了具体要求。

11日　县第二批驻地招商小组工作会议召开。县委常委、统战部长牛刚出席会议。县发改委、投资促进中心、工信局、产业集聚区有关负责人，三乡镇、白杨镇、赵保乡主抓副职，北京、上海、厦门、深圳等4个驻地招商小组组长及成员参加了会议。会议先后听取了4个驻地招商小组自2010年8月份以来工作开展情况汇报，主要是引进项目、洽谈项目情况、存在问题以及对下步驻地招商工作的建议。牛刚分别对4个驻地招商小组工作情况进行了点评，并对下步驻地招商工作提出了具体要求。

11日至13日　中国共产党宜阳县第十一次代表大会在宜阳宾馆豫翔楼1号会议室开幕。大会选举产生了中共宜阳县第十一届委员会和中共宜阳县纪律检查委员会；选举产生了出席中共洛阳市第十次党代会代表；确立了“解放思想、与时俱进、自加压力、勇争一流”的宜阳精神。中国共产党宜阳县第十一届委员会第一次全体会议选举了王琰君、黄晓玲、张国松、张慧敏、罗宏伟、仝宇鹏、田群献、王涛、高建海、张霞、任晓平、牛刚为县委常委；王琰君当选县委书记，黄晓玲、张国松当选县委副书记。中国共产党宜阳县纪律检查委员会第一次全体会议选举了县纪委常委，选举任晓平为县纪委书记，范俊杰、周晓勇、张润姣为县纪律检查委员会副书记。大会听取和审议了王琰君代表县委第十届委员会所作的《解放思想，负重奋进，为全面建设宜居宜业新宜阳而努力奋斗》的工作报告。

15日　由省双拥办主任、省民政厅副厅长董颖生任组长的国家双拥模范城考评组到宜阳考察指导工作。市委常委、军分区政委黄晓健陪同对宜阳双拥工作给予充分肯定。21日 省国资委省管国有企业监事会主席申建军带领督察组到宜阳察看全民技能振兴工程开展情况。督察组一行先后到昇扬硅业、技工学校详细了解企业职工岗位技能提升及职业技能培训情况，对县全民技能振兴工程开展情况表示满意。

21日 县庆祝建党90周年“金大杯”书法展开幕式在文化广场举行。此次活动共征集156名作者书法作品180幅，入展作品124幅，全部编入《宜阳县庆祝建党九十周年“金大杯”书画展作品集》。

24日 县举行11个重大项目集中开工仪式。市委书记毛万春出席并下达开工令，市委常委、市委经济工作部部长、副市长宋殿宇，市政协副主席肖宏滨等陪同参加。宜阳县集中开工的11个重大项目总投资27.7亿元，主要涉及电子电器、装备制造、基础设施和城中村改造等行业领域。

25日 县公安局交警大队编印的《交通安全在我心中——交警杯锦屏中学之光优秀作文选》出版发行。该书从县教育体育局、公安局交警大队联合举办的“文明交通我先行”作文大赛中择出40篇刊登。书前带有交通法规常识和交通图片，图文并茂，是中学生交通安全学习的好读本。

27日 县人大常委会召开县十二届人大常委会第三十一次会议。会议听取、审议并原则通过了县人民政府关于交通建设工作、水利工作、2011年全县重点工程建设情况的报告；批准县人民政府关于将穆册乡更名为花果山乡、寻村镇更名为香鹿山镇的请示的议案。会议根据宪法、地方组织法和有关法规的规定，决定任命陈宝国、高振立为宜阳县人民政府副县长，范俊杰为宜阳县监察局局长，并颁发了任命书。

27日 县行政服务大厅和信访接待大厅项目开工仪式举行。该项目位于北城区李贺大道和香鹿山大道交叉口，总投资690万元，建筑面积4655.04平方米，占地2000余平方米，为三层框架结构办公楼。工程建设工期300天，计划于2012年5月竣工。

30日 县交通运输局党委被河南省委授予全省先进基层党组织，并在河南省庆祝建党90周年大会上予以表彰。

30日 县卫生监督中心、120指挥中心综合服务楼项目开工奠基仪式在宜东新区举行。该项目是宜东新区开发建设的重点工程之一，总占地面积1.2公顷，规划建设11层，总建筑面积1.2万平方米。项目总投资2336万元，其中卫生监督中心项目480万元、120指挥中心项目145万元、自筹1711万元。项目建设工期为1年半。

30日 县第十届“滨河之声”广场文化活动暨庆“七一”“颂歌献给党”群众红歌赛活动开幕式在滨河广场举行。第十届“滨河之声”大型广场文化活动由三部分组成，7月是滨河之声歌舞戏曲月，主要举行“党在我心中”红歌大家唱活动；8月开展国家级非物质文化遗产“河洛大鼓”曲艺节活动；9月将组织群众文艺表演及优秀数字影片展映。

7 月

2日 县委书记王琰君在县委三楼会议室主持召开县委十一届第一次常委（扩大）会议。会议对部分乡镇党政正职干部调整情况进行了研究。

2日 县委十一届全委（扩大）会议召开。全县副县级以上领导干部及十一届县委委员、候补委员参加了会议。会议对县委十一届第一次常委会议关于对部分乡镇党政正职进行调整的意见进行了票决，并一致通过了常委会议意见。

13日 洛阳市农机合作社建设现场会在宜阳召开。会议对优秀农机合作社进行了表彰，汝阳雷力合作社、宜阳农机局在会上作了典型发言。市农机局局长裴万赢、市政府副秘书长邢社军先后作了重要讲话。

19日 伊川县委书记郭宜品率领伊川县党政考察团到宜阳参观交流城市建设及城中村改造工作。考察团一行先后参观考察了洛宜快速通道、滨河公园、阳光水岸工程、黄河厂安居小区、县医院等城市建设项目，听取了工程的情况介绍，对宜阳城市建设方面取得的成绩给予高度评价，并表示要进一步加强与宜阳的交流与学习，相互促进，共同发展。

23日 “家鑫杯”首届宜阳县青少年才艺大赛在县广电局六楼演播大厅落下帷幕。此次大赛由县委宣传部、县文联、县广电局主办，县音乐家协会、县舞蹈家协会、县电视台承办。大赛从5月开始筹备，6月初开始接受报名，共吸引了县内200多名文艺爱好者参赛。比赛项目分器乐类、声乐类、舞蹈类，参赛内容以庆祝建党90周年为主题，讴歌党的光辉业绩，鼓励自编、自创作品。县委宣传部、县文联、县广电局等单位领导现场为获得一等奖、二等奖、三等奖的选手及组织奖单位颁发了证书。

26日　洛阳市县级党校办学质量评估工作领导小组对宜阳党校办学质量情况进行评估验收。会议听取了宜阳党校建设及办学规模、班次设置、教学工作、队伍建设、学员管理、办学条件、发展成就等方面情况的汇报。评估小组按照《河南省县级党校办学质量评估评分细则》对宜阳党校办学质量情况进行了逐项审核。

26日　洛阳市最大的儿童活动中心——儿童世界项目，在宜阳奠基开工。该项目位于县城经五路东侧、滨河路南侧，总投资2亿元，规划建设面积10万平方米，分为教学、办公、体能训练、图书馆等多个功能区，其中教学区设计108个教学班，配套建设有室外活动中心、音乐绘画利智开发中心、教师公寓等，可满足4000名幼儿入园。

26日　寻村镇更名为香鹿山镇揭牌仪式举行。

27日　县委书记王琰君、县长黄晓玲、县人大主任宋来法、县政协党组书记王三章等领导带领县委办、政府办、民政局等单位工作人员，前往解放军150医院、二炮96251部队、洛阳军分区、武警洛阳支队和曹窑部队等市、县驻地部队慰问，给部队官兵送去了慰问金和慰问品，并与他们亲切座谈，共叙鱼水深情。

31日　县委十一届三次、县政府九次全会暨上半年经济运行分析会议在宜阳宾馆豫翔楼召开。会上黄晓玲作了《弘扬宜阳精神　坚持实干争先　努力实现宜阳“十二五”发展良好开局》的讲话，张慧敏在会上通报了全县第二季度经济社会发展考评情况。最后，王琰君作了《重实重干　奋力争先》的主题讲话，对宜阳上半年的工作进行了客观细致地分析，并对下半年工作提出了具体要求。

8　月

2日　县水利部门为全县16个乡镇发放山洪灾害非工程措施建设设备。主要有电脑、传真机、打印机等，配备资金由省防汛指挥部投入。

4日　县新农村建设保洁车辆发放仪式在红旗广场举行。

5日　县委书记王琰君主持召开十一届县委二次常委（扩大）会议。会议听取并通过了关于加快民办教育发展的意见和撤销杨安法同志党内职务、行政职务的请示以及干部调整情况的汇报。

8日　县长黄晓玲主持召开县政府第九十五次常务会议，安排部署当前政府重点工作。会议听取了县政府分管领导学习“一切立足于实”的心得体会、县招商引资考核奖惩办法、企事业单位改革、县煤炭资源整合及煤矿兼并重组、县城中村改造政策补充规定等工作情况汇报。黄晓玲针对各项工作提出了具体要求。会议还对新农保工作及其他工作进行了安排部署。

10日　县委书记王琰君、县长黄晓玲带领县党政考察团到伊川县、洛阳高新区考察学习城市建设暨城中村改造工作。县政协主席张景彦、县人大党组副书记陈长江、副县长高振立、县总工会主席赵松伟以及县住建局、香鹿山镇、城关镇、锦屏镇和部分城中村改造重点村支部书记参加了考察活动。在考察中，王琰君对伊川县和洛阳高新区在城市建设，特别是在城中村改造方面的成绩和经验给予了高度评价，要求考察团成员要认真学习借鉴好经验、好做法，切实增强紧迫感和责任感，努力推动宜阳城市建设和城中村改造工作再上新台阶。

10日　县地税局金税网络中心项目奠基仪式举行。该项目位于宜东新区，占地1.206公顷，建筑面积9018平方米，十层全框架结构，总投资1750万元，预计工期18个月。

11日　洛宁县委书记孙君奎，县委副书记、县长张献宇带领洛宁县党政考察团到宜阳参观交流城市建设及城中村改造工作。

14日　县委书记王琰君主持召开十一届县委三次常委（扩大）会议。王琰君传达了市委常委（扩大）会议精神，按照市委毛万春书记“明形势，有担当，强保障”的3点要求，对宜阳城市建设、旅游、农业、民生、改革改制、安全生产等方面作了具体安排。

15日　东升机械铁路养护机械设备生产基地项目开工。该项目位于产业集聚区李贺大道与建业南路交叉口，占地5.233公顷，总投资1.36亿，拟建标准化厂房1.2万平方米，办公楼4500平方米，研发楼2700平方米。项目达产后，可实现年产9420台套铁路养护机械，将成为国内规模最大、技术一流的铁路养护机械设备生产基地，预计可提供500多个就业岗位。

16日 县长黄晓玲主持召开十一届四次常委（扩大）会议。会议按照市委精神，推荐了市委委员、候补委员和候选考察人选。

16日 由省国土资源厅纪检监察室主任张振关带队的省2010年卫片执法检查组，对宜阳2010年度卫片执法检查工作进行全面检查验收。检查组对宜阳县2010年度卫片执法检查内业资料进行了全面检查，到实地对照核查，对宜阳下步卫片执法检查工作提出了指导性意见和合理化建议。

17日 县政协七届二十一次常委会召开。会上汇报了县政协2011年上半年工作情况，通报了关于县政协七届五次会议提案办理情况的报告，听取了《关于对我县农村土地承包经营权流转工作的调研报告（草案）》和《关于我县老城区改造情况的调研报告（草案）》。县政协副主席仝爱民通报了有关县政协人员人事任免情况。县交通局、卫生局分别汇报了2011年前7个月工作情况。常委们对以上议程内容进行了分组讨论。会议还对县政协这次人事调整任免进行了表决。

19日 汝阳县委书记侯俊义率领汝阳县党政考察团到宜阳参观交流城市建设及重点项目建设工作。

21日 第一趟洛宜快速通道客车从宜阳县汽车站出发。该线路投入5辆新型豪华客车参加营运，每天早上7:40发车，每40分钟一趟，40分钟可直达市区，极大地缓解了宜阳到洛阳的客运压力，方便了群众出行。

22日 县委书记王琰君主持召开城市建设及城中村改造专题会。县长黄晓玲，县委副书记张国松，县政协主席张景彦，县委常委、常务副县长张慧敏，县委常委、组织部长罗宏伟，县委常委、政法委书记仝宇鹏，县委常委、纪委书记任晓平，县人大党组副书记陈长江，县人大副主任冯新乾、阎进卿，县总工会主席赵松伟以及县国土资源局、规划局、住建局、城关镇、锦屏镇、香鹿山镇的主要负责人参加了会议。水磨头、白庙、西街、铁炉、后庄、牌窑、段村、官庄村两委负责人列席会议。王琰君明确了9个城中村改造项目的工作任务和责任人，要求各相关单位要按照统一规划、分步实施、因村而异、整体推进的原则，制定具体的实施措施，努力营造和谐浓厚的拆迁氛围和开工场面，保障城中村改造工程顺利推进。

24日 省卫生厅副厅长周学山到宜阳调研综合分类支付制度改革工作。先后听取了县卫生局、县医院关于综合分类支付制度改革工作方面的汇报，对宜阳在综合分类支付制度改革工作中取得的成绩给予充分肯定和高度评价。同时希望宜阳要继续按照“政府主导，质量优先，绩效激励，安全有效”的原则，创新综合分类支付制度改革工作路径，不断完善医疗质量管理体系，为宜阳综合分类支付制度改革工作再立新功。

27日 县召开《宜阳县锦屏山公园总体规划》评审会。由河南财经大学、河南科技大学、河南省地质环境监测院等单位专家组成的评审委员会原则性通过该《规划》。县委书记王琰君，县长黄晓玲，县委副书记张国松，县委常委、宣传部长张霞，副县长刘宝兴、高振立出席评审会议。

29日 穆册乡更名为花果山乡揭牌仪式举行。

31日 县城区集中供热工程开工仪式在县产业集聚区举行。城区集中供热工程由中国北方设计院设计，总投资3.6亿元，供热规模300万平方米，采用双回流热水循环供热，环保节能，水温达130℃，热力管网主管径700毫米，总体分三年建设完成。

9 月

1日 县总工会举行“金秋爱心助学”资金发放仪式，来自乡镇和企业的50余名困难职工及农民工子女领取了助学金，此次活动共发放资金8万余元。

2日 县委书记王琰君在县委三楼会议室主持召开县委十一届五次常委（扩大）会议。会议听取了县人大关于纪念人大常委会成立30周年的活动安排、统战部关于工商联换届选举的组织安排以及县委组织部关于部分干部调整情况的汇报。

2日 县委书记王琰君在县委三楼会议室主持召开县委十一届四次全会。会议票决通过了县委十一届五次常委会议关于部分干部职务调整的意见。

2日至4日 县委组织部在县委党校举办“2011年河南省公务员考试考前培训班”，来自全县16个乡镇的70余名大学生“村官”参加了本次培训。这次培训由县委组织部邀请市委党校教授主讲，紧紧围绕公务员考试应试技能、方法进行授课，深受参加培训人员好评。

7日 河南义煤集团公司总经理翟源涛到宜阳考察工作。翟源涛表示，下一步将根据义煤集团与宜阳签订的2×120万吨原煤开采项目协议有关规定，全力加快项目推进工作，争取项目早日开工建设，为宜阳地方经济发展做出积极贡献。

9日 县庆祝全国第二十七个教师节暨优秀教师表彰大会召开。会上传达了《宜阳县人民政府关于表彰2010年度优秀教师和优秀教育工作者的决定》，138名优秀教师和优秀教育工作者受到表彰。

15日 县人大常委会成立30周年纪念大会在宜阳宾馆豫翔楼1号会议召开。会上宣读了《宜阳县人大常委会关于表彰优秀县人大代表的决定》，总结回顾了县人大常委会成立30年以来在推动全县经济社会发展、健全民主法制建设、保障人民民主权利等方面取得的辉煌成就，深入总结了工作实践中的宝贵经验，提出了新时期人大工作的努力方向。

21日 省人大森林防火工作视察组到宜阳视察香鹿山森林公园防火工作。县长黄晓玲汇报了宜阳森林防火工作及香鹿山森林公园防火工作情况。视察组察看了香鹿山森林公园消防蓄水池建设和消防物资储备情况，观看了香鹿山森林消防专业队队列演练及扑火演练。

23日 县委书记王琰君在县委三楼会议室主持召开县委十一届六次常委（扩大）会议。会议听取了统战部关于工商联换届工作的筹备情况、住建局关于凤凰城项目建设进展情况和旅游局关于灵山新型社区建设相关情况的汇报。

25日 宜阳洛河锦龙景观大桥开工仪式举行。锦龙大桥工程位于宜阳县城南区矿口路和北城区李贺大道官庄村之间，是连接南北城区的重要交通枢纽。大桥设计标准为公路一级，双向8车道，宽30米，全长720米。大桥桥梁上方设计有3个欧式风格的装饰性桥塔，双面拉索，索塔设计高度为53米，门形外观，塔间由平行钢丝索、缆索垂吊形成悬索桥外观。大桥工程总投资8000万元，计划工期18个月。

30日 省交通运输厅厅长孙廷喜到宜阳视察洛卢高速宜阳段工程建设情况。孙廷喜深入施工一线认真听取了市、县领导的工作汇报，对洛卢高速宜阳段工程建设情况非常满意，对前一段的工作给予了充分肯定，并对下一步工作提出了具体要求。副市长谭建忠、市交通局长赵震、县委书记王琰君、县政协党组书记王三章陪同。

是月 在中国出版工作者协会年鉴工作委员会主办的第五届全国年鉴编校质量检查评比活动中，《宜阳年鉴》（2010年卷）荣获二等奖。

是月 县产业集聚区被河南法制报评为首届最具投资法制环境产业集聚区。

是月 县192家农家书屋全部建成投用。其中，中央、省、市投资345.6万元，县财政配套38.4万元。每家书屋配备图书1500册、音像制品100种400盘、期刊报刊25种、书柜5个、阅览桌1个、凳子6把、报刊架1个。

10 月

5日 省委常委、市委书记毛万春带领市2011年第二次产业集聚区暨重大项目建设督导第一组到宜阳检查指导工作。毛万春一行先后到牌窑新型农村社区、轴承产业园、华宇光电、宜东新区、白庙城中村改造、灵山风景区综合开发等项目察看，认真听取了有关项目情况汇报，对县产业集聚区暨重大项目建设工作，特别是近年来宜阳在城市建设方面发生的显著变化给予高度评价。

8日 清华大学国际传播研究中心主任李希光莅宜举办新媒体知识专题讲座。县四大班子领导，各乡镇、工矿区办事处党政班子成员，县委各部委、县直各单位副科级以上领导干部及各单位网络管理员共1000余人参加了讲座。

12日 县委书记王琰君带领城关镇、锦屏镇、香鹿山镇、规划局、国土资源局以及铁炉、后庄等城中村改造重点村主要负责人到西工区、偃师市参观考察城中村改造工作。县政协主席张景彦，县委常委、常务副县长张慧敏，县委常委、组织部长罗宏伟，县委常委、纪委书记任晓平，县人大党组副书记陈长江，县总工会主席赵松伟参加考察活动。

12日 县村级组织换届选举工作会议在宜阳宾馆豫翔楼1号会议室召开。县四大班子领导，各乡镇党委书记、党委副书记、纪委书记和主抓民政工作的副职，县村级组织换届工作领导小组全体成员、督导组全体人员等150余人参加了会议。

16 日 锦屏镇陈宅至董王庄建设项目沥青油路面铺筑工程完工。该工程是县 2011 年为民办实事农村公路建设项目之一，起于锦屏镇陈宅村 S319 安虎线，止于前进公司，全长 2.5 公里，总投资 300 万元，按三级公路建设标准设计，设计时速 30 公里/小时，路面宽 6.5 米，路基宽 7.5 米。

17 日 县委十一届八次常委（扩大）会暨城建工作推进会在县委三楼会议室召开。会上，各城建指挥部指挥长汇报了城建工作进度，何丙林汇报了土地流转情况，陈宝国汇报了义煤 2×120 万吨原煤开采项目进展情况。王琰君强调，这些项目对宜阳经济增长具有很大的拉动作用，全县上下要大力支持，各指挥部要加大沟通协调力度，合理利用资源，共同推动各项工作顺利开展。

19 日 县森龙集团华泰牧业 10 万头生猪养殖项目及广东万禾牧业 10 万头生猪养殖项目在樊村乡举行开工奠基仪式。省畜牧局畜牧处处长任心俊，市畜牧局局长梁忆东、副局长李治力、总畜牧师雷海伟，县长黄晓玲等领导出席奠基仪式并为项目开工培土奠基。县森龙集团华泰农牧有限公司 10 万头生猪养殖项目位于樊村乡宋村，占地 66.67 公顷，投资 1.1 亿元，年可出栏生猪 10 万头，实现产值 2.1 亿元。县万禾牧业有限公司 10 万头生猪养殖项目位于樊村乡王寨村北，占地 30 公顷，总投资 1.2 亿元，年可出栏生猪 10 万头，建设周期 2 年。

20 日 县委书记王琰君在县委三楼会议室主持召开县委十一届九次常委（扩大）会议。全县副县级以上领导干部参加了会议。会上组织学习了《中国共产党第十七届中央委员会第六次全体会议公报》、《国务院关于支持河南省加快建设中原经济区的指导意见》。王琰君传达了市委常委（扩大）会议精神暨市长李柳身莅宜调研讲话，并对当前安全生产、信访稳定、秸秆禁烧工作进行了安排部署。

23 日 县委书记王琰君在县委三楼会议室主持召开党政联席会议。会上，各城中村改造项目分包领导汇报了城中村改造任务完成情况；组织部汇报了全县村两委换届工作进展情况；王琰君传达了市委常委（扩大）会议精神，并对牌窑、职教中心、同力大桥等县重点工程下步工作进行了安排部署。

25 日 政协宜阳县七届委员会"提案办理面对面"活动在县人口计生委六楼会议室举办。县政协主席张景彦，县政协党组书记王三章，县委常委、宣传部长张霞，副县长李晓波、刘宝兴，县政协副主席仝爱民、王留乾以及县政协各委室负责人、政协常委、政协委员代表、社会各界知名人士和提案办理单位人员共 130 余人参加了活动。活动现场，先后对涉及水利基础设施建设、学生饮食安全、县城燃气采暖建设等方面的 6 件重点提案，通过提案人和承办单位现场问答对话的形式现场顺利办理。

27 日 由省环保厅巡视员马福立任组长的省安全生产督导组到宜阳督导检查安全生产工作，市安全监管局正县级调研员王捷陪同。督导组一行冒雨对河南省前进吉庆烟花爆竹出口有限公司烟花爆竹生产车间、监控室等进行了检查，对宜阳在烟花爆竹安全监管工作中领导重视、措施得力、效果明显给予充分肯定。

是月 宜阳再次被确定为"雨露计划"实施方式改革试点县。全国试点县共 100 个，其中河南省 5 个。

11 月

1 日 中共宜阳县委十一届五次全会暨 2011 年第三季度工作会议在铁军礼堂召开。会上，黄晓玲总结了 2011 年前三季度工作取得的成绩，分析了当前经济发展形势，对下一步工作进行了安排部署。王琰君传达了省九次党代会、市委十届三次全会暨第三季度工作会议精神，认真分析了宜阳在新形势下加快发展面临的机遇、存在的问题、应对的措施，并着眼长远对各项中心工作进行了安排部署。

2 日 县打击传销违法犯罪联合执法行动专项工作会议召开。会上传达了《宜阳县人民政府办公室关于印发宜阳县打击传销违法犯罪联合执法行动实施方案的通知》、《宜阳县人民政府关于调整宜阳县打击传销工作联席会议成员的通知》和《宜阳县人民政府办公室关于印发宜阳县 2011 年度打击传销社会治安综合治理考核评比办法及标准的通知》。

2 日 西工区党政考察团一行 80 余人到宜阳参观考察城市建设工作。

3 日 县锦屏生态文化广场工程举行开工奠基

仪式。锦屏生态文化广场项目是县“1022”城市基础设施建设重点工程，由重庆德杰地产集团投资兴建。该项目总占地面积约 8.33 公顷，其中，锦屏生态文化广场投资3000万元、占地面积4.17公顷，建设包括广场大门、园林绿化、景观小品、水系、休闲设施、环卫管理设施等。

8 日 县委十一届十次常委会在县委三楼会议室召开。会议听取了组织部对部分乡镇、委局负责人职务调整情况的汇报。

8 日 县委十一届六次全会在县委三楼会议室召开。会议票决通过了县委十一届十次常委会议关于部分乡镇党政正职职务调整的意见。

8 日 县城乡居民养老保险首发仪式在花果山乡人民政府举行。省人社厅农村社会保险处处长马力、市人社局副局长王亚伟以及县委书记王琰君、县长黄晓玲、县委副书记张国松、县人大常委会主任宋来法、县政协主席张景彦等出席仪式并为花果山乡 60 岁以上老人代表发放养老保险存折。

10 日至 11 日 全省雨露计划实施方式改革试点工作培训班暨宜阳现场会召开。省扶贫办纪检书记王茂志出席会议。

15 日 市农田水利基本建设暨农业综合开发工作会议在宜阳召开。

18 日 县 2011 年度退役军人安置工作会议召开。会议要求各接收单位不得以任何理由拒绝或推迟接收安置退役军人。此次安置的对象是义务兵现役满 2 年未被选取为士官的城镇退役士兵、三期以上（含三期）的转业士官、8 级以上（含 8 级）的伤残军人、二等功以上（含二等功）的退役士兵、特殊情况经军以上单位批准提前退役的城镇退役士兵。安置办法是自谋职业与安排就业相结合，安置重点是企业单位，事业单位进人要严格控制，鼓励退役士兵自谋职业。

21 日 县长黄晓玲主持召开县政府第一百零二次常务会议。会议听取了政府各分管领导关于争先创优工作暨年终工作在省市排名情况、县 2012 年涉农资金整合重点项目情况的汇报；听取并原则通过了关于县 8 个生活垃圾中转站项目建设情况的汇报。会议还听取了县扶贫办、文化局、教育局、卫生局、计生委重点工作开展暨下一步工作打算。会议还对“六加一”指标考核、信访稳定等工作提出具体要求。

23 日 县委书记王琰君在县委三楼会议室主持召开党政联席会议。会上，王琰君就毛万春书记莅宜调研情况进行了总结，传达了市委常委（扩大）会议精神。

24 日 省委组织部正厅级巡视员穆煜山到县灵山寺参观考察。

24 日 省宗教局宗教一处副处长马丽君一行 3 人到宜阳灵山检查指导开发工作。马丽君一行听取了寺院住持释恒白有关寺院开发建设情况汇报，并在实地察看后提出了指导性意见。

25 日 卫生部在其官方网站发布《全国爱卫会关于 2011 年国家卫生城市（区）、乡镇（县城）复审结果的通报》，洛阳市宜阳县城等 163 个县城（乡镇）为国家卫生县城（乡镇）。

29 日 中国卫生发展研究中心执行主任孟庆跃带领卫生部专家组到宜阳检查指导卫十一项目综合支付制度改革工作。会上，专家组听取了县卫生局、县医院关于综合分类支付制度改革工作方面的汇报，对宜阳在卫十一项目综合分类支付制度改革工作中取得的成绩给予充分肯定和高度评价。

29 日 在清华大学公布的自主招生方案“自强计划”中，洛阳市 5 个国家级扶贫开发重点县栾川、宜阳、洛宁、嵩县、汝阳榜上有名，这 5 个县的所有高中（职业高中除外）考生将有机会被推荐上清华，每所学校限推荐 1 名；在 28 日中国人民大学公布的中学校长实名推荐制“圆梦计划”入围学校名单中，洛阳市栾川县第一高级中学和宜阳县实验中学入围。

12 月

2 日 宜阳第一个网络问政平台——“宜阳民声网”正式开通运行，网址为：www. lyyyms. com。

2 日 县锦屏文化广场项目规划评审会在县委三楼会议室召开。会议听取并原则上同意了重庆德捷公司关于锦屏文化广场、宜阳水晶城建设的规划设计方案。

4 日 省信访局副局长段玉楼带领省平安综治建设考核组到宜阳检查指导工作。市政协副主席肖宏滨，县委书记王琰君，县委常委、政法委书记仝宇鹏等参加了汇报会。

6 日 县委书记王琰君在县委三楼会议室主持召开县委十一届第十一次常委会。王琰君就市里部分干部调整情况进行了通报，听取了县人大常委会主任宋来法关于市人大换届工作及宜阳人大换届工作的情况通报、县组织部关于村级组织换届的情况汇报，并对当前宜阳项目建设、“六加一”攻坚战、环境创优、科学发展等重要工作进行了安排部署。

6日 由河南太圣置业有限公司开发建设的太圣园宏广场一期工程主体封顶暨二期工程开工仪式举行。项目分三期进行，总建筑面积约10万平方米，其中地下车库1.5万平方米，可容纳住户600余户，全部工程将于2014年底前竣工。

6日 韩进海运有限公司捐赠仪式在张坞镇韩进海运交通希望小学举行。韩进海运亚洲区总裁吴武均，市人大副主任黄元元出席捐赠仪式。韩进海运有限公司向张坞镇凹里村韩进海运交通希望小学捐赠价值9万余元的校服400余套。

7日 省人防办纪检组长朱雪生带领考核组对宜阳2011年度人防工作进行检查指导。

7日 由省安全生产监督管理局副局长莫建勇任组长的省政府安全生产督导检查组到宜阳，对安全生产工作进行督导。

7日 县政协七届二十二次常委会议召开。会议听取了县政协七届五次会议以来提案办理情况工作汇报、县2011年福民实事办理情况的通报、县2011年20项重点工程完成情况通报，听取了县电业局、人社局年度工作情况汇报，听取了部分常委述职和委员年度工作汇报等事项。

9日 县委书记王琰君主持召开县委常委（扩大）会议。会议重点对宜阳近期群众工作进行了再安排、再部署。会后，县领导现场向全县困难群众捐款，表达了对困难群众的关爱之情。

10日 县举行2011年度干部职工法律知识考试。全县1万余名干部职工参加此次考试。

10日 县城镇居民医保参保50053人，超额完成市定5万人的年度责任目标，已连续5年超额完成市定年度责任目标。

11日 河南新大牧业赵保养殖项目签约仪式举行。河南新大牧业有限公司是一个以种猪育种、生产销售、技术服务和领域内研究推广为主。新大牧业赵保养殖项目位于马家庄，距南阎公路2公里，占地69.2公顷，投资2亿元。

12日 洛阳中昊资产管理中心棚户区改造项目锦山家园工程开工奠基仪式举行。该项目总投资7000万元，拆除面积2.2万平方米，新建面积7万平方米，其中住宅面积6.8万平方米，公共设施面积2000平方米，可解决804户困难职工的住房问题。

13日 全县县乡人大换届选举工作会议在宜阳宾馆豫翔楼1号会议室召开。会议主要任务是贯彻落实省、市县乡人大换届选举工作会议精神，安排部署宜阳的县乡人大换届选举工作。

14日 省水利厅副厅长王建武到宜阳调研水资源管理工作。

14日 县政协主席张景彦、副主席王留乾带领部分政协委员视察县2011年重点工程建设情况。

15日 由公安部治安管理局副巡视员陈姝萍任组长的国务院安委办烟花爆竹旺季安全生产专项督导组，到宜阳督导检查烟花爆竹安全生产工作。省政府安委办副主任、省安全生产监督管理局副局长张朝显等陪同。

18日 县委书记王琰君在县委三楼会议室主持召开县委十一届常委（扩大）会议。全县副县级以上领导干部出席了会议。会议对贯彻落实市委常委（扩大）会议精神提出要求，对全县明年经济工作进行安排部署。会上，王琰君传达了市委常委（扩大）会议有关精神，并结合会议精神，就宜阳2012年经济工作进行了具体安排。

20日 县总投资46.2亿元的9个重大项目集中开工仪式在西庄工业园举行。

20日 县人大常委会主任宋来法带领部分省、市人大代表先后到县医院迁建工程、阳光水岸李贺广场、县职教中心、灵山开发区等重点项目工地，视察城市重点工程建设情况。县人大副主任杨建坤、程竹菊参加视察，县委常委、常务副县长张慧敏陪同视察。

27日 洛阳市廉政教育基地授牌仪式暨召伯廉政文化书画展开幕式在宜阳举行。省监察厅厅长王流章，市委副书记、市纪委书记刘应安，县委书记王琰君，县长黄晓玲等出席仪式。

27日 市旅游局副局长李振奇带领市人大代表、政协委员到宜阳视察阳光水岸工程、灵山风景区开发建设情况。

27日 县防汛抗旱指挥中心开工奠基仪式举行。县防汛抗旱指挥中心位于宜东新区创业路以东、红旗大道以北，总占地面积4.11公顷。工程由洛阳大美建筑设计有限公司设计，概算总投资2000万元，计划2012年12月30日前完工交付使用。

27日 凤凰雅居工程开工奠基典礼举行。凤凰雅居工程是县红旗煤矿家属院拆迁安置项目，该项目总投资约5000万元，规划占地666.6平方米，总建筑面积4.6万平方米，可解决230户红旗煤矿职工安置问题。预计2012年12月交工。

28日 县委十一届七次全会暨经济工作会议在宜阳宾馆豫翔楼1号会议室召开。县四大班子领导，县委委员、候补委员，纪委委员，县委各部委，县直各委局，各乡镇的主要负责人出席了会议。会议总结回顾了2011年经济工作，对2012年经济工作进行全面部署。

29日 由国家卫生部项目资金监管中心主任于德志任组长的项目资金监管服务中心专家组，到宜阳调研卫十一项目综合分类支付制度改革进展情况。副县长刘宝兴陪同。

是月 宜阳被省政府授予全省对外开放工作先进县称号。

新建黄河同力大桥

县 情 概 览

沿革区划

【区位】 宜阳位于河南省洛阳市西部，东经111°45′~112°26′，北纬34°16′~34°42′，东连洛阳，西接洛宁，南与嵩县、伊川交界，北与新安、渑池为邻。辖7镇9乡1个办事处，353个村委会，总人口71万。平均海拔360米，县城海拔195米。地处豫西浅山丘陵区，西高东低，南山北岭，全县概貌为“三山六丘一分川”，洛河自西向东流经全县。

【建置及沿革】 宜阳历史源远流长，夏属豫州，商属雒西地，西周为召南地，春秋归晋，战国属韩，韩国曾以韩城为都，后于宜阳置县，秦因袭之。汉至晋隶属河南郡、弘农郡，北魏设宜阳郡，辖宜阳、金门、南渑池3县，另置甘棠县属新安郡，北周废宜阳县置熊州，继又更名昌洛县。隋改甘棠县为寿安县，增设兴泰县。唐改宜阳县为福昌县。元代福昌、寿安合并，再称宜阳县。明、清、中华民国沿袭元制。1947年以洛河为界分宜南、宜北两县，1949年合并为宜阳县，隶属洛阳专员公署，1986年4月归属洛阳市。1990年辖城关镇和城关、丰李、柳泉、盐镇、石陵、莲庄、张坞、高村、石村、韩城、寻村、白杨、樊村、董王庄、赵保、三乡、穆册、上观共1镇18个乡、380个村（居）民委员会。1996年7月，柳泉、丰李撤乡建镇。1998年12月，白杨、韩城撤乡建镇。2000年9月，寻村撤乡建镇。1991年，董王庄乡赵坡村分为赵坡、白土坪2个村民委员会；1999年，丰李镇鸣鹤村分为东、西鸣鹤2个村民委员会；2000年，韩城镇福昌村分为福昌、阁北2个村民委员会。至2000年，宜阳县辖城关、丰李、柳泉、寻村、白杨、韩城6个镇，盐镇、城关、石陵、石村、高村、张坞、莲庄、樊村、董王庄、赵保、三乡、穆册、上观13个乡、383个村委会（赵保乡、东赵村分为5个管理区未被民政部门批准）。在2005年底机构改革中，行政区划有所变更，撤销石村、石陵2个乡，整体分别并入高村、盐镇乡；原属丰李镇西霍屯、梁屯、王屯、邢屯、油房头、侯城、小营、小李庄、溢坡、毕沟10个村民委员会划归洛阳市洛龙区古城乡。2005年10月成立工矿区办事处。2010年8月，洛阳市行政区划调整，将原丰李镇的西庄、黄龙庙、崔村、流水沟、石门、漫流、马窑、山地、南营9个村民委员会划归锦屏镇管辖。2010年底，宜阳下辖城关镇、锦屏镇、寻村镇、柳泉镇、韩城镇、三乡镇、白杨镇7个镇和盐镇、高村、张坞、穆册、莲庄、上观、董王庄、赵保、樊村7个乡及工矿区办事处1个，有353个村（居）民委员会。

2011年寻村镇更名为香鹿山镇，穆册乡改为花果山乡，莲庄、张坞撤乡建镇。

2011年底，宜阳下辖城关、锦屏、香鹿山、柳泉、韩城、三乡、白杨、莲庄、张坞9个镇和盐镇、高村、花果山、上观、董王庄、赵保、樊村7个乡及工矿区办事处1个，353个村（居）民委员会。

资　　源

【土地资源】 截至2011年底，宜阳县土地总面积165042.09公顷，农用地面积110299.9公顷，其中，耕地73459公顷、园地1293.9公顷、林地27830.78公顷，草地29115.83公顷；建设用地15978.1公顷，其中，城镇村及工矿用地14152.8公顷、交通运输用地3271.65公顷、水域及水利设施用地7001.43公顷；其他土地35409.77公顷。

宜阳县耕地后备资源丰富，近期可供开发土地资源为1350公顷。

【矿产资源】　宜阳地处熊耳山北中部，跨两个三级地质构造单元，区内矿产资源比较丰富。以陈宅——漫流断层为界，东部形成以外生（沉积）矿产为主的地区，西部形成内生矿产的有利地区。境内矿产资源有42种，矿产地85处。其中大型矿床7处，中型矿床2处，小型矿床9处，矿（化）点92处。分为能源、金属、非金属和水资源等4大类。其中：优势矿产为煤、石灰岩、硅石（石英砂和脉石英）、铝土矿、铁矿、蛭石、长石、白云岩、重晶石等。全县共有煤矿企业12家、非煤矿山企业68家。主要矿产资源分布及储量情况为：

煤炭资源储量达4亿吨，为宜洛煤田，主要分布在城关镇、锦屏镇、樊村乡和白杨镇。2011年底，保有储量达7960.5万吨。石灰岩主要分布在锦屏镇八里堂、庙沟、黄沟、周村、苗村、石门、白杨镇石板沟，樊村乡鹿角岭、老庄，城关镇的三道岔，探明储量达8亿吨，估算远景储量在28.4亿吨以上。

硅石（石英砂岩和脉石英）主要分布在张坞镇的花庄村，花果山乡花山村，上观乡下观村，樊村乡杓柳、虎庙、香椿沟，锦屏镇的张李沟、八里堂、周村，白杨镇的半坡山、漫流村，赵保乡的张山村等区域，估算远景资源量4亿吨。

铝土矿主要分布在锦屏镇李沟、焦家凹、黄沟，城关镇三道岔、樊村乡马道、赵保长岭一带，远景资源量1.15亿吨。

铁矿主要分布在张坞镇七峪沟、前坡头、青山崖、斜坡，上观乡料凹、架寺、红涧、扬沟、沙岭，花果山乡上洞，锦屏镇周村，樊村乡金家疙瘩村，为次沉积变质铁矿，中品位。远景储量0.3亿吨～0.6亿吨。

白云岩主要分布在锦屏镇乡庙沟、乔岩、兰家闸、何年，城关镇三道岔和樊村乡杓柳村等区域，探明储量1.6亿吨。

白垩土主要分布于董王庄乡洞子沟村，初步估算资源量3000万吨。

重晶石主要分布在赵保乡、张坞镇、董王庄乡、白杨镇4个区域，矿体分布于山丘区，平洞、竖井均可开采，保有储量为80万吨，品位、规模均具工业开采要求。

钾长石分布在莲庄镇、张坞镇及上观乡一带，含钾13%，探明储量为5.5亿吨。

花岗岩主要分布在张坞镇和花果山乡及上观乡一带，地质工作程度较低，资源储量达2千万立方米，有豆沙绿、万年青等10余种品种。

蛭石主要分布于上观乡、张坞镇等地，远景资源储量达1.4亿吨，地质工作程度低，有零星开采。

金矿主要分布在花果山、上观两乡，含金脉矿体达17条之多，最长的在75米以上，厚度2.3米～3.2米。已发现黄金矿点5处，初步探测金属量841公斤，矿石量114552吨，品位为7.34克/吨。

辉绿岩位于上观乡马家庄东部，地质储量7886万吨。

铅锌矿分布在宜阳县上观乡庙西附近，矿体走向近南东，倾向南西，长约150米，厚度1米～2米，矿石量约4.5万吨，具有一定的开发价值潜力。

膨润土主要分布于董王庄乡天王院村一带，资源储量达40万吨。

其他还有铁锰矿、陶瓷黏土、水泥黏土、方解石矿、铸石原料、石墨矿、熔炼石英、铜矿、铅矿、蛇纹岩，伊利石、天然油石、沸石、萤石、膨润土等。

【水资源】　宜阳县为多河流地区，总属黄河流域，伊洛河水系。境内洛河流域面积1502.72平方公里，伊河流域面积160.1平方公里，涧河流域面积3.43平方公里。洛河由西向东从县境中部穿过，境内干流长约64公里，纵坡约0.0023，河床宽470米～570米。伊、洛河在宜阳县境内流域面积大于5平方公里的支流34条，其中，洛河30条，伊河4条。

宜阳地表水资源量为天然年径流量3.6722亿立方米，全县水质达到和优于Ⅲ类水质。地下水资源量为1.1476亿立方米，其中山丘区地下水资源量1.2366亿立方米，平原区地下水资源量0.1046亿立方米，平原区与山丘区地下水重复计算量为0.1936亿立方米，地表水与地下水之间的重复计算水量为0.5946亿立方米，水资源总量为4.2252亿立方米。全年各类供水工程总供水量为1.0073亿立方米，其中地表水供水量为0.6775亿立方米，地下水供水量为0.3298亿立方米。全年总用水量为1.0073亿立方米。按行业分：农业用水量为0.5134亿立方米，工业用水量为0.2983亿立方米，城镇公共用水量为0.0251亿立方米，居民生活用水量为0.1383亿立方米，生态环境用水量为0.0322亿立方米。全县人均用水量为148立方米，农田灌溉亩均用水量为223立方米，万元GDP用水量74立方米，万元工业增加值用水量59立方米，城镇生活人均用水量142立方米，农村生活人均用水量46立方米。

【动植物资源】 动物。宜阳县现有动物140科，600余种，其中：

兽类：7科15种。主要有野猪、獾狐、狼、刺猬、松鼠、豪猪、山混子、黄鼠狼、灵猫、獐、紫貂、羚羊、梅花鹿等也有零星分布。

鸟类：7科23种。主要有野鸡、猫头鹰、斑鸠、啄木鸟、黄瓜绿、过山哨、燕子、山雕、山金雀、大雁、鸽子、角角、麻不乐、麻雀、黄雀等。相思鸟、小白鹭、八哥、百灵、杜鹃、画眉、鹧鸪、黄鹂、金雕等也有零星分布。

爬行类：6科10种。主要有壁虎、鳖、乌龟、蜥蜴、蛇类等。

两栖类：2科3种。主要有青蛙、大鲵、林蛙。

鱼类：7科20种。主要有草鱼、青鱼、鲢鱼、鲫鱼、泥鳅、黄鳝、黄骨鱼等。

昆虫类：100科500余种。主要有蜻蜓、夜娘、草蚊、果蝇、咋蝉、木蝉、草蛉、蚜虫、蛾类、蝶类、天牛类、粪蜣类、甲虫类、蝗虫类、蚤类、螳螂类、竹节虫类等。

植物。宜阳县已探明的植物种类有153科627属1440余种。其中木本植物31科90余种，草本植物122科1350余种，乔木22科60余种，灌木9科30种。乔木垂直分布800米以上的主要有麻栎、栓皮栎、青岗栎、化香、黄栌、油松等。800米以下的有刺槐、侧柏、苦楝、臭椿、国槐、榆、泡桐、毛白杨、沙兰杨、旱柳等。经济树种有漆树、核桃、油桐、乌桕等。干鲜果类有苹果、枣、杏、柿、板栗、山楂、李、梨、葡萄等。多年生灌木和藤本植物有淡竹、荆条、紫穗槐、白蜡、酸枣、盐肤木、鬼见愁、葛条、胡枝子等。草本植物有白草、黄笔草、茅草、山菊、铁杆蒿等。低等植物和食用菌有地衣、猴头、木耳、鹿茸、黄花菜、山葱、野韭、蘑菇、蕨类等。另外，可作药用植物有杜仲、五味子、连翘、山楂、枸杞、山药、百合、柴胡、防风、苍术等。稀有珍贵树种有银杏、白皮松、落叶松等。

【人口资源】 据公安部门统计，年末全县共有户籍人口71.14万人。其中：男性36.6万人，女性34.5万人；非农业人口9.81万人。全省3%人口抽样调查显示：年末总人口69.45万人，常住人口60.19万人。人口出生率11.14‰，死亡率7.15‰，人口自然增长率3.99‰；城镇人口14.9万人，城镇化率24.76%。

气候特征

2011年，平均气温为14.9℃，与常年值14.5℃相比偏高0.4℃，年降水量为947.3毫米，与常年值655.4毫米相比偏多44.5%，年日照时数1799.4小时，与常年值1971.7小时相比正常。2011年总的气候特点是：气温偏高，降水量偏多，光照正常。

环境质量

全年监测企业74家、监测废水36次、废气49次、噪声76次，对洛河出境水质监测6次，环评监测16次。对全县255家排污单位（其中重点排污企业7家）加强现场监管。对全县132台套污染防治设施现场监督检查11036人次。落实主要污染物减排工作。全年二氧化硫排放量8326.9795吨，化学需氧量排放量4984.176吨，达到了2011年度主要污染物控制目标加大企业持证排污推行力度、全县有18家企业办理排污许可证。完成二次辐射源监督检查任务，全年未发生辐射事故。洛河高崖寨出境断面水质达标率100%；城市集中饮用水源地水质达标率100%，全年城区空气质量优良天数325天。

国民经济与社会发展

初步核算，全年生产总值完成154.2亿元，比上年增长14%，其中：第一产业增加值26.5亿元，增长4.8%；第二产业增加值78.5亿元，增长20.6%；第三产业增加值49.2亿元，增长10.2%。人均生产总值25628元，增长18.3%。三次产业结构为17.2：50.9：31.9，二、三产业比重比上年提高2.7个百分点。

全年居民消费价格上涨4.9%，其中食品类价格上涨12.2%；商品零售价格上涨5.3%；农业生产资料价格上涨1.7%。

2011年城镇居民消费价格指数

类别	指数（以上年平均为100）
居民消费价格指数	104.9
#食品	112.2
粮食	110.8
肉禽及其制品	125.3
蛋类	118.2
鲜菜	101.3
烟酒及用品	97.3
衣着	99.9
家庭设备用品及服务	100.6
医疗保健及个人服务	105.8
交通和通信	98.5
娱乐教育文化用品及服务	100.8
居住	105.1

年末全县从业人员396359人，其中城镇从业人员25291人。全年城镇新增就业人员8900人；下岗失业人员实现再就业3700人，其中“4050”人员再就业435人，困难人员再就业2700人；年末城镇登记失业率为4.5%。

【农业】 全年粮食种植面积82816公顷，比上年增长0.7%，其中：小麦种植面积38491公顷，增长0.4%；烟叶种植面积8555公顷，增长4.7%；油料种植面积27.4万亩，增长0.3%；蔬菜种植面积16.8万亩，下降1.8%。

全年粮食产量346383吨，比上年下降1.7%；小麦产量155132吨，减产1.7%；油料产量79675吨，增长1.8%。肉类总产量44790吨，增长15.5%；禽蛋产量17158吨，增长2.4%；牛奶产量6568吨，增长0.4%。

2011年主要农产品产量

产品名称	产量（吨）	比上年±%
粮食	346386	-1.7
夏粮	155132	-1.7
秋粮	191251	-1.7
棉花	667	-1.6
油料	79675	1.8
#花生	65629	-3
烟叶	21178	5.2
蔬菜	529064	4.1
水果	77337	1.4

年末农业机械总动力56万千瓦，比上年增长2.1%；农用拖拉机3.6万台，增长2.8%；农用运输车0.8万辆，下降11.1%；农村用电量26178万千瓦小时，增长2.5%。

【工业和建筑业】 全年全部工业增加值671697万元，比上年增长23.5%，增速比上年提高6.8个百分点。其中，规模以上工业增加值518145万元，比上年增长28.9%，增速比上年提高6.1个百分点，其中：轻工业增长27.2%，重工业增长30.4%。全年累计产品销售率99.4%，增长4.2%。

规模以上工业26个大类中，有18个行业生产实现增长，8个行业生产下降。分行业情况为：黑色金属矿采选业增长13.8%，非金属矿采选业增长31%，农副食品加工业增长30.9%，食品制造业增长19.7%，纺织服装、鞋、帽制造业增长12.5%，家具制造业增长53.1%，造纸及制品业增长3.2%，化学原料及化学制品制造业增长

8.7%，塑料制品业增长13.8%，非金属矿物制品业增长49.4%，有色金属冶炼及压延加工业增长34%，金属制品业增长147.9%，通用设备制造业增长149.1%，煤炭开采和洗选业下降24%，有色金属矿采选业下降14.1%，木材加工及木、竹、藤、棕、草制品业下降30.7%，石油加工、炼焦及核燃料加工业下降15.4%，医药制造业下降71.9%，黑色金属冶炼及压延加工业下降18.5%，电气机械及器材制造业下降4.4%，电力、热力的生产和供应业下降16.9%。

在工业产品产量中，各种产品的产量较上年同期有升有降。

2011年主要工业产品产量

产品名称	产　量	比上年±%
原煤	90.68万吨	2
精甲醇	2.4万吨	178.5
合成氨（无水氨）	3.1万吨	-58.7
农用氮、磷、钾化学肥料总计	13.63万吨	223.1
炸药	6.2万吨	53.4
水泥熟料	340.5万吨	133.4
水泥	360.3万吨	72.3
发电量	35432万千瓦小时	8.3

全年规模以上工业企业主营业务收入195.5亿元，比上年增长57.7%，增速比上年提高22.8个百分点；利润总额12.9亿元，增长51%，增速提高个43.6个百分点。

全年全社会建筑业增加值113482万元，按可比价计算比上年增长5.8%。

【固定资产投资】　全年全社会固定资产投资172.6亿元，比上年增长26.6%。其中：城镇投资167.3亿元，增长27.3%；农户投资5.3亿元，增长9.1%。

在城镇投资中，国有及国有控股投资14.2亿元，民间投资153亿元；第一产业投资18.2亿元，增长17.4%；第二产业投资85.5亿元（全部为工业投资），增长33.1%；第三产业投资68.9亿元，增长36.6%。

2011年各行业城镇固定资产投资完成情况

行　业	投资额（万元）	比上年±%
合　计	1673227	27.3
农林牧渔业	169520	17.4
工业	854597	33.1
交通运输、仓储和邮政业	57105	132.9
批发和零售	16535	-23.8
住宿和餐饮	3500	-73.4
房地产业	315120	87
水利、环境和公共设施管理业	160940	18.9
教育	24235	-36.5
卫生、社会保障和社会福利	21076	44.6
文化、体育和娱乐业	21928	3
公共管理和社会组织	18384	23.2

全年房地产开发投资246489万元，比上年增长116.8%，其中，住宅投资186994万元，增长82.8%。房屋施工面积199.3万平方米，增长7.6%，其中，住宅159.5万平方米，下降0.9%。房屋竣工面积71.7万平方米，下降0.4%，其中，住宅66.1万平方米，下降37.7%。商品房销售面积82.4万平方米，增长47.3%，其中，住宅73.1平方米，增长37.9%。

【国内贸易】　全年批发和零售业增加值73050万元，按可比价格计算比上年增长8.8%；住宿和餐饮业增加值28164万元，按可比价格计算比上年增长6.2%。

全年社会消费品零售总额47.8亿元，比上年增长18%，扣除物价因素实际增长11.7%。分城乡看：城市消费品零售额31.3亿元，增长12.1%；农村消费品零售额16.5元，增长31%。分行业看：批发零售额4.2亿元，增长11.2%；零售业零售额34.9亿元，增长20%；住宿业零售额0.4亿元，增长39.8%；餐饮业零售额8.2亿元，增长12.3%。

限额以上批发和零售企业25个销售大类中，食品、饮料、烟酒类销售额增长27.8%，服装、鞋帽、针纺织品类增长39%，化妆品类销售额增长53%，金银珠宝类销售额增长55.6%，日用品类销售额增长106.8%，文化办公用品类增长24.2%，家具类增长56.2%，机电产品及设备类销售额下降24%。

【对外经济】 全年进出口总额1181.9万美元，比上年增长57.3%，其中：出口总额1180.5万美元，增长57.3%；进口总额1.4万美元，增长100%。高新技术产品出口629万美元，增长192.6%。

全年新批准外商投资企业3个。外商直接投资合同资金11695.5万美元，同比增长108.3%，实际利用外资4838.5万美元，同比增长116%。

【交通、邮电和旅游】 全年交通运输、仓储和邮政业增加值138131万元，按可比价格计算比上年增长5.1%。

全年交通运输部门完成货物周转量403005万吨公里，增长28.7%，完成旅客周转量234432万人公里，增长19.9%。

2011年各种运输方式运输量

指　标	单　位	绝对量	比上年±%
货物运输量	万吨	2005	28.7
货物周转量	万吨公里	403005	28.7
旅客运输量	万人	3168	19.9
旅客周转量	万人公里	234432	19.9

全年邮电业务总量19436万元，比上年增长2.9%，其中：邮政业务2435万元，下降32.4%；电信业务17001万元，增长11.3%。年末局用电话交换机总容量9.1万门，本地固定电话用户3.7万户，移动电话用户33.9万户。固定电话普及率为6.2部/百人，移动电话普及率为56.3部/百人。年末计算机互联网用户3.2万户，增长30.4%。

全年共接待游客214万人次，旅游总收入22139万元，其中门票收入729万元。

【财政、金融】 全年地方财政一般预算收入50668万元，增长18.7%。财政一般预算支出180199万元，增长27.2%，其中科教文卫支出73608万元，增长25.9%；社会保障支出14666万元，增长61%。

年末金融机构人民币各项存款余额635195万元，比上年末增长21.9%，其中，城乡居民储蓄存款余额437449万元，增长18.2%。人民币各项贷款余额251265万元，增长31.9%，其中：短期贷款余额166371万元，增长61.8%；中长期贷款余额84893万元，增长62.1%。金融机构个人消费贷款余额29372万元，增长95.6%。

【教育和科学技术】 全年全县普通高中招生3320人，在校生9297人，毕业生3499人。初中学校招生11188人，在校生32228人，毕业生10674人。普通小学招生9326人，在校生68677人，毕业生13576人。中等专业技术学校招生923人，在校生2803人。特殊教育学校招生33人，在校生128人。幼儿园在园儿童3588人。成人技术培训学校全年培训12.6万人次。发放“两免一补”资金8446万元，全年“新机制”安排资金9050万元，资助困难学生9108人次。

全年研究与试验发展（R&D）经费支出1645万元，比上年增长51.5%。年末拥有科学研究与技术开发机构25个，从事科技活动人员1294人；全年申请专利43件，授权专利35件，分别增长73%和75%；签订技术合同25份，增长39%。

年末共有产品质量监督检验机构1个，全年强制检定计量器具4360台（件）。全县共有卫星云图接收站点1个，区域气象观测站3个。

【文化、卫生和体育】 至2011年末全县共有艺术表演团体2个，文化馆1个，公共图书馆1个。广播电台1座，广播人口覆盖率88%。电视台1座，有线电视用户5.5万户，电视综合人口覆盖率88%。年末共有综合档案馆1个，已开放各类档案1206卷。

年末共有卫生机构404个，其中：医院、卫生院22个，妇幼保健院、所、站1个，疾病预防控制中心（防疫站）1个，卫生监督中心1个。卫生机构病床床位1846张，其中医院、卫生院1576张。卫生技术人员2934人，其中：执业医师和执业助理医师954人，注册护士804人，疾病预防控制中心（防疫站）卫生技术人员66人，卫生监督中心卫生技术人员20人。农村乡（镇）卫生院18个，床位504张，卫生技术人员660人。能加新型农村合作医疗人数54.7万人，下降11.7%，参合率97.5%，比上年下降2.5百分点。

全年共参加乡以上运动会及各种比赛22次；

参加县以上运动会18次，获得县以上金牌5枚、银牌3枚，铜牌2枚。在校学生体育达标率100%。

【人民生活和社会保障】 全年农村居民人均纯收入5348元，扣除价格因素，比上年实际增长10.2%；农村居民人均生活消费支出3785元，实际增长7.4%。城镇居民人均可支配收入15531元，实际增长9.7%；城镇居民人均消费支出13983元，实际增长12.6%。农村居民家庭恩格尔系数为32.9%，城镇居民家庭恩格尔系数为24.4%。

年末全县参加城镇基本养老保险人数30460人，比上年增长8.6%，其中参保在职职工22538人，参保离退休人员7922人。参加基本医疗保险人数32137人，增长1.4%，其中参保在职职工27069人，参保退休人员5068人。年末参加失业保险21498人，增长1.1%。

全年享受城镇最低生活保障9202人，共发放城镇居民最低生活保障金2417万元，增长27.8%；全县享受农村低保24601人，发放农村低保金2744万元，增长16.9%；累计发放城乡医疗救助资金186万元，下降66.7%。

全年全县各类收养性社会福利院床位1316张，国家抚恤、补助各类优抚对象4858人。建立起各种城镇社区服务设施12个，其中社区服务中心5个。全年接受社会捐赠23.2万元。全年销售福利彩票1200万元。全年筹集社会福利基金60万元。

【安全生产】 全年全县共发生各类生产伤亡事故9起，其中，死亡事故2起。各类伤亡事故死亡2人，事故直接财产损失18万元。全县亿元GDP生产安全事故死亡率为0.01人。

滨河公园

人　物

县委领导简介

王琰君

王琰君，1963年9月出生，河南省偃师市人，研究生学历。1982年8月参加工作，1985年9月加入中国共产党。1998年3月以来，先后任偃师市政府副市长，中共孟津县委常委、组织部长，中共孟津县委常委、县政府副县长，中共嵩县县委副书记、县政府县长，2011年任中共宜阳县委书记。

一年来，在市委、市政府的正确领导下，认真贯彻落实科学发展观，秉承对党和人民高度负责的态度，团结和协调县四大班子，带领和依靠各级各部门及全县人民，理清发展思路，实施科学决策，狠抓工作落实，较为圆满地完成了各项工作任务，推动了宜阳经济社会持续快速发展。2011年，全县实现生产总值154.2亿元，同比增长14%；地方财政一般预算收入达到5.06亿元，增长18.7%；财政支出完成18亿元，增长27.2%；全社会固定资产投资172.6亿元，增长26.6%；城镇居民人均可支配收入1.56万元，增长15.8%；农民人均纯收入5348元，增长16.3%。项目建设方面，新上亿元以上项目37个，总投资139亿元，宜阳县被省政府授予全省对外开放先进县；初步形成"一区四园"的产业发展格局，产业集聚区综合排名进入省市前列，被省政府命名为先进产业集聚区；招商引资和承接产业转移步伐明显加快，承接基地型项目、集群类项目大幅增加，开放型经济发展实现重大突破。经济转型方面，围绕调结构、促转型、增效益的目标，产业结构由冶金、建材、化工三大传统产业向电子电器、食品生物、新材料、新能源等高成长性战略新兴产业转变提升，催生了海斯迪聚合物锂电池、华宇光电、洛铜镁板带、千熙新能源电动汽车等产业标志企业。机制转换方面，对全县744个事业单位进行了编制、绩效、工资三项制度改革；对93个国有企业进行了产权制度改革，激发了企事业单位的内生活力，实现了改革收益的最大化。新增城镇就业7840人，下岗失业人员再就业3531人，完成农村劳动力转移18万人次，创劳务收入17亿元。城建提升方面，实施了总投资37.5亿元的城建"1150"工程和总投资6.5亿元的基础设施建设"1022"工程，全年开建楼盘99万平方米，改建和新建道路23条56公里，县城供热工程开始启动，第二污水处理厂投入试运行，县城形象和品位大幅提升。民生改善方面，全县民生保障支出12.7亿元，占财政一般预算支出的75%，较2010年提高4.8个百分点。各项福民实事顺利完成，保障性住房建设工作在全省名列前茅，惠及全县农村农民的全省新型农村养老保险试点县项目全面启动，人民群众普遍关心的民生难题得到有效缓解。发展环境方面，投资2500万元，新建了群众接待中心、便民服务中心和就业培训指导中心；投资4000万元实施了城乡技防网络全覆盖，形成了县乡村三级巡防联动格局，全力实施网上追逃行动，清网率达到82.3%，公众安全感指数达到97.6%，在全省排序前移了32个位次；加大综合整治力度，顺利通过"国家卫生县城"复验；坚持安全生产周例会制度，集中开展安全生产整治行动，安全生产形势明显好转。文化旅游名县建设方面，灵山风景区16项主体工程加快推进；133.3公顷莲花公园雏形显现；阳光水岸三期工程全部完工，洛河县城核心段形成6公里长、3级橡胶坝和10里绿色长廊；滨河文化广场2012年春节期间将举办首届音乐烟花文艺晚会。整个经济社会发展进入了夯实发展基础、促进产业升级、改善民生福祉的良性循环轨道。党的建设方面，按照干部选拔任用工作有关规定和市委有关要求，结合干部队伍实际情况，消化超职数干部11人，竞职选拔科级领导干部9人，全委会票决乡镇党政正职17人。严格对领导班子、领导干部党风廉政建设责任制履行情况进行督查、考核，按照考核结果评定业绩，追责问效。组织开展明察暗访260余次，效能告诫22人，党政纪处分14人。全面完成了全县353个村民委员会村级组织换届工作，同时，选派19名优秀年轻干部到到瘫、散、软村民委员会挂任第一支部书记，后进村整顿取得良好效果。新建活动场所29个，占全市新建村室44个的45.5%，建成率居全市第一。组织党员学习培训，举办农业科技、实用技术等培训班125期，受益党员干部3950人次，强化了基层阵地建设，形成了上下联动、左右配合、你追我赶、争先恐后的工作机制和生动局面。宜阳县先后荣获国家卫生县城、中国西游文化之乡、中原最具投资价值县等荣誉称号。个人获省政府“红旗渠精神杯”竞赛活动二等奖，被评为先进个人和平安建设先进个人。

黄晓玲

黄晓玲，女，1960年1月出生，河南信阳人，1977年3月参加工作，1994年6月加入中国共产党，大学文化。2007年12月以来，先后任中共宜阳县委副书记、宜阳县人民政府副县长、常务副县长、代县长、县长。

2011年，团结带领政府一班人，抢抓机遇，顽强拼搏，全力打好“六大攻坚战”，强力推进新型城镇化、新型工业化和新型农业现代化“三化”协调发展，实现了“十二五”发展的良好开局，全县上下呈现出蒸蒸日上、蓬勃发展的喜人局面。全年实现生产总值154.2亿元，同比增长14%。固定资产投资172.6亿元，增长26.6%。地方财政一般预算收入突破5亿元，达到50668万元，增长18.7%；地方财政一般预算支出18亿元，增长27.2%。社会消费品零售总额47.8亿元，增长18%；城镇居民人均可支配收入15531元，增长15.8%；农民人均纯收入5348元，增长16.3%。国家卫生县城、河南省园林县城顺利通过评审，中国西游文化之乡、中国宜居宜业典范县、河南省对外开放工作先进县、河南省食品安全示范县等诸多荣誉花落宜阳。新型城镇化持续提升。当年完成投资18.7亿元。洛宜快速通道、纬一路、同力大道等19个项目竣工，同力洛河大桥、锦龙洛河大桥、就业服务中心、卫生监督中心、阳光水岸三期和四期开发、灵山寺院景区和莲花水景公园等24个项目加紧建设。城中村、旧城改造工作继续保持全市先进。新型工业化持续提速。实施千万元以上工业项目88个，完成投资37.8亿元。在项目建设的有力推动下，全县城镇固定资产投资完成164.3亿元，增长26.5%。规模以上工业增加值51.8亿元，增长28.9%。宜阳产业集聚区荣获河南省十大先进产业集聚区荣誉称号。新型农业现代化持续调优。粮食总产达到34.6万吨。新建核桃基地1200公顷、蔬菜基地637.3公顷、苗木花卉林果基地188.4公顷，造林绿化5333.3公顷，全部超目标完成任务。创建国家森林城市工作中被市委、市政府记“三等功”。群众生活持续改善。群众养老难、就业难、就学难、就医难和住房难等“五大难题”得到有效缓解。全面启动城乡居民社会养老保险试点，为符合条件的60岁以上老人发放基础养老金5271万元。新增城镇就业7253人、下岗失业人员再就业3197人、困难对象再就业771人，全部超额完成市定目标。加大社会办学开放力度，实施“一保三放开”战略，双语学校、红旗实验学校投入使用，华富商学院9栋建筑主体封顶。高考工作连续三年保持洛阳市“前三强”。发放新农合资金9100万元，受益95万人次。保障性住房工作走在了全省前列。政府自身建设持续加强。深入开展“环境创优年”活动和“两转两提”活动，坚持和提倡求真、务实、高效的工作作风，政府的执行力和公信力明显提升，群众满意度不断提高。获省政府“红旗渠精神杯”竞赛活动二等功。

张国松

张国松，1962年9月出生，河南省尉氏县人，

本科学历。1984年7月参加工作，1987年7月加入中国共产党，2009年8月任中共宜阳县委副书记至今。

根据县委分工，2011年主要负责县委常务工作，协助县委书记处理县委日常工作，领导协调农业和农村经济、计划生育、党的建设、政法工作；联系县人大、县政协；分管县委党校。一年来，在县委的正确领导下，坚持以科学发展观为指导，认真履行岗位职责，求真务实，开拓进取，较好地完成了各项工作任务。一是坚持不懈地抓好党的建设，基层基础得到进一步巩固。后进村整顿工作扎实推进。全年整顿市、县后进村58个，迎得了全省后进村整顿现场会在宜阳县召开，受到省委组织部高度评价。换届选举工作圆满结束。圆满完成了县乡党委换届工作和全县353个村民委员会村级组织换届。创先争优活动成效显著。中央党校《学习时报》刊发了《从"两张皮到一股绳"——宜阳县创先争优活动经验谈》,《党建研究》图文结合报道了《宜阳县先锋示范工程惠民生》,《河南日报》头版头条刊发《宜阳县先锋示范工程助推经济发展》。县委党校改革进展顺利。党校综合楼建成投用，党校办学体制改革步伐顺利通过了省、市验收。二是坚持不懈地抓好"三农工作"，农村经济实现了新跨越。农业产业持续优化。全年粮食产量达到3.2亿公斤，位居洛阳市第二位。培育万亩蔬菜、万亩韭菜、万亩反季节蔬菜、万亩优质大蒜和万亩优质莲菜等5个万亩果蔬基地。林业生态建设快速推进。全县3.8万公顷集体林地林权制度改革工作主体改革任务全部完成，顺利通过省政府验收，在全市名列前茅。农田水利基本建设成效显著。投资2248.8万元实施7座水库除险加固工程。总投资12.8亿元的阳光水岸三期工程基本完工，四期工程即将开工建设。连续三年荣获全省水利最高奖——"红旗渠精神杯"。畜牧养殖业不断壮大。投资10亿元的宜阳福润食品产业化项目一期工程年屠宰生猪200万头项目主体竣工，洛阳伊众、东汉禽业、董大牧业、华泰牧业、万禾牧业等9个总投资10亿元的畜牧养殖项目上马建设，全县畜牧养殖达到336万头（只），年效益10亿元，农副产品深加工企业15家。烟叶生产水平逐步提升。落实植烟面积4600公顷，收购烟叶403.4万公斤，投放收购资金6521.4万元，实现烟叶税收1434.7万元。农村面貌焕然一新。硬化通组通户道路217.7公里，新建农村社区服务中心12个、高标准农民休闲广场14处。劳务经济蓬勃发展。完成劳务输出18万人次，创劳务收入17亿元。扶贫开发成效明显。投资2693万元的109个整村推进项目已全部完工。投资320万元实施4个村200户886人的搬迁扶贫工程已全部完工。全年完成"雨露计划"培训任务1966人，迎得了全省培训现场会在宜阳县召开，再次被国务院确定为"雨露计划"改革试点县，获得上级补助资金285万元。惠农政策全面落实。发放粮食直补资金、良种补贴资金7694万元，发放抗旱浇麦补助资金382万元；拨付"两免一补"资金6778.9万元，全县共有10.2万名学生从中受益。三是坚持不懈地推进政法工作，平安宜阳建设扎实推进。深入排查化解矛盾纠纷，扎实推进平安建设，社会大局保持持续稳定。四是坚持不懈地抓好计划生育工作，低生育水平得到进一步保持。投资50余万元，更新完善硬件设施，建成了全省甲级信息化中心、河南省第3家县级计生系统宣传教育中心。发放独生子女父母奖励费230万元，89名独生子女享受中招加分奖励，先后获得全国计划生育协会建设先进县、河南省计划生育优质服务县和河南省计生系统政务信息先进县、河南省人口发展规划与信息工作先进单位、河南省计划生育基层群众自治先进县等荣誉称号。五是坚持不懈地抓好服务协调，分包联系工作扎实推进。城乡居民社会养老保险工作全面展开。登记参保居民35万人，收缴保费3088.9万元，全县6万名享受待遇人员的养老金已全部发放到位。灵山风景区建设形象初具。投资12亿元、面积13平方公里的灵山风景区开发，6大项目全部开工建设。宜东新区开发快速推进。总投资3.3亿元，总面积14.9万平方米的县委党校综合楼、人民医院整体迁建等8家迁建单位建设工程，已完成投资1.4亿元，开工面积13.4万平方米。投资1.2亿元的同力洛河大桥、锦龙洛河大桥正在建设，投资2.4亿元的洛宜快速通道建成通车，投资3.3亿元的阳光水岸三期工程基本竣工，总投资27.9亿元的西庄专业园8个项目正在建设，一个现代化的城市新区已初步形成。城区集中供热工程实现局部供热。总投资3.6亿元的城区集中供热工程，已实现首期供暖，辐射北城区50万平方米，受益居民达到2万户。

张慧敏

张慧敏，1962 年 3 月出生，河南宜阳人，大学学历，1983 年参加工作，1985 年加入中国共产党，2011 年任县委常委、县政府常务副县长。按照县政府分工，协助县长处理县政府日常工作，负责财政税务、人事编制、社会保障、审计监察、行政服务等工作。

一年来，紧紧围绕县委、县政府工作重点，创新工作方式，狠抓工作落实。突出抓好财税征管，保障能力明显增强，全年完成地方财政一般预算收入 50668 万元，较去年净增 8000 万元，同比增长 18.7%；税收收入达到 35552 万元，占地方财政一般预算收入的 70.2%，同比提高 2.8 个百分点。加强人事和机构编制管理，严格落实“凡进必考”制度，事业单位岗位设置逐步规范。高度重视就业再就业工作，加强技能培训，落实优惠政策，全力促进创业就业，完成劳动力转移 18.1 万人次，发放小额担保贷款 8055 万元，新增城镇就业 7253 人，均超额完成市定目标任务。不断健全社会保障体系，被确定为国家城乡居民社会养老保险工作试点县，全县参保 33.5 万人，参保率达 87%，发放养老保险金 2380 万元。稳步推进企事业单位改革，实现了改革改制大头落地的目标，授予全市机制转换工作先进单位。加强政府法制建设和效能建设，扎实开展政务环境创优活动，被授予全市依法行政示范县，行政服务大厅 11 个服务窗口获得全省优质服务窗口称号。据县委、县政府工作部署，扎实做好分包工作，认真参与各项临时性工作，组织或牵头解决了一些热点、难点和棘手问题，服务了全县发展大局。

罗宏伟

罗宏伟，1969 年 3 月出生，河南睢县人，本科学历。1991 年 10 月参加工作，1995 年 2 月加入中国共产党，2009 年 8 月任中共宜阳县委常委、组织部长。2011 年，他以邓小平理论和“三个代表”重要思想为指导，认真贯彻落实科学发展观，坚持做到思想上积极进取，工作上奋发努力，作风上求真务实，生活上从严要求，认真履行好岗位职责，较好完成了各项工作任务。

组织工作稳步推进，以“五有三定”为载体（即有人干事、有钱办事、有章理事、有项目富民、有形象改变和定目标、定承诺、定措施），选派了 22 名后备干部和乡镇领导班子成员到后进村驻村任职或兼任后进村支部书记，筹措资金 82 万元专项用于后进村整顿，引进项目上 11 个总投资逾 7000 万元，全年共整顿市定、县定后进村 4 批 58 个，《洛阳日报》和市委《工作通报》先后介绍了宜阳县的后进村整顿工作做法，市委书记毛万春批示在全市予以推广宜阳经验，2011 年全省后进村整顿现场会在宜阳县召开。县党委换届选举工作在全市率先完成，全县 353 个村民委员会全部完成了村级组织换届，参选率 98.9%。推行驻村任职目标承诺制度，将驻村任职目标细化为“村级事务管理、农村经济发展、社会事业完善、基础设施改善、基层组织加强”等 5 大项、30 条具体目标，驻村干部全年引进各项资金 5000 余万元。16 个乡镇全部建立了非公企业联合支部，新建其他非公企业党组织 7 个，发展非公企业党员 101 名，较 2010 年增长 24.3%，河南前进化工集团党委、洛阳龙羽宜电公司党委先后被评为全省分行业创五好先进基层党组织。农村党员干部现代远程教育 371 个站点完好率和利用率均达 100%，开展党员集中学习 4.86 万余次，参加学习党员达 147 万人次。为大学生村干部申请创业专项资金 185 万元，创业实体 24 个，全年培训 4 期 760 人次。干部工作务实创新，通过“两推三票”（基层推荐、组织推荐；群众投票选人、常委会投票确定、全委〈扩大〉会议投票表决）的形式选用了 17 名乡镇党政正职，尝试竞职选拔的模式选用了 9 名县直事业单位副科级领导干部，选派了 33 名正副科级后备干部到急难险重岗位加强锻炼，选派了 70 名正副科级后备干部到城中村征迁改造工作一线挂任指挥部工作专员。探索尝试了“务虚干部事项研究”模式，提高了选人用人科学性和公信力。坚持按照“五重五不简单”和“领导出于公心、注重群众公认、严格选用程序”的选人用人原则，把围绕福民强市总体目标形成的“六加一”考评机制和县委、政府中心工作任务体现在选人用人的各个环节，营造风清气正的用人环境。扎实推行“责任目标任职承诺”制度，县委主要领导先后同新任的27名委局长和乡镇长、39名副科级领导干部签订了任职承诺书。采集全县科级干部重大事项报告、重要社会关系、个人收入等情况1150件。全年共受理组织信访案件47起，答复率和办结率均达100%。机关建设扎实有效，结合“讲党性、重品行、作表率”活动，深入开展“双创双争”活动，通过争创省级卫生先进单位和市级文明单位，进一步完善了部机关各项工作制度，加强了部机关硬件建设，成功创建省级卫生先进单位和市级文明单位。

仝宇鹏

仝宇鹏，1968年8月出生，河南省嵩县县人，1989年7月参加工作，1994年11月加入中国共产党，大学学历。2011年5月任中共宜阳县委常委、政法委书记。主抓政法、综治和信访稳定工作。2011年，全县政法系统、信访部门认真贯彻中央、省市县委的部署要求，以科学发展观为统领，按照“保平安、谋发展、促和谐”整体思路，以夺取省、市先进为目标，以提升公众安全感为核心，以夯实综治基层基础为抓手，深入推进社会矛盾化解、社会管理创新、公正廉洁执法，扎实搞好“平安宜阳”建设，实现了“六个不发生”目标，为全县经济社会又好又快发展，营造了和谐稳定的环境。宜阳县政法工作获得了全市2011年度平安建设工作先进县、信访稳定工作先进县、涉法涉诉信访工作先进县等荣誉。

田群献

田群献，中共宜阳县委常委、宜阳县人民武装部政治委员，1967年1月出生，河南泌阳人。研究生学历。1982年月日月入伍，1985年5月加入中国共产党。2010年4月任宜阳县人武部政治委员。任职以来，带领人武部党委“一班人”，团结干事，积极进取，以加强党委班子建设为突破口，把提高党委领导部队全面建设、指挥信息化战争的能力、把关定向能力、谋求打赢能力、军地协调能力、从严治军能力、作为党委工作的重点目标。在党委班子建设上，始科以党性原则为抓手，不断加强党性锻炼，充分发挥表率作用，增强也人武部党委班子的凝聚力、战斗力，大力倡导和培育了“四种风气”，营造了团结和谐的良好氛围，先后组织1000余名民兵和驻军官兵，出色完成了秸秆焚烧、打捞落水老百姓和涉军信访等任务。还主动向县委、县政府要求承包一个乡镇的信访工作，累计解决了20余起信访事件。2011年，宜阳县人武部被济南军区评为信信访工作先进单位，被洛阳市政府评为平安建设先进单位。

王　涛

王涛，1978年12月出生，籍贯河南鹿邑县，中共党员，硕士研究生学历。1995年7月参加工作，2010年12月任中共宜阳县委常委、副县长，负责粮食购销储备、生产资料供应等方面工作。分管县粮食局、供销社。联系县邮政局、邮政储蓄银行、联通公司、铁通公司。

2011年，认真落实仓储管理制度，严格执行仓储管理的各项规定。积极开展科学储粮活动，大力推广应用储粮新技术，提高了宜阳县科学储粮水平。备仓6.5万吨，检验各种收购仪器81台，准备机械输送机28台，人员岗前培训75人，国有及国有控股粮食购销企业实现利润84万元，占年度目标的105%。

农资流通方面。突出为农服务宗旨，坚持合作制基本原则，加快“新网工程”建设和农资连锁配送工作。县社系统预计完成总销售额4.25亿元，占年计划的105%；实现利润280.5万元，占年计划的105%；新建农村超市43个，规范发展专业合作社6个、村级综合服务社268个；销售各类优质化肥9.1万吨、农地膜4000吨、农药41.6吨。其他工作方面。累计完成邮政业务量2299万元，较上年同期增幅46%，完成业务收入2002万元，较上年同期增幅25%。建成161个合格村邮站，占全年目标的167%。新联通累计收入3058万元，较上年同期增长8.9%；新建联通服务便利点51个、联通村106个、GMS基站20个、WCDMA(3G)基站12个、宽带总端口5000个；继续实施远程教育站点进村入户工程，受益行政村达329个。按照县委、县政府的安排部署，分包义煤集团宜阳天福矿业有限公司和花果山乡的安全生产、信访稳定工作，坚持不定期到分包煤矿进行督查，每月15日到花果山乡下访，听取群众诉求，将矛盾化解在基层。

高建海

2011年6月，由政府副县长调任县委常委、办公室主任。

任副县长期间，主要负责工业经济、项目建设、产业集聚区发展、环保、质监、金融等方面工作。牢牢把握核心抓手，不断加快项目建设。按照"意向项目抓立项、储备项目抓谋划、拟建项目抓开工、在建项目抓投产"的总体思路，不断加快项目建设，增强经济发展后劲。牢固树立服务意识，保障工业平稳运行。协调选派32名副科级后备干部到企业担任副总经理或经理助理，为企业提供贴心式服务。全力保障生产要素，积极落实煤炭、电力、运输等扶持措施，保障企业顺利运行。牢固树立和谐理念，统筹抓好环境保护、电网改造、民政事业、质量监督等各项工作。提升环境质量，改善基础设施，为构建和谐宜阳贡献力量。严格落实环保"三同时"制度，新开工项目环评执行率达到100%，城区环境质量优良天数均超过310天，化学需氧量和二氧化硫排放总量分别控制在市定年度目标以内。质量监督有序开展，全县锅炉压力管道设备定检率达到100%，操作人员持证率达到100%。

任县委常委、办公室主任后，负责县委办公室全面工作，协助县委主要领导做好县委日常工作，分管县委机要局、县档案局，分包锦屏镇。参与工业经济和宜东新区建设等工作。突出重点，服务大局，提高办公室工作水平。提出办公室要以建成学习型、服务型、高效型、和谐型机关为目标，充分发挥参谋助手作用，为县委决策提供科学依据。把握领导工作思路，切实贯彻县委的决策思想，体现县委决策的广度和深度，体现对基层的针对性和指导性。充分发挥督促检查作用，组织大的督查活动20多次，承办市、县领导批示件213件，保证了县委决策的有效落实。充分发挥综合协调作用，促进各项工作高效运转。指导办公室以提高办文水平、办会质量、办事效率为目标，从党委的中心任务出发，按照主次、轻重缓急程度，精心组织，周密安排，保证上下之间、部门之间、工作之间的有机联系、合理衔接。内练素质，外树形象，加强办公室干部队伍建设。坚持以人为本，以抓学习、抓制度、抓载体、抓培训等"四抓"为重点，着力建设一支政治强、业务精、作风硬的工作队伍。提高办公室整体素质，促进办公室规范化管理，增强办公室人员业务能力，树立办公室良好形象。围绕县域经济社会发展大局，做好中心工作。牢固树立全局意识，充分发挥协调职能。组织好常委会、四大班子会和县委班子民主生活会，服务县委决策，增强领导班子的凝聚力。主动做好县委主要领导交办工作。团结县四大班子领导成员积极参与招商引资、安全生产、信访稳定、防汛抗洪、烟叶生产、重点工程建设等全县中心工作。

率先垂范，廉洁自律。一年来，开拓创新，锐意进取，坚持不懈加强学习，严格自律勤政廉政。狠抓党风廉政建设责任制的落实和干部的教育、管理和监督，有力推进党风廉政建设工作顺利开展。

张　霞

张霞，女，1970年10月生，中共党员，大学学历，河南省洛阳市人。2011年5月，任中共宜阳县委常委、宣传部部长。2011年，全县宣传思想文化各项工作取得了显著成效。县委宣传部先后荣获河南省思想政治工作先进单位、河南省"欢乐中原"群众文化活动先进单位等15项省市级荣誉，74人被授予"先进个人"荣誉称号。一是理论武装取得新成效。先后举办了"纪念中国共产党成立90周年理论研讨会"、"社科专家县区行"、"推进中原经济区建设"主题党课教育、"科学理论进基层"集中宣讲等系列活动，学习型党组织建设成效显著。二是对外宣传迈出新步伐。先后在中央、省、市主流媒体刊发稿件420余篇。尤其是新闻《宜阳消防官兵勇救四名坠入悬崖中学生》、《宜阳女孩刘晓丽拾金不昧，被常州聘为"道德讲堂"宣讲员》等相继在央视和省台播出，在社会上引起较大反响。三是舆论引导形成新氛围。开通了"宜阳民声网"，与人民网河南频道建立了战略合作关系，完善了网络舆情处置工作系列规章制度，建立并充实了互联网宣传管理员队伍，全年无重大负面舆情发生。四是文明创建实现新突破。深入开展城市“三优三创”活动、农村“清洁家园行动”和“文明中原系列活动”，精神文明创建活动取得重大突破，被市文明委授予“洛阳市文明县城”荣誉称号；赵保乡、香鹿山镇锁营村等4个乡村被授予“洛阳市文明村镇”荣誉称号，创建省市文明单位10家。五是文化发展呈现新气象。深入开展“滨河之声”大型广场文化活动、乡镇文化周、“颂歌献给党”红歌大家唱等活动，得到社会各界的广泛关注和积极参与。基层公共文化服务体系得到逐步改善，建成农家书屋226个、乡镇综合文化站14个，全县公共文化场馆全部免费开放。

任晓平

任晓平，1972年2月生，山西省中阳县人，中共党员，研究生学历，公共管理硕士。1992年12月至1995年5月涧西区劳动人事局干部。1995年5月至1997年9月洛阳市检察院反贪局助理检察员。1997年9月至2001年1月洛阳市委市直机关工委团工委副书记（其中1998年12月至2000年12月汝阳县小店镇挂职锻炼任副镇长）。2001年1月至2003年12月市委市直机关工委团工委书记（其中2000年12月参加郑州大学法律专业高教自考本科班学习毕业、2001年3月至2002年4月汝阳县十八盘乡十八盘村“三个代表”驻村工作队队长）。2002年4月至2004年9月任洛阳市委市直机关工委工会主席（其中2002年1月至2004年6月中国人民大学公共管理学院组织与人力资源管理专业学习）。2004年09月至2006年5月任市委市直机关工委办公室主任。2006年5月至2011年5月先后在市纪检委干部室、综合室、廉政办工作，历任副县级检查员、市廉政办副主任。2011年05月至今任中共宜阳县县委常委、纪委书记。2011年加强对中央省市县重大决策部署的贯彻落实情况进行监督检查，为实现“富民强县”提供纪律作风保障。重教育抓阵地，以“召伯甘棠”这一宜阳历史文化遗产为主题，多方筹措100余万元在“召伯听政处”所在地宜阳县甘棠村建成廉政教育基地，并被市纪委命名为市级廉政教育基地。重监督抓公开，加大党务政务公开工作力度，对暗访中发现的党务、政务公开工作落实不力的5个单位的主要领导进行了诫勉谈话，下发整改通知书9份。重惩处抓案件，查处各类违法违纪案件142起，查处贪污贿赂类案件37起，乡科级干部17人，移交司法机关处理3人，受理群众信访举报135件次，查办信访案件45起，排查上报不安定因素58件次，目前已化解50起，处理疑难信访26起，化解集体上访4起。重基层抓纠风，对8个乡镇16所学校进行教育收费检查，查处涉教乱收费、代收费等违规案件8起，加强对新型农村合作医疗、药品集中采购、虚假违法医药广告等监督检查，共查处违规违纪案件3起，党政纪处理5人；清退不合规定农村低保对象674人；重效能抓创优，对全县16个乡镇、108个县直单位明察暗访260余次，对县直5个单位机关作风和效能建设问题进行了通报批评，效能告诫22人，党政纪处分14人，撤职调离5人，辞退2人，查处并通报影响投资环境事件1起，开展行政审批事项清理活动，进驻县行政服务中心单位达36个，进驻行政许可事项165项、行政服务事项96项、行政事业性收费事项77项，简化压缩各行政事业单位审批事项22项。重基础抓规范，完成村监会换届工作，村监会共参与监督村级重大事项920件次，化解群众矛盾528件，审核农村集体资金1930万余元，审核不合理票据500余张，拒付不合理开支30万余元；全县16个乡镇便民服务中心及下辖村便民服务站共接待群众5800余人次，办结群众申办事项3513件。重素质抓队伍，以“爱岗位、强素质、正作风、作表率”为主题，开展“进百村、入千户、问党风、解难题”活动，全县纪检监察干部共进驻农户265户，走访1000余人；开展“队伍建设年”活动专题讲座8次，参与培训人员1700余人次。

牛　刚

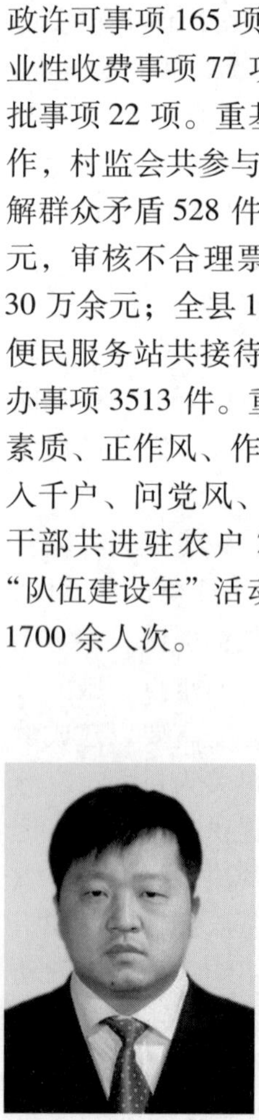

牛刚，1969年1月出生，河南偃师人，中共党员，大学学历。1986年9月参加工作，2011年7月至今任中共宜阳县委常委、统战部部长、县政府党组副书记。2011年，负责统战、商业贸易、资金争取、招商引资、民营经济、工商管理、市场经济秩序整顿和规范、外事侨务等方面工作。

一年来，认真履行岗位职责，始终抱着求真务实的态度、勇争一流的决心对待自己分管的各项工作。在统战系统中大力开展“宜阳精神大讨论”学习活动，转变了统战系统领导干部的工作作风。深入开展“凝聚力工程”，筹集到社会各界捐款47万余元，对277名贫困大学生进行了资助。完成工商联换届工作，提高了服务全县非公经济发展能力。创办《宜阳统战动态》，开辟了宜阳县宣传统一战线事业的新阵地，扩大了统战工作的影响力。分管的民营经济、商业内贸工作走在全市前列，全国“流通领域市场监管公共服务体系建设试点县”获批，获得河南省对外开放工作先进县。县工商局先后获得全省工商系统基层巡回培训工作先进单位，洛阳市2011年度绩效考核先进单位、洛阳市2011年度全市工商系统宣传报道先进单位称号。招商引资实现到位市外境内资金28.8亿元，占市定目标任务24.48亿元的117%；实际利用外资4450.5万美元，占市定目标任务4092万美元的108.8%，完成市定合同利用外资6850万美元任务。全年民营经济完成增加值60.6亿元、营业收入207.7亿元、上缴税金6.5亿元，同比分别增长23.8%、26.7%、29.9%。扩大外贸进出口主体，优化出口商品结构。实现外贸出口1180.5万美元（海关统计数），占市定年度目标800万美元的147.6%。全县社会消费品零售总额47.8亿元，增长18%；“万村千乡市场工程”，争取补贴资金50万元，升级改造加盟店40家；放心早餐工程，经营网点增至22个，供应品种达60多个；销售家电下乡产品48475台，销售金额12915.96万元。回收旧家电1534台，销售新家电2806台，销售金额886.7万元；利用商务“农超对接”网上交易平台，实现网上农产品交易额635.04万元；“放心肉”工程稳步实施，全县乡镇定点屠宰率保持在96%以上，县城及周边定点屠宰率及肉品出厂合格率均达到100%；成功申报国家级“流通领域市场监管公共服务体系建设试点县”。为186户企业实施上门年检，为187家企业开展了网上年检培训；举办项目融资推介会60余次，发放贷款1912笔、1.57亿元；新登记企业199户、个体工商户2886户；个体工商户验照8080户，年检企业1194家，核发食品流通许可证587份。开展打击传销工作，确保全年县域内无传销发生；开展猪肉检查、“地沟油”专项检查、打击侵犯知识产权和制售假冒伪劣商品、整治黑网吧、整治农资市场、维护了宜阳市场稳定。

人大领导简介

宋来法

宋来法，1954年7月出生，宜阳县石陵人，中共党员，大专学历，2007年3月当选宜阳县第十二届人大常委会主任。2011年，他在县委的领导和市人大常委会的指导下，团结带领县人大常委会班子，深入贯彻落实科学发展观，较好地履行了各项职权，推动了基层民主法制建设，促进了经济社会又好又快发展。积极开展工作监督，召开常委会会议7次，听取和审议“一府两院”专项工作报告19项，开展视察、调研、暗访6次，监督支持“一府两院”依法行政公正司法；积极组织人大代表对重点工程、社会保险、新农村建设、代表建议办理工作、县人民医院搬迁、职教中心建设、阳光水岸工程、洛宜快速通道、城市建设“1022”工程、集中供热、洛河河道综合治理、灵山风景区开发等10余项工作进行视察、调研，促进了各项工作的开展。深入开展执法检查，有重点、有计划地对《中华人民共和国就业促进法》、《河南省就业促进法》、《中华人民共和国食品安全法》等法律、法规的贯彻实施情况进行执法检查，保证各项法律法规在本行政区域的全面贯彻实施。依法决定重大事项，适时对涉及本级财政决算、本级预算调整、部分乡镇撤乡建镇等重大事项，支持全县工作大局。充分发挥代表作用，积极组织人大代表开展活动。先后邀请省、市、县人大代表参加视察、执法检查活动100余人次，列席常委会会议21人次，参加庭审活动30人次，进一步提高了代表履职能力。

杨建坤

杨建坤，1954年12月出生，宜阳县樊村乡人，中共党员，大专学历，2007年3月当选宜阳县第十二届人大常委会副主任，分管办公室和人事

任免工作。2011年，他高度重视机关建设，以“创先争优”活动为载体，不断加强思想建设和制度建设，改进工作方式、方法，使机关建设得到进一步加强。完善工作机制，提高工作效率。根据工作实际需要，不断丰富和改进工作方式方法，加强队伍建设，增强履职能力。不断加强学习教育，不断提高机关工作人员学法、守法、用法水平，不断增强依法监督能力。广泛开展宣传，树立对外形象。充分利用召开人民代表大会、代表视察、执法检查等时机，大力宣传人民代表大会制度，取得了较好的宣传效果。组织机关工作人员积极向省、市刊物投稿宣传宜阳县各项工作开展情况，取得较好效果，县人大常委会办公室连续4年被市人大常委会评为人大宣传工作先进单位。坚持党管干部和依法任免的有机统一，认真组织选举和人事任免。

程竹菊

程竹菊，女，1955年2月生，伊川县人，中共党员，大专学历，2007年3月当选宜阳县第十二届人大常委会副主任，分管代表联络工作。2011年，她高度重视代表工作，不断提高服务水平，拓宽代表知情知政渠道，充分发挥了人大代表在人大工作中的主体作用。加强培训，提高代表履职水平。通过集中培训、邀请人大代表列席县人大常委会和组织市县代表座谈等方式，适时加强对人大代表的培训指导，提高人大代表的整体素质，增强代表依法监督能力。深化管理，强化代表队伍建设。在加强人大代表宣传培训的同时，不断深化对人大代表的管理工作，教育代表时时处处做到自警、自省、自励，正确发挥代表作用。丰富载体，活跃闭会期间代表活动。县人大常委会不断丰富代表活动形式，积极组织人大代表参加视察、开展执法检查、列席人大常委会、旁听法庭审判、参与行风评议、环境创优测评等活动，为代表发挥作用提供了平台。积极督办，保证代表合理建议意见落实。县十二届人大六次会议期间，办理代表共提出的建议、批评和意见73件，维护了人民群众的根本利益，赢得广大群众的拥护、支持和信赖。

刘建国

刘建国，1954年3月出生，中共党员，宜阳县寻村镇人，大专学历。2007年3月当选宜阳县第十二届人大常委会副主任，分管法制和信访工作。2011年，他积极探索开展法律监督的方式方法，不断完善监督形式，深入开展普法宣传、执法检查等活动，有效地促进了“一府两院”依法行政、公正司法。重视督促普法教育。督促相关部门以“五五”普法宣传为契机，以公务员法律知识考试为切入点，重点抓好机关工作人员法律知识教育，提高了“一府两院”工作人员学法用法、知法守法水平。深入开展执法检查。有重点、有计划地对《中华人民共和国大气污染防治法》和《洛阳市大气污染防治条例》、《中华人民共和国就业促进法》、《河南省就业促进法》、《中华人民共和国食品安全法》等法律法规贯彻执行情况，进行了执法检查和调研，及时发现问题，限期纠正，促进了各项法律法规的正确贯彻实施，强化了执法人员的法律意识，维护了法律尊严。畅通人大信访渠道。重视人大信访工作，教导工作人员热心接待来访群众，深入讲解相关政策，耐心做好法律解释，尽心为民排忧解难。全年共受理来信来访79件，261人次，协调解决问题3件、转办督办16件，目前已经全部答复完毕，较好地维护了人民群众的合法权益，促进了社会和谐稳定。

冯新乾

冯新乾，1955年7月出生，宜阳县张坞乡人，中共党员，大专学历，2007年3月当选宜阳县第十二届人大常委会副主任，分管城建环保工作。2011年，他充分发挥人大监督职能，组织人大代表对阳光水岸工程、洛宜快速通道、城市建设“1022”工程、集中供热、洛河河道综合治理、灵山风景区开发等工作进行视察，推进了工程进度，促进了相关事项的落实，较好地实现了县十二届人大六次会议确定的经济社会发展目标。

裴万寿

裴万寿，1954年10月出生，宜阳县赵保乡人，中共党员，大专学历，2007年3月当选宜阳县第十二届人大常委会副主任，负责农村工作。2011年，他高度关注农村工作，组织市、县人大代表对新农村建设、烟叶生产、阳光水岸开发等工作进行了视察和调研。通过视察协调解决发展中存在的问题，促进农村干线公路沿线路容路貌、村容村貌进一步好转，农村公路、社区服务中心等基础设施进一步完善，农业特色产业活力进一步增强，村民自治民主化水平进一步提高。

阎进卿

阎进卿，1956年10月出生，宜阳县白杨镇人，中共党员，大专学历，2007年3月当选宜阳县第十二届人大常委会副主任，分管财政经济工作。2011年，他不断深化对计划和本级财政预算执行情况的监督，认真听取审议财政报告。对县人民政府关于2011年上半年国民经济和社会发展计划执行情况的报告、2010年本级财政决算和2011年上半年财政预算执行情况的报告以及2010年本级财政审计情况的报告进行深入审议，建议政府继续加大在教育、卫生、基础设施建设等方面的投入，切实把教育、就医、吃水、行路等民生问题解决了，县政府及相关部门高度重视，积极采纳，收到了良好效果。

杜阳林

杜阳林，1955年9月出生，宜阳县韩城镇人，本科学历，2007年3月当选宜阳县第十二届人大常委会副主任，分管教育科学文化卫生工作。2011年，他继续关注城区大班额问题，积极促进城区初中小学幼儿园建设健康发展。带领教科文卫工委工作人员，深入开展调查研究，多次组织省、市、县部分人大代表，对城区大班额和幼儿园问题进行了调研和视察。引起了县委、政府高度重视，通过取消寄宿班、压缩非教学用房、鼓励民间办学等措施，有效缓解了城区大班额问题。

政府领导简介

黄晓玲（见县委领导简介）

张慧敏（见县委领导简介）

史洪发

史洪发，1957年8月出生，山东菏泽人，大专学历。1981年7月参加工作。2009年8月中旬至今任县政府党组副书记、正县级干部，负责农业农村方面工作。2011年，分管县农业局（含劳务输出办、农监办）、林业局、水利局、烟办、扶贫办、新农办，联系烟草局、信用联社、农发行等单位工作。

一年来，在县委、县政府领导下，带领分管农口单位干部职工，按照洛阳市“结构调整、土地流转、生态旅游‘三篇文章’打捆一起做”的战略部署，紧紧围绕全县中心工作、重点工作，抢抓机遇，突出重点，真抓实干，各项工作都取得了新进步、新成绩。分管单位着力实施的农业结构调整优化、农村土地流转、蔬菜基地建设、集体林权制度改革、国家森林城市创建、农田水利建设、阳光水岸开发、水库除险加固、砂石资源管理、现代烟草农业建设、新农村示范村和新型社区建设、扶贫“雨露计划”实施方式改革试点、多个生态旅游项目建设等，都是今年的重点、难点也是亮点工作。流转土地2169.4公顷，有效缓解农业发展瓶颈制约。通过发展蔬菜、油料等经济作物、推广优良品种和先进农业生产技术，提高服务水平等多种途径来积极推进农业结构调整，积极促进农业生产提质提效，拓宽农民增收渠道，增加农民收入。通过集体林权制度改革，实现了发展林业生产力、调动农民造林育林护林积极性、资源增长、农民增收的目标，新发展核桃面积1200公顷，建设苗木花卉林果产业基地，促进了林业生态建设。大力推进农田水利建设，投资2248.8万元实施7座水库除险加固工程，建设现代农业项目，夯实了农业生产基础。建设阳光水岸工程，强力开展砂石资源开采秩序整顿，完善基层水利服务体系建设。推进现代烟草农业建设，抓好农村环境卫生整治，卓有成效地开展整村推进和搬迁扶贫等扶贫开发活动，搞好农村金融服务，等等，从多个方面推动了宜阳县农村经济社会的发展，本人获省政府“红旗渠精神杯”竞赛活动二等奖。为县域经济社会发展做出了积极的贡献。

高建海（见县委领导简介）
（见县委领导简介）

刘宝兴

刘宝兴，1973年1月出生，河南孟津人，中共党员，大学文化。1991年8月参加工作，2009年8月任宜阳县人民政府副县长，分管教育、卫生、计生、体育、食品药品安全等工作。

一年来，紧紧围绕市、县各项责任目标和年初确定的“三创三建五确保”工作重点，以科学发展观为指导，求真务实，开拓创新，圆满完成了各项工作任务。一是完成“三创”目标。深入开展环境集中整治，不断完善城区基础设施，城区环境卫生大幅改善，顺利通过国家卫生县城复审；以加快县域食品产业发展、优化全县食品安全环境为目标，实施食品放心工程，全县食品药品安全大局稳定，荣获“省级食品安全示范县”荣誉称号；以“争先创优”为目标，强化宣传教育，落实利益导向，严格依法行政，实施综合治理，成功创建了省计划生育优质服务县。二是完成“三建”工作任务。学校建设：投资2亿元完成县儿童世界一期工程建设；投资3亿元，建设了县职教中心；投资5000万元建成了县红旗实验学校；投资565万元，为县实验初中新建宿舍楼1栋，为中街学校、县实验幼儿园各建教学楼1栋；投资5000万元，实施了双语实验学校续建工程；投资794万元，实施了校安8个工程。医院建设：投资2.5亿元，完成县医院整体迁建一期工程；投资2300万元，实施了县卫生中心综合楼建设工程。三是以“五确保”为抓手，各项重点工作全面落实。人口计生目标全部实现：紧盯低生育水平，开展环境创优，提升优质服务，全县人口出生率为9.02‰，低于市定13.48‰以下的目标，各项人口计生目标全部实现。卫十一项目实施取得新突破：科学制定了A、B、C三种路径，“政府购买、合同管理、绩效支付、乡村一体”的经验在全国得到推广，宜阳县被卫生部评为项目创新工作先进单位，实现了项目实施有新突破的目标。中小学布局调整有新突破：本着“三集中”原则，科学制定了县域中小学发展3年规划。按照规划完成了2011年撤并124所中小学校的布局调整任务。各项惠民政策全部兑现：全县新农合参合率达97.5%，筹资1.26亿元，补偿98万人次9041万元，参合农民受益面和受益水平明显提高；发放“两免一补”6783.6万元，拨付公用经费5254.8万元，免教科书1104万元，发放“一补”资金424.8万元，惠及中小学生39.74万人次；发放计生家庭奖扶金、救助金、独生子女父母奖励费等各类政策资金3873.14万元，为1369名女童进行了免费的体检，为1756人办理了计生保险。四是旅游经济健康发展。全县共接待游客214万人次，增长12.6%，创综合经济效益2.21亿元，增长18.2%。旅游投资和旅游招商引资增长1.32亿元。旅客投诉率控制在0.5‰以下，全年无1例旅游安全事故发生，实现了旅游市场健康有序发展。

李晓波

李晓波，1970年4月生，河南卢氏人，中共党员，博士研究生学历。1992年参加工作，2011年任宜阳县人民政府副县长。分管科技、民政、地方史志、档案管理、残联等方面工作。工作中，紧紧围绕县委、县政府中心工作，突出环境创优，积极创新工作方式，狠抓各项工作落实，确保了各项工作顺利开展，取得了明显成效。建成市级科技示范基地1个、县级市级科技示范基地3个。强化科技宣传培训。组织开展科技下乡和“科技活动周”、“科普宣传日”等系列宣传活动。组织举办各类适用技术培训班22期，培训技术人员2000余人次。积极落实低保、五保提标，全力做到能保尽保。农村低保对象较上年人均每月提高12元，城镇低保对象人均每月提高15元；农村五保集中供养对象由每人每年2400元提高到2520

元，分散供养由每人每年1200元提高到1320元投资360余万元，对莲庄、张坞、三乡、白杨、樊村5所敬老院进行改扩建。争取救灾资金75万、救灾帐篷55顶，完成倒房重建1044间，受灾群众的生产生活得到有效缓解。加强优抚对象管理。上报提残3人，新评残5人，办理病退11人；为重点优抚对象发放抚恤、定补资金511.5万余元。接收退伍军人261人，对符合安置政策的96人进行了定向安置。完成了樊村、赵保撤乡建镇验收和穆册乡、寻村镇更名工作。强化殡葬管理。组织制定《关于进一步加强殡葬管理和丧葬用品市场管理的通告》，对全县丧葬用品市场进行了清理整顿，扎实开展了平坟扩耕集中行动。筹集资金50万元，组织开展了一系列扶残助残活动，受益残疾人6000余人次，并为205名符合条件的残疾人发放了燃油补贴资金。培训各类残疾人830人。为15名残疾人解决自主创业贴息贷款30万元，贴息4.5万元。完成《宜阳年鉴》（2010年卷）出版和《宜阳·乡镇概览》初稿审定工作。《宜阳年鉴》（2010年卷）荣获第五届全国年鉴编校质量二等奖。县志办被授予全省修志工作先进单位。完成归档文件整理16626件，林业局、社保局、计生委、广播电视局、城关镇等5家单位档案管理认证为省二级标准。

张飞跃

张飞跃，1963年11月出生，河南洛阳人，本科学历。1985年7月参加工作，2009年8月任宜阳县人民政府副县长，分管农机局、畜牧局、开发办、气象局等单位工作。2011年，以建设“畜牧大县”为目标，加大招商引资力度，全面推进规模养殖，畜牧业发展速度位居全市前列。全县猪、牛、羊、禽出栏量将分别达到44万头、12万头、21万只和249万只。其中，猪、羊、禽出栏量继续保持全市前三，肉牛出栏量单项跃居全市第一。先后引进了伊众肉牛、东汉禽业、董大牧业、新大牧业等总投资额6亿元的养殖项目。积极发展新型农业机械，全面落实农机购置补贴政策，农机工作快速发展。共发放农机购置补贴资金822万元，居全市第二位，补贴大小机具近2283台（套），惠及农户2027户，农机合作社建设位居全市前列。抓好中低产田改造项目和农业产业化项目，农业综合开发工作效益明显。完成了总投资910万元的2010年农资综合补贴中低产田改造项目，并顺利通过省级验收。项目区内新增灌溉面积133.3公顷，改善灌溉面积533.3公顷。粮食年增产150万公斤，种植业年新增总产值322.5万元，农民年增加纯收入297.5万元。

陈宝国

陈宝国，1965年5月出生，宜阳石陵人，中共党员，本科学历。1987年4月参加工作，2011年6月任宜阳县人民政府副县长，主要分管社会发展改革、工业经济、项目建设、产业集聚区发展、环境保护、质量监督、物价、金融等方面工作。

任职以来，突出抓好项目建设、经济转型“两大攻坚战”，统筹抓好科学发展指标考评、经济运行、产业集聚区建设、环境保护、电网建设、物价稳定等分管工作，相关部门齐心协力，真抓实干，各项分管工作稳步推进。工业经济平稳运行。全县规模以上工业增加值48亿元，增长27%；实现利润13亿元，增长20%。民营经济加快发展，完成增加值60.6亿元、营业收入207.7亿元、上缴税金6.5亿元，分别增长23.8%、26.7%、29.9%。黄河同力主营业务收入突破10亿元、增长76%；前进化工主营业务收入突破5亿元，达到5.5亿元；义络煤业产值突破4亿元，达到4.3亿元。项目建设快速推进。共实施千万元以上工业项目88个，完成投资37.8亿元。其中，在建项目75个，总投资72.2亿元，完成投资50.5亿元；竣工项目10个，总投资3.4亿元，完成投资2.1亿元。实施亿元以上项目24个，总投资60.9亿元，已完成投资35.6亿元，占年度目标的106.3%。总投资28.6亿元的13个省市重点工程，已完成投资16.5亿元，占年度目标的115.4%。产业集聚步伐加快。引进了金尔泽公司投资10亿元的60万平方米标准化厂房、东瑞公司投资5.6亿元的年产10万吨钢结构、海斯迪公司投资4.5亿元的聚合物锂电池等工业项目19个，总投资47.6亿元，到位省外资金2.8亿元。实施千万元以上工业项目37个，总投资75.3亿元，预计完成投资30.2亿元。在全市17个产业集聚区综合发展考核中，宜阳县产业集聚区连续两次排名第一，授予河南省对外开放工作先进产业集聚区。其他工作有序开展。宜阳县科学发展观指标排名居9县（市）第4位，碧水蓝天工程位居全市第2名。莲庄、董王庄输变电工程、紫云变电站至白杨变电站降压工程、10千伏及以下电网工程全部完工，扎实推进新农村电气化建设，全社会累计用电量12亿千瓦时，较2010年同期增长36.1%，工业累计用电量9.8亿千瓦时，较2010年同期增长42.4%。建立CPI上涨与社会求助联动机制，保持种子、食盐、化肥等民生物品价格基本稳定。搭建政银企沟通合作平台，共为中小企业贷款12.8亿元。召开了宜阳县2011年银企洽谈会，7家金融机构与22家中小企业现场签约3.45亿元。完善移动通信网络，新建光缆线路18公里，累计1658公里，建成GSM基站139个、TD－SCDMA基站59个，实现了全县行政村V网全覆盖。

高振立

高振立，1968年2月出生，河南宜阳人，大学学历，中共党员。1987年参加工作，2011年6月任宜阳县人民政府副县长，分管城市建设和管理、城乡规划、旧城改造、小城镇建设、房产管理、廉租住房、安全生产、煤炭安全等方面工作。

任职期间，紧紧围绕“福民强县”总体目标，打好“城市建设提升攻坚战”，科学编制城乡规划，加快城市项目建设，实施精细化管理，加强安全生产监管，推进煤炭企业兼并重组等，各项工作稳步推进。科学规划“一带四区”的城市格局。“一带”：即阳光水岸商贸休闲产业带；“四区”：即东城产业集聚区、西城文化旅游区、南城（老城）商贸物流区、北城商住休闲区，城市功能不断完善。突出抓好“1022”工程、“1150”工程、宜东新区开发、保障性住房建设、农村危房改造、新型农村社区建设等城乡建设工作。2011年，县城改造完成拆迁面积42.1万平方米，开工建设68.5万平方米，完成建设49万平方米，完成投资12.2亿元，分别占市定目标的162%、122%、123%、153%，超额完成市定任务。投资2.3亿元建设滨河南路、同力大道、东环路等10条道路；投资1400万元建设完成滨河文化活动广场、西庄文化广场；投资1.2亿元建设锦龙大桥和同力大桥；投资2000万元的迎宾大道双立交桥竣工通车。稳步推进西街、中街、水磨头等10个城中村改造；实施万嘉花园、水岸名家、香山丽都等10个精品社区和60栋高层建设；投资30亿元的文兴水尚城项目开工建设；投资1.5亿元建设锦龙国际大酒店；投资3.3亿元的实施8个单位迁建工程；保障性住房建设完成投资8500万元，新增廉租住房400套2万平方米、经济适用住房154套1.6万平方米、公租房1050套4.2万平方米，完成廉租住房保障3205户，占市定目标的105%，获得省财政专项奖励资金451万元；农村危房改造投资1500万元，改造农户2500户，等等。全县安全生产形势持续保持稳定，13家煤矿兼并重组工作取得重大进展，实施关闭退出煤矿3家。宜阳县被评为中国宜居宜业典范县，并再次荣获国家卫生县城、河南省园林县城荣誉称号。

魏　森

魏森，1970年10月出生，籍贯河南襄城，中共党员，大学学历。1993年7月参加工作，2011年5月任宜阳县人民政府副县长，分管平安建设、依法治县、信访稳定、消防安全等方面工作。工作中，按照县委、县政府的统一部署，全力抓好分管的各项工作。平安建设方面，在“中原卫士杯”竞赛中宜阳县位居全市第二，命案侦防持续领先，现发命案破案率连续6年保持100%，破获“两抢一盗”案件234起，打掉了黑社会性质犯罪团伙1个、恶势力犯罪团伙3个，判决涉黑成员7人、涉恶成员15人，破获各类刑事案件421起，打击各类违法犯罪嫌疑人338名，打掉团伙19个，抓获各类逃犯109名。“清网行动”共抓获各类网上逃犯111名，清网下降率达到82.04%，两次受到公安部副部长刘金国的批示表扬，公安部、省厅先后发来贺电，并颁发奖金。组织开展了夏、冬季“双节”治安巡防专项行动，投入资金4000余万元，实现全县353个村民委员会、1258个自然村技防全覆盖，村级覆盖率达到100%。信访稳定方面，召开信访周研判会35次、研判信访案件62起，排查不稳定因素293起，化解231起、稳控62起。排查信访积案50起，市交办信访事项11起，共计61起，全部按期办结，按期办结率100%。坚持领导接待日制度，接待群众来访531批次2170人，现场解决466起，立案交办65起，到期结案率100%；坚持领导干部带案下访。开展下访活动10次，解决信访问题94起。消防安全方面，开展了"护航中原"、火灾隐患大排查大整治、全面提高社会单位"四个能力"和"三会三化"建设、消防安全"五大活动"、清剿火患等一系列专项整治活动，共检查社会单位1876家，查处火灾隐患2600多处，责令"三停"76家，拘留23人。处置各类火灾扑救和抢险救援事故135起，解救遇险群众136人。司法工作方面，狠抓人民调解、行政调解、司法调解三大调解机制建设，调解各类案件3696起，调解率100%，调成率98.5%，预防民转刑案件22起；扩大法律援助覆盖面，依托乡镇司法所、律师所及法律服务所，设立20个法律援助受理点，充分发挥"12348"专线服务电话作用，全年共接受群众法律咨询1300余人次，办理法律援助案件260件。全年公证办理共408件，普法宣传共发放法律知识宣传册2000份、宣传页10000份、便民法律服务手册6000余份；司法鉴定96起，鉴定结论采信率100%。

政协领导简介

张景彦

张景彦，1957年9月生，河南省嵩县人，1976年2月参加工作，1985年7月加入中国共产党，本科学历。2006年5月任政协宜阳县委员会党组书记，6月任县政协主席。2011年，以十七届五中、六中全会精神为指导，全面落实科学发展观，认真贯彻市委、县委全会精神，牢牢把握团结和民主两大主题，紧紧围绕县委、县政府中心工作和政协全会提出的工作目标，全年召开全体会议1次、常务会议4次、主席会议6次，形成意见和建议50多条，促进了政府决策的科学化和民主化。在县城建设"1150"工程中，多次召开协调会，落实责任，完成拆迁面积42.1万平方米，开工建设68.5万平方米，完成49万平方米，完成投资12.2亿元。推进了西街、中街等10个城中村，万嘉花园、水岸名家等10个精品社区，新建检察院、市政大厦等55栋高层等重点项目的建设。围绕党委政府中心工作，开展了对土地流转、城中村改造的调研，形成了针对性很强的调研报告。提案工作得到加强，举办了"提案办理面对面"活动。开展了委局长汇报评议工作，2011年，在政协三次常委会上对6个单位进行了民主评议。发挥政协优势，编写出版了宜阳人文读本《话说宜阳》。2011年4月和5月，县政协分别到洛阳宜商和郑州豫西商会开展的联络，传达全县中心工作，增强了在外宜阳人与家乡的联系。在全体委员中开展了"我为重点工程添光彩、做贡献"活动、"阳光助学活动"、"争先创优"活动等，为宜阳县政治稳定、经济发展和社会进步做出了积极贡献。

王三章

王三章，1960年1月生，宜阳县董王庄乡人，本科学历，1984年7月入党，同年10月参加工作，2007年3月至2009年9月任宜阳县政协副主席。2009年9月至2011年4月任宜阳县委常委、统战部长、县政府党组副书记。2011年4月至2011年5月任宜阳县委常委、县委统战部长、县政府党组副书记、宜阳县产业集聚区工作委员会书记。2011年5月至2011年6月任宜阳县委常委、宜阳县政协党组书记、县政府党组副书记、宜阳县产业集聚区工作委员会书记。2011年6月至今任宜阳县政协党组书记、政协副主席、县政府党组副书记、宜阳县产业集聚区工作委员会书记。2011年，主要分管交通，西庄园区、香鹿山开发等工作。一年来完成S319安虎线县城段改造工程、慢车道新建工程、灵山段改建工程，产业集聚区外环路新建工程等道路9条。完成"村村通"工程建设3项8公里，投资1701万元改建县乡道4项15.1公里。在公路养护综合提升集中整治活动中，共投入资金1716万元，路面大修1.9万平方米，开挖边沟135公里，整修路肩200公里。投资

4146.6万元，为西庄专业园配套道路4条，全长2534米，并完成绿化、亮化、排水等配套设施。与河南昊澜实业集团签订总投资27.8亿元开发香鹿山协议，并于2011年11月23日主持召开香鹿山生态旅游产业园项目总规评审会，通过昊澜集团所作的“两园三区”总体规划。

仝爱民

仝爱民，1961年10月生，宜阳县张坞乡人，1977年6月参加工作，1986年12月加入中国共产党，本科学历。2005年8月任政协宜阳县委员会副主席、党组成员，兼任宜阳县财政局局长、党组书记。2011年，认真学习贯彻党和国家方针政策，深入落实科学发展观，按照县政协七届五次会议确定的全年工作目标，协助主席并指导所分管的专委会积极工作，圆满完成全年任务。积极创新提案办理模式，确定立案的128件，提案办理满意率为100%；举办了首期“政协讲坛”，完成了约10万字的《话说宜阳》编辑出版工作；全县财政收入又迈上一个新台阶。

王留乾

王留乾，1964年11月生，宜阳县韩城乡人，1985年参加工作，本科学历。2007年3月任政协宜阳县委员会副主席。2011年，在县委、县政协党组领导下，认真学习贯彻落实科学发展观，积极履行政协职能，大力弘扬新时期的“宜阳精神”，积极实施“先锋示范工程”，深化争先创优活动。围绕本职工作，深入基层调查研究，扎实开展民主评议，认真抓好分管工作。注重加强与基层委员的联络和沟通，引导委员增强履职意识，充分发挥他们在本职岗位上的表率作用、政协工作中的主体作用。2011年8月，组织委员为“阳光助学”捐款3.6万元，资助了18位考入全国重点院校的贫困生。与县电视台共同主办了《政协委员风采录》专题栏目，展示了政协委员爱岗敬业、无私奉献的精神风貌。在做好政协工作的同时，还圆满完成了县里分配的其他工作，为宜阳各项事业发展做出了积极贡献。

武装部领导简介

田群献（见县委领导简介）

张　旭

张旭，1969年11月出生，河南洛阳人，宜阳县人武部部长，大学学历。1987年10月入伍，1990年11月加入中国共产党。2011年3月任宜阳县人武部部长。任职以来，按照抓住根本、聚焦中心、夯实基础、保持稳定的工作思路，扎实有效地开展民兵预备役工作。突出中心任务。大力加强首长机关训练、专武干部集训、民兵应急分队训练和基层武装部规范化建设。统一制定完善了快速动员、抢险救灾、执行应急任务等战备方案，建立了重大节日开展战备教育、成建制民兵分队轮流担负战备值班制度，坚持用制度保障战备工作落实。积极参与平安建设。紧紧围绕县委、县政府提出的构建和谐宜阳的目标，先后完成了第三十届洛阳牡丹花卉焰火晚会安保、公路建设秩序维护、军地土地置换、平安建设等大项活动，促进了和谐社会建设。注重抓建设、打基础。先后投入50万余元，对基础设施进行了维修和更新，营造了拴心留人的工作生活环境。

2011年度宜阳县十大杰出青年

孙智献

孙智献，莲庄乡人民政府党委书记，45岁，中共党员，大专文化。

孙智献带领莲庄乡干群，大力抓招商引资，先后引进工业企业20余家，引进资金3.5亿元，初步形成了建材化工、硅砂加工、烟花爆竹、水电、冶金铸造、针织服装六大产业优势，成功规划建设了工业集聚区，目前已引进万丰矿业等11家企业成功，成为莲庄工业的“发动机”，2008 年莲庄乡获洛阳市民营经济发展先进乡的荣誉称号。因地制宜，狠抓现代农业发展，初步形成了精品西瓜等六大支柱产业，实现了农民收入大幅增收。着力于新农村建设，莲庄乡连续 3 年获新农村建设先进乡荣誉称号。抓小城镇经营管理，2008 年获洛阳市小城镇经营管理先进乡称号，2009 年获洛阳市园林绿化先进单位称号。他本人先后荣获国防建设先进个人、党管武装好书记、普法先进个人、河南省科技宣传先进个人 等荣誉称号。

杨惠江

杨惠江，寻村镇人民政府镇长，41 岁，中共党员，本科文凭。

杨惠江任寻村镇人民政府镇长以来，求真务实，立足实际，在全镇营造了“想工业项目，抓工业发展，办工业企业”的良好氛围，积极拓宽引资渠道，2010 年共新引进企业 15 家，全镇规模以上的工业企业达到 23 家，总产值 32 亿元。积极发展“一村一品”打造寻村名片，在产业集聚区周边形成了一个劳务输出专业村、一个建筑村、一个苗木花卉专业合作社。实现了镇域段主干道全部亮化，并将李贺大道全段改造成为景观大道。致力于小政府大服务建设，注重统筹协调发展。先后荣获招商引资先进工作者、新农村建设先进工作者、优秀党务工作者、洛阳市村镇建设管理先进个人、洛阳市科技工作先进个人等荣誉称号。

李忠杰

李忠杰，宜阳县三乡镇人民政府镇长，39 岁，中共党员，本科文凭。

李忠杰任职以来带领全镇人民一心一意谋发展，顺利实现了撤乡建镇，成功打造了目标管理、书记工程、镇长工程、烟叶生产、财政收入、社会治安综合治理先进乡等名片。实现了责任目标管理连续 3 年荣获县综合奖，财政收入连续五年荣获县创优奖，信访稳定荣获市县先进乡镇四连冠，烟叶生产连续 3 年荣获先进。三乡镇综合经济实力跃居全县第四位。

王　凯

王凯，洛阳骏马化工有限公司董事长，44 岁，中共党员，大专文凭。

王凯以雷厉风行、锲而不舍的风格，通过无泄漏工厂创建、6S 管理、企业标准化等工作的开展，使公司厂容厂貌发生了巨大变化，管理水平快速提升。大力倡导企业文化建设，促使了有骏化特色的企业文化的形成，显著增强了企业的凝聚力。积极推进年产 30 万吨硝酸、25 万吨复合肥项目、年产 6 万吨三聚氰胺和 30 万吨合成氨综合节能改选项目等市、县重点项目建设的步伐，使公司产品结构的调整迈出了关键一步。他多次荣获集团公司先进个人、优秀党员、劳动模范等称号，2005 年曾被评为河南省劳动模范。

闫宏安

闫宏安，宜阳县电业局副局长，38 岁，中共党员，本科文凭。

闫宏安于 2007 年任宜阳县电业局副局长以来，狠抓安全管理，务实开拓，主导建设了 35 千伏宜城线、西十线等多个电网建设项目，新建 14 个新农村电气化村，使宜阳县主变总容量达到 861 兆伏安，比上年同期增长了近三倍，电网规模比“十一五”初期翻了两番以上。逐步建立起安全管理保障体系、监督体系、责任体系三大体系，圆满完成了省、市、县对电力安全的部署和要求，为助推县域经济发展提供了巨大的能源支撑。其脚踏实地，勇于创新的精神也得到了各级领导和群众的认同，电业局荣获 2010 年度宜阳县安全生产先进企业奖牌。他本人多次获得 青年岗位能手、劳动模范等称号，2009 年所撰写论文获农电标准化建设优秀论文奖 ，2010 年度被洛阳市供电公司授予 售电量跨越 300 亿千瓦时功勋个人称号。

周云峰

周云峰，宜阳县地税局党组成员、副局长，39 岁，中共党员，本科文凭。

周云峰 2008 年调任宜阳工作以来，恪尽职守，创新工作，开创了县地税局纪检、法规、稽查工作新局面，为促进全县地税事业健康发展作出了突出贡献。2009 年，他分管的纪检监察工作取得全市地税系统纪检监察工作第一名、行风评议工作全县第二名的好成绩，征收服务大厅被评为河南省优质服务窗口，办公室档案工作通过省一级标准验收，基建、信息、宣传全面开花，均获市局先进单位。2010 年他分管的法规、稽查工作创历史地获县、市、省级荣誉“三连跳”。他个人 2007

年当选洛阳市优秀青年卫士，2010 年拟定的调研文章被评为全市税收法制理论研讨活动优秀文章，多次荣获市局优秀税务工作者、业务能手等荣誉称号。

张书磊

张书磊，宜阳县人民检察院党组成员、法警队长，36 岁，中共党员，本科文凭。

张书磊任职以来，务实创新，实施法警集中编队管理，大幅提高了法警队伍素质。强化业务技能培训，2010 年 11 月带领队伍在洛阳市司法警察技能演练中一举夺魁。先后筹措 30 余万元购置警用装备，提升了保障能力和服务水平。在办案中，规范机制，严格程序，其参与办理 189 期案件，无一办案事故。积极参与了处理矿山纠纷等一系列综合治理活动，维护了全县社会大局稳定。其主管的法警队多次获市优秀司法警察大队、五好科室等称号，他个人先后荣获市优秀政法工作者、综治维稳先进个人、优秀党员、先进工作者、市检察机关优秀法警队长等荣誉称号。

张社民

张社民，宜阳县住建局副局长、水务集团总经理，39 岁，中共党员，本科文凭。

张社民临危受命，在宜阳县水务集团举步维艰之际，勇挑重担，改革创新，建立健全企业一系列新的管理制度，推行目标责任制，改革经营机制，极大地调动了干群的积极性，带领水务集团走出了低谷。对城区旧管道进行了全面改造，新铺设管网 60 公里，开辟了产业集聚区等 3 个用水区域，形成了双向环状供水系统，实现了安全供水 350 万吨的目标，为今后 10 年县域经济发展打下了坚实的城市供水基础。他个人于 2008 年至 2010 年连续三年荣获省住建厅表彰供水行业先进个人、省城镇供水协会表彰供水管理先进个人、洛阳市城市公共供水行业先进个人三项荣誉称号，以及县城中村改造先进个人等荣誉称号。

吴长贵

吴长贵，宜阳县中医院副主任医师，41 岁，中共党员，本科文凭。

吴长贵坚持“以人为本”、“以病人为中心”的服务宗旨，恪守医德，积极钻研技术、开展新业务、新技术，在宜阳县率先开展腹腔镜胆囊切除术、精索静脉高位结扎术等微创外科手术、局麻下无张力疝修补术。先后在《中国误诊学杂志》等国家级、省级杂志上发表论文 6 篇。他个人先后荣获 2006 年度和 2007 年度宜阳县卫生系统先进工作者、2008 年度宜阳县中医院先进工作者等荣誉称号。

段作伟

段作伟，宜阳县城关镇一中校长，43 岁，中共党员，大专文凭。

段作伟在中街学校担任校长期间，强力创建学习型学校，大兴教研之风，学生学业评估多年稳居第一，校风实、教风新、学风活的中街学校俨然成为宜阳教育虚线上的一面旗帜。调任城关镇一中后，狠抓会风、考风、班风，锐意革新，精细管理，使学校面貌焕然一新。从深层次改变了老师的工作作风，使学校课堂教学改革有了质的飞跃。其任职期间镇一中多次获得国家、省、市教育教学管理先进学校。他个人 2007 年被评为河南省骨干教师，两次被评为洛阳市优秀教师，2007 年、2009 年科研课题获国家级奖，多次获国家、省、市、县优秀论文奖、“先进工作者”等单项奖。

省部级先进个人

陈红善

陈红善，1965 年生，宜阳县城关镇人，大学本科学历，县工商局工作。政协宜阳县第五、六、七届政协委员，中国书法家协会会员、河南省书法家协会会员、洛阳市书法家协会理事、宜阳县书法家协会主席。

陈红善自幼在伯父影响下喜爱书法，临池不辍，参加工作后，利用工作之余，精研书道，孜孜以求，潜心学习各种碑帖，不仅他在多次到中国书法协会培训中心拜名师学习书法，而且虚心向民间书法学习，逐步形成了自己作品的风格。近几年来作品频频入选、入展国家级展览，并被《人民日报》、《书法报》、《青少年书法》等报刊介绍发表。2011年其作品获全国首届手卷书法作品展最高奖。入展全国第十届书法篆刻作品展览。为洛阳市赢得了崇高荣誉。

刘　飞

刘飞，1964年8月生，宜阳县城关镇水磨头村，大专学历，中共党员。1988年3月参加工作，2008年7月至今，任宜阳县安全生产监督管理局局长。2011年，团结和带领安监局全体人员，立足工作实际，创新工作，强化监管。创新制定了宜阳县重大安全生产隐患挂牌督办、安全生产周例会等制度。把全县601个生产经营企业情况全面纳入信息化管理，进行分类管理，分类指导。及时与国家、省、市安监部门联网，第一时间掌握重大事故信息，为县领导科学决策提供依据，为相关职能部门预防安全生产事故提供信息保障。深入开展安全隐患排查治理，全年共组织排查企业652家次，排查和治理一般事故隐患385处，重大隐患24处，有效防范和坚决遏制了生产安全事故的发生，确保了全县安全生产形势平稳。2011年宜阳县被市政府评为安全生产先进县，刘飞被国家安全生产监督管理总局授予安全生产监管监察先进个人。

阎发现

阎发现，1962年1月出生，宜阳县赵保乡西赵村人，中共党员，大专文化程度。1982年7月参加工作，曾在县农业局、县监察局、县政府办公室等部门工作，先后任县政府办公室秘书、督查科长、县政府法制办主任、县政府办公室副主任、县政府办公室副主任兼目标办主任，现任宜阳县残疾人联合会主席兼县民政局副局长。

阎发现到县残联工作以来，坚持把解决残疾人最关心、最直接、最现实的利益问题作为首要任务，组织开展了一系列扶残助残活动，全县残疾人的生产生活状况得到明显改善。近年来，累计为2185名白内障患者免费实施了复明手术，为380户农村贫困残疾人改善了居住条件，对602名精神、智力及其他重度残疾人集中托养或居家托养给予救助，为855人次残疾人发放了机动轮椅车燃油补贴，为1514名重度残疾人代缴了新型农村养老保险基金，为620名肢体残疾人无偿解决了代步轮椅。2011年阎发现被河南省人民政府残疾人工作委员会授予河南省创建白内障无障碍省工作先进个人，被中国残疾人联合会、国务院扶贫开发领导小组办公室授予农村残疾人扶贫开发工作先进个人。

新闻人物

刘晓丽

刘晓丽，女，1991年6月生，宜阳县三乡镇后院村人。父母务农，家庭经济拮据，晓丽初中毕业后，就到江苏常州打工养家。2011年1月10日，她在打工的菜馆收拾台布时，发现桌子和店内的玻璃墙之间夹着一只棕色的皮包，内装22万巨款，刘晓丽急忙拨打了报警电话，在民警的帮助下，很快将巨款归还了失主。失主为答谢晓丽，强塞给刘晓丽2000元酬金，刘晓丽认为不应该接受这些钱，但失主实心实意留下钱就走，刘晓丽第二天就把这2000元酬金捐献给了常州市希望工程。刘晓丽诚信无私大爱的事迹在常州传为美谈。常州掀起了一股向刘晓丽学习的热潮。2011年3月，常州市特聘刘晓丽为“道德讲堂”宣讲员。中央电视台《道德观察》栏目和《洛阳晚报》分别于5月26日、6月2日相继进行了播出报道。刘晓丽被评为《洛阳晚报》2011年度新闻人物。

晋升副高级职称以上专业技术人员

单　位	姓　名	性　别	出生时间	职称级别	职　称
宜阳县樊村乡第二初级中学	宋少平	男	1964.3.21	副高级	中学高级教师
宜阳县人民医院	王宏智	男	1968.8.30	副高级	副主任医师
宜阳县人民医院	马　丽	女	1968.9.12	副高级	副主任护师
宜阳县中医院	梁丽芳	女	1973.3.27	副高级	副主任中医师
宜阳县第二人民医院	李淑霞	女	1969.8.7	副高级	副主任护师
宜阳县人民医院	亢殿召	男	1965.6.27	副高级	副主任医师
宜阳县中医院	赫翠玲	女	1974.11.6	副高级	副主任中医师
河南省宜阳县教师进修学校	庞英姿	女	1974.5.15	副高级	高级讲师
宜阳县赵保乡第一初级中学	索邦宏	男	1956.11.24	副高级	中学高级教师
宜阳县赵保乡第一初级中学	李文生	男	1951.10.2	副高级	中学高级教师
宜阳县张坞乡第一初级中学	赵焕朝	男	1964.2.3	副高级	中学高级教师
宜阳县张坞乡第一初级中学	陈雷电	男	1956.11.7	副高级	中学高级教师
宜阳县艺术学校	周少卿	男	1966.9.9	副高级	中学高级教师
宜阳县盐镇乡第一初级中学	席占京	男	1963.6.4	副高级	中学高级教师
宜阳县寻村镇第一初级中学	张红欣	男	1968.3.7	副高级	中学高级教师
宜阳县寻村镇第一初级中学	杨治伟	男	1973.10.5	副高级	中学高级教师
宜阳县寻村镇第一初级中学	徐　留	女	1961.7.24	副高级	中学高级教师
宜阳县寻村镇第一初级中学	郭圣霞	女	1968.9.13	副高级	中学高级教师
宜阳县寻村镇第二初级中学	郝贵贤	男	1962.2.17	副高级	中学高级教师
宜阳县实验中学	李国良	男	1972.7.22	副高级	中学高级教师
宜阳县实验中学	邢文道	男	1969.2.7	副高级	中学高级教师
宜阳县实验中学	陈　彬	男	1971.6.14	副高级	中学高级教师
宜阳县实验中学	闫志强	男	1967.9.15	副高级	中学高级教师
宜阳县实验中学	周红欣	男	1970.10.18	副高级	中学高级教师
宜阳县柳泉镇第一初级中学	赵兴川	男	1972.10.10	副高级	中学高级教师
宜阳县高村乡初级中学	黄万朝	男	1966.4.17	副高级	中学高级教师
宜阳县柳泉镇第三初级中学	许红霞	女	1962.10.20	副高级	中学高级教师

续表

单　位	姓　名	性　别	出生时间	职称级别	职　称
宜阳县韩城镇第一初级中学	宋素青	女	1967. 11. 29	副高级	中学高级教师
宜阳县韩城镇第二初级中学	钱家庆	男	1970. 12. 30	副高级	中学高级教师
宜阳县丰李镇第一初级中学	王利明	男	1969. 7. 1	副高级	中学高级教师
宜阳县董王庄乡初级中学	张学安	男	1965. 5. 20	副高级	中学高级教师
宜阳县第一职业高级中学	席伟谊	男	1965. 10. 16	副高级	中学高级教师
宜阳县第一职业高级中学	陈素君	女	1971. 1. 15	副高级	中学高级教师
宜阳县第一高级中学	牛新平	女	1978. 4. 21	副高级	中学高级教师
宜阳县第一高级中学	刘敬伟	男	1971. 5. 22	副高级	中学高级教师
宜阳县第一高级中学	高双才	男	1971. 10. 12	副高级	中学高级教师
宜阳县第一高级中学	李宜红	男	1968. 9. 26	副高级	中学高级教师
宜阳县第一高级中学	胡社伟	男	1972. 9. 19	副高级	中学高级教师
宜阳县第一高级中学	杜末子	男	1956. 3. 7	副高级	中学高级教师
宜阳县第一高级中学	王平锁	男	1964. 8. 7	副高级	中学高级教师
宜阳县第一高级中学	聂明杰	男	1971. 1. 21	副高级	中学高级教师
宜阳县第二高级中学	常治勋	男	1963. 7. 6	副高级	中学高级教师
宜阳县城关镇西街学校	李亚博	女	1959. 9. 29	副高级	中学高级教师
宜阳县城关镇第一初级中学	张跃卿	男	1962. 3. 4	副高级	中学高级教师
宜阳县城关镇第一初级中学	张功新	男	1968. 3. 19	副高级	中学高级教师
宜阳县锦屏镇第一初级中学	刘红娟	女	1972. 11. 8	副高级	中学高级教师
宜阳县锦屏镇第一初级中学	赵纳新	女	1968. 3. 1	副高级	中学高级教师
宜阳县锦屏镇第一初级中学	宋莲平	女	1962. 9. 2	副高级	中学高级教师
宜阳县白杨镇白杨一区小学	白北选	女	1958. 9. 3	副高级	中学高级教师
宜阳县韩城镇卫生院	张军哲	男	1972. 4. 20	副高级	副主任医师
宜阳县中医院	王宗太	男	1966. 10. 16	副高级	副主任医师
中共宜阳县委党校	杨耀明	男	1972. 9. 13	副高级	高级讲师
宜阳县文化馆	司伟平	男	1963. 9. 15	副高级	二级编剧

中国共产党

中国共产党宜阳县委员会

书记　王琰君

【概况】　2011年，在市委、市政府的正确领导下，宜阳县委坚持以科学发展观总揽全局，认真贯彻落实中央、省、市各项方针政策，抢抓中原经济区建设带来的发展机遇，强力实施工业兴县、产业立县、科技强县、生态大县、旅游名县“五大战略”，全力加快新型城镇化、新型工业化、新型农业现代化、城乡一体化和洛宜一体化“五化进程”，着力推进“三化”协调发展，全县经济社会呈现出了好的趋势、好的气势、好的态势。全年实现生产总值154.2亿元，同比增长14%；地方财政一般预算收入突破5亿元大关，达到5.06亿元，增长18.7%；财政支出完成18亿元，增长27.2%；全社会固定资产投资完成172.6亿元，增长26.6%；城镇居民人均可支配收入1.56万元，增长15.8%；农民人均纯收入5348元，增长16.3%。先后荣获国家卫生县城、中国西游文化之乡、河南省林业生态县、河南省双拥模范县等荣誉。

领导班子成员

职　务	姓　名
书　记	王琰君
副书记	黄晓玲　张国松
常　委	王琰君　黄晓玲　张国松　张慧敏　罗宏伟 任潘定（5月离）　王三章（6月离） 康凌香（5月离）　潘　峰（5月离） 仝宇鹏（7月任）　田群献　王　涛 陈长江（5月离）　高建海（5月任） 张　霞（5月任）　任晓平（5月任） 牛　刚（6月任）

【工业经济在加速发展中持续提升】　把项目建设作为推进经济发展的重要抓手，带动工业经济的快速发展，效益提升。2011年，宜阳县实施千万元以上工业项目88个，完成投资37.8亿元，新上骨干工业项目73个，总投资62.7亿元。强豫农机、迎春电器等32个总投资9亿元的项目竣工投产，规模以上工业增加值51.8亿元，增长28.9%；实现利润13亿元，增长20%。产业格局由冶金、化工、建材传统产业向电子电器、食品生物、硅镁铜新材料等高新技术产业转变提升。产业集聚效果明显。倾力打造“一区四园”（产业集聚区和柳泉、白杨、三乡、莲庄四个专业园区），重点培育轴承专业园和西庄专业园，总投资13.1亿元的轴承专业园一期13个项目竣工6个；总投资27.9亿元的西庄专业园8个项目正在建设。不断完善产业集聚区基础设施建设，集聚区路网、通讯、供电、供排水、供热、供气等基础设施日益完善。全年产业集聚区新开工亿元以上项目13个，排全市17个产业集聚区第一名，入驻企业129家，从业人员1.5万余人，实现销售收入118.9亿元，税收3.26亿元，成为县域经济发展的重要引擎和增长极，被省政府命名为河南省对外开发工作先进产业集聚区。招商引资取得突破。引进轴承专业园一期、金尔泽标准化厂房等项目75个，其中10亿元以上项目3个；开工建设67个，到位资金27亿元，实际利用外资

48313美元，占年度目标任务的118%，荣获河南省对外开放工作先进县的荣誉称号。

【农业经济在加快转变中持续优化】　始终坚持农业的基础和保障地位不动摇，用工业发展的理念发展农业，用工业发展的成果反哺农业，推进了新型农业现代化进程，促进了农业增效、农民增收、农村发展。坚持结构调整、土地流转、生态旅游“三篇文章”一起做，全年流转土地2200公顷，占市订目标的133%。全年粮食产量达到3.2亿公斤；形成6666.7公顷烟叶规模种植，年效益1.2亿元；1133.3公顷蔬菜花卉，年效益18亿元；1.3万公顷花生等油料作物，年效益3.1亿元；2333.3公顷黑色作物，年创收2000万元。畜牧养殖快速发展。充分发挥雨润、东汉、伊众3大龙头企业的辐射带动作用，促使董大牧业、华泰牧业、万禾牧业等9个总投资10亿元的畜牧养殖项目开工建设，全县畜牧养殖总量达到336万头（只），年效益10亿元。积极培育牡丹产业和花卉苗木产业，重点建设香鹿山千亩牡丹精品园和洛宜快速通道、郑卢路宜阳段两条牡丹景观大道，种植牡丹117.3公顷。农业基础不断稳固。投资1.2亿元加快农田水利建设，实施小水库除险加固7座、竣工2座；建设饮水安全工程71处，解决6.2万人饮水安全问题。设立新型农村社区试点50个，投资4.8亿元开工建设6个新型农村社区，已建成22万平方米2315套住宅，省级示范村段村休闲广场、省级新型农村社区牌窑文化广场投入使用。林业生产再创佳绩，共完成造林5300公顷，为省、市下达任务的108%，完成抚育改造1.4万亩，为目标任务的100%，蝉联河南省林业生态县称号。

【城镇经济在统筹兼顾中持续繁荣】　以投资40亿元的宜东新区开发为龙头，带动产城融合发展，加快推进新型城镇化进程。投资2.4亿元的洛宜快速通道在全市“五组团”5条快速通道中率先通车，骏马环岛、检察文化广场、西庄文化广场等项目全部建成。侦查技术大楼、就业服务中心、卫生监督中心等8个迁建项目和文兴小区、环岛花园等项目加紧建设，县医院、县委党校和县工商局12315服务中心等项目主体竣工。城镇化率由“十五”末的24%提高到2011年的30%，城区人口由2005年的7万人增加到2011年的18万人，县城建成区面积由2005年的6平方公里增加到2011年的27平方公里。城建“1150”工程（10个城中村改造、10大精品社区、50栋高层建设）顺利实施，10个城中村、城郊村和旧城旧村改造完成投资12亿元，征迁42万平方米，开工建设69万平方米，分别占市定目标的152%、162%、122%。万嘉花园、水岸名家等10个精品社区加紧建设，累计建成高层55栋。基础设施“1022”工程（10条道路、2座大桥、2个广场）建设稳步推进，纬一路、北环路、滨河南路等6条道路竣工通车；同力洛河大桥、锦龙洛河大桥和锦屏生态文化广场项目正在建设。迎宾大道双立交桥建成通车，滨河文化广场建成投用。扎实推进城区精细化管理，加大环境卫生综合整治力度，顺利通过国家卫生县城、河南省园林县城复检验收。

环岛花园

【旅游经济在科学运作中持续升温】　按照“政府引导、市场运作、社会参与、建管并重”的理念和“文化为魂、水系为韵、牡丹为媒”的发展定位，初步形成了“三山一寺一水一名人”的生态文化旅游发展格局。总投资27亿元的香鹿山生态旅游产业园开始启动，总投资1.5亿元的锦屏山公园项目通过评审。总投资12.8亿元的阳光水岸工程继续加紧建设，其中投资8.8亿元的洛河县城段治理三期工程全部完工，形成了6公里长、3级橡胶坝、3680亩的景观水面。总投资12亿元的灵山风景区，华严宝殿、寺院大门、钟鼓楼、凤凰山综合整治、水景公园莲花种植等16项主体工程完工；投资2亿元的莲花公园，栽植荷花133.3公顷；总投资1.5亿元的柳泉河洛文化生态农业观光园开工建设。集农业高科技种植、旅游度假、休闲采摘为一体的生态旅游蓬勃发展。

【民生经济在加大投入中持续改善】　把人民群众

最直接、最关心、最现实的利益问题作为一切工作的切入点和着力点，用民生改善赢得民心，以民心凝聚民力，以民力推动宜阳经济社会实现又好又快发展。优先发展教育事业。按照“一保三方开”的工作方针，采取政府主导、社会化运作的运作模式，投资8.3亿元建设双语学校、红旗实验学校等6所高标准民办高校，“上学难”得到有效缓解，高考本科上线2666人，连续3年保持全市前3强。卫生事业健康发展。国家基本药物制度全面实施，基本公共卫生服务均等化工作成绩突出，发放新农合资金9100万元，受益95万人次。拥有1000张床位的全省一流县级医院主体竣工，卫生监督中心、疾病预防控制中心、120急救指挥中心综合业务楼加紧建设，“看病难”得到有效化解。着力加强道路建设。投资6.5亿元，搞好北环路、同力大道等10条道路建设；继续加大乡镇公路建设，全县公路通车里程达2223公里，“两纵两横加一高”的省级以上公路网络初步形成，“行路难”得到有效开解。大力实施安居工程。累计建设廉租住房1820套9.1万平方米、经济适用住房662套7.5万平方米、公租房1440套5.2万平方米，各项指标均超额完成省、市目标任务，连续3年荣获“洛阳市住房保障工作先进县”称号。全力扩大居民就业。新增城镇就业7253人，下岗失业人员再就业3197人，完成农村劳动力转移17.96万人，创劳务收入17亿元，“劳务经济”成为农民增收的有效途径。发放小额担保贷款8055万元，直接扶持2040人自主创业，带动6011人实现创业就业。积极优化社会环境。社会治安综合治理措施得到落实，县城城区和各中心镇实现技防网络全覆盖，公众安全感不断提高，公众安全感指数达到97.6%，在全省排序前移了32个位次。全力实施网上追逃行动，“清网行动”综合排名全市第2位。安全生产秩序得到进一步规范，煤矿整合工作顺利推进，深入开展事故隐患排查治理活动，全年共排查新开工项目17个，发现问题5项，对义煤集团红旗煤业、翔和煤业有限公司予以关闭，举办各类安全培训班19期，培训人员1348名。生态建设和环境保护力度得到加大。环境污染得到较好控制，关闭违法排污企业10家，督促环保部门立案查处环境违法行为5起。网络舆论环境建设得到加强。建立网络舆情应对机制，开通了县委书记、县长社会热点问题反映门户网站，全县上下形成了加快发展、跨越发展的社会舆论氛围。

安置房建设

【党的建设在深入实践中持续加强】　始终以提高领导水平和执政能力为核心，创新思路，强化措施，不断提高县委班子领导科学发展的水平和能力，为全县经济社会快速健康发展奠定了坚实基础。领导班子建设得到加强。强化班子理论学习，坚持中心组学习与个人自学相结合，理论与实际相结合，加强制度建设、学风建设和成果转化，不断完善党委（党组）中心组理论学习制度。完善决策机制，坚持民主集中制。凡属重大决策、重大项目安排、重要人事任免、大额资金使用，在个别充分酝酿的基础上，提交县委常委会议集体研究决定。干部队伍建设得到提升。按照干部选拔任用工作相关规定和市委有关要求，结合宜阳县干部队伍建设实际情况，消化超职数干部11人，竞职选拔科级领导干部9人，常委会票决乡镇党政正职17人。基层组织建设得到巩固。以“五有三定”为载体（即有人干事、有钱办事、有章理事、有项目富民、有形象改变和定目标、定承诺、定措施），全力开展基层组织建设。加强后进村整顿，全年整顿市定后进村2批26个，县定后进村两批32个，取得了良好成效，全省后进村整顿现场会在宜阳召开；保质保量保进度地完成了全县353个行政村村级组织换届工作，加强19名驻村干部的培养管理，鼓励回乡创业人员、大学生村干部等充实到班子中来；完善各项工作制度，深化运用“四议两公开”工作法，对2011年度村级事务，尤其是群众反映的热点、难点问题进行集中审议，落实好村财乡管制度，推动党务、村务、财务全方位公开。

【中国共产党宜阳县第十一次代表大会隆重开幕】

6月11日~6月13日，中国共产党宜阳县第十一次代表大会在宜阳宾馆豫翔楼一号会议室隆重开幕。大会选举产生了中共宜阳县第十一届委员会和中共宜阳县纪律检查委员会；选举产生了出席中共洛阳市第十次党代会代表；确立了“解放思想、与时俱进、自加压力、勇争一流”为宜阳精神。中国共产党宜阳县第十一届委员会第一次全体会议选举了王琰君、黄晓玲、张国松、张慧敏、罗宏伟、仝宇鹏、田群献、王涛、高建海、张霞、任晓平、牛刚为县委常委；王琰君当选县委书记，黄晓玲、张国松当选县委副书记。中国共产党宜阳县纪律检查委员会第一次全体会议选举了县纪委常委，选举任晓平为县纪委书记，范俊杰、周晓勇、张润姣为县纪律检查委员会副书记。大会听取和审议了县委书记王琰君代表县委第十届委员会所作的《解放思想，负重奋进，为全面建设宜居宜业新宜阳而努力奋斗》的工作报告。与会代表一致认为，过去的五年，是全县解放思想、与时俱进、自加压力、勇争一流，发展意识全面增强的五年；是团结奋进、励精图治、苦干实干、克难攻坚，干事创业热情不断高涨的五年；是抢抓机遇、乘势而上、夯实基础、增强后劲，发展效果又好又快的五年；是宜阳历史上发展形势最好、综合实力提升最快、城乡面貌变化最大、人民群众受益最多的五年。今后五年是宜阳夯实基础、积蓄后劲，以大转型、大投入、大调整实现县域经济持续快速发展的重大机遇期，全县各级党组织一定要牢记使命，团结带领广大党员干部和人民群众，以邓小平理论和“三个代表”重要思想为指导，以科学发展观为主题，以转变发展方式为主线，紧紧扭住发展第一要务不放松，进一步转变领导方式，创新发展模式，优化经济结构，加快发展步伐，靠发展争先晋位、增强实力；靠发展改善民生、富裕群众；靠发展破解难题、促进和谐；靠发展赢得尊重、树立形象，努力走出一条不以牺牲农业和粮食、生态和环境为代价的新路子，实现宜阳经济社会全面协调可持续发展。

（杨根锁）

县委办公室

【概况】　2011年，县委办公室在县委的正确领导下，紧紧围绕县委的决策部署，积极发挥参谋助手、协调综合、督促检查和后勤保障的“四大职能”，自觉服从服务于全县改革发展大局，不断强化管理，开拓创新，转变作风，锐意进取，使各项工作得到了长足发展，工作质量和办公室服务水平显著提高，县定各项责任目标圆满完成，被市委、市政府命名为2010～2011年度市级文明单位，信息、督查工作位居全省先进行列；综合协调、公文处理工作在全市党委系统综合评比中位居先进位次。办公室下设秘书科、综合科、督查科、信息科、文书科、机要文电科、绩效科、后勤科、人财科、车管科10个科室。电话：0379－68882206。

主任　高建海

领导班子成员

职　务	姓　名	职　务	姓　名
县委常委 办公室主任	陈长江（5月离） 高建海（5月任）	副主任	陈占宏
常务副主任	徐留汉（9月任）	副主任	杨利伟（7月离）
副主任	黄改锁	副主任	王兴敏

科室负责人名单

职　务	姓　名	职　务	姓　名
秘书科	张红梅	机要文电科	杨根锁（5月任）
综合科	闫义强（5月任） 张永国（5月离）	绩效科	李向北
督察科	贾登奕	后勤科	丁　听
信息科	王会迎	人财科	胡洛利
文书科	闫义强（6月离） 王长合（5月任）	车管科	杨跃进

【搞好组织协调，贯彻落实党委路线、方针、政策】　强化督查职能，创新督查手段，推动工作落实。全年向市委上报《督查专报》15期，印发《重点工作督查专报》31期；对省市召开的各类会议和县三级干部会、县委全会、县委经济工作会议等重要会议进行会风督导，会议精神贯彻落实情况进行督查，印发《督查通报》10期；办结领导批示件256个（其中市领导批示件47件）；认真参与新农村建设、路容路貌专项整治、防汛、夏秋两

季秸秆禁烧等专项督查活动。认真落实县委工作承诺制，对城区道路建设、阳光水岸工程、城中村改造等重点工程和重要工作的承诺事项强化时间节点，定期跟踪督查，先后对进展缓慢事项及时下发《督查通知》32期、《工作提示函》162期，加快工程进度，推动了上级党委路线、方针、政策和县领导工作部署的贯彻落实。

【围绕县委中心工作，做好各项服务】 强化信息报送工作，全年向省委、市委报送《宜阳快报》1289期，在《洛阳信息》刊登专期8篇，编发《宜阳信息》54期、《学习与调研》12期、《信息专报》18期。审核、印发县委、县委办公室文件及会议纪要323个，起草领导讲话、汇报材料等文稿85个，向市推进优秀调研文章7篇，办文质量明显提高，对推动工作、展示形象，领导决策提供重要参考依据。对县委、县委办有关会议周密安排，精心组织，办会质量进一步提高。全年共组织办理各类会议245次，其中常委会20次，四大班子会4次，大型会议25次，电视电话会议30次，县领导工作会议166次，确保了会议顺利进行和领导工作部署的有效落实。处理上级来文332件，办理网上领导批示件293件，无错办漏办现象。全力服务好省市领导莅宜调研、县领导节日慰问、视察等重大活动26次，其他县（市）区莅宜交流活动8次，开工奠基仪式30次，取得了良好效果。

【改善办公条件，规范工作运行】 各科室配备了电脑，为学习业务、查找资料、交流工作创造了良好条件，推动了办公自动化进程。先后出台了学习和值班、财务管理、车辆管理等工作制度，办公室工作效率明显加快，服务质量明显提高，得到了县委领导的充分肯定。

【结合单位职能，为群众、为企业、为基层办实事】 积极协调资金，帮助对口扶贫村完善基础设施。组织春节慰问活动，为分包村困难群众送去大米、食用油等慰问品；“六一”儿童节为分包村学生送去价值2000元的书包、文具、体育器材等物品。积极组织“关爱农民工”爱心捐款行动，捐款2300元；加大基层文秘人员的培训力度，举办信息工作培训班，建立并完善了基层信息人员轮流跟班学习制度，提高基层办公室人员的综合素质。

【完成县下达的信访工作目标任务】 认真落实首问负责制，对群众来信按规定快速办理，对来访群众热情接待，耐心疏导，指明办事途径，提高效率，全年共处理群众来信62件，接待群众来访162人次，维护了县委正常办公秩序。加强和谐机关建设，密切干部职工关系，全年无信访事件发生，确保了县委机关的和谐稳定。　　（苗晓峰）

纪检工作

书记　任晓平

【概况】 中共宜阳县纪委同宜阳县监察局合署办公，实行一套工作机构、两个机关名称的体制，内设12个室，核定行政编制37名。履行党的纪律检查和政府行政监察两种职能，对县委全面负责。县监察局为政府工作部门。2011年，县纪委监察局围绕中央、省、市、县各项工作部署，坚持反腐倡廉战略方针，构建教育、制度、监督并重的惩治和预防腐败体系，全县反腐倡廉工作取得新成效。电话：0379－68882411。

领导班子成员

职　务	姓　名	职　务	姓　名
书　记	任潘定（5月离） 任晓平（5月任）	常　委	张润姣（6月离）
副书记	王超群（6月离） 范俊杰（6月任）	常　委	卢晓山
副书记	周晓勇	常　委	杨良强
副书记	陈立中（6月离） 张润姣（6月任）	常　委	苗军峰
常　委	宋向阳（11月离）	常　委	王红杰（6月任）

科室负责人名单

职　务	姓　名	职　务	姓　名
办公室	张全乐	廉政办	王红杰
纪检监察室	孙国强	案件审理室	宋欢欢
执法监察室	赵玉柱	宣传教育室	任明远

职 务	姓 名	职 务	姓 名
效能监察室	王博（6月离） 丁海丛（6月任）	信访室	霍汉民
纠风室	张会琴	农廉室	张书伟

【监督检查】 加强对中央省市县重大决策部署的贯彻落实情况进行监督检查。全年共排查新开工项目17个，发现问题5项；对2010年拟挂牌出让采矿权的17家煤矿进行了全面检查。关闭违法排污企业10家，督促环保部门立案查处环境违法行为5起；对煤矿、非煤矿山暗访13次，发现脱岗人员1人，提出监察建议1次。创新招投标监督机制，积极推动公共资源交易中心建设，研究出台了《宜阳县招投标管理办法》。2011年共参加招投标活动16次，涉及金额1.23亿元，参加政府采购8项，涉及金额432万元，其中废标3次，节约资金267万元。

市廉政教育基地授版仪式

【反腐倡廉教育】 以“召伯甘棠”这一宜阳历史文化遗产为主题，以弘扬“召伯廉政精神”为切入点，以创建市级廉政教育基地为落脚点，积极开展廉政文化建设，投资100余万元在“召伯听政处”所在地宜阳县甘棠村建设市级廉政教育基地，基地由召伯文化广场及廉政教育展厅两部分组成，广场面积2300余平方米，北有召伯听政群雕，南有清代张汉手书“召伯听政处”碑刻及召伯亭，西有召伯文化展示墙，内容包括召伯事迹浮雕、召伯画像碑以及由省书协主席团成员题写的历代吟诵召伯甘棠的八块书法碑刻等，东有卧石一座，“召伯文化广场”的题名由市书协主席王鸣题写，“甘棠遗爱”几个大字由国内书法名家、西安美院教授茹桂题写；广场新栽甘棠树56棵，12月26日，举办了“洛阳市廉政教育基地”授牌仪式暨召伯廉政文化书画展开幕式，省监察厅厅长王流章、副厅长付静，市委副书记、纪委书记刘应安等省市领导出席活动。组织县处级领导干部到郑州参观河南省庆祝建党90周年反腐倡廉成果展，收集心得体会40余篇；组织50名县直职能单位委局长到县法院参加职务犯罪案件庭审现场听审活动，召开参与活动人员座谈会，收集庭审警示教育心得体会50份。

【领导干部廉洁自律】 大力推进党务、政务公开工作。先后制定完善了领导责任制、意见反馈制度、监督检查制度及配套制度。出台了一系列规范性文件，加大暗访监督工作力度，对暗访中发现的党务、政务公开工作落实不力的5个单位的主要领导进行了诫勉谈话，下发整改通知书9份。以“节日病”治理为重点，先后组成12个检查组，累计抽调人员80余人，在全年节假日期间对公款吃喝、公车使用等进行检查，检查场所300余个，检查车辆500余台，查处违规用车20台，诫勉谈话8人，写出深刻检查10人，并在电视台公开曝光；审批领导班子、领导干部外出考察、子女婚嫁等重大事项报告35次；对全县有重点工程建设任务的单位进行了摸底统计，对有重点工程建设任务的单位根据本单位的实际情况下发廉政提示函21份；9月，举办了县委书记王琰君“向人民述廉”活动，省纪委廉自办主任朱俊峰、省纪委廉自办主任科员彭立，市纪委常委李敬贤，市纪委廉政办主任朱玉卿和县纪委委员、人大代表、政协委员代表、乡镇书记代表、企业代表、农民代表、老干部代表等共计123人参加了此次活动。

【查办违纪违法案件】 以涉农涉财信访举报专项治理活动为契机，坚持查处损害群众利益、贪污贿赂、村干部违纪违法等案件。共查处各类违法违纪案件142起，查处贪污贿赂类案件37起，乡科级干部17人，移交司法机关处理3人。不断完善办案工作领导和协调机制，坚持实行全员办案制、案件线索下管一级制、案件督查通报制等。研究制定了全县反腐败协调小组议事规则、执纪执法部门案件移交和情况通报、案件协作、案件督办、优质案件评选和办案工作奖惩办法等制度措施。认真做好信访举报工作，2011年受理群众信访举报135件次，查办信访案件45起，排查上报不安定因素58件次，年底已化解50起，处理疑难信访26起，化解集体上访4起。完善特邀审理员制度，完善了特邀审理案件的工作流程，组建了特邀审理人员“人才库”。

纪委十一届二次全会暨作风转变年动员大会

【行风政风建设】 落实强农惠农政策、开展规范教育收费、纠正医药购销和医疗服务中的不正之风、打击公路“三乱”等专项治理。发放农民负担监督卡14.5万份，入户率达到100%，受理群众信访涉农案（事）件10起。对8个乡镇16所学校进行教育收费检查，查处涉教乱收费、代收费等违规案件8起。加强对新型农村合作医疗、药品集中采购、虚假违法医药广告等监督检查，查处违规违纪案件3起，党政纪处理5人。严格落实公路“三乱”责任追究制度，上路巡查80余次，纠正不规范执法行为19起，查处执法人员违纪行为2起。开展“四项资金”监督检查工作，组成2个工作组对全县范围内的“四项资金”进行重点检查，查出不符合低保人员932人，其中城市低保255人，农村低保3人，清退农村低保对象674人，追缴违纪资金755352元，10名责任人进行了党政纪处理。在全县乡镇基层站所开展面对面评议活动的基础上，开展重点科（室）作风评议工作，下发《宜阳县2011年重点科（室）评议活动实施方案》，将全县55个职能部门当中具有行政审批、执法、执罚、综合管理和服务职能的114个重点科（室）纳入评议范围，进行评议，评议结果在电视台、政府网站公布，有力地促进了政风行风的好转。

【政务环境创优】 大力开展政务环境创优工作。举行了“政务环境创优”大型宣传活动，设置宣传展板100幅，发放各类宣传资料5000余张，活动期间接待来访群众7000余人。洛阳电视台《百姓直通车》栏目对宜阳县的做法进行了宣传报道。组织对全县16个乡镇、108个县直单位明察暗访260余次，对县直5个单位机关作风和效能建设问题进行了通报批评，效能告诫22人，党政纪处分14人，撤职调离5人，辞退2人，查处并通报影响投资环境事件1起。开展行政审批事项清理活动，进驻县行政服务中心单位达36个，进驻行政许可事项165项、行政服务事项96项、行政事业性收费事项77项；简化压缩各行政事业单位审批事项22项；推行评查整改工作机制，针对各单位效能提升、政风行风建设存在的突出问题，开展评议后查摆整改活动，促进被评议单位查找问题，整顿作风，提升效能。

【农村基层党风廉政建设】 推行“一三五九”模式，统一规范农村“三资”管理和村务公开工作。2011年，村务监督委员会通过换届得到加强，村监会参与监督村级重大事项920件次，化解群众矛盾528件，审核农村集体资金1930万余元，审核不合理票据500余张，拒付不合理开支30万余元。全县16个乡镇便民服务中心及下辖村便民服务站接待群众5800余人次，办结群众申办事项3513件。

【纪检监察机关自身建设】 以“队伍建设年”活动为着力点，组织全县纪检监察干部开展“队伍建设年”活动专题讲座，每周四下午集中学习，邀请市纪委、市委党校及县有关领导专题讲授纪检监察业务、法规条例、宜阳历史文化等知识，拓宽了全县纪检监察干部的视野和知识水平，完善了知识结构，提升了工作能力。共开展专题讲座8次，参与培训人员1700余人次；积极推进纪检监察工作信息化建设，筹建宜阳县纪检监察网站—宜阳廉政网。县纪委机关“三公”消费实行月通报、季公示制度，机关车辆管理、财务管理、绩效考评等制度得到进一步完善，促进了机关的制度化、规范化建设。

（张全乐）

组织工作

部长 罗宏伟

【概况】 中共宜阳县委组织部位于县委大院东楼，内设科室有办公室、组织科、干部科、电教科、县绩效考核工作领导小组办公室、大学生村干部管理办公室，二级机构有县委干部监督室，下属事业单位有县委党员电化教育中心，代管县委组织员办公室、县人才工作领导小组办公室。2011年以来，县委组织部深入贯彻落实科学发展观，紧紧围绕县委、县政府中心工作，以创先争优活动为载体，强化基层组织建设，加强干部队伍建设，不断提升组织工作推动发展、服务大局、凝聚人心、促进和谐的水平，为建设文明和谐新宜阳提供了坚强的组织保证。电话：0379－68882215。

领导班子成员

职　务	姓　名	职　务	姓　名
部　长	罗宏伟	副部长	任见欣
副部长	范俊杰（6月离）	副部长	陈立中（6月任）

科室负责人

职　务	姓　名	职　务	姓　名
办公室	李彦峰	绩效办	何灵喜
组织科	李彦峰	干部监督室	裴宏超（11月离）
干部科	于晓辉	党员电化教育中心	任 敏
电教科	李龙权	人才办	尚凤辉（8月离） 魏青晓（8月任）

【“创先争优”活动成绩斐然】 全面深化“向群众承诺，为党旗增辉”活动，全县963个党组织、25373名党员公开承诺为民办实事好事1.3万余件，12643名农民党员按照“固定承诺＋自选承诺”模式向群众承诺办实事152253项。在窗口单位和为民服务行业中广泛开展“四亮四创四评”活动，即党员亮身份、亮形象，党组织和党员亮承诺、亮风采；创岗位奉献先锋、创优质服务品牌、创群众满意窗口和服务行业、创廉洁型窗口单位和服务行业；认真做好党员自评、领导点评、群众测评和组织讲评，推动活动深入开展。全年各级党组织和广大党员共投入帮扶资金336.7万元，办好事实事2150件，发展农村致富项目621个，为群众解决各类实际困难1.4万件。

【开展庆祝建党90周年活动】 积极组织庆祝建党90周年活动，在县电视台开辟《宜阳县先锋示范党员风采》和《光辉历程》栏目，宣传报道农村创先争优活动中涌现出的先锋示范党员事迹，累计播出40期；开展了“第一批先锋示范党员”评比表彰活动，确定30名先锋示范党员；举办了“党在我心中”征文比赛、“创先争优、为党旗增辉”演讲比赛和“学党史，励壮志”党史知识大奖赛，举行了为期一个月的“红歌赛”。各乡镇及县直各党委普遍开展了积极分子培训，组织了新党员宣誓、老党员重温入党誓词活动。

后进村整顿工作动员大会

【后进村整顿工作】 以“五有三定”为载体（即有人干事、有钱办事、有章理事、有项目富民、有形象改变和定目标、定承诺、定措施），全力开展后进村整顿工作，全年整顿市定后进村2批26个，县定后进村2批32个。选派了3名县直机关干部到后进村驻村任职，任命了4名乡镇领导班子成员兼任后进村支部书记，选拔了15名致富、带富能力强的优秀党员进支部班子，为3个长期不发展党员的后进村培育入党积极分子10名。通过财政扶持、乡镇自筹和党费拨付等形式筹措82万元专项资金用于后进村整顿。通过包村委局引进和村两委主动争取的形式共引进项目11个，总投资7000余万元。投资12.3万元，新建村级活动场所2个、建筑面积265平方米。建成人畜吃水工程6个，架设用电线路2.3公里，完成街道硬化4.5公里，新建教学点2个、标准化卫生室3个。积极组织开展后进村整顿“百日活动”，建强农村两委班子，完善各项制度，搞好环境创优，巩固后进村整顿工作成效。围绕“实行三类认定标准，建立部门沟通认定机制；实行三种路线图，建立部门联动整顿机制；实行三类帮扶办法，建立部门合作帮扶机制”的“三三机制”，构建起后进村转化长效机制，取得的良好成效。2011年全省后进村整顿现场会在宜阳召开，后进村整顿工作受到省委组织部高度评价，整顿做法在市委《工作通报》上刊发，受到市委主要领导的充分肯定，《洛阳日报》进行了报道，并配发专题评论。

【换届选举工作】 6月13日，宜阳县党委换届选举工作在全市率先完成。选举出席乡镇党代会代表1727名，其中妇女代表占21.4%；代表平均年龄明显下降，45岁以下占55.1%。选举出席县十一次党代会代表296名，其中各级领导干部代表175名，占59.1%；各类专业技术人员代表63名，占21.2%；妇女代表62名，占20.9%；各条战线先进模范人物代表54名，占18.2%；45岁以下代表152名，占51.3%；解放军、武警部队代表2名。按照代表名额多于20%的差额比例，确定出席乡镇党代会代表候选人预备人选2119名，差额比例22.7%；确定出席县十一次党代会代表候选人预备人选362名，差额比例22.3%。严格两委班子职数，坚决杜绝超职数配备干部和低职高配现象发生。在村级组织换届选举工作中，我们为353个行政村逐一制定换届选举日程表，并成立4个督导组，分片督导，通过定期排序、不定期暗访，保证进度；全县印发村级组织换届明白卡、告知书8500余份，培训县乡村三级工作人员2300余人次，保证了换届选举在操作中程序不出偏差；全县353个行政村，全部结合上级工作要求和群众意愿，制定了村级事务任期目标和年度目标，候选人全部填写了宜阳县规范村级组织换届选举竞选行为承诺书，确保依法依纪竞选。同时，鼓励大学生村干部参选，29名大学生村干部进入村级领导班子；大力提倡“一肩挑”，交叉任职比例较上届有明显提高。11月30日，全县353个行政村全部完成了村级组织换届，共选举产生村支部委员1135名，参选率98.9%；选举产生村委委员1274名，参选率96.3%；选举产生村监会成员1059名。其中交叉任职432名，占25.4%；新当选妇女成员398名，为农村下一步发展奠定了坚实基础。

【驻村任职工作】 加强驻村任职干部管理，建立完善学习、交流、管理制度，推行目标承诺制度，将驻村任职目标细化为“村级事务管理、农村经济发展、社会事业完善、基础设施改善、基层组织加强”等5大项、30条具体目标，由驻村任职干部与乡镇党委、县驻村办统一签订工作目标承诺书，向群众公示，接受监督。驻村干部充分发挥自身优势，积极加强基础设施建设，全力引进致富项目，19名驻村干部为所驻村引进各项资金5000余万元，有力推动了农村经济社会发展。

后进村整顿县派指导组欢送仪式

【非公企业党建工作】 16个乡镇全部建立了非公企业联合支部，新建其他非公企业党组织7个，设立了非公企业党建专项经费，明确县内非公企业每年党建工作经费投入不低于职工年度工资总额的5%，发展非公企业党员101名，较2010年同期增长24.3%。河南前进化工集团党委、洛阳龙羽宜电公司党委先后被评为“全省分行业创五好先进基层党组织”，85名党员受到县委表彰，13名党员被评为市、县劳动模范。

【农村党员干部现代远程教育工作】 积极争取上级资金8万元，设立远程教育站点维护专项基金。对全县1113名站点管理员分批分类进行专项培训，全部做到持证上岗并建立档案。全县所有站点实现每周七日全天开放，每月利用率全部达到100%。加强设备维护和检修，实行站点维修限时制，全县371个站点完好率100%。党员干部必修课学习时长在全市各县（市）区中一直保持领先，8个月排在第一，3个月排在第二；全县远程教育站点共开展党员集中学习4.86万余次，参加学习党员达147万人次。制作《新农村建设大讲堂》系列专题片1部、《创先争优进行时》专题片1部，摄制《驻村干部音像档案》17部，拍摄《锦山洛水党旗红》大型党建汇报片1部，在县电视台开辟庆祝建党90周年《先锋示范党员系列报道》，制作播出节目40期。

【大学生村干部管理工作】 积极鼓励和引导大学生村干部自主创业，20余名大学生村干部申请创业专项资金185万元，创办、领办创业实体24个。举办大学生村干部培训班4期，培训大学生村干部760人次。全县大学生村干部考录公务员18人，事业单位招录32人，考取研究生2人。

【干部人事制度改革工作】 探索实行投票表决的办法选拔乡镇党政正职，通过“两推三票”（基层推荐、组织推荐；群众投票选人、常委会投票确定、全委〈扩大〉会议投票表决）的形式选用了17名乡镇党政正职。尝试竞职选拔的模式选拔副职，通过面谈、演讲、笔试、面试和考察的形式，选用了9名县直事业单位副科级领导干部。加强后备干部培养锻炼，选派33名正副科级后备干部到信访稳定、秸秆禁烧一线帮助工作；选派70名正副科级后备干部到城中村征迁改造工作一线挂任指挥部工作专员。探索尝试了“务虚干部事项研究”模式，在干部调整时，先把调整原则、方法程序确定在前，后按规定程序不变通、不扩大执行落实，有效避免了干部调整不公、不明现象。认真组织开展了“双谈双评”活动，准确掌握了干部平时思想动态、真实表现，营造了群众广泛参与干部考评的良好氛围，为县委识人用人提供了最真实、最可靠的依据。

【干部选拔任用工作】 坚持按照“五重五不简单”和“领导出于公心、注重群众公认、严格选用程序”的选人用人原则，把围绕福民强市总体目标形成的“六加一”考评机制和县委、政府中心工作任务体现在选人用人的各个环节，真正选用那些实绩突出、群众认可、作风过硬、敢于破难题、善于破难题的干部，引导、示范和激励广大干部干事创业、攻坚克难，努力树立正确的选人导向，营造风清气正的用人环境。2011年，按照干部选拔任用工作相关规定和市委有关要求，结合我县干部队伍建设实际情况，共集中调整干部208人，其中提拔48人（副科提正科17人，一般干部提副科31人）；平级交流及职务变动160人；全委会票决乡镇党政正职17人（党委书记7人，乡镇长10人）；竞职选拔科级领导干部9人；消化超职数干部11人（县长助理4人，县直单位副职7人）。

【干部监督和培训工作】 扎实推行“责任目标任职承诺”制度，县委主要领导先后同新任的27名委局长和乡镇长、39名副科级领导干部签订了任职承诺书。坚持提拔任用干部党风廉政“一票否决制”，坚持干部监督工作部门联动和领导干部诫勉谈话、述职述廉、重大事项报告等制度。干部日常监督工作，由党内监督逐步向群众监督和舆论监督延伸，由工作领域向生活领域和其他领域延伸，并充分利用广播、电视、互联网等媒体和群众来信、来访、来电等渠道，不断加大干部监督管理的力度。一年来受理干部来电、来信、来访36件次，办理市委组织部交办案件7件、县领导交办案件9件。充分发挥“12380”干部监督热线作用，全年受理各类电话举报12起，处理12起，回复率和满意率均达100%。认真做好干部选拔任用监督工作，提拔任用的科级领导干部全部实行民主推荐、全部发布考察预告、全部进行任前公示，全部向县纪委征求了任用对象的执纪执法情况。采集全县科级干部重大事项报告、重要社会关系、个人收入等情况1150件。加强干部培训，全年举办新任科级领导干部培训、党务干部培训、后备干部培训、新任党委委员专题培训等各类培训班10期，培训各级干部1033人；扎实做好省、市干部调训工作，全年调训县处级干部6名、科级干部10名。

【人才工作】 研究制定《〈宜阳县中长期人才发展规划纲要2011~2020年〉任务分工方案》，对人才规划纲要任务进行细化分解。认真做好优秀专家管理服务工作，向23名县优秀专家发放技术津贴16560元，举办各类培训班80余期，培训专业技术人员3800余人，对2名学科带头作用不强的优秀专家提出了整改意见。积极开展人才工作集中调研活动，撰写专题调研报告7篇。组织开展“宜阳十佳人物”、“十佳村支书、十佳村委主任”、“爱岗敬业模范”等评选表彰活动，树立先进典型，营造“尊重劳动、尊重知识、尊重人才、尊重创造”的社会舆论氛围。

【组织信访工作】 把组织信访工作作为组织部门体察民情、联系群众的重要渠道，狠抓信访基础工作，加大组织信访事项督办力度，着力化解基层矛盾。全年受理组织信访案件47起，其中来访43起，来信4件，答复率和办结率100%。

【组织部机关建设】 结合“讲党性、重品行、作表率”活动，深入开展“双创双争”活动，通过争创省级卫生先进单位和市级文明单位，进一步完善了部机关各项制度，加强了部机关硬件建设，成功创建省级卫生先进单位和市级文明单位。在机关党员干部中开展“争创先锋示范岗、争做先锋示范党员”活动，激发机关干部干事创业的积极性，评选“先锋示范岗”3个，授予“先锋示范党员”6名。开展“组工干部大讲堂”和“干部受教育，服务下基层”活动，举办“组工干部大讲堂”4期，培训组工干部220余人次，下基层专题调研22次，形成调研报告9篇，为基层解决实际问题12个，建立基层联系点7个，结对帮扶23人。

县处级干部名单及职务变动情况

姓名	职务	职务变动情况
王琰君	书记	
黄晓玲	副书记、县长	
张国松	副书记	
张慧敏	常委、副县长	
罗宏伟	常委、组织部长	
潘　峰	常委、政法委书记	5月调离
仝宇鹏	常委、政法委书记	5月任现职
田群献	常委、人武部政委	
王　涛	常委、副县长（下派）	
高建海	常委、县委办公室主任	5月由政府副县长任现职
张　霞	常委、宣传部长	5月任现职
康凌香	常委、宣传部长	5月调出
任晓平	常委、纪委书记	5月任现职
牛　刚	常委、统战部长	5月由政府副县长任现职
宋来法	人大主任	
任潘定	人大党组书记	5月由县委常委、纪委书记任现职
杨建坤	人大常委会副主任	
陈长江	人大常委会副主任	5月由县委常委、办公室主任任现职
程竹菊	人大常委会副主任	
刘建国	人大常委会副主任	
冯新乾	人大常委会副主任	
裴万寿	人大常委会副主任	
阎进卿	人大常委会副主任	
杜阳林	人大副主任（不驻会）	
史洪发	正县级干部	
李晓波	政府副县长（科技）	
张飞跃	政府副县长	
刘宝兴	政府副县长	
张玉杰	政府副县长	5月调出
蒋武寿	政府副县长	5月调出
陈宝国	政府副县长	5月由总工会主席任现职
高振立	政府副县长	5月由城关镇党委书记（副县级）任现职
魏　森	政府副县长	5月任现职
张景彦	政协主席	
王三章	政协党组书记、副主席	5月由县委常委、统战部长任现职
仝爱民	政协副主席、财政局长	
王留乾	政协副主席（不驻会）	
宋遂法	副县级干部	5月提前退休
张　旭	人武部部长	3月任现职
刘友仁	人武部部长	3月调出

姓名	职务	职务变动情况
赵松伟	工会主席（副县级）	5月任现职
袁宪伟	法院院长	6月任现职
赵耀武	法院院长	6月调出
张新潮	检察院检察长	6月任现职
刘赤炜	检察院检察长	6月调出
李松宇	公安局政委（副县级）	
薛永彬	公安局长	
石彩云	审计局长（副县级）	
马耀章	群工部长、信访局长（副县级）	
刘保刚	交运局长（副县级）	
陈世俊	人社局长（副县级）	
徐留汉	县委办副主任、卫生局党委书记（副县级）	9月由民政局长任现职
王定泽	水利局长（副县级）	
吴绍良	农业局长（副县级）	
何丙林	县长助理、县委农办主任（副县级）	3月免政府县长助理
芦同聚	林业局长（副县级）	
赖长伟	住建局长（副县级）	
卢国炜	规划局长（副县级）	
张午丙	三乡镇党委书记（副县级）	
王留卿	县政府党组成员（副县级）	
丁遂社	县政府党组成员（副县级）	11月由司法局长任现职

（何灵喜）

宣传工作

部长　张霞

【概况】　中共宜阳县委宣传部（以下简称县委宣传部）是县委主管意识形态的工作部门，驻县委大院东楼。机关内设办公室、理论科、宣传科、文化艺术科。2011年，宜阳县宣传思想工作以“围绕中心，服务大局，求真务实，开拓创新”为整体工作思路，强化措施，狠抓落实，使各项工作得以顺利开展，取得了显著成效，为宜阳的改革、发展、稳定提供了坚强的思想保证和良好的舆论环境。电话：0379－68882306。

领导班子成员

职　务	姓　名	职　务	姓　名
部　长	康凌香（5月离） 张　霞（5月任）	副部长	卢战国
副部长	杜文妍	副部长	宋会杰
副部长	阎劭伟		

【新闻宣传】　县电台、电视台围绕县委、县政府中心工作，组织宣传报道。县电视台《宜阳新闻》发稿2300余条、专题节目90期。县广播电台、县电视台积极开展对外新闻宣传工作，做到了在省电视台有稿件，中央台有新突破。全年在洛阳电视台《洛阳新闻·宜阳版》发稿220余条；在市级以上电视台发稿180多条。广播电台在市级以上电台发搞268条。宜阳县新闻中心全年在中央、省、市主流媒体分别刊发稿件20余篇、70余篇、330余篇。全年在《洛阳日报》发稿数量及重头稿件数量在全市九县（市）六区位居第一名，组稿出版《洛阳日报·宜阳新闻》22期，其中刊发4个整版。共刊发稿件110余篇（幅），报道了宜阳深入实践科学发展观、实现和谐发展的成功经验和做法。全力维护对外形象。县新闻中心进一步完善重大突发事件新闻报道应急处置工作机制，对新闻突发事件处置灵活机动，有礼有节，依靠政策，妥善处理热

点、难点问题。全年共接待中央、省市媒体记者150批次共400余名记者采访宜阳县热点舆情，全部予以妥善处理，维护了宜阳县对外形象。

"宜阳民声网"开通仪式暨网友座谈会

【网络宣传和舆情监控】　开通了宜阳县民声网，网民网络问政渠道进一步畅通。与人民网·河南频道建立了战略合作关系，对外宣传载体进一步丰富。洛阳网·宜阳频道和新华网·中国宜阳网站网络平台刊发稿件数量、人气指数实现新突破，宣传成效显著。与北京我讯公司建立了合作关系，建立完善了网络舆情处置工作系列规章制度，健全稳定了互联网宣传管理员队伍，召开网友座谈会3次，网络管理日趋规范，网络舆情监控、处置及时到位。先后举办了"新媒体知识"、"网络知识"培训班，全县干部职工执网能力进一步提高。2011年，各级网络媒体共发表稿件1500余篇，发现涉宜舆情1785条，回复率达100%。编报《每日舆情》214期、《网络舆情办理周报》10期、《网络舆情专报》1期。

【理论武装工程】　健全党委中心组学习的各项制度，严格学习纪律。一是狠抓理论学习。紧紧围绕党的十七届五中、六中全会、省九次党代会、市十次党代会精神及《中共中央关于深化文化体制改革　推动社会主义文化大发展大繁荣若干重大问题的决定》、《国务院关于支持河南省加快中原经济区建设的指导意见》等学习重点，坚持每月组织县委中心组学习1次，全年举办中心组学习专题讲座4次。下发了《关于认真学习贯彻落实党的十七届六中全会精神、省九次党代会精神、市十次党代会精神的通知》，组织各乡镇、各单位采取专题讲座、集中学习等方式认真学习精神，领会实质，指导工作。加大对各乡（镇）党委、县直各党委中心组学习检查督促力度，建立了各乡（镇）党委、县直各党委的学习日制度，使各级党委的中心组学习走上了规范化、经常化的道路。共组织县乡两级党委中心组集中学习204次，编印中心组学习资料12期40余篇目。二是开展学术交流。组织开展了"纪念中国共产党成立90周年理论研讨"活动，各级党组织围绕建党90周年，深入开展调研，形成了有理论深度的调研报告和理论文章。其中，被市委宣传部评选出二等奖1篇，三等奖3篇，此项活动宜阳县委宣传部被评为全市组织工作先进单位。三是强化素质提升。年初，邀请市委宣传部副部长归宝辰对全县各单位主管宣传的工作人员进行了系统培训。先后组织各乡镇、县直各单位理论骨干37人，参加市委宣传部举办的各类培训班，进一步提高基层宣传干部的业务素质和理论修养，为进一步做好理论学习和党员教育工作奠定了理论基础。四是创新争先机制。以基层党校为主阵地，狠抓基层党校教员和党员教育骨干培训工作。各基层党校开展理论学习培训、入党积极分子培训、实用技术培训等各类培训班600余期。制定下发了基层党校创建标准，督促各基层党校加大硬件设施投资，实现规范化管理。其中，六所基层党校受到了省、市的表彰。在全市开展的"积极推进中原经济区建设"主题党课活动中，宜阳4篇教案分别被市委宣传部评为一等奖和二等奖。

【精神文明创建】　按照文明单位六条标准，进行资格审查，深入各个申报单位进行实地查看，按照"好中选好，优中选优"的原则，确定培养对象。2011年，完成省级文明单位创建任务4家，市级文明单位创建任务8家，县级文明单位创建任务3家；省级文明乡镇创建任务1家。配合洛阳文明城市创建，积极开展诚信洛阳、魅力洛阳、礼仪洛阳教育活动，宜阳县5个单位和5位个人获先进荣誉称号。

【"滨河之声"广场文化活动】　第十届"滨河之声"广场文化活动的主题是"践行宜阳精神，实现科学发展"。7月为戏曲歌舞演唱月，8月为群众艺术表演及曲艺说唱月，9月为电影展映月。第十届"滨河之声"活动共进行歌舞戏曲60余场、表演节目370余个，展映电影23场46部，大鼓书说唱23场。2011年的"滨河之声"大型广场文化活动和“七一”、“八一”、国庆等节日文艺演出相结合，实现了节日庆典文化与群众广场文化活动、爱国主义教育与热爱宜阳教育的有机融合，收到了良好效果。

“滨河之声”开幕式

【“乡镇文化周”活动】 2011年，县委宣传部在各乡镇开展了第八届“乡镇文化周”活动，组织各行政村、乡（镇）直单位、学校、文艺团体，通过认真创作和精心编排，集中一周左右的时间在乡（镇）政府中心广场进行歌舞、戏曲、小品、快板等文艺演出，共组织15个乡镇开展活动，演出节目97场，表演各类节目900多个，丰富了群众文化生活。组织科技、文化、卫生“三下乡”活动，通过发放宣传材料、摆放宣传展板、设立义诊台等形式，直接服务新农村建设，收到了良好效果。

【“千场电影乡村行”活动】 第九届“千场电影乡村行”活动，以“弘扬先进文化、传播文明风尚”为主题，充分利用数字电影放映设备，集中了一大批健康向上的故事片、科教片、文艺片和理论宣传片，宣传党的路线、方针、政策，提高农民科技文化素质、丰富群众文化生活，按照一村一月一场电影的要求，共在全县各行政村巡回放映影片3000余场，为全县新农村建设提供了思想保证和精神动力。

【节日文化精彩纷呈】 在元旦、春节、元宵节等节假日期间，开展了一系列丰富多彩的文化活动，举办了书法家义写春联、彩灯一条街、灯谜晚会、唢呐调演、民间杂耍、对诗填词灯谜、音乐焰火晚会、传统美食文化展示、踩街等活动。正月十六晚，在县城洛河大桥举办了“前进之夜”大型焰火晚会，群众度过了一个欢乐、祥和、喜庆的节日。4月，组织宜阳县优秀文艺节目参加第二十九届洛阳牡丹花会“河洛欢歌”广场文化狂欢月活动，宜阳县被市评为集体组织奖，2人获得个人组织奖，4个节目分获一、二、三等奖。“十一”国庆节举办宜阳籍在外书画家作品展，“九九”重阳节举办县老干部学校学员作品展等。组织承办了第十二届灵山文化庙会开幕式及广场文艺表演、巡演和闭幕式，开展各种文艺专场演出，数10万名县内外游客受益。

【“中国西游文化之乡”成功申报】 经过宣传部、文联的共同努力，经中国民间文艺家协会和河南省民间文艺家协会多次考察和验收，授予宜阳“中国西游文化之乡”荣誉称号。

【社会宣传活动有声有色】 一是树立先进典型。坚持“树典型、扩影响”理念，通过深度报道、层层推荐等方法，莲庄镇农民冯武飞被授予2010年度“感动洛阳”十大年度人物荣誉称号。积极向市委宣传部申报“十佳百星人物”、“感动洛阳人物”、“道德模范”等先进典型。组织开展“深入学习宣传李虹同志先进事迹”活动，在全县形成奋发有为、开拓进取、扎实工作的良好氛围。二是倡导文明新风。深入开展了“迎花会，讲文明，讲礼仪，讲诚信”活动，组织县乡32名业务骨干参加市文明礼仪诚信主题教育培训班，深入系统地学习了文明礼仪知识，提高了做好文明礼仪工作的能力。三是弘扬时代精神。组织专家、学者等以座谈、书写等形式开展“洛阳精神”大讨论活动，组织了万人书写“洛阳精神”表述语活动。同时，结合实际，经过总结提炼，确立“解放思想、与时俱进、自加压力、勇争一流”为新时期的“宜阳精神”。开展了以“弘扬宜阳精神，实现跨越发展”为主题的演讲、摄影、书画、征文等竞赛活动，在全县形成人人关注、人人知晓、人人实践、人人弘扬“宜阳精神”的浓厚氛围。

【部机关建设进一步规范】 一是完善制度，严格机关日常管理。在宣传部机关建立完善了学习、工作、考评等各项规章制度，建立了周一工作汇报和周五学习制度，设置了机关支部园地，做到机关管理规范化、制度化。二是维护稳定，积极做好宣传信访工作。认真执行领导干部下访制度。每月15日坚持到基层一线开门接访，现场办公，解决问题，努力把矛盾消化在基层；认真执行领导干部信访接待日制度，热情接待来访群众，积极化解信访难题；跟踪了解分包信访稳定案件的调查落实情况，督促相关单位认真予以解决，确保案件得到真正化解。同时，在部机关推行信访接待首问责任制，谁受理，谁负责；推行和谐接待，对上访人实行分类接访，有针对性的化解各类矛盾；做好信访反馈和全程监督工作，及时向来访人反馈问题处理结果；对于生活困难的来访群众，积极协调民政部门按照政策给予适当的照顾，有效地避免了越级上访、反复上访现象的发生。三是密切联系，对分包联系单位进行帮扶。对重点联系村和分包联系村深入进行调查研究，帮助村两委理清思路，围绕农民增收、改善环境等方面制定措施，加快发展。同时，想方设法做好分包单位的帮扶建设工作。2011年筹集资金2万余元用于帮扶工作，同时协调县广电总台、文广新局等单位筹集资金，给帮扶单位解决实际问题，受到了群众的普遍赞誉。四是责任目标圆满完成。完成招商引资任务100万元。建立了工作责任制，安排人员到分包点开展禁烧活动，协助包村干部做好禁烧的督促检查，所分包的董王庄乡没有出现一例焚烧秸秆现象。开展了慰问困难老党员活动，慰问建国前入党的老党员3名，为他们送去了节日的祝福。建立了领导责任制，形成了一把手总负责，主管领导具体抓的工作局面。计划生育、平安建设实行“一票否决”，全年无违法违纪事件发生，无违犯计划生育现象。基层组织建设、统一战线、老干部工作、群团工作圆满完成。

全县党报党刊发行工作会

【党报党刊发行】 采取有力措施，拓宽发行渠道，圆满完成了2011年度党报党刊发行任务，得到了市委宣传部和河南日报社、洛阳日报社等新闻单位的肯定和表扬。

（王成良）

统战工作

部长 牛刚

【概况】 中共宜阳县委统一战线工作部（以下简称县委统战部）是主管全县统一战线工作的职能部门，驻县委机关。核定编制11名（其中行政编制7名、事业编制4名），实有16人。2011年，全县统战工作紧紧围绕“福民强县”总体目标，凝心谋和谐，聚力促发展，积极发扬“解放思想、与时俱进、自加压力、勇争一流”的宜阳精神，提高工作标准，加大落实力度，协调统一战线各个领域做好本职工作，为促进宜阳县经济发展和社会稳定做出了积极贡献。获得全省侨联工作先进单位。获得全市统战工作先进单位、对台工作先进单位、侨联工作先进单位、侨法宣传先进单位、统战调研工作优秀组织奖、统战宣传工作先进单位、统战信息工作先进单位、统战网站信息工作先进单位。电话：0379－68882307。

领导班子成员

职　务	姓　名	职　务	姓　名
部　长	牛　刚（7月任）	副部长	杜江波（8月任）
常务副部长	高君君	副部长	周现伟
副部长	赵鸿鸣	副部长	张俊怡

【学习“宜阳精神”】 7月至12月统战系统开展了主题为“宜阳精神在统战”的学习“宜阳精神”大讨论活动。通过学习讨论活动，统战系统广大干部群众的思想观念得到进一步锤炼，提高了统战系统全体成员干事创业的能力和水平，解决影响统战系统各项工作的突出问题，对宜阳面临的挑战和机遇有了更深刻的感受，精神面貌有了新改观，工作作风有了新转变。

【服务“福民强县”】 把引导、支持、服务民营经济发展作为统战工作的重要内容，协调有关部门搭建融资担保、信用服务、教育培训、科技服务、信息服务等五个发展平台。宣传发动全县少数民族群众、信教群众、台侨胞属投身创业，加强培训，支持创业、服务创业。开展“凝聚力工力程”，引导党外各界人士回馈社会、承担社会责任，资助农村贫困大学生200名，帮扶农村特困户100户，帮助特困下岗待业人员再就业50名。组织宋庆龄基金会做好求助活动，免费发放体检卡200张，价值1.2万元；4月为盐镇乡祁庄小学捐款20万元完成建校工作；“六一”儿童节给盐镇乡祁庄小学捐赠体育器材价值2万元；春节前夕，向五保户、孤寡老人发放大米、油、体检卡等价值3万元。台侨联筹资2万余元向杨店村因身患疾病，无工作能力，靠低保金维持生活的贫困户发放了精油等过节物资。按照全市统战系统分类推进新农村建设“百村建设”工程的总体部署，组织民营企业与被帮扶村结成新农村建设帮扶对子，积极引导了企业与所包村开展多对一帮扶，制定帮扶计划，推进所包村的新农村建设工作。

【民族宗教领域和谐稳定】 以建党90周年为契机，加强党的民族理论、民族政策的学习、宣传和教育，营造全县各民族团结进步、社会稳定和谐的良好氛围。帮助少数民族群众解决问题7次；落实民族政策，协调工商、税务等部门，为少数民族群众兴办民族特色服务业开辟“绿色通道”。对全县19处清真饭店重新进行了界定和标志牌的发放工作。与消防部门配合对全县开放宗教活动场所进行了安全排查，层层签订了责任书。坚持抓好《宗教事务条例》的贯彻落实，推进“和谐寺观教堂”创建活动，保持宗教领域的和谐稳定。

【港澳台和海外统战工作】 发挥县台侨联谊会等组织的作用，做好内引外联、促进发展工作，为扩大宜阳对外宣传和对外开放服务。一是搞好节日慰问工作。春节前夕，看望台侨联中的骨干班子成员，慰问贫困台侨属、黄埔军校同学及归侨侨眷，把党的温暖送到他们身边。9月9日召开了“2011年宜阳县台侨界中秋茶话会”，来自各行各业的台侨属43人参加了会议。二是发挥“根文化”的独特优势，吸引更多台侨胞到宜阳县观光游览、寻根问祖、投资兴业。三是组织台侨界主要人员近20人举行了纪念宜阳县辛亥革命先驱于化卿烈士活动。争取美籍华人孙万俊夫妇捐资1万元，改善125套学生课桌凳，捐赠给锦屏镇河下学校，发送了学校的办学条件。由巴西河南同乡会捐资36.8万元兴建“宜阳县巴西小学”，建筑面积320平方米的教学校楼项目已签约。

【服务全县非公有制经济】 9月24日上午召开了宜阳县工商联第八届全员代表大会，选举产生了新一届执行委员会。县工商联不断加强服务意识，积极为非公有制企业排忧解难。协调解决非公有企业生产经营中存在的用地、用电、融资、手续办理等困难和问题，先后召开有关领导和部门参加的协调会20余次，为宜阳县开展环境创优和效能提升活动营造了深厚氛围。

【党外代表人士队伍建设】 加强多党合作的政治协商，抓好党外代表人士队伍建设。按照统战人才队伍中长期规划编制的要求，组织人员深入到非公有制企业以及各个社会组织开展调研，了解统战人才队伍的基本现状，存在问题以及意见建议，完善了档案资料，建立了人才信息库。以县人大、县政协换届为契机，积极推选了一批综合素质高、参政能力强的党外后备干部队伍。

【统一战线理论宣传】 出台了《宜阳县统战宣传信息奖励办法》，下发统战工作考核意见，以统战宣传信息工作实行量化考核。积极开展调研。多次组织人员深入基层，了解情况，掌握第一手资料，并完成调研报告；做好统战信息及网站信息工作。2011年以来，上报各类信息400余篇。同时设专人负责网站信息工作，每周更新网面；做好统战宣传工作。不断加强与国家和省市级主流媒体的联系，先后聘请了3名特邀宣传员，开展以“纪念建党90周年”等为主题的宣传活动，展示统战工作的新形象；做好《宜阳统战动态》的编报工作。7月创办了《宜阳统战动态》，收集编发统战系统内的工作动态及工作经验，形成了宜阳县宣传统一战线事业的新阵地，扩大了统战工作的影响力。

（王治涛）

精神文明建设与创建工作

主任 宋建超

【概况】 宜阳县精神文明建设指导委员会办公室和宜阳县创建文明卫生县城指挥部办公室合署办公，实行一个工作机构、两个机关名称的体制，2011年有工作人员8名，办公地点在宜阳县政府办公大楼一楼。2011年县文明办（创建办）以邓小平理论和“三个代表”思想为指导，深入贯彻落实科学发展观，紧紧围绕“福民强县”责任目标，大力开展精神文明创建活动和“环境创优年”活动，各项社会公益活动成绩突出。电话：0379－68880562。

领导班子成员

职 务	姓 名	职 务	姓 名
主 任	宋建超	副主任	常跃芳

【文明单位创建】 按照“重在持续、重在提升、重在统筹、重在为民”的实践要领和务实宣传、务实创建、创新求进的要求，不断深化创建文明单位活动。2011年，宜阳县荣获洛阳市“文明县城”称号，创建省级文明单位2家，市级文明单位7家，市级文明乡镇1家、市级文明村镇3家，市级文明标兵户15家。

【公民思想道德建设】 组织开展“我推荐、我评议身边好人”活动。全县涌现出李好林（尊老爱幼，国家文明网好人榜当选）、刘幸娜（敬业奉献，国家文明网好人榜当选）、李红钦、刘建锋公益放映队（荣获第二届洛阳市道德模范）、田云杰（70岁老人勇救落水儿童，《洛阳日报》报道）、刘晓丽（南方打工妹拾巨款22万元不昧，央视报道）等一大批道德领域先进人物。

【未成年人教育】 组织开展“中华文化经典诵读”、“童心向党 红歌歌咏比赛”、“我们的节日”、“祭奠英烈”、“美德少年评选”、“向国旗献礼 做一个有道德的人网上签名寄语”等丰富多彩的主题活动。

组织公安、工商、文化、电信等部门成立网络联席会，全面整顿不规范网吧，全年取缔黑网吧9家，净化了县域网络环境。

组织实施“绿色电脑进西部”活动。2011年向中央文明委争取电脑85台，分配到5个山区学校和7个乡村文化站。为乡村青少年绿色上网、文明上网提供了有益的场所。

【文明中原系列行】 开展“文明交通行动”，营造和谐交通环境。联合公安、交通、教育、住建、安监、广电、司法、规划、市政、团委等13个部门，联合出台了“宜阳县文明交通行动计划联席会议制度”，制定了《宜阳县深入推进文明交通行动计划实施方案》，紧紧围绕“关爱生命，文明出行”主题，在全县开展了以倡导“六大”文明交通行为，摒弃“六大”交通陋习，抵制“六大”危险驾驶行为，完善“六类”道路安全及管理设施为主要内容的“四个六”行动的宣传教育，在全县营造了道路畅通，安全驾驶，做文明人、走文明路、开文明车的和谐、文明交通环境。

【集中整治市场环境】 召开了由县文明办、工商局、公安局、住建局、卫生局、商务局等47个委局领导和16个乡镇分管负责人参加的“市场环境综合治理专项行动工作会议”，安排部署全县环境治理专项行动。出动执法人员1250人次，执法车辆186台次，检查经营4650户次，检查各类市场458个次，整治规范占道经营摊点1350个，污渍破损店招工广告280个，“牛皮癣”广告630处，市场卫生死角78处，撤除非法搭建的摊点230个，雨棚235个，查处取缔无照经营16户（家）。通过集中整治，市场摊位规范，摆放有序，道路畅通，卫生洁净，基本达到了市场环境治理“四化”标准，做到了大街和小巷一个样，白天和晚上一个样，平时和检查一个样，实现了市场服务行为规范，市场交易行为规范，食品经营秩序规范，户外广告及店招牌管理规范，市场监督管理规范。

【清洁家园行动】 为深化农村精神文明建设，营造“生产发展、生活宽裕、乡风文明、村容整洁、管理民主”的新农村美景，在全县农村积极广泛地开展了“清洁家园行动”，通过广泛深入的宣传教育，在广大人民群众中形成了“我参与、我奉献、我受益、我快乐”的良好风气，在2011年全省“清洁家园行动”观摩督查中宜阳代表洛阳市受检，荣获全省第一名。全县6个村荣获洛阳市清洁家园示范村称号。

【福民万家活动】 2011年“双节”期间，组织30家文明单位在全县范围内开展“福民万家”活动，走访慰问全县特困群众、空巢老人、留守儿童和其他急需生活帮助的困难职工和群众共计1万多人，为他们送去了大米、面粉、食用油、现金等慰问物资70余万元，受到了广大人民群众的一致好评，取得了良好的社会效果。

【环境创优工作】 为大力优化经济发展环境，提高经济社会发展竞争能力，建立了环境创优奖惩机制。以“群众不断满意，更加满意”作为工作标准，对各乡镇、各单位、各部门采取月测评、季考评、年总评的考核办法，考评结果依据制度对号入座，奖优罚劣。2011年第一、二季度环境创优民意测评位列全市（县区）组第一。

【关爱农民工】 召开了“宜阳县2011年关爱农民工志愿服务活动”启动大会，组织关爱农民工志愿服务行动，全县捐款147360元。 （卫琼雪）

县直党委

书记 王银拴

【概况】 县直党委驻县委机关，隶属县委组织部，设书记1人、副书记1人、纪委书记1人、武装部长1人。辖党总支18个、单列支部28个，党员2623名。2011年，被河南省委省直机关工委评为先进县直工委，被县委组织部评为党费收缴工作先进单位，武装部部长刘向东获洛阳市委、市政府、洛阳军分区组织民兵参与平安建设先进个人称号。电话：0379－68881161。

领导班子成员

职　务	姓　名	职　务	姓　名
书　记	王银拴	纪委书记	李冲浪
副书记	王玮（3月任）	武装部长	刘向东

【党员学习教育】 认真贯彻《中国共产党党和国家机关基层组织工作条例》和《中共河南省委关于加强新形势下机关党的建设的意见》，组织党员干部认真学习新《党章》和《公务员法》，以“四亮四创四评”为抓手，深入开展窗口单位和服务行业为民服务公开承诺、认真践诺活动，发挥共产党员先锋模范作用，进一步深化创先争优。组织撰写新形势下机关党的工作调研文章8篇，获奖3篇，受到洛阳市委市直工委表彰。

【组织发展工作】 县直党委严格按照发展党员“十六字”方针，加强县直机关业务骨干和积极分子的入党培养，认真做好党员纳新、转正谈话和考察工作，全年共培训入党积极分子70名，发展预备党员45名，转正式党员48名，接转组织关系137人次（其中整建制转出13名），并全力做好党员信息库维护和党建信息采集报送工作。

【总支、支部换届】 认真做好班子届满换届、增补支委选举的指导和审批工作，对县直机关各党总支、支部的设置、隶属等关系进行梳理，督促没有换届的总支、支部按时换届，全年共调整、改选总支、支部11个，保证了党务工作的正常运转。

【入党积极分子培训】 5月10日至14日，举办入党积极分子培训班一期，对各总支、支部推选上来的70名入党积极分子进行了培训。

【党费收缴工作】 严格规范党费收缴工作管理，按时收缴上结党费15.6万元。

【举办各种活动】 3月17日在地税局会议室召开县直机关2011党建工作会议，表彰了2010年度评出的先进基层党组织5个，党费收缴、党刊征订和调研活动先进单位9个，优秀党务工作者8名，优秀党员114名，安排部署了县直机关2011年党建工作。7月1日起，在滨河文化广场组织了由60

名新、老党员代表参加的“重温入党誓词，永葆党员先进性”宣誓仪式，组织24支代表队参加“颂歌献给党”活动，共安排四场专场演出，展示机关干部职工的精神风貌。

【县直武装工作】 县直机关武装部隶属县直党委，设部长1人，民兵组织8个。2011年在县人武部和县直党委的领导下，认真安排机关民兵预备役的整组工作，共完成7个分队270人的整组任务，组建了应急分队和水上救援分队，接受了洛阳军分区的点验，选送16名优秀青年应征入伍，有力地支援了国防建设和军队建设。

【年终总评工作】 及早动手，扎实安排，组织各总支、支部进行联评，截至12月28日县直机关党委下属18个总支、28个单列支部共2623名党员参加了评议，评出优秀党务工作者40名、优秀党员146名、合格党员2477名、先进基层组织6个。

【做好县委、县政府临时性工作】 2011年，依法依规圆满完成了县直机关出席县十一次党代会代表选举任务，完成了县委下达的信访稳定、捐资捐助、秸秆禁烧等工作任务，计划生育工作正常开展，党刊征订按时完成。（王　玮）

信访工作

部长　马耀章

【概况】 中共宜阳县委群众工作部、宜阳县人民政府信访局，位于县城红旗中路。内设办公室、接访科、办信科、办案科、复查复核办公室，2011年有工作人员16人。2011年，全县各单位紧紧围绕切实维护群众合法权益、密切党和政府同人民群众血肉联系这一目标，以矛盾纠纷排查化解工作为主线，创新“五访”联动工作机制，积极推进积案化解，有效解决了群众诉求，使各类矛盾纠纷和不稳定因素得到及时化解，为全县经济社会发展创造了良好的社会环境，圆满完成了市下达的各项工作目标任务，被评为2011年度全市信访稳定工作先进单位。电话：0379-68882202。

领导班子成员

职　务	姓　名
县委群众工作部部长、信访局局长	马耀章
县委群众工作部副部长、信访局副局长	郭安甲
县委群众工作部副部长、信访局副局长	常现斌
信访局纪检组长	水荣婵
信访局副局长	赵学钦
县委群众工作部副部长、信访局副局长	宋　冰

【“五访”联动工作机制】 预约接访。即领导干部接访机制，每天安排1名县级领导到县人民群众来访接待大厅接待来访群众，县公安局、检察院、法院、司法局、人劳局、国土局、教育局、卫生局、民政局、工信局等单位派人陪同联合接待，县委书记、县长带头接访。乡镇及县直单位每天安排1名副科级以上领导在本单位接待场所接待，如遇跨区域、跨部门疑难问题及时报送群工部，群工部根据信访人反映问题的具体情况，按照领导分工，安排预约接访领导，并将涉及单位的主要负责人一并通知到接待大厅，现场解决问题，降低群众信访成本。2011年，县级领导共接待群众来访559批次2514人，共解决各类矛盾534起，其中县委书记、县长直接解决93起。带案下访。即领导干部下访机制，变群众上访为干部下访，拓展群众诉求渠道。一是每月15日领导带案下访制度。群工部每月10日前对全县上月排查出的矛盾纠纷进行梳理，疑难案件由包乡县领导带案下访，13日在县电视台对领导下访地点进行公示。包乡县领导带领相关职能部门负责人带案深入村中，面对面为群众排忧解难。二是委局包乡制度。在县直99个委局中选派责任心强、政治素质高、具有一定农村工作经验的干部分包353个行政村，驻村入户，排查化解矛盾，工作情况与绩效考核挂钩。三是适时开展县、乡干部大下访活动。进村入户排查纠纷，确保群众反映的问题及时解决。2011年，共接待群众489批次，当场化解384起，受理交办解决信访问题105起，办结率100%。积极劝访。即发挥政法、综治、民调等有关部门在化解矛盾纠纷中的职能作用，第一时间沟通协调，第一时间落实责任人劝返，同时引入人民调解、行政调解、司法调解、专业调解四调联动化解矛盾纠纷。2011年对85起

不稳定因素，通过及时有效调解，使问题得到解决，避免了越级信访事项的发生。及时回访。即信息反馈机制，群众反映的问题处理后，对案件办理情况回头看，看事实是否澄清，定性是否准确，处理是否得当。由县、乡包案领导和案件承办单位责任人一道对信访人进行回访，做好信访人的思想疏导和帮扶济困工作，确保案结事了。打击闹访。按照“有理推定、有错推定、有解推定、有责推定”原则，认真解决好群众反映的问题，着力把问题解决在初始阶段。同时，加大依法信访宣传力度，巩固已经树立起来的“非正常上访不但无助于问题的解决，而且还要受到依法追究”的正确工作导向。对无理缠访闹访、扰乱公共秩序等非正常上访行为依法打击。

【交办督查工作】 全面开展矛盾纠纷大排查。对全县的矛盾纠纷进行全方位、宽领域、深层次的排查，全年共排查矛盾纠纷635起，化解571起，稳控64起。并建立了台账，实行了动态管理，使矛盾纠纷排查化解工作见实效；全面进行重大事项信访评估。对锦屏镇同力路建设项目、莲庄镇千亩苗木花卉基地项目、香鹿山镇香山绿洲项目、白杨镇荣威科技有限公司项目等7个项目进行了风险评估，达到了群众满意，项目顺利实施；全面进行重大信访事项集中交办化解。按照“化解现有信访积案、预防产生新的信访积案”的目标要求，综合运用各种措施，深入开展排查化解信访积案，2011年市交办宜阳县的信访事项11起，排查信访积案45起，共56起，已全部按期办结。全面加大领导包案解决信访事项的力度。按照“属地管理、分级负责，谁主管、谁负责”的原则，对排查出来的信访积案实行“五个一”工作模式，即：“一个案子、一名领导、一套班子、一个方案、一抓到底”，落实“四定两包”责任制，即：定包案领导、定责任单位、定责任人员、定结案时限和包落实、包结案，使积案化解责任落实到人。

【信访工作制度】 即信访日碰头、周研判、月例会制度。每天下午五点召开信访工作日碰头会议，对当天发生的信访事项研究解决；每周一上午召开信访稳定周研判会，督办上周信访事项办理情况，分析信访形势，部署下周工作；每月召开党政联席会，研究解决重大疑难信访案件，确保了群众反映的问题及时得到解决，各项制度的认真落实，确保了宜阳县的大局平稳，树立了对外的良好形象。　（张晓伟）

党史工作

主任　孙玉凤

【概况】 宜阳县党史办公室县委领导下的常设事业机构，正科（局）级。位于红旗路5号院宜阳县委大院东4楼。编制为7名，2011年有工作人员8名，其中主任1名、副主任1名、科员6名。电话：0379－68890196。

领导班子成员

职　务	姓　名	职　务	姓　名
主　任	孙玉凤	副主任	范崇霄

【编辑出版大型画册《光辉历程》】 历时半年，多方查找收集资料，认真选择、审核，编辑出版了大型画册《光辉历程》。该书收入宜阳县建党以来各个历史时期的图片400多张，展现了建党以来宜阳县的发展变化及其取得的巨大成就。

【完成《中共宜阳革命史》第二卷初稿】 《中共宜阳革命史》第二卷，要求记载从1949年10月到1978年12月之间的真实历史，时间跨度长达29年之久，特别是“文化大革命”期间大部分资料没有存档，给查阅工作造成了极大困难。为高质量完成此项工作，真实地记录宜阳历史原貌，党史办公室组织人员多次到省、市、县档案局查阅有关资料，还根据实际需要深入基层走访了解，到外地寻找知情人士调查求证，力争做到公正、客观、真实。经过反复斟酌、修改、核实、归纳、汇总，整理出了准确翔实的初稿35万字。

【按时完成宜阳党史大事当月记、当月报工作】 2011年上报宜阳县党史大事记240条，约8万字。

【出版《中共宜阳县组织史资料》第三卷】 6月，出版了《中共宜阳县组织史资料》第三卷（1996.3

~2006.12)，共 17 万字。由于时间久、人员变动大，编写格式要求严，资料收集及编写难度大。办公室高度重视，分组到县直、乡镇等单位督促指导工作，配合、协调各单位编写人员到组织部、档案局查找资料核实情况。认真做好审核、校对、定稿、印刷出版工作。

【完成《中共宜阳县村级组织史》的编写工作】 《中共宜阳县村级组织史》涉及 353 个村民委员会，跨越 61 年历史，难度很大。目前，已经编印完成，共 22 万字。

【举办“创先争优　为党旗增辉”演讲赛】 举办中国共产党建党 90 周年“创先争优　为党旗增辉”演讲赛。以“创先争优”为主题，展现各级党组织和党员干部立足本职工作、争创一流业绩、发挥先锋模范作用等方面的先进事迹及精神风貌。4～6 月，分三个阶段进进行了预赛、复赛、决赛，并为获奖者颁发了奖品和证书。

【举办“学党史、励壮志”党史知识竞赛】 为隆重纪念党的 90 华诞，回顾党的奋斗历史，讴歌党的光辉业绩，5 月，举办了纪念建党 90 周年“学党史、励壮志”党史知识竞赛。全县 1 万多名党员参加了书面答题竞赛。6 月 24 号，对 12 个先进集体 12 名先进个人进行了表彰、奖励。

（李小平）

机要保密工作

局长　陈占宏

【概况】 县委机要保密局驻守县委机关，2011 年有工作人员 6 人。负责全县的保密宣传、保密检查及查处失泄密事件；负责中央、省、市三级机要文件的收发、办理、回收、归档工作。2011 年，机要保密局认真贯彻保密工作“保守机密，慎之又慎”的指导方针，突出重点，防范结合，根据宜阳实际开展多种形式的保密宣传、保密检查活动。健全制度，明确责任，查找隐患，促进整改，确保国家秘密安全，保密观念深入人心。电话：0379－68882013。

领导班子成员

职　务	姓　名	职　务	姓　名
局　长	陈占宏	总工程师	郭红梅
副局长	贾登奕（4 月离）		

【保密检查工作】 3 月，按照市国家保密局的统一部署，由县委机要保密局牵头，县委办、县公安局、工商局抽调人员、车辆，对全县 32 家废品收购站、打字复印店进行了保密检查，对从业人员进行了保密法规宣传。

【文件清退工作】 4 月，向全县党政机关下发文件，清理回收中央、省委涉密文件 1882 份，统一上交市委办机要室，文件清退率 100%。该局许飞飞荣获市级机要文件管理先进工作者称号。

【试卷保密工作】 5 月末，配合县高中招考试，对县教育局试卷保密室进行了保密安全审核，颁发了《许可证》，保证了宜阳县国家考试顺利进行。

【机关网站统计工作】 8 月，根据市保密局统一部署和，统计发报县政府各委局上互联网风站共 13 家，为下一步政府信息披露审查打下了基础。

【保密宣传教育工作】 根据宜阳县实际，制定下发了《宜阳县“六五”保密法制宣传教育规划》，为县“十二五”时期依法开展保密宣传，改善保密事业发展的群众基础、舆论环境和社会氛围营造了良好的法制环境。

【参观警示教育工作】 8 月末，组织政府办、组织部、公安局、检察院、法院等 10 家涉密单位赴郑州参观全国窃密泄密案例警示教育展，使参观人员受到了生动的保密教育。

【《保密工作》征订工作】 10 月，认真宣传，积极奔走县直各委局，征订 2010 年度中保委机关刊物《保密工作》68 份。

【定密工作】 12 月，按照标准，精确定密，全年共确定国家秘密 190 件。

（王宏斌）

老干部工作

局长　樊灵河

【概况】　老干部局驻县委机关，2011年有工作人员15名。内设老干部学校、老干部活动中心。2011年，认真贯彻落实党的十七大关于老干部的各项方针、政策，落实老干部“两项”（政治、生活）待遇，积极组织离退休干部为宜阳精神文明建设、经济建设、政治建设出谋献策。2011年，宜阳县委被洛阳市委、洛阳市人民政府授予全市老干部工作先进单位称号。电话：0379－68882507。

领导班子成员

职　务	姓　名	职　务	姓　名
局　长	樊灵河	副局长	李少辉

【落实老干部的“两项”待遇】　落实老干部政治待遇。坚持每年两次向老干部通报工作制度；在职领导联系老干部制度；走访、慰问制度；作形势报告、阅读文件；重要会议（如：党代会、人代会、庆典会等）邀请老干部代表参加；组织老干部视察本地重点工程建设。组织老干部开展学习、娱乐、文体活动。为离退休干部每人订阅1份《老人春秋》杂志，离休干部1份《洛阳日报》，为县四大班子离退休干部订阅《半月谈》和《洛阳电视报》，全县共订《老人春秋》2650份、《洛阳日报》265份。

1月9日下午，县委、县政府在豫翔楼一号会议室向300多位离退休老干部、老同志通报工作；1月20日，县四大班子领导分六组分别对原县四大班子离退休干部及特困企业离休干部和遗属进行慰问，带去了慰问品、慰问金；8月25日县委、县政府在豫翔楼三号会议室，向县级离退休老干部通报上半年经济社会发展情况及下半年主要工作安排，征求大家对全县工作的意见和建议；8月28日在县委常委、组织部领导陪同下，老领导们到城中村改造项目锦屏花园、世纪广场，洛宜快速通道、阳光水岸视察重点工程；11月20日，组织原四大班子领导18人赴福建、武夷山为期6天的考察学习，了解当地经济发展状况，拓展老领导们的思路，为宜阳经济发展更好地建言献策。

落实好老干部生活待遇。巩固和完善“三个机制”，确保离休干部“两费”落实。按照“政治待遇不变生活待遇从优”的原则，积极为老同志办实事、办好事，帮助老同志解决实际问题和困难。如今，离休干部的离休费都能按时足额发放，医疗费由分散多块管理改为由县医保中心统一管理，统一标准，由所属单位统一申报，按季度到医保中心统一核准，按规定实报实销，解除了全县各单位及离休干部的后顾之忧。为离休干部安排保健知识讲座，定期不定期组织县属各大医院到老干部家中义务巡诊，确保老干部老有所医，使老同志从经济发展、社会进步中得到更多的实惠。春节期间，开展集体走访活动，为每位离休干部送去问候和关爱，广泛听取老干部心声，了解老干部家庭情况、身体状况，征求老干部对服务管理工作的意见和要求。适时组织专家义诊和健康讲座，做好一年一次的老干部体检，5月组织县级离休干部到洛阳150医院进行健康检查。“七一”前夕，对建国前入党、长期患病卧床、生活比较困难的老党员进行了重点慰问，并送去慰问金。通过走访，及时了解老干部所想所急，力所能及地帮助他们解决一些实际困难，把党和政府的关怀及时送到老干部的心坎上。

老干部书画展

【组织引导老干部发挥作用】　定期组织老同志学习党的方针、政策，请县领导和党校教师上大课，分别举办外语、电脑、烹饪、书法、绘画、戏曲等专业班。充分调动他们发挥余热的积极性，为宜阳经济建设和精神文明建设再作贡献。

2月由离退休老同志组成的老年秧歌队、腰鼓队、鼓乐队、太极队、盘鼓队、交谊舞队等10个代表队上街巡游表演和广场表演庆祝新春；4月22日，河南省第二十九届牡丹花会“河洛欢歌”广场文化狂欢月宜阳专场在洛阳周王城广场举行县老干部歌舞团参加演出并获奖；7月由宜阳县委、县政府主办，县委宣传部、县文化局承办的宜阳县第十届“滨河之声”大型广场文化活动演出中，宜阳县老干部局艺术团参加演出，节目内容丰富；10月5日在县文化局门前广场，举行庆祝河南省第二十二个老人节宜阳县老干部学校书法绘画展、文艺表演庆典仪式。老干部学校的老年秧歌队、腰鼓队、鼓乐队、太极队、盘鼓队、交谊舞队等10个代表队200余人进行了街上庆祝游行和广场演出。在文化局二楼展厅展出老同志书画作品100余幅。

（马战刚）

党员干部培训

常务副校长　李健力

【概况】　中共宜阳县委党校位于解放中路16号，租用畜牧局四楼办公，占房22间，其中多媒体教室2个，计算机教室1个，可同时容纳200余人培训学习。设有党政办、教研室、培训中心等3个科室。

2011年度宜阳县委党校获得省委党校函授部函授教育管理工作先进单位称号、洛阳市函授教育工作精细化管理先进单位；李娇丽在全市党校系统庆祝建党90周年教学科研研讨会上获个人一等奖；杨耀明被评为全市党校系统2011年度优秀教师。岳媛的《浅析马克思主义学习型政党》获市委宣传部“洛阳市纪念中国共产党成立90周年理论研讨会”一等奖；张青芹的《加强党的作风建设问题的认识》；王亚丽的《中国共产党与中华民族的伟大复兴》；王海毅的《中国共产党的法治理论创新的历程与经验》获市委宣传部“洛阳市纪念中国共产党成立90周年理论研讨会”二等奖。电话：0379－68882203。

领导班子成员

职　务	姓　名	职　务	姓　名
常务副校长	李健力	副校长	韩友卿
副校长	邵金标	纪检组长	扈国锋

【主体班培训】　全年举办主体班5期，培训干部166人。其中，党务干部培训班1期，培训时间3周，培训干部58人；新任党委委员培训班2期，每期培训时间3周，培训干部第1期55人，第2期53人。入党积极分子培训1期，培训时间1周，参加培训65人，与畜牧局联合举办乡村防疫员培训班2期，每期培训时间1周，共培训178人。

中共宜阳县委党校办学质量评估验收汇报会

【宜阳干部大讲堂】　宜阳干部大讲堂工作与全县各部门干部的日常学习紧密结合，是流动的党校课堂。全年举办干部大讲堂21场，参训1150人，取得了良好的社会效果。

【教研工作】　组织教师完成调研报告和论文13篇；积极参加市县组织的各种征文、论文比赛；形成5个专题；函授工作实行精细化管理，得到市委党校充分肯定。

【中心工作进课堂】　把县委、县政府的中心工作引入课堂，由学员充当角色，模拟现场情景，使学员对县中心工作能够亲身体会，产生直观认识。2011年举办招商引资推介会、新农村建设总结表彰及动员会、突发事件处置、中心组学习、人代会、重大庆典活动等8场。

【讲师团建设】　从社会各层、各个方面为党校挖掘教学资源，真正把那些政治立场坚定、口才好、讲课经验丰富，有热心的人推荐出来，通过试讲、评审、讲座发展为讲师团成员。2011 年共发展 10 名讲师团成员，新选专题 20 个；联系收集外聘专家精品专题 12 个。

【函授办学】　抓好党校函授教育不放松。在 2011 年函授教育全面下滑的不利情况下，宜阳党校没有放松对党校函授教育的管理、招生工作。全年招收省委党校函授学员 57 人。与河南农业大学的联合办学招生正在积极实施之中。

【迁建工作】　党校的综合楼项目工程建设列为县 2011 年重点工程及宜阳县党员先锋示范工程。工程位于锦屏镇后庄村、红旗大道北侧，占地总面积 3.2 公顷，包括综合大楼建设和校区建设两部分。综合楼主楼高 12 层，裙楼高 3 层，总建筑面积 14457 平方米，计划投资 3067 万元。2011 年底已竣工，进入工程验收阶段，2012 年 5 月交付使用。院区工程设计方案已完成，图纸已出，计划投资 380 ~450 万元。2011 年底正按迁建指挥部制定的实施方案施工建设。

党校综合楼

（王海毅）

老区建设促进会

【概况】　宜阳县老区建设促进会，驻县政协办公大楼一楼，现有工作人员 5 名。2011 年，老促会坚持以人为本和科学发展观，贯彻落实中央和省、市关于开发扶持老区建设的重要指示，坚持“情为民所系，权为民所用，利为民所谋”的指导思想，深入老区开展调查研究，为老区人民排忧解难，为加快老区发展做出了积极贡献。0379 - 68881144

会长　吴新道

领导班子成员

职　务	姓　名	职　务	姓　名
会　长	吴新道	副秘书长	杨　晓
副会长	赵松林	副秘书长	白保国
副会长	麦文子	办公室主任	李铁芳
秘书长	王东昭		

【编写上报革命历史资料】　国家老促会 2011 年 3 月通知，要认真调查核实各县（市）最早成立的第一个党支部及其作用；党领导的第一支革命武装及其作用；第一个抗日民主县政府及其作用。全国将统一汇编革命历史资料。对这项工作县老促会非常重视，接通知后，就组织力量，指定专人负责，广泛查找零碎分散的有关资料，系列整理打印、提前半年报国家、省、市三级老促会。

【老区村经济发展调查】　4 月市老促会下发《关于对老区村经济发展的调查通知》，县老区建设领导小组主持召开乡镇老区建设负责人及妇联主任会议，传达贯彻市老促会〔2011〕2 号文件；对照省委 27 号文件要求，2011 年人均收入 3500 元的目标进行落实，共组织乡镇村干部 100 余人，一方面查阅有关资料，另外印制入户调查表，抽样调查韩城、樊村等 4 个乡镇 270 个农户经济发展状况，200 户农村妇女生产、生活情况，据调查中显示：达到目标的 114 个村，占老区村总数 154 的 74%，尚有 40 个村未完成目标，并帮助找原因制定措施。

【编印《老区建设文稿选编》】　根据市在洛宁召开的座谈会布置，要求各县老促会将建会以来的调查报告系统整理，12 月报市，2012 年 7 月出书。7 月提前整理并编印《老区建设文稿选编》一书。全书共 6 万余字分。三部分，一是老区调查，二是老区史料，三是老区园地，多数为各级老区刊物采用的文章。该书是县老促会成立14年来的工作回顾和总结，也是几位老领导、老同志情系老区人民的结晶，为老区人民办实事办好事的见证。

【完成《中国老区建设》的征订任务】　在县政府的支持下，圆满完成2012年度《中国老区建设》的征订任务，由于宜阳县老促会在宣传老区，征订杂志方面工作取得好成绩连续6年出席全国老区宣传工作会议，该年年又获三等奖。

【宣传报道工作成绩突出】　全年为《中国老区建设》《河南老区建设》洛阳市老区简报和文件，投稿25篇，各级老区刊物采用18篇，其中省刊采用9篇（包含两个篇幅较大的《老区人物》和《会长撰文》）。对宜阳县老区建设起到了很大的促进作用，对各部门支持老区建设是表彰和鼓励，为今后开展工作创造了很多有利因素。

【帮老区打机井一眼】　樊村乡张村于"大跃进"时代打了一眼大口井，常年失修，变成废井，群众望井兴叹，庄稼旱坏了也不能浇地，实在可惜！2011年县老促会在调查中发现这种情况及时与市老促会汇报，引起市老促会会长张松涛的重视，很快组织市、县老促会实地调查，通过勘测认为该井有旺盛的水源，应该及时兴修。经研究市老促会决定投入扶持老区特殊经费10万元，县水利局投入5万元，共计15万元，用于建水塔、机房、埋管道等，在施工过程中，市、县老促会领导曾多次深入工地检查督促，确保工程进度和质量，由于抓得紧，不到2个月工程竣工通水，全村人兴高采烈，非常感激。

【帮助老区办教育】　多方联系，积极筹措资金50万元，帮助赵保二道沟创建了学校，解决了当地上学难问题。　（李铁芳）

关心下一代工作委员会

【概况】　宜阳县关工委，属县委管理序列，驻宜阳县信访局二楼办公。2011年有工作人员2名，驻会离退休干部2名，非驻会成员（退休干部）8名。2011年，宜阳县关工委严格按照中共中央、国务院《关于进一步加强和改进未成年人思想道德建设的若干意见》的文件要求，积极协调、配合教育、司法、共青团、妇联等部门，采取多种形式加强对青少年革命传统、爱国主义、集体主义、思想道德、科学文化、民主法制和社会主义荣辱观教育，用社会主义核心价值体系教育帮助他们树立正确的人生观、价值观、世界观。一年来，关工委在对青少年思想教育方面取得了显著成效。县关工委被市关工委评为关心下一代工作先进集体，2个基层关工委：县教育局关工委、城关镇中心校关工委也被洛阳市关工委评为关心下一代工作先进单位，9名同志被洛阳市关工委评为关心下一代先进工作者。电话：0379－68877792。

主任　张殿堂

领导班子成员

职　务	姓　名	职　务	姓　名
主　任	罗宏伟	副主任	张光北
执行主任	张殿堂	副主任	卫万宗
副主任	韩德峰	副主任	赵坤范
副主任	单　穰	办公室主任	阿军晓

【开展革命传统教育和法制教育】　县关工委传统教育报告团利用重大节日和革命传统教育基地对青少年进行形式多样的教育活动，都取得了良好效果。如：清明节依托段村、赵保烈士陵园2个传统教育基地，开展爱国主义和革命传统教育活动，组织老领导讲述革命先烈为了追求光明，使劳苦大众翻身得解放，如何英勇作战而献出了宝贵生命的感人事迹，教育同学们珍惜现在的美好生活，帮助青少年树立正确的人生观和价值观；利用国庆节，开展"祖国我为您骄傲"活动，以建国以来祖国取得的一个个辉煌成绩为事例，教育青少年热爱党、热爱祖国，为伟大祖国光荣和自豪；利用学校开学，关工委组织司法人员到学校进行法律知识宣传和法制教育讲座，以案释法教育青少年知法、懂法、遵法，依法规范日常生活，共同打造和谐平安社会。2011年，开展革命传统教育讲座2场，受教育人数1万余人次；法制教育讲座5次，受教育

人数4000余人次。

【关注弱势群体，救助单亲学生】 2011年，县关工委会同妇联、教育局在全县5个儿童留守之家，举办了专题心理辅导16场，疏导、引导儿童640余名。同时，还从赵保、穆册、上观3个山区、老区乡镇筛选出了付昊翔、李改飞等家庭困难、品学兼优的10名学生，给予了每人1000元的助学金。

【参与网吧监督，营造青少年健康成长环境】 随着信息产业的快发展，网络走进了千家万户，给青少年学习，生活带来了很大方便和乐趣，同时少青少年迷恋网吧，上网成瘾等影响青少年健康成长的问题日益突出，关工委利用自身的优势参与监督尤为重要。2011年，县关工委在全县范围内动员了数十名“五老”人员积极参与网吧监督，担当义务监督员。协同文化、工商、公安等部门查处违规经营网吧8家，取缔“黑网吧”5家，没收电脑及主机97台，有效地改善了青少年学习及健康成长环境。

【组织开展“中华魂”主题教育活动】 2011年，县关工委订购7000册读本，免费发放到全县的16个乡镇中心校，为宜阳县全面开展“中华魂”主题教育读书活动奠定了良好基础。全县参加读书活动的青少年达5万余人，读书活动走进了中、小学校，走进了乡村，走进了家庭，规模不断壮大，质量不断提高。活动中，县关工委被市关工委评为关心下一代工作先进集体，教育局、城关镇中心校2个基层关工委被市关工委授予先进集体，9人被市关工委授予先进个人称号，40名辅导教师被评为优秀辅导教师，柳泉镇三中的周宇鹏同学被评为洛阳市“中华魂”主题教育读书活动“十佳标兵”，史尧萍、李紫函等68人分别在洛阳市的读书活动中获得了一、二、三等奖。

（阿军晓）

廉政教育基地广场

宜阳县人民代表大会

宜阳县人民代表大会

主任　宋来法

【概况】　宜阳县人民代表大会常务委员会位于县城文明东路14号，内设6委2室，即：办公室、教育科学文化卫生工作委员会、财政经济工作委员会、法制工作委员会、城市建设环境保护工作委员会、农村工作委员会、人事任免代表联络工作委员会、信访办公室。

2011年，县人大常委会在县委的正确领导下，高举中国特色社会主义伟大旗帜，牢固树立科学发展观，紧紧围绕县委提出的“福民强县”总体目标，认真履行工作职责，通过扎实有效的工作，维护了人民群众的切身利益，推动了宜阳县民主法制建设进程，为宜阳县经济社会发展做出了积极的贡献。电话：0379－68878188。

领导班子成员

职　务	姓　名	职　务	姓　名
主　任	宋来法	副主任	刘建国
党组书记	任潘定	副主任	冯新乾
副主任	杨建坤	副主任	裴万寿
副主任	陈长江	副主任	阎进卿
副主任	程竹菊	副主任	杜阳林

科室负责人

职　务	姓　名
办公室主任	王红卫（8月离） 张松文（8月任）
办公室副主任	梁伟涛
教科文卫工作委员会主任	张建超
教科文卫工作委员会副主任	李宏献（9月离）
财经经济工作委员会主任	王德功
财经经济工作委员会副主任	姜慧玲
法制工作委员会主任	张松文（8月离） 王修印（9月任）
法制工作委员会副主任	乔晓伟
城市建设环境保护工作委员会主任	卢丛信
城市建设环境保护工作委员会副主任	宋冬峰
农村工作委员会主任	赵玉文（8月离） 王改听（9月任）
农村工作委员会副主任	杨书民
人事任免代表联络工作委员会主任	李威武
人事任免代表联络工作委员会副主任	李国峰（9月离）
信访办公室主任	王改听（9月离） 李国峰（9月任）
信访办公室副主任	李俊慧

人民代表大会

【县第十二届人民代表大会第六次会议】　宜阳县第十二届人民代表大会第五次会议，于2011年2月22日至24日在宜阳宾馆召开。大会应到会代表256人，实到会代表221人，列席人员42人。会议审议通过了宜阳县人民政府工作报告、2010年国民经济和社会发展计划执行情况和2011年计划（草案）的报告、2010年财政预算执行情况和2011年财政预算（草案）的报告、人大常委会工作报告、人民法院工作报告、人民检察院工作报告，并依法补选了县人大常委会委员1名。

人大常委会会议

【县十二届人大常委会第二十九次会议】 2月11日，宜阳县十二届人大常委会召开第二十九次会议，会议做出了关于召开县十二届人大六次会议的决定。会议听取并审议通过了县人大常委会关于县十二届人大六次会议筹备工作情况的汇报及县十二届人大六次会议主席团和秘书长等几项建议名单（草案）的说明、《县人大常委会关于召开宜阳县第十二届人民代表大会第六次会议的决定（草案）》的说明、代表资格审查情况的报告、《县人大常委会2010年工作要点（草案）》、审议《县人大常委会工作报告（草案）》。会议还依法进行了人事任免。

【县十二届人大常委会第三十次会议】 4月18日，县十二届人大常委会举行第三十次会议，在县人大机关四楼会议室召开。

会议听取了县人民政府关于人口和计划生育工作情况、广播电视工作情况、卫生工作情况、县十二届人大六次会议代表议案情况的报告，会议通过了县人大常委会关于确认许可对县人大代表王怀路采取强制措施的决定和县人民政府关于提请将锦屏镇陈宅村委托莲庄乡管理的议案。

【县十二届人大常委会第三十一次会议】 6月27日，宜阳县十二届人大常委会在机关四楼会议室举行第三十一次会议。

会议听取了县人民政府关于关于交通建设工作、水利工作、2011年全县重点工程建设情况、城区中小学校建设工作情况的报告。会议通过了确认批准县人民政府上报关于将穆册乡更名为花果山乡、寻村镇更名为香鹿山镇的请示的议案，并依法进行了人事任免。

【县十二届人大常委会第三十二次会议】 7月13日，宜阳县十二届人大常委会召开第三十二次会议。

会议听取审议了县人民政府关于县十二届人大六次会议代表建议、批评、意见办理情况、农村低保工作情况、县城供水工作情况的报告。会议通过了县人民政府关于提请同意上报《关于高村乡、樊村乡、赵保乡撤乡建镇的请示》的议案，会议依法进行了人事任免。

【县十二届人大常委会第三十三次会议】 9月16日，县十二届人大常委会第三十三次会议在县人大机关四楼会议室举行。

会议听取审议了县人民政府关于2011年上半年国民经济与社会发展计划执行情况、2010年本级财政决算及2011年上半年财政预算执行情况、2010年度本级财政决算审计情况、教育工作情况、社会保障情况的报告及县人民政府关于提请审议《宜阳县县域村镇体系规划》的议案。会议通过了《县人大常委会关于批准2010年度本级财政决算的决议》、县人民政府关于提请审议《宜阳县县域村镇体系规划》的议案，并对会议听取的4项专项报告进行了满意度表决，表决结果均为满意，会议依法进行了人事任免。

【县十二届人大常委会第三十四次会议】 11月30日，县十二届人大常委会第三十四次会议在县人大机关四楼会议室举行。

会议听取审议了县人民政府关于烟叶生产、新农村建设、城市基础设施及城市集中供热情况、社会保险工作情况、法院执行工作情况、检察院关于刑事检察工作情况等五项工作报告，会议通过了《县人大常委会关于确认许可对县十二届人大代表卢毅采取强制措施的决定》，并依法进行了人事任免。

【县十二届人大常委会第三十五次会议】 12月9日，县十二届人大常委会第三十五次会议在县人大机关四楼会议室举行。

会议听取审议并通过了宜阳县人大常委会关于县、乡（镇）人大换届选举、关于成立县、乡（镇）两级选举委员会、关于县、乡（镇）人民代表大会代表名额等三个决定（草案），宜阳县县、乡（镇）两级人民代表大会换届选举工作实施方案、县人民政府人事任免提请议案，并依法进行了人事任免。

【监督工作】 县人大常委会充分发挥监督职能，坚持寓支持于监督之中的原则，通过工作监督和法律监督，促进“一府两院”不断加强和创新社会管理水平。

监督机制逐步完善。县人大常委会在听取专项工作报告、组织人大代表视察、执法检查等监督方式的基础上，不断完善专项工作报告满意度表决制度，逐步增加二次审议、二次视察、个案监督、暗访和问卷调查等监督方式的应用，监督方式、方法更加多样，监督机制更加完善。

监督工作更加科学。县人大常委会根据不同工作的特点找准监督工作切入点，确保监督工作更加贴近实际。对于财政预算、经济社会发展规划、城市建设规划、县域村镇体系规划编制等工作提前监督，在编制之初就将人民群众的意见和建议融入其中，既避免了相关方案的反复修改，又节省了人力物力财力；对于重点工程和民生工程，在工程建设过程中加强监督，发现问题及时纠正，既保证工程进度，又保证了工程质量；对于审判工作、检察工作，尽量采用事后监督，纠偏改错，全力维护司法独立。

监督实效持续增强。一年来，县人大常委会共听取审议专项工作报告19项，开展视察、调研、暗访6次，开展执法检查2次，有效促进了“一府两院”工作作风的转变，保障了法律法规的正确贯彻实施，促进了重点工程、城市建设、集中供热、社会保险等工作的有效开展。

【重大事项决定】 县人大常委会坚持党的领导和依法履行职权的有机统一，适时对事关全县经济社会发展的大事做出决议决定，通过法律形式保障了事关全局工作的顺利开展。

加强财政监督，严格执行财政预算。县人大常委会认真听取和审议了《县人民政府关于2010年财政决算及2011年上半年财政预算执行情况的报告》、《县人民政府关于本级财政审计情况的报告》，根据宜阳县财政预算执行情况，适时作出《县人大常委会关于批准2010年度本级财政决算的决议》，依法行使了财政监督职权。监督政府相关部门，加强财税征管，组织好财政收入，合理安排支出，保障国家机关正常运转和社会事业稳步发展。

批准撤乡建镇，促进城乡一体化进程。为了促进宜阳县城乡一体化进程，县人大常委会听取审议了《宜阳县人民政府关于樊村乡撤乡建镇的议案》、《宜阳县人民政府关于赵保乡撤乡建镇的议案》，并依法予以批准，使宜阳县城镇化率进一步提高，城乡一体化进程进一步加快。

批准香鹿山生态旅游产业园开发，推动宜阳县文化旅游产业发展。为了满足宜阳县文化旅游产业开发需要，县人大常委会批准了《宜阳县人民政府关于提请批准实施香鹿山生态旅游产业园开发的议案》，用法律的形式对香鹿山生态旅游产业园开发作出了决定，为凝聚宜阳广大干部群众心血和汗水的香鹿山依法有序开发提供了法律保障，助推了宜阳县文化旅游产业发展。

【人事任免】 2011年，县人大常委会根据《中华人民共和国地方各级人民代表大会和地方各级人民政府组织法》、《宜阳县人民代表大会常务委员会任免地方国家机关工作人员办法》的有关规定和有关部门的提请，依法任免、决定任免国家机关工作人员45人次（其中任命24名、免职15名，接受辞职6名）。在任免工作中，县人大常委会始终准确把握依法任免与党管干部相结合的原则，把党的主张通过法律形式变为人民的意志。坚持任前考核考察，坚持任前法律知识培训、考试，坚持电子表决，坚持任命人员供职报告、表态发言制度，同时，采取听取工作汇报、工作评议等方式，加强干部任后监督，提高了被任命人员的法律意识，增强了被任命人员立党为公、执政为民、依法行政、公正司法的自觉性。在严格任免程序的基础上，我们还进一步加强对审判员、检察员法律职务的任免的任前考察，把好了法律职务任免的入口关。

【代表工作】 县人大常委会不断提高代表工作水平，拓宽代表知情知政渠道，丰富闭会期间代表活动，激发代表履职热情，充分发挥人大代表在人大工作中的主体作用。

代表活动更加丰富。县人大常委会不断丰富代表活动形式，积极组织人大代表参加视察、开展执法检查、列席人大常委会、旁听法庭审判、参与行风评议、环境创优测评等活动，为代表发挥作用提供了平台。全年共组织省、市、县人大代表对代表建议办理、县人民医院搬迁、职教中心建设、阳光水岸工程、洛宜快速通道、城市建设“1022”工程、集中供热、洛河河道综合治理、灵山风景区开发等工作进行了视察，加深了人大代表对我县经济社会发展的了解，增强了代表履职针对性。

代表建议督办扎实有效。县十二届人大六次会议期间，代表共提出农林水、财贸交通、城乡建设、科教文卫、行政执法等方面的建议、批评和意见73件，议案1件。县人大常委会密切关注建议、批评和意见督办工作，及时将收集到的建议、批评和意见合理归类，转交政府及相关部门限期办理。办理过程中，常委会领导多次听取相关部门的汇报，并组织县人大常委会部分组成人员，对办理情况进行视察和督导。对城市集中供热的议案，县人大常委会以代表视察、听取专题汇报、现场查看等方式进行跟踪监督，加快了城市集中供热工程的建设进度。截至年底，所有建议、批评和意见已全部办理完毕，城市集中供热情况的议案正处于工程建设关键阶段。代表建议意见的办理维护了人民群众的根本利益，赢得广大群众的拥护、支持和信赖。

代表履职积极性进一步提高。县人大常委会不断探索人大宣传工作的特点，充分利用广播、电视等媒体宣传人大代表参加人代会、工作视察、执法检查、调研等活动，加深了人民群众对人民代表大会制度的理解，增强了代表荣誉感、责任感，激发了各级人大代表依法履职的热情。

密切联系，推动乡镇人大主席团工作开展。乡镇人大及其主席团是人民代表大会制度的重要组成部分，在基层民主法制建设中发挥着不可替代的作用。县人大常委会不断加强与乡镇人大及其主席团的联系，安排乡镇主席团成员列席县人大常委会会议、参加视察等活动，及时指导乡镇人大主席团依法召开年会、组织县乡人大换届选举，提高乡镇人大主席团组织乡镇人大代表开展活动的能力，有力地促进了乡镇人大工作的开展。

【信访工作】 县人大常委会重视涉法信访工作，热心接待来访群众，深入讲解相关政策，耐心做好法律解释，尽心为民排忧解难。全年共接待群众来信来访79件、261人次，群众的合理诉求已督促有关部门全部给予解决，较好地维护了人民群众的合法权益，促进了社会和谐稳定。

【自身建设】 县人大常委会以环境创优活动为载体，不断加强思想建设和制度建设，改进工作方式方法，促进作风转变。

工作机制逐步健全。宜阳县人大常委会在法律规定的范围内，根据工作实际需要，不断丰富和改进工作方式方法，修订并完善了《宜阳县人民代表大会常务委员会关于对县人民政府、县人民法院、县人民检察院专项工作报告进行满意度表决的决定》，使专项工作报告审议更加公开、公平、高效、透明。

队伍建设不断加强。县人大常委会在党委的领导和支持下，不断加强干部交流，逐步实现干部年龄结构年轻化、知识结构多元化、工作能力专业化，学法、守法、用法水平进一步提高，依法监督能力不断增强。

基础设施更加完善。根据工作需要，适时完善机关基础设施，对机关办公楼进行改造完善，及时改变管理模式，对办公场所适度进行绿化、美化，进一步改善了机关形象，为机关工作人员营造了良好的工作环境。县人大常委会电子表决系统建设和使用取得良好效果，并获得全省电子表决系统建设先进单位荣誉称号。

宣传报道更加深入。县人大常委会不断探索新形势下人大宣传工作的特点和规律，充分利用召开人民代表大会、代表视察、执法检查、纪念县人大常委会成立三十周年等时机，大力宣传人民代表大会制度，取得了较好的宣传效果。机关工作人员积极向省、市刊物投稿宣传宜阳县各项工作开展情况，取得较好效果，县人大常委会办公室连续四年被市人大常委会评为人大宣传工作先进单位。

第十三届人大代表培训班

【县乡人大换届选举工作】 为使县乡人大换届选举工作更加积极主动，在换届选举工作之前，县人大常委会就组织人员深入各乡镇、县直各单位和厂矿驻军开展调研，及时了解掌握各选区、选民的变化情况。换届工作开始后，认真学习中央、省、市换届选举工作会议精神，积极做好各项准备工作，认真起草请示、汇报、实施方案等文件。建立选举工作机构，指导县选委会办公室搞好选区划分、代表分配等工作。筹备并组织召开了全县县、乡人大换届选举工作会议，精心安排部署换届选举的各项工作。对重要工作环节把好法律关，严格执行换届选举的法律程序。及时了解掌握工作动态，加强工作督导，及时纠正一些不准确、不恰当的提法和做法，保证了全县人大换届选举工作依法、有序、顺利进行。

【指导乡镇人大工作】　乡镇人大及其主席团是人民代表大会制度的重要组成部分，在基层民主法制建设中发挥着不可替代的作用。县人大常委会不断加强与乡镇人大的联系，安排乡镇人大主席团主席、副主席列席县人大常委会会议、参加视察、执法检查等活动，及时指导乡镇人大主席团依法召开年会、组织选举，提高乡镇人大主席团组织乡镇人大代表开展活动的能力，有力地促进了基层人大工作的开展。

【服务县委中心工作】　县人大常委会在依法履行职责的同时，按照县委的安排和部署，充分发挥自身特点，紧紧围绕全县工作重心，放眼全局，服从大局，主动作为，积极开展工作，有力地推动了全县阶段性中心工作的开展。人大常委会机关连续四年超额完成市外招商引资任务，以实际行动带头响应县委决策，支持了县域经济发展。人大常委会班子成员按照县委安排，深入做好分包乡镇工作，帮助乡镇谋划发展思路，促进社会稳定，推动工作顺利开展；认真做好分包重点工程和困难企业工作，主动深入企业进行调研，协调解决困难，帮助破解发展难题。按照县委的统一安排，县人大常委会领导班子成员领导或参与了县烟叶生产、城市建设、工业经济、煤矿安全等领域专项工作，较好地推动了全县工作的开展。

【出席洛阳市第十三届人民代表大会第三次会议代表】　市直下派（6人，按姓名笔画排列）：于迎（女）、伏秀霞（女）、羊毅（女、回族）、张法政、高凌芝（女）、谭建忠（满族）；本行政区域（26人，按姓名笔画排列）：王琰君、王怀路、王留宽、尹卫星、仝爱民、田松彬、田战年、卢潘霞（女）、刘大鸟（女）、刘约拿（侨）、杨旭、祁亚阁、宋来法、张士庭、张午丙、张国民、张国松（12月调出）、陆玉香（女，9月调出）、季锁成、赵学魁、赵定国、黄晓玲（女）、梁高渠、彭立、裴建政、裴钧（10月调出）。

（李俊慧）

宜阳县第十三届人民代表大会第一次会议

宜阳县人民政府

宜阳县人民政府

县长　黄晓玲

【概况】 2011年，宜阳县人民政府坚持以科学发展观统揽全局，紧紧围绕全年经济社会发展目标，抢抓机遇，开拓进取，顽强拼搏，全力打好项目建设、经济转型、机制转换、城市提升、民生改善、环境创优“六大攻坚战”，加快推进工业化、城镇化和农业现代化“三化”协调发展，全县经济社会继续保持了快速、健康发展的良好态势，实现了“十二五”规划的良好开局。全年完成生产总值148.5亿元，同比增长12.1%；全社会固定资产投资169.3亿元，增长23.2%；地方财政一般预算收入4.86亿元，增长13.8%；社会消费品零售总额47.8亿元，增长18%；城镇居民人均可支配收入1.51万元，增长12.6%；农民人均纯收入5055元，增长10%。经济总量持续增强，对外形象持续攀升，国家卫生县城、河南省园林县城荣誉称号得到上级复检确认，中国西游文化之乡、国家城乡居民社会养老保险工作试点县、河南省食品安全示范县、河南省计划生育优质服务县、河南省财政投资评审工作先进县、河南省教育宣传先进县、河南省卫十一项目管理和创新工作先进县等诸多荣誉花落宜阳。

领导班子成员

职　务	姓　名
县　长	黄晓玲
副县长	张慧敏（县委常委、常务副县长） 史洪发（政府党组副书记、正县级干部） 王　涛（2月任）　高建海（6月调离） 陈宝国（6月任）　牛　刚（6月调离） 李晓波　张飞跃　刘宝兴（6月离） 王定泽（6月任）　张玉杰（6月调离） 魏　淼（6月任）　蒋武寿（6月调离）

【工业兴县持续加快】 该年度坚持以项目建设为抓手，全力扩大投资规模，持续增强发展后劲，取得了明显成效。在项目建设的强力推动下，全县城镇固定资产投资快速增长，全年完成投资164.3亿元，增长26.5%，实现规模以上工业增加值48亿元、利润13亿元，分别增长27%、20%。一是骨干项目建设效果明显。全年实施千万元以上工业项目85个，总投资114.2亿元，完成投资39.2亿元。其中投资10亿元的雨润集团福润公司、投资5.6亿元的骏马化工硝基复合肥、投资5.6亿元的东瑞彩钢等68个总投资95.6亿元的项目正在建设，投资5.5亿元的华宇光电光伏产品、投资1.1亿元的强豫农业机械、投资7200万元的迎春电器、投资5000万元的迅凯电子等17个总投资12.7亿元的项目竣工投产。二是产业集聚项目效果明显。加快产业集聚区基础设施建设，着力夯实产业集聚基础。紧紧围绕产业优势，重点培育轴承专业园和西庄专业园，引进了投资4.5亿元的深圳海斯迪聚合物锂电池、投资4.3亿元的洛凌轴承、投资1.3亿元的洛阳美辰钢构、投资1.3亿元的星合特种变

电器、投资 1.2 亿元的洛阳刚阿工贸等总投资 41.3 亿元的 21 个项目。产业集聚区新上亿元以上项目 13 个，居全市 17 个产业集聚区第一位。预计全年将完成投资 77.7 亿元，实现主营业务收入 110 亿元，在全市两次观摩活动中居先进位次，在全省产业集聚区排名中居 30 强之列。三是招商引资项目效果明显。积极实施走出去战略，坚持领导带队开展招商引资，精心组织、策划专项招商活动，引进了昊澜集团投资 27 亿元打造香鹿山生态旅游产业园、江苏雨润集团投资 10 亿元建设宜阳福润公司年屠宰加工 200 万头生猪生产线、浙江华富集团投资 3 亿元打造华富商学院等骨干项目。全年共计引进项目 70 个，到位资金 27 亿元，增长 18%；实际利用外资 4092 万美元，增长 82.7%，为县域经济发展注入了生机和活力。四是民营经济项目建设效果明显。把民营经济作为加快经济发展的重要支撑力量，继续深入开展服务企业活动，持续为企业排忧解难。县直各部门积极服务企业，及时搞好运行分析，帮助企业应对市场变化，促使企业经营良性运行，企业效益逐步提高。预计全县民营企业将完成增加值 60 亿元、营业收入 200 亿元、上缴税金 5.9 亿元，分别增长 19.2%、23.1%、17.8%。

【城乡面貌持续改观】　围绕在洛阳市“一中心五组团”中当示范、做表率的目标，着力打好城市提升攻坚战，实施“一带四区联动，三级统筹推进”战略（“一带四区”，即沿洛河经济带和东城产业集聚区、西城文化旅游区、南城商业物流区、北城商住休闲区，“三级”，即县城、中心镇和新型农村社区），努力打造“产业支撑型、商业消费型、旅游休闲型、生态宜居型”的洛阳市卫星城。一是始终坚持规划先行。坚持“按规划带项目批土地”的原则，严格执行城市总体规划。对所有建设项目，始终坚持规划先行的原则，在审批过程中邀请省、市专家共同参与审核把关，努力使每个项目的规划和城市规划、土地规划、村镇规划等有效衔接。先后组织开展了香鹿山生态旅游产业园、灵山景区综合开发、锦屏生态文化广场、锦屏山旅游总体规划、第二实验小学建设、锦龙洛河大桥等项目建设的规划论证。尤其是投资 27 亿元的香鹿山生态旅游产业园项目建设，围绕建设“帝都后花园、养生大中原”的目标，历时 3 个月，反复 7 次论证，最终确定方案。二是强力推

阳光花园项目开工

进新区开发。把宜东新区作为产城融合的样板区、“三化”协调发展的示范区、经济发展的核心区来强力推进。投资 2.4 亿元的洛宜快速通道在全市“五组团”五条快速通道中率先通车，率先将宜阳纳入洛阳市半小时经济圈。投资 4000 万元的同力洛河大桥、投资 8000 万元的锦龙洛河大桥相继开工建设，检察技术大楼、就业服务中心、卫生监督中心等 8 个总投资 2.2 亿元的项目加紧建设，县医院、县委党校和县工商局 12315 服务中心等项目主体竣工。三是持续加快县城建设改造。围绕年初确定的“1150”工程、“1022”工程，全力加快城乡建设改造步伐。实施总投资 37.5 亿元的“1150”工程，白庙、中街、西街、铁炉等 10 大村庄改造加快推进，万嘉花园、水岸名家、金东瑞福园等 10 个精品社区加紧建设，香山丽都、国花苑、光影小区等 50 栋高层建筑，主体封顶 37 栋。实施总投资 7 亿元的“1022”工程，北环路、纬一路、南环路东延、滨河南路等 8 条道路已基本竣工，投资 5 亿元的锦屏生态文化广场正在建设，西庄文化广场已经竣工投用。共计完成投资 12 亿元、拆迁 46 万平方米、开工 105 万平方米，分别占市定目标的 163.2%、177%、187.5%。四是着力实施城市提升工程。投资 12.8 亿元的阳光水岸综合开发三期项目基本竣工，建成 5 级橡胶坝，形成了从洛阳高新区向西到宜阳县城 25 公里水系景观长廊。昊澜集团投资 25 亿元的香鹿山生态旅游产业园开发项目总规通过评审，一期工程正在实施。投资 12 亿元的灵山开发项目加快推进，华严宝殿、寺院大门、钟鼓楼、凤凰山综合整治、水景公园莲花种植等项目全部完工。交通电力设施快速发展，投资 6800 万元的南环路东延、同力大道改造和 12 公里县乡道改造等项目竣工通车。投资 5000 万元，

完成莲庄、董王庄两个输变电工程和白杨变电站等项目建设。

【现代农业持续发展】　坚持结构调整、土地流转、生态旅游“三篇文章”打捆一起做，以土地流转破解农村经济发展瓶颈，以调优结构加快农村经济发展步伐，以生态旅游促进一产、三产融合发展，着力培育现代烟草、畜牧养殖、花卉果蔬、油料作物、黑色杂粮、农副产品深加工等六大主导产业，促进了农村经济的持续发展和农民收入的不断提高。共计发放粮食直补和农资综合补贴资金7694万元，粮食总产达到34.8万吨。一是不断调优产业结构。畜牧养殖规模化发展步伐加快，以投资10亿元的雨润集团福润公司项目为龙头，辐射带动了投资1.8亿元的洛阳伊众清真食品产业园和投资1.3亿元的兴泰公司、投资1.2亿元的广东万禾公司、投资1.2的董大牧业公司、投资1.1亿元的森龙农业公司等9个总投资10亿元的畜牧养殖项目上马建设。这些项目全部建成后，将达到年出栏肉牛3万头、生猪63万头、肉鸭300万只的规模。新建蔬菜基地637.3公顷、苗木花卉林果基地188.4公顷、核桃基地1200公顷，分别占市定目标的132.7%、100%、120%；实施造林绿化2200公顷，占省定目标的108.7%。流转土地3.3万亩，占市定目标的105%。二是积极实施农田水利建设。投资1.2亿元加快农田水利建设，实施小水库除险加固7座、竣工2座；建设饮水安全工程71处，解决6.2万人饮水安全问题；新增有效灌溉面积1733.3公顷，改造中低产田666.7公顷。

【新农村建设成绩显著】　投资4.8亿元开工建设6个新型农村社区，已建成22万平方米2315套住宅，省级示范村段村休闲广场、省级新型农村社区牌窑文化广场投入使用。扎实推进国家“雨露计划”实施方式改革试点工作，近800个贫困家庭从中受益，赢得了全省扶贫开发工作现场会在宜阳召开。

【加快教育事业发展】　积极落实“两免一补”政策，拨付6779万元，全县10.2万名学生享受该项优惠政策。生均公用经费提标到小学每人每年530元，初中每人每年730元。设立了普通高中国家助学金，资助在校生中家庭经济困难学生，资助面达到20%，平均资助标准为每生每期750元，发放补助资金359.3万元。实施“一保三放开”战略（“一保”为“保”义务教育，坚持义务教育以政府主办为主，以政府投资为主；“三放开”指“放开”幼儿教育、高中教育、职业教育，形成公办教育与民办教育共同发展、政府和社会各界办学相结合的办学体制）。加大社会办学放开力度，经过多方努力，先后引进了总投资8.3亿元的双语学校、红旗实验学校、职教中心、儿童世界和第二实验小学等项目。2011年底，双语学校、红旗实验学校已经投入使用，职教中心一期项目主体基本竣工。加快高中教育事业发展，连续3年保持洛阳市高考工作“前三强”。

【医疗卫生体制改革顺利进行】　县财政筹集基本药物专项资金740万元，支持全县所有乡镇卫生院实施基本药物制度。提高基本公共卫生服务人均经费补助标准，拨付资金1561万元，基本公共卫生服务均等化和医疗支付制度改革试点工作走在了全国前列，投资2.5亿元的省级一流县医院主体竣工。发放新农合资金9100万元，享受补偿94.6万人次，有效缓解了群众“因病致贫，因病返贫”的问题。

【社会保障工作力度加大】　积极推进城乡居民养老保险试点工作，为60岁以上老人发放农村养老保险金。发放城市低保金2141万元，使人均最低补差达到每人每月160元；发放农村低保金2447.8万元、农村五保供养资金551.8万元，确保了城乡低保、农村五保供养人员按时足额领到了低保金和五保供养资金。投入再就业资金858万元，新增就业6512人、下岗失业人员再就业3297

城乡居民社会养老保险工作会议

人、就业困难对象再就业780人，新开发公益性岗位407个，动态消除零就业家庭，各项工作全部超额完成市定目标任务。加快保障性住房建设，投资1亿元的龙兴小区5.2万平方米公租房主体封顶、2万平方米廉租房交付使用、1.6万平方米经济适用房建设任务过半。积极搞好倒房重建，592户受灾群众搬入新居。

【着力维护安全稳定】　认真履行“保一方平安”的重要职责，坚持“安全生产，预防第一”的方针，切实加强对重点部位、重点领域的安全监管，安全生产形势平稳。加强煤矿安全监管，13家煤矿兼并重组到位，劝退关闭3个小煤矿。坚持领导干部定期下访和定期接待群众来访制度，解决了一批群众反映强烈的热点难点问题。从人、财、物方面加大对平安建设的投入，支持公安部门深入开展“清网行动”，群众安全感不断增强。

宜阳县人民政府第一次全体（扩大）会议
（裴俊国）

政府办公室工作

主任　李卫国

【概况】　2011年，县政府办公室紧紧围绕全县经济社会发展目标和阶段性工作重点，始终抱着求真务实的态度和争创一流的决心，认真履行岗位职责，狠抓各项工作落实，努力为领导提供全过程、全方位、高效率优质服务，实现了上级、同级、群众三满意。

2011年，县政府办公室按照“五抓五促”（抓卫生，促管理；抓纪律，促作风；抓学习，促水平；抓服务，促提升；抓考核，促目标）的工作思路，狠抓关键环节，突出重点工作，健全完善制度，使县政府办公室参谋作用得到了充分发挥，有力地服务和支持了领导科学决策。电话：0379－68882225。

领导班子成员

职　务	姓　名
主　任	李卫国（6月任）
副主任	冯清利
副主任	马文申
副主任	常国锋
副主任	史耀杰
副主任	张洛宜
副主任	沈朝阳
副主任	马留章
副主任	岳江涛
副主任	张宏波（7月任）

【公文办理】　公文是政府依法行政、推进工作的重要载体，公文质量高低体现着政府的服务效率。要求办公室文秘队伍把公文办理质量放在突出位置，健全公文办理制度，制定公文运转流程，明确办文环节职责，坚决杜绝差错，努力做到精益求精。认真履行公文审核职责，严把政策关、内容关、程序关，保证了政府文件指导作用明显、报批合乎程序、文件格式规范，维护了政府公文权威。全年制发各种文件888个，收文件2138个，做到件件有登记、事事有着落，公文处理质量明显提高，继续保持在全市的先进位次。

【政务信息】　政务信息是领导了解情况最有效的途径，是对外展示全县工作的重要窗口。2011年，坚持全员办信息制度，做好常规信息上报，突出高品位信息挖掘，确保每月都有高品位信息采用、每季度都有主要领导批示，同时创新政务信息编发形式，每周以短信形式向领导发送电子政务信息2次。采写编发《政务信息》46期、900余篇，46万余字，编发《县长参阅》12期、18万余字。被市采用信息577余分，居洛阳9县（市）第二名；

同时，被省采用信息位居全省158个县（市、区）前45位。主动创新、积极服务，开展了向县领导和乡镇、委局领导群发短信传递即时最新信息的业务，全年共发送电子信息11万余字、1600余条。为全县各级领导提供了快捷、及时的信息服务，受到县领导和各方面的好评。

【文稿起草】 文稿起草是办公室政务服务的重要内容，是县政府办公室文字水平和工作能力的综合体现。高度重视文稿起草工作并把此项工作作为发挥办公室参谋作用的重要途径，经常组织从事文稿起草同志学习领会党的路线、方针、政策，坚持高标准、高质量、出精品的原则，完成了《政府工作报告》、经济工作会议讲话、经济运行分析会讲话等综合性文字材料120余份，起草各类工作汇报、专题会议讲话780份，较好地辅助了县政府主要领导政务活动的开展。

【督促查办】 注重发挥督促查办的重要作用，创新思路，加大力度，提高成效，有力地推动了全县重点工作落实。要求把提高人大代表建议和政协委员提案办理质量放在首位，继续推行建议、提案办理质量承诺制，主动邀请人大代表和政协委员视察建议、提案办理情况，增强了承办单位的责任感和紧迫感，提高了代表、委员的满意率。全年办理人大代表建议、政协委员提案194件，其中人大代表建议71件、政协委员提案123件，见面率和答复率100%，满意率100%。高度重视领导批示件办理，对政府领导批示件实行政府督查室全程跟踪问效，按时反馈办理结果，认真征求领导意见，使所有领导批办件件有回音、事事有落实。

"滨河之声"专场演出

【调查研究】 调查研究是衡量办公室服务质量高低的重要方面。要求办公室文秘人员要高度重视调查研究，努力在服务领导决策上有所作为，参在关键处，谋在点子上。一年来，办公室文秘队伍利用星期天和节假日等业余时间，围绕骨干项目建设、产业集聚区建设等全县重点工作和中心工作开展调查研究，撰写了一批有分量、有深度的调研报告，为领导决策提供了翔实的依据和可资借鉴的建议，全年共编发调研14篇。

【政务公开】 严格落实《政府信息公开条例》，按规定时限公开应公开的政府信息，受理群众申请公开事项，2011年度公布了工作动态、法规文件、人事任免等各类信息1100余条。发挥政府网站作用，加强电子政务建设，扩大网上行政服务范围，拓宽为民服务渠道。及时发布新闻信息，通过政府网站，发布热点新闻400余条、部门动态200余条、乡镇动态300余条，使全社会及时、便捷地了解到政府各项工作的开展情况和有关政策措施等方方面面信息。认真办理网民诉求，通过市政府连线、大河论坛、洛阳城事、县长信箱、咨询回复等栏目，受理群众诉求406件，在规定的时间内及时予以回复，做到了"件件有回音，事事有落实"，有效拓宽了为民服务渠道。

【群众来访】 在工作中，办公室认真学习贯彻新《信访条例》，对群众来访高度重视，认真接待，办公室能够协调解决的，给予明确答复，需要县领导协调的，安排县领导接待，暂时不能解决或不符合解决条件的，给予耐心细致的解释和热情诚恳的说服，尽力化解矛盾，确保社会大局稳定。

【应急管理】 深入贯彻实施《突发事件应对法》，通过开展专题学习讲座，广泛宣传各项规定，不断推进应急管理工作。加强硬件设施建设，投资37万多元，购置了小型移动应急平台和视频会商系统，圆满完成了全省小型应急移动平台和视频会商系统的联动、联调工作。强化队伍素质建设，参加了全省应急工作集中培训和移动应急平台野外实际操作培训，并对县相关单位应急工作进行了培训，推动了政府应急管理工作稳步开展。

【目标管理】 进一步完善全县目标管理体系及各单项目标考评办法，组织制定各乡镇和县直各单位年度责任目标，组织开展年度目标的季度及全年督查考评，较好地完成了2011年度目标管理的组织协调工作。

【依法行政】　全面推进依法行政，全年受理行政复议案件16起，依法做出决定4起，协调处理10起，无一起被人民法院撤销或变更的案件。依法审核县政府和县政府办规范性文件80余件，审查各类合同、协议70余份，出具相关法律意见书60余件。为75人申报了新的执法证件。　（苗玉良）

招商引资

主任　赵青海

【概况】　宜阳县投资促进中心位于红旗中路5号院县大委大楼南侧，编制为正科级事业单位，负责全县招商引资管理工作，承担宜阳县招商引资工作委员会办公室日常工作，内设办公室、招商科、统计科3个科室，现有工作人员16名。

2011年，中心积极参加国家和省市组织的各类重大招商活动，深入开展领导带队招商、小分队招商和驻地产业定向招商等活动，成功举办各类招商引资项目签约仪式、县情说明及项目推介会，招商引资工作取得很大成绩。全年完成实际到位市外境内资金32.87亿元，占市定目标任务24.48亿元的132.3%；合同利用外资为1.2亿美元，占市定目标任务6850万美元的175%；实际利用外资4838.5万美元，占市定目标任务4092万美元的118.2%，为宜阳县争得河南省对外开放工作先进县、洛阳市对外开放工作先进单位等殊荣，被县委、县政府授予书记、县长特别奖及市定目标完成突出奖。电话：0379－68877379。

领导班子成员

职　务	姓　名	职　务	姓　名
主　任	赵青海	副主任	秦伟欣
副主任	张云君	主任助理	马巧征

【签约项目】　2011年，全县共签约项目75个，总投资119.8亿元。其中，投资额在10亿元以上项目3个，1亿元~10亿元项目24个，5000万元~1亿元项目18个，1000万元~5000万元项目31个。签约项目中开工67个，开工率89.3%，已开工项目到位资金22.78亿元。

【在建项目】　2011年，全县共有在建项目99个，总投资117亿元。在建项目投资额在亿元以上的项目共35个，投资额在5000万元~1亿元的项目23个，投资额在1000万元~5000万元的项目39个，投资额在1000万元以下的项目2个。

【招商活动】　宜阳县在第29届中国洛阳牡丹文化节上共签约项目36个，签约金额94.13亿元，接待来宜考察客商110余人，重要考察团组5个，分别是：4月7~10日上海经贸考察团一行31人、4月8~10日山东名嘉考察团一行4人、4月8~9日青岛考察团一行4人、4月11~14日昊澜集团考察团一行4人、4月15~17日深圳考察团一行21人，活动期间共发放宣传资料400余份，推介项目30余个。

宜阳县在郑州国际会展中心参加豫京津经济技术合作洽谈会上签约项目1个，即矿用注浇泵项目，由北京金微纳科技有限公司投资1.4亿元建设。邀请北京浙江企业商会副会长、润金法国际电子投资管理集团董事长岑新范、中国物流协会副秘书长李峰、北京电子商会副秘书长谢桂兰等客商10余人，洽谈推介项目12个。

宜阳县在郑州国际会展中心豫沪经济技术合作洽谈会上共发放各类宣传资料70余套，接待客商80余人，洽谈推介项目18个，对接项目5个。

宜阳县在香港、澳门参加2011年河南－港澳经贸洽谈会上共签约项目2个，邀请香港丰年华集团董事长刘鹤年等客商10余人，洽谈推介项目20余个。

宜阳县在郑州参加河南省承接产业和技术转移合作交流洽谈会上共拜会客商20余人，发放宣传资料30余份，洽谈推介项目10余个。

宜阳县在厦门参加第十五届中国国际投资贸易洽谈会上共向“投洽会”网站发布了25个招商推介项目，拜会客商30余人，发放项目册、宣传册及宣传光盘70套，推介项目20余个，对接项目3个。

宜阳县在山西参加第六届中国中部投资贸易博览会上先后拜会山西燕山石化实业有限公司董事长程亚群先生、山西银光集团董事长任龙太先生、山西华嘉盛集团总经理彭家华先生、山西亿通集团有限公司副总经理董毅先生等20余名客商。洽谈推介了旅游开发、硅镁铝制品开发、物流园建设、机械加工、电子设备制造等20余个项目，并邀请这些企业的负责人到宜阳参观考察。

宜阳县在郑州参加2011年中国（河南）—韩国合作交流洽谈会上签约进出口贸易合同1个，拜会客商10余人，发放宣传资料30余份，推介项目10余个。

中国洛阳牡丹文化节宜阳县对外经济技术合作会

【亿元以上重大项目进度】 河南昊澜实业集团有限公司投资25亿元的香鹿山生态园开发项目，项目策划方案、总体规划已完成，预计3月底可开工。

投资13.1亿元的轴承产业园一期项目。该项目计划总投资40亿元，位于产业集聚区，分三期建设，主要引进国内知名轴承和轴承配套企业50～60家。年底，一期13家企业已基本建成。

北京汇金通投资管理有限公司投资10亿元的金尔泽公司60万平方米标准化厂房项目，前期工作已完成，土建工程开始。

河南华宇光电科技有限公司投资5.5亿元的年产200兆瓦高效晶体硅太阳能电池及组件项目。年底已完成厂房、办公楼已建成，正在安装设备。

洛阳向阳红拖拉机有限公司、洛阳万年红拖拉机有限公司和江苏清拖农业装备有限公司共同投资3.5亿元的拖拉机产业园项目，正在建设办公楼和钢构厂房。

浙江华富投资管理有限公司投资3亿元的宜阳县职教中心项目，年底教学楼和办公楼已建成。

深圳市海斯迪电子有限公司投资3亿元的锂电池加工项目，正在建设钢构厂房。

浙江海天桥箱有限公司投资2亿元的拖拉机后桥项目，正在进行土建工程。

洛阳伊众清真食品公司和远辰（北京）国际投资有限公司投资1.8亿元的伊众清真食品产业园项目，正在建设储存池。

深圳海蒙特科技有限公司投资1.36亿元的深圳海蒙特矿用耐磨体材料项目，正在建设厂房。

投资1.5亿元锦屏建国旅游休闲度假中心项目，宾馆主体和别墅区已建成。

泉州牡丹焊材有限公司投资1.5亿元的焊丝生产研发基地项目，办公研发楼已建成，正在建设厂房。

福建客商陈度枝投资1.5亿元的星河变压器项目，正在建设钢构厂房。

北京万胜投资管理有限公司投资1.23亿元的年产120万只轮毂项目，正在进行土建工程。

广东波顿时装有限公司投资1.2亿元的河南省宜阳县董大养殖项目，办公楼已竣工，已建成5栋猪舍。

（徐岩梅）

人事劳动

局长　陈世俊

【概况】 宜阳县人力资源和社会保障局，驻县城解放东路，局属11个股室（局党政办、财务管理股、社会保险管理股、事业单位人事管理股、信访法规仲裁股、专业技术人员管理股、公务员管理股、工资福利股、就业促进办公室、职业能力建设股、劳动保障监察股）和技工学校、人才交流中心、劳动就业服务中心、劳动保障监察大队、就业训练中心、人事考试中心、社保中心、城乡居民养老保险管理中心等8个二级机构，现有干部职工285人。

2011年，在县委、县政府的正确领导下，在市人力资源和社会保障局的具体业务指导下，县人社局紧紧围绕年初制定的责任目标，众志成城，求真务实，辛勤工作，较好地完成了全年各项工作任务。电话：0379－68882127。

领导班子成员

职　务	姓　名	职　务	姓　名
局　长	陈世俊	技工学校支部书记	马银蕊
副局长	张　明	局长助理	刘胜利
纪委书记、副局长	聂春萍	就业服务中心主任	仝洪庆
副局长	何义校	人才交流中心支部书记	常汉卿
副局长	闫敬伟	社保中心主任	时关乐
副局长、技工学校校长	李华民		

【城乡居民养老保险工作】　2011年，宜阳县被确定为国家第三批城乡居民社会养老保险试点县。自5月5日全县动员大会以来，县人社局始终坚持“宣传、服务、措施”三推进，从局内部抽调28名科级干部和骨干人员组成业务指导组，每周两次下乡检查指导，每周三、周五召开碰头汇报会，交流各乡镇进展情况，分析存在问题，及时向县主要领导汇报。同时从局机关抽调16名责任心强、懂业务的人员成立驻乡工作组，与乡镇干部一同进村入户指导工作。11月8日，在花果山乡成功举办全县城乡居民社会养老保险待遇首发仪式。2011年，全县登记参保居民35.5万人，参保率达到87%，收缴保费3200万元。为全县6万名60周岁以上老人发放8－12月养老金2380万元，真正做到了农村老人老有所养，取得了良好的社会效益。

2012年城乡居民和社会养老保险工作会议

【就业再就业工作】　县人社局认真贯彻上级各项积极就业政策，通过技能培训提升劳动者素质、发放小额担保贷款扶持创业、大力开发公益性岗位等措施保稳定、促就业。2011年，全县实现新增就业7253人，占县定目标6200人的117%；其中，下岗失业人员再就业3197人，占县定目标2600人的123%；“4050”人员等就业困难对象实现再就业771人，占县定目标750人的103%。城镇登记失业率控制在4%，低于县下达目标0.5个百分点。开发公益性岗位455个，占县定目标400人的113%。通过逐户走访，调查摸底，对辖区内零就业家庭做到出现一户、帮扶一户、消除一户，保证至少一人及时实现就业，做到了动态消除零就业家庭。

【小额贷款发放工作】　坚持以创业促进就业，大力实施“全民创业工程”，积极发放小额担保贷款，促进全民创业。通过建立公开报名、集体研究、实地考察、现场签字的小额担保贷款新机制，公开、阳光发放每笔贷款。2011年共受理小额担保贷款申请2040份，发放贷款8055万元，占县定目标3000万元的269%。其中，下岗失业人员329笔1311万元；返乡创业农民工1671笔6577万元；自主创业高校毕业生23笔98万元；复员退伍军人17笔69万元。扶持创业典型10个，直接扶持2040人自主创业，带动6120个实现创业就业，扶持创业人数位居全市第一。小额担保贷款工作被市就业工作领导小组授予先进单位荣誉称号。

【全民技能振兴工程】　充分发挥省级优秀训练中心和县技工学校的作用，增强职业技能培训能力，强力推进全民技能振兴工程。一是不断加大技能培训力度，提高城乡劳动者技能水平，以培训带动就业。2011年共开展各类培训19931人，占县定目标1.5万人的132%。“技能培训＋政策扶持＋后续服务”三位一体的工作格局和“培训一人就业，带动全家致富”的“1＋X”就业倍增模式在我县基本形成。二是扩大职业技能鉴定范围，由原来的几个工种扩展至计算机、美容美发、电工电子、电气焊、汽车维修、汽车驾驶、起重工、挖掘机、中式烹调、营业员、收银员等90多个工种。2011年共开展职业技能鉴定3237人，占市定目标3200人的101%，为县内外企业输送了一大批专业技能人才。

【劳动力转移工作】　劳动力与人才市场不断壮大，劳务输出成绩喜人，劳务收入成为农民增收的主渠道。全年完成劳务输出18.13万人，占县定目标17万人的106%；其中，县外转移11.48万人，占县定目标11万人的104%；县内转移6.65万人，占县定目标6万人的110%。新创办企业112个，占县定目标90个的124%。

【行政审批工作】 为全县82家机关事业单位481人晋级晋档，事业单位9433人增加薪级工资，办理职务晋升、技术岗位等级晋升、增加津贴、调入、调出等工资审批11083人次。办理离退休496人，其中企业308人、机关事业188人、特殊工种76人、病退12人。组织318名机关事业单位技术工人等级考试，其中技师66人、高工144人、中工66人、初工42人。完成初、中、高级职称评审218人，其中高级50人、中级158人、初级10人。

【依法行政工作】 加强对用人单位贯彻执行法律法规情况的日常巡查，联合有关部门在全县开展了清理整顿人力资源市场秩序、劳动用工和社会保险、农民工工资支付情况等专项执法检查，切实维护劳动者合法权益。2011年共监察用人单位743家，涉及劳动者53037人，发放法律法规宣传单2万多份，下达限期改正指令书730份，签订劳动合同25389人次。接待群众来访3084人次，受理投诉举报拖欠工资案件83起，结案83起，涉及农民工2459人，清理拖欠农民工工资407万元。认真做好人民群众来信来访，全年共接待劳动者和用人单位来电、来信、来访985人次。调查处理上级批转信访案件14件，办结14件。赴市接访2起，县接访1起，圆满化解矛盾纠纷。受理劳动人事争议案件43起，结案43起。调解结案36起，裁决6起，时效内结案率100%。为当事人挽回经济损失100余万元。全年没有发生一起因裁决不当或不作为引起的上访事件。

【社会保险工作】 2011年，征集养老、失业、医疗、工伤和女工生育保险金14755万元，占县定目标7615万元的194%。其中，征集企事业单位养老保险金10538万元，占县定目标5500万元的192%；征集医疗保险金3355万元，占县定目标1500万元的224%，城镇居民基本医疗保险参保人数达到51037人，占县定目标4.5万人的113%；征集失业保险金485万元，占县定目标350万元的139%；征集工伤保险金275万元，占县定目标210万元的131%。征集女工生育保险金102万元，占县定目标55万元的185%。严格落实“两个确保”，一是确保全县企事业单位8887名离退休人员基本养老金全部按时足额发放，全年共发放13702万元；二是确保全县246名国有企业下岗职工基本生活保障费按时足额发放，全年共发放295万元；认真落实上级政策，为全县6519名企业退休职工调整基本养老金，人均月增资197元，人均增幅13%。

【事业单位岗位设置工作】 实施事业单位岗位设置是深化事业单位人事制度改革的重要内容和基础性工作，此次改革涉及我县事业单位744个。其中，参照公务员管理事业单位26个；企事业单位改革后县直事业单位撤销9个；转企10个；整合1个；乡镇撤并学校16个。根据《洛阳市事业单位岗位设置管理实施细则》（洛办〔2010〕97号）文件规定，全县进行岗位设置的事业单位共682个，截至11月底已全部核准。其中，教育系统409个，在职教职工5788人；其他事业单位273个，约6000人。同时，对已核准的事业单位进行了聘用认定，共聘用人员11498个。其中，管理岗位2304个，专业技术岗位7997个，工勤岗位1603个。

【就业和社会保障服务中心项目建设】 就业和社会保障服务中心项目是该局致力于改善和加强就业和社会保障公共服务体系建设，提高就业和社会保障服务水平，推进就业和社会保障事业统筹城乡发展的一项县定重点工程。该项目占地1.3公顷，建筑面积1.16万平方米，11层全框架结构，总投资2500万元。自4月14日举行奠基仪式以来，进展顺利，目前主体框架已经完工，预计2012年7月可投入使用。

（王毅洛）

机构编制管理

【概况】 宜阳县机构编制委员会办公室是宜阳县机构编制委员会的常设办事机构，是县委、县政府负责全县行政管理体制改革、机构改革和机构编制管理的工作部门，列县委机构序列，与县事业单位登记管理局合署办公，正科级行政机关，下设机构

主任　赵志田

编制信息中心，编制 10 名，实有 7 人。

2011 年，县编办紧紧围绕全县中心工作，以实施县政府机构改革、企事业单位改革和强化机构编制管理为主线，加大机构编制规范化管理力度，积极探索和创新机构编制管理思路，切实履行机构编制部门工作职责，不断提高机构编制工作水平，圆满地完成全年各项工作任务。电话：0379－68886920。

领导班子成员

职　务	姓　名
主　任	赵志田
副主任	杨　昆

【机构编制管理】　2011 年新成立机构 9 个，其中正科级行政单位 3 个（县委保密委员会办公室、食品安全委员会办公室、国家安全领导小组办公室），副科级事业单位 2 个（宜阳县机构编制信息中心、城乡居民社会养老保险中心），股级事业单位 4 个（审判管理办公室、畜牧兽医综合执法大队、物业管理服务中心、热力管理办公室）；升格为副科级的事业单位 3 个：橡胶坝管理所、滨河游园管理所、房屋拆迁管理办公室；更名机构 5 个：县副食品价格调节基金征收管理办公室、聋哑学校、地价评估事务所、森林资源管理站、土地监察中队；报市待批机构 11 个。

【实名制数据库管理】　实施机构编制动态管理，用好编制存量。在管住总量的前提下，挖掘可用资源，形成有增有减的动态管理措施，科学配置机构编制资源。按照上级要求，做好超编消化工作。完善编制和实有人员的动态管理工作，及时办理编制变动手续，以维护编制的严肃性和时效性。截至 2011 年底，全县有各类编制 12550 名，其中行政编制 1044 名，实有 966 人，政法编制 495 名，实有 457 人，工勤编制 104 名，实有 374 人，其他编制 6 名，实有 13 人，各类事业编制 10901 名，实有事业人员 10621 人，各类人员共缺编 119 人。

【中文域名注册工作】　根据《中国互联网域名管理办法》等中央、省市精神，为维护党政群机关和事业单位网络域名系统安全可靠运行，2011 年积极开展中文域名注册工作。截至年底，成功注册中文域名 21 个。

【企事业单位改革】　按照企事业单位改革有关精神，撤销事业单位 16 个，事企分离 12 个，管养分离 8 个，完成 20 个事业单位的三定和 4 个单位的转企改制工作。共收回事业编制 322 名，其中财供事业编制 25 名，差额补贴事业编制 198 名，自收自支事业编制 99 名。

【丰李镇移交】　行政区划调整后，乡镇行政编制由 517 名核减为 484 名，乡镇卫生院编制由 743 核减为 699 名，司法专项编制由 38 名核减为 36 名，中小学教职工编制由 5803 名调整为 5519 名，减少 284 名。全县共减少行政编制 33 名，事业编制 328 名，司法专项编制 2 名。

【事业单位登记管理】　深入贯彻落实《事业单位登记管理暂行条例》和《实施细则》，建立健全事业单位登记管理的各项规章制度，严格规范年检程序，逐步推行网上登记管理。2011 年 5 月，邀请市事业单位登记管理局的专家分三期为宜阳县县直各事业单位的登记管理联络员授课，共有 350 多家单位参加这次网上登记工作业务培训，参训率为 86.25%。圆满完成 2011 年年检任务。截至年底，全县事业法人单位共 753 个，已办理登记 562 个，其中今年新登记单位 6 个，变更登记单位 38 个，已年检单位 538 个，法人单位年检率为 95%。

（布会利）

行政监察

【概况】　宜阳县监察局同县纪委合署办公，主管全县行政监察工作。2011 年在市监察局和县政府的正确领导下，认真贯彻政府廉政工作会议精神，坚持突出重点、突出特色、突出创新、突出实效的工作思路，围绕中心，服务大局，为全县经济发展做出了积极贡献。电话：0379－68882411。

领导班子成员

职　务	姓　名	职　务	姓　名
局　长	王超群（6月离） 范俊杰（6月任）	副局长	张润姣（6月离） 杨良强（6月任）
副局长	宋向阳（11月离）	副局长	王博（6月任）

局长　范俊杰

【执法监察】　围绕县委、县政府中心工作，大力开展对工程建设招投标、政府采购、安全生产、节能减排等领域的监督检查。全年排查新开工项目17个，发现问题5项；对2010年拟挂牌出让采矿权的17家煤矿进行了全面检查。关闭违法排污企业10家，督促环保部门立案查处环境违法行为5起；对煤矿、非煤矿山暗访13次，发现脱岗人员1人，提出监察建议1次。创新招投标监督机制，积极推动公共资源交易中心建设，研究出台了《宜阳县招投标管理办法》。2011年共参加招投标活动16次，涉及金额1.23亿元，参加政府采购8项，涉及金额432万元，其中废标3次，节约资金267万元。

【纠风工作】　对8个乡镇16所学校进行教育收费检查，查处涉教乱收费、代收费等违规案件8起。加强对新型农村合作医疗、药品集中采购、虚假违法医药广告等监督检查，查处违规违纪案件3起，党政纪处理5人。严格落实公路“三乱”责任追究制度，上路巡查80余次，深入各重点路段，采取蹲点、走访群众、询问货车司机等形式，规范涉路执法行为，纠正不规范执法行为19起，查处执法人员违纪行为2起，处理违纪执法人员2人，保持了打击公路“三乱”行为的高压态势。严肃查处截留、挪用、克扣强农惠农补贴资金和乱收费、乱罚款、乱摊派等违规违纪行为，查处损害农民利益行为案件2起，处理相关责任人7人。扎实开展“四项资金”监督检查工作，组成2个工作组对全县范围内的“四项资金”进行重点检查，查出不符合低保人员932人，其中城市低保255人、农村低保3人、清退农村低保对象674人，追缴违纪资金755352元，10名责任人进行了党政纪处理。严格按照全市纠风系统对“五金一岗”监督检查工作部署，对资金管理使用情况和公益性岗位认定工作进行逐项自查。查处农村低保资金案件1起，党政纪处理2人。在全县乡镇基层站所开展面对面评议活动的基础上，开展重点科（室）作风评议工作，下发《宜阳县2011年重点科（室）评议活动实施方案》，将全县55个职能部门当中具有行政审批、执法、执罚、综合管理和服务职能的114个重点科（室）纳入评议范围，进行评议，评议结果在电视台、政府网站公布。

【效能监察】　以“环境创优年”活动为切入点，以提升行政效能、推进服务型政府建设为基本任务，大力开展政务环境创优工作。各单位开展了“提升效能、优化环境”大讨论活动，县电视台开设了《政务环境创优》访谈栏目，播放访谈节目18期。举行了“政务环境创优”大型宣传活动，设置宣传展板100幅，发放各类宣传资料5000余张，活动期间接待来访群众7000余人。洛阳电视台《百姓直通车》栏目对宜阳县的做法进行了宣传报道。组织对全县16个乡镇、108个县直单位明察暗访260余次，对县直5个单位机关作风和效能建设问题进行了通报批评，效能告诫22人，党政纪处分14人，撤职调离5人，辞退2人，查处并通报影响投资环境事件1起。开展行政审批事项清理活动，进驻县行政服务中心单位达36个，进驻行政许可事项165项、行政服务事项96项、行政事业性收费事项77项；简化压缩各行政事业单位审批事项22项；推行评查整改工作机制，在全县各执法部门、公共服务部门及其他县直机关实行评查整改制度，促进被评议单位查找问题，整顿作风，提高群众满意度，切实使效能提升评议、政风行风评议工作达到推动工作、提升工作执行力的目的。

【案件查办工作】　共查处各类违法违纪案件142起，查处贪污贿赂类案件37起，乡科级干部17人，移交司法机关处理3人。2011年受理群众信访举报135件次，查办信访案件45起，排查上报不安定因素58件次，年底已化解50起，处理疑难信访26起，化解集体上访4起。

（张全乐）

民　　政

局长　宋茂欣

【概况】　宜阳县民政局有干部、职工90人，其中在岗78人、退休12人。位于北城区。内设办公室、党办、财务室、社会救助办、城镇低保股、农村低保股、医疗救助股、救灾救济股、社会福利股、基层政权股、地名区划股、军人安置办、殡改所、纪检监察室、稳定办、募捐办。事业单位5个：殡仪馆、婚姻中心、福利院、军休所、烈士陵园。

2011年，县民政系统广大干部、职工深入学习实践科学发展观，扎实推进各项工作，取得了优异成绩。县民政局荣获洛阳市农村敬老院建设先进单位、灾区群众倒房重建工作先进单位，洛阳市老龄工作先进单位，洛阳市基层民政所建设先进单位，洛阳市局系统社会事务工作先进单位，县委、县政府授予2011年度市定目标完成突出贡献奖。电话：0379－68882230。

领导班子成员

职　务	姓　名	职　务	姓　名
局　长	宋茂欣	副局长	刘江海
副局长	沈珍珠	副局长	陈海军
副局长	李辛杰	纪检组长	张社敏

【生产救灾】　县民政局高度重视农村贫困群众及灾民的生活救助，采取多种措施，筹集救灾款物，安置受灾群众。全年累计发放救灾救济款451.2万元。救灾面粉2.25万公斤，食用油175公斤，发放的救灾帐篷55顶。全年救助灾民4500人。完成倒房重建552户，1046间，投入资金434万元。

【孤儿及流乞救助】　全年为234名孤儿发放补助金97.72万元，每人每月350元。为4名考上高中的孤儿每人补助学费1500元。向市救助站护送流浪乞讨人员37人次，弃婴11人次，实施临时救助320人次。

【城镇最低生活保障】　认真贯彻落实《洛阳市实施〈城市居民最低生活保障条例〉细则》，确保不错保、不漏保，应保尽保。2011年筹集发放低保资金2130.5万元。通过对低保户及其他特困户进行普查和调查，取消了不合格低保对象168户，追回低保金63万元。2011年底，全县城镇低保对象总数达9202人。

【城乡困难群众医疗救助】　全年累计医疗救助城乡困难群众6387人次，支出救助金199万元。

【农村最低生活保障】　2011年全县农村低保对象总数为24645人。全年共发放农村低保金2369.82万元。

【五保供养及敬老院建设】　按照上级政策要求，县民政局不断加强五保供养工作规范化管理，对原有五保对象进行重新普查、建档，由分管各片的领导审查、局长审批，做到层层把关，严格审核，最后确定。2011年全县有五保对象2748人，其中集中供养1236人，分散供养1512人，集中供养率达45。按照集中供养每人每年2520元、分散供养每人每年1320元的标准，全年发放农村五保供养资金556.48万元。投资360万元对5所敬老院进行了改扩建。

【涉军稳定】　2011年全县有复员退伍军人2931人。其中，对越作战564人，抗美援朝1100人，参加核试验477人，20世纪60年代精简老武警14人，原21核基地2人，城镇退役士兵280人。县民政局通过广播、电视、宣传单等形式大力宣传优抚政策，做好复员退伍军人思想工作，并帮其办实事，涉军稳定工作取得了好成绩。

【拥军优属】　认真落实优抚政策，确保抚恤补助资金及时发放到对象手中。全有重点优抚对象2931人，其中在乡老复员军人1100人、残疾军人402人、“三属”（烈士家属、因公牺牲军人家属、病故军人家属）220人、带病退伍军人363人、参战546人、参试300人。2011年对重点优抚对象进行重新审核、认定，做到准确无误，并及时足额发放抚恤定补金511.5万元。

“双节”、“八一”等重大节日期间，县委、县政府及县直单位到驻宜部队进行慰问，送去慰问金10余万元，慰问品3000余件。

县领导慰问驻宜部队

【社会福利】 积极协调落实福利企业优惠政策，加强福利企业年检。全县2家福利企业实现生产销售收入2亿元，创利税490万元，安置残疾人就业38人。

【行政区划与地名管理】 在市、县确定的换届时间内，严格按照相关法律严密组织，步骤扎实，全县353个行政党组织、村委会、村监委会的换届选举任务全部完成。

积极运用公开、暗访、问责等形式，落实好了村务公开民主管理工作。

樊村乡、赵保乡撤乡建镇工作顺利通过省厅验收。同时，完成了城关镇东街、中街、西街、白庙4个村的村改居挂牌任务。

【民间社团管理】 为成立的5个民办非企业，办理了登记备案手续。对其他社团和协会及时进行了年检，对不合格的进行了整顿，使合格率达到了上级部门的要求。

【殡葬管理】 发放《关于进一步加强殡葬管理和丧葬用品市场管理的通知》等宣传材料2万份，接受群众咨询100人次。各乡镇采取有力措施，平掉坟头5000余个、墓碑30个，扩大耕地5.3公顷。

【婚姻登记】 各级民政部门深入宣传贯彻新《婚姻法》和《婚姻登记条例》，对婚姻对象集中管理，全县共办理婚姻登记8538对，其中结婚登记6238对，离婚登记642对，补办、补发结婚证1660对，合格率达100%。

【老龄工作管理】 认真做好老龄工作，切实维护老年人的合法权益。认真办好优待证，并对全县24名百岁老人每月200元的优惠政策给予了落实，全年共发放生活补贴7.6万元。（马正文）

行政服务

主任　王　静

【概况】 宜阳县行政服务中心位于县城北城区锦屏北路工会楼办公，属县政府派出机构，正科级财政全供事业单位，外设6个分中心，内设办公室、业务信息科、效能督查科和综合服务科，工作人员12名，进驻34个职能单位、1个服务单位，可办理行政事项306项，其中行政审批事项139项、行政事项94项，收费事项73项，窗口工作人员85名，日均办件380余件，日均收费40余万元。大厅各窗口均配备有电脑、打印机、档案柜、电话、评价议等办公用品，办公基本实现微机网络化办公。电话：0379－68871308。

领导班子成员

职　务	姓　名	职　务	姓　名
主　任	王　静	副主任	马宏九
副主任	王宏伟	纪检组长	张　楠

【工作成效】 2011年，全年共受理办件72981件，办结72981件，其中行政审批65453件、行政收费7528件，办结率100%，比上年增加办件量36549件，增加199.8%，完成收费10305万元，超额完成4305万元，完成率为172%。无一例群众投诉事件发生并积极协调解决重点、热点和难点问题，共解决办理142件，其中群众诉求11件，提前预约63件，延时服务68件，赢得了群众称赞和好评。群众满意率达到95.3%。得到了市、县各级领导及广大企业和群众的一致认可。

【硕果累累】 荣获洛阳市2011年度行政服务系统效能提升先进单位、行政服务先进县政府、洛阳市创先争优先进党支部流动红旗，县政府主抓县长

洛阳市加强行政服务中心建设现场会

被洛阳市环境创优领导小组授予行政服务先进工作称号，县行政服务中心主任被县委、县政府记三等功1次，获宜阳县“创先争优”先进单位，“滨河之声”红歌赛组织奖和二等奖，宜阳县“十佳效能”单位、宜阳县“先进基层党组织”奖项和称号。8个窗口和12名工作人员获洛阳市行政服务系统优质服务窗口及先进工作者，10个窗口获宜阳县“十佳”优质服务窗口，10名窗口工作主抓领导或窗口工作人员被县委、县政府各记三等功一次，3名工作人员获宜阳县优秀共产党员称号。1名工作人员获宜阳县优秀党务工作者称号、2名优秀党员被评为洛阳市党员之星，5月底被洛阳市优化办专题表彰。

【新中心建设】　为了增加服务大厅办公场地，解决中心项目进驻配套问题，在县财政较为困难的情况下，县委、县政府拿出850万元，投资建设面积约3600平方米的新行政服务中心，该中心为三层框架式结构办公楼，年底进入装修阶段，预计2012年7月前建成并投入运行。

（杨　乐）

机关事务管理

【概况】　宜阳县机关事务管理局位于红旗中路5号县政府办公大楼一楼西，属全额预算管理正科级事业单位，设事业编制12名，局长、党组书记1名，副局长4名，纪检组长1名，股级干部6名。内设办公室、财务科、车辆管理科、房产基建科、后勤管理科和人事科等6个科室。电话：0379－68871227。

领导班子成员

职　务	姓　名	职　务	姓　名
局　长	苗正欣	副局长	陆少校
副局长	倪大伟	副局长	冯京乾
副局长	翟文生	纪检组长	楚贵永

局长　苗正欣

【车辆管理】　机关事务管理局本着统一、规范、节俭、改革的精神，不断加强和规范公务用车的管理，做好公务车辆后勤服务工作。为县委、县政府45辆公务用车签订定了定点定额维修合同，并完成车辆审验工作；为13辆新购车辆办理了入户手续；为45辆公务用车及时续签了保险合同；协助县交警队、保险公司、维修站处理各种交通事故69起，实现赔付率100%；做好新购车辆及旧车的交接与再分配工作，全年移交车辆12辆，并及时做好车辆档案登记工作；做好《道路交通法规》宣传工作，配合县委办、政府办行政科开展车辆行驶安全教育；加强豫CZ9339、豫C88016、豫C00726和豫C09999等4部公务用车的管理，实行定车定人，专人驾驶，专人管理，保证县公务活动需求，圆满完成了县领导赴豫、皖、苏三省考察学习车辆服务工作，全年累计参与各级公务活动服务200余次。

【房产基建】　宜阳县行政服务大厦工程于2006年3月29日开工建设，经公开招标由河南国安建设集团有限公司承建。2007年，全国清查建设“楼堂馆所”，行政服务大厦工程被迫停工，后因施工方提出的停工补偿等原因，行政服务大厦工程处于停工状态。停工后，机关事务管理局组织召开协调会，安抚施工方情绪，避免引起诉讼。及时向领导汇报，提出合理化建议，争取领导支持。组织人员及时对原有损坏设备进行检修，及时排查安全隐患。通过多方斡旋，2011年底县行政服务大厦主体工程及室内外装饰装修工程已完工；水电、暖通、网络、监控、电梯、消防设备等已安装调试完毕；室外综合管网工程、院内道路硬化和门岗围墙建设已基本结束；绿化亮化工程正在紧张施工和安装。已经基本具备搬迁入住条件。

【行政服务大厅和信访接待大厅】　2011年6月，宜阳县在全面借鉴河南信阳、江西南昌等地先进经验的的基础上，开工建设县行政服务大厅和信访接待大厅。该项目为三层框架式结构，总建设面积4655.04平方米。工程实施以来，机关事务管理局领导高度重视，多次组织召开专项会议，并积极联系城建、电业、文化、寻村镇等相关单位和部门，经过前期大量紧张的考察、论证、勘探、施工设计、预算等筹备工作，工程于2011年6月10日进行公开招标，由洛阳宇昊建筑工程有限公司中标，中标价为690万元，并顺利签订承包合同。该项目于6月24日正式开工建设，2011年底已实现总投资700余万元，总体建设任务已经基本完成，预计2012年7月实现搬迁入住。

【后勤管理】　机关事务管理局派专职人员进驻加油站，对含两办、财政局、机关事务管理局等单位在内的53辆公务用车，一辆车一个加油登记簿，每次加油进行里程登记、核算百公里耗油量，确保燃油加入油箱，严防跑、冒、滴、漏。进驻加油站以来，工作人员克服各种困难条件，不怕苦，不怕累，按时上下班，并做到随叫随到；对县委、县政府大院监控系统进行实时维修，保证对大院角角落落进行实时监控，严防偷盗等破坏现象。完善了《门岗管理制度》，重新整顿门岗队伍，统一实行制式服装管理，建立了门岗人员24小时巡逻制度，保证良好的服务形象和服务水平，充分保障大院内正常工作秩序。对县委、县政府冬季取暖锅炉进行压力安全检测，对管道系统进行统一检修，协调免费燃煤200余吨，保证冬季取暖期正常供暖；投资对县委、县政府外立面重新进行粉刷，对宿办楼外围老化霓虹灯统一更换，改善机关外部形象；对大院绿化工作实行专人管理，院内花草树木定期浇水、施肥、修剪，并根据病虫害情况积极进行防治；另外，机关事务管理局聘用“4050”人员两名，专职负责县委政府大院卫生保洁工作，实行全天候保洁，院内垃圾、落叶、杂物及时清理，机关环境较大改善。

【节能降耗】　机关事务管理局广泛利用广播、电视、新闻媒体、两办信息科信息专刊等在全县范围内，特别是行政事业单位广泛开展节能降耗宣传活动。利用全市节能降耗宣传周到来之际，机关事务管理局动员成员单位在红旗广场开展节能减排宣传工作，发放宣传手册500余份，宣传展版20余幅，悬挂条幅20余条，制作图片100余幅。对全县400余家公共机构统一网上建户，能耗数据实行网上报送，网上管理，方便快捷。

【公车治理】　2011年5月，为彻底纠正超编制超标准配备公务用车和违规换车、借车、摊派款项购车、豪华装饰、公车私用、违规挂军照警照等问题，根据省委、省政府统一部署，宜阳县及早入手，周密安排，县纪委、机关事务管理局等单位抽调精干力量对全县公务车辆进行详细统计核查。除垂直管理单位外，经初步核查，全县115家党政机关及事业单位，自查上报公务车辆620辆，其中一般公务用车326辆，执法执勤用车294辆。

县公车治理办又先后两次开展专项清理活动。通过现场查看单位账目及车辆保险、燃油、维修台账，通过各单位自查上报车辆数量与交警部门登记数量、与09年公车清理上报数量相对照，共核查出漏报车辆134辆，年代久远说不清去处及已报废、处置车辆407辆，公车治理办要求目前仍在使用的车辆一律按填报要求重新上报，其他车辆以情况说明形式说明车辆最终去处。2011年底，不包括垂直上划单位，党政机关及事业单位共统计上报公务车辆754辆，公务车底子基本澄清。

（李海玉）

接待工作

主　任　张希安

【概况】　宜阳县接待办位于红旗中路5号县政府办公大楼一楼，成立于2006年3月，属财政全供事业单位。主任1名、副主任2名、纪检组长1名、科员2名。其基本职能是：负责上级领导来宜视察、调研、指导工作等公务活动的接待；负责兄弟县、市主要领导带队来宜参观、学习、交流等公务活动的接待；负责县主要领导交办的接待事项；负责县内、外大型活动和重要会议的后勤服务；规范和指导全县接待工作。电话：0379－68877901。

领导班子成员

职　务	姓　名	职　务	姓　名
主　任	张希安	副主任	司瑞召（3月离）
副主任	杨百新	副主任	刘洛宜（8月任）
副主任	韩占营	纪检组长	张博（8月任）
副主任 纪检组长	赵毅波（8月离）		

【接待工作】　2011年全年接待来宾148批5740人，其中：接待交通部、省公安厅、省卫生厅、省环保厅、省以工代赈检查组、省扶贫办、市委调研组、市人大调研组、市政府调研组、市政协调研组等来宾共71批；服务全省雨露计划实施方式改革试点工作培训班暨宜阳现场会、洛阳市农机合作社建设现场会、洛阳市农田水利基本建设暨农业综合开发工作会议、2011年全市重大项目暨产业集聚区建设督导检查活动等各类现场会17次，接待外地考察团19批，其他公务接待41批，圆满完成各项接待任务，有力地支持了县中心工作的开展。

【礼品开发】　以展示宜阳浓厚人文，凸现文明、开放、奋进的宜阳为主题，相继开发了《李贺看盘》、《灵山看盘》、《锦绣宜阳》邮册、《千姿牡丹》邮册、《灵山寺徐世昌书法手迹碑刻》、韩城烧鸡礼盒、宜阳特色杂粮礼盒等系列礼品等系列馈赠礼品。有效地展示了宜阳悠久的历史，深厚的文化，繁荣的经济。

【指导县宾馆工作】　一是注重接待质量。协调宾馆对豫翔楼餐饮部进行改造，改造就餐雅间15间，11月底餐饮部基本改造完毕投入使用，通过改造有效改善了接待环境，提高了接待质量；二是提高接待品味。开发了一系列高、中档接待专用酒，协调宾馆走出去学习洛阳和周边各兄弟县市特色宾馆、酒店餐饮优势，结合本地特色，挖掘了一批具有宜阳特色、浓厚乡村气息的特色菜。并积极协调开发了美味绿色小菜礼品箱，作为馈赠来宾得礼品，备受来宾喜爱。三是提升接待水平。协调宾馆通过公开选拔的方式，招收素质高、能力强、形象好的大、中专毕业生充斥到服务员的队伍中。同时加大对县宾馆接待服务质量的监管力度，确保每一次公务接待规范有序，防止出现食品卫生不达标等问题。

【开展节支活动，提高管理水平】　坚持两手抓的方针，一手抓服务，强化管理，提高服务质量；一手抓管理，降低成本，减少费用支出。从节支等各个方面、各个环节，深挖潜力，狠抓各项工作的落实，既做到集中接待、优质接待，又达到节约开支、杜绝浪费，为完成好公务接待任务创造良好的条件。

【党风廉政建设】　认真抓好本单位的党风廉政建设，认真落实各级关于党务和政务公开的要求，落实好公示制度、检查制度，廉洁从政规定。积极发扬接待工作“五种精神”（与时俱进的创新精神、精益求精的敬业精神、吃苦耐劳的奉献精神、严于律己的自律精神、团结互助的友爱精神），牢记接待工作重心，履行接待工作职能，使接待工作规范、良性运转，得到了上级主管部门和县主要领导肯定。

（肖思远）

工矿区管理

书记　樊少杰

【概况】　宜阳县工矿区办事处位于义络公司辖区内，隶属县政府派出机构，正科级行政单位，2011年有工作人员11名。下设：党政办公室、社会事务办公室、综合治理办公室。2011年工矿区党工委、办事处与时俱进，开拓创新，树立和落实科学的发展观和正确的政绩观，以经济建设为中心，以跨越式发展为主题，推进三个文明建设，努力提高居民生活水平，实现工矿区经济快速、协调、健康发展和社会事业全面进步，为企业的发展创造一个宽松和谐的生产环境。电话：0379－68885553。

领导班子成员

职　务	姓　名	职　务	姓　名
书　记	樊少杰	纪委书记	王海峰
主　任	宋会波	副主任	樊洛宜
副书记	冯鲜鸟	党政办主任	潘占杰

【党的基层组织建设】 2011年，党工委、办事处经常组织基层党员、干部对党的“十七”大精神学习，以学习“环境创优”教材为主题，培养树立基层党员干部新时期的工作观念，提高他们的执政能力，举办党员学习培训班，提高党员模范带头作用，加强党的执政能力和巩固共产党的领导地位，举办入党积极分子培训班1期，发展预备党员1名。

【辖区稳控工作】 稳定是前提，稳定是工矿区的工作主题。工矿区办事处认真落实县2011年工作会议精神，切实抓好稳控工作，年初两委班子针对稳控工作召开了专题会议，成立领导小组，制定稳控工作方案，从领导到职工分包到户，各负其责，深入基层调查摸底，对买断工龄的1500余名人员及“320”家属工人员，耐心做思想工作，发现问题及时处理，把矛盾消除在萌芽状态，经办事处全体工作人员的共同努力，一年来，共受理上访28批、28次、64人，办理信访案件21件，按期结案率达到100%，保持了辖区整体社会稳定。

【社区文明建设】 工矿区两委班子加强对社区“三个”文明建设的领导，全方位抓好“我为社区办实事”的民心工程，引导辖区居民争当文明市民、文明家庭、文明楼院、文明小区等不同层面的创建活动，提高辖区文明程度，促进文明行业、文明单位的创建，真正实现“身心更健康，让生活更快乐”的康乐社区，不断研究社区文明建设的新方法。

【搞好民政扶贫，加强社会保障体系】 加强社会保障，协调完善社区的低保管理体系。一年来，多次与民政部门协调，对社区的贫困户、特困户进行救助，先后发放贫困救济金4.8万余元。办理最低生活保障金73户、92人。办理城镇医疗保险984人，参保率达98%。办理新型农村社会养老保险1201人。牢固树立了“我为居民办实事，我为居民解忧愁”的民心工程。

（潘占杰）

产业集聚区管理

【概况】 宜阳县产业集聚区管理委员会成立于

主任 王少杰

2006年3月，办公地点位于北城区李贺大道1号龙羽宜电西侧。属财政全供事业单位，编制20名。内设综合部、规划部、招商部、企业服务部、财务部和卓立公司。2010年5月，成立中共宜阳县产业集聚区工作委员会。2011年6月被评为洛阳市先进产业集聚区；9月被河南法制报评为首届最具投资法制环境产业集聚区；12月被省政府评为河南省对外开放先进产业集聚区、河南省节约集约模范产业集聚区、河南省先进产业集聚区等。

截至2011年底，入驻企业129家，其中规模以上企业73家，亿元以上企业39家；完成固定资产投资81.2亿元，工业企业实现营业收入145亿元，入库税金3.26亿元，规模以上企业吸纳就业1.5万人。2011年5月、10月，市委、市政府组织两次全市重点项目暨产业集聚区建设观摩活动，省委常委、市委书记毛万春，市长郭洪昌，市委常委、常务副市长宋殿宇等先后莅临宜阳县产业集聚区实地调研重点项目，对宜阳产业集聚区建设取得的成绩给予充分肯定。电话：0379－68718182。

领导班子成员

职　务	姓　名	职　务	姓　名
工委书记	王三章	副主任	耿占武
主　任	王少杰	纪检组长	张正宽
副主任	梁武强	工委副书记	王惠芳
副主任	赵万红		

【完成集聚区总体规划编制】 宜阳产业集聚区严格按照“科学发展，规划引导”的总体思路，已编制完成集聚区发展规划、区域环评规划、空间发展规划及控制性详规、土地利用规划和产业发展规划，目前各项规划均获批复。

【招商目标任务完成】 2011年县定招商引资任务为2.4亿元。年底，招商引资到位省外资金2.9万元，占招商引资年度目标任务的121%。

【项目引进】 共引进工业项目24个，总投资47.6亿元。分别为：金尔泽公司投资10亿元的60

万平方米标准化厂房项目；炜润达投资1.4亿元的氮化物高档耐火材料项目；久通管业投资6000万元的年产1.2万吨塑胶管材项目；格林轴承投资6000万元的轴承滚子项目；百思特精密轴承投资4600万元的精密非标轴承项目；奇瑞模具总投资4600万元的微结构钟面机床项目；铁木肯轴承投资4500万元的风电轴承保持架项目；烨兴特钢投资2500万元的冷拉轴承钢丝项目；磐泰金属材料投资2500万元的轴承滚子、钢球钢材生产项目；宝泰钢球厂投资2500万元的轴承钢球项目；华创数控投资2500万元的轴承磨床设备项目、豫安公司投资2000万元的河南省建筑安装技工培训基地项目等。

【新开工项目】　新开工项目24个，总投资48.8亿元。其中轴承产业园项目11个。分别为洛凌公司投资4.3亿元的月产1000万套轴承零件及成品轴承项目、美辰公司投资1.3亿元的年产2万吨钢结构项目、刚阿工贸公司年投资1.2亿元的年加工1.2万吨轴承钢管项目、龙马公司投资8000万元的年产5万套轴承项目、普莱德公司投资7800万元的年产400套独立充电式直流电力操作电源、150台交流电力测功机项目、莲达公司投资8000万元的年产13500万粒精密钢球精密钢球项目、科大公司投资6000万元的年产2000吨耐磨材料机械件项目、汇普公司投资5000万元的年产550万套转向轴承项目、珀尔林公司投资4700万元的年产10万件P2、P4级精密微型轴承及精密零件加工项目、兴宇公司投资3500万元的年产20万套软轴控制器项目、道明公司投资3000万元的年产3000吨轴承生坯及2万套轴承项目。

西庄专业园项目7个。分别为交运集团公司投资3亿元的车桥项目、超拓公司投资1.88亿元的年产3300吨高耐磨矿用弹性体装备及成品制造项目、星合公司投资1.3亿元的年产1000台变压器、100套低压开关柜项目、同欣工贸公司投资1.3亿元的年产1万台（套）非标设备覆盖件和结构项目、金尔泽投资10亿元的60万平方米标准化厂房项目、海正机械投资3.7亿元的拖拉机后桥项目、丰收公司投资2.1亿元的年产2000台100~200马力轮式拖拉机项目。

其他项目6个。分别为华宇公司投资5.5亿元的年产200兆瓦单晶硅拉棒和太阳能电池片组件项目、海斯迪公司投资4.5亿元的年产1500万组聚合物锂电池项目、牡丹集团投资1.5亿元的焊材研发生产基地项目、东升公司投资1.4亿元的6条铁路养护机械设备生产线项目、黄河同力公司投资6120万元的消纳城市生活垃圾项目、久通管业投资6000万元的年产1.2万吨塑胶管材项目。

宜阳县重大项目集中开工仪式

【续建项目】　续建项目6个，总投资21.8亿元。其中轴承产业园项目2个：嘉维公司投资1亿元的年产大型转盘轴承1000套项目、惠兴公司投资1亿元的年产200万套汽车轴承项目。其他项目4个：福润公司投资10亿元的年加工生产200万头生猪屠宰加工生产线项目、骏马公司投资5.6亿元的年产10万吨硝酸及25万吨硝基复合肥项目、至尚公司投资3亿元至尚工业园标准化厂房及游泳系列产品加工项目、奇航公司投资1亿元的年产10万吨复合硅酸钠项目。

【竣工投产项目】　已竣工投产项目7个，总投资4.77亿元。分别为强豫农机公司投资1.1亿元的农机烟草机项目、宏元工贸公司投资1亿元的年产9000吨精密铸件、2.4万吨硅溶胶铸件项目、迎春电器公司投资7200万元的年产25万台（套）工业和家用电器项目、信建德公司投资6000万元的年产2万吨钎具项目、天信重工公司投资3000万元的年产3000吨机加工项目、博宣铸造公司投资2500万元的年产6000吨机加工项目、迅凯电子公司投资8000万元的年产5000万条网络数据线项目。

【其他产业项目】　2011年共实施配套设施产业项目7个，总投资18.3亿元。主要项目有投资2亿元的国际锦龙五星级酒店项目、投资1亿元的龙兴小区公租房廉租房经济适用房项目、投资3000万元的产业集聚区综合服务平台项目、投资200万元的轴承产业园生活配套项目、投资3亿元的职教中心项目、投资2亿元的儿童世界项目、投资2.5亿元的县医院新区项目、投资3.3亿元的官庄村改造项目、投资1.3亿元的牌窑村改造项目、投资2.9亿元的铁炉村改造项目等。

【基础设施建设】　2011年以来，宜阳产业集聚区坚持基础设施作为发展先导，全力加快推进基础设施建设步伐，加快推进集聚区路、电、供气、供热、技术研发、标准化厂房等31项基础设施工程建设，总投资22.1亿元，其中道路通车里程44公里、供电、供热、供气、供水管网131公里。

一是续建项目8个，总投资6.32亿元。主要项目有北环路。总投资1980万元，主路面已完工，正在施工跨泄洪沟桥梁；滨河路。总投资1800万元，已竣工通车；南环路东延。全长3312米，总投资2800万元，基本竣工通车；洛宜快速通道。总投资2.4亿元，已竣工通车；供水工程。投资3580万元，铺设管道35.8公里，目前完成15.6公里，已铺设至轴承专业园；供气工程。总投资1.3亿元，拟铺设管网41公里，已完成21公里，实现向部分企业供气，轴承产业园燃气管网铺设已完成90%，西庄专业园管网铺设准备近期开工；北城区污水处理厂工程。新建日处理2万吨污水处理厂一座及配套管网31公里，占地35.2亩，总投资5960万元，建成后可满足包含产业集聚区北区在内的11平方公里范围排污需求。一期已完成办公楼，污水处理池建设及部分管网铺设和设备订购，预计年底建成投用；龙兴小区配建公租房廉租房项目。投资1亿元，建设公租房廉租房17栋11.22万经济适用房平米，目前已完工10栋，其中6栋近期可交付使用。

二是新开工项目23个，总投资15.78亿元。

轴承产业园一期配套道路，全长1800米，规划红线18米，主车道12米，两侧为3米宽人行道，混凝土路面，雨污水管道、路灯设施齐全，总投资1100万元，已竣工通车。西庄专业园配套4条道路，全长2534米，总投资4146.6万元，主车道宽15米，双侧各5米宽人行步道，绿化、亮化、排水等配套设施齐全，已竣工通车。滨河南路、滨河北路（产业集聚区段），投资3138万元，全长6870米，宽41米，已竣工通车。东外环路、同力西路、富兴路等7条道路，投资7177万元，全长8.5公里，已竣工通车。同力大桥，北起洛宜北线，南至安虎线，桥身全长600米，投资1.2亿元，桩基完成70%，同力大道已推出路形。快速通道西延，建设48×36立交桥1座，投资1100万元，桩基基础已完工，正在施工桥柱。洛宜渠改道工程，长度4500米，下部宽4米，上部宽22米，投资2800万元，已完工。秦岭渠、洛河渠硬化，全长6.3公里，投资3150万元，已完工。刚阿渠道建设，全长3公里，投资1520万元，已完工。轴承专业园供水工程，日供水量1200吨，投资1580万元，一期已完成供水厂办公楼及清水池建设。国防光缆改线，长度33.45公里，投资6690万元，已完工。华宇光电供电工程，全长1500米，投资1100万元，正在施工电缆沟主体。110千伏电力线路改线，全长10公里，投资3520万元，已完工。同力供电工程，供电负荷110千伏，线路架设长度8.1公里，投资2850万元，已完工。供热工程，供热规模为50万~100万平方米，投资3.6亿元，已铺设管道15公里。同力变电站、储煤仓库建设，建设110千伏变电站和5000平方米储煤仓库，投资3850万元，已完工。产业集聚区公共服务平台项目。建设7层1.1万平方米综合楼，内设产品研发中心、展示和检测中心等，投资3000万元，主体已封顶。标准化厂房项目1，建设2万平方米标准化厂房，投资3200万元，已完工。标准化厂房项目2，建设3栋4层标准化厂房，投资4800万元，第一栋四层主体已完工，第二栋基础基本完工。阳光水岸三期，河道综合治理15公里，投资3.3亿元，大堤正在建设，四、五级橡胶坝正在设计。锦龙大桥，桥面宽30米，长720米，投资2亿元，正在进行桩基施工。雨润西路工程，概算投资500万元，全长600米，规划红线宽20米，主路面宽10米，两侧各5米宽绿化带，已定位放线。西庄专业园规划东西路工程，概算投资1500万元，西起涧河桥，东至东三路，全长约1500米，拟规划红线25米宽，主路面宽15米，两侧各5米宽绿化带及人行道，已定位放线。

【完善政策机制】　制定优惠政策。宜阳县结合自身优势，不断制定招商引资优惠政策，先后出台了《关于进一步加快产业集聚区建设的若干意见》、《关于鼓励特色产业项目入驻产业集聚区的实施意见》、《关于扶持多层标准化厂房建设的意见》等一系列优惠政策；开展合署办公。定期组织发改、统计、国土、规划、住建等职能部门，召开合署办公会议，协调解决项目手续办理及建设过程中出现的问题，明确责任，限时解决，加快项目建设速度；兑现招商承诺。专门成立了产业集聚区建设领导小组，实行“一个项目、一名领导、一套班子、一抓到底”的工作机制，全程跟踪服务，定期召开联席会议，解决企业遇到的难题，兑现在项目入区时政府做出的有关奖励承诺。

提升企业家政治荣誉。先后与县政协沟通，推荐华宇光电、至尚公司、牡丹焊材等公司6人担任县政协委员，以此提升他们的政治荣誉。

2011年产业集聚区管委会积极推进精神文明建设，成功举办产业集聚区第三届篮球比赛和乒乓球友谊赛、迎新年“牡丹焊材杯”歌舞晚会。

【集聚区融资平台建设】　卓立融资公司成立于2006年3月，注册资金1000万元。2009年省政府出台扶持产业集聚区融资平台发展的若干政策，卓立融资公司及时注入省财政补助资金800万元，同时县财政又注入资金1000万元，使公司注册资本达到5346.6万元。2011年宜阳县又将省市政府奖励资金2348万元注入融资平台，使卓立融资公司注册资金达到7694.6万元。全年累计完成融资1.57亿元用于产业集聚区标准化厂房、道路和供排水管网等基础设施建设。

【特色产业培育】　严把项目入区关。积极引进主导产业项目，对不符合主导产业的项目，禁止入驻产业集聚区；大力实施乡镇书记工程。要求乡镇书记工程必须围绕县产业集聚区的主导产业，开展产业链招商，对没有建立专业园区的乡镇，书记工程新上项目必须安排入驻县产业集聚区。出台了相关政策，对由乡镇书记工程引进、入驻产业集聚区的项目，建成投产后，税收地方留成部分乡镇占70%，县财政占30%，充分调动了乡镇有针对性开展招商引资的积极性；积极开展节会招商。强力实施“走出去”战略，积极参加厦交会、广交会、中博会、豫洽会等招商节会，特别是在今年中国洛阳牡丹文化节期间，引进了华宇光电光伏产品、海斯迪锂电池等19个主导产业项目，总投资47.6亿元；不断扩大产业集聚效应。围绕区内中信重工等装备制造龙头企业，积极引进关联企业，重点发展上下游产品，拉长产业链条，努力形成产业集群。目前，产业集聚区内两个装备制造类专业园建设已初见成效，轴承专业园一期总投资13.1亿元的13个轴承类项目同时开工，进展顺利，年底前有望全部建成投产，二期拟入驻的总投资10.8亿元的15个轴承类项目，明年4月开工。西庄专业园入驻机械制造类项目8个，总投资24.7亿元。同时，以海斯迪锂电池项目为代表的电子产业园和以雨润集团福润公司肉制品加工项目为代表的食品产业园正在建设。（王　琳）

新农村建设

主任　黄改锁

【概况】　宜阳县新农村建设办公室位于北城区青少年活动中心院内，工作人员12人，内设综合科、项目科、督查科3个科室。

2011年，坚持以新农村建设统揽全县农村工作全局，努力围绕一个中心，实现两个突破，打造“双十”亮点工程，搞好四项基本工作，达到五个新目标，发展壮大农业主导产业，夯实农村发展基础，改善农村生产条件和生活环境，使全县新农村建设整体见成效、出形象、上水平，推进了农村经济社会全面发展。连续6年（2006、2007、2008、2009、2010、2011年）被市委、市政府授予新农村建设先进县。电话：0379－68878210。

领导班子成员

职　务	姓　名	职　务	姓　名
主　任	黄改锁	副主任	张书贤（3月任）
副主任	乔少青	副主任	孙志刚（3月任）
副主任	卫保锋		

【农村环境整治】　按照“三清七集中”的要求，对安虎线、南车线、八官线等3条主干线及全县353个行政村开展村容村貌、路容路貌集中整治活动。全县共清运垃圾14万余立方米，补修绿化带1万余米，新栽植树木2万余棵，疏通、整治道路边沟7万余米，规范各类标志牌1918块。

【农村基础设施改善】 按照先重点村，后一般村的顺序，由县财政补贴水泥，吸引农民筹资筹劳，实施通组通户道路硬化，共硬化217.7公里；新建农村社区服务中心12个，达到各项软硬件设施齐备；新建高标准农民休闲广场14处，安装健身器材35套。

【农村社区服务中心建设】 对10个社区服务中心按照“三清七集中”的标准进行了治理，硬化通组通户道路、对休闲广场、村庄进行绿化亮化建设，建成了莲庄镇涧河村、三乡镇滩子村、董王庄乡赵坡村等社区服务中心建设亮点村。

【保洁机制健全】 通过政府采购的形式购置小铲车18辆、中型垃圾清运车8辆、小型垃圾清运车18辆，发放给各乡镇使用。各乡镇成立了垃圾清运专职队伍。加强对保洁人员的培训和管理，完善保洁人员工资补贴制度，确保农村长期干净整洁。全县新建农村垃圾池342个，改建414个；新建垃圾填埋场所54个，改建52个。

【新型农村社区建设】 完成50个新型农村社区布点规划任务，在建的新型农村社区9个，年内新开工6个，完成建筑50栋、2315套、21.95万平方米。一是结合城中村、城郊村改造及小城镇经营管理，形成了以县城为中心，四区（东城产业集聚区、西城文化旅游区、南城商业物流区、北城商住休闲区）协调发展，七个中心乡镇为支撑的城乡一体化发展新格局。二是搞好分类指导，先后实施了城中村改造型社区（城关镇东关街社区）、旅游景区开发型社区（锦屏镇灵秀社区）、产业集聚型社区（香鹿山镇牌窑社区）、小城镇依托型社区（樊村乡樊村社区）、整村搬迁进城型社区（锦屏镇锦安社区）。 （张书贤）

市场发展服务

【概况】 2000年6月14日洛市编办〔2000〕18号文件，批准成立宜阳县市场发展服务中心，为宜阳县人民政府直属的事业单位。现有干部职工35人，办公地址位于文化北路1号建设银行四楼。

县市场发展服务中心是县政府负责开发市场、建设市场、从事市场服务和经营的事业单位。其主要职责是：参与市场体系建设规划，对新建市场可行性报告进行论证；搞好市场物业的经营管理和设施维修、改造及资产管理；开发市场资源，搞好市场交易，促进市场繁荣；开展多种经营，为市场经营者提供经营条件和信息、储运、生活等方面的有偿服务；搞好环境卫生和消防安全，规范市场管理。电话0379－68896735。

主任 杨强伟

领导班子成员

职　务	姓　名	职　务	姓　名
主　任	杨强伟	副主任	史冠伟（3月离）
副主任	杨惠民	纪检组长	李琳锐
副主任	靳学军		

【市场规范管理】 对联建的韩城集贸市场、锦屏建材市场，矿区每月9号物交会、年货市场进行规范管理。

【企事业单位改革】 根据中共宜阳县委、宜阳县人民政府《关于全面推进企事业单位改革工作的意见》（宜发〔2011〕6号）和宜阳县人民政府办公室《关于印发宜阳县事业单位岗位设置管理工作实施方案的通知》（宜政办〔2010〕81号）及宜阳县企事业单位改革工作领导小组办公室关于转发《洛阳市企事业单位改革工作领导小组办公室关于印发〈洛阳市　公益事业单位中层和一般人员内部三项改革方案（试行）〉的通知》（宜县企事改组办〔2011〕3号）等文件精神，县市场发展服务中心为公益一类事业单位，开展内部三项改革。2011年6月30日，经洛阳市人力资源和社会保障局核准，县市场发展服务中心岗位设置：管理岗17名；专业技术岗2名；工勤技能岗16名。

【党建工作】 党支部现有党员17名。2011年6月22日支部换届，选举产生新一届支部委员会。

【环境创优工作】 根据《宜阳县“环境创优年”

活动政务环境创优活动方案》（宜办〔2011〕6号）文件精神，开展政务环境创优活动。单位成立了领导小组，制定了工作方案，分学习提高、查摆问题、集中整改四个阶段进行。在活动中树立学习标杆、完善规章制度、落实党务政务公开、实行服务承诺制、首问负责制、一次性告知制、限时办结制，政务环境创优工作取得一定成效。

（白石虎）

住房公积金管理

【概况】 洛阳市住房公积金管理中心宜阳管理部隶属洛阳市住房公积金管理中心的正科级事业单位，位于宜阳县文化北路建行四楼，人员编制3名。负责宜阳住房公积金政策宣传、编制、执行公积金的归集、使用计划；记载职工公积金的缴存、提取、使用情况；负责公积金的核算、保管、和归还。电话：0379－68878387。

领导班子成员

职　务	姓　名
主　任	于长伟

主任　于长伟

【业务情况】 2011年，公积金管理中心宜阳管理部归集公积金4738.5万元；同比增长13%，各项管理工作在全市处于领先位置。

2011年，办理公积金支取1671.7万元，为1400余户职工改善住房条件提供了经济支持。

2011年，宜阳县发放住房公积金贷款394户，发放金额6103.9万元，对县域经济、房地产的发展起到了重要作用。

（刘卓然）

灵山风景区

政协宜阳县委员会

政协委员会

主席　张景彦

【概况】　政协宜阳县委员会驻城关镇文明东路12号。机关内设办公室、经济科技委员会、民族宗教法制委员会、提案工作委员会、文教卫生委员会、学习文史委员会等6个委室，工作人员22人。

2011年，政协宜阳县委员会在县委正确领导下和县人大、县政府及社会各界的大力支持下，牢牢把握团结和民主两大主题，围绕县委、县政府中心工作和政协年初全会提出的工作目标，务求实效履行政协职能，凝心聚力助推科学发展，一心一意促进民生改善，和衷共济维护社会和谐稳定，为宜阳县经济建设、政治建设、文化建设、社会建设及生态文明建设做出了积极贡献。电话：0379－68882207。

领导班子成员

职　务	姓　名	职　务	姓　名
主　席	张景彦	副主席	仝爱民
党组书记 副主席	王三章（6月任）	副主席	王留乾

科室负责人

职　务	姓　名
办公室主任	张会琴
办公室副主任	林青峰
民法委主任	李红召
民法委副主任	张淑芳
提案委主任	黄晓昌
提案委副主任	郑孝伟
经科委主任	常占民
经科委副主任	刘花朋
学习文史委主任	郅敬伟
学习文史委副主任	方苑亭（8月离） 胡振国（8月任）
文教卫委主任	徐　伟
文教卫委副主任	王仁义（3月任）

政协全会

【县政协七届五次会议】　中国人民政治协商会议宜阳县第七届委员会第五次会议于2月20日至22日在宜阳宾馆召开。到会委员225人。全会听取并审议了县政协主席张景彦所作的政协宜阳县第七届委员会常务委员会工作报告，审议并通过了县政协副主席仝爱民所作的七届四次会议以来提案工作报告，听取和讨论了县委书记王琰君代表中共宜阳县委所作的重要讲话。与会委员还列席了宜阳县第十二届人民代表大会第六次会议，听取并讨论了有关报告。会议还听取了政协宜阳县第七届委员会第五次会议提案审查情况报告，讨论通过了政协宜阳县第七届委员会第五次会议政治决议。

政协常务会议

【县政协七届十八次常委会】　县政协七届十八次常委会2月12日在县政协三楼会议室召开，县政协主席张景彦，县政协副主席仝爱民、王留乾，县政协常委及各界别召集人参加会议。会议通报了七届五次会议筹备情况。通报了七届五次会议议程、日程、主席团成员名单和七届政协常委调整情况。汇报了常委会工作报告和提案工作报告的起草情况。会议还对两个报告及政协常委调整情况进行了分组讨论、发言和表决通过。

【县政协七届十九次常委会】　县政协七届十九次常委会2月21日在菲英特六楼会议室召开。县政协主席张景彦，县政协副主席仝爱民、王留乾出席会议，县政协七届29名常委和14个界别28名召集人参加会议。会议讨论和表决通过了《中国人民政治协商会议宜阳县第七届委员会第五次会议决议（草案)》，听取了政协委员对政府工作报告、政协常委会工作报告、提案工作报告等讨论情况的汇报。

县政协会议会场

【县政协七届二十次常委会】　县政协七届二十次常委会4月14日在县政协三楼会议室召开，县政协主席张景彦，副主席仝爱民、王留乾出席会议。会议通报了《宜阳县政协2011年工作要点》；通报了县政协七届五次会议以来提案立案情况和主席、副主席领办的重点提案；通报了土地流转调研方案和老城区改造调研方案；通报了有关县政协人员人事任免情况。住建局和水利局汇报了2011年的工作计划和当前工作进度。

【县政协七届二十一次常委会】　县政协七届二十一次常委会8月17日在县政协三楼会议室召开，县政协主席张景彦，副主席王三章、仝爱民、王留乾出席会议，县政府副县长刘宝兴应邀参加会议。会议汇报了县政协2011年上半年工作情况；通报了《关于县政协七届五次会议提案办理情况的报告》；听取了《关于对我县农村土地承包经营权流转工作的调研报告（草案)》和《关于我县老城区改造情况的调研报告（草案)》。县政协副主席仝爱民通报了有关县政协人员人事任免情况。县交通局、卫生局分别汇报了2011年前7个月工作情况。

【县政协七届二十二次常委会】　县政协七届二十二次常委会12月7日在县政协三楼会议室召开，县政协主席张景彦，县政协党组书记王三章，县委常委、县委统战部部长、县政协党组副书记牛刚，县政协副主席仝爱民、王留乾出席会议，副县长李晓波应邀参加会议。会议听取了县政协七届五次会议以来提案办理情况工作汇报。听取了政府办关于2011年全县福民实事办理情况的通报和发改委、县电业局、人力资源和社会保障局年度工作情况汇报。

委员活动

【围绕主线，资政建言】　2011年，县政协紧紧围绕全县经济工作会议和县委、县政府全会精神，把县委、县政府决策作为县政协工作的切入点，全年召开全体会议1次、常委会议4次、主席会议6次，就经济社会发展方面的20项重点工程进行协商议政，形成意见建议50多条，为县委、县政府科学决策提供了重要参考。

【把握重点，开展调研】　4月下旬和6月上旬，围绕县确定的农村土地经营权流转工作和老城区改造工作这两项重点工作，县政协组成两个调研组分别开展了土地流转和老城区改造工作情况调研。调研工作在相关部门的配合下，深入到乡镇、社区通过实地察看、走访群众，发放问卷调查表、召开座谈会、广泛听取各方面意见和建议，形成了2篇针对性和参考性较强的调研报告，县委办《学习与调研》予以采用并转载。

【履行职能，参政议政】　2011年县政协组织委员对群众关心的热点、难点问题视察13次，先后对县检察院、县科技工作、县法院刑事庭审活动、县司法局人民调解工作、县重点工程和福民实事完成情况进行了视察调研，提出了很多宝贵意见和建议，得到了相关部门的采纳。2011年县政协在常委会上还分别对住建局、水利局等6个单位进行民主评议，通过评议提高了职能部门工作的透明度，促进了工作落实。

【提案办理，注重实效】　对县政协七届五次会议以来审定立案的128件提案，除转交办理外，对20件重点提案采取主席领办和委室督办的办法，促使承办单位尽快落实。2011年10月，县政协选择事关全局和民生问题的6件提案，举办了“提案办理面对面”活动，县电视台现场录像并精心制作了电视专题片《提案办理实录》公开播放，发挥了政协在关注民生和服务发展方面的重要作用。

【创先争优，硕果累累】　2011年县政协在全体委员中倡导开展“我为重点工程添光彩、做贡献”、“阳光助学”、“创先争优”等活动，成功举办了政协委员“白雅琴双拥个人演唱会”、首期“政协讲坛”。举办了“召伯廉政文化书画展”活动和政协委员卢伟宗《人民领袖之歌》创作座谈会，并授予委员卢伟宗“颂伟人、树丰碑创作标兵”荣誉称号。组织开展“阳光助学”活动，为16名考入大学本科的优秀学子，每人资助2000元。在“凝聚力工程”活动中，组织非公有制经济人士筹资48万元，资助了280名贫困大学生。

【发挥优势，增强活力】　充分发挥机关团结联络作用为委员履职搭建平台；充分发挥专委会基础作用，努力提高专委会工作水平；坚持每周例会和学习制度，积极提高工作人员政治业务素质；改善办公条件，办公效率进一步提升；文史资料工作成绩显著，完成了30篇文稿约10万字《话说宜阳》的出版印刷工作，为宣传宜阳做出了贡献。

（胡振国）

中国人民政治协商会议宜阳县第八届委员会第一次会议

地 方 武 装

人民武装部

部长　张　旭

政委　田群献

【**概况**】　中国人民解放军河南省宜阳县人民武装部，既是县委的军事部门，又是县政府的兵役机关，受洛阳军分区和县委、县政府的双重领导，下设军事科、政工科、后勤科。2011 年，县人武部被济南军区表彰为信访工作先进单位，被军分区表彰为军事训练先进单位、被洛阳市表彰为参与平安建设先进单位。电话：0379－69870740。

领导班子成员

职　务	姓　名	职　务	姓　名
部　长	张　旭	政工科长	陈殿军
政　委	田群献	后勤科长	段希伟
副部长 兼军事科长	杨树峰		

【**思想政治建设**】　人武部紧紧围绕“建学习型班子、带学习型队伍”这个主题，采取机关集中学习和个人自学相结合的方法，深入学习科学发展观和中国特色社会主义理论，突出抓好了当代革命军人核心价值观教育。认真学习贯彻《政工条例》，严格落实机关学习日制度，强化思想信念、道德情操、法纪观念、安全常识“四课教育”功效。为机关和基层征订了各类军事报刊，拓宽干部职工和专武干部视野，使政治理论深入思想，融入工作，扎实筑牢了干部职工和专武干部的思想政治基础。牢固树立“发展是第一要务，稳定是第一责任”的思想，把平安建设工作纳入党委工作重要议事日程，成立军人军属法律援助工作站，建立信息互通、矛盾调解、联席例会等制度，扎实做好维护军人军属合法权益工作。2011 年，先后解决涉军信访 8 件次、息访 13 起、制止各类涉军纠纷 14 余起，有效解决了涉军维权问题和各类纠纷，维护了社会稳定，为构建平安宜阳做出了突出贡献。县人武部被济南军区表彰为信访工作先进单位。

【**党委班子建设**】　结合“创先争优”活动，部党委确立了“抓重点，在规范化上打基础；树形象，在班子建设上求和谐；谋作为，在打赢地位上见成效”的工作目标。针对民兵预备役建设的现状，坚持在军分区党委和县委、县政府的领导下，大力发挥堡垒作用，坚持做到重大问题集体研究，热点敏感问题公平、公正、公开。党委一班人团结心齐，心往一处想、劲往一处使，班子的凝聚力和执行力进一步增强，自建能力和创新能力进一步提高，科学发展思想在全面建设中的指导地位得到进一步巩固。

【**军事斗争准备**】　着眼“平时服务、急时应急、战时应战”目标，根据上级工作任务部署，结合作战任务需要，人武部狠抓了战备训练的落实。一是结合民兵整组，狠抓了民兵应急拉动演练。按照

“相对集中、就近集结、专业对口、均衡负担”的办法，搞好民兵组织整顿，重点抓了应急动员任务分队、作战队伍、应急队伍、勤务保障队伍和战略导弹兵预编等重点分队建设，适时组织民兵分队进行检验性应急拉动，不断提高应急出动能力，人武部代表军分区接受省军区民兵整组工作检查，受到省军区工作组的高度评价。二是结合工作任务，认真修订战备方案完善战备设施。2011 年初，制定完善了兵员动员、抢险救灾、处置突发事件等战备方案。建立健全了重大节日开展战备教育、民兵分队轮流担负战备值班制度。先后投入 10 余万元，抓好人武部“两室一库”配套建设，充实物资器材，完善战备资料和指挥设施器材，不断提高建设水平和指挥交通。三是结合驻地特点，狠抓民兵救援分队训练。突出抓好民兵应急分队、水灾、火灾、矿难救援分队和应急兵员动员预补兵员的应急应战训练。重点抓好防汛分队训练，组织准备了民兵防汛抢险演练。与驻洛部队进行挂钩训练，和县公安消防大队、武警中队协同训练，增强了训练的有效性。

国防教育宣传

【规范化建设】 认真贯彻落实《河南省县（市、县）人武部工作规范》和《河南省民兵预备役部队应急分队建设规范》，研究制定了民兵预备役应急队伍建设标准及落实的措施，突出抓了“三个规范”。即规范秩序：坚持抓好了机关每天小交班、每周大交班、每周五集中学习，每月进行一次安全形势分析，每季度组织召开一次专武干部例会，以及重大节日战备值班值勤等制度的落实。规范设施：投入 20 余万元，对办公楼墙面、房门、卫生间等设施进行更新改造，投入 10 万余元，购买了救生衣、强光灯、服装等救援器材。先后对应急分队连部、器材室、值班室设施进行更新完善。规范“部、室、家”建设标准：投入大量财力、物力，认真抓好了锦屏镇、香鹿山镇、樊村乡民兵等示范点建设，受到上级领导的好评。

【军政军民关系】 先后协调动用民兵和驻军 2800 人次参与地方建设、执行各项应急任务。2 月组织民兵、协调驻地部队 500 余人配合公安部门圆满完成了元宵节烟火晚会安保任务。

抢险救灾。2 月赵保乡马河村荒山段出现森林火情，县武装部紧急协调驻军 200 多名官兵和民兵救援分队奔赴火场，部长、政委亲临一线组织指挥，经过近 5 个小时扑救，火情解除，挽回经济损失 100 余万元；9 月 19 日凌晨 3 时，张坞镇辛庄洛河段月 4 名采沙工人被困河中近 10 个小时，县武装部紧急启动应急预案，出动民兵防汛救援分队 25 人和橡皮艇 1 艘，被困 4 名采沙工作顺利安全获救，有效保护了人民群众的生命财产安全，得到了县委、县政府的一致好评。

基层对口帮扶。军政主官分别承包了锦屏镇、张坞乡的群众信访工作、新农村建设等任务。全县所有专武干部人人有结对帮扶对象，人人有包片包干任务。全年协调驻地部队为县中学和企业军训 2800 余人次。

开展军事日活动。“八一”前夕，组织四大班子赴汝州庇山训练场观摩铁军训练科目演示、体验轻武器实弹射击等活动，进一步增强了各级领导的国防观念。

保障驻军大型活动。驻军 71702 部队赴山东远程机动演习，县武装部派出 40 名民兵组织营区和道路防卫，保障部队快速机动。驻洛 71282 部队冬季大拉练，沿途各乡镇武装部积极配合，热情接待，帮助解决住宿、水电等生活问题，县人武部与民政局携带慰问品赶赴赵保乡、莲庄乡看望部队，官兵备受鼓舞。

协调光缆迁移。2011 年夏季，武装部派出专人负责协调解决国防通信光缆迁移改造，促进了工业园区建设和灵山寺顺利开发。

参与秸秆禁烧。针对秸秆焚烧的严峻形势，按照县委县政府要求，部长、政委分别包乡包村，亲临一线，检查督导，充分发挥民兵应急分队的突击作用，动用民兵 300 人次，配合秸秆焚烧任务。

【征兵工作】 围绕打造“河南兵”品牌，部党委

民兵训练

高度重视，切实加强组织领导，认真分析形势，积极研究对策，创新宣传手段，采取张贴公告、公开信，给适龄青年打一个电话，上一堂专题教育课，利用电视传媒等方式，广泛开展宣传活动，积极为应征青年提供“绿色通道”，高标准完成了年度征兵工作任务。

（贾永辉）

武警宜阳县消防大队

教导员　张友勤

【概况】　中国人民武装警察部队宜阳县消防大队（宜阳县公安消防大队），驻北城区。下设防火办公室、锦屏路中队和兴宜路中队。

2011年，大队灭火保障机制、灭火救援能力、防火监督执法、部队正规化建设等各项工作取得了新的发展，获得全省公安消防部队精细化管理先进单位、省总队先进大队、省总队安全稳定先进集体、全省消防宣传先进大队、支队先进大队、县政府安全生产目标管理先进大队、县公安局先进集体等多项殊荣。电话：0379－68898567。

领导班子成员

职　务	姓　名	职　务	姓　名
教导员	张友勤	大队长	张艳辉

【队伍建设】　大队党委班子按照总书记胡锦涛“忠诚可靠、服务人民、竭诚奉献”三句话总要求，弘扬新时期公安消防精神，牢固树立“建过硬班子，带一流队伍，创一流业绩”思想，大力开展“抓班子树正气、抓执法树形象、抓落实树新风”活动，认真落实“四个严禁”，狠抓党风廉政建设，围绕“两个规范化建设”，苦练消防监督、灭火救援技能，部队向心力、凝聚力、战斗力进一步提升，服务人民和经济建设的形象显著提高。

【火灾形势】　2011年，辖区共发生火灾事故36起，直接经济损失65万元，保护财产价值1625万元，全年没有发生一起重特大和亡人火灾事故，实现了“零伤亡”、“零重大”的火灾防控目标，全县火灾形势持续稳定。

【专项治理】　大队紧跟上级的统一部署，对构筑社会消防安全“防火墙”工程建设进行了周密的安排，不断提高社会单位“三会三化”、“四个能力”建设。全年先后开展“护航中原”、“清剿火患”战役、“双节”、“零点行动”等一系列消防安全专项治理行动，不断加大对公众聚集场所和城乡“九小场所”、“三合一”、“多合一”场所的火灾隐患的专项整治力度。防火监督干部认真落实“错时”工作制，坚持开展“每日一查”和“每日夜查”，缜密排查火灾事故隐患，严厉打击各种消防违法违规行为。全年共检查社会单位1876家，查处火灾隐患2650余处，责令“三停”76家，完成市政府挂牌督办隐患单位1家，拘留23人，确保了全县城乡消防安全。

【消防宣传】　加大消防宣传力度，大队本着“贴近实际、贴近群众、贴近生活”原则，围绕社会火灾防控工作中心，充分发挥多功能消防宣传车作用，深入社区、厂矿、公众聚集场所，开展丰富多彩的消防宣传活动。在第二十一届119宣传月期间，开设了消防宣传咨询台，开展了以“全民消防 珍爱生命”为主题的万众参与百米长卷签名活动，设置宣传橱窗展板12个，散发宣传消防政策法规和消防知识传单2500份，在中小学组织开展消防疏散演练6次、1.2万余名师生参加。在县城各主要路段和重点单位设置43个消防宣传公益广告，充分利用社会单位LED电子屏经常性播放消防知识、标语，使消防安全宣传达到家喻户晓、深入人心。大队消防工作和抢险救援的事迹，被新华社、中央电视台、中国新闻社、《中国日报》、新浪、腾讯、河南电视台、大河网、《河南法制报》、《洛阳日报》等近百家中央和省、市主流新闻媒体广泛报道，全年在中央省市媒体发表稿件232条，获得省总队消防工作先进集体荣誉称号。

消防演练

【部队管理】 增强部队灭火救灾能力，加强正规化管理和精细化管理，全面加快打造消防铁军步伐，紧密结合"六无一创"安全稳定防事故工作，加强新《共同条令》的贯彻执行，增强官兵的责任意识和组织纪律观念。组织官兵深入辖区重点消防单位，高层地下建筑和大型商场超市、宾馆歌厅和人员密集场所开展"六熟悉"32次，结合各个场所特点，制定出周密的灭火演练预案，开展大空间灭火演练8次，大队的应急救援能力得到极大增强。

【抢险救援】 大队官兵以保卫一方平安为职责，以保卫人民群众生命财产安全为己任，恪尽职责，严守岗位，快速反应，顽强奋战，2011年，大队官兵先后参加各类火灾扑救和抢险救援事故处置135起，处置矿山突发事故、抗洪抢险、暴雨灾害救援、落水人员救助、车辆交通事故救援、危险物品泄露等急、难、险、重任务86起，解救群众136人。其中，"4·10"悬崖绝壁成功营救4名中学生、"7·23"深夜营救2名醉酒跌落20来深红薯窖村民、"8·18"处置危化品槽罐车侧翻泄漏事故、"12·4"深夜勇救被困河心孤岛大娘等多起抢险救援事件被新华社、中央电视台、中新社、新浪、腾讯、大河网、河南电视台、《洛阳日报》等中央、省、市新闻媒体广泛报道，展示了消防部队英勇顽强、竭诚奉献、服务人民的良好形象。

【基础建设】 大队着眼于部队现代化、正规化建设，利用新消防执勤大楼投入使用的机遇，投资120余万元完成了综合训练场、多媒体学习室、官兵俱乐部、图书室、体育活动室等基础设施建设。投资320万元新购置了一辆登高云梯消防车，投资60余万元新购置一大批抢险救援装备。不断完善合同制消防队基础设施建设，使兴宜路消防队（站）正常投入灭火救援战勤，整体灭火救援能力得到提升和加强。

【拥政爱民】 大队官兵牢记全心全意为人民服务宗旨，把驻地当故乡，视人民为父母，积极投入地方经济建设和为民服务，深入开展"学雷锋爱民月"活动，组织官兵踊跃向灾区群众、向生活困难农民工捐款献爱心。在创建国家卫生、园林城市中，积极参与植树、浇水、铲雪等工作。协助企业、林业部门开展专职消防队员培训，全力增援扑救山火林火。积极主动为工业园区入驻企业完善消防手续。消除火灾隐患、解答疑难问题。积极为城乡群众救济解困，为城区居民、企事业单位、学校、医院送水，受到地方政府和人民群众的一致好评。

（张左宏）

政　　法

综　述

书记　仝宇鹏

【概况】　宜阳县政法委位于县委大院，在编干部（职工）16人，其中书记1名，副书记4名，全委下设办公室、涉法涉诉办2个机关科室，稳定办、综治办、610办与政法委合署办公。

2011年，按照“保平安、谋发展、促和谐”整体思路，以夺取省、市先进为目标，以提升公众安全感为核心，以夯实综治基层基础为抓手，深入推进社会矛盾化解、社会管理创新、公正廉洁执法，扎实搞好“平安宜阳”建设，实现了“六个不发生”目标，积极开展“发扬传统、坚定信念、执法为民”主题教育实践活动，大力开展“清网行动”，全面推进平安宜阳建设，着力提高公众安全感和对政法机关的执法满意度，全力开展矛盾纠纷排查调处工作，妥善处理信访突出问题，实现了全县社会政治稳定和治安大局持续平稳，营造了平安和谐的发展环境。电话：0379－68882414。

领导班子成员

职　务	姓　名	职　务	姓　名
书　记	仝宇鹏（5月任） 潘　峰（5月离）	副书记 综治办主任	杨玉田
副书记	张焕停	副书记 稳定办主任	姚守亮（6月任）
副书记	张三成		

【保持“严打”高压态势】　2011年，全县公安机关开展了打盗抢、除黑恶、防命案、追逃犯“四大战役”，组织了网上追逃专项督查“清网行动”。法院、检察院加大了批捕、起诉和审判力度，法、检、公环节密切配合，从重从快打击了“两抢一盗”犯罪、黑恶势力犯罪。全县8起现发命案全部侦破，共破获421起刑事案件，抓获338名犯罪嫌疑人，其中破获234起“两抢一盗”案件，抓获“两抢一盗”犯罪嫌疑人215人，涉案价值达120万元；判决1起黑社会性质案件，打掉3个团伙，判决涉黑成员7人，涉恶成员15人。检察机关受理提请审查逮捕案件249人，经审查，批准逮捕200人。受理移送审查起诉案件338人，经审查，提起公诉254人，报送市院审查起诉35人。没有发生错捕漏捕、错诉漏诉现象，案件准确率达100%。审判机关受理1891起案件、审结1781件，结案率94.2%。其中上诉96件，上诉率8.5%，发还重审10件，全部改判3件，部分改判10件，维持73件。受理各类刑事案件234件，结案221件，结案率94%。受理民商事案件934件，结案907件，结案率97.1%，调解撤诉结案671件，调解撤诉率74%。受理各类行政案件18件，结案14件，其中协调撤诉7件、判决7件。受理各类执行案件425件，结案383件，执结率90%。司法机关接受群众法律咨询1300余人次。全年办理法律援助案件260件，法律援助工作实现了“服务群众，应援尽援”的目标。全县各级调委会共调解各类案件3696起，调解率100%，调成率98.5%，预防民转刑案件25起，调解医疗纠纷76起、交通事故378起，有效维护了社会和谐稳定。对城关镇寿安市场、锦屏镇李沟矿区2个重点地区进行县级挂牌整治，已全部按期治理结束，已被市整治办摘牌。

【源头治理保平安　信访稳定促和谐】　有效化解社会矛盾，切实解决群众合理诉求。2011年，全县共排查不稳定因素293起，化解231起，稳控62起。京省市立案信访案件9件，到期92件，已办理92见，按期结案率100%，群众稳定率、满意率明显提升。强化积案化解，推进“事要解决”，排查信访积案50起，市交办信访事项11起，共计61起，已全部按期办结，按期办结率100%。建立信访救助专项资金300万元，已使用104.5万元，对35名信访人进行了救助，使其息访罢诉。

【技防全覆盖建设成效明显】　先后投入各类资金4000余万元，大力实施技防全覆盖工程。县城倾力打造“视频县城”，城区图像监控平台达到378个、摄像头数量3631个，县城各出入口、主次街道、居民小区全部实现技防全覆盖。在所有自然村全部安装“平安大喇叭”、实现技防全覆盖基础上，全县16个乡（镇）按照“1个监控平台，8个摄像头”标准，在公路沿线177个行政村安装1582个摄像头，建成了177个“视频监控村”，占所有行政村总数的一半，极大提高了该县技防全覆盖水平。

【织密社会治安防控网络】　认真落实人防、技防、物防措施，全力抓好大技防、大巡防、警务室建设。推进治安巡防队规范化建设，县治安巡防大队60名队员、10台巡防车辆，在县城开展24小时网格化巡逻，夜间实施“警灯闪烁”工程；16个乡（镇）全部招聘15名专职巡防队员，统一服装器械，综治工作中心领导，公安派出所日常管理，县综治委为每个乡（镇）配备1台巡防车辆，各行政村建立3～5人专兼职治安巡防队，与乡（镇）巡防中队紧密衔接，共同搞好农村治安巡防，全县参与治安巡防的专兼职人数达到1800余人，县乡村三级巡防网络得到完善。加大警务室建设力度，对照警务室建设标准，在全县建成54个中心警务室，配备58名警务室民警，选拔108名协管员，目前一级警务室4个，二级警务室13个，三级警务室37个。

【注重涉法涉诉信访工作】　2011年，中央、省、市督办案件19起，及时转办给县公安局、法院等部门，已办结19起，圆满完成市委政法委下达的任务数。县法院以开展“集中处理进京非访、重复访”活动为契机，加大信访老案清积力度，实行党组成员包案制，责任到人，限期解决。法院领导亲自登门拜访上访群众，到上访群众家干农活、拉家常，通过亲民司法、爱心司法等活动使绝大多数上访案件妥善解决。上级交办的案件十余件，全部息诉罢访结案，自查13件，办结12件，办结率92%。县检察院开展“举报宣传周”、“检察干警进万家”和“一村一干一警一员”包村活动，推行点名接访和预约接待制度，方便群众控告、申诉和举报。共接待来访群众170余人次，受理各类举报线索90余起，初查14起。严格落实首办责任制、检察长接待日、案件风险评估等制度，最大限度地把涉检信访矛盾化解在基层。全年没有发生涉检赴省进京上访事件，保持了涉检信访积案零纪录。司法局积极参与乡镇信访案件的化解工作。制定了每个司法所每季度至少化解一起信访积案的责任目标。全县16个司法所积极参与重大信访案件的化解工作，共化解上三级信访案件34起。其中赴京访7起，莲庄的李新会反映交通赔偿不到位问题，2007年至今多次赴京、省上访，司法所长介入后，经过多次调解，与上访人达成了赔偿协议。

【政法队伍素质稳步提升】　一是扎实开展“深入推进公正廉洁执法”和“纠正执法问题，促进公正执法”活动，认真解决了执法中存在的问题；二是政法干警深入基层大走访。每月25日为“政法干警下基层日”，广大政法干警走出机关、深入农村进行大走访。开展“一干一警一员”包村活动，政法各部门抽调353名干警分包全县353个村民委员会，主要负责矛盾纠纷化解、治安问题查处、治安防控体系建设、法律法规宣传、困难群众帮扶、社情民意反映等六个方面工作。广大政法干警先后慰问困难群众800户，走访农户5670户，走访群众1.2万人，发放宣传单7万余份，为群众办力所能及的实事好事950件。三是政法部门公开承诺为民办实事。县法院积极实施司法救助，先后为困难群众减免诉讼费30万元，开辟绿色诉讼通道，对拖欠农民工工资案件实行快立、快审、快结，办理农民工工资案件25件；县检察院坚持开放日制度，定期邀请社会各界到检察机关参观，让群众了解检察机关和检察工作，开展“检察干警进千企”活动，已走访60家企业，认真听取企业意见、建议，开展法制教育讲座60次；县公安局实行110警情回访机制，定期对全县110接报的各类警情进行回访，征求群众对接处警、案件办理等工作的意见和建议，开辟办理户口、身份证的绿色通道，对外出务工群众和在外地就读学生办理户口、身份证等事项，实行预约办理；县司法局共办结各类法律援助案件180起，组织三个律师事务所对未成年人免费提供法律咨询320人次，办理未成年人维权案件98起，减半收取律师代理费20万元。四是切实加强政法业务培训。政法各部门经常开展政治业务培训，通过大学习、大讨论和大练兵、大比武活动，查找和改进自身问题，不断提高基层政法干警把握运用法律政策能力、开展群众工作能力、处置突发事件能力。五是稳步推进县政法委自身建设。立足县政法委自身建设，加强对政法干部队伍的管理，强化执法监督，组织开展经常性的执法检查，发挥好党委政法委的职能作用，着力加强和改进对政法工作的领导，为全县经济社会又好又快发展营造良好社会环境。

（黄毅强）

公　安

局长　薛永彬

【概况】　宜阳县公安局办公地址位于宜阳县城北区李贺大道，县财政局西邻。2011年有人员415人，其中授衔民警279人。局领导班子现有14人，其中局长1人，副局长6人，纪委书记1人，副政委1人，局长助理1人，其他党委委员4人。公安局下设16个派出所，10个所队（看守所、拘留所，刑事侦查大队、巡特警大队、交通管理警察大队、治安管理警察大队、国保大队、经侦大队、督察大队、国土资源警察大队）和6个科室（指挥中心、政工监督室、纪委、行政科、法制科、控申科）。2011年，按照上级安排部署，宜阳县公安局党委带领全体民警，坚持以打开路、以打为主、多策并举、打防结合的工作思路，围绕全县范围内各类违法犯罪活动，集精兵、施重拳，相继开展了“中原卫士杯”、“保花会打盗抢”“打黑除恶扫痞”等专项整治行动。行动中，参战民警发扬克难攻坚、敢打必胜的精神斗志，昼夜奋战在严打斗争第一线。为全县经济发展和社会进步创造了良好的治安环境。电话：0379－68882532。

领导班子成员

职　务	姓　名	职　务	姓　名
局　长	薛永彬	副局长	郭锁敬
政　委	李松宇	副政委	陈江波
副局长	胡松欣	局长助理	张智仁
纪委书记	孙国强	信访专干	肖建乐（9月任）
副局长	马长远	政治处主任	陈志会
副局长	赵万明	警令部主任	白社伟（9月任）
副局长	王志刚	信访专干	梁武强（9月离）
副局长	周宇民		

【命案侦破】　2011年现行命案8起全破，现发命案侦破率连续6年保持100%。8月1日，宜阳县莲庄乡曹窑村发生了震动全市、全省乃至全国的“8·1”特大杀人灭门惨案。案件发生后，县局党委高度重视、精心组织，立即从局科、队、室、派出所所抽调民警200余人，连夜进驻案发地曹窑村，成立专案指挥部，认真勘查现场，以案发地为中心向周边辐射，全力开展侦破工作。8月13日上午，经过参战民警12天艰苦奋斗，莲庄乡曹窑村特大杀人灭门案胜利告破，犯罪嫌疑人彭江辉（男，28岁，莲庄乡曹窑村人）被一举抓获归案。以莲庄曹窑灭门惨案胜利告破为动力，全体参战民警攻坚克难、连战连捷，接连破获韩城“9·3”、赵保“11·5”、董王庄“11·7”等5起重大杀人案件。骄人战绩多次受到市局党委和县委、县政府的表扬。

【打击“两抢一盗”】　年内，结合全县社会治安形势和季节特点，对影响群众安全感的“两抢一盗”案件展开猛烈攻势，全年共破获“两抢一盗”案件238起，逮捕“两抢一盗”犯罪嫌疑人152人，起诉173人，缴获汽车、摩托车49辆，电动车83辆。

【清网行动】　按照公安部安排部署，自2011年5月26日开始，县局党委集全警之力集中开展了“清网追逃”专项行动。行动之初，宜阳县共有各类逃犯134名。其中命案逃犯36名，占逃犯总数的26.9%；其它重型逃犯32名，占逃犯总数的23.9%；潜逃10年以上逃犯48名，占逃犯总数的35.8%。

清网行动打响后，全体民警在局党委统一指挥、科学调度、统筹安排、紧密部署下，各攻坚抓捕组打破时间跨度、打破地域界限、打破人员组成，北上东北，南下云、贵、川、广东、福建，西至塞外，东闯齐鲁，抓获了一大批潜逃时间长、抓捕难度大、社会关注高的宜阳籍网上逃犯。据统计，清网行动中共抓获网上逃犯112名，清网下降率达83.58%。（其中故意杀人逃犯9名，故意伤害致死逃犯5名，潜逃10年以上的逃犯76名，实现了一般逃犯全部清零。）由于在“清网行动”中的突出表现，宜阳县公安局两次受到公安部副部长刘金国的批示表扬，公安部、省厅、市局和县委、县政府先后发来贺电，并奖励奖金35.3万元。年终宜阳县公安局“清网行动”综合成绩取得了在全省111个分县局中排名第五十一位，全市排名第三的优异成绩。

【打黑除恶】 年内，为维护宜阳良好的治安环境和经济建设秩序，局党委紧紧围绕“黑恶必除，扫痞务尽”的工作思路，始终对黑恶痞违法犯罪保持高压态势。为迅速摸清黑恶痞违法犯罪活动的犯罪规律和藏身地点，县局党委还抽调精干警力，科学分析宜阳黑恶痞违法犯罪的形势和特点，对宜阳籍在洛阳娱乐场所所谓的“看场子”和“地下出警队”等人员展开秘密布控。

2011年4月，县局打黑专案组经过长期外围调查，重拳出击、速战速决，快速侦办了以吕某为首的涉嫌黑社会性质犯罪团伙。顺线追踪，悉数抓获了团伙骨干成员吕某、楚某、王某、亦某、楚某、李某等人。截至2011年12月中旬，宜阳县公安局成功打掉了1个黑社会性质犯罪团伙和3个恶势力犯罪团伙，判决涉黑成员7人，涉恶成员15人。为起到良好的警示、教育效果。局党委在报请县委、县政府、县政法委后，于2011年4月29日在县城休闲广场联合检、法、司等机关组织召开了全县打黑除恶扫痞公捕公判大会，对所有犯罪嫌疑人依法公开处理。收到了良好的社会效果。

【打击经济犯罪与毒品犯罪】 年内，经侦大队围绕洛阳“盛归来”、“信昌源”两大投资担保公司非法吸收存款案件，组织开展各类专项行动。一年来，共侦办经济案件31起，刑事拘留13人，挽回经济损失531.7万元。禁毒大队查办涉毒案件10起，打击涉毒违法人员12人，其中刑事拘留1人、强制戒毒3人、治安拘留8人，累积缴获冰毒、麻古、海洛因等各类毒品60余克。

【综合打击效能】 年内，全局全年共破获各类刑事案件586起，其中“两抢一盗”案件238起，抓获各类违法犯罪嫌疑人326名，其中逮捕199名、直诉28名、劳教4名、起诉382名，抓获各类逃犯185名，追缴涉案财物总价值100余万元；查处行政违法案件1295起，行政处罚648人，劳动教养15人。逮捕数、刑拘数、移送起诉数分别较去年同期上升5.7%、9.2%、4.2%。

【巡逻防控】 年内，县局党委以老城区为中心，将城东新区、北城区、工业园区一并纳入巡逻范围，规划设置巡逻点80个，设置出租车出城登记点3个、治安卡点4个，坚持每晚8时至凌晨1时，对出入城区出租车和机动车进行登记和盘查。组织开展了夏季和冬季两次全警参与的巡逻防控专项行动，通过巡逻防控直接破获现行案件95起，追缴被盗汽车、摩托车29辆。年内，县城区域及农村地区分别发案198起、429起，发案数较2010年同期（232起、549起）分别下降14.7%、21.9%。

【技防全覆盖】 2011年以来，在县委、政府的大力支持下，在市局的直接带领下，投资4000余万，在全县农村、县城等建设了技防设施，提高了技术防范能力，实现了技防全覆盖减少了全县案事件的发生。据统计，全县353个行政村、1258个自然村，已全部安装技防设施，村级覆盖率达到100%，全县农户技防设施普及、安装、覆盖率达97%以上，在全市排名前三位；县城区域4个居民小区、9个重点单位、40个公共复杂场所、9个大型商场超市、11所中小学校、141个企事业单位以及288辆公共交通工具全部安装视频技防设施和GPS设施，全县技防全覆盖工作得到了明显加强。仅2011年，县局110指挥中心通过监控发现犯罪线索下达出警指令397次，利用技防手段破获各类刑事、治安案件66起，抓获各类违法犯罪嫌疑人82名，社会救助595起。

【农村技防建设】　2011年，在农村地区大力推广视频监控、“平安大喇叭”、平安互助网等技防产品，全县150891户农户安装143350户，覆盖率由2009年的77%提高到2010年的95%，其中，公路沿线176个行政村安装视频监控探头1782个，建成了176个“视频监控村”，占全县353个村民委员会的一半，涌现出寻村镇官庄村、柳泉镇元村、韩城镇南驿村、三乡镇南村等技防建设亮点村。

【治安防范建设】　年内，治安大队会同全县基层派出所深入开展治爆缉枪专项行动，打好危险物品“整肃仗”。先后排查涉爆单位67家，涉爆人员713人次，发现隐患12处，处理涉案人员22人，收缴炸药700余公斤，雷管109发，手榴弹、地雷5枚，子弹100余发，杜绝了治安隐患，确保危险品和爆炸物品不流失、不炸响。

【信访案件化解】　年内，控申科会同有关科、室、队、派出所，积极开展信访积案化解治理工作。一年来，受理信访事项138件次，其中接群众来信52件，接待群众来访40人次。受理信访事项66起，办结66起，按期办结率达到100%。受理上级交办我局信访积案29起，全部化解，信访积案化解率达100%。

【户政及出入境工作】　年内，户政办理大厅会同全县各派出所户籍工作人员积极开展户政办理业务，一年来，为群众办理身份证件6318份，各类户口手续7951份，无一出现纰漏；出入境管理科民警，严格审批、层层把关，办理出国手续2364份，实现“一次办结、二次取证”，受到群众一致好评。

【大情报系统建设】　年内，以“海量信息”的采集为基础，建立起运转高效灵敏、措施扎实严密、打击直接有力的“大情报”系统，并在实战和清网行动中初显威力。年内，县局情报中心通过情报平台红色预警信息和深度研判抓获网上逃犯42名，通过情报平台黄色预警指令共抓获涉毒人员7人，抓获刑事案件嫌疑人2人，通过监控手段抓获犯罪嫌疑人1人，参与破获现发命案1起。

【处突维稳】　按照“发现得早、控制得了、平息得快”的工作思路和原则，局党委严密制定面对各类警情的处置预案，组织各警种整体联动，反复演练，收到明显效果。2011年，全局成功化解、处置了高桥村村民阻断省道、明珠小区施工人员一氧化碳中毒等多起易形成群体性事件的不安定因素和隐患。出动警力400余人次，妥善处置聚集性围堵县委、县政府事件23起。同时，县局国保大队会同局直有关单位和派出所，针对当前境外“法轮功”和境内其他邪教组织活动猖獗的复杂治安形势，按照“主动进攻、精确打击”的指导思想，积极布建耳目，秘密摸排各类线索，实施精准打击，全年办理非法宗教聚会和邪教专案15起，查处13起，治安处罚15人，取得了良好的社会效果。

【重大活动安全保卫】　2011年，全局先后投入警力940余人次，圆满完成了重大项目集中开工、第十二届灵山文化庙会、元宵节焰火晚会等十余项重大安保工作，做到了万无一失。

【服务全县中心工作】　县局党委紧紧围绕县委、县政府工作安排，组织国土大队积极开展矿山环境综合整治工作，执法巡查170余次，办理涉嫌非法开采矿资源刑事案件2起，涉嫌非法经营案件2起，刑事拘留5人，起诉10人；查扣运输、挖掘车辆15台，扣押非法开采的矿石500余吨，有效地整治了宜阳县矿山资源开采秩序。

【校园周边治理】　年内，县局组织巡特警、交警、治安和基层派出所民警，把全县445所中小学及幼儿园作为重点，深入开展校园及周边治安秩序整治，为学校、幼儿园配备保安员120名，组织开展安全宣传课137节，发放宣传资料18万份，受教育中小学生达20000余人次。取缔不合要求校车驾驶员13人，查处三轮车、拖拉机违法载送学生行政案件31起。年内，全县没有发生危及学校安全和师生人身安全的案事件。

【消防管理】　消防大队以“护航中原”系列行动为重点，组织开展“火灾隐患大排查、大整治”等集中整治行动，全年发现火灾隐患2600余处，处罚单位76家，拘留23人，先后参与各类火灾扑救和抢险救援事故处置135起，解救遇险群众136人，确保了全县年内无重大火灾事故的发生。

【交通管理】　交警大队会同有关职能部门，以城区交通秩序整治、预防重特大交通事故集中整治为重点，严厉查处交通违法行为，全县交通秩序明显好转。全年查处交通违法行为70544起，行政拘留241人，扣留机动车5183辆，圆满完成各级领导来宜检查视察和县域重大活动安全警卫任务84次，确保全年事故起数、死亡人数与2010年同期持平，受伤人数、经济损失数额较2010年同期分别下降1.39%、1.69%。

【监所管理】　监管部门牢固树立“管理服务实战”的思想，充分发挥监管部门打击犯罪“信息库”和“第二战场”的作用，积极协助局属各单位开展“清网追逃”全年共深挖犯罪线索158条，查破刑事案件116起，打击处理违法犯罪人员21名。

【打四黑除四害】　按照上级安排部署，局党委组织全县各实战单位，积极开展“打四黑除四害”专项行动。行动以来，全局共查处“四黑四恶”刑事案件7起、治安案件23起，刑事拘留7人，逮捕3人，抓获外省逃犯1人，移送起诉7人，行政拘留9人，罚款25人，专项行动取得明显成效，受到了社会各界群众的交口称赞。

【网络安全】　网监大队以侦察办案为重点，在人员少、任务重的情况下，克服重重困难，强力开展网监工作。出动车辆30余台次，警力80余人次，对全县网吧开展20余次大检查，处理违规经营网吧13家，限期整改23家；在互联网舆情监控及信息报送方面，报送本地《互联网舆情快报》170期，有效控制舆情16期，通过公安部舆情监控处置系统上报境内有害信息4800余条，境外有害信息3200余条。2011年，网监大队办理主侦案件24起，配合侦办命案8起，配合实战单位侦办案件70余起，配合实战单位抓获嫌疑人92人，其中网上逃犯16人。

【公安基础建设】　警务保障室围绕县局中心工作，完成县局重大项目建设、重要业务开展、公安装备配备等经费保障任务，年内，争取业务用房建设资金1125万，用于业务用房后续项目建设需要；争取中央和省转移支付资金1230万元，用于办案（业务）、公安装备配备；投资60余万元，改造全县执法规范化建设设施，得到省厅领导的充分肯定。2011年宜阳县公安局装备财务工作被省厅评为全省先进单位，受到市局领导一致好评。

宜阳县公安大楼

【警务督察】　督察大队紧紧围绕局党委的中心工作，以“清网行动”及队伍建设为主线，以执法为民为核心，队伍建设为根本，抓好“五条禁令”、“十条规定”的贯彻落实，积极开展现场督察和专项督察。全年警务督察部门共开展明察暗访90余次，现场纠正警容风纪56人，提出建议84条，编发督察简报29期、“清网简报”86期，上报各类信息52篇。宜阳县警务督察工作取得了明显成效

【审计工作】　3月17日，县局制定下发《宜阳县公安局开展“审计整改年”活动工作方案》，成立了以县局党委副书记、纪委书记孙国强任组长的审计整改工作领导小组。于4月15日至5月14日，对局属各单位开展专项审计。11月市局审计室主任宋晓龙到宜阳县公安局就“审计整改年”各项工作进行检查，对宜阳县公安局审计工作取得的成绩给予充分肯定。

【执法规范化建设】　法制科会同局直各科室、各派出所，以推进公正廉洁执法为基石，组织开展了“整治执法突出问题，促进公正廉洁执法”等一系列专项整治行动，牢固树立“执法质量是公安工作的生命线”的理念，进一步提升全局民警综合执法素质，收到明显效果。一是局党委筹资50余万元，对15个执法办案单位的办案场所进行了设置、改造，2011年10月，宜阳县公安局执法办案场所顺利通过市局的验收。二是严把执法办案质量

关，法制科对民警办理的每一起案件从立案、程序、审批、裁决每个环节严格把关，结合绩效考评工作相关规定，对民警执法规范化进行月考评、季通报，杜绝了执法过错的出现，用实际行动赢得了民心。年内，县局有11起案件被提起行政复议或行政诉讼，无一起撤销、变更或败诉。

【警民恳谈】 按照市局安排部署，县局党委组织全体民警以开门评警为切入点，积极开展警民恳谈活动。2011年，全局共组织警民恳谈68场次，开门评警2次；邀请社会各界人士3437人参加，共征求意见建议489条，征得有效意见建议139条，全部按期办结。2011年宜阳县公安局开门评警警民恳谈活动考评成绩为97.75分，名列全市第二名。

【从优待警】 在县局党委的积极协调下，县委、县政府下大力度解决民警职级待遇问题，年内共解决20个副科级职级待遇。同时，局党委落实民警体检及休假制度，年内安排全体民警统一体检，并组织62名有功民警外出旅游。

【党团组织建设】 局党委制定《宜阳县公安局党委抓基层党建工作责任制的实施意见》，完善《宜阳县公安局基层党建工作考核细则》，确定各基层党支部书记是抓基层党建第一责任人，建立局党委班子成员县委组织部述职抓党建工作制度，年底对党委、党支部基层党建工作情况进行考核，确保全局党员全年廉洁自律无违纪。同时，局党委加大党员培训、党员转正和入党积极分子培养工作。年内，共转正5人次，发展入党积极分子8人次。5月1日，团县委授予宜阳县公安局党委“红旗党支部”荣誉称号。

【文明单位创建】 局党委高度重视精神文明创建工作，组织局属各单位开展形式多样、丰富多彩的文化活动、开展“文明警察”、“文明处室”、“宜阳卫士”等争创活动，并带领民警深入辖区，广泛开展结对帮扶献爱心公益活动，大力开展爱民、亲民、为民办实事活动。一年来，通过全体民警的共同努力，顺利通过上级验收，荣获市级文明单位，创建工作获得圆满成功。在市级文明单位争创活动的带领和感召下，县局先后有12个单位、39名个人获得省、市级表彰奖励。

【教育培训】 县局党委在练兵模式上坚持以实战为导向，紧紧围绕“三大重点”设置培训课程，注重民警实战性培养训练。1月11日至12月15日，宜阳县公安局成功举办9期“轮训轮值、战训合一”培训班，全局有264名民警参加了培训。通过紧张有序的封闭式集中培训，参训民警圆满完成了学习计划，取得了可喜成绩。

（赵利军）

检　　察

检察长　张新潮

【概况】 宜阳县人民检察院位于宜阳县北城区。2011年有干警95人，男干警75人，女干警20人；领导班子成员11人，检察长1人，副检察长5人，党组副书记兼纪检组长、反贪局长、政治处主任、反贪局政委、法警队队长各1人。内设22个科室，院直属的办公机构15个。

2011年，以争创“先进基层检察院”为目标，以执法办案为中心，以深化三项重点工作为着力点，切实加强法律监督、自身监督和检察队伍建设工作，各项检察工作均取得了新的进展，被最高人民检察院表彰为全国检察宣传工作先进单位，被市检察院授予全市先进基层检察院等，为构建平安和谐宜阳作出积极贡献。0379－68823437。

领导班子成员

职　务	姓　名	职　务	姓　名
检察长	张新潮（6月任） 刘赤炜（6月离）	纪检组长	金　锋
副检察长	吕瑞君（6月离）	副检察长	张素敏
副检察长	于建勋	反贪局长	聂文红
副检察长	史现伟	政治处主任	马廷博
副检察长	刘智卿	反贪局政委	邱治章
副检察长	李中州	法警队队长	张书磊

【打击刑事犯罪】 积极配合公安、法院开展“打黑除恶扫痞”。全年共批准逮捕各类刑事犯罪嫌疑

人211人，提起公诉296人。其中，共批捕故意杀人、故意伤害、强奸等严重暴力犯罪64人，提起公诉88人；批捕“两抢一盗”犯罪72人，提起公诉76人，保护了人民群众的人身财产安全。对涉黑、涉恶、重大复杂案件，提前介入，引导侦查取证，从严从快办理。如莲庄镇曹窑村“8·1”灭门案，寻村镇寻村村原村委主任吕某等7人涉嫌黑社会性质犯罪案件等，检察机关均提前介入侦查活动，及时准确地甄别和保全证据，快捕快诉。吕某等7人犯罪团伙被提起公诉后，主犯吕某被判处有期徒刑12年，其余6名被告人分别被判处9个月至11年不等有期徒刑，有效打击了犯罪分子的嚣张气焰，维护了社会稳定。先后对29名涉嫌犯罪但无逮捕必要的犯罪嫌疑人做出不批捕决定，对21名涉嫌犯罪但情节轻微、社会危害性较小的犯罪嫌疑人作出不起诉决定或建议公安机关作其他处理，既打击和震慑犯罪，又减少社会对抗，确保在检察环节终结的案件全部案结事了。

【查办贪污贿赂、渎职侵权等职务犯罪案件】

2011年，共立案查处贪污贿赂犯罪案件14件16人，其中大要案11件13人，已做出有罪判决13人（含2010年积案1人）。立案查处渎职侵权犯罪案件2件3人，均为大要案，全部提起公诉，已作出有罪判决4人（含2010年积案3人）。通过办案为国家和集体挽回经济损失600余万元。先后查办发生在新农村建设、征地补偿、新农合、图书和家电下乡等重点领域内的职务犯罪案件14人，查处的案件主要包括：县有线电视网络信息中心原常务副经理王某受贿7.3万元案件；高村乡卫生院新农合监管员赵某贪污新农合资金3万元案件；三乡镇电管所农电工王某贪污电费3万元案件；寻村镇赵屯村村民小组长崔某挪用征地补偿款14.5万元案件；县国土局寻村土地所职工崔某、寻村镇马沟村村委主任潘某、马沟村会计刘某等3人贪污征地补偿款11万余元案件；县新华书店发行股股长宋某、柳泉业务员裴某、石陵业务员刘某等3人挪用公款案件；瀍河乡塔西村会计马某挪用征地补偿款2130万元案件；洛阳市东强实业公司出纳马某挪用征地补偿款800万元案件；瀍河乡原党委书记马某、原乡长孙某滥用职权致辖区塔西村3300余万元征地补偿款流失案件等。利用元宵节县城群众聚集的有利时机，举办职务犯罪成果展，将近年来反腐查案工作成果制成展板在县城中心地段展出，让过往群众观看，解答群众咨询，受理控告、申诉和举报，拓宽案源渠道。先后受理各类案件线索90余件，较去年上升9个百分点。统筹安排辖内案件和上级院交办案件的查处工作，抽调精干警力配合省纪委、省市院查办鹤煤集团内的职务犯罪案件和瀍河乡塔西村村委主任马某涉黑涉恶犯罪案件，先后查办省市院交办大要案9人，其中厅级干部2人，涉案金额在1000万元以上1人、100万元至1000万元4人、50万元至100万元1人，查案实绩得到了省纪委和省市院的肯定。同时，将查办辖内案件的工作任务分解到各侦查科和各办案组，先后查处辖内案件10人，均起诉判刑，效果良好。

【强化诉讼监督】 刑事诉讼活动的法律监督。妥善运用侦查监督方式，对能够通过沟通协调、发检察建议等形式，促使被监督单位主动解决问题的，尽量不使用刚性监督手段，先后向公安机关发出检察建议被采纳11件。严格监督标准，要求监督立案的案件要达到起诉判刑的标准，纠正漏捕的案件要达到判处实刑的标准。共监督立案6案8人，已获有罪判决5人。其中监督立案的乔某等3人强奸案件，3名被告人一审均被判处有期徒刑10年，该案被评为“全省检察机关侦查监督精品案件”第一名。监督撤案9人。追捕22人，已获有罪判决19人。追诉漏犯27人，追诉漏罪17起，诉至法院后均获有罪判决，其中追诉的漏犯赵某以犯盗掘古文化遗址罪被判处有期徒刑9年。加强审判监督工作，对裁判正确而当事人申诉的，做好服判息诉工作，维护审判权威。对裁判确有不当的王某掩饰隐瞒犯罪所得一案提出抗诉并获改判，被告人王某一审以掩饰隐瞒犯罪所得犯罪被判处拘役3个月零15天，经抗诉，县法院以盗窃罪判处其有期徒刑4年零6个月。公诉科被省检察院评为“全省检察机关优秀公诉团队”。

民事审判和行政诉讼活动的监督。共受理各类民事行政申诉线索23起，立案审查10起，建议再审被采纳3起，对认为确有错误的生效民事行政判决、裁定，提请市院抗诉被采纳4件，法院再审改判1起，调解结案1起。推行民行申诉案件说理制度，对审判机关裁判正确而当事人申诉的案件息诉13件。拓宽监督领域，以防止城镇土地开发利用中造成的防空易地建设费等国有资产流失为重点，监督人防部门追回流失国有资产400余万元。结合办案中发现的人防工程建设领域存在的问题，向人防工程管理部门发出检察建议，引起重视。县政府组织召开人防、城建、消防等部门参加的联席会议，制发会议纪要，加强人防工程建设管理工作。对因刑事犯罪致国家和集体财产损失的案件，督促林业、网通公司等部门提起附带民事诉讼8起，追回流失国有资产50余万元。

加强刑罚执行和监管活动的监督。不定期对监区开展安全检查24次，监督留所服刑人员减刑9人次。针对个别在押犯身患重病问题，建议看守所带其外出医治14人次，建议变更强制措施2人，保外就医1人，维护在押人员合法权益。对刑罚执行、监管活动中的违法情形提出纠正意见36件次。加大监外执行罪犯监督力度，为全县237名监外执行罪犯建立了信息台账，并进行监督考察，防止脱管、漏管、重新犯罪等情况发生。国家二级规范化检察室创建工作已经省市院考核验收。

【控告申诉工作】　坚持“防、疏、治”相结合的工作理念，加强涉检信访源头预防和治理工作。开展“举报宣传周”、“检察干警进万家”和“一村一干一警一员”包村活动，推行点名接访和预约接待制度，方便群众控告、申诉和举报。共接待来访群众170余人次，受理各类举报线索90余起，初查14起。严格落实首办责任制、检察长接待日、案件风险评估等制度，最大限度地把涉检信访矛盾化解在基层。加强“执网”能力建设，引导群众依法理性表达诉求。全年没有发生涉检赴省进京上访事件，保持了涉检信访积案零纪录。积极参与全县社会矛盾纠纷排查化解工作，对锦屏镇高桥村群众集访反映村支部书记王某涉嫌经济问题进行调查，查清了王挪用资金10万元的犯罪事实，化解了社会矛盾。

【预防职务犯罪工作】　深入开展职务犯罪预防工作，积极构建“大预防”格局。开展“检察干警进千企”活动，组织前进民爆公司、县医药公司等10家企业召开座谈会10次。对国土资源领域、食品安全监管部门开展预防调查5次，发出检察建议25份。加强预防职务犯罪宣传教育工作，组织水利、林业、安监等7个单位22名领导干部参观“法制与责任——全国检察机关惩治和预防渎职侵权犯罪展览·河南巡展”，组织22个单位690名干部职工到警示教育基地参观学习。围绕经济建设重点领域开展专项预防，为工程招投标提供行贿犯罪档案查询454次，参与监督重点工程招投标活动79次，为全县工程建设活动把好关。

【检察队伍建设】　坚持从教育、制度、监督三方面入手，不断加强检察队伍建设。继续深化政治思想和检察业务教育，积极开展“强班子、带队伍、抓作风、树形象”教育整顿活动和“发扬传统、坚定信念、执法为民”主题教育活动，认真落实市县“环境创优年”活动部署，深入开展“大走访”活动，切实发现解决干警执法执纪方面存在的问题。围绕建党90周年庆典，举办了诗歌朗诵赛、红歌大家唱等活动，进一步坚定干警的宗旨意识、为民执法和规范执法意识。7月，选送市院参加建党庆典的诗朗诵比赛项目获二等奖。坚持以执法能力建设为重点，组织反贪、反渎、侦监、公诉等业务部门干警参加检察机关执法规范化培训，举行了执法规范化考试，提高了检察队伍专业化水平。继续实行司法考试奖励政策，3名同志通过司法考试，至2011年底全院通过国家司法考试干警达25名，有效改善了检察官队伍结构。

按照全员责任目标管理和考评机制规定，制定并下达了各部门的工作任务。切实加强机关党风廉政建设，按照“谁主管、谁负责”的原则，层层签订责任书，分级做出廉政承诺。加强执法监督考评工作，组织开展了执法检查和案件评查活动，进一步增强干警执法责任意识。

推行值日检察长制度、阳光检务、警车使用管理GPS卫星定位督查等制度，强化对干警执法执纪行为的监督。积极拓宽外部监督渠道，加强与代表、委员联络工作，在院门户网站建立代表、委员联络平台，邀请代表、委员、人民监督员参加“检察开放日”活动和查处职务犯罪工作社会满意度评价活动，促进公正廉洁执法。2011年，先后邀请代表、委员视察工作3次，邀请人民监督员参与自侦案件庭审、讯问9人次，全年没有发生干警违法违纪事件，9月，县检察院加强自身监督方面的工作经验在全市检察工作会议上以视频形式做了交流。11月30日，县人大常委会听取并通过了县检察院所做的刑事检察工作报告。

【基础设施建设】　认真做好侦查技术楼项目筹建工作，全力解决项目建设中遇到的各种困难。3月23日，新侦查技术楼项目顺利开工。2011年底新侦查技术楼主体已完工。加强检察文化阵地建设，投资300余万元，建成检察文化广场。

【社会形象】　牢固树立服务科学发展、促进社会和谐的大局观，自觉把服从和服务县委中心工作作为部署检察工作任务、确定检察工作重点、研究解决检察工作问题的出发点和落脚点，根据不同时期县委的工作部署和形势的发展，及时调整工作思路，找准检察机关服务大局的着力点，提高服务水平，增强服务实效。开展了“服务人民群众，自觉接受监督”、“检察干警进千企、进万村”等活动，先后派出警力90余人次参与信访稳定事件处理、社会治安综合治理等活动，全面完成支持新农村建设、扶贫帮困、支持企业发展等工作任务，树立检察机关良好的社会形象。（孟　文）

审　判

院长　袁宪伟

【概况】　宜阳县人民法院位于宜阳县北城区李贺大道北侧，内设有办公室、政治处、刑事审判庭、少年刑事审判庭、民事审判第一庭、民事审判第二庭、行政审判庭、立案庭、审判监督庭、监察室、执行局（执行局下设执行庭、执行裁决庭、综合科）、司法警察大队、行政执行中队，下辖城关、北城、韩城、莲庄4个基层人民法庭，现有干警113人。电话：0379－68822451。

领导班子成员

职　务	姓　名	职　务	姓　名
院　长	袁宪伟	副院长	武辽聘
副院长	毕云庆	纪检组长	李红跃
副院长	丁建芳	政治处主任	刘龙波
副院长	冯志高	执行局局长	梁书芳
副院长	冯朝阳		

【队伍建设】　2011年继续强化政治思想教育，提高干警政治素质。认真组织开展了“创先争优”活动、“发扬传统、坚定信念、执法为民”主题教育实践活动、“转变作风　提升形象”专题教育等活动，开展了向全国模范法官陈燕萍学习的活动以及反面典型的警示教育；通过正反两方面的典型教育，法官的职责使命进一步深化，工作责任感进一步加强。加强学习培训，进一步推进“学习型法院”建设，提高法官司法能力。全年派出法官20余人赴国家、省法官学院参加业务培训，两次邀请专家学者到该院开展法律知识讲座和业务培训，四次组织干警到中院参加学习教育，组织开展了政治业务考试和党员知识竞赛，4人通过司法考试，干警素质进一步提高。开展文明创建，司法文明得到提升。在连创省级文明单位活动中，开展争当文明干警和“先锋示范岗”为主题的创先争优活动，力争干警素质全面提升，并通过“唱红歌”、争当优秀党员和创建“五好”党支部活动，不断增强党组织的向心力和号召力。通过创建活动的扎实开展，顺利通过了省级文明单位的验收。逐级签订党风廉政建设目标责任书，落实一岗双责，组织开展当事人评议法官、“家庭助廉，共把廉政关”活动，实行廉政月报表制度和院党组成员、部门正职述职述廉，推行勤政廉政随案监督卡制度、廉政保证金制度，从制度上筑起反腐倡廉的防火墙，全年无违法违纪现象发生。

【审判工作】　2011年，县法院深入推进“社会矛盾化解、社会管理创新、公正廉洁执法”三项重点工作，狠抓执法办案第一要务，坚持“审判就是促和谐、执结才是硬道理”工作理念，自觉把审判工作放在党和国家中心工作及县域经济社会发展全局中来谋划、来推进，坚持打击与保护并重、调解与判决结合、审判与执行兼顾、制裁与疏导并举，全年共受理各类案件1929件，审执结1845件，结案率96%，其中执结率为98.9%，实际执结率73.3%（不含程序终结）。再审收案6件，结案6件，再审结案率100%。为社会治安和县域经济发展提供了有力的司法保障。

【刑事审判】　共受理案件250件，审结242件，同比分别上升34件、33件，审结率96.8%。坚持快审快结、宽严相济的办案原则，继续深入开展打击“两抢一盗”专项斗争，判处犯罪分子320人，取得了良好的社会效果；认真开展“打黑除恶扫痞”专项活动，审结涉黑犯罪团伙案件1件，组织召开公判大会1次，对涉嫌故意杀人、强奸、抢劫、黑社会性质组织犯罪等15名犯罪分子进行了公开宣判，有力地打击了犯罪分子的嚣张气焰。坚持做好刑事附带民事案件的调解工作，调解率100%，且全部赔偿到位，收到了较好的社会效果。

【民事审判】　依法妥善处理各类民商事案件，促进社会和谐。在民商事审判工作中，继续坚持“调解优先、调判结合”的原则，坚持全程调解、多元化调解，努力延伸和扩展调解渠道，提高调解结案的自觉履行率，真正做到“案结事了”。积极服务企业发展，开展“企业服务月”活动和服务金融企业发展座谈会，为困难企业缓、减、免诉讼费11万余元，帮助金融企业回收贷款1000余万元，全年受理民商事案件968件，结案936件，结案率96.7%，调解撤诉结案687件，调解撤诉率73.4%。按照省高院部署，5月开始启动了小额速裁试点工作，宜阳县法院统筹安排、精心组织、大胆尝试，截至2011年底共适用小额速裁机制审理案件47件，审结47件，结案率100%，涉案标的40万元，达到了预期目的。

【行政审判】　受理行政诉讼案件18件，审结18件，结案率100%；受理非诉行政执行案件183件，执结180件，同比分别下降215件、212件，执结率98%。上诉9件，发改2件。充分发挥行政审判“减压阀”和“调节器”的作用，继续强化行政诉讼协调，行政诉讼协调率达 %。积极探索行政诉讼庭外协调和解机制，对具体行政行为存在明显瑕疵的案件，建议行政机关主动变更具体行政行为，既有力地支持了行政机关依法行政，又维护了行政管理相对人的合法权益。

【执行工作】　共受理各类执行案件440件，执结431件，同比分别上升127件、154件，执结率100%，实际执结率73%。开展反规避执行和“执行攻坚月”活动，落实“换员执行”机制，强化执行监督。利用春节等有利时机开展集中执行活动，在金融、公安、通信等部门的通力配合下，加大执行排查力度，拓宽执行渠道，强力压缩了被执行人恶意躲避执行的空间，使一批执行难案成功执结。一年来共采取查封、扣押、冻结强制措施56次，拘留15人，其中对一恶意逃避执行的被执行人按涉嫌“拒执罪”移送公安机关立案侦查，成功执结恶意规避执行案件27起，有力地维护了法律的尊严和当事人权益。

【法警工作】　积极履行法警工作职责，全年押解被告人320人次，值庭280余场，协助人民法庭、诉讼保全、夜间执行和处置突发事件出警30余次，在圆满完成全年值庭押解和安全保卫任务的同时，还成功执结“换员执行”案件16起，有力地协助和保障了法院工作的顺利进行。由于司法警察工作成绩突出，法警工作在全省第九次法警工作会议上作了典型发言。

【审判监督】　不断强化内部监督，既注重维护生效裁判的既判力，又坚持依法纠正生效裁判的错误。通过落实公开审判制度，推行审务公开、裁判文书网上公开、庭审网络视频直播、判后答疑、定期发布审判信息等措施，自觉接受人民群众、社会各界和新闻舆论的监督，增加了审判工作透明度，促进了司法公正。共受理案件27件，审结22件，同比分别上升4件、8件，审结率81%，全年共评查案件1458件，卷宗评查通报、法律文书评查通报12期，有效杜绝了有问题案件的发生。

【审判管理】　立案庭对各部门及每个法官、执行员的收结案、存案、调撤数、上诉数、发还改判情况、是否超审限逐月进行通报，对临近审限的案件向承办人发出督办令，限期审结，为院领导掌握最新审判运行态势和决策提供了科学的依据。审监庭对当月报结的各类案卷逐案评查，合格的记做结案任务，不合格的逐案纠正，防止卷宗带病入档，监察室逐月对法律文书进行评查，对规范法律文书和瑕疵法律文书公开展示，发现和纠正裁判文书制作中存在的问题。对发还、全改案件进行了逐案评查，对两起存在问题的案件责任人按规定进行追究。绩效办每季度对各部门及干警个人进行一次绩效考核并进行讲评通报，使大家查漏补缺，扬长避短。全年共评查案件1845件，发出立案工作通报10期，卷宗评查通报11期、法律文书评查通报11期，有效杜绝了超审限案件和有问题案件的发生。

【宣传调研】　努力做好信息宣传等司法政务工作，积极为领导决策和审判工作服务。在市以上新闻媒体和有关部门发表各类宣传稿件500余篇、调研文章23篇；全年共编发《法院工作简报》3期、《法院工作信息》29期57条，《宜阳审判》4期，较好地宣传了法院工作，提高了法院的知名度。此外，综合文字、司法统计、文件收发、档案管理、文书打印等工作也都较好完成了任务。做到了各类信息材料及时准确报送发至各相关单位及领导。

开展送法进军营活动

【司法为民】　制定出台《2011年为民办实事十项承诺》，逐项分解，落实到人，认真落实便民利民举措。开展了法官驻村法律帮扶活动，一年来，开展驻村活动680人次，帮助群众解决法律问题310件。坚持双休日、节假日值班制度和院长接待日制度。全面推行“马锡五审判方式”，派出巡回法庭流动办案，就地立案、就地审理、即时调解、即时宣判。巡回审判民事案件201件，巡回审判率达到了27%。加强对特困企业、破产企业下岗职工、孤寡老人、残疾人、农民工等追索保险金、抚恤金、劳动报酬案件的审判、执行和司法救助，依法减免缓诉讼费案件80件，减免缓诉讼费19万余元，让经济确有困难的当事人得到了实惠，让人民群众感受到了司法的人文关怀。

【信访工作】　坚持和谐理念，做好信访维稳工作。教育全体干警进一步增强对信访和维稳工作的责任感和使命感，切实加强涉诉信访案件排查和化解工作，在立案阶段就开始启动“信访风险评估预警机制”，根据案情对风险等级作出评估，对一些敏感案件，积极向有关部门提示维稳风险，并实行全程监控，择机处理，力求最佳办案效果。坚持院长接待日制度，把接访作为发现问题的重要渠道，面对面地听取上访人的诉求，发现和解决问题。以开展“集中处理进京非访、重复访”活动为契机，加大信访老案清积力度，实行党组成员包案制，责任到人，限期解决。院领导亲自登门拜访上访群众，到上访群众家干农活、拉家常，通过亲民司法、爱心司法等活动使绝大多数上访案件妥善解决。县里专门拨付40余万元信访救助资金，使县法院成功解决了一批信访积案。

【基础建设】　继续加强两庭建设，城关法庭暨执行局办公大楼顺利完工，8月1日正式投入使用；韩城法庭办公楼改造完成，法庭的工作条件和环境得到了较大改善。围绕法院文化建设，进行了干警活动中心、图书室、大门围墙、院内路灯、文化活动室、会议室、干警自行车棚等项目的建设和改造，同时对院区花池和车位进行了规划和改造，对办公楼进行了整体粉刷和装修等；按照信息化、现代化法院建设的目标，进一步加强内部局域网的建设工作，新购电脑88台、复印机10台，安装监控设备2套，加强信息技术在审判、执行、信访等工作中的应用，提高办事效率，提升科技强警水平，较好地适应审判和执行工作的需要。

【获得荣誉】　2011年，在院党组一班人和全体干警的共同努力下，县法院的各项工作呈现出良好的发展势头，较好地完成了中院党组和县委下达的目标任务。法院文化建设成为全市的亮点，洛阳市法院文化建设工作现场会在宜阳法院成功召开；顺利通过省级文明单位验收，实现了文明单位三联创；再次被授予省级卫生单位；城关法庭及执行局办公大楼落成并顺利搬迁；全省基层法院只有两家小额速裁试点法院，宜阳县法院是其中之一，并取得了阶段性实验成果；宣传调研稿件发稿多达500余篇；法官宣讲活动服务大局、扎实开展；全院共获得省、市级荣誉17项、部门和个人荣誉49项，并被再次授予“三等功”法院。

（户青国）

司法行政

【概况】　宜阳县司法局位于北城区李贺大道南侧。2011年，以党的十七大和十七届六中全会精神为指引，以学习贯彻落实科学发展观为主线，以创建平安宜阳为总体工作思路，以人民调解为工作重点贯彻始终，充分发挥司法职能作用，稳步推进司法行政工作持续健康发展，为促进经济和社会各项事业平稳较快发展做出积极贡献。电话：0379－68825785。

领导班子成员

职　务	姓　名	职　务	姓　名
局　长	王留宽（11月任） 丁遂社（11月离）	副局长	宋金钟
副局长	周宇峰	副局长 纪检组长	赵晓军
副局长	王铁鹏（8月离）	副局长	赵毅波（8月任）

局长　王留宽

【人民调解】　要求村村有调解组织，并且要明确1名工作有魄力、业务熟、经验多、调解能力强、有责任心和事业心的专职调解员。落实专职民调员的工资和办案补贴，每个专职民调员每月100元（县、乡财政各承担一半），每成功调解一起纠纷补助30元（县财政承担）。加强对专职民调员的培训和考核，每半年对专职民调员培训1次，每季度对专职民调员考核1次，经培训不能胜任工作的，经考核工作不力的，坚决予以撤换，确保专职民调员队伍的整体素质。2011年全县有乡、村两级人民调解组织390个，调解员1256人（其中专职调解员444人）；建立了医疗纠纷、交通事故纠纷等专业性人民调解组织，解决当今社会凸显性社会矛盾。从2010年8月医疗纠纷调委会和交通事故调委会成立至2011年底，医疗纠纷调委会共调解纠纷76起，交通事故调委会共调解纠纷378起。有效维护了社会和谐稳定。三是坚持“调防结合、预防为主”的工作方针，坚持“抓早、抓小、抓苗头”，实行村、乡镇每半月一次大排查制度，对排查出的矛盾纠纷，汇总整理，分类登记，明确责任，专人负责，确保“小纠纷不出村，大纠纷不出乡镇”。四是积极参与乡镇信访案件的化解工作。制定了每个司法所每季度至少化解一起信访积案的责任目标。全县16个司法所积极参与重大信访案件的化解工作，化解上三级信访案件34起。其中赴京访7起。全年各级调委会共调解各类案件3800起，调解率100%，调成率98.5%，预防民转刑案件25起。司法局将典型的调解案例，汇编成册，以便推广交流。

【“六五”普法规划落实和进展情况】　在普法工作中，司法局把农民工、青少年、企业管理人员、干部职工作为普法重点对象，以40所学校、50个村、20个企业、10个单位的法制宣传教育为突破口，以点带面，扎实推进法律“六进”活动，按照“一村一法律顾问”原则，建立农村法律顾问网络，同时充分发挥司法所作用，完善乡村法制宣传网络体系，设立村级法制宣传、法律咨询工作站，为村民提供更加便捷的法律服务。利用举办人民调解员培训班为全县每个村培训1～2名法律明白人；利用律师所、司法所、调委会组织调解纠纷的时机，将法制宣传融入法律服务之中，把法律送到千家万户。2011年出动宣传车30台次，制作版面100多块，张贴标语2000条，悬挂垂幅50条，发放法律宣传页及便民法律服务手册6000余份，有效提高了全民法制教育水平。

【干部职工法律知识考试】　认真抓好全县干部职工法律知识考试工作。县委组织部、县委宣传部、人事劳动局、依法治县办公室先后制定下发了《关于进一步加强干部职工学法用法，提高依法执政能力的实施意见》和《关于组织全县干部职工普法教育考核考试工作的通知》文件，逐个单位核实参考人数，确保在岗在编人员全部参加考核考试，全县有1万余人参加考试。

【法律援助工作】　法律援助中心不断降低法律援助门槛，扩大法律援助覆盖面，扩大公众知晓率。通过各种宣传形式，宣传法律援助的范围、条件，建立宣传长效机制，强化宣传效果；扩大援助覆盖面。依托乡镇司法所、律师所及法律服务所设立22个法律援助受理点，分别在妇联、工会建立农民工、妇女儿童、残疾人等专业法律援助站。实行“统一审批、统一指派、统一归档、统一监督”的办案流程；以“12348”专线服务电话为载体，建立值班制度、咨询接待制度、首问负责制等制度，选拔素质高的专业人员值班接听电话。全年办理法律援助案件265起，法律援助工作实现服务群众，应援尽援。

【律师及基层法律服务管理工作】　在律师管理中，搞好以“规范管理、诚信执业”为主题的教育活动，做好律师法治理念教育、服务为民教育、纪律作风教育和从业清廉教育，狠抓律师所规范化管理，指导律师所建立文明服务承诺制度、重大疑难案件讨论制度等多项制度。坚持律师参与信访工作日值班制度，为县委政府领导接待群众来访提供法律咨询，在人民群众信访大厅，设立专门的律师值班室，天天有律师值班，为领导接访、群众来访提供法律咨询，化解接访压力，引导上访群众诉求解决渠道。全年在信访大厅接待群众法律咨询112人次，化解矛盾纠纷50余起。另外，及时组织优秀律师加入医疗事故纠纷和交通事故纠纷调解委员会，充分发挥律师业务精的主导作用，依法化解纠纷。4月柳泉镇陈某因骑摩托摔倒导致腿部骨折和脾破裂，到县中医院住院治疗，手术过程中，陈某突发意外死在手术台，引起陈某家属聚集20余人到县委政府上访，要求赔偿90余万元的事件。事情发生后，司法局迅速指派张西川律师介入案件，及时调解，在县卫生部门的配合下，经过近两天的沟通协调，陈某家属接受11.5万元赔偿，不再上访告状。

【公证工作】　公证处以服务县域经济发展为工作重点，内抓管理，外树形象，各项业务发展势头强劲。一是加大宣传力度，充分利用宣传日、乡镇集日，加大公证知识宣传，发放公证宣传资料，提高群众公证意识。二是热情服务，对办证的当事人要热情接待，对能办证的，按规定程序办理，对不能办证的，耐心讲请原由，对残疾人、老年人开设“绿色通道”，坚持“三个优先”，优先接待、优先受理、优先办证，根据政策适当减免公证收费。三是保证质量，办理公证要审查手续，严格办证程序，对手续不完备、程序不合规的，一定要拒绝办理，坚决杜绝错证、假证现象发生。全年办理公证480件，受到了当事人的肯定和好评。

【司法鉴定工作】　不断加强司法鉴定所的指导、管理、监督力度，规范司法鉴定程序，狠抓司法鉴定质量，司法鉴定所鉴定各类案件106件，鉴定结论采用率100%。

（张洪涛）

宜阳县公安局监控中心

社 会 团 体

工 会

主席　赵松伟

【概况】　宜阳县总工会位于北城区锦屏大道东侧，是宜阳县基层工会的领导机关，受中共宜阳县委和洛阳市总工会的领导。内设办公室、组织部、生产保护部、帮扶中心、法律工作部、女工委、宣教部、财务部、经审办，下属事业单位工会俱乐部。全县有960家基层工会，工会会员92460人，其中农民工会会员51326人。电话：0379－68882113。

领导班子成员

职　务	姓　名	职　务	姓　名
主　席	赵松伟（6月任）	副主席	苏作伟
副主席	陈东民	纪检组长	周志英
副主席	王慧承	经审委主任	蔡红伟
副主席	金花粉	女工委主任	刘巧玲

【工会组织建设】　一是与各乡镇、街道社区和基层工会签订年度重点工作目标责任书，将基层工会组建任务完成情况作为年度综合评价的第一要素。二是重点抓好县产业聚集区企业建会工作，建立了“双员进驻产业聚集区”制度，即县工会组织部、法律部人员进驻县产业聚集区、柳泉工业园、三乡工业园，担任建会组建员和工资集体协商指导员，指导、帮助、督促企业建会和开展工资集体协商工作。三是乡镇工会队伍建设得到加强。县总工会与县委组织部联合开展工作，任命了乡镇工会专职副主席，充实了乡镇人员力量。建立“党工共建”示范点。在寻村镇建立了“党工共建”示范点，树立了“党建带动工建，党工共建”的典范。全年新建工会组织280家，发展会员6215人，建立健全了基层工会组织和会员信息电子台账。

【“五杯”竞赛活动 评选表彰劳动模范】　以“当好主力军、建功十二五”主题竞赛活动为载体，以创建“工人先锋号”、“首席员工”评选活动为抓手，深入开展了群众性创新创效和技术攻关竞赛活动。2011年各级工会共组织各类劳动竞赛25个，参与企业103家、职工15260名。收到合理化建议1152条，开展技术创新18项，推广先进操作法7项，取得了明显的经济效益，受到了企业和职工的重视和好评。会同县安监局在全县企事业单位继续深入开展“安康杯”劳动竞赛活动，参赛企业103家，占全县企业的98%以上；认真做好市级劳模和模范集体评选表彰工作。2011年宜阳县评模评先工作经过组织动员、基层申报、县工会审定、公开公示等环节，评选省“五一”奖1名，市“五一”奖3名，市“五一”奖状2家，市“工人先锋号”1家，县劳模20名，县“五一”奖20名，并精心组织了庆祝“五一”国际劳动节暨表彰大会，对各级劳模进行了表彰。维护职工合法权益 深入开展创建劳动关系和谐企业活动，创建劳动关系和谐企业230家，其中国有企业19家，非公企业211家；召开了“宜阳县工资集体协商攻坚年活动动员大会”，下发了《县委办公室县政府办公室关于印发宜阳县工资集体协商攻坚年活动方案的通知》相关文件，对全县推行工资集体协商工作进行了安排部署，明确提出了攻坚年活动的目标和工作措施。县工组织了2期工资集体协商培训，下发工作手册5000份。建立健全了工资集体协商台账，全县316家企业已有300家推行了工资集体协商。

【困难职工帮扶】 深入开展“双节”送温暖、夏季送清凉活动。2011年双节送温暖活动共筹集资金19.2万元，对1584名困难职工和农民工进行了帮扶慰问；发放车费补贴资金3.1万元，补贴611人。4月开展了为困难职工（农民工）送健康活动，为牡丹焊材、骏马化工两家企业的491名困难职工进行了免费体检。8月开展了夏季送清凉活动，慰问牡丹焊材、骏马化工、洛阳福润公司等5家企业工地的一线职工，为他们送去价值1万余元的防暑降温物品及农民工维权手册读本。高度重视“金秋助学”工作。2011年筹集资金45万元资助困难职工148人，发放助学款28.3万元，资助困难农民工子女119人，发放助学款16.7万元，并且做到严格程序，建档规范。确保建档困难职工子女都能及时得到资助。同时开展困难女职工帮扶工作，将单亲困难女职工作为帮扶慰问的重点。

【女职工工作】 紧紧抓住工资集体协商攻坚年活动契机，开展了区域性、行业性、及新建企业的女职工专项集体合同，全年新签订女职工专项集体合同176家，签订率95%。二是组织了特困单亲女职工两癌体检活动，63名特困单亲女职工在洛阳职工医院免费进行了体检。三是“六一”节慰问困难女职工223人，慰问小学、幼儿园32所，慰问金额3万余元。

【荣誉】 2011年被河南省总工会授予全省工会系统“五五”普法工作先进单位，洛阳市总工会授予2011“金秋爱心助学”活动先进单位、洛阳市总工会授予全市推动创建劳动关系和谐企业先进单位、洛阳市总工会授予女职工专项集体合同先进单位、洛阳市总工会授予工会财务会计工作竞赛先进集体。

（胡　峰）

共　青　团

副书记　张明明

【概况】 共青团宜阳县委员会（以下简称团县委）办公地址位于县委大楼3楼。内设办公室、青工部、青农部、希望办、学校部，核定编制4人，实有4人。全县有直属基层团委50个，共青团员28760名。电话：0379－68882344。

领导班子成员

职　务	姓　名	职　务	姓　名
副书记	张明明	副书记	仝朝阳
副书记	曹云鹰（挂职）		

【青少年思想道德教育】 抓住“五四”运动92周年、建队62周年等有利时机，以理想信念教育为核心，开展了“我帮妈妈做家务”、“好书伴随我成长”、青少年合唱大赛、入队、入团、成人宣誓仪式等主题教育、形势教育和体验教育活动。同时还在大、中、小学生中开展“青春、成才、奉献、和谐”主题教育活动和“四个一”社会实践活动，使广大青少年在发挥实践育人优势的同时，弘扬民族精神，激发爱国热情，增强使命感和责任感。

【深化青年志愿者服务活动】 2月，动员组织全县各界青年志愿者300余名，于2月底集中到采血点进行义务献血；3月初，团县委在城关镇敬老院内举行了“踏雷锋足迹、扬志愿精神”宜阳县千名青年志愿者学雷锋服务月活动启动仪式，来自全县千余名团员、青年代表及主要领导参加了启动仪式。仪式结束后，千余名青年志愿者代表按照所分管的路段深入城关镇敬老院、寻村镇敬老院、锦屏镇敬老院、红旗路、文化路开展清扫街道、刷洗墙壁、摆放乱停车辆、义诊、服务老人等系列活动。几天时间，共清扫县城街道6条、摆放乱停车辆200余辆、为群众义诊100余人，服务老人40余人，受到了社会各界的交口称赞；暑期组织大学生志愿者到樊村、高村、白杨等学校开展大学生暑期社会实践活动，为农村留守儿童辅导功课、亲情陪伴、并帮助他们学习舞蹈、美术等艺术课程；12月5日，团委联合县文明办在城区开展了“千名志愿者助交通、千名志愿者进社区”活动，当天又组织了三支青年志愿者队开展进社区、进敬老院服务系列活动；春节前夕，组织青年志愿者开展“关爱空巢老人”活动，为他们送去大米、食用油和慰问金等物资，帮助他们安度春节。

【服务农村青年创业成才】　联合县劳动人事、农业等部门成立了宜阳县服务青年就业创业工作领导小组，制订出台了《宜阳县千名青年工岗快递转移就业促进计划》、《宜阳县关于支持服务青年创业的实施意见》、《宜阳县关于支持青年创业小额贷款的实施意见》，建立了2个青年创业就业培训基地、4个青年见习基地，实习见习人员达400余人，通过见习与企业达成用工意向的有300余人。举办青年创业就业现场推介会，为帮助广大农村青年不出家门就能实现创业、就业。春节过后，团县委将外地一些企业请进宜阳，在县红旗广场举办了2011年春季青年创业就业现场推介会，共联系用工企业50余家，提供用工岗位3000多个，制作企业用工展板80余块，发放用工宣传单1万余份，吸引了1万余名待业青年到现场选择用工岗位，800余名待业青年与用工企业签订就业合同；成功举办“大学生村官创业”评选活动，该活动大大激发了宜阳县大学生村官的创业热情，涌现出了创业典型季祖轩的“四季鲜”果疏种植园、李明的养鸡场、马海涛的养猪项目、马海明的蜗牛养殖项目、樊高产的粮油超市项目等，同时季祖轩被评为河南省“百优大学生村官”；全面做好小额贷款工作，为进一步鼓励帮助更多的农村创业青年实现自主创业，团县委扎实开展了为创业青年发放小额贴息贷款工作，累计为全县150名创业青年发放小额贷款432万元，辐射带动青年就业300余人。青年小额贷款项目的顺利实施，极大地解决了广大大学生村干部和青年的创业资金瓶颈问题，为他们自主创业提供支持；争取市“阳光培训”名额60个，为60名农村创业青年提供免费种植、养殖培训，每人培训费国家补贴2500元。通过技能培训帮助他们真正掌握一门技能，从而带动农民增收、农业增效，受到广大农村青年和社会各界的一致好评；成功举办青年创业就业培训班。此次培训班邀请到了郑州健强企业管理咨询有限公司总经理杜建强，万色精品商城郑州区域总经理刘继霞，团市委原青农部长周志明为想创业的200余名青年授课。

共青团宜阳县十四届五次全会（扩大）会议

【团组织自身建设】　按照团中央《关于进一步加强团的基层组织建设和基层工作的意见》（中青发〔2009〕11号）文件和团省委的要求，团县委于2009年12月在县城关镇开展试点工作，采取“编制内与编制外相结合、专兼职相结合”的方式选配了一批优秀团干部，使乡镇团组织人员配置和工作内容更加符合经济社会发展和党的青年群众工作的要求，切实增强了团组织的凝聚力、战斗力、影响力。在取得宝贵经验的基础上，2011年5月按照团市委的部署，团县委积极部署，精心谋划，试点带动，整体推进，经过宣传发动、调查摸底、组织实施、构建机制几个阶段，在各级部门的支持和各基层团组织的共同努力下，于8月12日前，全县16个乡镇全部完成团的组织格局创新换届工作，走在了全市前列。此次换届共选举产生乡镇团委委员181人，其中书记16名、副书记50名（含编外），最大的39岁，最小的21岁，平均年龄29岁，配备女干部78人，大专以上学历的160人，编外团干部130人，乡村干部82人，致富带头人25人，非公企业20人，学校、卫生、公安等54人。目前已经建立了机制，设计了工作内容，开展了活动，初显成效。团省委书记侯红、团中央农村工作部副部长孙俊波、团省委副书记孙巍峰、团市委书记程建龙等领导先后多次到宜阳县调研，并给予了充分肯定。在“两新”组织中建设团组织35个，完成了团市委下达的任务，位居全市前列。命名表彰青年文明号单位有13个，培训表彰岗位能手20人，完成了目标任务。县运通驾校、水务集团、公路局3个单位荣获市青年文明号，韩城地税所荣获省级青年文明号。

【加强未成年人权益保护】　继续大力开展“未成年人保护零犯罪社区（村庄）”、“优秀青少年维权岗”创建和“未成年人保护先进工作者”评选工作，深化预防青少年违法犯罪工作，建立了每季度一次的领导小组联席会议，健全了预防青少年违法犯罪防控体系，加强了青少年法制教育基地建设，共建立7个校内（外）法制教育基地，各学校以聘请公、检、法等部门的优秀人员当校外辅导员兼副校长，定期到各中小学进行普法教育活动。联合县文化局、公安局等单位，开展打击整治黑网吧行动，净化校园周边环境，积极营造有利于青少年健康成长的良好社会氛围。为进一步做好预防青少年违法犯罪工作，与县公、检、法等单位联合，建立预防青少年违法犯罪教育基地，通过定期组织青少年实地参观学习，切实增强他们的法律知识和自我保护意识。至2011年底，宜阳县聘任了76名政法干部担任中心学校法制副校长，建立青少年维权岗6个。以国际禁毒日为契机，开展“珍爱生命、拒绝毒品”法律巡讲活动，巡讲了6个学校。

共青团宜阳县委向技工学校捐赠电脑

【大力实施希望工程】　在希望工程工作上，采取“两条线”工作方案：一方面积极向上级争取希望工程项目和资金；另一方面团县委奔走呼吁社会各界为希望工程捐款助学。1月14日，联系洛阳金鑫珠宝城购买了价值5万元的100套羽绒服、400套帽子、400套围巾、400套手套和20条棉门帘，捐往张坞韩进海运交通希望小学；1月21日，联系团省委为盐镇乡石陵村蓝天希望小学的600余名学生们送去了价值2万余元的羽绒服、帽子、围巾、手套、棉门帘等过冬生活用品；“六一”前夕，联系洛嘉海兰德公司购买了价值2万余元的学习用品和体育器材捐往莲庄乡石村小学和寻村镇福和小学；6月29日，联系团省委购买价值2万元的避暑物品捐往樊村乡宋村小学；引资23.5万元，救助贫困大中小学生80人。联系北京李小龙集团捐资10万元，救助贫困女大学生20名；联系县职教中心曾步光捐资12万元，救助贫困大学生40名；联系其他爱心人士捐资1.5万元，救助贫困大中小学生20名。团县委于9月7日在县青少年活动中心举行了隆重的捐赠仪式；联系江苏职业技术师范学院捐赠电脑50台，捐往技工学校、福和希望小学等，总价值5万元；12月6日，联系韩进海运（中国）有限公司捐资9万元购买校服470套，捐往张坞凹里小学；联系中航光电科技股份有限公司，投资14.3万元对赵保乡东赵一区小学进行了改扩建，目前学校已建成并投入使用，改善了260余名师生的学习、生活环境。联系团市委，下拨2万余元对柳泉沃美希望小学进行修缮。

【第九届十大杰出青年评选】　隆重举办第九届宜阳县十大杰出（优秀）青年颁奖典礼。4月28日下午，举办的纪念“五四”运动92周年暨第九届宜阳县十大杰出（优秀）青年颁奖典礼在县招待所豫翔楼1号会议室隆重举行。县四大班子领导出席了颁奖典礼。全县各级团干部及社会各界青年代表220余人参加了庆典。典礼分别对杨惠江等10名宜阳县杰出青年和张建保等10名宜阳县优秀青年进行了表彰。颁奖典礼中，穿插举行了“宜阳大发展，青年当先锋”为主题的青年文艺节目。

【获得荣誉】　2011年，团县委先后荣获省驻外团工委建设先进团委、省乡镇街道团的组织格局创新先进县（洛阳市唯一一个县）、市优秀青年志愿者服务集体、市服务青年增收成才先进集体、市团学工作先进县区、市非公有制企业团建先进单位、市信息工作先进县等荣誉称号。（仝朝阳）

妇　　联

【概况】　县妇联办公地点位于县委大院东三楼，

主席　樊惠芳

属县委序列，工作人员6名，其中主席1名、副主席2名。

2011年宜阳县妇联牢牢把握“十二五”开局和“两纲”启动的重要契机，紧紧围绕妇女儿童中心工作，积极调整工作思路，改进工作方法，团结带领广大妇女，开拓创新、主动作为，在促进宜阳县经济平稳较快发展和社会和谐稳定的大局中，各项工作取得了新的进展，在全市系统综合评比中进入先进行列，先后获得河南省节能减排工作先进妇女组织、河南省巾帼文明岗、河南省妇女读书活动优秀组织奖、河南省实施妇女儿童规划工作先进县、洛阳市妇联系统监测评估工作先进县、洛阳市维护妇女儿童权益贡献奖先进集体、洛阳市妇女工作先进集体、洛阳市妇女读书活动最佳组织奖等荣誉。电话：0379－68882130。

领导班子成员

职　务	姓　名	职　务	姓　名
主　席	樊惠芳	副主席	王韶慧（5月任）
副主席	王小群		

【表彰先进】　3月3日，召开了宜阳县妇联庆“三八”暨工作表彰大会，会上，对2011年度在妇联系统表现突出的“三八”红旗集体，“三八”红旗手，巾帼标兵，科技致富带头人，五好文明家庭等100余名先进集体和先进个人进行了表彰。

【维护妇女儿童合法权益】　切实加强维权工作和维权网络建设，全县16个乡镇分别成立了维权工作领导小组，建立了妇女儿童维权站，各法庭配有妇女干部陪审员，参与妇女儿童案件审理全过程。

3月7日，洛阳市“温暖你我他，维权服务进万家”、“三八”维权周启动仪式在宜阳县红旗广场举行。22个维权协调小组成员单位的千余名群众参加了启动仪式。仪式上市、县领导在“创建平安家庭 推进福民强市”倡议书上签字 。此次活动共展出展板89块，悬挂宣传横幅宣传口号20条，发放宣传资料1万余份，县妇联组织的35名法律志愿者，现场为广大群众解释法律条文、解答疑问。2011年县妇联共接待来信来访案件29起，结案29期，结案率达100%。大力开展平安家庭创建活动，在全县创建示范村3个，为386个示范户挂牌表彰，创建率达到98%。

【“爱心妈妈”征募活动】　社会各界爱心人士广泛参与，发扬博爱无私、真情奉献的精神，先后有10多名爱心妈妈参与到活动中来，共同关注特困留守儿童和孤残儿童的生活、学习及身心健康。

【“双合格”家庭教育】　组织教育局聘请县资深教育专家在全县开展“双合格”家庭教育活动。共举办家庭教育巡回报告会10场，培训家长1070名，并以城关镇、丰李镇、柳泉镇为重点，办好家长学校和儿童基地，作好家庭教育示范工作，有力地促进了儿童工作的开展。

【“六一”慰问】　组织协调全县各单位慰问学校68所，慰问品3万件，慰问金额8万余元，使全县儿童充分感受到了党和政府的温暖。

“六一”百名少先队员百米长卷现场绘画

【妇女参政议政】　积极发挥职能作用，协调各乡镇进一步健全了村级妇女组织，全县353个行政村，村村建立妇代会，配备妇代会主任353名。妇女干部进村委比例大幅提高。

【关爱老人】　在重阳节来临之际，县妇联组织全县干部职工开展“关爱老人献爱心”捐赠活动，共募捐棉被68条，棉衣360余件，并组织慰问了柳泉镇敬老院、城关镇夕阳红敬老院，为他们带去了歌舞表演等文艺节目，还组织县医院专家为敬老院的老人进行了量血压、听心肺等义诊活动，让他们切实感受到了党和政府的关怀与祖国大家庭的温暖。

县妇联九九重阳节慰问老人

【科技培训】 在市妇联的大力支持和配合下，与县劳动就业培训中心合作，把农村妇女劳动力培训转移作为培训工作的重中之重，全年共举办各类科学技术培训班60余期，受训妇女15600人次，发放宣传资料1.76万余份，经培训转移就业后的农村妇女人均实现月收入1520元。

【做好2001~2010年“两规划”监测终期评估】

按照市妇儿工委的要求，汇总各种资料，运用科学规范的方法，对宜阳县妇女儿童发展计划执行情况进行终期统计评估，编制统计报表，撰写《妇女儿童发展计划监测终期统计报告》，通过对各项数据资料的分析，客观地分析宜阳县妇女儿童事业发展的现状，并对今后促进宜阳县妇女儿童事业的可持续发展提出可行性对策和建议。

（陈 飞）

文 联

主席 徐慧丽

【概况】 宜阳县文学艺术界联合会（以下简称文联）办公地址位于县委机关院内，编制3名，实有3人，下辖12个协会，会员1000多人，2011年宜阳县文联坚定自觉地为县委、县政府工作大局服务，牢牢地把握正确文艺导向，努力发挥先进文化的引领作用，围绕建党90周年，通过组织大型活动、采风创作、探索文联工作新方式、加强文联和协会建设等一系列卓有成效的工作，为推动全县文艺事业大发展大繁荣，实现福民强县，建设宜居宜业新宜阳的奋斗目标作出了应有的贡献。2011年被表彰为河南省文联系统年度工作先进单位和洛阳市文联系统年度工作先进单位。电话：0379－68878575。

领导班子成员

职 务	姓 名	职 务	姓 名
主 席	徐慧丽	党组书记	阎劭伟

【中国西游文化之乡申报成功】 4月经中国民间文艺家协会和河南省民间文艺协会批准，历时几年的申报工作结出硕果，宜阳县被授予中国西游文化之乡和中国西游文化研究中心，4月5日花果山举行了隆重的授牌仪式。中国西游文化之乡称号的成功获得，为宜阳县争得了一张国家级名片，对打造宜阳地域文化品牌、树立城市文化形象、开发文化产业起到了巨大的促进作用。

【举办庆祝中国西游文化之乡授牌名家书画展】

为庆祝宜阳中国西游文化之乡申报成功。县文联于2011年4月6日在县文化中心二楼展厅隆重举办庆祝中国西游文化之乡授牌名家书画展。此次展览共展出作品70余幅。中国美协会员、中国徐悲鸿画院院长李志天等8位著名书画家的书画作品参展，他们的作品继承传统、锐意创新、作品技法纯熟、风格独特、个性鲜明，艺术水平和展览规格在宜阳县前所未有，盛况空前。

【全市文联工作交流联谊会在花果山召开】 2011年5月19日~20日，全市各县（市）文联工作交流联谊会在宜阳县花果山召开，来自洛阳市县的10余位书画家纷纷挥毫泼墨，创作出多幅劲健生动、姿态万千的书画作品。

【创办《昌谷》文艺期刊】 2011年7月宜阳县文联会刊《昌谷》创刊，结束了宜阳县文化底蕴深厚而没有文艺期刊的历史。《昌谷》为16开版本，内部印刷发行，《昌谷》的创刊为全县干部群众日常生活增添了一品精神食粮，也为广大文学艺术爱好者打造了一个施展才艺的舞台。《昌谷》的办刊宗旨是努力为广大读者和文艺家服务，讴歌时代宜阳，弘扬社会正气，展示文艺成就，培养文艺新人。

【河南宜阳与湖南浏阳建立文化联谊关系】 河南宜阳与湖南浏阳建立文化联谊关系，开展文学学术交流活动。11月5日至6日，河南宜阳·湖南浏阳文学交流活动在浏阳举行，宜阳参加代表10人。双方就文学学术开展交流活动，互赠作家创作的书籍。

【文学创作】 在“诗意河洛——百名作家写洛阳”全国文学大奖赛中，县作家李小平的诗歌《昌谷短章》、司伟平的散文《书中圣城笔端情》荣获二等奖，赵宏欣的散文《一棵泡桐树》获得优秀奖，并被收入获奖作品集《洛水之阳》。

县作家协会主席赵宏欣的小小说《斗狗》被选入重庆大学出版社出版的《2010 ~2011年名家幽默故事排行榜》，小小说《瓜葫芦蛋》被选入重庆大学出版社出版的《2010 ~ 2011年名家精品微型小说排行榜》，小小说《兄弟》被选入天津教育出版社出版的《最受小学生喜爱的故事全集》；小说《还钱》被选入长江文艺出版社出版的《2010年中国小小说精选》。小小说《回家过年》发表于《微型小说月报》2011年第7期。

作家司伟平的长篇小说《洛阳铲》、卢伟宗的宣传图册《人民领袖之歌》出版发行。宜阳县文联原副主席、宜阳县作协原主席刘雷的文学作品《张剑石的光辉人生》在全国离退休干部“与党同呼吸、共命运、心连心”征文活动中荣获二等奖。2011年宜阳县作协新吸收6名会员加入宜阳作家协会，向洛阳作家协会推荐5名会员，并获通过。

“根在河洛”洛阳九县书画联展宜阳专场

【书法艺术】 2011年宜阳县书法家协会共组织各种书法活动50余次，新发展会员60余人，推荐省级会员7人，批准2人。在国家、省、市书协举办的书法展览中县书法作者，国展入展获奖2次，省级入展24人次，获奖8人次，市级入展40人次。

6月政协宜阳县委员会、县纪检委、县书法家协会、县美术家协会联合举办的庆祝建党90周年“国税杯”召伯廉政文化书画展，在寻村镇甘棠村举办，展出作品160余幅。6月20日由县文联、县书法家协会主办、洛阳金大投资担保公司承办的宜阳县庆祝建党90周年“金大杯”书法作品展览在县文化中心举行。此次展览入展作品共124幅。7月编辑出版宜阳县建党90周年《金大杯书法作品集》。

3月，宜阳县书协主席陈红善的书法长卷在中国书法家协会主办的《全国首届手卷书法作品展览》中获得优秀奖，这是宜阳县书法作者首次获得的国展最高奖。2011年9月，其作品在中国书法家协会举办的《全国第十届书法篆刻展》上入展。

【音协活动及音乐创作】 2011年宜阳县音乐家协会发展新会员20余人，向市音协申报市级会员8名，成功组建女子合唱团、民乐及军乐演奏团队。7月成功举办宜阳县首届“家鑫杯”青少年才艺大赛。此次大赛共分器乐类、集体舞、青年组声乐、少儿组声乐、钢琴、独舞等6个类别。并评选出一、二、三等奖及组织奖等。并向省市级比赛，及大型演出中，推荐新人10余人次。2011年县音乐家协会副主席宋群成创作的歌曲《祖国美，神州大》获“感动中国”全国第三届新创歌曲优秀奖，入选《感动中国建国60周年原创作品精选》一书；《我的闹钟是小鸟》获全国第三届校园歌曲二等奖，入选《建国60年全国优秀词曲人物辞典》。

【摄影活动】 4月10日，宜阳县摄影家协会组织影友近30人举行“春满宜阳”摄影采风活动。采风团先后到宜阳县莲庄镇杏花林，三乡镇光武庙、五花寺塔、农家果花园，韩城镇福昌阁等地，用镜头寻找春天，展现宜阳秀美风光，记录纯朴的民俗风情。4月29日晚，由宜阳县摄影家协会主办的“益普生”杯摄影季赛第一季揭晓，赵越冠的《灵山庙会印象》荣获一等奖；宋向阳的《快乐童年》、韩艺冰的《喜跃》荣获二等奖；罗世川的

《儿时生活记忆犹新》、贾浏晖的《净土》、郑孝伟的《雪舞青春》荣获三等奖。另外还评出了优秀奖10名。洛阳市著名摄影家吕光伟应邀为宜阳的广大摄影爱好者作了精彩的摄影讲座。2011年5月，为庆祝中国共产党90华诞，宜阳县花果山管理委员会与宜阳县摄影家协会联合举办“花果山风光摄影比赛”。比赛共收到作品182组（幅），350余幅作品。经过中国摄影家协会会员、河南省艺术摄影协会会长张春贵的精心评选共有24幅作品获奖。

【召伯文化活动】 召伯文化研究会多方筹集资金8万元，于6月20日在召伯广场建成了召伯纪念碑亭。该亭6米高、6柱6角，金碧辉煌，为召伯广场增添了亮点。6月底，召伯研究会在县政协、纪检委、国税局、洛阳振华建筑安装公司协办下，成功举办庆祝建党90周年召伯廉政文化书画展，展出作品130幅，作者是有省、市、县各级书画家80余名。12月创办《棠棣之花报》，该报4开，月刊，每2000份，开设4个栏目，宣传弘扬召伯文化。办报资金由中华民族文化促进会召伯文化研究中心提供。

书法下乡活动

（霍书芳）

残联

【概况】 宜阳县残疾人联合会简称残联办公地址位于县城文明中路51号，共有干部职工13人，设有办公室、残疾人康复工作办公室、残疾人劳动就业服务所、社会募捐办公室、专门协会办公室、盲人按摩指导中心、维权中心7个股室和二级机构。2011年，宜阳县被省政府残疾人工作委员会评为河南省残疾人就业培训工程先进集体，荣获洛阳市残疾人工作先进县、残疾人按比例就业工作先进县等荣誉称号。电话：0379－68877585。

主席 阎发现

领导班子成员

职　务	姓　名	职　务	姓　名
主　席	阎发现	副主席	孙银虎
纪检组长	马武锁		

【残疾人社会保障体系和服务体系建设】 按照省市“两个体系”建设工作部署和“两个体系”示范县工作要求，成立了领导组织，印发了实施方案，并召开专题会议进行了安排部署。为了认真做好全县残疾人社会保障和服务状况普查工作，县政府残疾人工作委员会成立了残疾人社会保障和服务状况普查工作领导小组，统一指导全县普查工作；制定了《宜阳县残疾人社会保障和服务状况普查工作实施方案》，印制了彩色的《宜阳县残疾人社会保障和服务状况普查公告》500余份，由各乡（镇）残联负责张贴到各村；组建了近400人的普查登记工作队伍，并于5月3日对全县普查登记员进行了集中培训。按照“乡不漏村、村不漏户、户不漏人、一人一表”的普查工作原则，从5月份开始组织开展了全县残疾人社会保障和服务状况普查工作，截至7月30日，圆满完成全县普查任务，录入残疾人社会保障和服务状况普查信息3.58万人。

【扶残助残活动“六件实事”】 2011年，宜阳县残联筹集资金50万元以上，组织开展了一系列扶残助残活动，受益残疾人总数达6000人以上。一是组织实施了“阳光家园计划”残疾人托养服务项目，为全县45个村200名智力、精神残疾人和其他重度残疾人居家托养每人给予500元救助，救助资金已全部发放到位。二是以争取上级募捐资金为基础，以全县干部职工爱心捐款为依托，以其他募捐为辅助，积极筹措资金为贫困肢体残疾人解决代步轮椅，为全县重度肢体残疾人无偿捐赠轮椅210部。三是积极组织实施残疾人助学活动，为杨帅帅、步帅锋两名残疾人大学生每人争取助学金2万元；为残疾人大学生李会丹争取助学金2000元；为宜阳一高、宜阳三职高在校残疾人高中生每人发放了300元助学金。资助残疾学生总数达50人以上。四是组织开展了残疾人机动轮椅车燃油补贴发放普查统计工作，登记符合条件的残疾人238人，发放残疾人机动轮椅车燃油补贴13.4万元。五是组织开展了全县残疾人康复需求普查工作，录入残疾人康复需求信息1.41万人。六是组织开展了内容丰富的“全国助残日”活动。县残联筹集资金3000元看望慰问了福利企业生产一线和外出务工的残疾职工；筹集资金16000元，为县特教学校购置空调3台，为在校残疾学生购置校服60套，并邀请残疾人自强模范为县特教学校全体师生送上了一场生动的励志教育报告；联合宜阳县复康牙科组织开展残疾人牙病康复诊治服务活动。

【康复服务】　组织实施了残疾人康复服务救助项目，为50名符合条件的低视力患者免费配发了助视器，培训低视力儿童家长2名；完成15例假肢装配任务；完成8名0 ~6岁贫困残疾儿童抢救性康复任务；为15名肢体残疾人和脑瘫残疾人、10名聋儿、8名智残儿童提供了康复训练指导服务。为全县残疾人免费发放或供应代步轮椅及其他辅助器具420件（部）。为900名精神病患者提供了综合性防治康复服务，实现假肢装配、残疾儿童肢体矫治手术全免费、全覆盖。培训村残疾人康复协调员100名。

【就业培训】　继续强力推进残疾人就业培训工程，培训各类残疾人830人，其中农村残疾人实用技术培训480人；培训残疾人就业指导员65人；职业技能培训残疾人185人；培训残疾人康复协调员100人，全部录入残疾人就业培训工程信息系统。大力扶持残疾人自主创业，由县残疾人扶贫培训基地担保，已为15名残疾人解决自主创业贴息贷款45万元，县残联为其贴息4.5万元。全年新安置残疾人就业420人。

【基层残疾人组织建设】　认真落实市编办、民政局、财政局、人力资源和社会保障局、市残联等五部门《关于进一步加强和规范基层残疾人组织建设的实施意见》，按规定选配了乡（镇）残联和村残协残疾人专职委员，乡（镇）、村残疾人专职委员配备率、实名登记率、培训率全部达到100%，乡（镇）残联残疾人专职委员待遇按规定全部落实到位。

【文体宣传】　县残疾人综合服务中心设立了残疾人阅览室，建设“爱心书屋”6个。积极参加市残联组织的“深情感党恩、拼搏勇向上”残疾人演讲比赛，并取得优异成绩。宜阳县残疾人代表队4名参赛队员全部获奖，其中，一等奖1名，获奖金1000元；三等奖2名，各获奖金300元；优秀奖1名，获得奖品一份。县残联获得“优秀组织奖”。宜阳县残疾人赵杰的两幅书法作品《独悟人生》、《术高德馨》入选“中华海峡两岸残疾人艺术展”，作品在澳门展出。

【信访维权】　充分发挥“爱心维权工作站”和“残疾人法律服务特约律师事务所”的作用，切实做好残疾人法律援助和法律服务工作，残疾人信访问题调处率达到100%，全年无残疾人重大案件发生，未出现一例进京、赴省、市越级集体上访或个访事件。2011年以来，在重点个案上，经过大量协调工作，已先后为锦屏镇残疾人牛洪涛解决了子女长期不能入户问题和自来水费滞纳金清缴问题；为赵保乡马河村人楚全在（儿媳为智力残一级残疾人）解决了孙子入户问题；解决了三乡镇残疾人韩黑州不断上访问题，帮助韩黑州实现稳定就业；妥善解决了残疾人张振安因拆迁致伤纠纷问题。

【服务窗口工作】　2011年，县残联采取“围绕一个目标（确保残疾人服务对象满意）、强化三项保障（人员、经费、设施保障）、做到五个到位（领导到位、管理到位、授权到位、服务到位、配合到位）”的得力措施，进一步增强服务意识，进一步提升服务水平，认真做好行政服务工作，以公开公正保高效，以优质服务树形象，赢得了残疾人服务对象的一致好评。2011年县残联服务窗口办件数量达1200件，未出现一例超时限办结件，未出现一例服务对象投诉事件。县残联服务窗口被评为宜阳县十佳服务窗口、洛阳市优质服务窗口。

（孙银虎）

工 商 联

书记 赵鸿鸣

【概况】 宜阳县工商业联合会（简称工商联，又称总商会）位于文明东路政协1楼。内设综合办公室，核定编制3名，实有3人。全县有行业商会2个、乡镇商会15个、县工商联维权中心1个、宜阳县劳务服务中心1个。电话：0379－68890113。

领导班子成员

职 务	姓 名	职 务	姓 名
书 记	赵鸿鸣	副主席	李绍勋
主 席	裴书群（9月离）	副主席	乔 峰
副主席	张文敏（9月任）	副主席	李克仁
专职副主席兼秘书长	樊书卿（9月离）	副主席	牛永立
专职副主席	张向博（9月任）	副主席	李霆云
副主席	李剑峰	副主席	刘爱红
副主席	樊继彬	副主席	苗秀云
副主席	王兴辉	副主席	陈书现
副主席	武保卫	副主席	聂宇虹
副主席	刘文争	副主席	程亚辉
副主席	陈向阳	副主席	曾步光
副主席	李文峰	副主席	韩社锁
副主席	李跃华	副主席	楚海站
副主席	田松彬	副主席	聂万春
副主席	单长森	副主席	许宏春
副主席	赵学魁	副主席	郭世军
副主席	周站立	秘书长	赵晓阳（9月任）

【加强沟通联系，扩大交流范围】 积极向省、市工商联沟通、汇报，与上级部门建立了良好的工作关系。2011年4月14日，市工商联协调正阳彩钢向柳泉镇卫生院捐助价值80万彩超一台。同时拓展交流渠道，主动与省内10个地区的10个县市工商联联系工作，开展交流活动，建成友好合作单位。其中，6月2日~3日、11月2日~4日在平顶山汝州和南阳内乡两个地方的交流会取得了圆满成功。

【圆满完成工商联第八届换届工作】 经过一个月的全力工作，2011年9月21日至9月24日，圆满完成了工商联换届工作，选举产生了第八届工商联领导集体。其中，执委76名、常委39名、副主席29名、主席1名、秘书长1名。

【积极履行非公有制经济人士参政议政职能】 新一届工商联共有政协委员29名，政协常委8名，人大代表3名，工商联积极引导其参政议政，在年初的“两会”上工商联界人大代表和政协委员都提出了很多建议意见、提案，并得到了落实。

【深入开展“凝聚力工程”】 2011年，县工商联积极响应上级号召，引导民营企业积极参与社会公益事业。在民营企业家共同努力下共筹集资金48万元，资助贫困大学生297名。同时，加强协调，引导全县民营企业安置就业近千人。

【竭力搞好会员服务工作】 积极搭建为民营企业服务平台，拓展服务领域搞好服务水平，创新新式，丰富内容。深入做好非公有制经济人士的思想政治工作。

（樊艳丽）

科 协

主席 冯学朝

【概况】 宜阳县科学技术协会为行政单位，经费形式为财政全供，有工作人员12人。主席1名，副主席3名，非领导职务正科级干部5名，副科级干部1名，职工2名，办公地址位于县委大院。

2011年，科协深入开展了科技专家服务“三农”活动，积极推动科普惠农兴村计划，大力搞好科普示范基地、示范乡、示范村、示范户建设，建立健全了一大批农村技术协会，巩固和发挥科技专家服务“三农”活动的成果。县科协、寻村镇、樊村乡、锦屏镇被省科协评为省新农村建设科普工作先进集体。电话：0379－68882038。

领导班子成员

职　务	姓　名	职　务	姓　名
主　席	冯学朝	副主席	冯科战
副主席	王瑞桃	副主席	阎亚飞

【“创先争优”活动开展情况】　“创先争优”活动开展以来，科协领导班子高度重视，从宣传发动，学习调研、征求意见、公开承诺，每个环节都严格按照县委的统一布置认真落实。活动中共组织集体学习8场次，召开党员民主生活会3次，座谈会2次，发放征求意见表40份，收集建议2条。

【加大科普创新力度，开展农村科普工作】　利用乡村科普惠农宣传栏、科普下乡、科技活动周、文化庙会、农村集市、科技培训等多种形式开展丰富多彩的科普惠农活动，促进农村科技互动，共组织科技咨询活动8场次，组织科技下乡服务活动10场次，印发科普宣传资料1.68万份。举办各类涉农技术培训班8期，培训农民5000余人次。更新乡（镇）村科普宣传栏宣传内容6期，举办各类涉农技术培训班12期，受教育干部群众达2.8万多人次。

【科技专家服务“三农”活动】　2011年组织市县专家22人，对接服务项目18个，科技培训3860人次，辐射带动农户4600余户。

【科普惠农兴村计划工作】　全县实施了以建设“一站（即科普惠农服务站）、一会（即科普惠农协会）、一栏（即科普惠农信息栏）、一室（即科普惠农宣传室）、一员（即科普惠农信息员）”为主要内容的“五个一”科普惠农工程。在已有科普惠农工作的基础上，进一步扩大了覆盖范围，完善了“五个一”的硬件建设，形成了信息技术、人才和物资良性互动，掀起了科普惠农高潮。2011年县科协被省科协评为省新农村建设科普工作先进集体。

【努力开展“三创一带”活动】　“三创一带”工作是科协联系群众和农村主导产业的桥梁和纽带，是科普工作迅速发展的助推器。截至2011年底，宜阳共创建各种农村专业技术协会92个，会员达8852人；创建科普示范基地95个，培育科技示范户2310个，涌现科普带头人257人，辐射带动农户10080户。2011年新组建农村专业技术协会3个，建成科普示范基地3个。完成省级“科普示范县”申报工作。同时，借助省、市建立“三创一带”数据库的契机，对全县的科普示范基地、协会、科普带头人进行了检查评估，重新建档立卡，达标后输入省、市信息库，未达标的制定整改方案限期达标。2011年，宜阳县上涧蔬菜种植协会获得国家级“先进农村专业技术协会”称号，获得20万元奖励。

【开展丰富多彩的“科普活动日”活动】　宜阳县于9月17日至23日，在全县范围内开展了丰富多彩的“科普活动日”活动。此次活动主题的是“弘扬科学精神、传播科学知识、提高全民科学素质、更好建设社会主义新农村”。成立了宜阳县全民科学素质工作领导小组，并召开工作会议，研究部署宜阳县实施《全民科学素质行动计划纲要》方案，全面推进宜阳县全民科学素质行动计划的落实。

9月17日，由县科协支部、农、林、水、机、环保、卫生、科技、团委、妇联、教育等单位在县城红旗广场举办大型科普宣传咨询活动，展出科普图版58块，设立咨询台30处，印发各种科普资料2万份，咨询受益群众多达2800人次。同时，各乡（镇）因地制宜，结合自身特点举办了不同形式的科普宣传活动；更新乡（镇）和村科普宣传栏宣传内容，广泛宣传农业科技知识、健康知识、森林及环境资源保护知识、防灾、抗灾知识、科学育儿知识、道路交通安全知识；结合科技专家服务“三农”和新农村建设工作，组织科技人员深入乡村开展以种植、养殖业为主题的农村技术培训和医疗卫生义诊以及科学进乡村大讲堂活动，广掘科普资源，供广大农民选享，从而让农民得到科普的实惠。

【创建科普示范县工作】　根据省、市创建科普示范县的要求，宜阳县于2009年10月以县委、县政府的名义向省报送了创建省科普示范县的报告，已被省确定为河南省第五批科普示范县创建单位，两年多来在县委、县政府的高度重视和大力支持下，结合宜阳县实际对照创建标准认真制订工作方案，健全各项工作机制上，完善工作措施，明确目标，强化责任，狠抓落实，努力工作，宜阳县以2011年11月29日顺利通过省验收组的验收。被正式命名为2011 ~2015年度河南省科普示范县称号。

【搞好校外青少年科技教育工作】 宜阳县被联合国儿童基金会和中国科协联合开展的“非正规教育”项目确定为新周期项目实施县，并成立了校内外青少年培训中心，2011年开展培训活动5期，培训青少年280人次。

【新农村建设帮扶工作】 按照县委、县政府安排，县科协分包的扶贫村为张午乡石门村和上观乡上观村。为了推进新农村建设和扶贫开发工作的开展，县科协与县劳动部门合作积极协调农村剩余劳动力外出务工；组织相关技术人员到村举办烟草培训3次，科普知识培训班6期，培训群众3300余人；三是为分包的扶贫村免费发放各类科普宣传资料5000余份，科普宣传栏2个。

【招商引资工作】 引进县外资金50万元。

（黄向飞）

核桃采摘

城乡建设　环境保护

城乡建设

局长　赖长伟

【概况】　宜阳县住建局位于北城区锦屏北路，内设办公室、政工办、财务股、施工管理股、村镇股、燃气办、下属房管局、水务集团、质监站、监理站、招标办、城建监察大队、污水处理厂、热力公司、热力管理办公室、城建投资集团等22个单位。2011年，是宜阳县"十二五"规划开局之年，建设系统按照"一带四区"（洛河经济带和东城产业集聚区、西城文化旅游区、南城商业物流区、北城商住休闲区）城市发展战略，以宜东新区开发为龙头，以阳光水岸为轴线，在老城区功能完善和北城区形象提升上下工夫，克难奋进，开拓创新，城乡面貌发生了巨大变化。电话：0379－68828666。

领导班子成员

职　务	姓　名	职　务	姓　名
局　长	赖长伟	副局长	赵向阳
纪委书记	宋建超	党委委员 局长助理	张跃河
副局长	王献召	党委委员	刘素景
副局长	张社民	党委委员	王晓瑜
副局长	赵建华	党委委员	乔志强
副局长	曹海军		

【城市基础设施建设】　以完善城市功能为目标，以道路、广场、供排水、供气、供热、北城区污水处理厂等基础设施建设为重点，多渠道筹集建设资金，推进重点项目建设。一是建设总长24公里、总投资3.2亿元的北环路、同力大道、滨河南路、南环路东延、创业二路、检查广场北路等12条道路。二是总占地6公顷、总投资5560万元的西庄文化广场和滨河文化广场已建成投用，锦屏休闲广场正在建设。三是总长1326米，总投资1.2亿元的锦龙大桥和同力大桥已开工建设。四是城区供气、供热工程完成北城区20余公里中低压燃气管道铺设，实现北城区供气全覆盖；集中供热工程总投资3.6亿元，工程于8月31日开工建设，主管网全部完工，供热首站竣工。五是供水、污水处理工程，投资1000万元建设第四水厂，投资15万元完成幸宜小区加压泵站建设，完成产业集聚区3500米供水管网铺设；投资5960万元北城区污水处理工程已投入运行。总投资1760万元，总长44公里的宜滨路、纬一路、北环路、南环路、检察广场北北路、红旗东路、洛宜快速通道、创业路等13条新修道路雨污管道工程已完成。

【旧城、城中村改造，宜东新区开发】　2011年宜阳县完成拆迁面积42.1万平方米，开工建设68.5万平方米，完成49万平方米，完成投资12.2亿元，分别占年度目标的162%、122%、123%、152%。一是城中村改造完成拆迁26.9万平方米，开工建设50.2万平方米，完成投资9.6亿元。全年新、老城区已建成55栋高层、72栋多层。二是旧城改造完成拆迁15.2万平方米，开工建设18.3万平方米，完成投资2.6亿元。三是宜东新区开发包括县委党校综合楼、人民医院整体迁建、卫生监督中心、交通运输局养护大厦、就业和社会保障中心、人民检察院、工商局“12315”服务中心、金税网络中心办公楼等八家迁建单位，总投资3.3亿元，总面积14.89万平方米。全年年完成投资1.4亿元，开工面积13.39万平方米。四是房地产开发2011年实施家鑫水岸名家、阳光城三期、香山丽都、万嘉花园、金都瑞福苑小区等房地产开发102个在建项目，总投资10.9亿元，建筑面积98.9万平方米。五是棚户区幼儿园建设投资1500万元的北城区幼儿园目前进行基础施工。

【保障性住房】 一是廉租住房建设：龙兴小区在建廉租住房400套2万平方米，投资2400万元，完成投资2300万元。全年完成廉租房保障户数3205户，其中补贴发放1785户，385万元，实物配租1420户。二是经济适用住房建设：开工建设龙兴小区经济适用住房154套16480平方米（建设12层小高楼），投资2470万元。三是公共租赁住房建设：在龙兴小区新建公共租赁住房1050套4.2万平方米，投资3608万元。

保障性住房“锦山福邸”项目奠基仪式

【农村危房改造】 2011年宜阳县顺利争取到农村危房改造户数2500户，1500万改造专项资金已到位。

【小城镇基础设施“710”工程】 实施白杨镇、樊村镇、柳泉镇、韩城镇、三乡镇、张坞镇、赵保乡等7个乡镇的综合市民广场、达标自来水厂、高标准主街道、公共文化活动中心、垃圾中转站、特色工业园区、敬老院、标准集贸市场、汽车客运站、污水处理厂等10个1工程建设。2011年污水处理厂项目樊村镇完成工程量50%，其余6乡镇已完成项目的规划设计、报批立项工作，明年开工建设，其余9个项目，各乡镇均已完工，投入使用。

【建筑市场管理】 2011年，坚持“源头治理、以防为主、监管并重”的原则，坚决遏制私搭乱建、无证经营案件发生。一是查处城乡违法违规建设案件45起，结案27起，整改到位3起。二是完成施工图设计20余项，面积12.5万平方米，施工图设计审查项目40个，抗震设防审查备案20个。三是严把建设工程招投标关，规范招投标程序。全年完成总面积107.65万平方米、总投资12.34亿元的房屋开发和市政基础设施工程招标项目69项，发布《建设工程材料预算指导价》6期，审核招标控制价69项，调解造价纠纷8起，造价纠纷调解率达到100%。四是承揽建筑面积168万平方米、工程总投资约158亿元工程监理项目47项，监理工程合格率100%，工程监理统管率100%，工程监理率90%以上。五是推广使用新墙材45.6余万平方米，建设工程新型墙体材料应用率达到95%以上；推广散装水泥105万吨；监管新建节能项目15个，节能建筑30栋，节能施工面积12万平方米，建筑节能设计执行率100%，节能实施率达到81%以上。六是加大施工许可、安全生产管理力度，全年共办理施工许可证32份，建筑面积46万平方米，进行12次安全生产大检查和4次专项治理，查出事故隐患20处，整改率100%。组织农民工培训190人，对68名项目经理进行安全生产再教育，完成5家建筑企业资质动态考核，年检率达到100%。七是加强建筑工程质量监督，全年纳入监督工程256项，建筑面积161.7万平方米，工程主体结构合格率100%，工程检测率100%，砼预制构件检测合格率98%，外观尺寸检查合格率99%。八是强化小城镇建设管理，加强镇容、镇貌治理。规范农村市容、市貌整治，做到坐商归店、行商归市，禁止占道经营、乱停乱放，垃圾日产日清，切实保证乡镇区内干净、整洁、靓丽。

【房地产行业监管】 加强房政管理，推行优质服务。全年共颁发房屋所有权证806本，房屋权属登记面积11万平方米。二是加强商品房预售管理，规范商品房销售行为。全年共颁发商品房预售许可证9份，办理商品房预售合同备案1700余份。三是加强产权交易管理。全年共办理房地产转让手续338起，面积3.63万平方米，其中商品房转让100

套，面积 1.33 万平方米；二级市场转让 238 套，面积 2.30 万平方米。五是加强房屋抵押管理。全年共办理抵押手续 18297 起，抵押面积 45.62 万平方米，四是严格维修资金征收。全年征收维修资金 614.73 万元，累计总额 1692 万元。

【物业市场监管】　一是完善物业市场准入机制。对无资质的物业公司，坚决清理出市场。二是加大管理力度，建立季度、半年和年度考核制度，求同存异，化解矛盾。对考核不合格的物业公司，视情给予通报、处罚；对连续 3 次考核不合格的，坚决清退。

【城区供水及污水处理管理】　一是全年实现安全供水 400 万立方米，水质综合合格率达到 98% 以上，压力合格率 96%，供水设施完好率 98%，扩大城区供水面积 3.2 平方公里，水费收缴率 99%，维修大小管漏 618 处，修路及时率 100%，便民服务 1383 起，查处涉水案件 40 余起，征缴自备井城市污水处理费 198 万元，水资源费（南水北调资金）46 万元。二是全年处理污水 568 万吨，削减化学需氧量（COD）1298.6 吨，氨氮（NH3－N）164.8 吨，污水净化率达到 97% 以上，出水合格率达 100%。

“滨河之声”专场演出

【荣誉】　2011 年县住建局获得省住建厅表彰供水行业水质管理先进单位、省住建厅表彰 2011 年省住房保障先进单位，省住建厅表彰城镇污水处理运营管理先进单位，省住建厅表彰“十一五”墙材革新优秀（县级）墙改办，河南省散装水泥办公室表彰发展散装水泥先进单位，省住建厅表彰建筑业管理先进单位，市人民政府表彰城乡建设工作先进单位，市委、市政府“六加一”攻坚战民生项目建设先进单位，市住建委表彰建设劳务管理先进单位等县级以上（含行业部门）表彰的先进单位 37 个，先进个人 33 人次。

（郭虎煦）

市政管理

局长　苗交池

【概况】　宜阳县市政管理局位于老城区红旗中路 17 号，现有干部职工 169 人。内设办公室、综合股、财务股、法制办、行政服务股 5 个股室，下设城市市容环境卫生管理站、市政管理所、城市绿化管理所、市政监察大队、滨河公园管理所、路灯管理所、垃圾场管理所等 7 个二级机构，承担着县城市容环境卫生、市政设施维护、市政执法监察、城区绿化、路灯管理、滨河公园管理、生活垃圾处理等多项管理职能。电话：0379－68828500。

领导班子成员

职　务	姓　名	职　务	姓　名
局　长	苗交池	副局长	李大昕
党委书记	周海军	副局长	邵　伟
副局长	高江民	党委委员	姜卫祺
纪委书记	何宏伟		

【道路绿化工程】　投资 129.38 万元，完成红旗环岛周边道路树木栽植工程；投资 60 万元，完成红旗中路树木换栽工程，栽植广玉兰 65 棵，红叶石楠球 70 棵；投资 73 万元，完成灵山大道绿化工程；投资 39.2 万元，完成红旗大道后庄段绿化带拓宽工程；投资 50 万元，完成城区苗木绿篱补植补栽工程。投资 200 万元，完成宜东新区东环路、复兴路、西庄一路、西庄二路、西庄三路、西庄四路及陶瓷厂前道路绿化工程；投资 150 万元，完成家鑫游园建设；投资 160 万元，完成检查文化广场建设；九是投资 200 万元，完成西庄文化广场建设。

【路灯改造工程】 投资80万元，完成城东大道路灯改造工程；投资30万元，完成建业南路和兴业南路路灯线路敷设工程；投资50万元，完成花坛北路和宜樊路路灯安装工程；投资150万元，完成同力路路灯工程；投资90万元，完成灵山大道路灯工程；六是投资46万元，完成富兴路路灯工程；投资20万元，完成红旗大道桥兴至迎宾大道后庄段路灯及线路改造工程；投资20万元，完成滨河南路八官桥以东路灯安装工程；投资364万元，完成滨河南路12基、西庄一路9基、西庄二路15基、西庄三路16基、西庄四路13基、民主路14基、锦龙路61基、东环路20基路灯安装及快速通道线路改造工程。

【道路养护工程】 总投资130.3万元。投资22.5万元，对城区公厕、中转站等设施进行改造；投资3.5万元，对垃圾场运行设施进行维修和完善；投资3.3万元，完成滨河公园损坏设施的维修和更新；投资6.5万元，完善南环路和锦屏路公厕连体中转站室外供排水、供电设施；投资16万元，完成县城671座污水检查井、915座雨水检查井、4450米排水渠清淤及损坏设施更换工程；投资60万元，对城区雨水篦子的清淤，破损路面、道牙、彩砖进行修补；投资28.5万元，对产业集聚区破损路面、道牙、彩砖进行修补。

【锦屏文化广场建设】 投资5亿元，东至锦龙大道，南至文明路，北至兴宜路，西至镇一中，占地6.9公顷。其中公园用地4.2公顷，规划建设大门、广场、园林绿化、景观小品、水系、亮化及配套设施。周边商业开发用地2.8公顷，规划建设9栋32高层。工程于2011年12月开工建设。

【垃圾中转站建设】 投资2263万元，其中：中央预算内资金910万元。工程计划于2012年3月开工建设。

【滨河公园二期建设】 总投资3900万元，包括管网和防汛路、绿化亮化、广场小品及附属设施建设。其中：管网和防汛路投资450万元，管网全长25900米，防汛路全长5200米；绿化投资1650万元，绿化面积27.36万平方米；路灯、景观灯等亮化投资237万元；园路、广场、景观小品及大门等投资1300万元；灯带、道牙及护栏等投资625万元。

滨河公园一角

【卫生保洁】 强化清扫保洁，落实目标责任，一日两扫、全天保洁，洒水降尘；加强垃圾清运，日产日清，统一运输，集中处理；加大环卫投入，保证环卫工作正常开展。健全长效机制，提升管理水平，环卫工作更加规范。

【秩序管理】 加强执法队伍建设，落实早晚巡查制度，保持全天管理不断档。开展县城卫生秩序、烧烤摊点、车辆抛洒、建筑市场等专项治理活动。查处占道经营、车辆抛洒、乱倒垃圾、非机动车乱停乱放、私自开挖道路、损坏绿化树木等各类违反市政法规行为，保持城区良好秩序。

【设施管理】 全面提高绿化管护水平，及时对城区绿化苗木进行浇水、除草、修剪整形、病虫害防治，保证了绿化树木正常生长，城区绿化品位显著提升；加强日常巡查和维修管护，确保各类市政设施完好；适时调整亮灯时间，路灯实现了环行照明和分时分侧控制，城区夜景更加靓丽；进一步强化滨河公园日常管理，充分发挥公园社会功能，保证了园内经营和群众休闲娱乐和谐有序。

【垃圾处理】 规范日常管理，加强安全生产，做到垃圾进场每日登记、及时消杀覆盖、卫生填埋。全年处理垃圾3.1万吨，渗滤液达标排放2420吨。县城生活垃圾无害化处理率达到95%以上。加强垃圾处理费征收力度，全年累计征收128万元，征收率达95%。

【督导督查】 制定和完善了一系列工作制度，形成了一套完备的应急预案体系和长效管理机制。坚持路段管理人员日常巡查和责任单位不定时检查相结合，坚持监督举报电话和局领导带班督导相结合，做到管理不松懈、督导不间断，确保快速反应，发现问题迅速处理。

【城区防汛】　认真落实好城区防汛责任制，制定了《2011 年城区防汛预案》，与各单位签订了城区防汛目标责任书，对防汛工作做到早安排、早部署，定期对各单位分配的险工险段任务、防汛物资贮备、防汛队伍、防汛值班等情况进行督导检查，确保宜阳县城区安全度汛。

【广告治理】　成立了宜阳县打击非法小广告治理小张贴工作领导小组，制定了《宜阳县城区市容市貌提升专项整治活动实施方案》、《宜阳县打击非法小广告治理小张贴工作实施意见》，购置了小广告清洗机、安装了手机追呼系统，建立了日常治理机制、联动工作机制和考核奖惩机制，确保该项工作长效开展。

【招商引资】　投资 2260 余万元的垃圾中转站建设项目通过省、市发改委核准，其中中央预算内投资 910 万元、地方配套资金 1350 万元。

【养老保险】　圆满完成 2011 年度社会保险缴纳任务。缴纳养老保险金 56 万元，失业保险金 5.6 万元，医疗金 12.5 万元，工伤保险金 4.9 万元。

【社会公益】　为盐镇乡克村小学捐赠了价值 1200 元的文体学习用品，为残疾人捐款 1620 元，为农民工捐款 1600 元，为孤寡老人捐赠棉衣 60 件，为“送温暖、献爱心”活动捐款 3900 元。

【新农村帮扶】　支持新农村建设，完成新农村建设帮扶资金 3 万元。支持香鹿山镇禁烧资金 1 万元，帮助樊村乡规划设计居民休闲广场 1 座。

【党风廉政】　行政许可项目全部进入行政服务中心办理，行政事业收费全部缴至行政服务中心财政专户。无行政复议和行政诉讼案件，未出现重大违法或造成重大损失、负面影响的行政行为。认真落实“三重一大”集体决策制度，积极开展党风廉政建设、党的基层组织建设、宣传工作、群团工作等均取得良好效果。

【党的建设】　培训入党积极分子 3 名，转正预备党员 2 名，新发展党员 2 名，缴纳党费 4000 元。

【荣誉】　2011 年，宜阳县被洛阳市人民政府授予 2010 年度园林绿化先进县，宜阳县市政管理局、城市绿化办公室被洛阳市人民政府授予 2010 年度园林绿化工作先进单位，宜阳县市政管理局被洛阳市人民政府授予 2011 年环卫工作先进单位、城市市容环境卫生管理站被洛阳市人民政府授予 2011 年环卫工作先进集体，洛阳市总工会授予宜阳县市政管理局步行街公厕中转站管理组洛阳市工人先锋号，被宜阳县委、县政府授予 2010 年度目标管理先进单位，市政管理局被宜阳县委、县政府授予 2010 年度新农村建设先进单位，宜阳县市政管理局市容站、宜阳县滨河公园管理所被宜阳县人民政府授予 2011 年环卫工作先进集体。

（梅志强）

城乡规划

局长　卢国炜

【概况】　宜阳县城乡规划局（宜阳县人民防空办公室）位于北城区锦屏大道西侧，是主管全县城乡规划和人民防空工作的行政管理机构。全局（办）内设股室 7 个，分别是办公室、建设用地规划股、建设工程规划股、村镇规划股、人防综合股、工程股、指挥通信股。直属事业单位 2 个，分别是宜阳县规划监察大队和宜阳县测绘队。全局干部职工 31 人，其中行政编制 7 人，事业编制 24 人。2011 年，该局以统筹城乡发展为中心，以完善工作机制，提高规划水平为重点，努力实现规划编制全覆盖、规划管理全覆盖和规划监察全覆盖。不断强化依法规划、依法管理和依法行政工作，促进了城乡规划依法行政工作的落实，荣获全省村镇规划管理先进单位、洛阳市规划管理先进工作单位、洛阳市人防工作先进单位和宜阳县目标管理先进单位等多项荣誉称号。电话：0379－68828508。

领导班子成员

职 务	姓 名	职 务	姓 名
局 长	卢国炜	副局长	刘智峰（9月离）
副局长 人防办主任	李志刚（11月离）	副局长 纪检组长	孙绍云（6月任）
副局长 人防办主任	宋向阳（11月任）	人防办副主任	杨华锋
副局长	高建国	党组成员 总工程师	贺洛毅（6月任）

【规划编制】 完成了宜东新区控制性详细规划编制及评审工作，完成了锦屏广场区域城市设计方案、兴宜路和滨河路规划设计、轴承工业园二期和官庄片区控制性详细规划、配合旧城改造编制部分地块控制性详细规划、宜阳县县域村镇体系规划公示及报批工作，完成了13个乡（镇）总体规划评审工作。完成了宜阳县城区集中供热基本资料的收集及报送工作。完成了北城区10平方公里控制性详细规划前期工作，协助旅游局搞好旅游景区规划设计工作，参与完成了宜阳县"十二五"规划。

【规划管理】 完成了寻村镇牌窑村宜东第一大街住宅楼项目、寻村镇牌窑村集贸市场、中京花园和宜阳县气象灾害防御中心建设项目的规划审批。为土地储备出具规划条件30份，受理项目报建46起，核发建设工程规划批准书11份、建设用地规划许可证38份。

【规划监察】 2011年，重点加强了对在建工程的监督管理，尽量把违法违章建设发现在动工之前，制止在动工之时，共查处各类违法违规建设项目175起。其中：立案查处175起，报请县政府需强制执行3起，申请法院强制执行34起，强拆、自拆15起，查封施工现场、施工设备15起，接待信访6起，来访12起。

【村镇规划】 编制完成了县域村镇体系规划纲要和14个乡（镇）总体规划。

【人防工作】 完成了金东瑞福苑住宅小区项目2000平方米人防工程审批；完成了"三网合一"工作；完成了移动指挥平台建设；征收人防易地建设费190万元；在县城文明路举行了防灾减灾宣传，在县一中进行了全县党政机关人员人防疏散演练活动。招商引资工作 引进重庆市德杰房地产开发有限公司投资建设的宜阳县锦屏广场项目，项目总投资5亿元，一期投资3亿元，目前该项目正在办理相关手续，目前已到位资金2100万元。

【环境创优】 全局紧紧围绕"富民强县"目标和打赢"六加一"攻坚战，强化组织领导，认真宣传发动，突出实践特色，打造活动亮点．扎实抓好动员部署、全面查找问题、深挖症结所在，深刻剖析查摆，制定具体措施、狠抓工作作风等各阶段工作。

【党风廉政建设】 紧紧围绕"学习《廉政准则》，争做勤廉表率"的活动主题，紧密结合规划管理工作实际，认真开展党风廉政宣教月活动，召开领导班子专题民主生活会，组织党员干部学习《廉政准则》，开展典型案例警示教育，促进干部廉洁从政。

【宣传工作】 为搞好规划法制宣传，营造外部良好形象，局办公室全力以赴搞好宣传工作，全年先后在《河南科技报》、《青年导报》、《洛阳日报》、《蓝三角》、《洛阳网》、《宜阳政府网》、县委信息、政府信息等报纸杂志上发表各类稿件100余篇，在干部群众中树立了规划局（办）的良好形象，为宜阳县的经济社会发展奠定的坚实的基础。

（白 磊）

人民防空

局长 宋向阳

【概况】 宜阳县人民防空办公室是县政府主管人民防空工作的职能部门，正科级单位，办公室位于宜阳县北城区人武部三楼。下设秘书科、指通科、工程科、法规科、财务科。干部职工8人，行政编制3人。2011年荣获全省人防建设先进单位，全市人防工作先进单位，全市人防宣传教育工作先进单位，全市人防系统会操演练第二名荣誉称号。电话：0379－

68820299。

领导班子成员

职　务	姓　名	职　务	姓　名
主任	宋向阳	副主任	杨华锋

【人防工程总体规划】　规划引领建设，建设完善布局。从战备需求着眼，从完善城市功能出发，依据县城总体规划，组织编制了《宜阳县城市人防工程建设总体规划（2009 ~2020）》。2011 年底该规划已经政府批准实施，纳入县城总体规划，为推进人防工程建设与城市建设协调发展提供了依据。

【人防工程建设管理】　结合民用建筑修建防空地下室，是人防法的规定。坚持规划先行、联审联批、关口前移、依法建设，一套程序规范、运作有效的人防工程审批体制正在逐步建立健全，以建为主、以收促建的原则得到较好体现，人防工程建设实现跨越式发展。今年以来，已审批“结建”工程 3 项（万嘉花园 1934. 34 平方米，金东 · 瑞福苑 2855. 61 平方米，牌窑市场 1000. 67 平方米），共计 5790. 62 平方米，提前超额完成市定责任目标。易地建设费征缴额比去年同期增长 300% ，创历史新高。

【指挥通信建设】　树立组织指挥的龙头地位，不断加强人防组织指挥体系建设。及时调整和充实了人防指挥部，进一步明确了各有关局委的相关职责，实现了人员、任务、责任三落实。依据防空袭预案，在解放军原灵山部队驻地，建立了宜阳县党政机关疏散基地；在香鹿山镇的牌窑、赵老屯等 8 个村庄建立了疏散人口接收安置点，在镇政府设置了接收安置办公室。加强演习演练。5 月 14 日，组织县党政机关 200 多名工作人员，按照防空袭应急预案，成功举行了应急疏散演练。8 月完成了“三网合一”建设。按照与市政府签订的责任目标，构建了语音网、视频网、数据网“三网合一”的网络信息系统，实现了与省、市、县互联互通。建成了应急指挥移动信息平台。按照市人防办统一部署和技战术要求，购置了指挥通信车，配备了无线通信装备，实现了音频、视频、数据实时化传递与接收。2011 年底城区已安装警报器 12 台，安装了无线统控统发设备，在洛阳市县域率先实现了警报信号发放手动与遥控相结合、自主发放与电视同步发放相结合。警报音响覆盖率达到 99% 以上。为群众生产生活提供便利。

【人防“五进”工作】　“五进”工作的目的就是要提高社会各界对人防的认识，增强忧患意识，掌握自救互救技能，形成全社会关心和支持人防建设的氛围。坚持先行试点是：在县城关镇初级中学建立“人防教育示范学校”；在 县委党校，在每一期的中青班、科级干部培训班开设了人防知识课程；在科达社区建立了人防工作站，制定完善了工作台账和各类应急预案，组建了 40 人的人防志愿者队伍；投入 20 多万元，为工作站配备了 1. 9 米 ×2. 5 米多媒体宣传屏 1 块、大型宣传栏 3 块和办公桌椅、档案柜、电脑、标志牌及各类应急器材，使人防宣传教育在社区做到“四有”：有组织、有队伍、有阵地、有活动。

防空演练

【宣传教育工作】　人防宣传教育是人防工作的重要组成部分，是人防建设的基础性工程。利用“滨河之声”广场文化活动，向群众发放常见灾害预防应急宣传手册，并提供咨询服务。在县城繁华地带安装不锈钢固定橱窗 12 个，集中宣传人防法律法规、防空防灾知识，使群众在散步、休闲等日常生活中直观接受人防宣传教育。同时与县电视台、广播电台和新闻中心密切合作，开办了人防专题节目和专栏专版，定期开展人防宣传教育和重大活动演播。利用红旗广场电子大屏，滚动宣传人防知识，利用防灾减灾日、全民国防教育日、国际民防日、法制宣传日等有利时机和县里组织的重大活动，适时宣传人防法律法规和应急防护技能等知识，收到了事半功倍的效果。2011 年防灾减灾日期间，制作大型防灾减灾宣传版面60块，在主要街道和社区展出，同时悬挂宣传条幅100条，散发宣传单1万份，受到社会各界的好评。

【准军事化管理】 2011年，按照“政治坚定、业务精湛，纪律严明、作风过硬，廉政高效”的机关“准军事化”建设总要求。更新了办公设备、设施，配发了工作服和迷彩服，制作了胸卡胸牌和桌牌。规范办公秩序。学习借鉴军队做法，办公用品统一摆放，车辆统一停放，人员统一佩带胸牌、集体活动统一着装，实行24小时战备值班，办公秩序井然。围绕“一专多能”，制定了训练计划和培训目标，利用集中培训、岗位培训、以会代训、到部队培训等形式，提高职工的业务水平和专业技能，坚持用“忠诚、奉献、牺牲、自强”的当代人防核心价值观教育和引导干部职工，总结提炼了“敬业、创业、开拓、干事、拼搏”的宜阳人防精神，大力倡导团结协作、雷厉风行、令行禁止、勤政廉洁的人防作风，进一步增强了人防队伍的凝聚力、战斗力。

（张志荣）

国土资源管理

局长 鲍 丰

【概况】 宜阳县国土资源局位于北城区锦屏大道东侧，内设办公室、财务科、人事教育科、地籍管理科、耕保用地科、规划科、地质勘察科、土地利用科、矿产开发科等26个科室和事业单位，下辖16个国土资源所，3个矿管站。系统在职干部职工总人数312人。

2011年，国土资源局党组以建一流班子、带一流队伍、创一流业绩、树一流形象为目标，紧紧围绕“保护资源、保障发展”的总体思路，抓住保护国土资源、服务经济发展、整治市场秩序、加强党风廉政建设等工作重点，切实履行职责，各项工作取得了成效。先后被省国土资源厅评为全省国土资源信访稳定工作先进单位、全省国土资源系统推进依法行政先进单位，被省爱卫会评为省级卫生先进单位，被市局、县委、县政府分别授予“双保”工作先进单位、节约集约用地工作先进单位、矿产资源管理工作先进单位、党风廉政建设先进单位、宜阳县绩效考核综合奖、书记县长特别奖等荣誉称号，全市国土资源系统土地开发整理项目观摩会和档案管理现场会在宜阳召开，国土资源管理工作进入全市先进行列。获得省级荣誉4项、市级荣誉11项、县级荣誉15项。16名同志分别获得省、市、县荣誉。电话：0379－68820625。

领导班子成员

职 务	姓 名	职 务	姓 名
局 长	张洪银（7月离） 鲍 丰（7月任）	副局长	程宣伟
副局长	陈保军	副局长	朱会宗
副局长	刘智敏	副局长	李智勇
副局长	张新有	副局长	周石墩
副局长	马希祥	纪检组长	杨明钦

【耕地与基本农田保护】 制定了《宜阳县耕地保护责任目标量化考核办法》，（宜政办〔2011〕40号），在交通沿线、村镇周围等明显位置新设永久性基本农业田保护标志牌29块，全县共有基本农田保护标志3337块。截至2011年12月31日，宜阳县耕地保有量为6.5861万公顷，基本农田保护面积为5.7978万公顷，完成了市政府下达的耕地和基本农田保护任务。

【建设项目用地保障】 2011年，宜阳县新增建设用地计划仅60.3公顷，用地需求量却高达333.3公顷左右，宜阳县国土资源局采取有效措施，累计申报建设项目用地批次报件19个，面积761.6公顷。合计批准14个批次，面积336.4公顷。缴纳新增建设用地土地有偿使用费1338.8530万元，缴纳率达100%。预审21个委局、2个企业项目和2个新型农村社区建设项目，确保了项目申报。集体建设用地上报2个乡镇批次，面积36.36公顷，涉及13个乡镇的999宗农宅12宗企业，规定时限内审批完毕。与县农发行合作申请贷款3个亿。收储、收购国有土地及城市建设公益设施等土地266.4公顷，累计补偿款项1.91余亿元。

【城乡建设用地增减挂钩项目申报】 制定《关于

规范城乡建设用地增减挂钩项目管理的通知》，对已备案土地“三项整治”置换指标管理、项目用地安排等方面进行了明确要求。全年上报省厅挂钩项目7个批次，面积224.5053公顷，批准面积69.27公顷。

【郑卢高速公路（宜阳段）第二次附属物清查】 郑州至卢氏高速公路宜阳段项目2011变更道路加宽再次征地，项目里程68.92公里，其中宜阳段53公里，占项目全长的80%，共涉及6个乡（镇）49个村民委员会和2个国有单位，总占地面积295.2公顷。18个村庄涉及迁拆，共清点农宅158户，其他用地2处，个体企业（养殖业）14处，树木10万余棵及农田、道路附属物等，清点面积3.2万平方米，为施工单位现场解决征地拆迁问题3宗，提供临时用地53.7公顷，又将征地补偿费145万余元及时兑付到群众手中，积极维护了群众利益，确保重点工程用地顺利进行。

【土地整治项目库立项申报】 完成了高村乡演礼沟村土地综合整治试点项目规划。该项目涉及演礼沟村1个行政村，项目建设规模389.2公顷，土地整理面积381.87公顷，拆旧面积5.63公顷，建新面积1.70公顷，预算总投资1046.95万元。通过综合整治，将大力改善农业综合生产条件，预计新增耕地面积达到12.60公顷（其中，城乡建设用地增减挂钩可增加耕地3.94公顷），占试点村土地总面积的3.23%。9月，该项目通过了市级专家评审论证。做好2011年宜阳县高村乡、白杨镇2个土地整治项目库的规划设计。6月27日，项目库建设的规划设计单位、测绘单位全部进驻到乡镇，全面开展规划设计和地形测绘等工作。此次申报的土地整治项目库包括2个项目：一是宜阳县韩城镇、三乡镇、高村乡土地整治项目。涉及3个乡镇33个行政村。规划总建设规模9246.67公顷，其中农用地整理面积7040公顷，预计新增耕地3.02公顷，预算总投资2.85亿元；二是宜阳县白杨镇、赵保乡、董王庄乡土地整治项目，涉及3个乡镇34个行政村，规划总建设规模9753.33公顷，其中农用地整理面积7486.67公顷，预计新增耕地45.63公顷，预算投资2.75亿元。9月22日，2个项目的规划设计顺利通过了由市国土资源局、农业局、林业局、财政局、建设局等部门组成的市级专家组评审。规划设计上报省厅待批。

【补充耕地与土地开发整治】 2011年，各乡镇分配补充耕地任务833.33公顷、空心村、工矿废弃地、砖瓦窑厂等土地“三项整治”任务400公顷。申报补充耕地项目2批，整治规模801.56公顷，拟新增耕地面积676.82公顷。截至12月31日，已全力整治、补充耕地680.67公顷，修建水泥道路5409米、砂石路3793米、地埋管2073米、蓄水池1座、水窖9个、桥涵2座。同时，又承担洛阳市易地补充耕地任务149.67公顷。

新增费三乡镇土地整理项目工程已完成总体进度的95%，张坞乡土地整理项目完成总体进度的70%。柳泉镇土地整理项目代表洛阳市国土资源局成功迎接了省土地整理中心组织的专家验收，莲庄乡土地整理项目工程全部竣工。

【基本农田调整划定】 7月1日，宜阳县全面开展了调整划定基本农田工作，县政府出台了调整划定实施方案，成立了领导组织。组织人员开展了22天的内业调绘、外业调查等工作，确定了基本农田调整划定初步方案。7月28日，县四大班子领导、县财政、农业等22家单位听取了宜阳县基本农田调整划定成果的汇报。8月4日，县政府组织16个乡镇政府、县农业、林业、水利等12个单位、16个国土资源所和群众代表共60余人参加了宜阳县调整划定基本农田听证会。截至10月底，宜阳县基本农田调整划定成果已形成，内业建库工作已完成。调整后的基本农田确保基本农田总量不减少、用途不改变、质量有提高。

【国有土地使用权处置】 上报国有建设用地供应计划用地269.08公顷，其中保障性安居工程项目用地5.2823公顷，工业用地117.59公顷。累计建设标准化厂房17.2万平方米；拟定东城区党校等划拨供地方案8宗，面积35.42公顷，其中4宗划拨用地手续办结；拟定宜东新区创业路东侧、锦龙大道西兴宜东路南等国有建设用地使用权出让方案6宗；发布出让公告37宗，成交地块23宗，成交面积57.30公顷，总地价29728万元，其中工业用地使用权6宗，面积20.67公顷，地价2025.4064万元，国有建设城镇混合用地使用权17宗，面积36.63公顷，地价27702.566万元。全年征缴土地出让金5.109亿元。

【创建国土资源集约节约模范县活动】 此项活动

于2011年6月15日全面开始，宜阳县以节约和集约利用资源为核心，统筹兼顾，采取措施，先后开展了向空间“要”地，从城镇存量土地里“盘”地，向滩涂“要”地，从开发中“整”地等开展扎实有序的创建活动，2011年，洛阳市国土资源局、省国土资源厅全面验收，宜阳县国土资源局全力做好国土资源节约集约模范县参评。11月，宜阳县被省国土资源厅评为创建国土资源集约节约模范县，获创建国土资源集约节约模范县专项奖励资金383.3万元。

【矿业秩序治理整顿】 强化矿产资源开发管理的日常监管，充分发挥3个矿管站及各村协管员的基层一线作用，全年共查处违法行为37起，下达责令停止违法行为通知书13份、扣押通知书10份，没收空压机、风镐钻、钻杆、扳手、铁锨、撬杆、洋镐等工具80余件，遣散民工130余人，刑事拘留拘留3人，起诉10人，取保候审8人，扣押运输车辆32辆，扣押矿石逾3000吨，罚款63万余元。经整顿，宜阳县辖区铝土矿、铁矿等非法盗挖行为基本遏止，矿山开发秩序稳定。

【矿业权管理】 从源头上严把矿业权设置准入条件，对矿业权进行合理规划和布局，严把矿产资源勘查、开采登记及矿业权转让审批关并加强监督，全年上报宜阳县采矿权挂牌出让计划一期共16个，发布采矿权出让公告五期12宗，其中成交10宗。办理采矿权登记手续11个。收缴采矿权价款60.74万元。依法征收矿产资源补偿费565.6万元。全县26家非煤矿山企业，整合为8个区块即8个采矿权，整合后全县的采矿权减少35%。完成年度探矿权年检和年度采矿权年检，其中探矿权19家、采矿权68家，年检率达100%；为县重点工程中国地质研究院郑州矿产综合利用研究所矿产资源综合利用野外实验基地配置了张坞乡长石矿资源并颁发采矿许可证，利用配置的资源向国家申请的专项资金1000万元已到账。完成全县非煤矿山企业采矿许可证的换发工作；以矿业权实地核查数据成果为依据，由北京54坐标转换为西安80坐标系，并换发新的采矿许可证。完成河南渑池礼庄寨－平顶山地区铝土矿整装勘查（偃师－禹州）矿业权设置方案的审查和上报，涉及宜阳县矿业权51个，其中：采矿权47个、探矿权4个。科学编制宜阳县矿业权设置方案，完成开发利用方案备案19个，采矿权价款备案19个。为宜阳县采矿权出让工作提供依据。申报的《宜阳县矿产资源综合利用研究项目》入选省厅2011年度国土资源科技项目计划。

【地籍与测绘服务】 全年共办理土地登记353宗，面积202.3093公顷。其中，国有土地登记89宗，面积78.2588公顷；农村宅基地登记245宗，面积8.9201公顷；乡镇企业5宗，面积4.5799公顷；抵押登记7宗，面积115.1302公顷。提供查询服务126次，评估各类用地67宗，评估总面积275.865公顷，评估总地价14.61亿元。积极完成旧城改造项目、阳光水岸、土地开发项目等测绘测量工作，测绘量算宗地面积1272.368公顷，出具勘测定界技术报告402份。

【土地变更调查】 以国土资源部下发的2010年度遥感监测成果为调查底图，以2009年标准时点土地调查数据库成果为基础，根据省国土资源厅《关于做好2010年度土地变更调查与遥感监测工作的实施意见》要求，对全县2010年度各类土地变化情况进行实地调查、确认，宜阳县2010年度变更调查新增建设用地405.91公顷，年内增加耕地319.67公顷，变更图斑133个，面积552.81公顷。成果通过了人工自检和质检软件的全面检查。

【地质灾害防治】 根据地质灾害群测群防有组织、有经费、有规划、有预案、有制度、有宣传、有预报、有监测、有手段、有警示的“十有县”建设要求，采取完善工作机制，完善群测群防体系，强化防灾减灾排查与宣传，建立健全地质灾害防治长效机制等措施，深入开展地质灾害群测群防“十有县”创建活动。全年发放地质灾害“防灾明白卡”136份，“避险明白卡”449份，两卡发放585份，使受威胁群众明白灾情，安全避灾，组织开展防灾演练2次，成立202人应急防险应急队伍，与气象局通力合作，向乡、所发布灾害预警预报信息12次，无发生一起群众因地质灾害受难事故。建立了由县政府统一领导，国土资源部门组织协调，相关部门齐抓共管，乡（镇）、村组各负其责的地质灾害防治工作机制。6月、9月组织迎接省厅、市局地质灾害防治工作检查两次。地质灾害防治工作获得县、市、省、国土资源部的认可，12月31日，宜阳县被国土资源部确定为地质灾害群测群防“十有县”。

【地质环境治理项目申报与实施】 2011年共组织申报矿山地质环境项目两次。3月份，根据省国土厅、省财政厅预财建〔2011〕25号文件精神，申报锦屏山2011年地质环境治理项目，申报资金1.38亿，该项目已经省国土资源厅评审通过，已经省财政厅批复第一批建设资金5000余万元，其余资金待锦屏山一期治理验收后视情拨发，锦屏山环境治理正在稳步实施；8月份申报矿山地质环境项目，根据省国土厅、省财政厅预财建〔2011〕457号文件精神，组织申报2012年项目3个，其中，聘请河南省地质矿产勘查开发局第一地质调查队编制锦屏山地质环境治理恢复可行性报告，申报资金2.38亿；聘请河南省水文地质工程地质勘察院编制张坞上龙泥石流治理项目，申报资金2668万元；聘请河南省地质矿产勘查开发局区域地质调查队编制花果山景区地质遗迹保护项目，申报资金1129万元，10月19日上午，省国土厅环境处到宜阳县对锦屏山等项目的可行性进行了实地勘查，项目待批。

【土地执法监察】 按照“全员监管”、“全程监管”、“联动监管”的要求，完善了动态巡查责任制、分片包干实施办法、执法监察办案责任制和执法监管报告备案制度，建立健全村级土地协管员制度和联动协作监管机制。依据23个违法案件举报电话，24个举报信箱，依托“县、乡、村、组”四级执法巡查网络，加大土地执法监察力度，全年出动巡逻车526次，立案查处违法占地案件6宗，涉及土地面积216亩，强制拆除2宗，恢复土地面积5亩，制止轻微违法案件27起，均消灭在萌芽状态；办结上级交办信访案件5起，办结率、结案率达100%。2011年度，辖区违法占用耕地面积没有超过上级下达的新增建设用地占用耕地总面积的8%的指标。

【第十一次土地矿产卫片执法检查】 第十一次卫片宜阳县共269个图斑，涉及地块256宗，面积4090.6亩。其中：伪变化52宗，合法用地7宗，军事用地9宗，其他类188宗。自3月份工作开展以来，县委、县政府主要领导多次听汇报、作批示、提要求，并多次召开专题会部署工作；各乡镇全面自查，扎实整改，按时完成了土地卫片执法检查的核查汇总、数据统计与修正、表格填写、信息录入、情况上报和归档等工作。在此基础上加大对第十一次卫片执法检查发现的违法案件力度，立案59宗，并依据相关法律法规全部移交移送到位。立案率、结案率均为100%。对占用耕地的12宗违法建筑进行了拆除，拆除建筑面积12200平方米，恢复土地面积1.5公顷，经整改和执法监察，全县违法占用耕地比例达11.77%，实现了“零约谈、零问责”的目标。此项工作顺利通过市局、省厅、济南督察局、国土资源部的检查验收。

【党风廉政建设】 加强中层以上领导干部党风廉政教育，开展中层干部廉政教育5次，严格落实党风廉政建设责任制，层层签订党风廉政建设责任书，建立中层干部廉政档案50余份，结合实际，对机关各项管理制度和工作程序进行全面修订，完善了《年度责任目标考核》、《工作督查方案》等13项制度，完善了《宜阳县国土局关于开展民主评议政风行风工作实施方案》，成立了政风行风领导小组和行政效能监督小组，聘请10名人大代表、政协委员为局行风监督员，向服务对象、项目建设单位发放征求政风行风意见表100余份，加强对机关行风、政风的督查督导。深入开展“两整治一改革”专项行动，将纪检监察工作贯穿于建设项目用地预审和地价集体会审、土地招拍挂出让等工作的全过程。组织查找廉政风险点，围绕土地征收、土地评估、土地出让、矿业权管理、矿产资源管理、执法监察以及在干部选拔任用、资金使用等方面认真排查、梳理廉政风险点排查总计63条。针对风险点，从加强廉洁从政教育入手，创新工作机制，规范管理程序等方面，进一步加大监管力度，整体提升整治效果。2011年，宜阳县国土资源局在全县政风行风评议中列入前10名。

【依法行政与窗口办件】 进入窗口管理的业务项目分七大类37项，行政许可审批项目全部纳入县行政服务大厅国土局窗口办理。全年窗口受理行政性收费367件，划拨决定书3件，建设项目用地初审12件，农村宅基地审批1001件，发放采矿许可证9个，土地使用证208个，总办件1233件，办结率100%。12月，国土局窗口被推荐申报为洛阳市“十佳服务”窗口。认真执行国土资源案件听证、复议法律规定，规范程序、办理人大、政协提案4起，办结率100%，满意率100%。全年依法审查规范性文件143件、行政处罚131件，纠错15起，审查信访处理意见26起，办结信访注销土地使用证3起，受理并办结12336举报案件19起，备案率达100%，移交纪委、公安3起1人次。积极开展行政复议、行政诉讼等应诉工作，应诉行政复议案件7起（其中，市政府5起，市国土资源局2起），胜诉率达100%，应诉行政诉讼案件3起，胜诉2起，一起仍在审理中；组织执法人员开展执法培训8次，参训率、合格率达100%，及时为执法人员换发新版执法证47份；结合工作实际，出台了《宜阳县国土资源局六五普法规划》、《宜阳县国土资源系统2012 ~2016年依法行政工作规划》，全年依法行政工作有序开展，未出现重大违法和负面影响的行政行为，被市政府授予洛阳市依法行政示范单位，2011年9月19日，宜阳县国土资源被河南省国土资源厅授予全省国土资源系统推进依法行政工作先进单位。

【国土资源信访处置】 2011年共接待来访群众263起501人次，重访18起25人，群访306人，接上级批转案件19起，其中，县级批转案件13起、市局批转案件5起，国家土地督查济南局批转案件1起。结案19起，按期办结率、查处反馈率达100%；组织信访培训2次，信访综治督导7次，全年未发生一起赴省以上集访案件，办结涉土集访案件5起案件。被评为全省国土资源系统信访稳定先进单位。

"滨河之声"专场演出

【干部队伍建设】 以"环境创优年"和"两整治一改革"活动为契机，加强干部队伍建设，优化发展环境，开展学法考试5次；举办各类业务培训班12次；采取"一观"（观读经典，忆往思今）、"二访"（访谈模范，学习先进）、"三思"（思如何为民服务，做合格国土卫士）、"四练"（练就技能，转变作风）的方法，广泛开展岗位"学、练、赛"，全面提升全局干部职工的素质；组织154名党员签订公开服务承诺书，组建红歌合唱队，参加县委宣传部、文化局联合举办的建党90周年红歌大赛，获得一等奖。"创先争优"、机关综合管理等工作得到了县委组织部的好评。

【对外宣传】 编辑《国土资源简报》85期，采编信息685条，对外报送信息346条，编报重点工作动态周报50期，上报调研报告12篇，先后向《国土资源报》、《洛阳日报》等报刊杂志投稿52篇；加大网站建设力度，对网站政务公开、政府公告等栏目进行增设，完善用地、资源环境、地籍等12个科室的政务信息网上公开；应对处理各类新闻媒体23次，及时澄清事实真相；同时加大普法宣传力度，全面开展国土资源法律法规下乡宣传活动，充分利用地球日、土地日等加强国土资源法律、法规、政策宣传，先后展出展版168块，条幅72条，散发传单26000余张，设立50个咨询台，解答群众疑难问题752人次。

【测绘管理】 对全县地图市场巡查4次，开展地图市场清理整顿，没收违规地图产品30余份并及时销毁。加强测量标志点巡查与保护，对县区域内所有测量标志进行普查统计，三角点普查总数74点，水准点普查总数28点，D级GPS点数32个，E级GPS点数20个。同时，对因施工破坏的标志点进行修复，共修复32个。加强涉密测绘成果管理，查获1家单位在涉密测绘成果的保密管理和使用方面、涉密计算机等载体管理情况有私自复制、外接换联网，当场封存电脑1，涉密成果光盘4张。

【扶贫帮扶送温暖活动】 积极开展扶贫帮困、送温暖活动，号召全系统干部职工参与"送温暖、献爱心"捐赠活动，捐资9550元；"六一"前夕，为董王庄中心小学送去3000元文体用品，扶村困难群众50余户，发放大米、食用油等慰问品共计1万余元。筹资5万元支持县的新农村建设工作。

【事业单位改革】 及时成立改革领导小组，制定实施方案并稳步实施，对国土资源系统进行排查，涉及宜阳县土地储备中心、宜阳县土地勘测规划队、宜阳县土地监察中队、宜阳县土地开发整理中心、16 个国土资源所等 20 个事业单位，岗位设置方案、岗位聘用人员得到市、县人事部门审核通过。宜阳县地产交易中心、宜阳县地价评估所等 2 个事业单位岗位设置方案已上报宜阳县人力资源和社会保障局备案，得到了县企事业改革领导小组的充分肯定和认可。12 月中旬，顺利通过县事业单位改革领导小组考核验收。

【基层站所建设】　2011 年投入资金 9.5 万元，对三乡所、锦屏所、香鹿山所、花果山所等 4 个国土所得办公场所硬件进行修缮，对 16 个国土所、3 个矿管站基层站所全部构建并开通宣传教育网、信息沟通网、预警防范网、协调查处网“四大网络”体系。12 月 30 日，基层国土所“四室一窗口”建设标准，全部实现“统一化、专业化、规范化、人性化”四化管理的目标。

（李　明）

环境保护

局长　陈建民

【概况】　宜阳县环境保护局位于城关镇文明东路 6 号，是县政府下属的环境保护行政主管部门。核定编制 31 名，行政编制 9 人，事业编制 25 人，实有 153 人，其中大专以上学历 95 人，中级以上职称 8 人。2011 年，以“环境创优年”活动为契机，以“环境监管全市创优，排污收费再上台阶”为目标，加大监管力度，优化政务环境，严厉打击各类环境违法行为，积极推进碧水蓝天工程，各项工作取得了明显成效。县域环境质量得到明显改善，为全县人民创造了良好的生产、生活环境，被市环保局评为环境综合整治先进单位、环境保护统计工作先进单位、农村环保及生态创建工作先进单位、放射源在线监控工作先进单位。电话：0379－68882934。

领导班子成员

职　务	姓　名	职　务	姓　名
局　长	陈建民	副局长	米焕卿
副局长	李学营	纪检组长	石绍勇
副局长	王大桥	办公室主任	许百鸟
副局长	苏冠军		

【环境质量】　洛河高崖寨出境断面水质达标率 100%；城市集中饮用水源地水质达标率 100%，全年城区空气质量优良天数 325 天。

【碧水蓝天工程】　2011 年，宜阳县碧水蓝天工程涉及县委农办、住建局、市政局、卫生局、畜牧局、工信局、新农办、产业集聚区、环保局等 9 个部门和樊村、柳泉、三乡等 3 个乡镇，包括饮用水源地环境整治、重点行业环境整治、乡镇污水处理工程建设、产业集聚区环境综合整治等 26 项工程任务。碧水蓝天工程是县委、县政府的重点工程，作为牵头单位，县环保局积极参与、认真组织协调，通过各责任单位的共同努力，圆满完成年度任务，在洛阳市各县（市）中排名第一位。

【污染防治】　开展环境综合整治，对高桥化工厂、益民钡盐厂等 11 家企业，按照“吊销证照、断水断电、拆除设备、清除原料”的取缔标准进行关闭取缔。洛阳中原化工有限公司、义煤集团义络煤业公司和李沟矿业公司完成清洁生产任务。飓风 2 号环保行动：3 月 30 日至 4 月 2 日，与公安、工商、电业等部门联合执法，在全县开展以环境隐患排查和整治为重点的“飓风 2 号”环保行动，对环评手续不齐全、环保设施运行不正常及已关闭取缔的企业进行全面摸底排查。共出动车辆 30 余台次、执法人员 200 余人次，查处张坞镇境内的铁选企业、锦屏镇境内的石料加工企业、部分无环评或环保设施运行不正常等违法生产企业 74 家，全部实施了断电措施，彻底从源头上杜绝违法企业再生产，县域环境质量得到明显改善。

【环境监测】　温庄水质自动监测站、重点污染源在线监控系统运行稳定。全年监测企业 74 家，监测废水 36 次、废气 49 次、噪声 76 次，对洛河出境水质监测 6 次，环评监测 16 次。

【环境监督管理】　对全县255家排污单位(其中重点排污企业7家)加强现场监管。对全县132台套污染防治设施现场监督检查11036人次。

【建设项目环境管理】　坚持科学发展观,严格按照《中华人民共和国环境影响评价法》和国家有关产业政策,督促企业开展环评工作、落实"三同时"制度,严把建设项目环保审批关和环境准入门槛,严格控制新污染。新上建设项目"三同时"制度执行率达到100%。全年共完成50个建设项目的审批工作,其中省批项目1个,市批项目10个,受市局委托审批项目39个,"三同时"执行率100%。

【生态保护工作】　结合国家"以奖代补、以奖促治"政策,积极引导符合条件的村庄因地制宜,进行整治,争取专项资金。完成农村环境综合整治项目3个(三乡镇滩子、柳泉镇东高、锦屏镇河下)、申报环境优美小城镇1个(锦屏镇)、省级生态文明村3个(寻村镇锁营、锦屏镇东店、八里堂),均通过省、市验收。实施三个乡(镇)(樊村乡、柳泉镇、三乡镇)污水处理工程建设,改善农村环境质量。

【污染物减排和总量控制工作】　以监管减排、结构减排、工程减排三大减排工程为依托,落实主要污染物减排工作。全年二氧化硫排放量8326.9795吨,化学需氧量排放量4984.176吨,达到了2011年度主要污染物排放控制目标,全面加大企业持证排污推行力度,全县共有18家企业办理排污许可证。

【辐射管理】　按要求完成2次辐射源监督检查任务,辖区内的辐射单位持证率100%。并对骏马化工和恒基铝业共12枚废旧或闲置放射源送省环保厅废源库安全封存。在用的5枚放射源,全部按规定安全使用,全年未发生辐射事故。

【排污征费】　根据国家和省对排污收费工作的相关规定,按照年初申报审核、每月(季)终了后10日内核定、核定书送达7日后计算排污费并进行公示和送达排污费缴纳通知单的程序,开展排污征费工作。全年申报排污单位254家,排污申报审核登记率100%,做到依法足额征收。

【宣传教育】　绿色创建:申报市级"绿色社区"1个(义络公司惠宜小区);新闻报道:在《河南法制报》发表稿件1篇;《洛阳环境信息》发稿14篇,在《宜阳信息》发稿15篇,《政务信息》发稿6篇,在电视台播稿16篇。"六五"宣传:举行环保教案、征文和美术作品展评活动;举办板报长廊宣传活动;举办"共建生态文明,共享绿色未来"大型签名活动;开展现场咨询接访活动,发放宣传单及画册9000余份,接受咨询300余人次。环境大接访:全年共举行大接访活动6次,出动人员50余人次,展出板面20余块,发放宣传资料2000余份;累计接受咨询60余人次,收集意见和建议7条,受理信访案件12起(其中7起不属环保部门受理范围),结案率100%。

【法制建设】　认真贯彻《行政许可法》,加强环保行政执法队伍建设,组织培训3次。立案查处各类环境违法案件64起,申请法院强制执行案件5起,行政处罚案件维护率达100%。处理各类信访案件59起,其中群众来信来访32起,市、县转办27起。受理"12369"投诉163起,结案率100%,群众满意率100%。

(卫洪涛)

交通　通信

交通运输

局长　刘保刚

【概况】　宜阳县交通运输局位于宜阳人民路23号。内设办公室、劳动人事股、财务管理股、运输管理股、安全办公室、公路管理股34人。下属5个二级机构，分别是宜阳县公路管理局，378人；宜阳县农村公路管理所，147人；宜阳县公路运输管理所，148人、宜阳县交通路政管理所，56人；洛一运宜阳分公司，264人；交通运输局共有职工993人。

2011年，县交通运输局党委获中共河南省委全省先进基层党组织，省级档案管理先进单位，洛阳市创先争优流动红旗，市级文明单位，县委、县政府书记、县长特别奖，县委、县政府目标管理先进单位，县党建工作先进单位；在庆祝建党90周年党史知识大奖赛中获县委组织部优秀组织奖；获县纪检监察工作先进单位，市交通运输系统劳资年报统计工作先进单位，县《宜阳年鉴》编写先进单位，县政府安全生产先进单位，县计生委目标管理先进单位，县委政务信息工作第三名，县政府政务信息第六名的好成绩。共获得各项荣誉70项，其中集体荣誉44项、个人荣誉26项、省级荣誉5项、市级荣誉（含市局级）36项、县级荣誉29项。电话：0379－68882860。

领导班子成员

职　务	姓　名	职　务	姓　名
局　长	刘保刚	纪检书记	李松旺
副局长	李向霞	运管所所长	陈新刚
副局长	姚彦景	农管所所长	方志成
副局长	朱为民	路政所所长	张喜国
副局长	王占伟		

【交通基础设施建设】　按计划相续完成了洛宜快速通道、同力洛河大桥、锦龙洛河大桥、3.3公里产业集聚区东南环新建及农村公路等20项57.9公里重点工程部分建设任务，总投资4.5亿元。

完成了S319安虎线宜阳境灵山段全长1.48公里的改建工程，工程总投资868万元。完成了西庄工业园区东1路、东2路、东3路、东4路新建工程，总长2.534公里，总投资1423万元。完成了产业集聚区外环路新建工程，全长420米，工程总投资123万元。完成了产业集聚区富兴路新建工程，全长681米，总投资354万元。完成了产业集聚区红旗东路（同力大道）改建工程，全长2.5公里，总投资1251万元。完成了S319安虎线洛龙区至宜阳县城段（洛宜快速通道）慢车道新建工程，工程总投资3330万元。完成了洛宜快速通道西庄广场新建工程，工程总投资130万元。完成了产业集聚区南环路新建工程，全长3.312公里，总投资2800余万元。完成了民主南路新建工程，全长309米，工程总投资450万元。完成了洛陕线宜阳境甘棠桥危桥改造工程部分工程，全长38.66米，工程总投资167万元。完成了同力大桥引线全长1856米部分工程任务。安虎线县城至灵山段（李沟—灵山）改建工程全长5.1公里，工程总投资

4500万元，已全面开工建设。投资4000万元的同力洛河大桥，桩基已全部完成，梁板已调装18片，完成投资700万元。投资8000万元的锦龙洛河大桥已全面开工建设，完成桩基已浇筑102根。

完成了农村公路建设6项，总投资2025万元，其中：乡道改建项目5项19.1公里，投资1821万元，新建桥梁1座51延米，投资204万元。完成了2010年跨年度“村村通”工程。完成村村通砼路建设3项8公里。圆满完成安保工作。新增防撞护栏200米，完善各类标志标牌79套，设置警示墩200个，刷新警示墩400个，修复警示桩600个，增设路政公示牌15块，路政宣传牌28块，埋设警示桩千余根。高速公路建设涉及宜阳县5个乡镇49个行政村52公里的洛阳至洛宁高速公路宜阳段征地拆迁工作已经完成，桥梁工程正在打桩、灌注，路基工程正在填筑，整个工程正在按计划顺利推进。

骏马大道升级改造工程开工仪式

【路政管理】　道路服务功能和管理水平明显提高，干线公路好路率达93%，农村公路好路率达85%。全年共出动巡查车辆1500台次、出动路政宣传车辆766台次、上路巡查5700人次、巡查里程8万余公里、印发宣传材料2800余份；清理路障堆积物887处13814余立方米，处理路产路权案件33起，破案率、结案率均达到100%。坚持依法行政、文明执法，无发生一起公路“三乱”现象。

【公路养护】　以公路养护综合提升集中整治活动为主线，重点洛陕线、八官线、安虎线、盐高线、韩茶线等及508公里文明路创建路段进行了治理。投入资金1788万元、人力1.78万人次、机械5000台次，大修路面1.9万平方米，开挖边沟135公里，整修路肩200公里，完成了全县2223公里的公路养护综合提升集中整治工作任务；完成巡路保洁12.4万公里，全县公路养护取得了显著成效，达到了“畅、洁、绿、美、安”的通行标准。保持了历年创建的标准示范路段、“文明示范路”和“星级文明道班”。完善了农村公路养护承包合同，养护合同签订率100%，公路跨铁桥梁22座，已全部移交完毕。

道路服务功能和管理水平明显提高，干线公路好路率达93%，农村公路好路率达85%。干线公路处理坑槽3800立方米、整修边坡120万立方米、疏通边沟3.8万米、保养涵洞498道、巡路保洁12万公里。农村公路维修护栏2000米，培护路肩114万平方米，加宽路肩3.05万米，清理泥石流1400平方米，投资10余万元在宜赵路增设防护墩68个、防护墙65米。创建农村公路铁三线等“文明示范路”30余公里；创建柳泉镇、三乡镇2个“形象道路示范区”5.6万米。

由于9月持续降雨，致使宜阳县境内南车线、安虎线和农村公路168处路段出现大面积塌方、山体滑坡等地质灾害，严重影响道路行车安全。此次灾害共导致南车线、安虎线、农村公部分路段塌方168处15万余立方米，经济损失达700余万元，堵塞损坏边沟4600米，损坏树木1650棵，冲毁路肩5000米，冲毁桥梁锥坡2处60立方米。经过努力基本得到了修复。

【公路绿化】　全年先后投入150万元，绿化树木8万余棵，对管养的南车线、安虎线缺失树木进行了补栽，对全县2000多公里农村公路进行了绿化美化，干线公路及县道绿化率达100%。

【招商引资取得新突破】　2011年共引进交通基础设施建设项目12项，引进资金4339.9万元，其中省外资金1600万元，市外资金2739.9万元。均超额完成县下达的省外资金1500万元、市外资金1500万元的目标。

【道路运输】　完成客运量2011万人，客运周转量148814万人公里，货运量2058万吨，货运周转量413658万吨公里，圆满完成上级下达的运输任务。全县共有客运班线82条，公交线路8条，客车243辆，二级客运站1个（宜阳站），农村客运站16个，招呼站88个。日发班次520班次，平均日发旅客量6000人次。出租车公司1家（天禾出租车公司），出租车95辆。有货运企业5家，其中危运企业1家。拥有货运车辆9025辆，其中，货车2026辆、三轮车4305辆、拖拉机2671辆、甩挂车23辆。有46家维修企业，其中达到AA级14家，A级32家，从业人员280人。有驾驶员培训学校4所，分别是运通驾校、阳光驾校、金平驾校、和谐驾校，从业人员98人，教练车55辆，全年培训合格学员达3210人。

【安全生产，社会综合治理】 运输行业，切实履行"三关一监督"和"四项机制"，保证了客运、货运、水运的运输安全，全年无一起责任事故发生，无违反计划生育政策现象，无集体上访，无赴省、赴京上访案件。加强运输市场治理，规范客车经营行为，全系统所有客车均安装了GPS，为交通运输系统的安全工作提供了可靠的技术保障，从根源上治杜绝了超员行为，把安全隐患消灭在萌芽状态。对标志标牌、沿线设施进行增设、刷新，共增设道口桩464根、警示桩823根、补栽公里桩6块、百米桩49块，公里桩刷漆169块、百米桩刷漆1520块、警示桩刷漆1879根、防撞墩刷漆448个，防撞护栏刷涂料4060米。

【党建工作明显加强】 严格按照标准，全年共培训入党积极分子18人，发展预备党员11人，转正党员10人。深入开展"深化创先争优、实施先锋示范工程"和"环境创优年"活动，合理安排工学时间，围绕交通建设中心任务，全局党员干部认真学习何平九论，记录学习笔记，撰写心得体会，班子成员围绕"六查"、"三学三干"等7个方面撰写了高质量的环境创优个人自查分析报告，认真开展批评与自我批评，为今后更好地开展工作奠定了基础。邀请纪检、检察、公证机关人员对交通工程建设招投标、建设过程全程监督，做到公开、公平、公正，从源头上遏制了职务犯罪。

【宣传工作成绩显著】 上报各类新闻稿件和信息260余篇，刊发120篇。其中，省级刊物发表4篇，市级刊物发表36篇，县级刊物发表80篇，在全县政务信息评比中名列前茅。在县委、县政务信息评比中分别获第三、第六名的好成绩。

【服务群众、奉献爱心】 积极组织开展救灾、助残和植树造林工程捐款活动。为对口帮扶村筹集资金5万元，向爱心捐款16590元。为新农村建设和福利事业做出了突出贡献。深入到革命老区柳泉、赵保、白杨、韩城等镇，现场帮助指导成立货运公司的有关手续办理工作。上门集中为货运车辆办理年审服务，共年审车辆550余辆。运通驾校为革命老区的农民工、特困户学员每人减免学费500元优惠，直接受益200余人。

【积极办理人大代表、政协委员提案】 办理人大代表建议、政协委员提案38件，见面率、满意率均达100%。

【积极为企业搞好服务】 运政、路政主动深入前进化工有限公司、洛阳骏马化工有限公司、同力水泥有限公司等43家企业开展调研，听取企业的心声，为企业排忧解难，并同企业签署服务承诺书，帮助企业解决困难86件，为企业的发展提供了良好的交通运输服务环境。　　（李红卫）

铁路运输

站长　贾建国

【概况】 宜阳火车站位于宜阳县东城区，受郑州铁路局洛阳车站关林站区领导。

车站2011年有职工37人，设有站长室、书记室、副站长室、车站办公室，对运转、货运、多经、装卸四个班组进行日常管理。班组长对车站站长负责。行车工作由值班的车站值班员直接领导，货运由货运值班员直接领导，多经由多经班组长负责；装卸由装卸班组具体管理，值班站长负责全面监督。电话：0379－62729471。

领导班子成员

职　务	姓　名	职　务	姓　名
站　长	贾建国	副站长	张平一
支部书记	徐振扬		

【站线设备】 洛宜线全长32公里，东起关林站接

轨，西止宜阳车站，属于单线半自动闭塞。宜阳县境内约16公里线路。

宜阳车站成立于1958年。车站共有站线7条，1、2、3、4、5道是到发线，1道东段站台边有危险品仓库1座；6、7道分别是货物线，有货物仓库2座。6道西端连接军用站台。车站西头原有机车上水线1条，现已作为装卸车使用。车站站线西区连接宜洛矿专用线、化肥厂专用铁道；车站东区连接503专用线、煤专线（由于503厂停产，其专用线一直未能使用；煤专线也因为货源短缺，停用多年）。车站原用设备是单线半自动闭塞设备，人工进行扳道。2000年10月改造为6502型电气集中操纵设备。

【业务状况】 车站主要办理货物的发送。到达量每月一般在100至200车之间，主要是焦炭、硝酸铵、炉渣、羊粪等。外运的大宗货物主要是煤，是车站主要的运输指标，一般在7000到8000车之间。其次是化肥、粮食、河卵石以及危险品运输等。

办理军事运输的业务主要有，老君洞空军、铁军部队等。由于军事演习及其他需要，每年办理整列到发10列左右，军运物资零星装运100车左右。

2011年，宜阳车站完成装车9210个，发送59.5万吨，运输收入3619.6万元，卸车1831个。其中，煤炭运输7291车；化肥运输1256车，粮食322车，石头等其他零星货物运输341车。

（卫献民）

邮　政

局长　方红赞

【概况】 宜阳县邮政局是1998年10月邮电分营后成立的社会公用性企业，担负着全县邮政通信生产、建设和服务的任务。现有干部职工185人，设有综合办公室、业务检查室、经营服务部3个职能部门，设报刊发行局、集邮公司、电子商务局、函件局、金融业务局、保险公司、分销物流局7个专业局（公司）及17个邮政支局（所）。电话：0379－68889888。

领导班子成员

职　务	姓　名	职　务	姓　名
局　长	方红赞	副局长	麦可乐

【经营成果及荣誉】 2011年县局在全市邮政系统工作综合排名第三，被河南省邮政公司评为全省县（市）邮政先进企业，被洛阳市邮政局评为集邮专业、金融专业业务发展突出先进单位。

【基础设施建设树立邮政新形象】 2011年根据省公司、市局基础设施改造建设要求，先后完成对柳泉支局、三乡支局改造工作，对两个支局所改造基础上结合实际申报省级模范职工小家；对县城网点西关所改造为城市精品网点。基础设施的改造，改善职工生产生活条件，提高业务办理效率，减少用户等待时间，宽敞、舒适的营业大厅，优质的服务也得到用户一致好评。

【全力打造邮政综合服务平台建设】 根据省公司统一部署，积极开展“邮政综合服务平台”建设，严格按照省公司建设要求，认真选址建设“村邮站”、“便民服务站”、“连锁超市”等，并全面叠加邮政业务，做好业务指导，让邮政综合服务平台真正发挥便民服务功能。截至2011年底，累计建设“村邮站”251个，连锁超市140个，邮政万亩示范田1个，直营店1个。

【做好新农保发放工作】 2011年，县局作为新农保发放试点之一，为全县农村60岁以上老人办理新农保发放。县局利用村邮站平台优势，在信誉好的村邮站安装商易通助农取款。商易通开办缓解前台窗口压力，同时便利用户取款，2011年发放新农保6.5户，发放款额1160万。

（张洪峰）

联合通信

【概况】 中国联合网络通信有限公司宜阳县分公司（简称：宜阳县联通公司）位于宜阳县人民路

经理　马国伟

16号，有干部员工59人，退休职工77人（含内退），其他从业人员131人。公司下设5个部室（综合部、市场部、集团客户部、客户服务部、建设维护部），两办（渠道管理办、驻地网办），三个班组（营业班、监控班、维护班），22个支局（营业厅）及186个社会渠道（代办点）分布在各个乡镇。联系电话：0379－62514568。

领导班子成员

职　务	姓　名	职　务	姓　名
经　理	马国伟	副经理	王铁庚
副经理	王　政	经理助理	乔治波

【网络建设与优化】　实施了“双畅、双覆盖”工程，优化了通信网络。截至2011年底完成宜阳至洛阳互联网光纤数字中继上联容量10G（带宽）；完成县城至各乡镇本地网光纤数字中继上联容量1G（带宽）；建设大客户光纤电路78条，固定IP电路65条，支持数字通信带宽2M至100M。交换机容量达99714线，建设移动基站（通信塔）120个（其中3G基站48个）；通信模块局20个，通信接入网点166个；城区开通EPON光纤接入网设备（光纤到大楼）86套，FTTH全光纤接入（光纤到户）进线19个小区；为全县广大人民群众和县域经济发展提供了全业务通信支撑。

【配合县重点工程建设】　完成了产业集聚区、灵山景区、县城改造等重点工程的通信线路改迁和入地工程；建设党员现代远程教育站点329个；开通了111个村级文化站点；建设电话村村通工程485个村（含自然村）；建成256个平安互助村（平安大喇叭），开通平安监控点县城摄像头98个、乡镇76个。

【客户服务】　开展了“红逗号”服务（为您做得更多，为您做得更好，服务没有终点）活动。推出宜阳县联通公司企务公开服务承诺。确保用户知情权，严格按客户服务协议执行；投诉处理首问负责限时办结制度：一般投诉即时答复，最长不超过24小时；省级投诉平均24小时答复，最长不超过48小时；全国级投诉平均48小时答复，最长不超过72小时。

推行城区固话、宽带装（移）机及障碍维修实行660服务工作制：业务受理后，保证6个小时内上门，按质按量完成安装；接到用户的固话和宽带故障，保证6小时内上门维修。

方便用户缴费和查询。全县（含各乡镇）设立了206个营业交费点；开通了网上营业厅（www.10010.com）和县城中心营业厅自助缴费终端，7×24小时为客户服务。

【业务经营】　收入指标：完成业务收入4814万元，与去年同期相比增幅9.6%，年上缴地方税收105万元。发展指标：固定电话用户累计达35631户，宽带户数达24360户，移网用户达62468户。

（亢双喜）

移动通信

经理　曹　飞

【概况】　中国移动通信集团河南有限公司洛阳市宜阳分公司（简称“宜阳移动”）是中国移动通信集团所属的县级分公司，全面负责中国移动在宜阳的业务经营和网络建设。宜阳移动位于宜阳县北城区锦屏北路，2011年有员工157人，下辖三部（综合管理部、营销部、网络部）三室（集团客户室、渠道管理室、财务室）。电话：0379－68822139。

领导班子成员

职　务	姓　名	职　务	姓　名
经　理	曹　飞	副经理	白向阳

【营销服务规模发展】　2011年有14个乡镇营业部，1个城区营销中心，18个营业厅，社会渠道500余个，营销网络覆盖全县。先后开展“为民服务创先争优”活动和群众满意的基层站所评选活动，围绕“双引擎成长”战略，坚持“五新”发

展思路，细分市场，拓宽增量，把握新领域新模式的发展机遇，加快业务融合。从宣传管理、营销管理、服务过程、管理模式、能力素质以及团队氛围6个方面加强有形化管理，规范业务办理和投诉处理流程，有效提升营业厅服务质量。截至2011年底，开通村级V网的村委会353个，做到对全县村委会的100%覆盖。

【网络建设强化支撑】　围绕客户感知，深入开展网络质量提升活动，着力提升城区网络领先优势，强化农村网络覆盖。全年配合代维故障处理435次，扩容小区174个，扩容载频223块，减容载频17块扩容EDGE小区63个，处理天馈故障35次，处理投诉故障11次；按时完成网优九期（马蹄沟、拐沟、锦屏矿业、李王屯）4个直放站的开通和代维交接的工作，完成菲英特地下超市室分、新宜小区室分开通和曹窑部队无线该光工作；完成网优八期14个油机房建设工作；完成网优九期12个站的搬迁工作；完成TD59个基站的验收交维工作；按时开通GSM15B工程900M和1800M共11个基站；AB类集团光缆接入9家，新建光缆杆路18公里，累计1658公里。

【精细管理营造活力】　根据工、团组织各自职能特点和组织优势，准确定位，明确工作重点。发挥工会密切联系广大员工的优势，以文化建设为切入点、以提升业绩为导向、以制度建设为抓手、以培育能力为重点，深入推进六型班组的建设。扎实部署"为民服务创先争优"、健康快乐行、超越五千万博文推选、与黄河同力举行"五四"青年联欢会、"六一"慰问穆册乡大尖村小学等活动。发挥共青团密切联系广大青年员工的优势，以"三亮三比三创"为重点，组织团员座谈会、书记约谈等方式，深入开展思想和工作交流，并广泛征求基层团员的意见建议，增进了解、传递信任，增强青年员工的合力和创造力。

【服务地方助力发展】　以移动信息化建设为主线，积极配合县政府做好惠民实事的开展，为集团客户打造"警务通"、"校讯通"、"电子政务平台"等信息化解决方案。加快产业集聚区信息化建设，结合入驻集团实际，整合资源，重点支撑，开展组合营销和个性化服务。已为龙羽宜电、双语实验学校、福润肉类等集团单位提供互联网专线、集团彩铃等信息化支撑，累计提供集团业务67项。主动奉献，慰问留守儿童。在"六一"节走进穆册乡大尖村小学，为孩子们送上学习和体育用品，价值6000余元；电影下乡，丰富农民生活。分公司结合各乡镇实际，积极与当地村委沟通，选择场地、时间，安排电影放映120场次，费用16000余元，丰富了农民文化生活。移动气象，安排农业进度。针对宜阳天气变化频繁，灾害天气较多等不利因素影响，公司利用二季度"你交业务我送话费"活动优惠政策，积极向农民朋友推荐移动气象站业务，使农民朋友准确掌握天气实况，保证适时夏收、夏种、夏管，参与客户8500户，优惠10万余元。（周战国）

电　信

经理　熊贤柱

【概况】　中国电信集团公司河南省宜阳县电信分公司（简称宜阳电信）是中国电信集团所属的县级分公司，全面负责中国电信在宜阳的业务经营和网络建设。宜阳电信位于宜阳县城人民北路39号，2011年有员工39人。公司下辖5部1室：综合部、政企部、市场部、网络部、渠道部、财务室。2011年，公司以科学发展观为指导，以"聚焦客户的信息化创新战略"为指引，以"合作、创新、服务、高效"为宗旨，不断强化市场意识，通过管理创新、机制创新和技术创新，以高品位的服务满足客户多样化、个性化的需求，实现了企业经营与社会责任的高度统一。电话：0379－65214568。

领导班子成员

职　务	姓　名	职　务	姓　名
经　理	熊贤柱	经理助理	李巧莲
经理助理	古亚丽		

【公司品牌】　宜阳电信拥有"天翼"、"我的e家"、"商务领航"、"乐享3G"、"物流E通"等知名品牌，具备电信全业务、多产品融合的服务能

力和渠道体系。在“综合信息服务提供商”企业品牌内涵下，不断推进全业务运营下的品牌建设工作，重点打造“天翼”品牌并取得明显成效，“我的e家”、“商务领航”和“号码百事通”、“乐享3G”业务品牌取得稳定发展。2011年底移网客户规模达2.1万户左右。固网用户规模达到4122户. 完成纳税84万元。

【客户服务】　根据企业全业务经营的新形势，开展基础服务能力提升攻坚行动和服务满意冲刺活动，推进服务能力提升；加强与客户的沟通交流，推动相关消费者反映问题的及时解决，保障用户的咨询、投诉、障碍申告在最短时间内得到解决，提高用户满意度。2011年底，通过第三方测评的客户综合满意率达到95%，超过既定目标。

【网络建设】　网络工程建设完成固网扩容覆盖用户2700户，新建覆盖用户2300户。新建光纤小区15个，FTTH端口6100个，累计宽带接入DSLAM设备105个共计端口9450个，固网铺设线路480公里。移动网基站新建6个，累计达到68个。新建光缆线路100公里，累计1200公里。

【综合管理】　2011年，公司以创建优秀领导班子为目标，狠抓班子自身建设。一是坚持了班子成员学习制度和党员干部每月学习制度；二是坚持了民主集中制的议事原则和集体领导与个人分工负责的原则。凡属企业重大问题必须经集体讨论通过后执行，坚持少数服从多数，不搞个人说了算。在员工竞争上岗、人员调整等方面，都坚持民主集中制原则，保证了各项措施得到有效落实。公司领导干部个人重大问题执行请示报告制度，形成了班子团结一致、工作上相互支持的良好局面。

【获得荣誉】　宜阳县电信分公司自2008年成立以来，曾先后被洛阳市电信公司授予经营发展先进县、先进集体，被河南省电信公司确定为业务发展先进示范县，被河南省电信公司授予先进单位等荣誉称号。

（张克锋）

城区道路

农　　业

农　业

局长　吴绍良

【概况】　宜阳县农业局位于城北区李贺大道北侧。机关内设办公室、党委办公室、人事股、财务股、信息中心、培训办、农业股、水产股；下设农经站、农技站、植保站、园艺站、农广校、种子站、质检站、农科所；下辖农场。全系统2011年有职工150人。电话：0379－68821336。

领导班子成员

职　务	姓　名	职　务	姓　名
局　长	吴绍良	副书记	郑麦现
副局长	卫秀朋（8月离）	副局长	谷公伟
副局长	姚　俊	纪检书记	宋文涛

【粮食生产】　县农业局积极推广应用优质高产新品种，引进推广小麦、玉米新品种8个；大力推广应用农业新技术，重点推广了秸秆还田、配方施肥、一增四改、氮肥后移、一喷三防等实用新技术；深入开展省“万名科技人员包万村服务粮食生产”活动，抽调85名专业技术人员，深入农村田间地头、农业生产一线，传播农业科技知识，培育种田能手和科技明白人，不断提高科学种粮水平，有力地推动了宜阳县粮食生产的逐年增长和品质的不断改善。全县小麦总面积3.6万公顷，平均亩产270.1公斤，总产14585.4万公斤。2011年，全县秋作物播种面积63200公顷，其中秋粮播种面积4.2万公顷，总产17481.5万公斤，减幅17%；油料播种面积11866.7公顷，总产3980万公斤，减幅13%。

黑色作物种植是高村乡的特色产业。2011年，高村乡依托黑色作物产业的强劲发展势头和河南华裕公司在建的年产4500吨黑色作物加工生产线，积极引导群众种植黑色作物666.7公顷。黑色作物种植效益明显优于普通作物，黑小麦较普通小麦亩产值高291.4元；黑玉米较普通玉米亩产值高514元；黑花生较普通花生亩产值高455元，群众在生产得到了实惠，参与结构调整种植黑色作物的积极性进一步提高。

小麦丰收

【良种补贴项目】　发展粮食生产，确保粮食安全，是党中央、国务院的重大战略决策。为充分调动农民种粮积极性，宜阳县继续实施小麦、玉米、水稻、棉花良种补贴项目，并于年初发放了抗旱浇麦补助资金。为把党的各项惠农政策落到实处，联合县财政局制定详细的实施方案，严格补贴资金发放程序，加强督导检查，确保了各项政策落实到位。2011年，县落实良种补贴资金1181.16余万元，发放抗旱浇麦补助资金382万元。

【蔬菜生产】 2011年，市分配宜阳蔬菜基地建设任务480公顷，其中新发展市供蔬菜基地213.3公顷、县供蔬菜基地266.7公顷。截至年底，全县已完成市供蔬菜基地建设217.3公顷，占全年任务213.3公顷的102%，其中建成日光温室和塑料大棚55公顷、新打机井32眼、硬化水渠32260米、硬化道路11520米。完成县级蔬菜基地建设420公顷，占市分任务的157%，其中韩城镇完成140公顷，位于阎北村、陡沟村和南驿村，以白菜、萝卜、立芥、韭菜、大蒜种植为主；柳泉镇完成210公顷，位于元村、河东、花庄、河北等村，以白菜、萝卜、胡萝卜、花菜、油菜种植为主；香鹿山镇完成70公顷，位于黄窑、寻村、夏街、李营等村，以寒蒜、立芥、白菜、芹菜、萝卜种植为主。

【沼气建设】 县委、县政府下发了宜阳县2011年沼气建设实施方案，出台了一系列优惠措施，保证了各项目标任务的顺利完成。完成户用沼气1512座，占市分任务的101%；3座沼气工程已选好养殖企业和建设地点；新建村级沼气服务网点10个，具备六有标准，占市分任务的100%；新发展沼气全托服务村20个，签订全托服务协议24011份，沼气全托服务覆盖率达到50%；“三沼”综合利用效率明显提高，利用沼液、沼渣种植无公害蔬菜、种植优质西瓜 、种植蘑菇等生产模式取得一定经济效益。

【劳动力转移培训】 2011年，市分配宜阳县农村劳动力转移培训任务2.5万人，其中引导性培训1.5万人、技能性培训1万人；市分配农民科技培训6050人；省分配宜阳县阳光工程培训2500人。全年共完成农村劳动力转移培训26117人，占任务数的105%。其中：引导性培训15081人，占任务的101%；技能性培训11036人，占任务的110%；农民科技培训完成6080人，占任务的100.5%；阳光工程培训完成2500人，占任务的100%。

【农业执法与市场管理】 2011年，县农业局进一步强化农业法律法规的宣传，利用广播、电视、宣传车等形式组织宣传活动73次，制作专题节目2期，新闻报道3次，张贴通告350份，出动宣传车120辆次，印发宣传材料2万余份，使广大农民对涉农法律法规有了深入的了解，自我保护意识明显增强。同时严厉打击制售假冒伪劣农用物资的违法乱纪行为，重点对农药、种子、肥料等农资产品进行了监督管理，共出动执法车辆80余次，组织执法人员180人次，查处农资案件9起，没收假劣种子350公斤，查处违规农药201公斤，有效规范了农资市场的经营秩序，维护了广大农民的合法利益，全年未发生在的坑农害农案件。

全县农村农业重点工作推进会

【农民负担监督与农村经济管理】 2011年，宜阳县的一事一议筹资筹劳财政奖补工作共申报项目300个，项目覆盖率达到73%。共涉及行政村255个，农村人口37万，农村劳动力22万个；项目预计总投资5549.7万元，其中筹资筹劳资金总额2941.64万元，申请财政补贴资金1470.82万元，集体投资、社会捐资和其他资金1137.24万元。申报的项目主要包括：道路修建151个，安全饮水工程48个，农田水利建设47个，村容村貌整治27个，其他27个。

【植物保护】 2011年，全县病虫害发生总面积22.96万公顷次，其中夏粮6.2万公顷次，秋作物10.6万公顷次，果树1.3万公顷次，蔬菜1.9万公顷次；防治19.5万公顷次，其中夏粮5.7万公顷次，秋作物10.6万公顷次，果树1.3万公顷次，蔬菜1.9万公顷次。防治面积占总发生面积的85.13%。通过防治，全年累计挽回损失9455.4万公斤，其中夏粮1382万公斤，秋作物1716.5万公斤，水果630.9万公斤，蔬菜5726万公斤。全年共完成省、市下达的系统检测对象18个，一般检测对象12个，伟递报表180余份，开展大面积调查6次，发布《病虫情报》14期，1400余份。

【推广测土配方施肥】　2011年，完成土样化验712个，测定了全部土样的常规六项，测定了30%土样的中微量元素，获得了土壤测试数据8138个。测试数据全部进行了微机录入，丰富了宜阳县耕地土壤养分数据库。全年共分析植株样品100个，其中小麦秸秆、籽粒各50个，玉米秸秆、籽粒各50个。植株分析共测试水分、干物质含量、全氮、全磷、全钾5项指标，为小麦、玉米丰缺及肥料利用率试验数据参数分析提供了准确的基础数据。

2011年完成小麦氮肥用量及丰缺指标试验各4个，三区示范试验10个，完成小麦肥料利用率试验1个。玉米氮肥用量丰缺指标各2个，三区示范及肥料利用率试验10个。经济作物花生试验点4个。试验方案科学，田间观察记录完整，试验资料齐全，表格汇总规范，并经过科学计算，完成了试验报告，示范试验完成率达到100%。

【实施花生高产示范基地建设项目】　2011年，宜阳县继续实施油料倍增计划花生高产示范基地项目建设，并实施了花生良种补贴项目。花生高产示范基地项目涉及上观、赵保、董王庄、白杨、高村、张坞、韩城、盐镇、莲庄等9个乡（镇）40个村民委员会，建设花生高产示范基地3333.3公顷，统一供应优质高产花生新品种2255.3公顷，50.7万公斤，配方肥1691.5吨，农膜1万公斤，农机具200台，种衣剂5万袋，除草剂7.5万套，杀虫剂1.2万瓶；花生良种补贴项目补贴标准为每亩10元，共发放补贴资金184.3万元，全县种植花生面积13666.7公顷。同时，结合项目的实施共举办培训班36期，培训农民9500余人次，发放技术资料1万余份，组织花生病虫害统防统治面积1333.3公顷。2011年，全县花生总产4592.7万公斤，单产223.6公斤，其中项目区花生均产390.8公斤。

【推进农村土地流转】　土地流转工作从4月开始，农业局积极引导涉农企业、农民专业合作社和种（养）大户参与到土地流转中来。如黑磨坊生态农业专业合作社、宜阳县万家果蔬种植专业合作社、宜阳县涧水果蔬专业合作社、华裕黑色作物有限公司等合作社和企业，在2011年的土地流转工作中，都转入了大量土地，扩大经营规模，从事蔬菜、黑杂粮等作物种植，提高了土地的规模生产效益。根据不同土地状况，每亩土地每年由业主向农民支付200 ~1000斤小麦，流转后农民每亩土地可收入租金200元到1000元。有的农民被业主返聘打工，每月可实现收入500 ~1000元，还可外出务工增加收入，土地流转后。每年可实现家庭收入成倍增加。截至2011年底，全县共流转土地2291.7公顷，占市定任务1133.3公顷的202.2%，占县定任务2066.7公顷的110.9%，签订合同3415份。其中，33.3公顷以上规模种植基地21个；以合作社为依托流转土地261公顷，涉及合作社5个；以企业为依托流转土地5802公顷，涉及企业13个；流转入种养大户1338.8公顷。流转后，用于粮食种植103.5公顷、蔬菜种植288.3公顷、中药材种植187.8公顷、烟叶种植825.3公顷、林果业种植546.7公顷、其他种植340.1公顷。土地流转的形式主要以出租和入股为主，其中出租土地2219.8公顷、入股土地71.9公顷。

【农产品质量监督检测】　2011年，积极开展创建省级食品安全示范县活动，严厉打击食品非法添加和滥用食品添加剂，共检测农产品320批次，抽检蔬菜水果等样品1860个，合格率达到98%。同时，积极推进农业标准化生产和品牌化的发展，全

病虫害防治

县共审批无公害农产品生产基地7个、无公害农产品18个，总面积达到1333.3公顷，并初步培育了一批如三乡大蒜、韩城韭菜、高村黑杂粮、上观花生等具有鲜明地域特色、影响大、效益好的农产品品牌，有力地促进了农业规模化、产业化和农业生产方式的转变，增强了宜阳县农产品生产的竞争力。

【万名科技人员包万村活动】 根据省“万名科技人员包万村服务粮食生产科技行动”的具体要求，抽调，85名科技人员，分包全县347个行政村，深入田间地头，为农民答疑解难，并印发宣传资料16.7万份，利用广播电台专题宣传报道11期，举办科技培训班560期，培训农民9万人次，培养乡村科技专干200人，农村科技带头人400人，培育科技专业户150户，推广花生、玉米、小麦、蔬菜等新品种15个，建立万亩示范方2个、百亩示范方85个。

【承办省农运会自行车载重赛】 2011年10月18日至22日，河南省第五届农民运动会自行车载重竞赛项目在宜阳县洛宜快速通道举行，该赛事由县农业局牵头承办，共接待裁判员，教练员80人，各市代表团10个，运动员108人。在运动会闭幕式上，宜阳县被大赛组委会评为最佳赛区奖。

【荣誉】 2011年，宜阳县获省第五届农运会大会委员会第五届农民运动会最佳赛区，市政府2010年度减轻农民负担工作优秀县，市政府2010年市供蔬菜生产基地建设先进县。农业局获农业部全国2008 ~2010年度“农牧渔业丰收奖”二等奖，市农民负担监督管理委员会2010年度减轻农民负担工作先进单位，市农业局全市农业工作先进单位，市农业局2010年循环农业建设先进单位。

（李红星）

畜 牧 业

局长　韩银生

【概况】 宜阳县畜牧局是县政府主管畜牧业发展和重大动物疫病防控及畜产品质量安全监管的职能部门，位于解放中路16号，内设办公室、畜牧综合股、动物防检股、财务股。下设县动物疫病预防控制中心、县动物卫生监督所、县畜牧站、县畜牧综合执法大队。全局2011年有工作人员52人。电话：0379－68882006。

领导班子成员

职　务	姓　名	职　务	姓　名
局　长	韩银生	副局长	习国亮
副局长	韩红军	纪检组长	董继章
副局长	张永军		

【畜牧业生产】 2011年全县猪、牛、羊、禽、兔存栏量分别达到31.63万头、12.49万头、20.93万只、305.14万只、183.99万只，出栏量分别达到40.01万头、6.28万头、12.57万只、186.05万只、125.67万只，饲养量分别达到71.64万头、18.77万头、33.5万只、491.19万只、309.66只，肉、蛋、奶总产量分别达到44790吨、13758吨、17158吨，牧业总产值123971万元，占农业总产值500590万元的24.7%。

畜牧兽医综合执法大队揭牌仪式

【乡镇长工程】 2011年规划畜牧业乡镇长工程9个，实际开工建设11个。一是总投资2600万元、年出栏240万只肉鸭的东汉禽业（宜阳）肉鸭养殖小区。目前，莲庄镇小区已完成投资1000万元，38座标准化肉鸭养殖棚已封顶，区内道路硬化完毕。三乡镇小区已完成投资750万元，24座标准化肉鸭养殖大棚和60个蔬菜大棚骨架和棚顶已完工，养殖工房主体已建成。二是总投资1.8亿元、年出栏3万头肉牛的伊众清真食品产业园（韩城镇）。目前，已拨付征地款项1600万元，围墙已经圈建，正在协调迁坟工作。三是总投资1.2亿元、年出栏10万头生猪的董大牧业（董王庄乡）。目前，开工建设猪舍11栋、建成6栋，完成投资5800万元。四是总投资800万元的鸿发牧业二期扩建项目（莲庄镇）。目前，完成投资800万元，建成10栋猪舍，进猪5万头。五是总投资1.1亿元、年出栏10万头生猪的森龙集团华泰牧业（樊村乡）。目前，通往项目场所道路已经完工，车间钢构架已经订购到位，到位资金400万元。六是总投资1.2亿元、年出栏10万头生猪的万禾牧业（樊村乡）。目前，院墙圈建基本完工，机井正在施工，到位资金500万元。七是总投资1.3亿元、年出栏10万头生猪的兴泰牧业（白杨镇）。目前，养殖基地院墙已圈建完毕。八是总投资2亿元、年出栏10万头生猪的新大牧业（赵保乡）。目前，正在硬化道路，水、电已协调到位，新打机井一眼。九是总投资1.2亿元、年出栏10万头生猪的新大牧业（盐镇乡）。目前，一期工程已规划到位，发放占地补偿款15万元，正在组织施工。十是总投资1亿元、年出栏10万头生猪的盛平科技项目（张坞镇）。已拨付地租15万元，正在办理前期手续。

【规模养殖】　积极转变发展方式，大力发展规模养殖。2011年新上规模养殖场19个，注册50万元的养殖场67家，现有养殖专业户1206户，畜牧专业合作社3家，省级农业产业化龙头企业2家，市级农业产业化龙头企业5家。

【畜禽改良】　全县有畜禽改良站（点）12个，引进新品种4个，办养殖技术培训班8起，培训2843人次。改良牛12.3万头、生猪38.6万头、优良品种覆盖率牛、猪、羊、禽分别达到91.7%、94.5%、83.6%、98.3%。

鸭苗基地

【重大动物疫病防控】　建立健全了各级政府负总责、畜牧部门具体负责、有关部门联防联控和监督机构执法责任的“六位一体”防控责任体系，进一步完善了“预警、防控、指挥”三大系统。全年培训疫情应急预备队成员1268人次，落实储备金10万元，消毒剂3砘，消毒器械50台套防护服300套，各乡镇落实储备金2万元。坚持春秋两次集中免疫与日常免疫相结合，全面推行固定免疫日，防疫明白栏等防控新机制，提高了防疫密度和质量。全年防猪67.5万头次、牛19.3万头次、羊37.5万只次、禽458.6万只次，常年免疫密度猪、牛、羊、禽分别达到100%、97.5%、90%、96.6%。坚持实验室监测与流行病学监测相结合，健全疫情监测和疫情报告网络，全年完成血清学和病原学监测样本5000份，召开专家预警预报会议6次，为科学制定防控对策，化解疫情风险提供了重要依据，确保了全县无重大动物疫情发生。

【畜产品质量安全监管】　坚持严格执法与人性化监管服务相结合，认真落实畜产品市场准入制度，进一步强化畜禽产地检疫、屠宰检验和畜牧业生产资料监管。实施到场（厂）、入户检疫制度、全面开展了“瘦肉精”拉网排查和清缴活动，进一步完善了养殖和屠宰环节监管措施，畜禽产地检疫率达到98%以上，屠宰检疫率达到100%。加大畜牧执法力度，检查生产经营企业653家，抽检饲料、兽药35份，监测“瘦肉精”1264份，检出病死畜禽及产品2.36吨，办理违法案件26起，确保了上市畜产品质量安全。

【母猪补贴与保险】　国家能繁母猪补贴政策是每头补贴100元，其中国家和省财政补贴80元，县财政补贴20元。2011年落实能繁母猪32246头，涉及8183户，有各乡（镇）财政所直接发给农户，共发放补贴资金322.46万元。母猪保险每头保费60元，国家补贴48元，养猪户缴12元，母猪因病死亡陪付1000元，投保母猪头数3.2万头。

【饲草饲料】　强力推广农作物秸秆青贮技术和优质牧草种植技术。全年办饲料、饲草技术培训班3期，培训农民技术员185人次，印发技术资料1000份，改扩建青贮池10.3万立方米，青贮农作物秸秆22.3万吨，种植优质牧733.3公顷。

（董荣堂）

林　业

局长　芦同聚

【概况】　宜阳县林业局位于北城区锦屏大道与纬一路交叉口东侧。内设办公室、总工室、计财股、营林股、退耕天保办、林政股、木材检查站、林地办、林站检疫站、防火办、林改办、绩效办（纪检监察室）12个股室。下辖森林公安局（正科级）、国有宜阳林场（副科级）、香鹿山生态园管理处（副科级）3个单位和林业技术指导站、森林病虫害防治检疫站、国有韩城苗圃3个二级机构。2011年全系统有干部职工258人。

2011年全县林业用地总面积52433公顷，其中：有林地43413.33公顷，疏林地146.67公顷，灌木林地1386.67公顷，未成林造林地5493.33公顷，宜林地1886.67公顷，苗圃地106.67公顷。全县森林覆盖率26.71%。全县活立木蓄积量139.5万立方米，其中：有林地蓄积100.6万立方米，疏林地蓄积0.3万立方米，散生木蓄积0.1万立方米，四旁树蓄积38.5万立方米。全县野生动物植物资源丰富，有动物140科、600余种，植物153科、627属、1440余种，其中乔木22科、60种，灌木9科、30种，草木藤本植物122科、1350种。

宜阳森林资源分布：南部山区以栎类天然林为主，中部川区以沙兰杨等用材林为主，北部丘陵区以经济林为主。沙兰杨以材质细密、出材率高远销省内外。耿沟杏、猪皮柿久负盛名。电话：0379－68882447。

领导班子成员

职　务	姓　名	职　务	姓　名
局　长	芦同聚	副局长	姜永会
副局长	张书敏（5月退）	副局长	叶海阳
副局长	胡茂森	纪检组长	张淑霞
森林公安局局长	赵立勋（4月离） 王久站（4月任）	花管委副主任	李见军
副局长	何海杰	总工程师	陈金朝

【河南省香鹿山省级森林公园】　2011年4月在中国洛阳第二十九届中国洛阳牡丹文化节上县政府与河南昊澜实业集团签订了合作投资协议，由昊澜集团投资25亿对香鹿山森林公园进行总体开发；2011年5月县政府与河南昊澜公司签订了开发合作框架协议；2011年9月23日召开了由县四大班子领导及相关部门参加的香鹿山生态旅游产业园策划终稿与规划初稿评审会；2011年10月，由县政府办牵头，香鹿山生态园管理处、香鹿山镇、盐镇乡及公园占地有关行政村历时一个月，完成了对香鹿山森林公园边界线及界桩位置的确认工作；2011年11月23日，由省市有关专家、县四大班子领导和有关部门负责人组成评审团，对香鹿山生态旅游产业园项目总体规划进行评审，通过了昊澜实业集团所做的规划；2011年12月22日，县人大第十二届常委会第五十八次会议通过了《宜阳县人民政府关于批准实施香鹿山生态旅游产业园开发的议案》，香鹿山森林公园开发走上科学化、规范化的轨道。

【林业生产】　2011年度完成生态造林4259.4公顷，其中山区生态体系工程3656公顷、生态廊道工程33.33公顷；环城防护林工程66.67公顷；村镇绿化100公顷；更新造林217.8公顷；产业工程185.6公顷。完成森林抚育773.33公顷、低质低效林改造162.87公顷。完成核桃基地建设1200公顷、苗木花卉林果产业带建设188.4公顷。义务植树178万株。

【集体林权制度改革】　认真开展了集体林权制度改革“回头看”活动，对两年来集体林权制度改革工作中存在的突出问题和矛盾，进行了全面的梳理和总结，并制定了完善的整改方案及措施。对未按要求均山到户的重新核查，确保涉林农户拿到林权证。对不能均山到户的要求均利到户；对勘界不准、四至不清，确权手续不完备，林权证填写不准确的，及时返工。同时对集体林权制度改革档案资料认真整理归档，妥善保管。8月底全县37860公顷集体林地林权制度改革工作主体确权任务全部完成，9月下旬顺利通过省政府验收。

【林业执法】　整合林业执法队伍，优化林业执法资源，撤销原林业执法大队，人员向森林公安充实。明确森林公安和木材检查站执法范围。规范林

花果山柏树林

业执法程序，实行案件查处与案件处理相分离。加大了对涉林违法犯罪的打击力度，集中开展了林地、林木和野生动物专项治理行动。全年共办理林业刑事、行政案件75起，逮捕6人，起诉25人，刑事拘留15人，治安拘留15人。林业发展环境进一步优化。

【林政管理】　采伐限额。年度市下达商品林采伐计划：蓄积量15509.45立方米；实际完成商品林采伐：蓄积量3517.2立方米，商品出材量2286.2立方米，未突破采伐限额；林木凭证采伐率、办证合格率均为100%；上缴育林基金39万元。

征占用林地。全年办理4起征占用林地审批手续，加大了对乱开乱采，违法占用林地的查处打击力度，依法保护了林地资源安全。

林政案件：全年查处各类林业行政案件59起，处理各类违法分子62人次，案件查处率100%。

【退耕还林】　2011年组织对2002年以来实施的退耕还林工程进行了全面检查验收，涉及16个乡镇、11041户农户，退耕还林林地15120公顷，其中：退耕还林3386.67公顷，荒山造林9133.33公顷，封山育林2600公顷，巩固退耕还林后续产业3836.2公顷（其中：工业原料林165.47公顷，经济作物228.67公顷，中药材20公顷，特色经济林81.87公顷，低质低效林改造342.87公顷，补植补造2997.3公顷）。历年来累计发放补助资金9234.536万元。

【森林防火】　由于持续干旱，森林防火严峻形势达到近年来之最，为保护全县森林资源安全和生态安全，2010年12月27日，县政府下首次发了《关于森林防火期内在林区实行禁火的命令》；2011年1月4日，县护林防火指挥部下发了《关于森林防火期内在林区实行禁火的通告》；1月19日，县政府下发了《关于加强当前森林防火工作的紧急通知》；1月30日，县委、县政府召开了各乡（镇）党委书记、乡（镇）长及防火指挥部成员单位参加的森林防火安全专题会议，对春节期间全县森林防火工作做了进一步安排部署；2月4日，县委办、县政府办下发了《关于做好春节期间森林防火工作的紧急通知》，并召开了各乡（镇）党委书记及防火指挥部成员单位参加的专题会议，再次安排春节期间的森林防火安全工作；2月8日，县政府办下发了《关于严禁非法生产销售燃放“孔明灯”的紧急通知》。争取县财政专项资金25万元，组建了首支30人的森林消防专业队伍。同时进一步加大监测监控力度，充实扑火装备，森林防火工作做到了准备足、发现早、出警快。去冬今春防火期内没有发生一起大的森林火灾事件。9月21日省人大常委会森林防火工作视察组到宜阳县视察香鹿山森林公园森林防火工作，对宜阳县森林防火工作给予高度评价。

【林业科技】　引进核桃品种5个、中华寿桃3个，引进核桃大棚育苗技术1项，核桃丰产栽培技术1项，建立核桃高效栽培科技示范园1个，投入科技资金38万元。

【森林资源保护】　天然林保护。纳入天然林保护面积9126.67公顷，2011年度实施天保人工造林133.33公顷，新选聘村级兼职护林员30名。公益林管护。2011年管护公益林面积22766.67公顷，其中国家级22166.67公顷，省级600公顷。国家全面启动公益林生态补偿基金项目后，对全县公益林地块全面进行了复查、界定，完善了现场界定书、限伐禁伐协议、管护合同等资料。为加强公益林区林地、林木管护，经村委推荐，乡镇审核，林业局组织考试、面试择优录取兼职护林员142名；在上观乡、花果山乡、锦屏镇和香鹿山森林公园新建4座乡镇公益林管护站，面积480平方米。

野生动物保护。积极开展野生动物保护宣传月、宣传周活动，提高群众保护野生动物意识，全年共救助野生保护动物事件2起，救助猫头鹰（国家二级保护）1只、白鹭（省重点保护）2只。认真做好野生动物疫源疫病监测监控工作，积极落实各项报告制度，有效保证了全县野生动物资源安全。

林业有害生物防治及种苗检疫。全年林业有害生物发生面积577.33公顷，防治562公顷，林业有害生物发生测报准确率为94.9%，无公害防治率达到85%，有害生物成灾率控制在1.1‰以下，种苗产地检疫率97%。

（李　松）

水　利

局长　王定泽

【概况】　水利局位于宜阳县红旗中路35号，内设办公室、财务股、人事股、防汛办、工程股、农水股、水保股、水政股、设计室、督查室、小水电管理办公室11个直属股室。下设水政监察大队、水土保持预防监督管理站、河道局、节水办、抗旱服务队、河下电站、宜洛南渠管理所、宜洛北渠管理所、寻村渠管理所、张坞渠管理所、韩城渠管理所、龙脖水库宜阳灌区管理所、寺河水库管理所、橡胶坝管理所、小型水库管理所15个二级机构。现有各种水利工程2850余处（项），其中：自流灌溉渠道46条，机电井1412眼，机电灌溉站201处，水库19座（中型水库1座，小一类水库9座，小二类水库9座），塘堰坝32座，人畜吃水工程1167项。灌溉面积1.3万公顷，106.48公里河道堤防。电话：0379-68882448。

领导班子成员

职　务	姓　名	职　务	姓　名
局　长	王定泽	副局长	范治安
副局长	丁跃武（10月离）	副书记	赵光召
副局长	樊保民	纪委书记	李　勋
副局长	武亚伟	副局长	王铁鹏（8月任）
党委委员	张润妮（10月任）		

【防汛工作】　建立健全防汛机构，完善各项责任追究制，制定防汛预案，加强防汛队伍、车辆、物资储备，组建了以民兵、预备役人员为主的200多人的防汛抢险突击队，成立了26人组成的防汛救援队伍，免费向各砂石企业发放150套救生衣，开展防汛演练，实行全天24小时防汛值班。9月19日晚，成功解救4名水困群众，确保了全县平安度汛。

【山洪灾害防治非工程措施建设】　投资750万元，从3月开始，在全县范围内开展山洪灾害防治非工程措施建设。建设监测预警系统，加强群策群防体系，完善防御预案，宣传防御知识。建视频会商室1个，编制县级山洪灾害防御预案1个，乡级预案16个，村级预案356个；安装简易水位站64处，简易雨量站209处，发放宣传光盘374份、宣传彩页3万份，宣传画册2万份，明白卡6万张，手摇报警器420个，刷写标语1100条，设立警示标志334处，确保山洪灾害防御安全意识深入人心，家喻户晓。

【抗旱工作】　2010年10月~2011年3月初，全县基本无有效降雨，造成近2万公顷农作物轻旱、4000公顷重旱、6000多人饮水困难。宜阳县投入资金200万元购置抗旱应急设备，投入132万元实施抗旱应急工程建设，使旱情得到有效缓解。

【农建工作】　2011年宜阳县农田水利基本建设累计投入资金7.645亿元，其中：国家及省投入9905.2万元，市财政投入186万元，县投入58650.5万元，群筹3390.9万元，社会筹资4317.4万元，投入工日223.4万个，完成工程量969.4万立方米，实施洛河堤防整修加固、农业综合开发、小农水重点县、小水库除险加固、农村安全饮水、水土流失治理、现代农业、国家千亿斤粮食等项目，农田水利基本建设取得了显著成效，宜阳县第三次获得省“红旗渠精神杯”。11月15日洛阳市农田水利建设现场会在宜阳召开。

【河道管理】　洛河为宜阳县境内主要河流，自西向东贯穿，全长64公里。2011年初在沿河8个乡镇进行河道清障，共清除河道内阻水林木200公顷，拆除违章建筑20余处，撤销或者废止所有涉及河道内占地的协议合同2000余份，解除滩地承包面积203公顷，明确了河道权属；将洛河河道内38家采砂企业整合为20家，全年砂石税费征收2020万元，取得了良好的经济效益和社会效益。

寺河水库

【城区段河道综合治理】 一是完成了5.5公里洛河两岸堤防扩宽加固填筑、三级橡胶坝、太阳岛、和谐岛、泛春阁、人合桥等工程二期建设任务，三级橡胶坝已具备蓄水条件。二是启动三期工程。6月24日工程奠基，治理河道5.07公里，南北两岸堤防修筑10.18公里，建设四、五级橡胶坝，实现洛河宜阳城区段水岸与市区洛浦公园西延水岸的无缝对接。至12月，南岸已完成大堤砂卵石土方填筑80万立方米，种植土填筑7万立方米，完成退水涵洞4座、退水管涵10道；完成齿墙4800米，混凝土浇筑5760立方米，完成混凝土护坡500米，浇筑混凝土750立方米；北岸已完成地表清理碾压2500米，完成大堤砂卵石填筑40万立方米。

【灵山段河道综合治理】 该工程是灵山风景区开发建设的主要配套工程，4月22日奠基，治理洛河灵山段河道3.2公里，建设一级水面工程。至12月，灵山河道南北大堤已完成5.2公里，橡胶坝上游基础齿墙已完成400米，河道工程已完成85%。

【水库除险加固】 2011年2月投资820万元对东亚、胜利2座水库进行除险加固，6月投资742万元对周沟、江台2座水库进行除险加固，10月投资686.8万元对陡沟、水河沟、张延3座水库进行除险加固。至12月胜利水库、东亚水库已完成施工建设任务；江台、周沟分别完成总工程的70%和35%；陡沟、水河沟、张延三座小二类水库除险加固工程完成管理房主体工程建设。工程完成后可使水库防洪能力由目前10年一遇提高到30 ~50年一遇，确保水库下游人民群众生命财产安全及工农业用水。

【农村饮水安全】 2011年农村饮水安全工程总投资2720万元，其中，中央预算内投资2176万元，省财政专项资金413万元，群众自筹131万元，建设农村饮水安全工程81项。工程于8月完成招标，9月全面开工。工程建设解决了15个乡镇、44个行政村、37所学校4.36万人和1.8万在校师生饮水安全问题。

【小农水重点县建设项目】 一是投资1710万元实施2010年度项目，完成了宜洛南渠、武坟灌区节水改造和柳泉镇机井高效节水灌区建设，新增、恢复改善灌溉面积1800公顷。2月9日开工，3月底完成建设任务。6月19日通过省财政厅和水利厅联合绩效考评。二是投资1885万元实施2011年度项目，对寻村渠、白杨井灌区进行修复和节水改造，新增有效灌溉面积1720公顷，新增节水灌溉面积460公顷，恢复灌溉面积386.7公顷，改善灌溉面积546.7公顷。3月18日开工，4月中旬完成建设任务，11月20日，通过省财政厅和水利厅联合绩效考评。

【抗旱应急工程】 2011年新建抗旱应急工程建设任务总投资132万元，一是河库灌区水毁修复工程总投资62万元，其中，寻村渠13万元，寺河灌区10万元，宜洛北渠39万元；二是解决山区丘陵区临时性饮水困难投资70万元，解决锦屏镇大雨淋、赵保乡田沟、花果山乡关庄、玉皇庙、大尖、年沟、上观乡上观、柱顶石、王沟、梨树沟等4个乡镇、13个村、0.49万人饮水困难。3月5日开工，3月底全部完成建设任务。

【水土保持】 投资68万元完成韩城河牛裕Ⅲ中型坝建设，投资74万元完成高韩项目区水土保持坡耕地水土综合整治工程年度实施计划，投资40万元完成水沟庙河、马朝沟河小流域治理工作，全年共完成水土流失治理面积15平方公里。

【全国第一次水利普查】 成立水利普查办公室，制定普查方案，配置普查设备，对全县62个普查指导员和357个普查员进行集中培训，对全县的水利工程、地下取水井、灌区、河湖开发与治理保护、社会经济用水、行业能力建设等进行了全面普查，完成了水利普查清查表中各项数据的填报、审核及录入，顺利通过市、省、国家级审核。

【水利服务体系建设】 根据中央1号文件精神及省水利厅、市水务局要求，经县委、县政府的同意，通过公开招聘，8月份宜阳县水利服务中心及15个乡镇工作站全部挂牌运转，在全市率先完成基层水利服务体系建设。各乡镇水利工作站，对各乡镇水利设施状况进行了普查登记，制定完善了乡镇水利发展近期工作重点及中长期规划，完成了水利普查、山洪灾害防御、防汛、农建、全县农村饮水情况调查。

【宣传活动】 利用世界水日、中国水周、法制宣传日、安全宣传月开展水利法规宣传；印制安全宣传彩面2万份，编制《中小学生汛期安全知识手册》1万册，在电视台播放河道安全专题片，在安全隐患重点区域和进出河道主要路口设置固定警示标志200个，全年在市县新闻媒体进行防汛抗旱宣传报道60余次。 (孙红杰)

农　　机

局长　李万民

【概况】 宜阳县农业机械总站位于县城红旗中路29号，是主管全县农业机械的政府职能部门，正科级事业单位，内设办公室、监理站、推广站、财务股、农机校、服务部和农机公司等7个二级机构，有干部职工144名，在职88名。电话：0379－68882723。

领导班子成员

职　务	姓　名	职　务	姓　名
局　长	李万民	副局长	苗治朝
副局长	祁仁银	纪检组长	郑君义

【农机总动力和农机作业情况】 全县农业机械总动力新增1.5万千瓦，达到56万千瓦，其中拥有大中型拖拉机708台、联合收割机380台、免耕播种机15台、打捆机80台、旋耕机123台、秸秆还田机85台、手扶拖拉机34718台、各种配套农机具65319台套。在“三夏”、“三秋”农忙期间，投入小麦联合收割机490余台、玉米收获机64台，背扶式收割机600余台、玉米播种机680余台，旋耕机450台，深松机28台，秸秆打捆机48台，提高了农机作业水平，机耕面积保持在5万公顷以上，达到可机耕面积的85%以上；全年机播面积3.7333万公绩，小麦播种机械化、半机械化水平达到98%以上；玉米机收面积发展到6933.3公顷，达到可机收面积的35%，“三夏”“三秋”工作时间，发挥了秸秆打捆机、免耕播种机的作用，秸秆综合利用2.3333万公顷。打捆秸秆5333.3公顷、10万吨，缓解了禁烧压力。

秸秆打捆机

【农机购置补贴】 2011年共争取省级农机购置补贴项目资金822万元，比去年同期增长40%，居洛阳市第二位。成立了以局长李万民为组长的农机购置补贴项目实施领导小组，搞好宣传活动使广大农民知道补贴政策，了解补贴机具，明白操作程序。将目标层层分解，落实到人，制定奖罚措施。搞好服务，公开办事程序，杜绝暗箱操作，搞好政策及信息咨询，做好售后服务及跟踪问效工作，自觉接受社会监督。

全年补贴推广各类农机具2283台套，其中大中型拖拉机166台、联合收割机65台、免耕播种机4台、旋耕机148台、液压犁70台、秸秆还田机33台、手扶拖拉机1345台、其他各种配套农机具1794台套，受益农户2027户。推广机具数量品质和整体工作进度在全市农机系统名列前茅。

【农机培训】 加大农机技术培训力度，全年培训农机技术人员60名，农机维修人员450名，农机操作人员1910名，分别超额完成目标任务。与县阳光办联合，下乡开办农机技术培训班9期，培训

"滨河之声"专场演出

学员610人，为参训人员颁发都取得了农民技术资格证书，提高了受训农民的驾驶操作、维护保养、故障诊断和安全生产能力。

【农机合作社建设】 2011年，组建农机合作社19个，其中有一定规模的6家，荣获国家级示范合作社1家，省级示范合作社2家。合作社入社成员324户，总注册资金2050万元，拥有主机356台、配套机具425台套。7月，全市农机合作社建设现场会在宜阳县召开，三乡富民农机合作社被省委、省政府授予先进农机合作社称号，有两个合作社被授予省级明星合作社，两个合作社成为市级明星合作社。分别获得奖励2万元。做好组织协调和政策引导工作，在群众自愿的基础上，各个合作社以市场为导向，充分发挥自身的地域和资源优势，各具特色，均衡发展。

【农机新技术推广】 2011年，县农机总站推广玉米收割、免耕播种、土地深松机和秸秆还田机作为重点，先后在三乡镇东阳村，赵保乡十字岭村召开了玉米机收及深松整地现场会，辐射带动了周边乡村农民机收、深耕的积极性。推广玉米收割机、免耕播种机、深松机39台，至年底统计，深松土地2666.7公顷，免耕播种800公顷。

【农机安全监理】 坚持"安全第一、预防为主"的指导思想，落实农机安全生产责任制，加强农机安全生产的宣传、教育、培训、检查和治理，与交警联合，成立了6个外勤队，分片包干，深入乡村道路，田间地头和农机生产一线，查处无牌无证、未参加年度检审、违章载人、客货混装、酒后驾驶、超速超载等严重危及安全生产的违章行为。全年查处"黑车非驾"980起，纠正违章违规行为3400起，开展农机安全生产大型宣传活动3次，全县农机事故率控制在1‰以下，无重大农机事故发生。

成立了年检年审领导小组，制定《2011年农机年检年审工作方案》，深入到农家场院、田间地头，采取各乡镇集中检审，流动检审等灵活多样的方式，对全县境内的拖拉机、联合收割机及其它农机具进行了全面检测，重新喷涂放大号牌，全年检审拖拉机5600台，检审合格率100%，办理新车入户2591户。

【机构改制】 2011年，农机总站对下属三个二级机构进行改革：撤销农机服务部。原农机服务部人员编制9名，现有工作人员3名。现有工作人员分流到农机推广站2人和农机校1人；农机化学校实行事企分开。保留宜阳县农机化技术学校事业单位编制，原定技校编制9人，现工作人员9人。成立宜阳县兴农拖拉机驾驶培训学校，注册资金20万元。培训学校属于企业性质，自负盈亏，参与社会竞争。农机公司实行股份制改革。将原农机公司撤销，清算原公司资产，注册成立了股份制宏光农业机械有限公司，安排下岗职工8人，缴纳了原公司所有人员所欠的单位和个人部分的养老保险金。

【农机技术服务】 抽调5名农机技术人员，成立2个农机技术服务队，帮助农户维修农机具，运送零部件，实现"小故障不出地块，大故障不出乡镇"。

选派农机技术人员8名，深入田间地头、农场场院，帮助农户调试、检修，保养联合收割机320台、大中型拖拉机225台、小型拖拉机6780台、各种配套农机具1387台套。

在"三夏"、"三秋"农忙时节，根据全县农作物成熟期不同和乡镇农机拥有量不等的情况，合理有序地进行农机具调度协调，使各种农机具，特别是大型联合收割机等最大限度发挥作用。

【农机市场建设】 截至2011年底，宜阳县有农机销售点55处，农机产品营销人员310名；农机作业专业户4800个，从业人员5210名；维修点210处，维修工人310名。主要从事农机产品销售、维修，作业等，能够满足农民群众的生产，生活需要。

（张晓丽）

扶　贫

主任　聂留琴

【概况】　宜阳县扶贫办公室现驻人大三楼办公，2011年有14名干部职工，下设办公室和项目科2个科室。2011年是国家实施新十年扶贫开发《纲要》的第一年，也是实施“十二五”扶贫开发规划的开局之年。县扶贫办公室认真贯彻国家和省市扶贫开发的政策，以增加贫困人口收入、提升贫困对象能力、加快贫困地区发展为主线；以整村推进、扶贫搬迁、产业扶贫、雨露计划为抓手，加大力度，强化措施，扎实推进各项扶贫开发工作。电话：0379－68882226。

领导班子成员

职　务	姓　名	职　务	姓　名
主　任	聂留琴	副主任	史站军（7月任）
党组书记	王红卫（6月任）	纪检组长	牌笋（8月任）
副主任	张继民	党组成员	贾建民
副主任	王万宗		

【整村推进工作】　2011年宜阳县整村推进工作涉及8个乡镇11个扶贫开发工作重点村，结合全县新农村建设总体部署，按照U字形工程要求，将11个村分布在柳泉镇英武村，三乡镇后院村，韩城镇西关村、秦王村，张坞镇程子村，莲庄镇草场村、沙坡头村，锦屏镇灵山村，香鹿山镇黄窑村、甘棠村和盐镇乡沙沟村。全年投入各类资金2693万元，其中：中央、省财政扶贫资金550万元，县财政补贴资金165万元，村民自筹和驻村帮扶资金378万元，整合县直涉农部门资金1600万元。新修水泥道路25.75公里，建农村饮水项目11处，完成11个贫困村1300座沼气池建设，安装路灯1350盏，架设220伏低压线路1.23万米，建成农民购物超市11处，新建1715平方米规范卫生室，建成垃圾池120个，修排水渠9900米，新增文化室795平方米，新增绿化面积3290平方米，新打机井10眼，硬化渠道5170米，新增有效灌溉面积110公顷。全县整村推进工作已全部完成。

【搬迁扶贫】　2011年搬迁扶贫工作涉及1个乡镇4个村200户886人。从樊村乡杓留村迁出63户283人，安置到樊村乡樊村小区；从樊村乡宋村村迁出68户281人，安置到樊村乡樊村小区；从樊村乡苏村村迁出41户185人，安置到樊村乡樊村小区；从樊村乡沙坡村迁出28户137人，安置到樊村乡樊村小区。总投资2100万元，其中：财政扶贫资金200万元，县级财政配套资金60万元。县农业局、林业局、水利局、电业局、广电局分别负责沼气、搬迁点绿化、水、电、广播电视等配套设施建设。

【扶贫培训】　全年累计完成“雨露计划”培训任务1966人，占市办年度任务1966人的100%，其中引导性培训1300人，占市办年度任务1300人的100%；完成技能性培训666人，占市办年度任务666人的100%。

【“雨露计划”实施方式改革】　2010年6月宜阳县被确定为国家“雨露计划”实施方式改革试点县，通过逐级核查、层层把关，全县确认补助对象797人，按每生每学年1000元补助标准，共计79.7万元；其中中职715人、补助资金71.5万元；高职82人、补助资金8.2万元。学员的第一学年的补助资金在2011年6月，已由县、乡财政部门通过各乡（镇）信用社全部拨付到学员家庭的一折（卡）通上。

【产业化扶贫】　2011年宜阳县产业扶贫项目是河南民正畜牧业，公司实行“公司＋基地＋农户”的模式，积极发展农产品加工及养殖业，辐射带动当地农户脱贫致富，取得了好的经济效益和社会效益。全年销售收入5872万元，上缴税金140万元，实现净利润2113万元。公司发挥龙头企业的带动作用，带领16个乡镇的2240户农民养猪致富，农户人均增收1800余元；其中规模500头以上的有10户，规模100头以上的有205户，其余均为散养户，年销售收入过5000万元。每年直接从农户手中收购玉米、小麦等原材料1万余吨，收入2100余万元，带动农民种植的积极性。同时沼液、沼渣作为有机肥上地，免费提供给农户使用土地种菜，光此项可为贫困农户节省30余万元。每年出栏10万余头商品猪和5万余头种猪，安置农民工1280人就业。

（贾建民）

气　象

局长　杨仕贤

【概况】　气象事业是科技型、基础性社会公益事业。宜阳县气象局位于柳泉镇草坪村村东，占地面积2.3公顷，办公面积2800平方米。内设“两办一台三中心”，即行政办、法规办、气象台、气象监测中心、人影指挥中心、雷电灾害防御中心。干部、职工16人。电话：0379－68882126。

领导班子成员

职　务	姓　名	职　务	姓　名
局　长	杨仕贤	纪检员	梁胜利
副局长	刘丽玲		

【气候特点】　2011年宜阳气候特点是：平均气温为14.9℃，与常年值14.5℃相比偏高0.4℃，年降水量为947.3毫米，与常年值655.4毫米相比偏多44.5%，年日照时数1799.4小时，与常年值1971.7小时相比正常。总特点：气温偏高，降水量偏多，光照正常。

【气象要素】　年极端最高气温为：42℃，出现在6月8日。年极端最低气温为－10.6℃，出现1月16日。年最长连续降水日数10天，降水量260.8毫米，出现在9月10日到19日。年最长连续无降水日数46天，出现在2010年12月25日到2011年2月8日。日最大降水量为66.6毫米，出现在8月11日。最大积雪深度7厘米，出现在3月1日。终霜日3月4日，无霜日期261天。

【地面测报】　全县已建成全自动气象观测站1个，多要素全自动气象观测站4个，土壤水分自动检测站1个，16个乡镇自动雨量站。全年地面测报错情率0.0%。气象信息资料传输及时率100%。

【天气预报】　每天通过专线宽带调用卫星云图、日本降水预报图、地面和高空天气图等预报资料及省、市气象台的预报产品，结合宜阳县观测资料及地形特点，综合分析制作天气预报。汛期24小时值班，监视天气演变，遇有暴雨、高温、大风、冰雹等灾害性天气，及时向县领导和有关单位汇报。发布预警信号，建立健全突发气象灾害预警信号制作、发布业务流程，将预警信号及时上传到省气象台决策服务、市气象台和业务科，通过手机短信、电话、传真等手段服务全县。出现灾害性天气过程后，及时上报天气实况、灾害调查、评估、预报服务情况和灾情，按时上报灾情旬、月报表。

【农业气象】　每月6次定时测定10、20、30、40、50、60、70、80、90、100厘米深度的土壤湿度，及时向洛阳市气象局拍发墒情报，旬月报和周报。每旬（月）制作农气（旬）月报上报洛阳市气象局。利用卫星遥感技术分析苗情，建立小麦产量预报系统。全年撰写季度、年度气候评价5篇，农气服务材料60余篇。

【防汛工作】　汛前两次召开会议，重新调整汛期领导小组，明确分工，建立健全各项规章制度，安排领导汛期气象工作，完善汛期气象服务、应急预案；印发“三夏”、“汛期”服务材料600多份，服务全县2011年防汛工作；立足于防大汛、抗大旱，强化服务手段，为各级领导和有关单位提供“优质气象服务”生产生活服务。印发中长期预报、重要天气报等各种服务材料600多份；确保汛期值班、守班正常，全体职工24小时值班，受到市局和县防汛抗旱指挥部通报表扬。

【气象科技服务】　贯彻执行《中华人民共和国气象法》、《通用航空飞行管理条例》、《防雷减灾管理办法》、《河南省气象条例》、《防雷装置设计审核和竣工验收规定》等法律法规，规范执法程序。全年检测176家避雷设施。对符合要求的135家单位发放检测合格证，对不符合要求的41个单位提出整改意见，消除事故隐患。

【人工影响天气】　年底有8门人工增雨“3.7”

高炮，10门人工增雨火箭和4个固定作业炮站。2011年1月和6月，宜阳降水量偏少。共成功实施人工增雨作业11批次，公共发射增雨火箭弹136枚，炮弹396发。县有关领导到作业现场，观看作业情况并慰问作业人员。

【干旱】　1月全县出现干旱。冬小麦受旱面积2万公顷，6月以来降水偏少，出现旱情，造成秋作物大约1.7万公顷受灾，主要是玉米未能播种，出苗差和生长缓慢。

【雷暴暴雨洪涝灾害】　2011年8月11日夜间，宜阳县出现雷暴天气过程，过程雨量66.6毫米，经调查：全县受灾668人，农作物受灾55公顷，成灾面积40公顷、绝收15公顷，倒塌居民房间55间，损坏房间28间；直接经济损失190万元，其中农业经济损失82.5万元，家庭财产损失107.5万元。9月3日到19日出现了连阴雨天气，经调查：全县受灾人口5528人，1人死亡，家庭经济损失723.6万元：农作物受灾面积413.6公顷，倒塌房屋358间，损坏房屋230间，农业经济损失620.5万元。

【高温】　6月8日出现高温42℃，高温天气给人们生活带来不利的影响。

月　份	日　期	温度（℃）
6月	7日	41.8
6月	8日	42.0
7月	25日	40.1

【获奖情况】　2011年先后被市委、市政府重新评为市级文明单位；被洛阳市气象局评为年度目标考核优秀达标单位、全市气象系统“我和气象”朗诵比赛优秀奖；服务防汛抗旱先进单位。

2010年各月主要气象要素一览表

项目	对比＼月份	1	2	3	4	5	6	7	8	9	10	11	12	全年
平均气温（℃）	当年	-0.8	3.7	9.6	17.8	21.3	27.5	27.7	24.7	18.8	15.5	9.9	2.8	14.9
	历年	1.0	3.3	8.5	15.7	20.9	25.3	26.8	25.6	20.8	15.1	8.4	3.0	14.5
	距平	-0.2	0.4	1.1	2.1	0.4	2.2	0.9	-0.9	-2	0.4	1.5	-0.2	0.4
降水量（毫米）	当年	0.0	25.2	6.9	10.5	52.3	12.2	89.6	217.7	364.3	44.2	120.9	3.5	947.3
	历年	9.0	15.7	31.9	44.1	58.9	67.7	142.3	114.7	83.9	51.7	25.9	9.6	655.4
	距平百分率	-100	61	-78	-76	-11	-82	-37	90	334	-15	367	-64	45
日照时数（时）	当年	140.1	87.1	227.4	251.3	208.2	171.1	150.8	123.9	80.8	151.0	77.0	130.7	1799.4
	历年	138.3	128.1	151.4	182.9	215.2	206.4	179.5	175.9	151.2	156.1	143.4	143.2	1971.7
	距平百分率	1.3	-32	50	37	-3.2	-17	-16	-30	-47	-3.2	-46	-8.7	-8.7

（徐利娟）

农业综合开发

主任　冯民乾

【概况】　宜阳县农业综合开发办公室位于文明东路12号政协1楼，有干部职工8人，属参照公务员管理的财政全供事业单位。2011年，农业综合开发完成了1个中低产田改造项目和2个产业化经营项目建设，分别是宜阳县2011年农业综合开发中低产田改造项目666.7公顷和宜阳县50万株牡丹种苗繁育种植新建项目、宜阳县年出栏5万头种猪养殖贷款贴息项目工程建设。中低产田改造项目区农业生产条件得到了明显改善，农业综合生产能力得到了显著提高，初步实现了“田成方、林成网、渠相通、路相连、旱能浇、涝能排”的园田化农业生产新格局，取得了良好的经济效益、生态效益和社会效益；产业化经营项目建成投产以后，有效推进了宜阳县农业和农村经济结构的战略性调整，起到了良好的辐射示范带动作用，提高了农业综合效益，增加了农民收入。电话：0379－68889425。

领导班子成员

职　务	姓　名	职　务	姓　名
主　任	冯民乾	副主任	赵银锁

【农业综合开发中低产田改造项目】　宜阳县2011年度农业综合开发土地治理项目，完成中低产田改造面积666.7公顷，涉及张坞镇程屋、元村、田庄、新庄、岳社5个村民委员会，34个村民组、1628户、7500人、4500个劳动力。总投资898万元，其中财政资金784万元，群众自筹114万元，完成计划100%。具体建设内容是：新建提灌站6座；新打配机电井4眼；架设输变电线路3公里；开挖疏浚渠道28公里，混凝土衬砌渠道40公里，埋设地埋管5公里，修建渠系建筑物1500座，其中农桥685座、水闸815座；新建200立方米的小型蓄水池2座；改良土壤266.7公顷、修筑机耕路30公里；营造农田防护林植杨树3.5万株；科技培训农民2000人次，示范推广“优质小麦生产技术”266.7公顷。通过开发治理，项目区农业生产条件得到了明显改善，新增灌溉面积200公顷，改善灌溉面积466.7公顷，新增节水灌溉面积533.3公顷，年节约水量32万立方米；增加农田林网防护面积526.7公顷，控制水土流失面积3平方公里。农业综合生产能力得到了显著提高，农作物复种指数由1.2提高到1.6，年新增粮食生产能力150万公斤，完善农业服务体系1个，年新增种植业总产值270万元，项目区农民纯收入年增加总额245万元，项目区基本实现园田化、水利化，农民的科技素质和技术管理水平得到了明显提高。

洛阳市农田水利基本建设暨农业综合开发工作会议

【重点产业化项目】　宜阳县50万株牡丹种苗繁育种植新建项目，全面完成了项目计划规定的各项建设任务。项目地点位于宜阳县莲庄镇礼曲村，是全省确定的重点农业产业化项目。总投资348万元，其中财政投资98万元，企业自筹250万元。完成牡丹种苗繁育种植面积20公顷，新建日光温室1栋400平方米、育苗棚1栋400平方米、嫁接操作间1栋400平方米、辅助工程8间170平方米等；喷、滴灌设备3套，器械4台，配电设备1套；印刷科技资料2000份，培训员工和农民500人次，聘请科技人员10人次；购国内外牡丹品种15.45万株，引进国外新品种30个，种植催花牡丹种苗30万株，购买牡丹芍药种子50公斤。项目建成后固定资产形成总额272.4万元，年新增牡丹种苗产量50万株，年新增总产值514万元，年新增增加值149.4万元，年新增净利润135.57万元，年直接受益农户数量为320户，年直接受益农业人口数1000人，直接受益农民年收入增加总额180万元，年新增农村劳动力就业人数30人。

【贷款贴息项目】　宜阳县年出栏5万头种猪养殖贷款贴息项目，全面完成了项目计划规定的各项建设任务。项目地点位于莲庄镇马回村。总投资10113万元，其中财政贴息80万元、银行贷款2400万元、企业自筹7633万元。投产后，预计年新增总产值5072万元，年新增增加值2656万元，年新增利税2018.05万元，年直接受益农户3240户，直接受益农民年收入增加总额600万元，年新增就业人数1000人。

【项目和资金管理】　在项目和资金管理机制上，重点落实了项目公示制、工程招投标制、工程监理制和资金县级报账制。第一，在项目开工前、施工中以及工程建成后，在项目区醒目位置，都以张榜形式进行项目公示，认真接受群众监督，取得了良好效果。第二，对该年度开发工程实行全面招投标，公开、公平、公正，面向社会选择高素质施工单位。第三，由开发部门招标选定有资质的工程监理公司负责工程监理，以确保工程工期、工程质量和资金的合理使用。第四，严格执行国家农业综合开发“三专五定”资金管理办法，专人负责、专户储存、专账核算，对达到工程进度和经项目监理检验质量合格的工程，方能予以报账拨款，确保开发资金不截留、不挪用、专款专用。

【项目工程管护】　实施“工程落地、管护上马”制度，严格制定工程管护责任制，一级抓一级，层层抓落实，县、乡、村齐抓共管。工程管护实行“三个一”管理，即“完善一种机制”，因地制宜，采取承包、拍卖、租赁等方式，形成合理利益机制，激发搞好工程管护的积极性。“落实一块资金”，从水费、拍卖费、租赁费等费用中多渠道提取资金，用于工程管护；“建立一支队伍”，选出有一定专业知识、责任心强的人员，进入管护队伍，持证上岗，切实履行管护职责。

（杨智伟）

采摘烟叶

烟　　草

烟叶种植

主任　陈作通

【概况】　宜阳县烟草生产服务中心（原宜阳县烟草生产办公室，2011年5月31日更名）设在县城红旗中路32号烟草局院内，属正科级事业单位，2011年有干部职工13人。其中：主任1名，副主任2名，正科级干部5名。主要职责是，负责全县烟叶生产的组织、协调、指导和服务。2011年，全县植烟乡镇14个，植烟面积8555公顷，收购烤烟403.36万公斤，完成烟叶税收1434.71万元。电话：0379－68878031。

领导班子成员

职　务	姓　名	职　务	姓　名
主　任	陈作通	副主任	尚红海
副主任	赵孟婵（8月离）	副主任	白燕飞（8月任）
副主任	王宏欣（8月离）		

【烟叶育苗】　建成漂浮育苗大棚499个，折合标准育苗大棚510个，集约化育苗率100%，商品化供苗率100%。

【乡镇长工程建设】　建成乡镇长工程8个，面积8810亩。

【惠农政策】　机耕起垄补贴：对50～500亩连片烟田，每亩补贴机耕起垄费30元；对500亩以上连片烟田，每亩补贴机耕起垄费50元。肥料补贴：2011年肥料供应与2010年烟叶交售结果挂钩，实行产后补贴。对500亩以上连片烟田，除了享受按烟票兑现的物资外，每亩再免费供应25公斤饼肥。乡镇长工程和核心示范园享受同等优惠扶持政策。

【现代烟草农业建设】　与工业企业合作建立基地单元2个，分别是川渝中烟娇子品牌石村基地单元和湖北中烟黄鹤楼品牌赵保基地单元；河南中烟宜阳张坞基地单元顺利通过国家局验收。2011年全县建烟叶基础设施项目389个，总投资2618万元。

烟叶标准化育苗基地

（李　东）

烟草销售及市场管理

【概况】　宜阳县烟草专卖局（分公司）机关设在红旗中路32号，属政企合一单位，下设9个职能

局长、经理 裴 钧

科室（综合管理办公室、专卖监督管理科、安全保卫科、人事劳资科、财务科、纪检监察科、卷烟客户服务部、烟叶生产收购服务部、现代烟草农业整县推进办公室）、18个烟叶工作站、1个内部监管稽查队、1个打私打假稽查队，5个市场监管稽查队、1个卷烟中转站（4个卷烟市场服务部）。2011年有干部职工276名，固定资产5335万元。肩负着全县烟叶生产经营、卷烟销售配送和专卖市场管理任务。2011年，实现两烟经营收入36968万元，较上年同期39217万元减少2249万元；三项费用开支6715万元，较上年同期6215万元增加500万元；实现利润1291万元，较上年同期302万元增加989万元。电话：0379－68878000。

领导班子成员

职　务	姓　名	职　务	姓　名
局长、经理	裴　钧	副局长	张世涛
副局长	雷红民	副经理	孟石亮
副经理	马文征		

【烟叶生产】 2011年，签订烟叶种植合同3287公顷（4.93万亩）；收购烟叶8.07万担，上等烟比例42.4%，烟农收入6521.4万元，实现烟叶特产税1437.71万元。新建高村现代化育苗工场1个（漂浮育苗大棚54座），累计建造现代化育苗工场5个（石村、张坞石门、三乡东柏坡、赵保、高村，内含漂浮育苗大棚165座），全县漂浮育苗大棚达572座；烟叶育苗实现了集约化、专业化、商品化，大棚苗移栽100%。重点落实"五项"优化措施，即优化土壤环境、优化品种布局、优化移栽时期、优化施肥结构、优化采烤技术，虽然遭受严重旱灾和涝灾，大部分烟田整体长势好于往年，病虫害发生程度较低，烟叶成熟采收状况良好，烟叶生产水平有了明显改善。各植烟乡成立了植保专业队，免费供应消毒剂1吨、农药87吨、防虫网9680米、地膜90吨，从育苗环节开始，严把消毒关，棚内、托盘、基质消毒、大棚周围消毒杀蚜、大田病虫害统防统治取得良好效果。全年扶持供应复合肥1100吨、饼肥1250吨、钾肥600吨、重钙500吨、育苗肥24吨，基本达到烟叶大田生长营养平衡，养分充足，内在化学成分协调，为提高烟叶质量打下了基础。全年烟田基础设施建设投资2405.86万元，建成烟水配套项目46个，修建烟路47.3公里，建造密集烤房170座、现代化烘烤工场1个，购置烟草专用机械128套。惠及烟农4400户，覆盖烟田、基本烟田（农田）3387公顷，改善了烟农的种烟条件，为加快现代烟草农业发展步伐奠定了良好的基础。建立专业化服务合作社3个（鑫农、益农、董兴烟草种植专业合作社），成立机耕耕作、烟叶育苗、植保、烘烤、分级等专业化服务队42个，涵盖整个烟叶生产环节，推进了现代烟草农业进程。三位一体收购模式更加巩固，"约时定点、轮流交售、入户预检、集中运输、密码定级、电子结算、在线支付"的收购流程更加规范；服务水平明显提高，各收购站点均配有茶水站、维修工具、医药箱和烟农休息室；收购过程更加透明，各磅组均有县乡人大代表监磅，全过程电子监控，不留死角。

烟叶种植

现代烟草农业建设整县推进步伐明显加快；工商研联办基地有新突破，在建成川渝中烟"娇子品牌"洛阳宜阳石村基地单元和河南中烟"黄金叶品牌"洛阳宜阳张坞基地单元的基础上，又建成了湖北中烟"黄鹤楼品牌"赵保基地单元，国家散烟收购试点（河南中烟黄金叶品牌洛阳宜阳张坞基地单元穆册散烟收购试点）取得宝贵经验；被国家局确定为全国农业合作社试点的鑫农、益农两个农业综合专业化合作社运行良好。

实行领导包片、中层干部和主要人员包村办法，扎实开展百村工程建设、落实百村工程村87个，植烟面积2600公顷，占全县总面积的79%，其中连片田1933公顷。实现了百村工程施肥起垄

100%、盖膜87%。百村工程建设稳定了面积，示范带动作用明显，为全县烟叶生产稳定持续发展打下坚实基础。

烟　站

【卷烟销售】　建立统一的客户关系管理系统信息平台，通过客户经理、专卖稽查员、卷烟送货员、专卖内管员对零售客户基本信息更新和采集，实现管、销、控、查信息共享；装备电子走访器，促使客户经理、专管员定期对客户上门拜访、巡查、政策宣传、品牌培育、信息沟通等服务；集中货源分配，实现均衡销售；抓好高端客户，挖掘重点市场，为高端客户发放VIP卡，根据其消费积分定期兑现奖励；通过用“一条毛巾亮柜台，亲情服务占市场”的服务活动，加深了职工与商户的感情，拉近了职工与客户的距离。全年卷烟销售18761箱。占年计划18760的100%；一二类卷烟1971箱，占年计划1844箱的106.9%；单箱销售收入13893元，同期增长3146元。全县零售商户1672个，电子结算率96.4%，200人以上的行政村和自然村实行配送服务。

【专卖管理】　内练素质，外树形象，对专卖管理人员实行准军事化管理，以铁的纪律、铁的作风塑造铁的队伍；以规范管理，促规范经营，注重对销售的各个流程和各个节点的监管，坚持到货确认制，确保卷烟销售100%入网、落地、落户；积极开展内管监督抽查复查工作，确保行业规范经营；提高市场巡查密度，实行夜间市场检查，提高市场净化率；积极开展节日市场专项治理活动，尤其在双节和灵山文化庙会期间对全县市场进行专项治理。确保宜阳两烟经营规范和市场健康稳定。年查办两烟违法案件43起，没收违法卷烟2541.1条，上缴财政罚没款4403.3元。全年拘留违法人员20人。查办网络案件1起，涉案金额30余万元。全年无出现一起上诉败诉案件，为宜阳烟草的发展起到了保驾护航作用。

【企业文化建设】　2011年企业文化建设形式多样，内容丰富。1月26日举办了春节文艺晚会，职工们自编自演的小品、戏曲、歌舞等节目精彩缤纷，“三八”节趣味活动形式多样，充分展现了宜阳烟草职工奋力拼搏的精神风貌。6月1日为对口学校和留守儿童送去学习文具及慰问品。6月7日至9日在高考期间，组织人员在县镇中考点搭建遮阴棚，向考生发放矿泉水，爱心助考，温暖学子。7月1日组织107人阵容参加洛阳烟草系统红歌大赛，并取得三等奖。7月29日向驻宜武警部队送去矿泉水、西瓜等慰问品表达拥军拥警之情。9月组织人员参加市局“双诚”杯演讲比赛。坚持办好“春蕾班”、为系统内新考上大学的学生发放补助费。每逢佳节局（分公司）党组成员带上礼品、慰问金去看望退休老职工和困难职工家属，给他们送去温暖和祝福。县分公司办公大楼前的精品宣传栏2011年办4期，内容丰富，文化气息浓厚，成为县分公司传递企业文化，展示企业文化建设成果的一道风景。提高了企业的公信力和影响力，树立了良好的企业形象。

【荣誉】　2011年3月29日，被中共宜阳县委、宜阳县人民政府评为2010年度新农村建设帮扶工作先进单位；4月，县局行政服务窗口被宜阳县行政服务中心评为“红旗窗口”；4月22日，县局组队参加县地税局举办的“税企心桥杯”税法知识竞赛，取得第三名；5月，县打私打假稽查队副队长茹永飞，在洛阳市委、市政府第一季度工作表彰会上，荣获“五一”劳动奖章；7月1日，县局组织107名职工，参加洛阳烟草系统“建党90周年红歌大赛”，荣获三等奖；7月19日，县局组队参加洛阳烟草系统“企业文化 故事大讲堂”演讲比赛，获得团体优秀奖，获得个人二等奖两名，三等奖一名，优秀奖一名；11月29日，宜阳县局被国家局评为国家级烟叶标准化生产优秀示范区，裴钧、赵云波荣获国家级烟叶标准化生产示范区建设有突出贡献人员称号。

（李颖超）

工　业

民营经济

局长　张继超

【概况】　宜阳县工信局位于县城红旗中路37号，机关下设党政办公室、财务科、人事科、工会（监察室）、安全科、综合科、工业科、经济运行科、政策法规与科教培训科、节能与综合利用科、信息化和无线电办公室、信访稳定办公室、招商引资办公室13个股室。下属县办工业企业25家，工业企业19家，非工业企业6家。在册职工3363人，离退休1086人。其中全民所有制企业18家，在册职工2693人，集体企业7家，在册职工670人。电话：0379－68882166。

领导班子成员

职　务	姓　名	职　务	姓　名
局　长	张继超	副局长	罗洪武
副局长	叶文信	副局长	阎朝辉

【经济指标】　2011年，全县民营经济累计完成营业收入215亿元、增加值65亿元，上缴税金6.8亿元，规模以上企业发展到104家。前进化工、义络煤业、红星陶瓷、龙羽宜电等17家企业营业收入超亿元，其中骏马化工、前进化工、义络煤业3家企业超3亿元。前进化工被市委、市政府授予优秀民营企业，宜阳县第六次被洛阳市委、市政府授予民营经济发展先进县。

【项目建设】　全年新上、续建500万元以上企业（项目）96家，其中新上亿元以上项目17个，总投资51.7亿元，到位资金22.8亿元，投资5.5亿元的河南华宇光电、投资1.45亿元的洛阳美晨钢构2万吨钢结构项目、投资1.1亿元的河南强豫年产5000套农业机械设备项目、投资1.08亿元的洛阳弘路重钙120万吨重钙粉项目、投资1亿元的洛阳奇航化工年产10万吨复合二硅酸钠项目、投资1亿元的河南宏元工贸年产9000吨精密铸件及1440吨硅溶胶铸件项目等9个亿元以上项目已建成。投资6亿元的宜阳福润肉类加工有限公司200万头生猪屠宰项目、投资5.6亿元的河南东瑞钢结构件项目、投资约4.5亿元的洛阳海斯迪科技有限公司年产1500万组聚合物锂电池项目、投资3亿元的洛凌轴承科技股份有限公司汽车轴承及零件项目等亿元以上项目正在加紧建设。

【项目备案】　工信局积极履行信息化和工业项目备案职能，对符合申报备案项目，上门服务，限时办结，并全部实行免费办理。全年共受理项目35个，经市局复核项目33个。其中投资亿元以上项目4个，分别是投资5.6亿元的河南东瑞钢结构有限公司年产10万吨钢结构项目、投资4.8亿元的洛阳华凌镁业年产5000吨变形镁合金及深加工项目、投资2.3亿元的洛阳市星合电气有限公司6000套节能自动化控制系统项目、投资1亿元的洛阳华凌镁业年产5000吨变形镁合金板项目。

【书记工程】　继续大力实施乡镇书记工程，要求各乡镇至少引进一个投资3000万元以上项目，确定为书记工程，乡镇党委书记为第一责任人，增强项目建设责任感和紧迫感。完善考核办法，出台了《乡镇书记工程考核奖惩办法》，进一步量化考核标准，细化考核办法。坚持“一月一检查，一季一观摩”制。每月深入项目建设现场检查乡镇书记工程进展情况。每季度由四大班子领导带领各乡镇党委书记、乡镇长，有关委局主要负责人对全县项目建设和乡镇书记工程进行现场督导观摩，对发展先进的乡镇进行点评，对落后乡镇进行通报批评，并限期完成任务。年终根据任务完成情况最高可奖励乡镇党委书记5万元。通过加强督导，严格考核，加大奖惩等有力措施强力推动新上项目和乡镇书记工程建设。2011年全县乡镇书记工程正在建设的有9个乡镇，总投资84800万元。

【产业集聚区建设】　随着产业集聚区内道路、供电、排水、排污、通讯等基础设施的不断完善，产业集聚区的发展框架更加清晰，基础设施明显改善，投资硬件更加具备，招商优势日益凸显。产业集聚区内有中信重机、雨润食品、乾纳冶金、龙翔建材、天昌生物、至尚有机硅、昇扬硅业、凝瑞镁业等入驻企业80余家，集聚效应凸显，新型工业化产业示范基地正在形成。同时，严格落实有关方面的优惠政策，促进乡镇专业园区建设，全县已建成乡镇专业园区4个，规划开发面积达106.7公顷，入驻企业60多家，县产业集聚区和乡镇专业园区建设取得明显成效。

超拓实业有限公司开工典基

【服务体系建设】　积极推进融资担保体系建设，成立金财、金大、富达、博大4家担保公司和1家小额贷款公司，积极协调担保公司追加注册资本金，增强担保能力，扩大贷款规模。同时，全面加强担保机构日常监管，进一步规范担保行业秩序，不断拓宽企业融资渠道。

【争取政策性资金】　积极争取各项政策性资金，全年共为骏马化工、鑫友镁业等8家企业争取政策性资金1400余万元，用于企业技术改造，推进产品结构调整。同时，根据国家、省淘汰落后产能、关闭小企业有关政策及洛阳市经济转型和碧水蓝天工程要求，大力推进企业经济结构调整，积极推进淘汰落后产能工作，对列入国家2011年度淘汰计划全部按要求拆除到位，共关闭小企业4家。

【承接产业转移】　2011年，大力开展招商引资，积极组织参加中国郑州产业转移博览会，通过多种渠道承接发达地区产业转移项目，全县共承接产业转移项目13个，比目标任务（10个）多完成3个，引进省外资金27.7亿元，超额完成了目标任务（10亿元）。其中投资超亿元项目9个，投资1000万元至亿元项目4个，当年竣工项目达到4个。

【发展环境】　2011年，制定出台了《关于加快发展民营经济的实施意见》，在营造发展环境、推进科技创新、培育龙头骨干企业、推进服务体系建设以及政务服务等多方面制定切实可行的政策措施，为民营经济发展提供保障。继续实行县领导联系重点企业、骨干项目，企业安静生产日，收费、罚款审批等行之有效的制度，为民营经济发展提供服务。严格实行向重点企业派驻纠风特派员制度，监督各职能部门对企业的检查、评比、收费、罚款及摊派等情况。严格落实“两项制度”，继续实行新上项目首席服务官制度和领导干部联系规模以上企业制度，并加大协调力度，要求县级领导定期深入企业调研，认真填写“首席服务官工作日志”和“联系企业领导干部工作日志”，切实为企业排忧解难。　（李永海）

电业管理

局长　张士庭

【概况】　宜阳县电业局位于城北区李贺大道，2011年电业局领导班子8人，局机关内设机构19个，局基层供电所17个，变电站18座，操作队2个，局在岗正式职工473人。宜阳县电业局以科学发展观为统领，紧紧围绕“一年打基础，二年上台阶，三年新跨越”的奋斗目标，强化措施，狠抓落实，不断强化经营管理，购电量大幅度增长，综合线损明显下降，企业效益显著提高，圆满完成了全年的各项经济指标。2011年宜阳县电业局喜获书记县长特别奖、服务地方突出贡献奖、效能提升指标考评公共服务类第一名。电话：0379－63010226。

领导班子成员

职　务	姓　名	职　务	姓　名
局　长	张士庭	副局长	闫宏安
书　记	谷富良	副局长	张治华
副局长	李遂杰	纪委书记	王剑锋
副局长	方炳钢	总工程师	周红霞

【安全局面保持稳定】　全面落实市公司和县委、县政府关于安全生产的各项部署，成立以第一安全责任人局长张士庭为组长、副局长为副组长、各部室主任为成员的安全领导小组，健全和完善安全生产管理网，坚持谁主管谁负责的原则，明确了分工，落实了责任，真正做到一级抓一级，层层抓落实。深入开展“两抓一建”和“三个百日安全”活动，认真组织了业务培训和安全意识教育，组织全体员工分批参加安规考试，应考395人，考试合格率达93%，组织各部门安全员60人参加消防安全培训及反违章培训。积极参加县委、县政府组织的“安全生产活动月”活动，在县城设立宣传点3个，在乡镇、学校、村庄和人口密集地段张贴安全用电挂图5000张，发放宣传手册2000份，有效提高了全民的安全意识。重视安全管理，安装配电变压器防盗装置800套。对大型检修现场的操作和安全监护，做到核对工作票内容，查看工作现场措施，不留任何细节问题，确保设备与线路安全运行。加强安全监督，严格奖惩制度，充分调动全体员工安全生产的自觉性。2011年共计发放安全风险抵押金116万元，处罚7.7万元，实际发放108万元。在年度春查、秋查和迎峰度夏期间，始终坚持每月不低于3个供电所、3个变电站、两条10千伏线路的安全检查工作，不定期深入生产一线，查安全生产、查安全管理、查安全制度等方面存在的问题，杜绝习惯性违章。坚持“三不伤害”教育，落实“四不放过”原则，严禁违约停送电，避免了各种事故的发生，2011年全局没有人身伤亡事故，重大设备事故和火灾交通事故，县委、县政府授予安全生产先进单位。截至12月31日，宜阳县电业局实现了“三个百日安全”目标，按照省公司安全记录统一从2006年6月1日算起，宜阳县电业局连续安全生产2039天，创历史最好记录。

河南省电力公司新一轮农网改造升级工程检查汇报会

【加快电网建设】　建好电网是供电企业卖好电、服好务的物质基础，而提升工程质量水平是夯实这一基础的关键所在。按照国家电网关于全面提速工程建设的总体部署，根据宜阳县域经济发展实际情况，编制了《宜阳县“十二五”电网发展规划设计》，把突出工程质量、经济效益贯穿于电网建设的全过程。从科研立项、规划设计到采购建设，较好地完成了110千伏及以下工程项目58个，配合市公司完成35千伏工程项目4个。落实宜阳县委、县政府工作报告“富民实事”工程，完成投资4300万元实施新一轮农网改造升级工程，截至目前，莲庄、董王庄两个35千伏输变电工程，紫云变－白杨变110千伏线路工程和10千伏及以下13个工程项目全部竣工。推进新农村电气化建设，自筹资金980万元完成了18个新农村电气化村的建设任务，顺利通过市级验收并命名。争取资金完成了35千伏韩城变电站2#主变增容，试运行投产；完成了35千伏张坞变电站增容改造工程，有效解决了韩城、张坞两个乡镇用电紧缺现象。完成了110千伏柳泉变电站、后庄变电站和35千伏韩城变电站的创一流综合治理工作。使宜阳电网迎峰度夏期间没有发生拉闸限电情况，没有发生因设备过负荷而导致的安全事故。推动县政府出台《关于宜阳县电网发展的若干意见》支持性文件，从规划引领、项目审批、征地协调和电网设施保护等方面为电网建设创造良好条件，为县域经济快速发展保驾护航。

【狠抓企业管理】　全面启动国一流建设。在软件方面，按照省公司“9516”能力素质工程要求，结合年度培训计划，采取“请进来”和“送出去”的方式，安排各类生产技术人员、行政管理人员参加省、市组织的学习培训，全员培训率达到100%，安排班组长以上人员90名分批进行野外拓展教育培训，增强了中层干部的团队意识和协作精神。在硬件方面，扎实开展综合治理工作，积极应用负控、远抄、集抄、信息、调动自动化等具有较高科技含量的设备，对一些条件简陋的站、所和机关办公设施进行改造，大大提高和改善企业员工的办公条件和生活条件。紧紧抓住宜阳经济快速发展的机遇，发展用电客户，简化业扩程序，提高服务质量，顺利完成了大客户工程170项，新增装机容量39693千伏安。通过多方努力，争取到黄河同力大企业供电用户，新增年用电量2亿千瓦时，使宜阳局年度供电量创历史新高。扎实开展营业普查，对发现的漏抄、估抄、误抄及窃电行为从严处理。砍伐树障887株，修剪树枝1974处，销空用户994户，改正电价执行不到位的241户，有效地降低了低压线损，提高营销管理水平，实现了低压售电均价同比增长。重视电网经济运行，定期检查各变电站的电压、力率和运行数据，及时投入无功补偿装置，对于母线电压超规定范围的及时分析，实时对主变有载调压，努力做到电压、功率因数等数据最大优化，电网运行最经济，企业效益最大化。加大电费回收力度，保证足额回收，实行电费日报制。回收2500万元陈欠电费，全部结零。实际线损比2010年下降2.06个百分点。

【提升服务质量】　开展“政务环境创优年”活动，增强服务意识，完善服务措施，兑现服务承诺。开展“电力崛起，服务中原”系列活动，满足全县工农业生产用电和人民群众的生活用电。狠抓行风建设，通过明察暗访的方式，对窗口单位的行风及优质服务工作不断督查，要求服务窗口部门要从办好一件事，说好一句话做起，让群众满意，对发现的问题及时解决，限时整改，从根本上改进工作作风和服务质量。2011年宜阳县电业局供电服务实现零投诉，城区、锦屏、盐镇、丰李4个供电所全部通过省公司标准化供电所达标验收。在年度行风评议中，再次荣获“公共服务行业第一名”。城区供电所红旗路营业大厅被评为“供电服务最佳营业窗口”。积极向政府、人大、政协、纪委及纠风办机关单位领导汇报沟通，要求基层供电所对乡镇重要客户、民评代表进行走访座谈，征求他们对供电服务的意见和建议。积极开展和参与县政府提出的“政务环境创优年”活动，在县城建设改造中移动线路、新增企业用电、帮扶新农村建设和做好烷烟保电，都能够主动介入，超前服务，圆满地完成县委、县政府交办的各项临时任务。2011年宜阳县电业局被县委、县政府授予书记县长特别奖。

【加强党的建设】　开展“为民服务，创先争优”活动。加强领导班子建设，2011年局班子成员充分发挥党员领导干部模范带头作用，圆满完成了县委、县政府下达的各项工作目标；加强党的组织建设。局党委认真培养和考察，顺利接受5名预备党员转为正式党员，5名积极分子按期转入预备党员，并新培养积极分子6名，局党委被洛阳市公司授予先进基层党组织，张治华被市公司党委授予优秀党员称号。加强党风廉政建设，层层签订目标责任书，落实领导干部的廉政责任，抓好党员干部谈话制度、述廉制度、民主评议制度、目标责任考核制度和离任审计交接制度，全年对中层以上干部进行廉洁谈话30人次；做好信访接待工作，为群众排忧解难，做到困难再大不怕难，事情再小不从简，使年度结案率达到100%；开展廉洁文化建设，传递廉洁文化理念，采写新闻稿件426篇，编发《宜阳电力》简报37期，被洛阳市纪委评为廉洁文化建设先进企业示范单位，全年没有党员违规违纪违法的问题发生；扎实开展群团工作。围绕局各项重点工作，有意锻炼团员青年，青工队伍的综合素质有效提升，有四项成果获得了国家专利授权，副局长闫红安被评为宜阳县十大杰出青年，局团委被团县委评为优秀团委。

【推进工会工作】　开展职工建功立业活动，打造高素质职工队伍，2011年宜阳县电业局北册变电站获得市工会模范职工小家，锦屏供电所李渡光荣获洛阳市劳动竞赛先进个人，工会主席王剑锋获县“五一”劳动模范。顺利召开2011年宜阳县电业局六届一次职工代表大会，讨论通过了三个报告和经营管理考核办法，收集企业管理、发展及其他方面提案23条。制定了和谐企业的工作细则。经过行政协商，局工会与行政签订了集体合同、工资合同和女工专项保护合同，切实维护了职工的合法权益。开展“我为公司发展献一策”活动，共收到围绕企业经济效益、强化职工队伍和技术创新等方面的合理化建议80条，调动了广大职工的责任感和事业心。开展送温暖活动，营造关爱氛围。双节期间走访困难职工、长期病号30人，慰问退离休老职工60人，发送慰问品及慰问金3万元，使职工感受到企业大家庭的温暖。出台“金秋助学激励办法”，拿出12800元，资助局12名学子外出求学。围绕职工关心的热点问题，每季度进行一次企务公开，让职工明政知情。创建和谐劳动关系，把维护广大职工的切身利益放在突出位置，着力解决好职工最关心、最直接、最现实的问题，鼓励和支持职工发挥聪明才智，服务企业，服务社会，达到人企和谐共赢的良好氛围。组织50人的职工方阵参加灵山庙会开幕式。组织职工捐款8000元，棉被50条，完成县委宣传部、民政局组织的对残疾人、留守儿童和空巢老人的捐款捐物活动。“六一”儿童节为香鹿山镇黄窑小学送去价值1000元的学习用品。2011年宜阳县电业局先后被洛阳市总工会授予劳动竞赛先进单位，县总工会授予计划生育先进集体，县妇联授予先进妇委会等光荣称号。

【完成主要指标】　完成购电量9.23亿千瓦时，占年度计划7.28亿千瓦时的126.8%，比2011年同期5.28亿千瓦时增长75%。完成售电量8.68亿千瓦时，比2011年同期4.91亿千瓦时增长77%。完成综合线损5.93%，比年度计划6.8%下降0.87个百分点，比2011年同期7.99%下降2.06个百分点。其中完成35千伏及以上线损率1.46%，比2011年同期1.64%下降0.18个百分点；完成10千伏线损率5.05%，比2011年同期4.74%上升0.31个百分点；完成400伏线损率10.28%，比2011年同期11.54%下降1.26个百分点。完成电费回收率100%，实现上下双结零。收回历史遗留的2500万元陈欠电费实现全部结零。实现主营业务收入42160万元，比2011年同期24340万元增加17820万元。上缴税金2245万元，比2011年同期1534万元增加711万元。实现利润161万元，比2011年同期80万元增加81万元。完成农网还贷1687.2万元，占年度计划1278万元的132%，比2011年同期961万元增加726万元。电压合格率，供电可靠率，全员劳动生产率，资产保值增值率等指标均实现了同比增长。2011年宜阳县电业局涌现先进党支部4个、先进供电所4个、先进操作队1个、先进变电站2个、先进班组2个、十佳职工10名、十佳党员10名、十佳青工10名、十佳女工10名，电业局被县委、县政府评为十佳效能单位，安全生产先进单位，张士庭分别获县委、县政府2011年度目标管理先进个人和十佳效能先进个人称号。

（周全森）

煤炭管理

局长　刘飞跃

【概况】　宜阳县煤炭管理局，位于县城文明中路61号，2011年有职工78人，内设局办公室、财务股、调度中心、综合股、监察室、培训中心、监管股；下辖宜阳县煤炭供销有限公司、宜阳县红旗资产管理中心两个二级机构。2011年县煤炭局，按照要求扎实开展煤矿安全监管及煤炭企业兼并重组工作，使县煤矿安全生产形势持续好转，煤矿兼并重组工作基本结束，取得明显成效，受到县委县政府好评。电话：0379－68882241。

领导班子成员

职　务	姓　名	职　务	姓　名
局　长	刘飞跃	副局长	王绍海
副局长	刘湘华	纪检组长	李刚强

【煤矿安全监管】　认真贯彻落实“安全第一，预防为主”的安全生产方针，树立“从零开始，向零奋斗”的安全生产目标，把“隐患排查、隐患治理”贯穿安全生产工作的始终，全面落实安全监管主体责任，努力防范和遏制煤矿安全生产事故。落实安全例会制度，建立健全煤矿安全监管机制。落实县级领导包矿制度，形成县政府、各职能部门、煤管站、驻矿员四级煤矿安全监管体系；建立与上级煤矿监管部门联动机制。主动加强与豫西

煤矿安全监察分局及洛阳市煤炭工业局的沟通和联系，加强信息交流、工作通报，及时查处各类煤矿违法违规行为；制定监管计划，完善监管制度；加大宣传力度。督促各煤矿企业积极宣传贯彻《安全生产法》、《煤炭法》、《国务院令第446号》、《防治煤与瓦斯突出规定》、《防治水规定》等法律法规和规章制度，印发了《宜阳县煤矿重特大事故灾难应急预案》、《宜阳县2011年煤矿安全生产规划》、《关于加快推进煤矿井下安全避险六大系统建设完善工作的意见》，认真开展了“安全生产月”宣传教育活动；加强对隐患整改矿井的安全监管。严格落实包矿、驻矿制度，加大督查暗访力度，按照义煤集团批复备案的检修方案，严格控制入井人数，严格控制检修地点，严格控制检修程序，严厉打击违法违规生产行为，确保煤矿企业安全生产形势持续平稳发展；继续执行“两到位、五控制”规定。对河南翔宇煤业有限公司、天源煤业十公司继续执行“两到位、五控制”（包矿领导到位、驻矿人员到位，控制入井人数、控制矿灯发放、控制主提升系统、控制火工用品、控制用电量）的监管措施，严防违法违规行为发生；强化安全培训，提升监管效能。选派培训中心3名优秀教师赴南阳参加了省安监局举办的为期10天的技能强化培训班；聘请河南煤矿安全监察局专家对52名驻矿监管人员进行了安全监管技能培训；举办培训班15期，对703名煤矿从业人员进行了安全生产知识和技能培训，提高了煤矿从业人员安全生产素质。九是持续开展煤矿安全生产大检查。组织专业技术人员，深入井下，对入井整修煤矿不定时开展安全大检查，及时发现和解决安全隐患。

【煤炭企业兼并重组】　煤炭企业兼并重组工作是省政府优化煤炭资源配置、提升煤矿企业安全生产水平的重要举措。为深入贯彻《洛阳市人民政府关于进一步加强全市煤炭企业兼并重组工作的通知》（洛政〔2010〕129号）文件精神，根据《宜阳县煤炭企业兼并重组实施方案》，宜阳县煤炭局精心组织，统筹安排，通过宣传发动、方案制订、任务分解、责任追究等一系列措施的执行，保障了宜阳县境内13家小煤矿兼并重组工作的顺利进行，圆满完成了全年煤炭企业兼并重组各阶段工作任务。

【煤矿企业关闭退出】　按照《洛阳市人民政府关于煤矿关闭退出补偿的意见》（洛政〔2011〕76号）文件要求，根据部分煤矿煤炭资源相对匮乏、赋存条件较差的实际情况和义煤集团提出的关闭申请，经过耐心细致的说服教育和思想工作，劝说义煤集团宜阳红旗煤业有限公司、翔和煤业有限公司、宏鑫矿业有限公司3家公司签订了关闭退出协议。按照吊销相关证照、收缴火工用品、拆除供电线路、恢复地貌、妥善遣散从业人员、在主要媒体公告等六条标准，9月底前3家公司关闭实施到位，已经通过县、市验收，补偿退还小煤矿原股东的51%评估资金、资源价款、风险抵押金、市县政府500万元专项补贴款已逐步兑现给小煤矿原股东。

【红旗煤矿企业改制】　根据宜阳县企事业单位改革工作领导小组办公室《关于印发〈县企事业单位分类改革具体操作程序〉的通知》（宜企事改办〔2011〕1号）和《关于印发〈宜阳县企事业单位改革工作领导小组会议纪要〉的通知》（宜企事改组〔2011〕6号）文件精神，宜阳县煤炭局积极组织红旗煤矿进行企业改制，配合县国资委对红旗煤矿进行了清产核资及地面资产拍卖，对职工人数、身份重新进行了核实、登记，职工身份置换所需资金已全部清算。

【党风廉政建设】　切实加强对党风廉政建设责任制落实情况的日常监督检查，加大对机关党员干部的监督管理，定期、不定期进行任职廉政谈话，做到警钟长鸣；加强对煤矿安全生产法律法规和安全生产责任制落实情况的监督检查，加大煤矿安全生产事故责任追究力度；抓好煤炭生产经营的执法监督。对煤炭开采、安全监管及生产经营许可等行政行为实施全过程监督，确保行政执法、行政审核的公开、公正和公平；认真开展机关厉行节约八项要求以及“小金库”专项治理及公务用车问题专项治理工作；建立完善监督机制。营造长期稳定的社会监督环境；细化分解惩防体系建设任务，制定落实防范措施，建立廉政风险防控制度，加强对重点岗位、重要环节、重大事项的预防职务犯罪工作力度，着力构筑“点、线、面”相结合的预防网络，扎实推进惩防体系建设；积极开展政风行风宣传教育，组织开展煤炭系统政风行风群众满意度测评活动，敞开局门，广泛接受社会各界的评议和监督，全面推进政风行风建设，提升群众满意度和社会公信力。

（朱战峰）

重点企业简介

河南省前进化工科技集团股份有限公司

董事长
总经理 彭 立

【概况】 河南省前进科化集团（军工代号9645）是集爆破器材、烟花爆竹、危险品运输、工程爆破、工程安装、国内贸易、房地产、旅行社等为一体的综合性企业集团。公司始建于1966年，2010年1月成立集团公司，集团下辖9个子公司，拥有省级技术中心、河南省民用爆破器材行业职业技能鉴定站和河南前进爆破技能职业培训学校。

2011年，公司按照“大营销拉动大生产，大生产带动大发展”的经营思路、“省内最好，全国一流”的行业发展目标，稳定省内市场占有率，大力拓展省外市场，消化技术改造对生产经营的影响，经济规模总量进一步增大，全年销售回款共完成6.27亿元，比上年增长7.06%；实现销售收入5.7亿元，比上年增长16.14%；上缴税金5726万元，同比上年增长13.75%；在经济总量大幅度增长的同时，经济效益大幅度提高，实现净利润4891万元，较上年增长36.7%，创下公司历史新高。

公司先后荣获国家级“守合同、重信用”企业、高新技术企业、中国爆破器材行业协会副理事长单位、中国工程爆破协会副理事长单位、河南省绿色企业、河南省信用建设示范单位、河南省AAA信用单位、河南省卫生先进单位、高校毕业生就业见习省级示范单位、河南省绿色企业、河南省技能人才评价试点单位、洛阳市花园式工厂等诸多荣誉。

【集团目前拥有两大主业】 民爆产业集多品种的民爆物品生产、销售、运输配送、现场混装、爆破服务为一体，具有8.5万吨工业炸药、1000吨起爆具、1.99亿发工业雷管、6200万米索类火工品的生产能力，是目前国内爆破器材产品品种最为齐全的生产企业之一。拥有多项自主知识产权和国家发明专利，整体技术水平处于全国领先位置，能为用户提供爆破器材的所有服务，深受用户好评。

烟花爆竹产业集烟火药剂、烟花爆竹的生产经营、批发销售、烟花燃放为一体，是河南省规模最大、硬件设施及技术最先进的企业之一。生产的产品有：礼花弹、组合烟花、艺术盆花、架子烟花、冷光烟花、空中爆雷、鞭炮等7大系列1000多个品种，年产9.5万箱。具有河南省公安厅颁发的A级焰火燃放资质及烟花爆竹经营资质，产品质量稳定，所生产的“启庆”牌产品深受用户欢迎。拥有一支400人的大型焰火燃放队伍，采用先进的电脑遥控点火技术。有丰富的承办大型焰火晚会的经验，尤其是在多届中国洛阳牡丹文化节举办期间的大型音乐焰火燃放，其高超的编排技术，精湛的燃放效果，赢得了省内外游客的高度赞扬。

【获得荣誉】 2011年，集团公司先后被河南省环境保护厅授予河南省绿色企业，河南省国防科学技术工业局党委授予先进基层党组织、安全生产管理先进单位，河南省人力资源和社会保障厅授予省企业技能人才评价试点单位，河南省民政厅、河南省工商业联合会授予河南省豫西商会会长单位，中共洛阳市委、洛阳市人民政府授予洛阳市优秀民营企业，洛阳市统计局授予统计工作先进单位等荣誉称号。

前进民爆股份有限公司被河南省工业和信息化厅、河南省财政厅授予技术创新示范企业称号，洛阳市人民政府授予洛阳市市长质量奖，河南省国防科学技术工业局授予河南省民爆行业“前进杯”篮球赛优秀组织奖。前进民爆股份有限公司巩义分公司被巩义市科学技术和工业信息化委员会党委授予先进企业称号。前进民爆股份有限公司标准化室被洛阳市标准化计量测试学会、洛阳市质量技术监督局授予先进单位称号。

【技术成果】 2011 年，公司投入资金 5760 万元实施技术改造和项目建设，其中新建项目 93 项，维修项目 336 项。在年初完成 2000 吨炸药库区扩容和监控中心建设的基础上，2 万吨乳化炸药生产线、1.5 万吨膨化硝铵炸药生产线扩能改造顺利完成，于 7 月 15 日顺利通过验收；6000 万发导爆管雷管生产线扩能改造项目在相继完成导爆药、延期药、延期元件制造、导爆管制造等配套项目后，于 11 月 21 日顺利通过验收；年产 1 万吨铵油炸药、8000 吨乳化炸药的栾川混装炸药车移动式地面站项目，6 月 1 日顺利通过试生产安全条件考核，11 月 22 日正式通过验收；4 月 5 日开工建设的年产 1000 吨起爆具生产线，在完成设备调试和人员培训后，进入了试生产准备阶段，填补了河南省长期以来无起爆具产品的空白；占地 1.3 公顷、共 16 座库房的全国最大烟花爆竹仓储基地于 11 月 12 日顺利通过验收并投入使用。

【基础建设】 新建了炸药库区上山道路，铺设了东区危险品专用通道，拓宽了西区生活区入厂道路，完成了西区高压输送变电站的改造，在生产区、生活区新建桥梁吉庆桥、和谐桥、英才桥等 8 座，对社区医院、西区生产区东门岗进行改造。东西生活区洗浴中心相继完工投入使用，中国银行宜阳支行自助网点进驻公司。7 月，公司着手对位于宜阳城北区锦屏大道以西、纬一路以南 7.3 公顷地和李贺大道 1.3 公顷地宜阳小区进行规划设计，并于 10 月成立了宜阳城北区项目建设筹建处，宝瑞置业顺利入驻宜阳城北区并开展工作。

【环境亮化】 重点开展植树造林、荒山绿化工作，对公司东区周边荒山土地 336.8 公顷全部签订了租用 50 年的协议，实施了对西区门岗，延期药、导爆药生产线及石村库区、东生活区河东路的绿化，银杏、石楠、桂花、海棠、紫薇等一批名贵花木扎根公司；西区卧龙岭果园栽种苹果 534 棵、杏 215 棵、枣 655 棵、石榴 862 棵、核桃 2865 棵、柿子 274 棵，“花果山”、“后花园”雏形初现。春赏花、夏观叶、秋采果，提升了绿化层次。

【班组建设】 抓学习，员工队伍素质明显提高。2011 年，公司实施人才兴企战略，以调整员工队伍结构、加强员工队伍建设、提高团队整体素质为目标，积极引进并留用大学毕业生；依托职业技能鉴定培训，对新入员工、转岗人员、新建生产线操作人员、设备维修管理人员、财务人员进行辅导教育。抓安全，转观念强基础拔高目标。以“隐患整改率 100%、安全零事故”为目标，及时排查消除隐患，提升安全理念，打造安全文化、强化安全责任和员工的教育培训，完善安全生产监管制度，各基层单位认真开展 7S 现场管理、目视看板管理、“图文解三规”、“安全伴我行”读书演讲、安全工艺抢答赛、“分析事故案例 提高安全意识”演讲比赛、“周周安全警示”等活动，确保了安全生产平稳运行，杜绝了重大火灾、爆炸、中毒、重伤以上事故和危险品被盗、流失事件的发生。抓创新，技术质量取得骄人成绩。QC 小组成果获得省级奖励 5 项、市级奖励 11 项；取得“国家专利’3 项，另有 7 项已上报国家专利局待批，还有 17 项已提交专利代理机构进行申报；以技术创新、管理创新、操作创新和合理化建议为主要内容的“三创一建议”活动在公司内持续蓬勃开展，全年申报项目 145 项，被公司受理 79 项，奖励 71 项，奖励金额共计 30.4 万元。

【企业文化】 2011 年，公司继续注重文化建设，新春全员军训、广场千人舞太极、庆祝中国共产党成立 90 周年“七一”红歌大家唱、读书学习先进单位全体员工和新入公司大学生集体休闲旅游、参加义务劳动人员到洛阳观赏牡丹，承办河南省民爆行业“前进杯”篮球赛以及各基层单位丰富多彩文化娱乐活动的开展，在丰富员工家属业余文化生活的同时，引领前进人积极进取、健康向上。作为公司文化品牌的太极拳活动，在公司内得到普及推广，公司太极拳代表队在第六届中国焦作国际太极拳交流大赛上再创佳绩，展示了企业良好形象；作为与内外部沟通的主要渠道，《前进》报纸独具特色；电视台作为内部信息交流学习的平台，及时传递着公司管理层的声音，发挥了不可替代的作用。

"前进杯"男子篮球赛

【员工生活】　2011年公司先后进行两次大规模、大幅度的调资，员工人均收入比2010年增长16.7%；节日福利品种繁多；规范社区车辆停放、开展道路交通集中整治，购买吸污车、环卫车、登高车、电力抢险车等各种专用车辆；改善居民就医环境，对特殊工种员工进行职业健康体检，举办健康教育知识讲座，为积极参加社区义务劳动的退休人员、家属和特困人员进行免费健康体检；对特困群体逐月进行慰问救助。　（郭守阁　张若璐）

义络煤业公司

董事长　苏红伟

【概况】　义煤集团宜阳义络煤业有限责任公司成立于2002年4月，位于宜阳县城东南部，解放路东段，前身宜洛煤矿沈村井始建于1950年。2005年6月进行股份制改造，公司注册资金8000万元，其中河南大有股份有限公司（义煤集团下属上市公司）持股份49%，陈永让代表义络公司生产系统员工持26.33%，冉旭代表义络公司后勤服务系统员工持23.67%，郑州天瑞企业策划有限公司持1%。义络公司共有机关部室16个，基层单位20个，员工2277人。矿井年设计生产能力60万吨，煤种为焦煤，发热量在23 ~27.2MJ/kg，质量稳定，主要用于电力、建材、化工等行业，产品畅销华中、华南、东南等10多个省区，深受广大用户的欢迎。

2011年，是义煤集团公司全面推进"科学跨越"的关键一年，按照"创新管理、转型升级、强基固本、科学跨越"的总体要求，义络公司团结务实，锐意进取，严抓细管，合理组织，实现稳产高效。全年圆满完成集团公司下达的各项经济技术指标，取得较好的经济效益。实现生产经营总额4.6亿元，实现利润1.55亿元，上缴各项税金1.35亿元。

2011年，义络公司先后荣获了河南省省管企业先进单位、河南省"十佳煤矿"、省煤炭系统五一劳动奖状、省一级安全质量标准化矿井、洛阳市"安康杯"优胜企业和宜阳县书记县长特别奖。公司党委书记陈松泉被评为全国优秀企业党委书记。电话：0379－62715417

【强化安全管理，打造本质安全型矿井】　2011年，义络公司大力开展"安全零事故"活动。做好矿井"一通三防"管理和瓦斯综合治理工作，杜绝了瓦斯事故发生。加大员工安全技术培训，推行"两述"工作法（岗位安全描述、手指口述）和准军事化管理，提高员工的安全意识和自主保安技能。坚持管理与装备并重，突出科技创新和技能改革，竭力消除制约矿井安全发展的瓶颈问题。以"一级质量标准化矿井"为目标，本着"净化、亮化、美化、实用"的原则，不断加大质量标准化工作投入和建设。2011年投入安全技措资金1732.74万元，添置更新了通风设备、瓦斯抽放及报警设备、机电运输保护等设备，安全监控系统、入井人员指纹识别系统升级改造等，为安全生产奠定了有力保证。

【稳产高效，实现产销平衡】　原煤生产牢固树立效益观念，在确保安全的前提下，合理组织，科学安排，坚持采掘并举，注重生产接替。原煤产量实现了快速增长，完成了集团公司下达的产量任务和进尺计划。牢固树立煤质是"企业的第一生命"理念，优化煤质结构，实行分采分运，满足不同用户需求。积极配合集团公司驻矿人员，搞好与铁路部门协作，保证原煤及时外运，实现了产销平衡。

【经营管理】　明确成本控制，降低可控成本和费用。制定科学的目标成本管理体系，使每个部门、各个单位、每个岗位工种、每项工作都有严格规范的标准要求。制定了《义络公司2011年效益工资与经济效益挂钩考核管理办法》，修订完善生产管理、安全管理、工程质量管理、机电设备管理、经营创收管理等各种管理办法，使公司整体管理水平有所提高，完成了集团公司下达的利润指标。上缴各项税费1.35亿元，居县域企业之首。

【加强企业文化建设，推进精神文明发展】 在企业文化建设上，着重更新经营理念，塑造企业新形象。树立“企业兴旺，我的责任”、“公司有我份，越干越有劲”理念。围绕“井下文明生产，井上文明生活”的目标，开展形式多样的和谐文化创建活动，组织和举办了以活跃矿区节日气氛、丰富职工文化生活为内容的春节社火表演、元宵节灯谜会、“三八”节趣味活动、演讲、书法、绘画、摄影比赛等文化娱乐活动；以促进全民健身、振奋士气为内容的第六届职工运动会，营造了矿区文明祥和的节日氛围。并围绕企业不同时期的工作重心，先后组织开展了安全知识竞赛、安全月演出、“强基固本科学跨越”劳动竞赛及岗位练兵、技术比武等多种形式的群众性建功立业竞赛活动。以“比安全、比生产、比质量”劳动竞赛和岗位练兵、技术比武活动为载体，积极营造“学、赶、比、超”的良好氛围，涌现出了一大批业务素质高，生产技术过硬的岗位能手，员工的业务技能和服务生产的本领得到普遍提高。在举办的技术比武中，150名职工同台竞技，26名公司技术能手和1名集团公司技术能手脱颖而出。

义络公司大力弘扬“真诚、同心、感恩你我他”的企业精神，为158名在职职工80岁以上父母、祖父母发放“孝心补贴”18万元。在“金秋助学”活动中，筹集资金14.4万元对当年考入大专以上的82名在职职工子女给予资助。

【关注民生，提升幸福指数】 义络公司坚持“企业增效，职工富裕，发展成果惠及职工”的指导思想，在加大技术、装备投入，最大限度地减轻员工的劳动强度的同时，稳步提高员工收入，使在岗员工人均收入达5.1万元，较上年增加11%。

同时，义络公司积极帮助困难群众解决生活中的实际问题，做好帮贫扶困工作，完善帮扶工作两级组织，建立了扶贫基金会和职工互储金制度，全年发放救济款9.1万元。在“金秋助学”活动，

提升运输系统改造工程开工庆典

筹集资金对全公司当年考入大专以上的职工子女给予资助。办理劳务工转正104人。按上级政策，为近200名“五七工”、“家属工”申办了养老保险手续。

为公司500余名女职工免费办理了特病保险。组织劳动模范和生产骨干分别到北京、云南、龙口等地进行疗养。

新的领导班子换届后，针对义络公司实际，承诺为职工家属修建大型休闲广场、锦屏山矿区公园、商住楼群、家属区供暖等10项惠民工程。用3~5年时间，将矿区打造成县域内的宜居社区、园林社区、明星社区，进一步提升职工家属居住、休闲娱乐环境和质量。 （王光伟）

洛阳骏马化工有限公司

总经理　王凯

【概况】 洛阳骏马化工有限公司成立于2002年12月，其前身是创建于1966年，1970年投产的河南省四大化肥厂之一的宜阳化肥厂，原设计能力为年产合成氨4.5万吨、碳酸氢铵18万吨，占地面积66.3公顷。“八五”期间，投资3.83亿元，引进意大利先进技术进行改造，扩建合成氨，改产尿素，设计能力为年产合成氨8万吨、尿素13.2万吨，扩改工程于1992年1月建成投产。2006年4月公司完成资产一体化进程，成为央企中国化工集团的下属公司。经过几年的技

术创新和持续改进，2011 年公司年生产能力已达到尿素 15 万吨、醇氨 20 万吨，是豫西地区最大的化肥生产企业。

公司下设 8 个生产车间，2 个辅助车间，13 个管理部室，1 个液体 CO_2 分厂、自备电厂、精甲醇分厂。在岗员工 634 人，其中大中专毕业生 112 人，高中、专业技校毕业生 381 人，各类专业技术人员 38 人。公司党委下设 9 个基层党支部，隶属宜阳县委组织部管理。电话：0379－68811561。

【生产经营】 2011 年上半年经济形势明显好转，各类产品价格稳步回升，进入 9 月，受欧债危机冲击，金融市场持续大幅波动，波及实体经济，造成经济环境恶化，各类化工产品价格均出现不同程度的下滑，企业同时面临煤炭价格、运输价格持续高位运行和电价上涨的多重压力，使生产经营环境进一步严峻。全年大的停车 2 次，时间长达 81 天。

全年生产合成氨 72421.4 吨，同比增长 0.58%，完成计划的 72.420%；甲醇（精）8437.2 吨，同比减少 2.3%，完成年计划的 22.2%；甲醇（粗）10861.37 吨，同比减少 15.83%；醇氨合计 83282.8 吨，同比减少 1.9%；尿素 98352 吨，同比增长 3.4%，完成年度计划的 70.3%。

【技术改造】 2011 年大的改造项目 18 项，均已并入系统。其中，年产 5 万吨甲醇项目，于 12 月 19 日正式并网。经初步计算，在运行正常情况下，吨氨降耗可节折标煤 49.49 千克，年节标煤 5236 吨。

【新项目建设】 总投资 35983.26 万元，年产 10 万吨硝酸（浓）及 25 万吨硝基复合肥项目，截至 12 月底已完成投资约 17500.75 万元。稀硝酸装置土建已完成 95%；浓硝酸土建主厂房及设备基础已基本完工；硝基复合肥造粒塔主体土建滑模已升至 54 米处，造粒塔主体土建计划 2012 年 2 月底完工。

【设备管理】 重新修订了《设备润滑管理考核办法》、《备用设备管理规定》和《设备规范检修办法》。全年注册压力容器 229 台，到期检验压力容器 123 台，其中注销 4 台、办理停用 1 台、检验 118 台，有力保证了压力容器的安全运行。

【加大环保投入】 公司与北京雪迪龙公司已成功洽谈关于废气在线监测设施的安装工作。锅炉改造项目于 6 月 3 日通过环保部门验收；氮肥生产能量优化及资源综合利用工程于 6 月 24 日通过了河南省环境保护厅的验收。

全年用于冷却水、废水回收再利用改造，锅炉烟道气脱硫改造费用近 70 万元。

【巩固“无泄漏工作”成果】 4 月，以巩固“无泄漏工作”创建成果活动成为载体，从粉尘源头抓起，将技术进步作为解决型煤、造气、水汽、压缩现场卫生差、漏点多的抓起，通过一个月的大力整顿，跑冒滴漏现象得到了明显遏制。特别是通过 9 月、10 月的大检修，公司静密封点 190825 个，动密封点共 16470 个，泄漏率均达允许范围。

【创新管理】 公司积极认真健全完善了《部室考核制度》、《持续改进推进方案》、《磅房管理制度》、《型煤质量管理》、《煤炭考核规定》、《物资入库程序》、《物资出库程序》、《隐蔽工程验收制度》以及各种成本核算报表，年终又对《部室考核制度》进行了二次修订。6 月顺利通过 ISO9001 质量管理体系的第二次监督审核。

【导入 CTPM 全面设备管理制度】 11 月 21 日，公司正式由中国深圳华天谋咨询公司辅导引入 CTPM 全面设备精益管理体制，成立了 CTPM 推进委员会，设立“样板区”、培训自己的 CTPM 指导员 10 名。

【推进“持续改进”】 为使公司的持续改进工作能够持之以恒地开展下去，公司成立了以董事长为首的工作领导小组。2011 年共上报持续改进项目 18 项，全部获奖，实现了满堂红。其中一等奖 2 个，二等奖 4 个，三等奖 12 个。

【人力资源管理】 9 月，公司与当地技校联合招收了一批带薪委培生，学制 2 年，采用先 3 个月理论课程，后到公司实习，根据实际情况采取半工半读的方式完成学业，为公司新项目揽储人才，积蓄了后备力量。

【文化建设成果】 一方面巩固内部文化建设成果，一方面还积极参与与外界文化交流。在宜阳县工业园聚集区组织的第二届乒乓球比赛中，公司代表队荣获个人与团体双冠军，为公司赢得了荣誉。与宜阳县工信局、宜阳县书法家协会合作成功主办了宜阳县第二届“公信杯”书法大赛，增强了企业的知名度。

【培训工作】 公司将车间、班组内部的二三级业务培训当作班组建设的一项重要内容进行考核；从4月起，每月开展争当“明星工作”和“明星班组”活动。新员工的不断涌入和转岗人员的增加，理念培训、安全和专业技能培训显得日益重要。全年组织公司一级集中培训54次，集团公司视频培训6次，达到2000多人次。 （沈平安）

洛阳黄河同力水泥有限责任公司

总经理 杨 旭

【概况】 洛阳黄河同力水泥有限责任公司坐落于洛阳市宜阳县城东工业区，东距洛阳市区28公里，西距宜阳县城5公里。公司成立于2004年3月，是由河南同力水泥股份有限公司、洛阳市建设投资有限公司、宜阳虹光工贸中心以合资方式建立的新型干法水泥生产企业。

2011年公司有2条熟料水泥生产线，2套余热发电机组，1个消纳城市生活垃圾项目，其中：一期5000吨/天熟料水泥生产线投资5.4亿元，2006年4月建成投产，二期4500吨/天熟料水泥生产线投资7.8亿元，2010年11月建成投产；1#、2#余热发电机组是采用中信重工双压纯低温余热发电技术与一、二期水泥熟料生产线同步建设的9兆瓦纯低温余热发电机组，总投资1.4亿元，年设计发电能力11840万千瓦时；即将建成投产的消纳城市生活垃圾项目是河南省首台、首套利用5000吨/天水泥窑协同处置城市生活垃圾的示范项目，总投资5968万元，年消纳城市生活垃圾15万吨。

公司主要生产P.32.5、P.42.5、P.52.5水泥，涵盖了水泥产品的中、高端领域，其中，同力牌普通硅酸盐水泥被授予“河南省优质产品”称号。公司生产的P.32.5、P.42.5普通硅酸盐水泥被国家重点工程如郑西客运专线、大西铁路、洛栾高速、洛卢高速、三淅高速等工程广泛使用。

2011年底，公司有员工611人，其中，高级职称12人，占2%，中级职称30人，占4.9%；研究生学历15人，占2.5%，大专及本科学历244人，占39.9%。

黄河同力远景

【公司荣誉】 2011年，公司荣获洛阳市2011年度安全生产先进单位，洛阳市2011年度“福民强市”目标考核工作企业突出贡献三等奖等荣誉。

【经营指标】 2011年，公司全年生产熟料339.19万吨、水泥389.85万吨，同比提高72.06%和65.37%；全年销售熟料55.8万吨、销售水泥382.59万吨，同比提高258.15%和61.44%；全年实现净利润1.34亿元，完成年计划134.24%，同比提高94.77%。

【项目建设】 消纳城市生活垃圾项目是公司重点建设项目又是形象工程，不仅可以实现城市生活垃圾无害化、减量化和资源化，而且能够有效解决洛阳市及宜阳县城市生活垃圾的处理难题。2011年，公司项目建设克服工期紧、任务重、气候条件差、项目建设难度较大等不利因素，以抓质量、抢进度、保安全为目标，统筹兼顾，超前谋划，强化施工管理，优化设计方案，细化责任分工，确保了项目建设稳步推进，基本实现了进度目标，预计消纳城市生活垃圾项目2012年5月建成投产。

【管理创新】 公司始终坚持深化内部管理，加强管理创新，使公司经营管理更加科学化。⑴推行“经济责任考核”，调动了全员积极性和创造性；

⑵实行县域市场部、重点工程部、长期客户部三板块独立考核、相互协调的营销模式，优化了营销组织结构，激发了内部活力，促进了水泥销量的突破；⑶建立了熟料质量分析会机制、标准化管理长效机制，稳步提高了水泥质量；⑷完善了进厂原燃材料质量控制机制，有效控制了原燃材料质量波动，确保了原燃材料质量稳定；⑸加强内控体系建设，开展服务上台阶活动，完善了内部控制体系，提升了对外整体服务水平和对内上下工序服务质量；⑹推进司务公开，加强纪检监察和民主监督，提高了公司治理的科学性、民主性、规范性。

【节能减排】　公司始终坚持对节能减排和发展循环经济的高度重视，认真贯彻落实上级部门要求部署，强力推进节能减排工作。具体来讲：⑴管好用好余热发电机组，努力提高余热发电量，2011年，公司余热发电量10292.45万千瓦时，相当于一年减少外购电量10292.45万千瓦时，减少CO2排放量5.4万吨，减少发电标煤耗3.6万吨；⑵加大节能技改力度，公司先后实施了节煤燃烧器改造和生产线高低压风机变频改造，全年可减少原煤消耗1.7万吨，减少生产用电961万千瓦时；⑶积极探索利用采矿废渣和工业废渣代替部分原材料，2011年，公司使用石灰石废渣129万吨、硅尾粉37万吨、铁矿石尾粉12万吨、粉煤灰28.5万吨、脱硫石膏6万吨、转炉渣及转炉渣粉39万吨，实现了采矿废渣和工业废渣综合利用，降低了生产成本，减少了工业废物排放，有效削减了区域性环境污染；⑷持续加强环保治理，公司每年用于收尘袋更换和污染物治理的环保投入都在250万元以上，实现了废水、废气实时监测、达标排放。

【安全生产】　公司坚持以“安全第一、预防为主、综合治理”为方针，始终把安全生产作为重中之重，全面推行一岗双责安全生产责任制，逐级签订安全生产目标管理责任书，每月定期召开安全例会，切实加强安全培训，努力抓实抓好抓细安全工作，形成了“公司统一领导、部门全面负责、职工广泛参与”的共同责任网络，营造了“人人讲安全、事事讲安全、时时讲安全、处处讲安全”的氛围，实现了全员、全过程、全方位、全天候的安全生产管理。2011年，公司安全生产局面良好，全年无重伤以上人身事故、火灾事故、环境污染事故，实现了安全生产“三无”目标。

【团队建设】　公司始终坚持以人为本的理念，主张“企以人兴，业以才治”。面对剧烈市场竞争，公司积极推行“人才兴企战略”。创新人才引进渠道，广纳优秀人才，优化了人员结构，为公司输入了新鲜血液；提供各类专业培训，完善激励机制，提高员工薪酬，增强福利保障，稳定了人才队伍，为公司培养了一大批德才兼备的管理和技术人才。2011年底，公司员工总数611人，中高层干部40余人，各类专业技术和管理人员200余人。

【文化建设】　公司始终坚持打造和谐企业文化，主张依靠党政工齐心协力培育优秀的企业文化以增强公司凝聚力。⑴开展全员学习活动，大力倡导“创建学习型组织，争做知识型员工”，以科学的理论武装职工，以正确的舆论引导职工，以高尚的情操塑造职工，培养了信念坚定、价值取向正确的创新型职工队伍，形成了“比、学、赶、帮、超”的良好学习氛围。⑵开展季度劳动竞赛，大力弘扬标兵精神，树立标兵形象，对标兵给予一定物质奖励，并通过公司宣传栏、内部网站、内部刊物《黄河同力》宣传标兵先进事迹，调动了职工的工作积极性。⑶开展各类文娱活动，公司成立了各类文娱活动协会，积极组织新春联欢会、“三八”女工游、“五四”青年联谊、“七一”红歌赛、乒乓球赛、羽毛球赛、男篮邀请赛、摄影比赛等活动，丰富了职工的文化生活。⑷关心职工健康，每年组织职工体检，为职工建立健康档案，同时不断改善职工的工作、生活和学习条件。通过一系列行之有效的措施，营造了和谐、团结、向上的精神风貌，增强了职工归属感和荣誉感，提升了公司活力和凝聚力。（刘雨龙）

宜阳红星陶瓷有限公司

【概况】　宜阳红星陶瓷有限公司，是香港丰年华集团在内地的一家独资生产企业；2011年有员工700余人。

公司主要生产经营日用陶瓷类产品，销售自产产品。目前生产的炻瓷系列主要有色边、色釉、烤花、手绘、浮雕、各种异型杂件等400多个品种；白瓷产品有茶具、咖啡杯及各类杂件产品，公司产品95%以上销往欧美和东南亚等20多个国家和地区。2011 年 7 月首次成功进入美国加利福尼亚州市场，实现了洛阳日用陶瓷进入国际“门槛”最高市场零的突破。

总经理 刘京安

【提高产品质量，拓宽销售市场】 宜阳红星陶瓷有限公司系外向出口型企业，要想在国际市场上占有一席之地，不仅要有过硬的产品质量，还要通过欧美国家设定的社会责任、质量体系、反对恐怖主义、安全生产和 ROSE 等标准的审核后才能进入电子订单系统获得订单。因此，相关领导认真分析有关标准，制定切实可行的有效措施，自 2008 年以来，先后通过了外商或外商委托的第三方公司对红星陶瓷在社会责任、质量体系、反恐、安全等方面的审核达 80 余次。

过硬的质量、良好的信誉，得到了梅西、杰西潘尼世界几家知名百货公司和沃尔玛、宜家、Argos、家乐福等连锁超市的认可，并成为这些在国际上具有较大影响力的公司长期供货商和经营合作伙伴。

生产车间

【产销情况】 2011 年度实现产值 5500 万元，完成销售额 5300 余万元，出口创汇 430 余万美元，是宜阳县域经济中的出口创汇骨干企业。

（闫阿贵）

洛阳众悦精密轴承有限公司

【概况】 洛阳众悦精密轴承有限公司始建于 2002 年，2003 年建成正式投产；2010 年入驻洛阳市宜阳县产业集聚区，是中国国内高速超精密轴承主要生产企业之一，工厂占地面积 1.5 万余平方米，办公及厂房面积 1.3 万余平方米，职工 200 多名；公司现在拥有各类设备 260 余台（其中全自动数控轴承专用设备 160 余台），轴承检测设备及仪器 500 余台；生产从内径 8 毫米到外径 620 毫米的 P2、P4 级各种用途和特殊性能的超精密轴承 1000 多个规格；产品已广泛地应用于航空，航天，机床，纺织，冶金，印刷，电子等行业，并出口到欧美，印度等国家地区。电话：0379 - 68718798。

【技术创新】 洛阳众悦精密轴承有限公司注重产品研发；积极开发新产品，公司建立了技术研发中心；拥有长度机、长度仪、形貌仪、圆度仪、投影仪、测振仪等轴承检测设备和轴承性能试验机，轴承寿命试验机等试验设备；拥有一支技术过硬的产品研发团队。新产品的不断推出为公司的发展提供了后劲。

公司依靠新技术不断进行技术改造；用数控技术改造了 100 余台传统的液压轴承加工设备，大大提高了设备运转的稳定性，提高了生产效率及产品的合格率，使公司的效益得到提高及生产的轴承产品质量更加稳定；提高了产品的市场竞争力。

公司通过对生产工艺的不断研究和试验形成了一批公司的核心生产技术；如高速超精密角接触球轴承制造技术，航天轴承制造技术，高线轧机轴承生产技术，高精度薄壁轴承制造技术，柔性轴承制造技术，高精度不锈钢轴承制造技术，高精度大型轴承制造技术，高精度滚子轴承制造技术等；使得该公司在上述轴承制造和研发领域里走在全国同行业的前列。

【企业荣誉】 公司通过了 ISO9001 质量体系认证，并严格按照 ISO9000 质量保证体系运行，产品质量不断提高。连续多年通过河南省轴承质量监督检测合格；并于 2005 年荣获精密轴承系列全国质量合格评定用户满意十佳品牌证书；2012 年荣获中国航天科技集团优秀供应商称号；产品被应用于神舟飞船、嫦娥月球探测器等航天装置和多种尖端军事装备上，为中国的航天工业和军事工业做出了应有的贡献。洛阳众悦精密轴承以 LYZYC 为轴承注册商标。

生产车间

【企业文化】 众悦——是洛阳众悦精密轴承有限公司建厂的初衷和目标；它包含了员工满意，用户满意，供应商满意，老板满意，政府满意等众多满意；实现多赢，大众均悦。

要达到众悦的目标首先要做好人，做好产品。公司的宗旨是“品质立厂，追求完美”；公司将不断地提高产品的品质，致力于赶超国外知名品牌；为中国轴承工业的发展作出贡献。 （李 辉）

洛阳欧瑞冶金科技有限公司

【概况】 洛阳欧瑞冶金科技有限公司位于宜阳工业园区未来大道与兴业路交叉口东北角，占地面积2.7公顷，已建成2100平方米办公和科研用房、1300平方米中试车间以及配套设施，具备了完整的工艺现场验证和二次开发能力。员工42余人，其中博士4人，高级职称4人，中级职称6人，具有大学以上学历的职工人数占比超过60%。

2011年，欧瑞冶金科技有限公司紧紧围绕企业发展目标，通过冶金流程的合理设计，将矿物资源中的有害元素作为产品进行有效开发利用，实现污染源的源头减排，达到流程清洁化，降低甚至消除流程开端的环境治理压力；通过分离制备一体化技术，在分离流程中实现功能材料制备，增加产品的附加值。年内建成了年分离能力180吨金属钼铼萃取分离中试线，主要产品为钼酸钠、四钼酸铵和高铼钾。制度建设、操作规范和企业文化建设等方面都迈上了新的台阶。

【科技研发】 清洁冶金技术：开发完成了从含钼、钨、镍等复杂多金属矿物中分离回收钼、钨、镍及伴生稀贵元素的工艺，并利用溶剂萃取、离子交换树脂和萃淋树脂等多种分离技术实现了钨钼深度分离、硫酸镍深度纯化，制备出了高纯钼酸铵、钨酸铵等产品；开发完成了利用双溶剂萃取体系从氟碳铈矿中综合回收稀土、钍与氟的清洁流程；上述工作的理论部分在国际化工领域的权威期刊Industrial & Engineering Chemistry Research发表，并申请两项中国发明专利。

功能材料制备技术：完成了利用溶剂萃取体系制备大比表面中空氟化钙微米球体的基础研究，成功获得了直径超过800纳米，具有极高比表面积的氟化钙空心球体，为后续先进催化材料的制备提供了理想载体材料；上述工作的理论部分在国际化学领域的权威期刊Chemical Communication发表，并申请一项中国发明专利。

资源综合利用与环境治理技术：开发了从富镓原料中综合回收铝、镓的原则流程，在实验室规模获得了4N镓和食品级钾明矾等产品。全湿法回收钼铼工艺：该工艺能够处理低品位复杂含钼原料。现有工艺以45% ~53%的钼精粉作为原料，新工艺可处理含钼量低到5%的物料，该技术目前处于领先地位。加工过程经济清洁，新工艺全部分离过程在常温常压下进行，能耗低，占地少，酸碱单耗和污染物排放低，自动化水平高，回收率高。与现在工艺相比，回收率由75% ~90%提高至88% ~96%加工成本明显降低。产品质量高，新工艺最终获得的钼酸钠和钼酸铵产品中重金属含量极低，铜、铬、钒、锌等重金属含量均达或优于国家标准。

【建设队伍】 工程中心由最初的5人发展到2011年的10人，其中博士研究生4人。坚持对员工进行教育，严格把握试验过程中的每一个操作细节，不断纠正研发过程中每一个不规范操作，保证了试验操作规范，数据真实可靠。养成了严谨、认真、细心、踏实的工作作风。初步建立了一支适应中心研发和公司持续长远发展的高精尖人才队伍。

【文化建设】 坚持把公司发展过程中所培育形成的并被全体员工共同遵守的最高目标、价值体系、基本信念及行为规范即“企业文化”作为灵魂，推动企业发展，不断提高企业员工的凝聚力。使员工真正成为有理想、有目标，有热情、有纪律和敢于吃苦，勤学上进的新人。员工结合自身特点准确定位，制定目标，遵照“日积月累，臻于至善”的精神，刻苦学习，用心做事，一步一个脚印地向着自己的目标奋进。企业文化建设，凝聚了人心，打造了欧瑞人扎实、认真、严谨、细心的作风，不计得失、勇挑重担、敢于吃苦、拼搏奋进的精神和敬业奉献、团结协作的团队精神。（宋玉杰）

洛阳牡丹焊材集团有限公司

总经理　郭世军

【概况】 洛阳牡丹焊材集团有限公司位于宜阳县产业集聚区，其前身为洛阳市焊剂厂。公司始建于1985年，2002年改制为洛阳牡丹焊剂有限公司，2008年公司整体搬迁进驻宜阳县产业集聚区，并于2010年1月更名为洛阳牡丹焊材集团有限公司，成为宜阳县第一家经工商部门注册的集团公司。集团下属洛阳国林牡丹焊材有限公司（产业集聚区内）、全州牡丹焊材有限公司等生产实体，是焊接材料的专业生产企业，集科研、生产、营销于一体，产量从初始的几百吨，逐年递增为年产量达3万余吨，位居国内焊剂行业前列。公司技术力量雄厚，其中中高级技术人员18名，并具有完整的质量保证体系和充足的技术力量，确保了连续经中国船级社“CCS工厂认可”及ISO9001质量管理体系认证。公司长期为中国埋弧自动焊焊接业提供了大量的优质产品。电话：0379－68718258。

【公司产品】 产品为“牡丹牌”埋弧自动焊用熔炼型：HJ431、HJ350、HJ330、HJ260、HJ250G、HJ107，烧结型：SJ101、SJ201、SJ301、SJ401、SJ501、SJ601等系列，并可根据顾客需求生产其他牌号产品。公司产品广泛应用于船舶建造、锅炉、化工设备、桥梁建造、金属结构、石油管道、压力容器制造、轧辊堆焊、建筑等行业。

（郭龙艳）

洛阳普瑞斯玻璃纤维有限公司

董事长　王军辉

【概况】 洛阳普瑞斯玻璃纤维有限公司是经河南省发改委批准立项的一家玻璃纤维生产企业，于2007年8月20日经工商部门批准登记注册。营业执照、组织机构代码证、税务登记证、安全许可证等各项手续齐全。公司位于河南省洛阳市宜阳县工业园区，地理位置优越，交通便利，公司占地面积1.5公顷，建筑面积达1万多平方米。注册资本为1000万元。公司现职工有260余人，公司管理机构设有：财务部、综合办公室、销售部、生产部、品质部、生产车间，内部组织机构健全，厂区内硬件环境绿化整洁，人文环境各方面和谐，生产作业、工作秩序井然有条。公司依据国家产业政策，在产品、市场、科技、人才等方面已做出较好的战略框架。目前内部各方面管理制度健全，财务及内控制度、经济责任制、岗位责任制、交接班制度、安全管理制度、监督管理制度、晋升、奖惩、激励制度等都运转良好。

公司年玻璃纤维项目计划总投资额5000万元，其中生产线投资3500万元；支付土地出让金140万元。该生产线是在我国90年代先进的玻纤坩埚法拉丝工艺的基础上，经过近10年的吸收、消化、开发和技术改进，处于20世纪末国内先进水平，属于国家重点鼓励投资项目的范围。拉丝车间设计拉丝炉位36台。捻线机25套，目前公司年生产能力可达到6000吨，产值可达7000万元，根据当前市场情况年利润可达到700万元。主要产品有单纤维直径5.3～13um无碱有捻玻璃纤维系列奶瓶纱、大卷装纸管纱；单纤维直径7.5～11um中碱有捻玻璃纤维系列奶瓶纱：钓鱼竿基布、防火布、防火毯、并可根据客户需求生产加工其他品种规格的玻璃纤维纱及制品。玻璃纤维基布生产线，此车间可以放置织布机100台。公司先期投入500万元购入25台织布机，25台织布机月可织布45万米，主要生产玻璃纤维基布，整个设备投产后产值可达1亿元，根据当前市场情况年利润可达到3600万元左右。

【企业管理】 洛阳普瑞斯玻纤公司进一步完善管理制度，确保激励机制的有效运行和公司计划的落实。通过增强资金收支的计划性提高资金使用效率，确保资金的良性循环。不断优化人力资源结构，为进一步健全和完善人力资源招聘制度，制定了招聘管理办法，对每位生产员工都实行一对一的培训，以提升产品的质量及工艺的改进。对于部和销售人员进行针对性的培训，以提升管理和营销方面的专业技能。公司致力于创新发展，为公司拓宽玻纤领域行业进行了新的有益探索。

（翟继朝）

洛阳迅凯电子科技有限公司

【概况】 洛阳迅凯电子科技有限公司成立于2011年1月，位于宜阳县产业集聚区至尚工业园，计划总投资5000万人民币，一期投资2000万人民币，工厂面积约1万多平方米，宿舍面积5000平方米。本公司以富士康科技集团为依托，主要从事3C产品零组件（数据传输线、电脑连接器等）的加工及制造。目前已投产电子组装生产线共36条，已有员工800多人。

公司成立一年多来，在董事长陈家凯的领导下，公司正在蓬勃发展，已累计完成投资2000多万元。公司正逐步扩大生产，加大投资力度，争取在年底实现利润比上年翻番，总投资翻番的计划。电话：0379－68728888。

洛阳华陵镁业有限公司

【概况】 洛阳华陵镁业有限公司位于洛阳市宜阳县经济开发区，成立于1995年11月3日，注册资本700万元。占地面积4.4万平方米，现有员工60余人，董事长：李跃华。2003年，销售收入750万元，出口创汇50万美元；2004年，销售收入975万元，出口创汇55万美元；2006年，销售收入1113万元，出口创汇60万美元。

1998年在原有高硅铸铁、镁、锌系列牺牲阳极产品生产基础上，开始变形镁合金板材和型材的研发工作。每年用于新品的研发费用，占到了销售收入的10% ~15%左右。目前，开发成功的高品质的镁合金薄板、中板、厚板、型材等高端镁合金变形产品，已远销日本、韩国、新加坡、印度、欧洲等西方发达国家和地区并占领了一定的国内市场。在镁合金薄板、中板和厚板方面的研发能力，已处于国内先进行列。2002年2月已取得中国质量认证中心ISO9001：2000质量认证；2004年被河南省科学技术厅命名为“河南省科技企业”；2005年被洛阳市命名为“洛阳市十佳民营科技企业”。2006年7月，投资1058万元新建一条年产300吨镁合金薄板生产线，生产市场急需的高档镁合金薄板，建成后可新增销售收入1亿元，出口创汇3000万。

2005年，举国同庆神舟六号宇宙飞船发射成功，亦凝结了华陵人的智慧和汗水，在国内多家企业对飞船上使用的特种镁合金材料表示出难以生产时，是华陵人接受了订单，生产出了合格的材料，保证了神舟五号、六号飞船对特种镁合金材料的需求，打破了以往俄罗斯长期占领中国航空航天专用镁合金板材专供的历史，为中国的航天事业做出了贡献。2011年，公司接到“神八”专用镁合金板材研制任务后，在董事长李跃华的带领下，研发小组夜以继日、废寝忘食，终于在规定的时间内圆满完成北京卫星制造厂下达的任务。

宜阳龙翔建材有限公司

董事长　黄英鹏

【概况】 宜阳龙翔建材有限公司是一家高级陶瓷墙地砖生产企业，是宜阳县2006年招商引资引进的重点工业项目，由福建泉州豪丰陶瓷工业有限公司投资组建，公司于2006年9月18日在宜阳县工商局注册成立，注册资金1000万元，公司位于宜阳县工业园区李贺大道二号，占地9.6公顷。年生产外墙砖600万平方米，公司生产“龙翔、飞驰、宇斯登”等品牌的外墙砖品种齐全，花色新颖，产品具有不透水、耐压、耐磨、耐腐蚀、防滑、吸收噪音、色泽柔和、庄重美观等特点，被广泛应用于城市商场、住宅楼、公园、庭院等场所，是城市、乡村建设的首选材料之一，产品销往陕西、山西、甘肃、湖北、山东、河北及省内几十个县、市。公司全部项目建成投产后给当地提供了400多个就业岗位机会，完成利税1000多万元。电话：0379－68718369。

【安全生产管理】 宜阳龙翔建材有限公司上下树立“安全第一，预防为主”的安全生产意识，认真贯彻落实安全生产法，加强对管理人员和员工的安全教育培训。制定了年度安全生产工作方案，实行“一岗双责，奖惩制度”把安全生产责任落实到个人，每月进行深入细致的安全生产检查工作和定期地开展安全生产宣传工作。

【企业文化】 宜阳龙翔建材有限公司围绕“诚信务实、开拓创新、团结拼搏”的企业精神，“顾客至上，主动服务，诚信经营，追求高效”的服务宗旨，建立健全有效的管理机制，树立人性化管理理念，通过对员工岗前培训及员工在岗培训等，让员工充分认识公司的企业精神内涵，增强员工的爱岗敬业精神和团队精诚协作精神。

“优化家园环境，紧贴时代脉搏”。公司不断投入资金，改善和优化生产、生活环境，建成配套齐全的公寓式宿舍和休闲娱乐设施，让员工感受到在企业的大家庭中的温暖。“讲文明比道德，创造人生价值”定期举办公司企业文化的宣传活动，来提高员工的个人文化素养；不断提高员工的收入水平，让员工在为企业创造经济效益的同时实现自己的人生价值。

（王爱云）

洛阳超拓实业有限公司

【概况】 洛阳超拓实业有限公司于2011年6月在宜阳产业聚集区注册成立，注册资金3000万元，主要从事矿山设备及其备件的技术开发、生产、销售、技术咨询及服务。

公司所上年产3300吨高耐磨矿用弹性装备及成品制造项目被列为洛阳市2012年第一批重点项目，该项目的建成将填补中原地区的空白。矿用高耐磨弹性体装备及成品项目产品属高新技术、高附加值、低碳高效环保节能型产品，产品可以替代进口，达到国际一流产品性能，市场前景广阔，经济效益和社会效益潜力巨大。

洛阳超拓实业有限公司位于宜阳县产业集聚区西庄产业园，占地面积9公顷，现有人数76人，共有3个车间，7个部室。经过7个月不懈的努力，公司一期工程于2012年2月完工，并进入试生产阶段，其生产产品一次成功，第一批产品就远销塔吉克斯坦。

滨河公园一角

商 业 贸 易

商 业

局长 阎 良

【概况】 宜阳县商务局位于县城红旗西路，行政编制15人，内设办公室、党委办公室、财务统计股、人事劳资股、市场运行股、对外贸易股、监察审计股、安全保卫股、酒类流通管理办公室、再生资源管理办公室、招商引资办公室等职能股室和室内装饰行业管理办公室、畜禽屠宰管理办公室、成品油市场管理办公室3个股级事业单位，机关干部职工45人，下辖13个商贸流通企业，企业职工2200人。

2011年，商务局广大干部职工深入贯彻落实科学发展观，立足本职、服务大局，超额完成了市、县下达的目标任务。荣获河南省对外开放先进县、洛阳市内贸工作先进县、洛阳市外经工作先进单位。电话：0379－68882171。

领导班子成员

职 务	姓 名	职 务	姓 名
局 长	阎 良	副局长	王建中
党委书记	赵青海	副局长 经委书记	杨孝峰
副局长	赵银伟	局长助理	高国强
副局长	刘光杰		

【对外贸易】 2011年，按照省、市总体部署，不断优化出口商品结构，先后争取省级扶持外经贸发展资金30万元，大力支持机电产品、高新技术产品研发和技术创新，机电产品和高新技术产品出口同比增长9.6个百分点，占全县出口总额的比重达到32%。全年外贸出口创汇1180.5万美元，同比增长57.3%。

【外经工作】 制定《宜阳县清理整顿劳务中介非法外派劳务专项行动工作方案》，联合工商、公安、人社等部门，开展了为期1个月的打击非法外派劳务专项行动，严厉打击无资质劳务中介非法外派劳务行为，保障了县外派劳务人员合法权益，外派劳务齐抓共管的工作机制初步形成。

【家电下乡、家电以旧换新】 销售家电下乡产品5.59万台部，销售金额1.48亿元；自家电下乡以来，累计销售家电下乡产品27万台部，销售额5.2亿元，销售量占农户比例达191.56%，在全市乃至全省位居前列；家电以旧换新共回收旧家电2237台，销售新家电4177台，销售金额1324万元，位居全市第二。

【万村千乡市场工程】 把万村千乡市场工程建设重点放在直营店和示范店建设上来，在已建373家农家店的基础上，新建乡级直营店4家，提升改造农家店40家，争取国家补贴资金50万元。

【放心早餐工程】 按照省、市要求，做好网点规划和布局，初步形成“布局合理、设施完备、经营规范、品种丰富、形态多样、便利实惠、卫生安全”的早餐服务网络。在县城繁华地段设置24个早餐经营网点，供应品种达60多个。

【市场监管】 不断加强软硬件建设，商务综合执法工作整体水平快速提升，2011年被确定为国家级流通领域市场监管公共服务体系建设示范县。开展成品油市场专项整治和取缔非法加油站点专项活动，共查处无证经营站点32个，流动售油车4辆。拆除加油设施非法经营者10户，强行拆除1户，处罚流动售油车4起；加大对生猪定点屠宰厂和生猪肉品市场的监管力度，对不合格肉品实行无害化处理，查处违法肉品200余公斤。全县乡镇定点屠宰率保持在96%以上，县城及周边定点屠宰率及肉品出厂合格率均达到100%。继续实施酒类经营者备案登记制，全面推行酒类流通《随附单》制度，加大稽查力度，检查批发、销售酒类商户151家，依法处理18家，暂扣酒类商品200余箱。对装饰装修市场进一步规范，加大执法检查力度，查处违法装饰装修企业（装修队）73家，使装饰装修市场逐步规范。

【商业项目】 红旗西路购物广场、兴宜西路国中购物中心已建成并投入使用；投资3.5亿元兴建的世纪广场商贸城、投资1.5亿元的五星级大酒店正按时间节点抓紧施工。

新建国中购物中心

【红旗大道改造】 在县城建设和红旗大道改造中，对拆除重建工作进行了详细的安排和部署，拆除建筑面积6350平方米。外贸公司商住楼已于5月份投入使用；商务大厦、物资局北院商住楼正抓紧时间进行外部装修；五金商厦主体已完工；贸易大厦重建项目已开工建设；金属公司、民爆公司商住楼正在规划设计中。

【安全生产】 坚持“预防为主，保障安全”的指导思想，对4个消防安全重点单位实行日检查、日记录制度，对每个企业每月例行检查1次，对分包乡镇每周检查1次。认真排查和治理事故隐患，杜绝了重大安全事故的发生。系统全年未发生一起安全事故。

【信访稳定】 严格落实信访稳定工作一把手负责制，把信访工作纳入企业年度责任目标考核，并实行严厉的奖惩制度，全年无一起赴市以上上访事件发生，县信访局转来的4起信访案件，已全部处理到位。

（朱幸丹）

粮食流通

局长　张国民

【概况】 宜阳县粮食局是全县粮食流通行政管理机构。内设办公室、财务股、业务股、政工股、审计股、档案室6个职能股室，下辖15家粮油购销企业及7家附营企业，全系统干部职工819人，其中退（离）休344人。

2011年，县粮食局按照“一手抓粮食购销增效益，一手抓城中村改造盘活资产”的工作思路，以抓好粮食购销，增加企业效益为主线，以加快城中村项目建设，盘活国有资产为重点，精心组织，狠抓落实，各项工作取得了显著成效。电话：0379－68898002。

领导班子成员

职务	姓名	职务	姓名
局长	张国民	副局长	祁胜国
副局长	张少卿	纪检书记	茹胜利
副局长	张治民		

【城中村改造】 2011年宜阳县粮食局继续加快推进城中村改造步伐。世纪广场项目是宜阳县2011年10项重点工程之一，备受市、县领导和社会各界的重视和关注。截至2011年底，1栋多层楼已投入使用，3栋高层主体竣工，世纪广场主楼1－5层商业通过竣工验收，住宅部分主体封顶。总投资700万元、建筑面积5700多平方米的滨河家园项

目建成投入使用；2011 年 10 月，投资 450 余万元的新宜粮加油站开工建设，原加油站及相邻的 6 家商住户拆迁完毕，在原址上建设的锦桥大厦项目前期工作进展顺利。2011 年县粮食局被评为县委、县政府县城建设及城中村和城郊村改造先进单位。

【企业经营】　全县粮食企业实现销售收入 4958 万元，同比减少 4340 万元，其中粮食购销企业 1377 万元，同比减少 4960 万元。国有及国有控股企业实现利润 32 万元，同比减少 84 万元。其中粮食购销企业 22 万元，同比减少 95 万元；附营企业盈利 10 万元，同比增盈 11 万元。粮食购销企业减去经营性挂账利息及四退一保费用的支出，实际实现利润 53 万元。

【粮食购销】　全县粮食购销企业全年收购粮食 9181 吨，其中收购小麦 8417 吨、大米 378 吨、玉米 386 吨。销售粮食 8699 吨，其中销售小麦 8131 吨、大米 378 吨、玉米 190 吨。年底粮食库存为 17426 吨。2011 年最低保护价收购没有启动，但粮食企业自筹资金，进行粮食经营，确保了企业的利益，保护了农民利益。

【粮食仓储】　为确保库存粮油安全，2011 年县粮食局和储粮企业签订安全储粮责任书，明确任务，责任到人，要求储粮企业严格执行仓储管理的各项规定，发现问题及时处理，通过开展粮油安全普查、粮食库存检查等方式，切实加强了储备粮管理。全年投资 29 万元对仓库、电子测温、库内监控等设施进行了维修和改善，确保了储粮安全；争取受灾款 5 万元，对 7 家仓房漏雨、围墙坍塌的受灾企业进行了补救。在市粮食局组织的全市粮食普查中储备粮“一符三专四落实”达 100%，“四无”粮油率达 97%。

【企业改革】　根据县委、县政府有关文件精神，县粮食局 22 家企业被列入改革改制范围，面对改革改制企业多、职工多和负担重、包袱大的实际情况，按照“一企一策，积极灵活，谨慎稳妥，盘活资产”的工作思路，坚持“成熟一家，改制一家，稳定一家，发展一家”的工作原则，思想上高度重视，工作上认真组织，措施上狠抓落实，盘活了有效资产，提高了企业效益，确保了企业改革改制工作的顺利完成。2011 年，县粮食局被县委、县政府授予企事业单位改革工作先进单位称号。

【行风建设】　深入开展政务环境创优活动和“创先争优”活动，结合城中村改造和粮食购销工作实际，县粮食局在重实效、求实效上下工夫，加强行业建设，引导激励广大干部职工立足岗位，热情奉献，调动了粮食系统干部职工工作的积极性和主动性，营造了良好的行业氛围，推动了粮食行业又好又快发展。2011 年，县粮食局和宜阳 0306 河南省粮食储备库被市粮食局、市财贸工会授予洛阳市粮食行业职业道德建设先进单位称号。

（王仪波）

供销合作商业

主任　王宝睿

【概况】　宜阳县供销合作社位于红旗中路 28 号，正科级事业单位。内设办公室、党委办公室、人事科、工会、审计科、监察室、业务科、资产科、财务科。承担全县发展农村合作经济组织的指导、协调、监督和服务职能。指导社有企业改革发展，引导农民发展农业生产，搞活农产品流通，促进农业增效、农民增收。全系统下属企业 24 个，干部职工 1499 人，离退休 813 人。

准确把握新形势，坚持科学发展观，抓住机遇，稳中求进，大力推进现代流通体系建设。2011 年，全系统完成销售总额 4.55 亿元，同比增长 45%；实现利润 310 万元，同比增长 58%，各项经济指标位于全市系统先进行列，圆满完成了县委、县政府及市社下达的各项责任目标和工作任务。

2011 年，获得河南省供销社信息宣传工作先进单位、洛阳市供销社系统综合业绩考核一等奖，城关、柳泉供销社获全市供销社系统先进集体，烟花爆竹公司锦华市场、配送中心获得全市模范商（市）场称号和优秀配送中心，孙伟民、王海停等 5 人被评为全市系统先进工作者。电话：0379－68885116。

领导班子成员

职　务	姓　名	职　务	姓　名
主　任	王宝睿	副主任	李孟会
副主任	许建国	党委委员	孙伟民

【“新网工程”建设】　2011年，按照“新网工程”建设标准新建农村超市30个，累计达到193个；规范提升2个配送中心；新建农民专业合作社3个，累计达到28个；村级综合服务社达到268个；统一悬挂供销社标志300个。新型农村现代流通体系更加完善，公共服务职能和为农服务水平明显增强。

【烟花爆竹安全经营管理】　贯彻落实《宜阳县人民政府关于进一步做好全县烟花爆竹安全经营管理工作的通知》精神，打造以烟花爆竹公司为龙头的县、乡、村三级连锁经营网络，做大做强烟花爆竹产业。2011年，县供销社配合相关职能部门重拳出击，严厉打击非法生产、运输、销售烟花爆竹不法行为，查获各种假冒伪劣烟花爆竹产品300余件，价值10余万元；在全县合理布设零售网点326个，培训从业人员500余人，组织优质货源，对全县零售网点实行统一进货、统一存储、统一标志、统一配送的一条龙服务，实现销售额300余万元，形成覆盖全县辐射周边的连锁经营规模；按照新的仓储设施标准，投资10余万元对烟花爆竹仓库进行提升改造，新修建水泥路和硬化部分库区650平方米；新建160立方米消防水池1座、购置了大功率消防泵等设施，为公司下一步发展奠定了基础。

【项目建设】　重点抓好白杨供销社的宏光商贸购物中心项目建设。该项目总投资1000多万元，开发面积13亩，建成118间上下两层门面房，建筑面积5300余平方米，建成后不仅繁荣了当地经济，提升了供销社形象，还可为供销社增加经济效益近10万元。

【农资经营】　农资经营是供销社的一项传统业务，为“三农”服务中发挥了积极作用，2011年供销社充分发挥农资流通主渠道作用，组织各经营单位集中精力筹措资金，抓好农业生产所需的农业生产资料的储备、供应工作，全年销售各种化肥8.2万吨、农药25吨、农地膜960吨。

【安全生产】　层层落实工作责任制，签订目标责任书，开展“安全月”、“安全周”和“安全大检查”等活动，做到领导、责任、检查、防范、整改五落实，警钟长鸣，结合供销社的特点，加强对重点项目、重点单位和经营场所的监督、检查力度，2011年全系统取得了安全生产无事故的佳绩，为全系统的改革发展稳定构筑了宽松的内外环境。

【信访稳定】　落实信访稳定工作一把手负责制，维护系统大局稳定，把信访稳定工作列为县社党委工作的重中之重，对上访案件实行逐级负责制，一级抓一级，层层抓落实，做到领导包案，责任到人，做到事事有着落，件件有回音。2011年，处理上访案件5起30余人次，全部处理到位，无一起赴市、省、京上访案件发生。

【党建工作】　2011年，在党员干部中开展党风廉政教育活动，实施先锋示范工程，深入开展党员创先争优、示范岗创建和政务环境创优活动，党员干部作风明显提高，事业心、责任心进一步增强，促进了各项工作的落实。按时缴纳党费，培养发展入党积极分子5名，新发展党员4名，转正9名。

（吕江锋）

盐政管理及食盐销售

局长　付新海

【概况】　宜阳县盐业管理局是县盐业行政主管部门，负担着全县盐业市场的监督管理和盐产品供应工作。现有：局办公室、财务科、盐政科、销售科、仓储科、多品种盐营销科等6个科室。县盐业有限责任公司达到国家A级食盐批发企业标准。

2011年紧紧围绕县委、政府和市局下达的目标任务，以发展盐业经济和打造安全食盐销售网络为工作中心，提出了“规范管理年”重点工作目标，完成了市县下达的各项目标任务。电话：0379－68871888。

领导班子成员

职　务	姓　名	职　务	姓　名
局　长	付新海	副经理	刘义民
书　记	刘秀川	副经理	陶建平

【购销经营】　2011 年食盐购进 3027 吨（其中：400 克多元素、绿色盐 992 吨，物流盐 715 吨，精制盐 1175 吨，多品种营养盐 42 吨，粉洗盐 103 吨），占全年计划 2800 吨的 108%。食盐销售完成 2960 吨，占全年计划 2800 吨的 106.5%，销售工业盐 500 吨。实现年销售收入 560 万元，完成入库税金 25 万元。

【盐政管理】　2011 年，是食盐零售许可证换发年，对全县 357 个行政村的所有食盐批零商户，统一进行了排查登记。换发食盐零售许可证 650 份，取缔无证经营 6 家。3 月出现食盐抢购风后，居民争相购买食盐，在供应紧张时期，个别不法商户置国家法律与不顾，私自高价销售食盐，盐政人员连续 5 天集中市场巡查，纠正打击趁机哄抬盐价和私自囤积盐产品，打击涉盐价格违法行为。

【政策宣传】　继续保持多年来在盐业法规碘缺乏病防治宣传中好的经验和做法。通过各种媒体，采取多种形式，利用“3·15”消费者权益日、“5·15”碘缺乏病宣传日深入开展了消除碘缺乏危害健康教育进万家、进千村、进百店活动。全年共入户调查 5300 余户，检查学校食堂 260 家，大小商店 680 余户，发放宣传材料 5000 份，共查处各类盐业违法案件 25 起，没收盐产品 7.5 吨，罚款 2850 元。有力地打击了贩销私盐行为，维护了宜阳盐业市场安全稳定。

【帮扶工作】　“六一”儿童节期间，为韩城镇于洼村小学赠送价值 850 元体育器材及学习用品。筹措新农村建设帮扶资金 2000 元，完成政府下达目标任务。开展爱心帮困助残活动，职工为社会捐款 1500 元。

【获奖情况】　2011 年 3 月，及时应对突发事件，平抑抢盐风潮，稳定盐业市场，受到县政府通令嘉奖。荣获 2011 年度市级食盐专营先进单位，盐政科、销售科被洛阳市盐业局评为盐业工作先进集体。

（简洪祎）

石油销售及管理

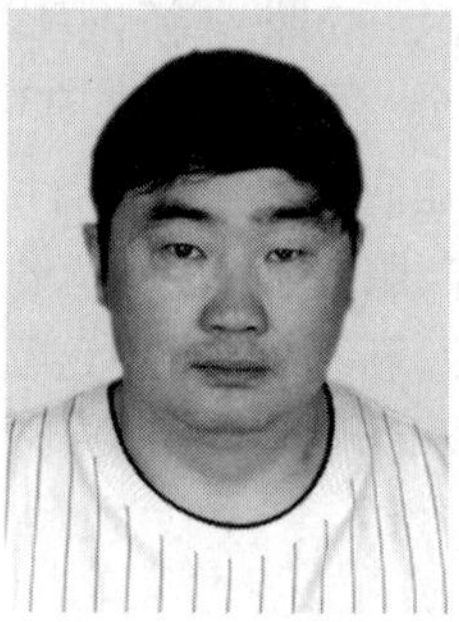

经理　吕路欣

【概况】　中国石油化工股份有限公司河南洛阳宜阳石油分公司位于城关镇解放东路 2 号，是垂直上挂国有企业，担负着全县工农业生产生活及交通运输的成品油主力供应工作，主营商品为汽油、柴油、润滑油，兼营便利店日用百货等。现有加油站 26 座，遍及各乡镇及主要路段，其中自营站 11 座，农村网点 15 座。4 个加油卡发卡充值点分布于东、西、南、北 4 个大站，分别位于第二站、韩城站、环北站和洛北站。5 个便利店分布于韩城站、洛北站、环北站、第二站和第三站。公司现有员工 50 余人。2011 年实现销售 2.07 万吨，汽油销售 0.64 万吨，柴油销售 1.43 万吨，占年目标的 101%。其中城区零售 0.78 万吨，农村站点销售 0.32 万吨，分别占全公司零售总量的 46%、19%，占零售总量的 19%；批发实现 0.39 万吨；润滑油完成 0.795 吨；加油卡累计完成充值 3577 万元，占年计划 135%。年度总营业额 1.48 亿元，上缴税金 163 万元。电话：0379－68887350。

领导班子成员

职　务	姓　名	职　务	姓　名
经　理	吕路欣	副经理	王黎明（4 月任）
党支部书记	徐和平（4 月任）		

【安全管理】　加油站认真贯彻落实中石化《安全十大禁令》和“我要安全”主题活动，牢固树立“安全第一”思想，严格按照 HSE 管理规定，坚持周安全业务例会制度，认真检查隐患，填写设备管理台账，发现问题及时整改，不留安全隐患及隐患死角，教育广大职工执行操作规程，劝阻客户在加油现场拨打手机，严禁对塑料容器加注油品，严禁

在加油站抽烟；及时统计上报设备管理现状，认真填写《未遂事故月报》，分清自查自改项目及不能整改问题，为上级提供管理信息，把安全管理工作落到实处。

【资金管理】　对营业款收缴采取两种办法：一是按先款后货对农村网点进行管理，即农网先把货款打入公司账户后，公司再进行配货。二是通过邮政储蓄对自营站营业款进行收缴。对管理人员严格要求，严禁在业务活动中违规操作，不借用、挪用营业款，不公款私存，销售收入全部及时入账；设专人每天核对销售数据和营业款，使零售电子账数据与财务电子账数据保持绝对一致，确保营业资金全额上缴，降低资金风险。

【数质量管理】　公司与各站点分别签订2011年度HSE（健康、安全与环境）、数质量管理目标责任书，明确目标、管理措施、奖惩措施，实施目标化管理，确保质量合格、数量准确。强化加油站油品数质量管理及月末监盘工作，对影响损耗的各种因素进行有效控制，严格抓好各站油品进、销、存环节数质量工作，严禁加油站伪造、虚报、瞒报库存及损益盘点数据，确保盘存数据准确、真实，把零售环节损耗控制在合理范围内。严格按卸油“十步法”工作流程接卸油品，严防跑、冒、滴、漏及安全事故发生；做好加油机准确性管理，启动加油机防作弊程序，实行计量器、传感器、主板等双铅封管理制度，计量部门铅封和该公司铅封同时对影响出油量部件进行锁定，并每季、每月定期对加油机进行强检和自校，确保出油准确率。

【非油品经营】　利用加油站空闲设施设立便利店，通过刷POS销售，实行浓缩型小超市管理模式，扩大加油站经营范围，增营日用百货等商品，深层次为顾客提供便利服务。组织有关人员到先进单位学习，掌握到非油品销售技巧，调动员工积极性，向客户宣传非油品，引导客户消费，加大营销力度，围绕经营目标，依托加油站客户资源，结合客户需求特点，调整商品结构，做好现场促销。全年完成总销售141万元，占年度目标的109%，同比上升88%。

【创先争优】　积极开展“为民服务、创先争优”、“创建群众满意基层站所”活动。是召开动员会，传达工作部署和安排；做好“为民服务惠三农，创先争优保丰收”主题保供活动，从保证油品供应、实行惠农价格、设置农机供应站、提供增值服务等方面，积极开展优质服务；在国庆期间落实机关人员“基层一周”活动，在加油站现场开展客户问卷调查，促进改善服务；坚持落实“每一滴油都是承诺”，确保加油站销售油品质优量足；各岗位都进行“亮标准、亮身份、亮承诺”服务，取得明显成效。

【农忙服务】　树立中石化品牌形象，扎实开展好“保供三夏给力中原经济区，服务三农献礼建党九十年”主题活动。成立“三夏”及“三秋”服务工作小组。农忙期间每天安排有2人值班，保障了油品供应；在8个农机专供站，悬挂横幅，设立农机手休息室、服务咨询台，免费赠送大礼包、免费提供绿豆水、急救药品、防暑降温品、修车工具等，为农机手提供便利服务；设立专供机位，开辟绿色通道，给农机张贴“中国石化‘三夏’河南保供通行证”；执行优惠价格，让利“三农”；摆出油样和计量壶，油样及时更换，计量壶随时接受群众监督，让客户放心用油。

【职工教育】　开展“以需求为导向、以学员为中心、以技能为本位”，的“三基”工作和“三层”培训。全年共举办和参加各级各类培训班23期157人次。其中：安全资格证书人员培训33人；消防技能培训1期4人；参加市公司非油品业务培训4期17人；参加县“五五”普法教育40人通过考试；参加技能鉴定13人，合格12人；参加加油卡系统培训5次26人次；市公司数质量管理6次14人；党建培训4批10人次。

【网点建设】　公司经理吕路欣亲自抓此项工作，根据《2011年网建规划》和《“十二五”网建远景规划》，公司与上级签订目标责任书。2011年公司以“行动迅速、协调有力、责任到位、成效显著”受到省、市公司表彰和奖励。年初投资400余万元对洛北站整体提量改造，5月恢复营业，月均销量达到250吨，同比上升100%，实现了销量翻倍。9月，完成了总投资1000余万元的第二加油站的建设施工任务，设施设备安装到位，人员召集培训完毕，通过安全评审，顺利实施启动，达到年销量3000吨站标准。　（韩红伟）

医药经营

经理　仝猛虎

【概况】　宜阳县医药公司位于县城红旗西路81号，属县直国有医药商业企业，现有干部职工335人，其中离退休69人。下辖经营单位47家，其中县城12家，各乡镇35家。机关设行政办公室、人事科、质管科、财务科、保卫科等5个科室，法人代表仝猛虎。公司全年销售收入3500万元，入库税金28万元，完成了县委、县政府下达的年度责任目标和阶段性工作任务。电话：0379－68882514。

领导班子成员

职　务	姓　名	职　务	姓　名
经　理	仝猛虎	副经理	徐小奇
副经理	叶来群	副经理	马志华
副经理	赵万超		

【医药商贸城建设】　2009年3月开工建设的医药商贸城建设工程全部竣工并投入使用。

【药品供应】　公司担负着全县人民防病治病的药品供应工作。结合自身的工作职能，经多方努力，取得了乡镇卫生院的基本药物转配送资格。向乡镇卫生院供应的基本药物价格在省招标价的基础上下浮10%，解决了人民群众看病难、看病贵的问题，使人民群众真正得到了实惠。

【锦康公司GSP复认证】　洛阳锦康药业有限公司是县医药公司下辖的药品零售连锁企业。该企业是2005年首次通过GSP认证的。国家食品药品监督管理局规定：药品经营企业每5年要进行一次GSP复认证，如通不过复认证将失去药品经营资格。公司本着对人民群众用药安全负责的态度，对零售连锁公司总部和所属药店，用GSP的标准逐条逐项进行对照检查，对从业人员进行多次培训，督促他们对GSP标准从软件建设到硬件设施逐项逐条加以落实，共投入20余万元资金完善各种设施设备。由于准备充分，工作扎实，于2011年4月3日顺利通过了省食品药品监督管理局GSP认证专家组的认证，使企业取得了继续经营药品的资格，群众用药安全有效有了可靠保证。　（范军水）

西游文化之乡授牌仪式

财政　税务　金融　保险

财　政

局长　仝爱民

【概况】　宜阳县财政局位于北城区李贺大道。2011 年有干部职工 162 人，内设机构：办公室、预算股、综合计划股、行政政法股、农业财务股、社会保障股、企业财务股、国有资产管理办公室、会计事务股、监督检查股、教科文股 11 个股室。下属单位：宜阳县国库支付中心、宜阳县农村综合改革工作办公室、宜阳县政府采购办公室、宜阳县人民政府控制社会集团购买力办公室、宜阳县财政投资评审中心、中华会计函授学校宜阳县函授站、宜阳县财政信息管理中心 7 个单位和 16 个财政所。

2011 年，县财政局深入贯彻落实科学发展观，围绕“福民强县”总体目标，应对财政运行中遇到的困难和挑战，坚持内聚外争，围绕组织收入做文章，做大财政蛋糕，调整优化支出结构，深化财政体制改革，落实各项惠民政策，合理调配资金，集中财力办大事，关注民生办实事，促进了全县经济社会又好又快发展。电话：0379－68882143。

领导班子成员

职　务	姓　名	职　务	姓　名
局　长	仝爱民	副局长	赵武杰
副局长	滑朝凯	副局长 纪检组长	陈振国
副局长	周瑞盈（11 月离）	党组成员	周西安
副局长	常顺卿（11 月任）		

【财政收支】　县财政局围绕“福民强县”总体目标，坚持依法理财，努力增收节支，地促进了宜阳县经济建设和社会事业的发展。适时调整收入目标，加强收入和支出进度监控分析，确保了资金安全、高效运行。全县一般预算收入突破 5 亿元，达到 50668 万元，同比增长 18.7%；税收占一般预算收入的比重达到 70.2%，比 2010 年提高 2.8 个百分点；财政一般预算支出完成 180199 万元，增长 27.2%，财政收支双双实现新突破。加大非税收入征收力度。通过换发财政票据领购证、非税收入专项检查、预决算审核等措施，全面理清了全县非税收入基本情况。对工商登记费、房屋维修基金、廉租房租金及售房款等有关收费，在县行政服务中心实现了财政户管理，拓宽了非税收入的征缴方式和范围。全县完成政府非税收入 67370 万元，较 2010 年增长 6.4%。

【福民惠民政策】　优化支出结构，集中财力惠民生，落实各项民生支出和重点项目的资金需求，增加对“三农”、科技、教育、医疗卫生、社会保障、保障性住房、节能环保等方面支出，足额落实“十项民生工程”和中央投资公益项目的地方配套资金，2011 年，全县财政民生支出 13.5 亿元，占一般预算支出的 75%。筹集资金落实提高津补贴政策。自 2011 年 7 月起，为全县财供人员人均每人每月增资 200 元。

【教育优先发展】　全年教育支出 49200 万元，同比增长30.8%，占一般预算支出的27.3%。拨付农村义务教育“两免一补”资金7750万元、中职农村困难和涉农专业学生补助资金63万元、中职助学金279万元、农村中小学校舍维修改造资金604万元、普通高中国家助学金359万元，实施中小学校舍安全工程，优化中小学布局，落实教师培训计划及特岗计划，提升义务教育办学条件和教师素质，支持民办教育发展。

【医疗卫生事业投入】　医疗卫生支出20082万元，同比增长10.1%。其中拨付资金740万元，支持全县所有乡镇卫生院实施基本药物制度；拨付新农合资金9300万元、城镇居民医疗保险资金723万元，缓解了群众看病难的问题；拨付基本公共卫生服务资金1560万元，健全了公共卫生服务体系。

【就业和社会保障投入】　社会保障与就业支出14666万元，同比增长61%。落实就业再就业优惠政策，拨付再就业资金858万元。拨付城乡低保、五保资金5141万元，保障了城乡低保和农村五保供养人员的基本生活需要。拨付新型农村养老保险资金2380万元，缓解了“养老”难题。拨付倒房重建资金705万元，使受灾群众如期搬入新居。筹集资金7816万元，建设廉租房、公租房、经济适用房等保障性住房，缓解了中低收入家庭住房难问题。

【城市基础设施建设】　创新投融资机制，加强社会融资服务体系建设，发挥财政资金“四两拨千斤”作用，鼓励引导社会资本进入市政公用设施、城乡基础设施等领域。投入城镇化建设资金6.4亿，支持阳光水岸、湖心岛、东城区开发、洛宜快速通道、城市集中供热、污水处理、供水管网、城中村改造等项目建设，拉大了城市框架，加快了城镇化建设进程。加大组织收入力度，全年实现土地及各项政府性基金收入5.69亿元，用于维护、改造城市基础设施和产业集聚区建设。

【和谐宜阳建设】　支持促平安和保稳定工作，拨付中央政法补助转移支付资金1887万元，支持全县基层政法部门业务装备更新和各项工作开展；发挥财政保障功能，对涉法涉诉和信访人员的困难群体进行救助，全年用于涉法涉诉信访救助资金400万元；落实激励机制资金21万元奖励平安建设和信访工作成绩突出的单位，促进了全县平安建设及信访稳定工作，为构建和谐宜阳做出积极贡献。

【强农惠农】　兑付粮食直补和综合补贴资金6341万元、农机购置补贴资金822万元、退耕还林资金850万元、家电下乡补贴资金1669万元、家电以旧换新补贴资金114万元、汽车及摩托车下乡补贴资金311万元，拨付抗旱救灾资金582万元。争取产粮产油大县奖励资金1417万元，专项用于粮油生产。筹集资金3500万元，实施食用植物油生产倍增计划和千亿斤粮食增产计划，确保产量稳中有升。筹集新农村建设资金9500万元、农村公路建设资金2408万元、小型农田水利设施建设资金1760万元、农村安全饮水工程资金1618万元、现代农业项目资金1200万元、搬迁扶贫资金600万元，用于改善农业生产和农民生活条件。投资1477万元，完成一事一议筹资筹劳财政奖补工程项目300个。

【精细化科学化管理】　深化部门预算改革，提前预算编制时间，细化预算编制内容，提高年初预算到位率。加强收支两条线管理，确保非税收入及时、足额入库。国库集中收付改革范围进一步扩大，所有预算单位的财政性资金全部实行国库集中支付。财政资金专户清理整顿工作全面开展。启动财政惠民补贴资金“一卡通”工程。开展政府采购效益年活动，2011年政府采购规模达1.86亿元，节约资金4600万元，节支率达19%。发挥财政投资评审服务预算管理的职能作用，2011年完成投资评审项目145个，送审金额7.6亿元，审定资金5.6万元，平均审减率26.3%，为国家节省资金2亿元。开展“小金库”专项治理和各种专项资金检查，加大财政监督检查力度。加大政府投资项目资金、强农惠农资金和政府采购、投资评审等公开力度，做好预决算信息主动公开工作，保障重大财政支出事项科学、民主、透明。

【会计、国有资产管理】　整顿和规范会计管理工作，探索会计准则和会计制度的实施机制，做好“会计证”管理和会计人员网上继续教育，开展《会计法》执行情况检查，开展村级会计委托代理服务机构检查，使会计基础工作规范化、制度化。探索企业国有资产管理新路子，加强行政事业单位资产管理，为全县国有资产的安全完整、保值增值做出了积极贡献。

【财政监督检查】 围绕服务财政工作和财政改革大局树立财政“大监督”理念，做到检查工作与促进管理相结合，与完善制度相结合，与宣传教育相结合，与搞好服务相结合，全面提升财政监督能力和成效，发挥了财政监督检查工作的积极作用。印发《宜阳县财政内部监督检查办法》和《宜阳县财政内部重点监督检查操作细则（试行)》，规范宜阳县的财政内部监督检查行为，保障内部监督检查有效实施。对财政所履行管理职责、所管资金的管理使用情况等和局有关股室的内控制度、预算的编审和执行、财政财务会计管理等进行了监督检查。出台了《宜阳县财政局乡镇财政所业务管理暂行办法》及《宜阳县财政局内部业务管理暂行办法》，规范内部业务管理，对各财政所执行办法情况进行监督检查，确保“两个安全”。

【打造“文化兴财”活力财政】 坚持“以人为本、执政为民”的理念，发扬密切联系群众的优良作风，开展环境创优年活动，树立了财政部门为民理财的良好形象，荣获宜阳县2011年度十佳效能单位。组织庆祝建党90周年活动，使党员干部受到一次深刻的党史党性教育。《宜阳县财政志》出版发行。志书客观记述了宜阳县自清代以来不同时期的财政历史，记录了全县财政改革发展创新的历程，志书100万字。落实《廉政准则》，推进惩防体系建设，全面启动财政廉政风险防控管理工作，提升反腐倡廉建设水平。

【获得荣誉】 宜阳县财政局被河南省财政厅评为2010年度财政监督检查工作先进单位，金融企业财务决算工作先进单位，获得2011年度企业经济效益月报工作先进单位，企业财务决算工作先进单位，粮食直补和农资综合补贴工作先进单位，农民补贴网建设工作先进单位，汽车下乡清算工作先进单位，财政支农工作先进单位，革命老区专项转移支付资金和项目管理规范单位，行政事业资产管理制度建设先进单位，河南省财政投资评审工作先进单位，会计管理工作一等奖，财政经建系统各项报表编报工作二等奖和经济建设系统财政专项资金管理工作二等奖。被洛阳市人民政府表彰为2010年全市灾区群众倒房重建工作先进单位和为“十一五”期间农村敬老院建设工作先进单位，被洛阳市委表彰为洛阳市先进基层党组织，被洛阳市廉政文化建设领导小组评为洛阳市廉政文化进家庭先进单位，获得第二批洛阳市创先争优流动红旗，被评为2010年度部门决算编审工作先进单位和会计管理工作优秀单位，洛阳市2011年度县（市区）财政目标管理一等奖，财政信息先进单位，教科文综合管理先进集体，服务贸易工作先进单位，家电以旧换新补贴兑付工作先进单位，中华会计函授先进集体，扩大内需月报表和财政专项资金月报表编制先进单位，全市财政“五五”法制宣传教育先进集体，全市财政系统庆“七一”唱红歌合唱比赛三等奖。荣获宜阳县目标管理一等奖，委局长工程先进单位，县书记县长特别奖等奖项和称号。城关镇财政所被洛阳市财政局表彰为2010年全市财政系统优秀基层站所。

陈志军被河南省财政厅评为全省财政“五五”法制宣传教育先进个人，李忠应获得全省财政投资评审工作先进个人称号，《宜阳县城区南环路评审报告》被评为全省财政投资评审优秀评审报告。

宜阳县2011年财政工作暨反腐倡廉建设大会

（孙党辉）

国家税务

【概况】 宜阳县国家税务局于1994年国家分税制体制改革而成立，位于城关镇兴宜东路9号。机关内设11个职能科室（含稽查局)，下设4个副科级税务分局和1个税务所，最远的白杨税务分局

局长　刘振国

距县城40公里。全局2011年有人员125人，其中在职人员95人，负责全县4105户纳税人的税收征收管理工作。成立10余年来，连年完成上级局和县政府分配的各项工作任务，先后取得了省级文明单位、省级卫生先进单位、省级园林单位，省级优质服务窗口和省机关档案工作规范化管理先进单位等省级荣誉以及诸多市县级荣誉。电话：0379－68882132。

领导班子成员

职　务	姓　名	职　务	姓　名
局　长	刘振国	纪检组长	赵道嵩
副局长	刘玉朝	副局长	林战伟
副局长	赵辽洋	工会主席	杨　岑
副局长	王鲁峰		

【税收收入】　2011年，克服国家税收政策调整的不利因素和缺乏大的新增税源支撑、部分重点税源枯竭的实际困难，累计入库全口径税收36155万元，同比增长4%，增收1415万元，税收收入总量和增幅都保持了持续稳定增长，税收收入总量再创新高，获得县委、县政府2011年度书记县长特别奖。其中，中央级完成26475万元，同比增长4%；县级完成9680万元，同比增长3%。

【征管改革】　创新社会管理理念，转变职能、整合资源、系统推进进行税源专业化管理改革，推进审批业务进大厅，重组服务资源；推进税源按类集中管理，重组管理资源；整合业务科室，统一政策管理；明晰管理职责，加强税收分析。通过改革，形成了上下联动的税源专业化管理格局，增强管理的针对性和有效性，获得由全县46个行政执法部门参评的2011年度效能提升指标考评第一名。

【环境创优】　开展"环境创优年"活动，落实优化经济发展环境，转变工作作风，落实小型微利企业、残疾人就业、出口退税等各项税收优惠政策，放大政策激励效应，全年累计落实税收优惠5075万元，税收优惠金额达到当期入库税收的14%，助推了宜阳经济转型和产业结构调整；树立"纳税人至上"意识，开展走基层、进企业，讲政策、听诉求、解难题活动，收集意见建议52条，提高了服务针对性，提升品牌形象；将76项涉税审批业务下放大厅，推行首问负责、一次备案、预约服务、延时服务等一系列措施，简化20项办税程序、减少22项涉税资料，对30%涉税业务实行"免填单"，减轻纳税人负担。向纳税人发放办税服务卡，推广条形码识别、POS机缴税服务，开通网上申报、网上认证和财税库银联网缴税系统，探索第三方调查评价机制等措施。获得全县2011年度十佳效能单位称号。

【素质强税】　2011年，组织收入、征管改革形势紧、任务重，实施科学定位，统筹规划，调整教育培训思路，开展以培养"三师"为抓手的素质强税活动，培养注册税务师、注册会计师和律师。以网络教育系统为依托加大全员教育培训力度，提高了队伍整体素质。年内有3人获得"三师"资格，有13人取得15个"三师"资格证书，占全局人员14%，达到了总局和省局提出的"三师"培养目标。有10人入选市级业务能手选拔行列，占全市能手总数的16%；有7人入选省级能手行列，名列河南省183个县区级国税机关第一，素质强税做法在全省国税系统教育工作会议上作典型发言。

【队伍建设】　开展"八对照 八提高"专题教育活动，抓群众思想观念转变，解决群众关注的执法风险、心理压力等热点问题，加强干部队伍作风建设和工作执行力，开展思想政治工作。开展摄影、歌咏、女子健身等活动，发挥共青团、妇联、工会的纽带作用，开展红色教育、拓展训练、高铁体验等作风教育以及爬山、拔河、徒步穿越等群众性体育竞赛活动；开展关心留守儿童、关爱残疾人群、关注困难群众等献爱心送温暖帮扶活动；开展省级卫生单位复检、星级税务分局(所)创建、业务能手选拔等争先创优活动，营造团结和谐、甘于奉献的工作生活氛围。把反腐倡廉贯穿于各项税收工作之中，围绕既定工作目标，深化廉政文化和政风行风建设。获得洛阳市"三八"红旗集体、洛阳市廉政文化进机关示范单位，宜阳县党风廉政建设先进单位，宜阳县政风行风评议执法单位第一名和宜阳县最佳效能窗口。

（董武千）

2011 年税收收入分企业类型统计月报总表

单位:万元

序号	项目	合计	内资企业								港澳台投资企业	外商投资企业	个体经营	附列资料:乡(镇)企业
			小计	国有企业	集体企业	股份合作企业	股份公司	其中:国有控股	私营企业	其他企业				
1	税收收入合计	36155.1	27728.2	3565.1	27.1	1411.6	22169.9	145.6	499.4	54.9	572.6	8.0	7846.2	4.1
2	1. 增值税收入	29736	22050.2	3563.3	24.7	0.2	18	145.6	443.5	35.1	572.6	8.0	7105.1	4.1
3	其中:一般纳税人	26445.6	21892.36	3563.3	23.6		17865.6	145.6	420.6	19.2	572.6	8.0	3972.6	4.16
4	小规模纳税人	3290.4	157.9		1.0	0.26	117.8		22.9	15.9			3132.5	
5	2. 消费税收入	14.1	5.3				5.3						8.8	
6	4. 企业所得税	5589.3	5589.3	0.1		1405.9	4149.5		33.7					
7	5. 个人所得税	27.2											27.2	
8	14. 车辆购置税	788.5	83.3	1.7	2.4	5.5	31.6		22.2	19.8			705.1	

(董武干)

地方税务

局长 郭本州

【概况】 宜阳县地方税务局位于县城文明中路 71 号，机关内设办公室、人事教育课、监审室、计划财务科、征管和科技发展科、税政科、政策法规科 7 个职能科室和 1 个发票管理所，下设稽查局、城关税务分局和 6 个基层税务所（均属副科级单位），2011 年有干部职工 88 人，负责全县的地方税收征收和管理工作。2011 年该局获得省级文明单位、省级园林单位、洛阳市依法行政先进单位、洛阳市档案管理先进集体、市局绩效考核优秀单位、基层所建设优秀单位等多项荣誉。电话：0379－68882212。

领导班子成员

职 务	姓 名	职 务	姓 名
局 长	郭本州	副局长	王安康
副局长	李洪山	纪检组长	丁利伟
副局长	周云峰		

【完成税收任务】 全年各项收入首次突破 3 亿元大关，超额完成了市局下达的收入目标。全年累计完成各项收入 31834 万元（不含两税收入 2991 万元），同比增长 32%，增收 7792 万元；其中税收收入 29842 万元，同比增长 30%，增收 6859 万元；地方级税收完成 22881 万元，同比增长 32%，增收 5508 万元，超出年度目标 17.6 个百分点；县本级收入完成 22611 万元，同比增长 36%，增收 5946 万元，超出年度目标 13 个百分点；圆满完成市县两级组织收入目标任务。

【支持宜阳发展】 发挥地税部门参谋决策、组织收入、调节分配、纳税服务的作用，严格按减免税规程办理，压缩办理时限，确保纳税人的减免税申请在最短时间内享受到位，做到落实不打折扣。规范减免税管理，落实税收优惠政策。年度审批享受再就业税收优惠政策的纳税人累计 47 户次，累计减免税额 7.12 万元；审批享受残疾人税收优惠政策的纳税人 25 户，累计减免税额 5.03 万元；二手房交易减免税 190 户，共计减免 136.69 万元；审批减免企业所得税 6 户，减免企业所得税 757.1 万元。

【推进精细化管理】 建立分级税源监控体系，不断扩大税源监控范围。将全年入库税额在 100 万元以上的查账征收户和50万元以上核定征收户，以及新建或续建的投资额在500万元以上道路、桥梁等基础设施项目和投资额在1000万元以上的房地产开发项目列入县局重点税源监控范围，监控的重点税源占全部税源的比重达到65%以上，开展税源调查，准确把握税源状况和变化趋势。采取检查代开发票资料和征管系统数据等方式，定期对各所代开发票情况进行检查，发现问题严格处理，并追究相关人员责任，有效规范了全县税收管理秩序。4月，开展建筑、房地产业专项检查，对县城范围内的房地产项目和重点工程项目进行了专项检查。5月，在全县范围内开展了为期1个月的税源清查工作，强化了纳税人的户籍管理，进一步夯实税收征管基础。

【优化税收秩序】　在抓好选案稽查、发票协查、举报案件查处等工作的同时，重点开展了税收专项检查工作，分阶段、按步骤、有条不紊地搞好各项专项检查工作，年度共查结纳税人7户，约谈44户，查补入库合计786.30万元，其中：查补入库税款646万余元，滞纳金、罚款140.3万元。在打击假发票专项行动中，通过财政支付把关环节收缴饮食娱乐服务业假票53份，统计域外假票200余份，涉案金额300余万，通过税警联合的突击检查，现场收缴文化体育、娱乐、服务业有奖定额发票假发票700余份。已对16户进行了补税罚款处理，入库税款、罚款16万余元。向公安机关移交涉嫌犯罪嫌疑人3人，分别予以行政拘留。通过加大稽查力度，有效整顿和规范了税收秩序。

宜阳县地税局2012年工作会议

【提升队伍活力】　强化人本兴税意识，坚持倡导和谐理念，更新理念，推行“三个负责，三个表率”中层干部建设工作法。凝心聚力，确立新时期“宜阳地税精神”。活动育人，队伍活力明显增强。先后开展了“三八”妇女节形象提升培训讲座、机关“科室讲堂”、“真情服务 共建和谐”演讲比赛、“品读经典 感悟人生”系列读书活动、“五四”青年节环山自行车活动和全员封闭式军训。这些活动的开展，不但丰富了职工文化生活，而且增强了团队凝聚力。县局还坚持开展谈心活动，尊重和鼓励每个人的创造热情，把全局上下的能动性调动起来、力量凝聚起来、智慧发挥出来，形成了想事、干事、成事的生动和谐局面。

【反腐倡廉建设】　坚持不懈地抓好政风行风建设，主动接受社会各界和纳税人监督，落实外部监督办法，开展外部监测，定期发放调查问卷、廉政监督卡和定期回访纳税人。严格落实劳动纪律和工作纪律，加强税风税纪纠查，每月不低于两次暗访，全年通报批评和经济处罚5人次。积极参与全市重点科室评议和政风行风评议测评，在2010～2011年度政风行风评议中获得全县第二名；在政务环境创优效能提升测评中连续三季度位居全县前3名。

（王亚兵）

中国人民银行宜阳县支行

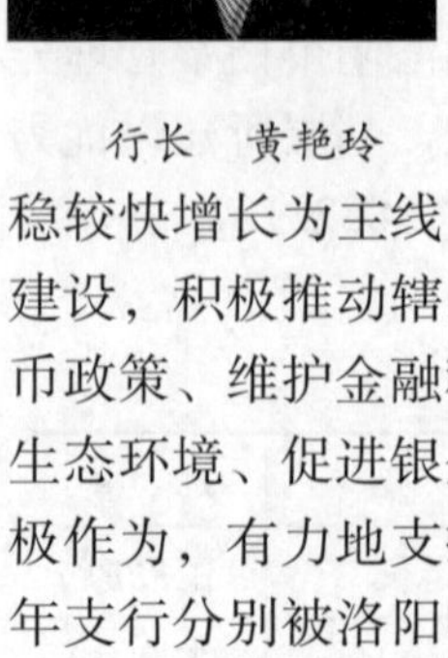

行长　黄艳玲

【概况】　人行宜阳县支行位于文明中路，2011年有干部职工27人，内设办公室、综合业务部、调查信息部、纪检监察室4个职能部室。2011年，人行宜阳县支行，以“安全无事故、出门无差错、工作创一流”为目标，以贯彻执行稳健的货币政策、促进宜阳经济平稳较快增长为主线，全面加强班子队伍和干部队伍建设，积极推动辖区金融工作全面发展，在执行货币政策、维护金融稳定、提升金融服务、优化金融生态环境、促进银企合作、开展调查研究等方面积极作为，有力地支持了地方经济的和谐发展。2011年支行分别被洛阳中支及济南分行评为中支级文明单位及分行级文明单位，被济南分行评为思想政治工作先进单位和民主管理工作先进单位，被郑州中支评为安全保卫工作先进单位，被洛阳中支表彰为政务信息工作先进单位、调查研究工作先进单位、征信管理工作先进单位，再次被表彰为综合考核先进单位（连续5年获此殊荣）；支行党支部被中支表彰为优秀党支部；团支部被表彰为“五四”红旗团支部；综合业务部被命名为“青年文明号”。电话：0379－68882015。

领导班子成员

职 务	姓 名	职 务	姓 名
行 长	黄艳玲	副行长	李岁朋
副行长	刘宜川	纪检组长	王辉灿

【货币政策】 加强“窗口指导”。2011年，面对国内外错综复杂的经济形势，人行宜阳县支行准确把握稳健货币政策内涵，积极引导辖内各金融机构贷款总量合理适度增长。截至2011年末，全县金融机构存款余额达635195万元，较年初增长114475万元，增幅为21.9%；贷款余额达251265万元，较年初增长60875万元，增幅为32%；各金融机构向中小企业贷款117480万元，占总贷款余额的46.7%，信贷结构得到明显优化。进一步加大对农业和农村的信贷投入，支持农民增加收入。截至2011年末，人行宜阳县支行累计向农信社发放支农再贷款3500万元，该社以小额分散的方式发放给广大农户，用于其种植、养殖及农副产品加工购销等多个方面，有力地支持了宜阳农村经济的发展，实现了经济效益与社会效益双丰收。

【金融稳定】 积极关注辖区金融改革进展情况，加强对农村信用社专项央行票据兑付后监测考核；加强辖区金融风险监测和预警分析，提高金融稳定评估水平；是对担保公司高息揽存放贷进行风险提示。5月，组织全县金融机构进行利率宣传，通过设立宣传台现场答疑、散发传单、张贴横幅等，向群众宣传利率知识和进行高利贷危害性的风险提示，进一步消除了辖区金融运行方面的风险隐患；组织召开金融稳定工作联席会。全年共召开4次联席会议，结合金融发展、产业结构、金融生态等现状，认真分析影响宜阳县金融稳定的主要因素，保证了辖区金融稳定。

【金融联席会议】 按季召开由辖内各金融机构负责人参加的金融联席会议，广泛征求政府部门、企业和金融机构等各个层面的意见，对全县经济金融形势进行详细分析，确保季度分析内容充分、信息准确，为各级领导决策提供可靠依据。同时，结合宜阳金融发展程度、产业结构、金融生态等因素，深入探讨加强金融支持县域经济的切入点，推动低碳金融创新，促进节能减排。

【金融生态环境】 组织召开银企洽谈会。协同县金融办多次召开银企洽谈会，辖内各金融机构与22家中小企业现场签约3.45亿元，有力地支持了地方经济的发展，被县政府表彰为支持地方经济发展成绩突出先进单位；继续加强《金融之窗》栏目建设。通过网络向全县城乡群众和企业宣传金融知识；成立了由县支行推动、地方政府主导、相关部门联动的金融生态环境领导小组，为建立良好的金融生态环境提供有力地保障。

【金融服务】 搞好宣传。启动“支付结算知识进乡村、到农户”宣传活动、开展了元宵节金融知识宣传活动、送国债知识下乡宣传月活动、“五四”金融知识下乡青年志愿活动等，共悬挂横幅25条，制作宣传展板25幅，接待咨询群众上万次。通过宣传，使社会公众了解和认识支付系统建设的意义，引导更多的企业和个人了解和使用支付系统；加强银行结算账户管理。加强账户核准工作，完善三级审批制度，明确职责；加强对辖内金融机构账户管理员管理，严格要求贯彻落实双人复核制度。截至2011年末，共办理基本存款账户353户，一般存款账户179户，专用存款账户35户，临时户12户，办理销户229户；加强农村支付环境建设调研。深入了解辖区农村支付结算现状，总结和梳理当前农村支付环境建设中存在的问题，并分析原因，提出合理化建议，形成调研报告上报中支，为下一步积极探索当地农村支付服务环境建设向纵深发展提供支持。

【国库业务】 夯实国库基础。2011年，人行宜阳县支行严格执行《国库会计管理规定》等有关制度，严格执行分级审批制度，坚持“印、证”两分管、两分用原则，业务核算换人复核，业务交接由会计主管监交，并在业务交接登记簿上及时登记；推进财税库银横向联网工作。为进一步提高财税库银横向联网系统（以下简称TIPS）的利用率，人行宜阳县支行积极与国税、地税部门及工行协调，在洛阳辖区率先开通银行端查询缴税业务，为后期 POS 机刷卡缴税、征收机关网上申报和商业银行网上银行的无缝链接奠定了基础。截至 2011 年底，TIPS 利用率已由 8 月的 48% 提高到 98%。

【反洗钱工作】　组织相关人员认真学习反洗钱现场检查有关规章制度，坚持以风险为本的反洗钱思路，督促辖内金融机构强化反洗钱内控机制建设，完善反洗钱规章制度，推动宜阳县反洗钱工作深入开展。同时，采用非现场监管和现场检查相结合，及时掌握金融机构执行反洗钱规定的情况，提高人民银行反洗钱监督水平，有效防范和遏制洗钱犯罪。

【人民币业务】　继续完善流通人民币监测机制，对辖内各金融机构人民币反假和人民币收付业务进行现场检查，规范残缺污损人民币鉴定兑换工作和现金收支行为；加大人民币反假宣传力度，利用重大节假日，组织辖内各银行业金融机构积极开展反假宣传活动，提高社会公众的反假意识及鉴别假币能力。

【金融统计】　做好金融机构统计检查工作。2011 年，对全县金融机构涉农贷款、票据融资、委托贷款、代理理财等业务进行了全面检查。通过检查，规范了统计口径，提高了统计信息质量，为上级行的决策提供真实的依据；及时向县委县政府及有关部门报送金融统计资料。按时生成人民币信贷月报，汇总整理各金融机构信贷情况，及时向有关部门提供金融统计数据和信贷分析报告，为地方政府领导决策提供了第一手资料，为县域经济发展提供了有效的金融服务。

【征信工作】　开展专题宣传月活动。以各银行业金融机构营业网点为依托，采取悬挂横幅、摆放展板、张贴海报、设立咨询台，发放宣传资料等形式，宣传征信知识，同时组织相关人员学习征信业务知识，向客户宣传征信知识，提高客户的履约意识；结合当地实际创新信用信息共享机制。与县农信社协商，实现了“综合业务系统”共享，并做好了“土地流转”事项中信用农户建设的协调工作；加强中小企业信用信息的采集和录入。将中小企业信用信息征集与开立账户工作联合起来，拓宽中小企业信用信息征集的来源和渠道，收到了显著的成效。截至 2011 年底，征集中小企业信息 56 户，发放贷款卡 53 户，年审贷款卡 164 户；办理企业信用报告查询 33 户次，个人信用报告查询 402 人次。

【调查研究】　2011 年，人行宜阳县支行进一步整合资源，完善机制；继续树立“调研立行”的理念，密切监测辖区金融运行情况，充分发挥基层央行神经末梢作用，完成了大量具有较高参考价值的调研成果，为领导决策提供有力的信息服务和数据支撑。截至 2011 年末，向上级行报送信息调研 150 余篇，多篇被中支级以上刊物采用，采稿率达 80%，政务信息工作在中支排名第一，被洛阳中支表彰为政务信息工作先进单位和调查研究工作先进单位。

【安全管理】　人行宜阳县支行牢固树立“安全第一”的指导思想，巩固其内涵，拓展其外延，认真落实“一案三报告”制度，深入开展平安建设，建立健全监督检查机制，全面落实安全保卫工作目标责任制；关注干部职工 8 小时以外行为，对存在的苗头性、倾向性问题做到及早提醒、及早纠正，及时进行沟通引导，把风险消除在萌芽状态。

（裴海霞）

中国工商银行股份有限公司宜阳支行

行长　陈玉波

【概况】　中国工商银行股份有限公司宜阳支行位于县城红旗中路 5 号，支行下设办公室、营销部、营业部、宜阳十字街支行（二级支行），在职员工 50 名，平均年龄 47 岁。

2011 年，宜阳工行累计发放各类贷款 11218 万元，年末贷款余额达到 17053 万元，较年初增加较年初增加 9018 万元，增幅 112.2%，实现贷款利息收入 730 万元，收息率 100%。先后支持了宜阳一高、洛阳家鑫房地产开发有限公司、洛阳云外楼房地产开发有限公司、鑫国房地产开发公司、宜阳县房地产开发公司、洛阳家鑫实业有限公司、鑫国工贸等多家企业和个人，同时，办理票据贴现8亿元，资产业务实现跨越式发展，有效缓解了企业资金需求。各项存款达到84271万元，较2010年底增加38386万元，增幅达17%，其中：对公存款43365万元；储蓄存款达到40382万元；同业存款524万元，实现中间业务收入365万元，实现拨备前利润1340万元，超额完成全年计划。总资产、总资本、核心资本、营业利润等多项指标都达到历史最高水平，为宜阳经济发展做出了贡献。电话：0379－68882251。

领导班子成员

职　务	姓　名	职　务	姓　名
行　长	陈玉波	副行长	王　萍
副行长	李东伟	工会主席	裴洪波
副行长	雷　凯		

【资产业务】 主要经营短期、中期、长期人民币流动资金贷款,固定资产贷款、消费性贷款、票据贴现、项目评估和信用等级评定等。2011年累计发放各类贷款11218万元,年末贷款余额达到17053万元,较年初增加较年初增加9018万元,增幅112.2%,其中;发放公司贷款5笔,金额3490万元;发放个人住房按揭贷款417笔户,金额5738万元;发放个人小额贷款22笔,金额970万元;发放个人经营贷款4笔,金额1020万元。所有发放贷款均处于正常状态,不仅有力支持了县域中小企业发展,而且成为宜阳县办理住房按揭贷款最多的金融机构。

【负债业务】 主要经营人民币储蓄、外币储蓄、同业人民币存款、代理发行金融债券等。宜阳工行始终牢固树立存款立行观念,采取多种措施去大力发展存款业务,积极调整存款结构,2011年末,各项存款达到84271万元,较2010年底增加12373万元,其中:对公存款43365万元,较年初新增9737万元;储蓄存款达到40382万元,较年初新增2699万元,同业存款524万元。

【中间业务】 包括人民币现金结算、转账结算、代理业务(代收代付、代理企业债券、国库券等有价证券的发行、兑付、代理保险、代理政策性金融业务或其他金融机构业务)等。其中,理财产品、代理业务、信贷业务等取得快速发展,2011年结算量达到1388655笔,结算金额达到756亿元,现金收入63866笔,金额31.88亿元;现金支出81913笔,金额31.91亿元,支行实现中间业务收入365万元,实现拨备前利润1340万元,较同期的1010万元增加330万元,增幅33%。超额完成全年计划,实现支行跨越式发展。

（刘双喜）

中国农业银行宜阳县支行

行长　王彦武

【概况】 中国农业银行股份有限公司宜阳支行，位于县城文明东路10号，现有职工86人，机关下设综合管理部、财会运营部、三农客户部3个部门，辖支行营业部、段村分理处、锦花分理处、车站分理处4个营业机构。2011年宜阳农行坚持以科学发展观为指导，认真贯彻中央宏观经济政策，抓住河南经济社会跨越式大发展的战略性机遇，利用惠农政策，结合宜阳实际，加大信贷投入，提高存贷比例，推介金融产品，认真落实市分行党委的年度工作部署，较好地完成了市分行下达的各项工作任务。在大力支持地方经济的同时，也为宜阳农行的长足发展奠定了基础。

领导班子成员

职　务	姓　名	职　务	姓　名
行　长	王彦武	副行长	郭振刚
副行长	艾平川		

【存款继续稳步增长】 2011年，各项存款余额70427万元，比年初净增11253万元，完成市分行全年考核计划的66.29%。其中：储蓄存款45972万元，比年初净增2715万元；对公存款24455万元，较年初增加8538万元。

【信贷资产结构明显改善】 信贷投放进一步向优良客户集中，有效规避经营风险。截至11月30日，各项贷款余额16821万元，比年初净增8971万元。其中：小额农户贷款5297万元，比年初净增952万元；小企业贷款2560，比年初净增1440万元。

【中间业务持续快速发展】 截至11月30日，全行中间业务收入280万元，完成全年计划的62%，其中：银行卡收入73万元，代理保险手续费收入65万元，其他中间业务收入145万元。

【电子银行业务发展势头强劲】 新增贷记卡1065张，完成年度计划113%，市行排名第三；新增POS有效商户15户，完成完成年度计划150%，市行排名第二；新增转账电话94户，完成完成年度计划41%，市行排名第九。

【完成资产处置清收任务】 处置委托资产511万元，完成全年任务的100.18%。

【按目标完成经营损益综合指标】 实现拨备前利润716万元。

【安全工作成绩显著】 "安全就是效益"、内控建设和基础管理进一步加强。全年各类案件率为零，继续保持全行经营无责任事故和案件的好局面。

【企业文化建设】 一是积极参加"七一"红歌赛。组织人员，利用业余时间，加强训练，参加了市行组织的红歌赛，取得了全市第一的成绩。二是组织人员到革命老区学习。县行全体在职职工分2批外出参观学习，拓展视野，增长了见识；同时，关心离、退休老干部生活，重阳节组织老干部到少林寺旅游，使老干部充分感受到农行大家庭的关怀与温暖。三是认真组织开展"同读一本书"活动，推动员工学习，积极写感受、谈体会、受教育。四是关心、关爱职工，逢年过节，给每一名员工发送祝福短信，员工生日送蛋糕祝福，增强员工归属感，以人为本，构建和谐农行。五是加强对县行机关大院的绿化，改善办公条件，努力为员工创建良好的工作环境。

【班子自身建设】 认真落实实践科学发展观要求，抓好班子学习。带头开展学习教育培训，保证学习时间和质量，不断加强主观世界的改造，不断提高班子整体素质；组织中层干部和全体职工学习。坚持每周四学习制度，积极组织开展各种新业务知识学习培训，努力提高全员素质，实现"党员干部受教育、科学发展上水平、全体员工得实惠"的总体工作要求。

【党风廉政建设情况】 认真贯彻落实党风廉政建设责任制，坚持廉洁从政。一是弘扬良好作风，密切党群联系。加强自身建设，注重自身修养，树立良好公众形象；弘扬良好作风，大兴密切联系群众之风、求真务实之风、艰苦奋斗之风、批评与自我批评之风，努力做到恪尽职守、清正廉洁、开拓进取。二是严明政治纪律，推动决策落实。把上级行的各项决策部署落实到位，保证政令畅通；坚持民主集中制原则，切实维护班子团结；提高制度执行力，维护制度权威性。三是认真贯彻落实党风廉政建设责任制，坚持廉洁从政。

（张雪峰）

中国银行宜阳支行

副行长　王浩波

【概况】 中国银行股份有限公司宜阳支行（简称：中国银行宜阳支行）位于县城红旗西路1号文化局楼下。内设行长办公室、业务发展部，下辖1个营业部，2011年有员工20人。电话：0379－63108652。

领导班子成员

职　务	姓　名	职　务	姓　名
副行长	王浩波	副行长	裴文慧
副行长	孟远方	行长助理	戚伯恩

【资产规模】 2011年末，各项资产总额43285万元，较年初增加5848万元，增幅15.6%。其中：存放央行及联行款项11866万元，占资产总额的27.41%；各项贷款31218万元，占资产总额的71.2%；库存现金502万元，占资产总额的

1.16%；应收利息81.13%，占资产总额的0.19%；固定资产及其他资产57.43万元，占资产总额的0.13%；

【负债规模】 负债总额42738万元，较年初增加5360万元，增幅114.3%，其中：各项存款余额42459万元，占负债总额的98.09%；其他非生息负债余额247万元，占负债总额的0.57%。未分配利润547.49万元，较同期增加488.27万元。

【经营情况】 截至2011年末，全行人民币存款余额42346万元，其中：公司存款余额24036万元，储蓄存款余额18310万元；各项外币存款折美元16万美元。人民币贷款余额31218万元，其中：公司贷款余额23500万元，消费信贷余额7718万元。

【网点建设】 投资186万元，购置自助取款机、多媒体查询和监控等设备，在河南省前进科化集团东、西社区新设自助网点2个。

【网点转型】 10月末，洛阳分行全辖网点转型综合排名中，由8月份第二十七名升至第四名。个金版块连续3个季度取得市行全辖网点转型业务流程整合单项排名第一。二至四季度市行绩效考核中个金版块全辖综合性支行排名第一。省中行三季度全辖县支行综合评价测算中，该行虽为非重点行，但测算得分118.77分，位居洛阳行第一。

【内控合规】 年内，组织全体员工签订了合规承诺书，组织开展各类内控及安保有关内容活动11次，进行员工行为排查4次，累计排查75人次。开展业务自查6次，接受内、外审检查3次，无重大违规事件发生。

（戚伯恩）

中国建设银行股份有限公司宜阳支行

【概况】 中国建设银行股份有限公司宜阳支行位于红旗中路，下设营业部，有员工22人。

2011年，宜阳支行在上级行党委的正确领导下，在县委、县政府的指引下，面对复杂的经营环境和严峻的竞争形势，按照“以客户为中心，以市场为导向，有计划不唯计划”的工作要求，全行员工抢抓机遇拼市场，克难攻坚战同业。经过不懈努力，圆满完成各项指标。电话：0379－68882445。

行长 黄 震

领导班子成员

职 务	姓 名	职 务	姓 名
行 长	黄 震	副行长	宋栓来
副行长	乔举贤	副行长	郭克强

【经营状况】 2011年底，全行各项贷款余额64599万元，其中对公存款27476万元，储蓄存款37123万元，贷款余额5000万元。全年借记卡发卡达到10679张，完成率居市行第二位，年发卡量首次突破万张大关。电子银行业务发展速度明显加快，个人网银盾客户新增完成率达166.8%，手机银行客户新增完成率达到208.7%，短信理财客户新增完成率达到219.7%，企业高级版网银新增39户，企业短信客户新增25户，最终实现中间业务收入29.2万元，完成计划105.2%，电子渠道分流率同比增长15个百分点。在省分行电子银行业务竞赛中获得多项大奖。

【基础管理、服务水平不断提升】 全国通过不断加大培训力度，狠抓员工素质管理，打造和谐奋进团队，改进奖惩机制，狠抓落实整改等一系列措施，支行的客户服务水平、业务核算水平得到提升。通过不间断的培训、测试，客户经理明显提高，前台柜员业务技能全部达标。同时支行非常重视青年员工的管理，无论对交流员工还是新入行大学生，工作上严格要求，生活上深切关怀，开办小食堂、建立活动室，组织员工外出培训等，极大地提高了员工工作积极性。

3月完成支行办公楼整体装修改造。新的营业大厅功能分区更加科学，硬件设施更加完备，服务环境更加舒适，客户满意度不断。

2011年对公服务暗访居县支行序列第一位，核算差错率严格控制在市分行平均水平以下。在2011年前三季度的KPI考核中，基础管理得分稳居县支行序列第一名。客户服务在洛阳市环境创优活动中获得最优窗口单位称号。

【合规经营能力全面提升】 深入贯彻落实省银监局“合规执行年”活动的工作部署及市分行要求，进行全员风险排查，合规理念深入人心；在全行开展了“学规定、知禁令、作表率”领导人员廉洁从业主题教育活动，提升干部廉洁自律能力；安全保卫工作有序开展，案件防控能力连续提升；服务效率不断提高，全年无案件事故发生。（常新川）

中国农业发展银行宜阳县支行

行长 孟建波

【概况】 中国农业发展银行宜阳县支行位于宜阳县滨河路东段，主要职能是按照国家的法律、法规和方针、政策，以国家信用为基础，筹集农业政策性信贷资金，承担国家规定的农业政策性金融业务，代理财政性支农资金的拨付，在业务上接受中国人民银行和中国银行业监督管理委员会的指导和监督，为农业和农村经济发展服务。经营范围主要是办理由国务院确定的粮食、油料、棉花收购、储备、调销贷款和肉类、食糖、烟叶、羊毛等专项储备贷款以及粮棉油加工企业、县域城镇建设贷款、新农村建设贷款、农业综合开发贷款、农业小企业贷款、产业化龙头企业贷款及农业基础设施建设贷款等。2011 年，有干部职工 22 人，其中正式员工 19 人，临时员工 3 人；内部机构设置 2 部 1 室，即综合办公室、信贷部、财会部。电话：0379－68887768。

领导班子成员

职　务	姓　名	职　务	姓　名
行　长	孟建波	副行长	白保民

【经营状况】 信贷规模明显增长，资产质量稳步提高，经济效益持续向好，发展基础继续巩固，合规经营深入开展，内部改革纵深推进，行风行貌持续转变，较好地履行了政策性银行的职责，和谐银行建设持续稳健提升的局面基本形成，连续 15 年实现了安全稳健经营。资产总额 16768 万元，负债 16508 万元，各项存款 2468 万元，各项贷款余额 13000 万元，不合理下降 2000 万元，代理保险业务手续费收入 14 万元，完成任务目标的 103%，收入成本率 48.16%，资产利润率－1.98%，业务收入 492.77 万元，支出 754.82 万元，实现利润－262.05万元。信贷规模明显增长，资产质量稳步提高，风险防控能力得到强化，经济效益持续向好，中间业务稳健发展，内部改革纵深推进，和谐稳健的局面基本形成，连续 15 年实现了安全稳健经营，较好地履行了政策性银行的职责，初步达到了“至诚服务，有效发展，以人为本，构建和谐”更好服务“三农”的工作目标。

【经营定位】 围绕“以农为本，至诚服务，立足三农，有效发展”的办行宗旨，落实总“十二五”发展规划要求，突出河南特色和要求，强力实施“两轮驱动”发展战略，发展以粮棉油收储、加工、流通为重点的全产业链信贷业务，确保支持收储企业不出大的问题。打造支持粮棉油全产业链发展主导银行品牌；着力发展以支持新农村建设和水利建设为重点的农业农村基础设施建设中长期信贷业务，围绕农村改革重点领域和薄弱环节加大支持力度，打造支持“三农”、服务“三农”的主导银行品牌。

农发行洛阳市分行支持中原经济区
建设项目推进年现场会

【信贷业务】 民政畜牧业养殖有限公司是豫西地区最大的生猪养殖龙头企业，是该行的优质客户，该行坚持“立足老客户，发展新客户”的企业经营思路，为企业提供优质的信贷服务，为企业注入资金活力。在收回该企业 5 笔贷款后，再次向该企业投放2000万元贷款，支持该企业做大做强。至2011年12月，已累计向该企业投放6500万元贷款，实现利息收入450万元，直接带动区域多项产业的联动发展。为洛阳骏马化工有限公司续贷化肥储备贷款4500万元；为洛阳绿锦农业开发有限公司续贷500万元；向宜阳亿丰种植专业合作社续贷200万元；向洛阳恒中园林工程有限公司续贷300万元；先后支持种植业、养殖业、化肥储备、粮食深加工业等一大批涉农企业做大做强，为宜阳县的经济发展做出了积极贡献。

【营销农村土地整治项目】　2011年，县域经济进入了快速发展时期，借助洛阳市“一中心、三板块、五组团、四支撑”发展布局带来的机遇和动力，把营销政府新农村建设项目贷款列入贷款营销工作的重点。协调督促政府、土地、财政、工商、税务、消防、建设、发改委、规划等部门，搜集项目资料，多次召开各部委协调会，为该项目贷款3亿元，为县域经济的做大、做强、做实、做优提供坚强的保障。

【信贷品种】　政策性贷款、准政策性贷款、商业性流动贷款、固定资产贷款、农业小企业贷款、农业农村基础设施建设贷款、新农村建设贷款、农业科技贷款、农村流通体系建设贷款、灾区应急贷款。

【金融服务】　坚持以“合规管理年”为切入点，以科学发展观统领工作大局，以打造建设新农村的银行和现代银行为目标，积极开展合规管理，将经营风险、操作风险、道德风险等经营理念融入日常的经营管理之中，着力打造“建设新农村的银行”品牌形象，大力实施“文明服务零距离、业务操作零违章、行风行貌零投诉、廉政建设零信访、安全保卫零事故”的“五个零”工程。完善经营机制，加大科技支撑力度，更新电子设备，制定《履行岗位职责情况处罚办法》，建立一线岗位制约、会计监督、县行专业检查“三位一体”的监控体系，形成事前有制度规范、事中有制约监督、事后有检查整改的内控机制，认真抓好信贷新制度和操作流程的学习和落实，加强经营管理基础平台建设，强化信贷重点环节管理和不良贷款清收工作，开展“四无”创建活动和“五好”班子创建活动，着力构建和谐银行。

【企业文化】　把“内化于心，外化于行”作为企业文化的精髓和宗旨，在行为文化、制度文化、视觉文化建设上开展了员工行为规范、窗口服务规范、客户营销与维护规范的践行活动，“与员工共成长，与客户共发展，与社会共进步”，充分体现农发行的价值所在。农发行支行被宜阳县委、县政府授予十佳绩效单位称号。孟建波获得2011年书记县长特别奖。单位保持了省级文明单位和省级青年文明号的荣誉称号。

（张丽华）

宜阳县农村信用合作联社

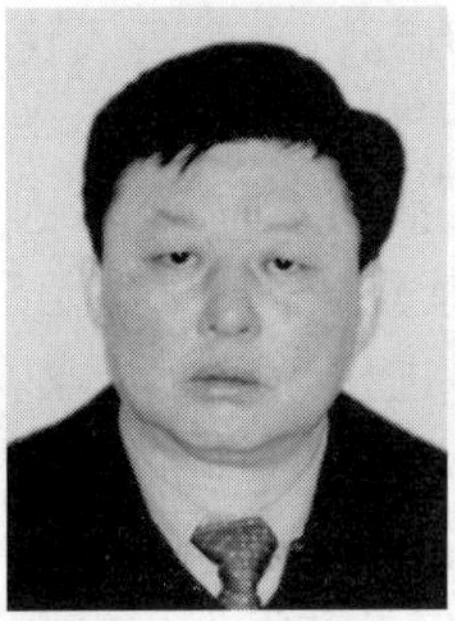

理事长　陈献民

【概况】　宜阳县农村信用合作联社位于宜阳县城关镇文化路37号，现有职工350人，下辖32个基层网点，全部实行电子化运转。2011年，深入贯彻落实科学发展观，坚持一手抓管理，一手抓发展，以市场为导向，以客户为中心，以服务“三农”为宗旨，利用一切有效资源，实现速度、质量、效益、规模的协调发展。获得省联社、市农信办综合目标管理先进单位，被宜阳县县委、县政府授予支持农村经济发展突出贡献奖荣誉称号、十佳效能单位、计生先进单位、建党90周年“颂歌献给党”先进单位、支农先进单位等。

2011年末，各项存款余额226004万元，较年初上升46253万元，增幅为25.73%，占当地存款市场份额的35.58%；各项贷款余额156328万元，较年初净增28396万元，增幅为22.2%，占当地贷款市场份额的62.22%；其中农业贷款余额151309万元；全年实现各项业务收入25725万元；经营利润7489万元；股金余额12000万元，资本充足率15.55%；贷款损失拨备充足率312.37%；拨备覆盖率316.07%；存贷款市场份额均居全县各家金融机构之首，各项指标均达到成立农村商业银行的标准。当年累计发放贷款12.7亿元，有力地支持了宜阳的工、农、商、运输业“菜篮子”工程、旧城改造、新区开发、修路、建桥等基础设施建设，为宜阳县经济发展做出了积极的贡献。电话：0379－68882867。

领导班子成员

职　务	姓　名	职　务	姓　名
理事长	陈献民	副主任	董可彬
主　任	李现伟	副主任	白朝阳
监事长	常国营		

【社会贡献】　2011年度上缴各种税款3209万元，其中上缴营业税523万元，企业所得税2628万元，城建及教育附加34万元，印花税、房产税和土地使用税24万元；无偿承担10余项政策性代收代发业务，服务户数达到30余万户，每年金额达4.7亿元；每年卡、折费用损失50万元，为全县农民提供了金融服务；在“六一节”为盐镇贾院小学捐款捐物1000元；“金秋助学”活动中向10名困难大学生资助5000元；为盐镇禁烧资助5000元，举办“金融知识万里行”活动，进村入户为企业、农户发放金融知识宣传单；积极推进“金燕快贷通”小额贷款试点工作，解决农民贷款难问题；缴纳2万元，支持新农村建设；向县残疾人、农民工志愿活动捐款4000余元，在“献爱心、送温暖”活动中捐款2.99万元。

【“三农”服务】　支持基础建设。为基础设施改造项目、新城区开发项目投放信贷资金，先后为城中村改造项目、新城开发项目、香鹿山大道东段改造项目、洛宜快速通道丰李路段项目、自来水公司管网改造项目、县招待所改造、黄河同力大桥建设项目投放贷款25000万元。发展四大种植基地，为三乡的“九都大蒜”种植基地，董王庄和上观的花生种植基地，赵保、高村的烟叶种植基地，寻村、韩城的蔬菜种植基地提供信贷支持。以地方经济特色为契机，支持丰李的建筑业、赵保的文化传媒业、张坞的药材批发、盐镇的客运业、城关的煤炭运输业、高村的黑色食品业，使其成为地方经济的支柱产业。调整信贷结构，扶持微小企业。重点支持了宜阳县菲英特商贸有限公司、洛阳中仑纸业有限公司、河南黑谷源土特产品开发有限公司、莲庄服装厂等数十家微小企业，为宜阳县的微小企业发展和工业强县目标做出了积极贡献。

【信用工程】　依据客户品德指标、经济实力、信用程度、与信用社的业务往来等指标对农户、工商户进行信用等级评定，客户凭“二证一章”（信用证、身份证、个人印章）在授信的营业网点核定的额度内，随时在阳光办贷大厅办理贷款，提高办贷效率。积极推进“金燕快贷通”小额贷款试点工作，严格遵循“一次核定、随用随贷、余额控制、周转使用、阳光操作”的原则，引领了社会诚信，得到了社会各界的一致好评，进一步提升了农信社的形象。

【活动开展】　2011年，宜阳联社积极开展“创先争优”活动，把工作重点放到支持“三农”发展上。积极开展优质文明服务活动。积极开展合规执行年活动，严格操作流程，提高制度执行力。积极开展整风肃纪活动，转变作风、整顿纪律、提升服务效能为目的，制订实施方案、细化考核标准、公开考核办法、严格考核程序，分步骤按阶段进行考评，提升了农信社的整体形象。积极开展金融知识进万家、进农村、进社区、进学校宣传活动，设立宣传台20个、咨询点3个、流动服务车2辆，发放宣传资料2.6万份，接待客户3.5万人次，解答问题206个，增加了客户的金融知识。

（索杏利）

中国邮政储蓄银行有限公司宜阳支公司

经理　王玉辉

【概况】　中国邮政储蓄银行有限责任公司宜阳县支行位于红旗中路15号，下设4个部室、3个二级支行及14个代理网点，在职员工44人。2011年，宜阳邮储银行坚持“服务三农，服务经济社会发展”的理念，充分依托网络和资金优势，为广大城乡居民提供优质高效的金融服务。致力建成管理科学、特色鲜明、品牌卓越、竞争力强的现代商业银行。电话：0379－68886785。

领导班子成员

职　务	姓　名	职　务	姓　名
行长	张玉辉	副行长	董光辉

【财务指标】 业务收入1857万元，同比增长85%；上缴税金65万元，同比增长38%；实现利润757万元，同比增长94%。

【负债业务】 主要有个人存款、对公存款，各类存款余额169376万元，2011年净增43752万元，其中公司业务存款余额20876万元，2011年净增7508万元。

【资产业务】 主要有质押贷款、小额贷款、商务贷款、小企业贷款和综合消费贷款，2011年发放各类贷款2213笔，款额14225万元，贷款余额11799万元。

【理财业务】 主要有保险、基金、理财、国债，实现销售额3273万元。

【队伍和文化建设】 邮储银行致力打造以人为本的团队和企业文化，在职员工大专以上学历占总人数83%，有专业的信贷经理10人，理财经理队3人。开展“合规执行年”活动，构筑严密的规章制度，营造合规经营的文化氛围；开展“三保证，三关爱”、节假日文娱、体育及给职工送生日蛋糕祝福活动，打造团结和谐的团队文化。开展学习劳模王顺友，树立爱岗敬业的实干精神。加强学习提升员工素质，大力完善硬件设施，塑造形象，努力打造邮储银行品牌。

（卢宗卿）

中国人民财产保险股份有限公司宜阳支公司

【概况】 中国人民财产保险股份有限公司（简称人保财险）宜阳支公司，位于文化北路36号，内设综合部、营销管理部、理赔分部、业务科，2011年有员工14人，代理人员200余人，开办各种财产损失保险、责任保险、意外伤害保险、短期健康保险、信用保险、保证保险等多个系列业务。2011年实现保费收入1626.32万元，赔款支出741.07万元，为宜阳社会稳定，经济振兴，人民生命财产安全做出了积极贡献。

副经理　左玉龙

公司下辖柳泉、韩城、白杨、樊村、赵保、莲庄、张坞、高村、三乡、盐镇10个乡镇营销服务部，努力开拓农村保险市场，服务和支持“三农”，有力促进了新农村建设和农村经济发展。电话：0379－68895518。

领导班子成员

职　务	姓　名	职　务	姓　名
副经理（主持工作）	左玉龙	副经理	张晓妞
书　记	张汉臣	副经理	张海鹏
副经理	乔同茂		

【承保】 公司以科学发展观为统领，坚持“转方式促发展、强合规增效益”工作主基调，勇于担当，敢于作为，奋力开拓，积极创新，全力打造网络优势、专业优势和队伍优势，落实以服务促发展战略，采取进取性市场策略，增强优质业务和市场拓展能力，增强可持续发展能力。全年实现保费收入：机动车1361.63万元，企财险65.11万元，责任险70.28万元，意外险54.91万元，农险74.39万元。

【理赔】 2011年总公司在全国系统实施理赔改革，公司以此为契机，择优选拔理赔工作人员，成立理赔分部，对所有人员进行严格业务培训和专业能力考核，以客户为中心，完善和制定一系列规章制度，强化责任意识，丰富服务内容，严格实施承诺服务和增值服务，使理赔速度明显加快，理赔质量显著提高。全年各险种赔款支出：机动车599.66万元，企财险29.27万元，责任险52.33万元，意外险9.64万元，农险41.67万元，其他险种8.5万元。

（张晓妞）

中国人寿保险股份有限公司宜阳支公司

经理　王润红

【概况】　中国人寿保险股份有限公司宜阳支公司是中国人寿保险股份有限公司授权在宜阳县开办人身保险业务的专业化公司。公司位于宜阳县文明中路81号，2011年有员工30人，各类代理人员290多人，开办的业务有养老保险、医疗保险、各类人身意外伤害保险、学生平安保险、投资理财的分红保险和养老补充保险、城镇职工补充医疗保险、城镇居民医疗保险、农村和城镇低保医疗及救助保险等。截至2011年底已为全县49万多人次承担各类风险保障80.1亿元，安排下岗职工和农村富裕劳动力290多人，为促进宜阳经济发展和社会稳定发挥了积极的作用。电话：0379－68883533。

领导班子成员

职　务	姓　名		
经　理	王润红	副经理	尹闽章
副经理	梁伟峰		

【业务发展】　中国人寿保险宜阳支公司开办的险种主要有：国寿福满一生、福星少儿两全、康宁终身保险、福禄鑫尊保险及各种人身意外伤害保险、学生平安保险和各种政策性保险等。2011年全年保费收入7453.64万元，其中长险期险新单期交保费1125.97万元；团险渠道意外险保费140.82万元；短期健康险保费79.97万元，银行、邮政代理趸交业务2488.78万元，期交609.75万元。

【理赔及各种给付】　公司2011年度各项业务支出4033.44万元，其中共支付死亡、伤残给付255.36万元，生存、满期及年金给付2184.91万元，退保金1343.66万元，短期险赔款支出157.74万元。

【城镇职工大额医疗补充保险业务】　作为基本医疗保险的补充，发挥着日益巨大的社会效益。2011年度参保人数24446人，保费234.08万元，保额累计41.8亿元，全年赔款234.11万元。

【城镇居民基本医疗保险业务】　2011年度参保51044人，为全县城镇居民提供了27.9亿元的风险保障，2011年支付赔款550万元，在解决5万多城镇居民后顾之忧的同时为实现宜阳基本医疗全覆盖起到了保障性作用。

【城乡困难群众补充医疗保险和大病医前救助保险业务】　2011年度参保38121人，为全县“低保”人员和农村困难群众提供了7.63亿元的风险保障，2011年支付赔款210.13万元，为提高宜阳“低保”人员医疗保险保障做出了积极的贡献。

（李国辉）

国民经济监控与管理

国民经济管理

主任　李珂

【概况】　县发改委位于文明中路4号。2011年，县发改委行政编制15人，事业编制5人，实有职工人数63人，其中在岗42人，退二线7人，退休14人。下设科室11个，分别是：委办公室、基础产业科、财贸社会事业科、以工代赈办公室（副科级）、工业科与经济运行科（副科级）、企业减负办公室、重点工程管理办公室、招商办公室合署办公、综合规划科、投资设计审批科、项目稽查办公室、农村经济科、虹光投资公司（正科级）、工程咨询中心。电话：0379－68885366。

领导班子成员

职　务	姓　名	职　务	姓　名
主　任	李　珂	副主任	卫智霞
副主任	祝红森	副主任	张本超
副主任	张修库	副主任	闫国昌
副主任	安秋战		

【综合实力明显提升】　全年实现生产总值154.2亿元，同比增长14%；规模以上工业实现增加值51.8亿元，增长28.9%；地方财政一般预算收入突破5亿元，达到50668万元，增长18.7%；全社会固定资产投资172.7亿元，增长26.6%，社会消费品零售总额47.8亿元，增长18%；城镇居民人均可支配收入15531元，增长15.8%；农民人均纯收入5348元，增长16.3%。加快发展的能力明显提升，经济综合实力进一步增强。

【经济运行调控能力显著增强】　根据经济运行形势的变化，委班子督导相关科室不断丰富调控手段，坚持经济运行月分析制度，积极开展调查研究，深入分析运行态势，提出针对性的建议，加强对经济运行即期调节，着力搞好生产要素协调保障，积极落实中央节能减排各项措施，加强企业治乱减负工作，组织开展优化经济发展环境各项政策措施落实监督检查，严肃查处违纪违法案件，确保全县经济平稳运行。规模以上工业企业实现利润13亿元，同比增长20%，完成市定目标的108.3%，高于市定目标10个百分点。万元生产总值能耗与去年同期相比下降5.2%，全面完成市定目标任务。

【项目建设力度加大】　2011年，县发改委共承担协调建设省市重点项目13个，全年实际完成投资17.93亿元，完成任务的131.79%。全年组织接待省市重点项目督导检查3次，其中下半年重点项目督导获小组第一名。

全年实施千万元以上工业项目88个，完成投资37.8亿元。华宇光电、骏马化工硝量复合肥等56个项目加快建设，强豫农机、迎春电器等32个项目竣工投产。为经济发展注入了强大活力。实现规模以上工业增加值51.8亿元，增长28.9%。对经济增长的贡献率达到61.3%。民营经济增势强劲，完成营业收入207.7亿元、增加值60.6亿元、上缴税金6.5亿元，分别增长26.7%、23.8%和

29.9%。

【20项重点工程快速推进】　全年共组织人大、政协重点工程视察2次，对20项重点工程实行月报制，按时将项目形象进度、完成投资情况分别报省、市发改委及县四大班子领导，及时协调解决工种建设过程中的各种问题，保证各项工程顺利实施。20项重点工程全年实际完成投资40.61亿元。

洛铜集团宜阳镁板带产业园奠基仪式

【中央投资项目争取成效明显】　积极发挥发改部门职能优势，全年争取国家、省政策性资金1.878亿元，其中公检法司及城建5100万元，路桥电网邮政等基础设施5900万元、农林水项目5840万元、代赈扶贫1170万元、社会事业项目770万元。全面完成县下达的委局长工程目标任务，成功引进省外资金7800万元，占年度目标的156%，该项目是洛阳合能电器有限公司投资7800万元的年产电力直流操作电源400套项目生产线。

【扶贫惠民项目顺利实施】　全年共完成项目48个，涉及道路交通、农田水利、人畜吃水三大类，其中吃水工程20处，乡村道路8条，建成农田水利工程10处。

【获得的荣誉】　获得荣誉7项，其中受省表彰1次：省级卫生先进单位。受市表彰1项：洛阳市发展改革工作综合奖。受县表彰5项：2011年度目标管理综合三等奖、2011年度安全生产目标管理先进单位、2011年度招商引资先进单位、2011年度信访稳定工作先进单位、2011年度人口和计划生育工作先进单位。

（董永干）

工商行政管理

局长　赵留志

【概况】　宜阳县工商局位于县城文明路68号，内设9个股室、1个网管站、2个协会，下辖9个工商所1个经济检查大队，在职职工122人。2011年先后被省工商局评为全省工商系统基层巡回培训工作先进单位，被市局评为绩效考核先进单位、百亿送贷行动优秀单位，被县委、县政府评为目标管理先进单位、授予委局长工程奖，被县人口和计划生育工作领导小组评为人口和计划生育工作目标管理先进县直单位，被宜阳县纪律检查委员会评为纪检监察工作先进单位，获得宜阳县庆祝建党90周年颂歌献给党红歌演唱活动二等奖，韩城镇工商所被省纠风办授予群众满意的基层站所等多项荣誉，工作得到了市局和县委、县政府的高度评价。电话：0379－68882237。

领导班子成员

职　务	姓　名	职　务	姓　名
局　长	赵留志	副局长	肖义乐
副局长	李战强	纪检组长	宋黎晓

【开展“百亿送贷”行动】　继续开展“百亿送贷”行动，成功举办各种类型推介会60余场次，成功发放贷款1912笔，金额约1.57亿元，完成全年任务的92.2%；办理户外广告登记证31份，股权出质12件，动产抵押15份，抵押物价值2.69亿元，帮助企业融资1.347亿元。

【积极为企业服务】　在服务产业集聚区建设和城市新区建设的“两区”建设上，积极招商引资，完成招商引资项目资金700万元，超过县政府责任目标的500万元。帮助工业园区洛阳牡丹焊剂有限公司等2家企业借贷各500万元，破解了融资难问题。在服务重点企业、大企业、大项目上，推行咨询服务、延时服务、上门服务、即时服务、规范服务的“五项服务”，执行不准强制征订报纸、不准“搭车”收取费用、不准收取咨询服务费、不准指定或介绍中介机构验资和公司年度财务审计的“四不准”，优化投资环境，先后为23个项目提供了服务，其中16个项目已经落地，7个项目正在洽谈，为38个企业提供了工商咨询服务。

在成长性产业、传统型产业及先导产业上，结合宜阳实际，加强对黑杂粮等特色产业的支持力度，为工业园区中的企业、烟草公司、信用社、洛阳锦康药业等186户企业实施上门年检，为187家企业开展了网上年检培训，为532家企业提供网上年检申报电脑操作指导服务。

在服务“三农”方面，把“民生”行动与扶持新农村建设相结合，深入开展了红盾护农、经纪活农、商标富农等系列活动，引导农民专业合作社发展特色经营，截至2011年底，全县有农民合作社218家，参股成员1089人（其中农民占参股人员的90%），注册资金3.77亿元；行业涉及种植、养殖业等行业，参与了对农用生产资料监督检查3次，向政府职能部门反馈问题13条。两协会组织企业家为宜阳县“凝聚力工程”捐款44万元，资助了200余名家庭贫困的大学生。

【招商引资】　在服务产业集聚区建设和城市新区建设的“两区”建设上，积极招商引资，完成招商引资项目资金700万元，超过县政府责任目标的500万元。帮助工业园区洛阳牡丹焊剂有限公司等2家企业借贷各500万元，破解了融资难问题。

【注册登记和年检验照】　一是登记注册工作。截至2011年底，在册企业1848户（其中：内资企业583户，私营企业1047户，农民专业合作社及其分支机构218户），2011年新设立登记企业199户（其中：内资企业28户，私营企业125户，农民专业合作社及其分支机构46户），办理变更登记270多户，注销登记9户。在册个体工商户11173户，2011年新登记个体工商户2886户。下岗失业人员办理个体工商户登记180户，投资兴办私营企业2户，减免登记费0.3万元。二是年检验照工作。充分利用电视、电话及其他方式通知企业年检、个体工商户验照，严格落实年检一审一核制，采取即来即办的年检验照方式，在手续齐备的情况下，当场受理及时办结。开展预约年检、上门年检，加强实地验照工作，并进行网上年检。2011年，应验照个体工商户8806户，实际验照8080户，验照率91%，办理注销登记254户；实际应年检企业1375户，已年检1194户（其中通过网上年1194检户），注销登记9户。

【市场监管】　整治重点更加明晰。食品安全方面，重点是检查了辖区内流通环节食品经营户主体资格、食品来源及进货查验制度落实情况，严查流通环节“三无”食品及过期、腐烂、霉变的食品，打击制售假冒伪劣、无照经营食品，开展各类食品安全专项整治，如猪肉市场专项整治、打击食品非法添加剂行为等，严格落实“六查六看”；农资市场专项整治方面，重点打击了销售假冒伪劣种子、化肥、农药等各类侵害农民正当利益的违法违规行为；证照管理方面，要求证照相符，严禁无照经营、超范围经营等违法行为，对黑网吧等严重影响社会文化环境的社会毒瘤严惩不贷；在危险化学品、医疗机构、非煤矿山等重点企业的日常监督管理方面，严厉查处违法行为，在烟花爆竹监管整顿方面，重点检查储存点的安全状况、烟花爆竹定点销售资格证等，严禁无照经营。

监管区域更加明确。根据工作需要，分时段、分季节、对特殊区域、特殊人群开展各类专项整治。如，春节期间积极开展了烟花爆竹市场专项整治；寒暑假期间重点开展了黑网吧专项整治，净化文化市场环境；旅游旺季，组织工作人员加强对花果山、灵山旅游景区内的追售、兜售等不良行为的查处，杜绝三无食品在旅游景区内出现；“五一”、“十一”、中秋节、洛阳牡丹花会等节日会展期间，加强了对月饼等各类食品市场的监管。针对城乡结合部、车站等食品监管的薄弱地带，全面清查食品批发市场、商场、超市，严厉查处饮料、方便食品、白酒等假冒伪劣食品，打击虚假宣传等不正当竞争行为；针对传销的特点，在各村庄、社区进行宣传，加大对老年人、大中专学生的宣传教育工作，组织开展构建“无传销社区（村庄）”活动；开展了打击非法生产、销售军服和利用军服从事经营活动的行为。

整治手段更加有效。加强了各类专项整治的组织领导，制定了严密的专项整治实施方案，确保次次出重拳，招招见实效；进行地毯式、拉网式排查，加强市场巡查，将节日巡查与日常巡查、专项检查与常规检查相结合，消除潜在危害；加强经营者自律意识，及时与上级沟通，加强部门合作，如今年的问题乳粉事件后，在组织经营者开展问题食品自查的同时，及时将3批26个品种的婴幼儿奶粉送检。又如，在严厉打击食品非法添加和滥用食品添加剂行动中，张贴国务院食安办等九部委《关于严厉打击食品非法添加行为严格规范食品添加剂生产经营使用的公告》2000份，为宜阳县现有的114户食品添加剂经营者建立食品添加剂经营主体登记台账。及时与县委、县政府沟通，取得打击传销专项经费；及时与公安、文化、质检、卫生等部门配合行动，组织开展了查处取缔黑网吧专项行动、猪肉市场专项整治等行动。

整治效果更加明显。在打击传销和排查新式传销活动中，检查村庄（社区）85个，宾馆等公共场所107个次，排查出租屋392个，对曾从事传销的4名流出人员密切关注，截至年底宜阳未发现新式传销行为；在严厉查处和打击经营含“瘦肉精”等不合格猪肉的专项整治中，共检查农贸市场103个次，猪肉经营户541户次，养殖合作社53家，养殖公司26家，养殖户234家，猪饲料经营户84家，未发现含“瘦肉精”的不合格肉制品和注水肉；在打击知识产权和制售假冒伪劣商品专项行动中，共查处销售假冒伪劣、商标侵权案22起；在黑网吧整治行动中，检查已登记的网吧户数29户，逐户清查率达到了100％，查处违法经营户75户次，没收用于违法经营的电脑主机162台，显示器116台，查处取缔黑网吧11家；在农资市场专项整治方面，查处农资案件起26起；在“地沟油”专项检查活动中，暂扣散装食用油160.5桶(40斤/桶)，其中22桶无进货票据，138.5桶无标签。全年共办理各类经济违法违章案件1273起，其中一般程序案件293起，简易程序案件980起。

【动产抵押】　2011年充分运用动产抵押登记职能，为企业办理动产抵押10份，为企业贷款4673万元，为宜阳县经济发展注入了资金和活力。

【查处黑网吧】　对黑网吧监管实行属地负责制，即工商所对辖区黑网吧实行重点监管，所长为第一责任人。为了确保责任落实到位，局长同各工商所长签订了宜阳县工商局黑网吧整治目标责任书，所长同责任人也签订了监管目标责任书，使黑网吧监管做到了责任到人，分片、分段包户到人。同时要求各工商所加大市场巡查力度，实行定期巡检和不定期巡查制，对发现或接到举报的黑网吧坚决予以取缔。全年共查处黑网吧16家，暂扣电脑174台，查处网吧超范围经营案件8起。

【食品市场监管】　推行食品入市备案制度，规范备案登记资料，建立追根溯源的食品监管体系。全年新办食品备案108户，涉及品牌599个，单品1732种；办理食品流通许可证工作全面展开。全年共办理食品流通许可证申请729份；积极开展各类食品安全专项执法活动。先后开展了春节“两会”期间流通环节食品安全专项整治、彻查问题奶粉专项整治、地沟油清查、牡丹花会期间食品安全专项整治、校园周边食品安全整治等一系列活动。共查处未建立健全食品进销货台账案件37起，查处无照经营食品案件35起，切实维护了消费者的合法权益。

【12315维权】　12315申诉举报处理更加及时。明确专人负责12315维权网络运行。认真落实24小时值班制，及时受理、分流、处理、反馈各类申诉、举报、咨询，发现案情迅速出击。截至11月初，共受理消费者咨询、申诉、举报450起，其中咨询290起，申诉76起，办结76起，挽回经济损失15.5万元；受理举报84起，案件总值35万元。全县共设12315维权联络站205个，共受理消费者咨询216人次，每个联络站都达到了“六个一”标准设置，实现了进市场、进商场、进景区、进社区、进乡村的“五进”目标。新建“消费者投诉站”、“12315维权联络站”90家，即将投入使用。个私协会凝聚力增强。两协会共受理投诉169件，解决168件，解决率99.9%，挽回会员经济损失127万余元。

【“3·15”活动】　围绕“消费与民生”的主题，组织13个行政事业单位、16家企业参加了“3·15”国际消费者权益日宣传维权活动。接受消费者咨询280人次，消费者申诉25起，举报6起，当场处理申诉3起，为消费者挽回经济损失4800余元。发放各类宣传材料1.6万余份，销毁方便面、酱油、矿泉水等11大类34个品种的假冒伪劣商品，价值7万余元。

【政风行风建设】　制定了《宜阳县工商局2011年民主评议政风行风工作实施方案》，召开了民主评议政风行风动员大会，调整了行风建设领导小组及具体办事机构，建立了层层抓落实的责任体系。把行风建设工作同落实党风廉政建设责任制结合起来，以责任状为载体，层层抓落实，激发干部职工“争先创优”的积极性和创造力，为开展行风建设工作奠定了坚强的组织基础。在8月开展的政风行风征求意见过程中取得了较好的成绩。

【“五五”普法】 明确工作重点，制定普法“六五”规划。按照国家工商总局《关于加快推进法制工商建设的意见》的总体要求，积极推进依法行政工作。2011年，宜阳县工商局以进一步规范执法行为，促进严格执法，规范执法，公正执法，文明执法；全面推进行政指导工作；开展法制宣传教育；进一步加强法制机构和队伍建设，全面提升法制工作的能力和水平为法制工作的重点，以加快推进“五个工商”建设，积极构建法制工商、确保“六五”普法工作有效开展为目的，制定了《宜阳县工商行政管理局法制宣传教育和依法治理工作第六个五年规划》；加强队伍管理，为依法行政提供保障。首先，为全局110名行政执法人员换发了国家局和省政府执法证件。全面落实执法人员持证上岗制度，严格行政执法人员的主体资格，规范了行政执法。其次，举办各类培训班3期，培训人员200余人次，并采用集中培训与自学相结合、网络视频学习与选派人员参加各类法律、法规培训考试相结合等多种形式进行学习，提升了队伍自身的履职能力和依法行政水平。三是完善执法程序，促进行政执法规范运行。依据《行政处罚法》、《工商行政管理机关行政处罚程序规定》、《河南省工商机关行政处罚案件核审办法》、《河南省工商行政管理机关强制措施实施办法》和《河南省工商行政管理机关重大复杂案件集体讨论决定办法》等一系列规范性文件，在立案、管辖、检查、调查、核审、处罚告知、听证、处罚决定、执行等各个环节，严格执行处罚程序，并进一步细化法制机构核审行政处罚案件的类型范围和幅度，调动了办案机构的积极性。

【内部管理】 目标管理工作进一步强化。宜阳县工商局在年初认真制定目标责任书的基础上，对全年各项目标责任进行分值量化，保证了全年责任目标推进与时间进度同步；内部管理方面更加严格。县工商局严格值班、考勤、卫生、安全、车辆管理制度。值班实行24小时值班制、领导带班制度和查岗制；考勤实行每日早上列队点名制、下午上班签到制和外出执行公务签出制；卫生检查实行流动红旗制；车辆管理实行派车制，使内部管理走上规范化轨道。

【政务信息】 编发工作信息132期，被市局和县委、政府转发32期，被省市政府主流网站转发5篇，发表调研文章2篇。

（赵宏欣）

物价管理

局长　马　沛

【概况】 宜阳县物价局是全县价格工作的管理机构，机关位于县文明东路12号，驻县政协机关。内设2个职能股室，即办公室、业务股。下属4个二级机构，即价格成本监测所、物价检查所、价格认证中心，价格调节基金办公室，现有干部职工53人。2011年度该局先后被市政府办公室授予基金征收先进单位，被市发改委授予2011年发改系统物价工作优秀单位；被市发改委授予价格监测与信息服务先进单位，被市发改委授予价格举报先进单位等荣誉称号。电话：0379－68882145。

领导班子成员

职　务	姓　名	职　务	姓　名
局　长	马　沛	副局长	李晋阳
副局长	杜保森	纪检组长	刘光伟
办公室主任	陈建科		

【价格法律宣传】 3月开展“3·15”消费者权益保护日宣传活动，出办咨询台2个，悬挂横幅20条，印发宣传资料3000份。5月开展《价格法》宣传活动，出宣传车2辆，办板报6块，设价格咨询台3个，印发宣传单5000份，悬挂横幅30条，11月4日开展法制宣传日宣传活动，出板报4块，设咨询台2个，印发宣传单1000份。

【成本监测】　宜阳是国家定点农产品小麦、玉米、烤烟种植成本直报县。成本监测在5个乡镇设立18个调查点，调查人员认真指导农调户填写成本调查账簿，严把数据质量关，按时完成数据上报任务，受到省、市表彰。2011年每月1日、15日定时对蔬菜、生活用品、农产品、生产资料70多个品种的市场价格进行采价，完成上报200期，有效的监控了市场价格动态。2011年完成农户存粮和售粮、农资购买、农户种植意向、农户收支情况、副食品价格变动趋势、石油、液化气、烟农补贴8个专题调查，调查涉及5个乡镇28家农户，采集数据800余个，撰写10篇数据翔实的分析材料，传递市场价格信息，对政府决策提供了可靠数据。

【价格管理】　贯彻落实国家、省、市价格政策，对药品价格推行集中招标采购，认真贯彻了市药品集中招标采购价格管理办法及洛阳市医疗单位集中招标采购中标目录，重点规范了药品价格中的“虚高”问题，大幅度降低了药品价格，使群众得到广泛受益，同时也规范了医疗单位30余种自制药品的价格，切实保护了消费者的合法权益，稳定了市场，稳定了人心。

【收费管理】　认真贯彻国家、省、市下达的有关收费政策文件，及时通知有关部门增加、变更、取消相关项目，使收费政策得到了认真贯彻落实。收费许可证的及时换发，进一步加强了收费管理，净化了收费环境，为宜阳经济发展创造宽松的外部条件。

【价格监督检查】　深入开展价格监督检查工作。2011年物价形势严峻，市场价格波动较大，特别是涉及群众生活必需品的蔬菜价格，让老百姓生活压力增大，要求严控物价降低物价的呼声增加。针对群众反映的热点问题，县物价局组织进行了生活用品、农资价格、涉农收费公示专项检查，元旦、春节、“五一”“十一”等节假日期间进行了市场专项检查。与此同时，密切关注了成品油、化肥、粮食、食品、建材市场价格动态，尤其是成品油价格出现异常波动，及时加强了对市场价格的监测和控制，全年出动200余人次对市场进行价格监管，健全了市场价格巡查制度。开展市场明码标价检查，先后对城区市场、量贩和韩城、白杨、丰李等乡镇市场进行检查，推行明码标价制度，树立公平竞争意识，开展价格服务活动，推行收费公示工作，对全县乡镇及重点村进行收费公示，让广大群众明白交费，政务公开。对行政事业收费进行检查，完成检查面80%，并对16个系统、60多个收费点进行检查，价格监督检查工作的有效开展，维护了广大人民群众和消费者的合法权益。

【价格调节基金征收管理】　价格调节基金征收工作全部由地税部门代征，制定翔实的征收计划，划分征收范围，分解征收任务，使基金随财政预算外资金上缴征收，基金按开发票金额征收，解决点多、面广、任务分散现象，价格调节基金的足额征收，为政府有效调控市场、稳定市场价格提供资金保障。

【价格评估认证工作】　2011年价格认证工作树立“竞争、服务、创新、大局”的意识，按照公开、公平、公正的方针，遵循合法、科学、客观、公正的评估原则，不断完善工作规范，把任务分解到人，责任落实到人，积极认真的开展价格认证工作，全年共评估463起。其中：涉案物价评估87起，国有资产评估35起，交通事故评估220起，公物处理41起，行政机关委托80起，起到了企业与政府的桥梁和纽带作用，并为公、检、法正确量刑提供了可靠的依据，充分发挥了价格部门的服务职能。

【产业集聚区电价审核报批工作】　2011年物价局认真做好产业集聚区电价调整企业的审核报批工作，全年完成32家企业优惠电价的省审批工作，工作成绩排名全市第一，产业集聚区审核报批工作的开展为宜阳县企业快速发展争取了政策，提高了效益，创造了宽松的外部环境。

（卫振宇）

质量技术监督

【概况】　宜阳县质量技术监督局是主管全县标准化、计量、质量、特种设备安全监察工作并行使执法监督职能的直属机构。位于解放中路21号。2011年，该局坚持依法行政、从严治局，坚持抓

局长　王慧敏

质量、保安全、促发展、强质监，深入开展“创先争优”、“环境创优年”等活动，着力打造服务型质监部门。经过全体干部职工共同努力，圆满完成了县委、县政府及市局下达的各项目标任务。电话：0379－68882240。

领导班子成员

职　务	姓　名	职　务	姓　名
局　长	王慧敏	副局长	周智杰
副局长	孙新民	纪检书记	周汉卿

【计量监督管理】　依据《计量法》的规定，对用于贸易结算、安全防护、医疗卫生、环境监测方面的列入强制检定目录的工作计量器具，实行强制检定。完成强制检定计量器具9610台（件），完成年度目标（7500台）的128.1%。完成宜阳县计量史编写工作；完成市局下达的定量包装检查任务。检查企业13家抽检（产）商品20批次，合格率为99.8%；组织中石化韩城加油站和宜阳县长城机动车检测站2家单位申报洛阳市商业、服务业“诚信计量示范单位”评选活动，并通过验收、发证；开展了主题为“计量检测、健康生活”的“5·20”世界计量日宣传活动。共免费检定血压计306台、人体秤106件、台（案）秤218件，组织眼镜店免费验光698人次。印发计量知识材料1600份，组织中型以上企业、眼镜店、加油站、量贩等18个单位悬挂“5·20”世界计量日宣传口号横幅24条，营造重视计量节约能源的氛围。

【标准化工作】　帮助前进民爆股份有限公司申报标准化良好行为企业示范单位；帮助一家生猪养殖企业完善生猪养殖标准体系，确保通过省级标准化养殖示范基地验收；帮助黄河同力有限公司完成采标工作；帮助宜阳新盛建材有限公司制定企业标准并通过市局验收和备案。

【质量管理】　抓好省长、市长质量奖，名牌产品申报工作。组织申报市长质量奖企业1个，获得市政府奖励60万元（前进民爆股份有限公司）；培育市长质量奖2家（洛阳骏马有限公司、洛阳市黄河同力水泥有限责任公司）；中国名牌产品重点培育1家（河南前进化工有限公司）；河南省优质产品重点培育2家（洛阳市黄河同力水泥有限责任公司、河南前进吉庆烟花爆竹出口公司）。

开展“环境创优年”活动。局领导干部服务企业40家，帮助指导企业规范管理行为，提高管理水平，争创名优产品。

编制上年度质量分析报告。分析宏观经济运行质量和效益，反映质量工作中存在的问题和困难，提出对策措施，争取政府的重视和支持；加强认证认可监督管理工作。按照“法律规范、行政监管、认可约束、行业自律、社会监督”五位一体的认证认可监督工作机制，加强体系认证、3C认证、食品农产品、有机产品的证后监管；宜阳县第二人民医院、花果山食品有限公司等4家企业被市局评为质量管理先进企业。其中2家企业负责人荣获质量管理先进个人称号。

【质量监督】　加大质量监督力度，推动企业落实产品质量安全。对粮油食品轻工、化工、建材等产品进行监督检验。完成产品质量监督检验325批次。完成年度目标300批次的108.3%。

加强生产许可证管理，严格市场准入制度。宜阳县工业许可证认证企业7家，制定切实可行的许可证日常巡查制度和回访制度，对达不到条件和标准的企业，限期整改。

完善机动车辆安检机构资格管理，严惩违规检验。对宜阳县长城机动车辆检测有限公司进行证后监管，对安检机构的基本信息、检验报告、检测设备、人员持证上岗等进行管理，每季度上报安检机构监督检查登记表，对不符合项目限期整改，并且督促其加以完善。

完成洛阳骏马化工有限公司等4家生产许可证年审工作。

完成定期监督检验计划。对产品不合格企业，帮助查找问题，责令限期改正，并依法进行处理。

【食品安全】　抓好元旦、春节、花会期间食品安全。出动执法人员125人次，执法车辆63台次，检查食品生产企业、小作坊42家，查处无证生产企业1家，下达整改通知8份，规范了生产加工行为。

出动执法人员33人次，执法车辆6台次，对全县肉制品、速冻食品以及以猪肉为原料的肉制品生产企业，对其进厂原料采购验证和产品出厂检验进行严查，严防“瘦肉精”原料肉进入厂门。

组织全县3家小麦粉生产企业的法人和技术员参加市局组织的禁用食品添加剂过氧化苯甲酰、过氧化钙动员宣誓大会，并组织与会企业庄严宣誓，向市局、县局签订了不使用增白剂生产小麦粉的质量安全承诺书。

成立宜阳县质量技术监督局严厉打击食品非法添加和滥用食品添加剂专项整治领导小组，制定了《宜阳县质量技术监督局严厉打击食品非法添加和滥用食品添加剂专项行动实施方案》。

出动执法人员58人次，出动执法车辆24台次，对全县32家食品生产企业和小作坊使用添加剂进行了专项检查，依法依规执行食品添加剂进货、备案、保管、使用制度。

与15家食品生产企业和17家食品生产加工小作坊签订了质量安全承诺书；印制了一批（22种）记录本，发放给各食品企业。

向企业发放严格规范食品添加剂生产经营使用的公告、食品中可能添加的非食用物质和可能滥用的食品添加剂品种名单及质监提示标语450份。

开展食品宣传周活动。展出食品安全宣传版面2块，发放宣传资料500余份，解答食品质量安全咨询62人次，张贴宣传标语230余张；出动食品监管人员47人次、执法车辆12台次，开展食品安全“进社区、进学校、进农村、进企业”活动。

开展中秋节、国庆节期间食品安全大检查，共出动执法人员42人次，执法车辆13台次，检查食品生产加工企业、小作坊32家次，发出责令整改通知书1份。

开展“地沟油”专项检查。出动执法人员36人次，执法车辆11台次，重点检查了企业原材料仓库、食用植物油采购验证把关以及食品生产加工企业以“地沟油”为原料生产加工食品行为，未发现有违规生产、使用“地沟油”的现象。

开展调味面制品专项检查。出动执法人员126人次，执法车辆43台次，检查食品生产企业、小作坊24家次，对沙琪玛等油炸类焙烤类食品、“塑化剂”、“假海参”、假冒山西老陈醋等食品安全问题进行了专项监督检查。

完成河南翰儒食品有限公司等13家食品企业年度审查工作。

创建“省级食品安全示范县”精心部署，积极配合，着力抓好相关工作，并通过省级验收。

【特种设备安全监察】　帮助企业建立健全特种设备安全管理机构，配备安全管理人员，明确了企业安全管理的主题责任，加强企业安全监管。配合市锅检所、特检所做好特种设备检验工作。制定定检计划，检验锅炉62台、压力容器292台，电梯87条，起重机械77台。

加强重大事故危险源的监控。要求对设备按时进行安全质量检验，建立完善安全管理机构。加强作业人员安全知识，作业技术培训。对重点监控企业实行责任制，进行巡回检查，发现问题立即处理。

搞好专项检查。成立专项检查领导小组，制定检查工作实施方案，分片包干，责任到人，开展春节百日安全监察“五一”、“十一”、秋季安全大检查、压力容器专项检查、气瓶专项检查、冬季安全大检查等专项检查活动，确保特种设备的安全运行。

制定了宜阳县质量技术监督局特种设备突发事件应急反应预案。

2011年检查特种设备使用单位110家，检查设备490台次，查处安全隐患40处，下达安全监察指令书62份，消除隐患40处。

【安全月宣传活动】　在县城红旗广场设立特种设备安全监察知识咨询台，咨询群众200多人次，展出特种设备安全监察知识展版，发放宣传图册、宣传材料1000份，悬挂安全生产宣传口号横幅。

【行政执法】　全年办理质量技术监督行政执法案件30起，均立案查处。受理投诉案件5起，均得到妥善处理，并为投诉者挽回经济损失4.2万元。

【宣传、政务信息】　完成新闻宣传报道任务33条（篇）（《中国质量技术监督》1条，《中国科学报》1条，《商品与质量》1条，《河南日报》7条，河南科技报15条，青年导报6条，河南省质检协会优秀论文2篇）。政务信息被上级采用32条（篇）。其中被市局采用信息23条，被宜阳县委、县政府采用信息7条，被市局采用体会文章2篇。

【取得荣誉】　2011年，该局被河南省质量技术监督局表彰为全省质监系统双打专项行动先进集体；

被洛阳市质量技术监督局表彰为目标管理先进单位、党风廉政建设先进单位、食品安全监管工作先进单位、执法打假工作优秀单位、洛阳市计量志编纂工作先进单位；被宜阳县人民政府表彰为安全生产目标管理先进单位；被宜阳县食品药品安全委员会委表彰为食品安全监管工作先进单位等。

（董明堂）

安全生产

局长 刘 飞

【概况】 宜阳县安全生产监督管理局是主管全县安全生产工作的县政府工作部门，位于县城文明中路49号。内设办公室、监管一科、监管二科、监管三科、综合协调科、人事培训科，下辖执法监察队、培训中心。2011年有干部职工45人。

2011年，宜阳县安全生产工作认真贯彻落实科学发展观，牢固树立安全发展的理念，按照国家、省、市安全生产会议精神和有关法律法规的规定，继续贯彻落实“安全生产年”的各项工作要求，实施“安全发展行动计划”，积极开展安全宜阳创建活动，加大对各类安全隐患的排查整改力度，遏制了重大事故的发生，确保了全县安全生产形势稳定。电话：0379－68885093。

领导班子成员

职 务	姓 名	职 务	姓 名
局 长	刘 飞	纪检组长	李俊武
副局长	樊建民	正科级干部	周万申
副局长	聂伊森	正科级干部	丁汉卿
副局长	廖应欣		

【落实安全生产责任制】 县政府把安全生产纳入目标管理。年初，53个单位向县政府递交了安全生产责任目标保证书，县政府定期进行考核，把责任目标完成情况作为考核干部的重要内容，实行一票否决。各乡（镇）、县直委局把安全生产责任目标层层分解，与各行政村、重点企业签订责任目标，责任到人。

【综合协调】 县常委会、县政府常务会、县政府安委会定期召开会议，坚持召开安全生产周例会，分析、部署全县的安全生产工作，解决安全生产工作中存在的突出问题。2011年，共召开安全生产会议34次，其中安全生产周例会12次，下发文件48个，进行安全大检查6次，协调解决安全生产重大问题12个。

【事故隐患排查治理】 建立隐患排查治理长效机制，采取强力措施，抓好隐患排查治理工作，突出重点时段、重点行业、重点企业和重点部位的安全监管，坚持县安委会重点成员单位周排查、企业月排查汇报制度，对重大隐患实行政府挂牌督办等制度。2011年，共检查企事业单位852家，发现隐患665处，已整改657处，整改率98%。其中26处重大隐患已全部整改到位。

宜阳县2012年安全生产工作会议

【开展安全生产重点行业集中整治】 指导、协调、监督煤炭、道路交通、消防、建筑施工等重点领域、重点部位的安全监管，严厉打击非法开采、非法施工、非法生产、经营、运输、储存等行为。2011年，查处违法违规生产行为297起，立即整改229起，限期整改68起，下达整改指令书68份，打击“三非”数量55个，停产停业36个，关闭19个。彻底取缔无证生产的行为，确保了资源合理开发和利用，促进了县域经济持续健康发展。

【非煤矿山整治】 深入开展非煤矿山安全专项整

治，强制推行中深孔爆破新技术的应用，实现机械铲装，机械二次破碎等先进技术，全面开展安全标准化建设，提高企业安全生产作业水平，地下矿山企业严格落实领导下井带班制度，全面推行安装和使用安全生产紧急避险“六大系统”，进一步提高矿山安全生产保障能力。深入开展整顿和规范矿产资源开发秩序专项行动，查处非煤矿山违法行为37起，下达责令停止违法行为通知书13份，取缔非法盗采点11个，扣押运输车辆32辆、矿石3000余吨，刑事拘留3人。

【危险化学品和烟花爆竹整治】　认真做好危险化学品生产企业安全标准化建设，重点加强对骏马公司、中原化工、宜衡化工等企业的监管，检查生产经营储存单位16个，排查和治理隐患20处。重点打击查处危险化学品无证无照非法生产经营、储存和运输。加强对非法加油站（点）的打击力度，依法打击关闭非法经营单位5个。切实做好烟花爆竹市场的监管，2011年县安监局联合公安、消防、县社等部门对违法经营假冒伪劣产品的商户进行了严厉打击，出动100余人次，收缴、销毁烟花爆竹150余箱，价值3万余元，并公开进行了销毁，严厉打击了无证经营烟花爆竹行为，确保了节日期间烟花爆竹安全。

【作业场所职业健康检查】　召开全县作业场所职业卫生健康工作会议，对全县工矿商贸生产经营单位网上申报工作进行宣讲培训，完成网上申报110家；作业场所职业危害检测12家，体检1606人。

安全宣传

【宣传培训】　开展“全国安全生产月”活动。全县设立咨询点70余个，发放宣传册、宣传单5万余份，出动宣传车30多辆，悬挂宣传横幅105条，展出展板163块，安全宣传挂图120副，参与咨询群众1万余人次，营造了浓厚的宣传氛围，“安全发展，预防为主”宣传主题深入人心，全民的安全生产意识得到了进一步的提高；加强安全培训。先后举办各类培训班25期，培训企业的主要负责人、安全管理人员、特种作业人员1300余人、农民工5000余人。提高了农民工的安全意识和安全技能。　　（王利杰）

统计工作

局长　武伟献

【概况】　宜阳县统计局是县政府主管全县统计和国民经济核算工作的职能部门，驻县政府三楼。内设机构有：办公室、三产股、投资股、法规股、设计管理股、农村社会经济抽样调查队（副科）、城市社会经济抽样调查队、普查中心、能源统计办公室。共有干部职工33人。2011年，县统计局在县委、县政府的正确领导下，在上级部门的鼎力支持下，认真贯彻全县经济工作会议精神，坚持科学统计、开拓创新、扎实工作，较好地完成了县委、县政府和上级统计部门安排的各项工作，被市统计局评为2011年度工作先进县单位，被县委、县政府评为2001年度完成市定目标突出奖和书记县长特别奖。电话：0379－68882326。

领导班子成员

职　务	姓　名	职　务	姓　名
局　长	武伟献	副局长	董胡伟
副局长	赵朝庆	纪检组长	陈丽丽
副局长	郭晓川		

【第六次全国人口普查】　第六次全国人口普查工作在2010年机构建立、人员选调、宣传发动、业务培训、分区摸底、制作户主姓名底册、正式入户登记、事后质量抽查验收等工作基础上，2011年主要完成的工作是普查表短表、长表和死亡表的审

核、编码、光电数据录入、光电图片数据转化、编辑审核等数据、普查资料的开发应用等工作。

【企业一套表工作】 “企业一套表”统计调查制度，是2011年全国统计工作“四大工程”建设重要内容，主要目的是在全国实施一套表，建立既能有效满足各级党委政府、各类经济体和社会公众需求，又能满足国民经济核算需要，便于调查单位填报、减轻基层统计机构和调查对象负担的统一规范的统计调查制度。县统计局按照省、市统一布置，从学习、培训、成立机构到布置各基层单位进行填报、审核、上报，都能够做到早谋划、早实施、早上报，目前，宜阳县的试点工作圆满结束，为2012年“企业一套表”的全面实施奠定了良好基础。

【统计服务】 宜阳县统计局注重对国民经济运行情况统计监测和专题调查研究，深入挖掘统计信息资源，为县委、县政府及社会各界提供咨询建议和统计信息。每个月都将统计数据上传下达，使各级心中有数，每个季度进行深入分析，总结成绩，查找不足，提出对策，供各级部门参考。2011年，累计向县委、县政府及各职能部门报送《统计报告》、《宜统信息》、《宜统调研》共90余篇（条），充分满足了县委、县政府及社会公众对统计信息的需求，充分展示了良好的统计形象。

【统计法制建设】 积极推行行政执法责任制，统计执法程序和执法标准更加明确。不断探索统计执法与统计业务工作及经常性执法、重点检查和专项检查有机结合的新方法。积极参加全省统计业务大培训，认真做好统计从业资格认证培训考试和统计从业资格证年检，做好统计继续教育培训。

【城乡经济调查】 城市经济调查根据国家统计制度要求，抽取50户城镇居民，采取日记账办法，计算全县城镇居民收入、消费、就业、投资等情况，反映城镇居民生活水平。选定5个综合商场、3个集贸市场、1个餐饮中心、61个经营和服务单位作为物价调查点，对近千种商品价格进行跟踪调查，反映全县居民消费价格、商品零售价格和农业生产资料价格水平。

根据工业品价格调查方案，对抽中企业开展工业品出厂价格调查，但该项调查全县无代表性。

农村经济调查按照统一要求，抽取100户农村居民开展农民收入、消费、生活水平、劳动就业、家庭经营等调查，反映全县农村农户情况；抽取100户农户居民，作为国家贫困县样本点，开展扶贫开发工作情况监测调查；抽取20个村，作为农作物产量调查点，进行农产量调查。 （刘少红）

审计监督

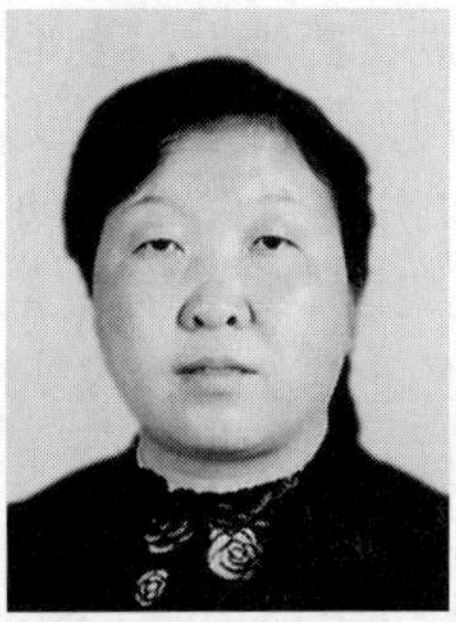

局长 石彩云

【概况】 审计局位于县城解放中路23号，局内设办公室、法制室、行政事业审计股、财政金融审计股、社保农业审计股、基建经贸审计股、经济责任审计股、财务室和人事档案室等9个股室，下属4个乡镇中心审计所。2011年有干部职工54人。其中：财政全供21人，自收自支33人；注册会计师1人，审计师3人，助理审计师5人，会计师3人，咨询师3人。通过历年发展和人员调配，审计局人员的政治、文化、年龄结构逐步趋于合理，人员基本胜任审计工作需要。电话：0379－68882325。

领导班子成员

职 务	姓 名	职 务	姓 名
局 长	石彩云	纪检组长	陈 森
副局长	郝增梅	党组成员	张 霄
副局长	李全守		

【强化审计监督效力，发挥免疫系统功能】 年度完成47个审计项目，查出违规金额1338万元；增收节支5536万元，其中：已上缴财政115万元，已减少财政拨款或补贴2万元，已归还原渠道资金5419万元。该局办公室被省档案局评为河南省机关档案工作规范化管理先进单位，基层医疗卫生机构债务清理和2010年1月至2011年6月全市养老保险基金筹集管理和使用情况专项审计调查报告分别被市局评为先进和报送及时单位。

【抓好党风廉政建设，开展文明廉洁审计】 党风廉政建设是审计部门工作人员的生命线，该局始终把党风廉政建设作为一项中心工作来抓。为加强党风廉政建设，在坚持依法审计的前提下，该局积极倡导文明审计、廉洁审计，提升全体人员宗旨意识和廉洁意识。建立健全科学规范的内部管理和监督制约机制，领导干部实行“一岗双责”，分解廉政责任，与各股室负责人及一般审计人员签订廉政承诺书。强化对重点岗位、薄弱环节、廉政隐患的研究和防范，把廉政建设与效能建设有机结合，大大提高了审计工作效能；着力倡导文明审计。要求审计人员做到：审计要依法并严格按法定程序，工作要遵守审计纪律，坚决杜绝门难进、脸难看、事难办的不良作风，遇事要讲耐心道理，言行举止要文明，不讲粗话、大话、过头话和伤害别人感情的话，审计情况要如实反映，处理问题要实事求是；实行“廉洁审计”。审计组每次在进点前，不仅要学习和熟悉相关的审计业务，而且要组织学习有关的审计工作纪律和廉洁自律的有关规定。审前要作出审计工作纪律“八不准”承诺，审后由局纪检组及时反馈审计工作纪律执行情况，对审计人员依法审计、廉洁从审、秉公执法情况进行及时有效全方位的监督。

【强化制度能力建设，提高审计队伍素质】 坚持以制度建设为基础，以能力建设为核心，切实加强审计队伍建设。以制度建设为基础。对现有制度全面进行了修改、完善，建立了更为完善、实际的制度体系，更加全面地涵盖领导班子建设、机关效能建设、审计业务管理、党风廉政建设等方面。强化考核的引导作用，继续按照“量化考核、严格奖惩”的原则，细化工作职责，明确岗位目标，强化工作考核，形成了严格按制度工作、按制度管理、按制度办事的制度体系和管理机制。以能力建设为核心。强化教育培训，坚持每周二、五学习日制度，采取集中培训和业余自学相结合方式，提高审计人员的综合素质。进一步加强工作研讨和业务培训，组织开展宏观经济知识、审计法律法规、审计实务等学习与培训，提高了审计干部业务素质和工作能力。

【深入开展环境创优，加强机关作风建设】 按照县委关于环境创优年政务环境创优活动的要求，结合该局实际，坚持抓组织领导、教育、提速、整改、制度、监督等“六抓”方针，成立由党组书记、局长石彩云为组长，党组其他成员为副组长，股室负责人为成员的活动领导小组，主抓机关环境创优活动全面事宜，采取集中培训、以会代训的方式，提高服务效率，兑现服务承诺，边学边改，边查边改，以改促纠，以纠促建，规范工作流程，改进运行机制，对不作为、乱作为、吃拿卡要、作风散漫等影响发展环境的突出问题，严肃查处，决不姑息。通过活动，达到“内强素质，外树形象”，强化审计监督，扩大审计影响，努力为全县又好又快发展服务的目的，为宜阳县审计事业增光添彩。

【围绕中心开展工作，发挥职能服务大局】 一是根据市局工作安排，成立专门审计组赴偃师市开展地方政府债务审计，抽调骨干到三门峡配合该项工作，此人吃苦耐劳，兢兢业业，一丝不苟高质量地完成审计任务，得到省审计厅人事处和市局表彰。二是积极参与县委、县政府及有关部门组织的活动。首先是在任务繁重的情况下抽调人员参加禁烧工作，5 月中旬和“十一”期间，先后抽出 20 余人次到三乡镇仁村、后寨、西柏坡等村开展工作，不顾条件艰苦，天气炎热，牺牲节假日休息时间，驻点禁烧，圆满完成禁烧任务，地方政府和包村群众给予了充分肯定；其次响应县委宣传部“九九”重阳节慰问全县老人的号召，在短短的两天内，机关干部踊跃捐过冬衣物 21 件；三是抽出 4 人参加县纪委牵头组织的全县党风廉政建设和三公经费检查，在抽出骨干人员和机关任务繁重的情况下，还专门调配车辆服务此项工作。

（马俊宜）

食品药品监督管理

局长 王克统

【概况】 宜阳县食品药品监督管理局驻北城区县第二人民医院四楼。内设办公室、药品监管股、药品稽查队、纪检监察室和直管单位药品检验所。干部职工 26 人。县食品药品安全委员会办公室设在食品药品监督管理局。

2011 年，宜阳县食品药品监督管理局紧紧围绕年度工作目标，强化规范管理，加大从严打假治劣力度，突出药品安全专项整治，保障了人民群众用药安全，圆满完成市、县工作任务。电话：0379－68821109。

领导班子成员

职　务	姓　名	职　务	姓　名
局　长	王克统	副局长	李建国
副局长	卢明亮	副局长	鲍战生

【药品日常监督检查】　年内对辖区110家药品经营企业、343家医疗机构检查950家次，检查覆盖率达100%，现场检查记录全部录入监管信息管理平台，建立和及时更新了监管档案。

对11家二类精神药品、特药经营、使用单位每季检查1次，覆盖率100%。辖区内未出现特药安全事故和非法经营特药行为，对县中医院制剂室现场检查2次以上，生产程序规范。

加强药品不良反应监测和医疗器械不良事件监测工作，完成上报药品不良反应病例报告450份，占任务113%，医疗器械不良事件报告52份，占任务104%，全部按时录入不良反应监测网络平台。加大对非法药品广告治理检查力度。配合县性别比工作小组做好“两非”工作，组织人员对药品经营企业和医疗机构经营、使用终止妊娠药品情况进行了深入检查，对所有药品经营企业张贴“禁止违法销售使用终止妊娠药品”警示牌，查处非法经营、使用终止妊娠药品案件2起。

巩固药品流通环节专项整治成果，严格按照GSP认证标准规范药品经营企业经营行为，加大对药品零售企业实施药品分类管理的日常监督检查，不断提高药店人员经营管理水平，巩固药品流通环节整治成果，杜绝出租出借许可证、代开发票行为，消除出租出借柜台和超范围经营行为。

加强基本药物监管，搞好基本药物电子监管工作，基本药物经营企业按规定全部入网管理。

【医疗器械监管】　加强医疗器械监管工作，对县域349家经营使用单位建立监管档案，保障医疗器械使用安全。

【药品药械打假治理】　全年共办理案件77起，结案73起，待结4起，罚没收入全额上缴省级国库。按时完成药品协查、核查任务29个，及时反馈协查、核查结果。办理大案要案1起，配合公安机关抓捕网上销售假药逃犯1人。

以基本药物为重点全年完成抽验任务140批次，占全年任务的100%，检出不合格药品29批次，不合格率为20.71%，其中假药6批次，劣药23批次。配合市局完成农村专项评价性抽验任务12批次，对不合格药品全部立案查处。

组织开展“药品安全月”活动，全年共查处零售企业处方药未凭处方销售案件3起。

保持药品检验人员稳定，18项检验项目均衡开展，按时参加省市组织的技术大比武。

【药品专项整治】　全年检查药械经营企业、医疗机构2078家次，药品抽样450批次，农村基本用药评价性抽验48批次，医疗器械评价性抽验24批次，办理案件156起，移送案件5起，同时加大对中药材、中药饮片销售行为，处方药凭处方销售、非药品冒充药品、“瘦肉精”原料盐酸克伦特罗、国家基本药物质量等药品专项整治，保障了重要时期、重点品种、重点区域的药品安全。药品安全专项整治阶段性工作，5月得到市药品安全专项整治联席会议督导组的充分肯定。

【药品“两网”建设与“新农合”结合】　以保障农村用药安全为目标，不断深化农村“两网”建设。按照“两网”建设服务于“新农合”试点的工作思路，实现了“两网”建设与“新农合”有机结合，促进了农村药品供应渠道规范发展，农村“两网”工作正常运转发挥了积极作用。

【党风廉政建设】　严格落实党风廉政建设责任制，落实“一岗双责”制度，坚持业务工作和党风廉政建设两手抓，把党风廉政建设列入重要议事日程，党风廉政建设和反腐败工作，重在教育，强在监督，党风廉政建设是依法监管、公正执法的坚强保证。2011年以来，认真学习贯彻落实党的十七届四中全会以及市委书记毛万春在全面工作会议上的历次讲话精神和省市局党风廉政建设会议精神，全面落实党风廉政建设责任制，全力支持纪检监察工作。着力推进监管惩防体制建设，加强监督，领导以身作则，在抓好自身廉洁的同时抓好干部廉洁自律的监督工作。加强和完善制度建设，把党风廉政建设工作任务落实到股室、到个人，并作为一项基础性、长期性的任务来抓。用制度管人管事，监督制约，规范权力运行，约束干部行为。局领导与党员干部签订党员干部廉政承诺书，完善干部廉政档案，制作党务政务公开栏，明确党员干部职责，实行政务公开，自觉接受社会监督。

【开展“环境创优年”活动】 将“环境创优年”活动贯穿于日常监管之中，着力提升工作效能，树立外埠形象，治理机关内部软、懒、庸、散现象，解放思想，提高办事能力，优化服务质量，切实解决制约药品监管和影响药监队伍形象的问题。第一阶段召开“环境创优年”活动动员大会，认真学习了市委九届十四、十五、十六次全会、市委经济工作会议和书记毛万春在全市“环境创优年”政务环境创优活动的讲话精神，全体人员撰写心得体会，形成了班子和班子成员分析报告。第二阶段结合我局实际采取开门纳谏、领导点评、互查自查等方法，着重围绕解放思想，为民意识、发展意识、服务意识、廉洁意识，机关作风“四大顽症”，执行能力，工作效能，优化制度六个方面查摆问题，坚持“讲主观不讲客观、讲自己不讲别人、讲问题不讲成绩”，对查摆出的问题，县局将认真研究，分析原因，努力整改。第三阶段集中整改阶段已圆满结束，对存在的问题已全部整改到位。整个活动有序进展。

【法制工作有序进展】 积极做好法律、法规宣传教育，利用“3·15”宣传活动向社会宣传药品使用和依法监管知识，明确工作职责，接受社会监督，9月1日在县政府广场举行“全国安全用药月”宣传活动启动仪式、电视台连续播放和下基层宣传一个月，发放宣传册和彩页5000余份。严格落实行政处罚案件审核制度，对重大复杂案件进行集体讨论审核，全年共集中审核案件16起。

【积极做好包村帮建工作】 按照市局和县委县政府工作要求，2011年为所包村支持包村帮建资金6000元。为所包村学校购置学生学习用品1000元，招商引资工作完成300万任务。

（孙治平）

2011年食品安全工作考评宜阳汇报会

教 育 科 技

教 育

局长 买作温

【概况】 宜阳县教育体育局位于北城区李贺大道北侧，机关编制25人，内设办公室、基础教育股、计财股、人事股、纪检室、督导室、招生办、安全办8个股室，辖基础教育教研室、电化教育馆、职业与成人教育教研室、体卫站4个二级机构。

宜阳县2011年有成建制小学253所，在校学生62286人，教职工2634人；有初中44所，在校学生26992人，教职工1747人；有高中（含职高）7所，在校学生12100人，教师852人；有特殊教育学校1所，在校学生57人，教职工14人；有公办幼儿园1所，在园幼儿480人，教职工28人。全县教育系统在职干部职工5433人，离退休干部职工1721人。有民办学前教育机构和幼儿园200余所，在园幼儿17915人；有民办中小学16所，在校学生11627人，教职工674人。电话：0379－68822133。

领导班子成员

职　务	姓　名	职　务	姓　名
局　长	买作温	副局长	谷占军
副局长	王希玲	纪委书记	李志斌
副局长	周相申	副局长	张强志
副局长	杨安康	副局长	王群召
副局长	炊合渊	党委委员	彭清智

【党风党建工作】 培训入党积极分子42人。各支部大力开展党员志愿服务活动，参与志愿服务活动的党员185名，建立志愿者服务队17支，为群众做好事160余件，惠及群众900余人。组织教育系统窗口单位开展“四亮四创四评”活动，参与党员160人，设立党员责任区19个，设立党员示范岗18个，组织群众测评4次。认真组织“党在我心中”征文活动，向县组织部推荐优秀论文3篇。积极组织广大党员参加建党90周年党史知识竞赛活动，参与人数达300余人，占党员总人数的95%。

【教师培训】 通过组织第五届宜阳县农村中小学青年教师技能大赛、“三帮三做”师德师风教育及教育技术能力培训等活动，提高广大教师的职业道德水平和业务能力。开展专家讲座、教学成果展示、撰写论文、听课评课、课后反思等活动，进一步提高教师的整体素质。培训省市级教育干部18人，国家网络培训96人，市级多媒体培训30人，实施国培计划400余人，中小学校长安全培训420余人，食堂卫生培训200余人，高中新课程培训500余人，形式多样的培训有力地提高了教师的综合素质和业务能力，建立了全县5000多名专任教师的专业技术人员业绩库。

【教师队伍建设】 按县政府要求，和纪检委、编办、财政局联合抽调有关人员，按照“公开、公平、公正、择优”的原则，到河南大学、河南师范大学、信阳师院、洛阳师院等高校，通过现场听课、调档、面试等环节，择优招聘40名本科生充实到县高中任教，教育内部的活力进一步增强。

【德育工作】 积极开展第十八届爱国主义教育读书活动，组织全县中小学生演讲比赛，评出一等奖17名，二等奖20名。4月16日，组织了以“雅言传承文明，经典浸润人生”为主题的宜阳县中小学中华经典诵读展演活动，21所小学、25所初中参加比赛，比赛当场评出一等奖和二等奖，并为获奖学校颁奖。开展优秀班集体、优秀学生评选活动，涌现出市级先进班集体63个，市级三好学生380人。

洛阳市教育“一保三放开”宜阳现场会

【体育卫生工作】 顺利举行了中招体育考试，举办宜阳县第十三届中学生晨光体育活动田径运动会，来自全县中学的36支代表队、503名运动员参加57项比赛，打破6项县记录。城关镇一中、城关镇二中、锦屏镇一中、白杨镇一中、柳泉镇一中、赵保乡一中、三乡镇一中、柳泉镇三中、董王庄乡中、锦屏中学获初中组前10名，宜阳一高、实验高中、艺术高中获高中组前3名；香鹿山镇一中、石陵一中、宜阳二高获精神文明奖；宜阳县实验小学等12个单位获优秀组织奖。

【学校建设】 实施实验初中改扩建，新建四层学生宿舍楼1栋，建筑面积1667平方米，总投资120万元；实施城关镇中街学校改扩建，使校园东北角、西南角居民搬迁，南扩至解放路，新增占地面积3000平方米；新建三层教学楼1栋，建筑面积2837平方米，总投资285万元。新建宜阳县职业教育中心。宜阳县职业教育中心（洛阳华富商学院）位于北城区拥军路东、经九路西、纬一路北，由温州华富投资管理有限公司投资兴建。项目投资概算3亿元，占地面积24公顷，建筑面积17.75万平方米。工程分两期实施，一期工程建设宜阳县职业教育中心，于1月11日开工，年内先后完成了2栋教学楼、1栋办公楼、2栋学生公寓、2栋教师公寓、1栋实训楼、1栋餐厅的主体建筑建设任务，建筑面积74462万平方米，累计投资1亿元。二期工程建设宜阳县职业教育中心大专部（洛阳华富商学院），主要建设建筑面积4万平方米的实践中心综合楼和建筑面积1万平方米的2栋教学楼；引资筹建宜阳县儿童世界。由洛投置业有限公司投资建设，位于北城区经五路东侧、滨河路南侧。于7月26日开工，项目投资概算2亿元，占地8.3公顷，规划建设面积10万平方米，设计规模108个教学班，可容纳近4000名幼儿就学；双语实验学校二期工程。年内完成了二期工程建筑面积8000平方米的学生公寓、建筑面积1.3万平方米的教师公寓、建筑面积3000平方米的绿化生态园和建筑面积1.1万平方米的综合楼的主体建设任务。二期工程还包括宜阳县教师新村项目建设，规划占地10.6公顷，建筑面积24.38万平方米。总投资3亿元，其中学生公寓2栋3.9万平方米，教育宾馆1栋6600平方米，教师公寓15栋17.6万平方米，商业及其他用房2.23万平方米。新建城关镇红旗实验学校，由河南昶瑞房地产开发有限公司投资兴建，位于宜阳县城关镇兴宜路北。占地面积2.5公顷，建筑面积3.5万平方米，投资概算5000万元。设计规模60个教学班，其中初中36班、小学24班，可容纳学生2400人。9月份开学投用，现有在校学生950余名。新建宜阳县实验幼儿园教学楼1栋，建筑面积1444平方米，总投资160万元。规划新建宜阳县思源实验学校，由香港言爱基金会援建，位于县城经九路西侧、纬二路北侧。项目占地面积5.3公顷，投资概算3200万元，设计规模40个教学班，容纳学生1800人。安排中小学校舍安全工程项目8个（宜阳县实验初中食堂工程、盐镇乡张村小学教学楼工程、柳泉镇清泉小学食堂工程、高村乡石村小学办公楼工程、三乡镇一中教学楼工程、张坞镇张坞小学办公楼工程、白杨镇中心小学教学楼工程、韩城镇二中食堂工程），建筑面积7140平方米，投入资金714万元。中央救灾资金安排改建项目3个，建筑面积960平方米，投入资金80万元。

【教学设施不断改善】 启动“班班通”工程，樊村乡一中、柳泉镇一中、董王庄乡中等3所学校共投资52万元，装配班级44个。利用免费教科书结余资金6.36万元，购买英语录音磁带2650盘，供全县小学四年级学生免费使用。

【“两免一补”落实到位】 全年共拨付“两免一补”资金6783.59万元。2011年春季，全县拨付公用经费2325.87万元，惠及中小学生95387人；免课本费资金608万元，惠及中小学生101857人；发放“一补”资金212万元，惠及中小学生4554人。共发放“两免一补”资金3145.87万元，惠及中小学生201798人次。2011年秋季全县拨付公用经费2928.92万元，惠及中小学生90704人；免课本费资金496万元，惠及中小学生100309人；发放“一补”资金212.8万元，惠及中小学生4554人。发放“两免一补”资金3637.72万元，惠及中小学生195567人次。

【助学金发放】 为县4所普通高中家庭经济困难学生发放助学金295.65万元，资助学生1971名，资助比例达28%。发放中职生助学金122.4万元，惠及学生1632人次；免学费资金43.78万元，惠及学生819人次。

“滨河之声”专场演出

【学科竞赛成绩喜人】 组织了宜阳县第三轮课堂教学技能大赛决赛，评选出一等奖65名，推出宜阳县“学科带头人”5人，“学科骨干教师”12人，推动了县中小学课堂教学改革的普及和深化。积极开展“三优评选”活动，促进教师专业成长。在省、市举办的各学科优质课赛讲活动中，宜阳县有5名教师获省级奖，220名教师获市级奖；在优秀论文、课件及教学设计评选活动中，获省级奖11人次，市级奖590人次。上报省市参评课例95节，多媒体课件30个，scienceword教案设计5个。以“创设文化氛围，提升艺术素养”为主题，组织开展了宜阳县第二届中小学生艺术节。积极组织教师辅导学生参加各级、各类学科竞赛活动，全县中小学生获国家级奖2人次、省级奖43人次，市级奖209人次。

【高考成绩辉煌】 本科上线2666人（其中普通类2456人，艺术、体育类207人，对口升学3人），继续保持全市第三；上线率55.02%，比上年提高13.54个百分点，全市第二；比上年净增438人，增长19.66%，净增人数和增长幅度全市第一。

宜阳县2011年中招示范高中录取情况

乡镇	参考人数	一高录取人数	实验高中录取人数	示范高中录取合计
城关镇	1472	295	164	459
锦屏镇	497	73	71	144
香鹿山镇	582	100	52	152
石　陵	280	34	49	83
盐镇乡	455	66	51	117
柳泉镇	557	78	52	130
韩城镇	557	103	69	172
高村乡	318	37	46	83
石　村	214	34	25	59
三乡镇	430	73	55	128
张坞镇	381	51	49	100
花果山乡	31	8	2	10
上观乡	81	7	6	13
莲庄镇	317	42	34	76
赵保乡	276	40	24	64
董王庄	389	47	40	87
白杨镇	530	78	72	150
樊村乡	263	33	23	56
实验初中	134	16	12	28
双语学校	35	12	3	15
合计	7799	1227	899	2126

宜阳县 2011 年中招录取前三名

姓名	名次	分数	毕业中学	录取学校
王冬谨	1	623.5	城关镇一中	宜阳一高
牛静燕	2	614	白杨镇一中	宜阳一高
王　博	3	608.8	城关镇一中	宜阳一高

宜阳县 2011 年高招文科录取前三名

姓名	名次	分数	毕业学校	录取学校
冯晓阳	1	621	实验中学	武汉大学
孙向阳	2	611	宜阳一高	武汉大学
赵良辉	3	607	宜阳一高	中国青年政治学院

宜阳县 2011 年高考理科录取前三名

姓名	名次	分数	毕业学校	录取学校
黄忠良	1	664	宜阳一高	中国科学技术大学
叶　航	2	659	宜阳一高	北京航空航天大学
马晨南	3	657	宜阳一高	北京航空航天大学

【安全保障工作】 安全教育经常化。通过板报、宣传栏、主题班会等形式开展交通、饮食、人身等安全教育，免费配发安全教材 1.5 万册，安全月发放安全知识宣传折页 1000 份，有效增强了全县师生的安全意识；安全排查和隐患整改常态化。各学校、中心校坚持周月排查安全隐患，及时化解矛盾，特别是加大对校内学生之间、师生之间，学生与校外社会青年、闲杂人员之间的矛盾排查，对发现的事故隐患及时疏导、整改、上报；加强校园及周边环境整治。积极配合公安、工商等执法机关严厉打击侵害师生人身财产安全的违法犯罪活动，严防重大刑事案件和重大治安事故发生；加大投入，强化责任，严格落实责任追究制。加大资金投入，认真落实隐患整治和校园监控，保证门岗、围墙、校舍等隐患整改到位；建立健全安全工作责任制和责任追究制，落实“一把手”安全责任制，明确一名副职具体负责安全工作，始终做到安全工作有人抓、具体抓，对责任不落实、管理不严格、监督不到位引发安保事故的，将严肃追究有关责任人责任；完善制度，建立校园安全长效机制。建立健全安全隐患定期排查整改制度，师生平安保险制度，大型活动请示制度，学校、学生、家长安全教育责任书制度等各种规章制度，规范安全台账资料，实时、准确记载学校各项安全活动，严格落实安全信息报送制度；加强校园安全日常管理。以切实加强门卫管理和收缴管制刀具长期化为重点，强化学校治安内保日常管理。进一步完善学校防范机制、突发事件应急机制，定期演练应急预案，努力构建平安校园、和谐校园；落实人防、技防措施，加大投入力度，城区学校实现人防、技防全覆盖，投入 280 余万元的农村学校监控设施安装完成。通过一系列的措施，学校安全得到进一步保证，教学环境得到进一步优化。

【信访稳定工作】 及时化解矛盾，上级有关部门转办及信访案件做到了起起有结果，件件有回音，按时结案率 100%，年度结案率 100%。2011 年，共立案调查 10 起违纪案件，结案 10 起。受理重要信访案件 10 起，其中市局立案 4 起，县信访局立案 6 起，全部结案，起到了处理个别人、教育一大片的作用。

【取得荣誉】 2011 年教育体育局获河南省教育宣传先进县、河南省教育系统关心下一代工作先进集体、河南省教育装备与实验教学工作先进集体、市级卫生单位、洛阳市高中工作先进单位、洛阳市校方责任险先进单位、洛阳市勤工俭学工作先进单位、洛阳市高招工作先进单位、洛阳市教学管理先进单位、洛阳市晨光体育活动武术比赛总分第三名、洛阳市田径运动会团体总分第三名、洛阳市中学生跳绳比赛团体总分第三名等 10 余项省市荣誉称号、奖项。

（张学宾）

科　　技

【概况】 宜阳县文化广电科技局位于县城文明中路新兴街 1 号。是全县科技工作的行政管理机构。内设办公室、综合股、地震办公室。科技局机关行政编制 6 名。其中局长 1 名，副局长 2 名；股（科员）级干部职数 2 名。另核定驾驶员事业编制 1 名，经费实行全额预算管理。电话：0379－68882617。

领导班子成员

职 务	姓 名	职 务	姓 名
局 长	孙三成	副局长、纪检组长	李红跃
副局长	楚晓瑜		

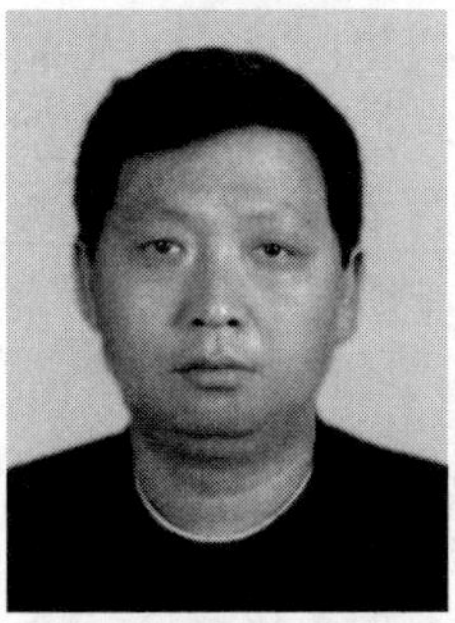

局长 孙三成

【科技宣传】 利用宜阳科技信息网站、宜阳电视台、新闻媒体和办科技板报，宣传科技法律法规和宜阳科技创新示范工作；组织开展科技下乡和“科技活动周”、“科普宣传日”等系列宣传活动，加大科技知识和科技法律法规的宣传。科技活动周在红旗广场举办，共发放科技资料1.5万多份，咨询1500多人次，出动宣传车21辆次。并到三乡、樊村、张坞、高村等乡镇开展科普宣传一条街活动，展出展版120块，挂图100余幅，条幅21条，设科技橱窗10个，为贫困农户送科技图书、科技新产品价值1000余元；“5·12”宣传活动周期间，在宜阳电视台、红旗广场荧屏播放地震知识宣传片。向各乡镇、县直局委共发放《防震减灾知识手册》1万余份，在城关镇中街小学组织地震应急演练活动1次；开展“知识产权宣传周”及“4·26”知识产权日宣传活动，利用悬挂宣传标语、开办网站等形式开展知识产权宣传工作，联合市科技、工商、技监，文化等部门开展知识产权咨询活动，发放知识产权宣传资料1000余份。

【科技培训】 全年组织科技培训22次，培训技术人员2000余人次。组织相关单位及企业负责人参加市科技局举办的产学研培训班6期，高新技术培训班3期，知识产权培训班2期，中药材培训班2期。县科技局举办中药材培训班6期，由各乡镇主管副职及种植大户共360人参加；知识产权讲座3期，由产业集聚区及相关企业负责人共120人参加；高新技术企业培训2期，由30余家符合条件的科技企业相关负责人参加。

【科技信息平台建设】 先后争取国家资金20万元，共计投入资金30万元，于3月11日挂牌成立全国科技信息网河南节点宜阳工作站。该网站是河南省唯一一家县级科技信息平台。并在全县16个乡镇建立了16家科技信息服务网点，建立信息发布栏完善了信息服务网点设备，按照服务站的“五个一”建设标准：有一处固定场所、配一套信息设备、确定一名信息员、制订一套管理制度、建立一个长效机制。为农民提供政策法规、科技咨询、生产经营等各类信息的查询、收集和发布等综合信息服务。

【科技引进与推广】 引进新品种4个，即沙澧特、玩赏核桃和杂交谷子新品种“张杂谷5号”、“张杂谷8号”等；引进新技术3项，即仁用杏酿醋技术、果桑酿制红酒技术和废弃木料制炭技术。因地制宜搞好五大产业基地建设：依托华裕公司和高村乡政府大力推动黑色作物产业的发展壮大；盐镇乡的果桑、仁用杏示范园区，依托洛阳新奕农业科技有限公司，产品逐步向酿酒及发酵素专业延伸，公司攻关研发的果桑干红成套工艺技术及设备总投资400余万元，已建成生产；长益山宝无公害林果生产基地，推广种植大枣、核桃等新品种20余个，发展种植面积666.7公顷，是集生产、采摘、观光、销售为一体的绿色无公害科技示范基地；山区万亩道地中药材种植基地；五是柳泉、莲庄的反季节蔬菜示范基地，2011年分别以新工艺改进、保鲜法推广或灌溉新技术，实现了产能和效益的双提升，成为宜阳县新农村建设的新亮点，农业增产、农民增收的新途径。

【专利管理】 加强与专利所合作，建立“专利申请绿色通道”，为专利申请人提供便捷、高效、优质的服务。开展区域试点示范工作和培育知识产权优势民营企业工作，先后请市知识产权专业人士到前进化工厂、鑫友镁业等多家企业进行现场讲授与指导，提高企业运用知识产权提升自主创新能力。全年专利申请45项，与去年同比增长37%。

【高新技术企业及研发中心】 2011年申报后备高新技术企业2家，即洛阳鑫友镁业有限公司、洛阳天信重工机械有限公司。申报市级产品研发中心3个，即洛阳新奕农业科技有限公司、洛阳红星陶瓷厂、洛阳鑫友镁业。

【科技扶贫项目】 对全县企业科技项目进行摸底、调查，共筛选科技项目24项，组织申报省、市科技项目15项，被省科技厅、市科技局立项5

项，争取科技项目资金108万元。其中省厅自主创新和产业产品结构调整项目1个80万元，用于洛阳鑫友镁业有限公司的年产5000吨变形镁合金板和镁基PS板一期项目。省厅基础设施建设项目1个10万元，用于宜阳县农村科技信息化建设。省厅科普及适用技术传播工程项目2个，共计3万元，主要用于锦屏镇突尼斯软籽石榴和薄皮核桃的技术推广。市农业科技项目1个15万元，用于洛阳新奕农业科技有限公司果桑干红酿制技术研究与开发。

【防震减灾】　2011年地震磁波监测站正常运转。做好震情监测跟踪、地震前兆数据的观测、分析和上报工作，并确定了10个宏观监测点；及时编写震情通报，向上级业务部门和县四大班子领导报告，全年共编写震情通报12期；确定4处地震避难场所，基本满足城镇居民避险需求；及时与有关地震监测部门互换观测资料，同新安、洛阳地震台以及郑州前兆数据预报中心等地交换电磁波数据等前兆观测资料。

【产学研技术合作】　组织前进民爆、鑫友镁业、戴文工贸等企业，到河南科技大学参加产学研军合作“新材料”专场会，与科研院校联系，对发布的电子发火控制部件的研发和高精度导爆雷管研制、AZ91高强镁合金轧制板、节能燃气型玻璃钢化炉等技术难题，并与科研院校取得联系，对发布的技术难题进行分别解决。由科技部门牵头，分别于河南科技大学、洛阳理工学院、洛阳师范学院等院校签订科技合作协议，构建公共创新平台。

【获得荣誉】　2011年，顺利通过2009年～2010年全国科技进步考核工作；2011年度科技局被河南省科技厅评为河南省科技宣传工作先进单位；洛阳市科技局评为全市科技统计工作先进集体；被河南省地震局评为全省防震减灾工作先进单位；被洛阳市地震局评为地震宏观观测点工作先进单位。

（牛彦丽）

科技下乡

文化　卫生　体育

文　　化

局长　周瑞盈

【概况】　宜阳县文化局位于县城红旗西路 1 号，下辖文化市场综合执法大队、文化馆、图书馆、文管所、豫剧团、曲剧团、人民会堂、演出公司等 8 个二级机构，有干部职工 103 人。2011 年以来，文化局以“三个代表”重要思想和科学发展观为指导，深入贯彻落实十七届六中全会，大力弘扬“解放思想、与时俱进、自加压力勇争一流”的宜阳精神，以“创先争优”活动为载体，大力开展群众文化活动，搞好文化基础设施建设，强力推进文化惠民工程，传承保护历史文化资源，加强文化市场综合执法，深化企事业单位改革，各项工作均取得了显著成绩，文化事业呈现出大发展大繁荣的良好局面。电话：0379－68882464。

领导班子成员

职　务	姓　名	职　务	姓　名
局　长	常顺卿（11 月离） 周瑞盈（11 月任）	副局长	贺克瑞
副局长	马宜洛	副局长	李海波

【群众文化活动丰富多彩】　春节、元宵节期间，认真组织了丰富多彩的群众文化活动：书法家义写春联、红灯一条街、唢呐调演、杂耍调演、书画展览、灯谜晚会及大型音乐烟花晚会等；4 月 22 日，组织优秀文艺节目参加第 29 届中国洛阳牡丹文化节“河洛欢歌”广场文化狂欢月活动，演出舞蹈、戏曲、歌曲、大鼓书等节目 14 个，获得一等奖 1 个，二等奖 2 个，三等奖 3 个，县文化局获集体组织奖；此外，先后组织举办了庆祝中国西游文化之乡授牌名家书画展、庆祝建党 90 周年书法展、庆祝县人大成立 30 周年书画展、重阳节老年书画作品展。

【第十届“滨河之声”轰轰烈烈】　6 月 30 日，举办了隆重的庆祝建党 90 周年暨第十届“滨河之声”广场文化活动开幕式。7 月戏曲表演月，组织 60 余家单位、乡镇举办了唱红歌比赛，组织县豫剧团、曲剧团、戏迷俱乐部等演出戏曲、歌舞 22 场；8 月群众艺术表演和曲艺说唱月，组织举办了“海尔杯”戏迷擂台赛，8 月 6 日起，邀请省内曲艺说唱名家及县内的曲艺艺人进行曲艺说唱表演；9 月电影展映月，克服阴雨天气等不利因素，演出电影近 50 部。

“滨河之声”开幕式

【文化站建设成绩喜人】　2011 年，完成了城关、三乡、高村、盐镇、樊村、赵保、锦屏 7 个乡镇文化站的建设任务。按照上级配置标准，为三乡、赵保、白杨、莲庄、张坞、上观、花果山、韩城、樊村、董王庄、香鹿山、柳泉等12个文化站配备总价值近100万元的文化信息资源共享、阅览、娱乐、办公等设备。

【高标准建设农家书屋】 2010年和2011年的农家书屋工程建设任务合并实施，共192家，总投资384万元。8月，如期完成建设任务，为每个农家书屋配置图书1500册、音像制品100种400盘、期刊报刊25种及书柜5个、阅览桌1个、凳子6把、报架1个，农家书屋全部实现对群众开放，开展全民读书活动。

【网吧管理工作创新规范】 3月，组织全县网吧从业人员举办了法律法规知识和职业道德教育培训班，为61人颁发了从业资格证，在全市创新了网吧管理办法；在红旗广场举办了“3·18”文化市场法制宣传日活动，接受群众咨询200余人次，发放宣传单5000张，同时，启动了为期一个月的“文化市场法制宣传进校园、进社区、进广场活动”，在东街学校组织了“远离网吧”千名学生签名活动；加强网吧日常监管，加大检查频次，严查网吧违规接纳未成年人上网现象，未成年人进入网吧现象得到有效遏制；组织执法人员排查“黑网吧”12家，并采取行动取缔白杨、张坞“黑网吧”3家，查扣经营设备70余套。

【积极开展扫黄打非活动】 4月27日，召开了全县“扫黄打非”暨网吧综合整治行动工作会议，总结了2010年的“扫黄打非”及网吧治理工作，安排部署了2011年的“扫黄打非”和网吧综合整治工作。县公安局、工商局、联通公司、电信公司等部门分别在会上做了表态发言。全年共组织“扫黄打非”行动6次，加强对学校周边出版物环境的治理，办理扫黄打非案件15期，结案率100%，查缴非法出版物3500余册，将收缴的非法出版物、音像制品送市执法支队集中销毁。

【文物保护常抓不懈】 2011年，建立了田野文物周巡查制度，坚持重点文物巡查，组织专人到灵山寺、五花寺塔、光武庙、福昌阁、城隍庙、龙潭寺等文保单位检查安全设施，对发现问题及时督促整改；加强对轴承产业园、县职教中心、西庄工业园、世纪儿童乐园等县重点工程的文物勘探；积极配合灵山开发，搞好服务协调及文物保护工作，做好宜东新区开发建设中县级文物保护单位“爨荣墓”迁移的协调工作。

【大遗址保护列入规划】 2011年，韩都宜阳故城遗址被列入国家“十二五”大遗址保护项目之中，并列入洛阳市五大都城遗址保护规划范围。

2012年文化工作会议

【事业单位转企改制平稳推进】 4月，按照县委、县政府《关于全面推进企事业单位改革工作的意见》文件精神，借鉴省市文艺院团和经营性文化单位的改革模式，本着积极稳妥的原则，对豫剧团、曲剧团、演出公司、人民会堂、曲艺宣传队等单位进行事业单位转企改制。7月，按照先撤销后改制的要求，对7个单位进行事业单位机构撤销。8月，完成对各单位的财务审计和资产评估。11月，制定了人员分流安置方案，注册成立了“宜阳乐民文化传播有限公司”，对改制单位人员进行了妥善安置。截至2011年底，初步完成了文化系统事业单位转企改制工作任务。

【送戏下乡活动蓬勃开展】 2011年，紧紧抓住春季演出的黄金时期，自农历正月初三开始组织豫、曲两剧团进行戏曲演出活动，豫剧团全年完成演出160场，曲剧团演出135场。8月上旬，组织县豫剧团、曲剧团进行“舞台艺术送农民”下乡演出，圆满完成了每乡1场的演出任务。

【非物质文化遗产保护成效卓著】 建立了宜阳县非物质文化遗产普查资源数据库，对所有普查形成的文字材料进行电脑录入，形成电子版。整理完善了项目表册及相关的图片、音像资料，全年共完成非物质文化遗产保护项目14个，申报省、市级项目6个，其中“苏羊竹马”、“聂麟郊传统膏药”被批准为河南省非物质文化遗产保护项目。2011年底，宜阳县的非物质文化遗产保护省级项目3个、市级项目5个。

【图书馆读者服务工作成绩斐然】 2011年，县图书馆遵守“服务至上，读者第一”的宗旨，实行全免费开放，节假日正常开放。报刊阅览室共有期刊90种，报纸52种，全年接待读者13640人次；少儿阅览室共有藏书3692册，期刊56种、报纸17种，接待小读者13280人次；流通书库共有藏书17213册，共接待读者24739人次。全年有2人次在省级以上专业刊物上发表论文3篇，1人次获河南、安徽两省图书馆学会年会联合征文比赛一等奖。（李万军）

旅 游

局长 贾海涛

【概况】 宜阳县旅游管理局位于宜阳县文武学校院内（临时办公地点）。内设办公室、人事教育计划财务科、行业管理市场开发科，主要负责全县旅游规划、开发、管理、宣传等工作。有工作人员14人。

2011年，接待县内外游客214.02万人次，同比增长12.6%，创综合经济效益2.21亿元，同比增长18.2%。其中灵山风景区接待游客129万人次，创综合经济效益3237万元；花果山景区接待游客33万人次，创综合经济效益1584万元。全年无一例旅游安全事故发生，实现了旅游市场健康有序发展，获洛阳市旅游系统先进单位。电话：0379－68892339。

领导班子成员

职 务	姓 名	职 务	姓 名
局 长	贾海涛	副局长	王占营
副局长	周朝阳	纪检组长	张莹辉

【灵山文化庙会】 第12届灵山文化庙会以“和谐宜阳，造福百姓”为主题，以市场运作，节俭办会，全面展示灵山风景区远景规划及建成后达到的预期效果为目标。3月5日在灵山景区隆重开幕，会期10天。庙会舞台文艺演出由洛阳灵山旅游发展有限公司承办，邀请有著名曲艺、相声表演艺术家，擂响中国全年总决赛金奖擂主及全国五省21城市少儿戏迷艺术赛金奖获得者和省歌剧院的演员。

【灵山风景区开发】 灵山风景区开发总面积13平方公里，涉及总投资超过12亿元。共分为六部分：灵山主景区、灵山莲花公园、灵山莲花水景公园（洛河水面景观区）、灵山新型社区、灵山养生村和万亩生态观光园组成。2011年完成投资4.5亿元，完成建设项目18个，在建项目22个。

灵山风景区

灵山主景区开发。灵山主景区由山西燕山石化实业有限公司投资承建，总投资6亿元。2011年完成了景区段公路改线工程、凤凰山综合治理、新旧公路之间的土方工程、华严宝殿、旧寺院整体修缮、钟楼、鼓楼、景区围墙、景区大门、景区牌坊等10个项目。在建项目有：华严宝殿东西厢房、财神殿、观音殿、药师殿、僧人院、居士林、悬崖护砌、仿古商业街、小吃街、13级佛塔、送子观音像焊接、景区停车场、舍利塔、东上西下旅游环线和景区排水系统等项目15个。

莲花公园开发。灵山莲花公园由洛阳国诚置业有限公司承建，总投资2.4亿元。2011年完成一期33.3公顷荷塘施工建设、莲花种植和漂流渠、一期公园围墙等项目。

灵山灵秀社区开发。灵山新型社区项目由洛阳国诚置业有限公司承建，总投资1.2亿元，主要包括医院、学校、超市、娱乐中心、污水处理及住房等设施，计划新建住房400套、改造现有居民住房335套，建筑总面积5.76万平方米。2011年完成居民住房建设84套，总面积1.92万多平方米。

莲花水景公园开发。灵山莲花水景公园项目由洛阳国诚置业有限公司承建，涉及总投资1.5亿元。项目综合整治洛河3.5公里，形成水面150公顷。2011年完成景区段洛河南北大堤主体工程。正在施工生态护坡、绿化亮化、橡皮坝和水电站等工程，计划于2012年6月底建成蓄水。

灵山养生村开发。灵山养生村项目由洛阳国诚置业有限公司承建，总投资1.5亿元。项目占地18公顷，建设生态别墅式养生屋120套，计划2012年10月建成使用。截至2011年底，对地标附属物进行清理、施工建设围墙和地基处理等。

河洛明珠万亩生态农业观光园开发。河洛明珠万亩生态农业观光园以建设花卉苗木、生态农业种植、岛屿浓缩景观及休闲设施为一体的洛阳市大型农业旅游观光园，由洛阳家鑫公司承建，总投资2亿元。截至2011年底，柳泉镇元村第一批流转的60公顷土地已种植蔬菜，项目所涉及的柳泉镇元村、五树、水兑3个村的其它土地已分村民组丈量结束。

【行业管理】 组织开展节日期间旅游市场秩序治理、春季旅游安全和重大节日安全大检查活动、旅游行业“清剿火患”战役，有效规范旅游市场，杜绝不法经营行为发生，对安全隐患做到限期整改、全面整改，确保了全年旅游市场安全有序，和谐运转。开展“安全生产月”宣传活动，制作版面2块，散发宣传手册1000余册、宣传折页5000余份，对游客应对突发事件和自救能力起到了有效的宣传和教育作用。

【假日接待】 假日期间坚持24小时值班，开通旅游服务热线，随时处理各类旅游突发事件，同时做好数字信息统计上报工作及安全日报告、零报告制度，实现了2011年假日旅游健康有序发展。

【政务环境创优】 做到四个到位，即：动员到位、组织到位、宣传到位、部署到位。共召开会议6次，集中学习15个学时，树立标杆单位2个，查摆及整改问题3个，撰写剖析材料6篇，为企业、基层和群众办理请办事项5件，修订完善规章制度3个。实现了四个转变（思想观念的转变、工作要求的转变、学风的转变、工作作风的转变）和四个提高（干部理论水平得到提高、干部理论素质得到提高、遵守纪律自觉性得到提高、廉政意识得到了提高）。

【旅行社服务网点备案】 重点审查了旅行社服务网点营业执照、雇用员工订立合同、缴纳质量保证金、管理制度、租房协议、母社许可证及营业执照等相关内容。2011年完成6家旅行社服务网点备案工作，并下发备案登记证明，有效规范了宜阳县的旅游市场。（周利利）

图书发行

经理　扈耕民

【概况】 宜阳县新华书店位于宜阳县红旗东路10号，内设办公室、财务股、业务股、储运股、中心门市部、三产办和15个乡镇门市部，全部干部职工115人。全年完成总销售额2300万元，发行第十八届读好书活动用书10万余册，被河南省新华书店授予销售增长“十强店”、全省新华书店先进店。电话：0379－68882534。

领导成员

职　务	姓　名	职　务	姓　名
经　理	扈耕民	副经理	陈　伟
副经理	王忠胜	纪检书记	沈治安

【精研政策、把握机遇】 在教材收发上，严格按照省、市有关文件精神，落实教材收发工作流程制度，制定了切实有效的发行纪律，积极主动和县教育部门以及各个学校联系协调统筹安排，优质服务，在开学的第一时间完成了全县中小学“课前到书、人手一册”的任务，并积极做好售后服务，为学校正常教育学习次序的开展提供了有力的保障，受到社会各界的好评，树立良好的新华形象。

【农家书屋】　农家书屋工程是党中央、国务院实施惠民工程的一项重要举措，是社会主义新农村建设的重要组成部分。2011 年，按照省、市店的文件精神积极部署，从收货到下乡配送工作责任落实到人，17 天完成 192 个行政村“农家书屋”配送工程建设任务。受到广大农民群众的一致好评。

【爱心奉献】　5 月积极组织职工向洛阳市关爱农民工志愿服务活动募捐及为残疾人爱心助残专项募捐进行捐款，在“六一”节前夕，对白杨镇蝎子山小学慰问学生图书、字典共计 2600 余元，为县新农村建设帮扶资金 1 万元。

“滨河之声”专场演出

【招商引资】　2011 年，县新华书店店以经济建设为中心，解放思想，加大招商引资工作力度，拓展招商引资领域，努力改善投资环境。在招商引资中引进 100 万元。

（扈耕民）

地方史志

主任　程汴玲

【概况】　宜阳县地方史志办公室驻县城红旗中路县政府大院 3 楼，财政全供事业单位，编制 6 人，实有 6 人。2011 年，县地方史志办公室认真贯彻落实《河南省地方志工作规定》，圆满完成为《洛阳年鉴》、《洛阳大事月报》的供稿任务。按时完成了《宜阳年鉴》、《宜阳大事月报》、《历史与时政》等刊物的组编、印刷、发行任务。圆满完成了县里的目标责任。并积极开展用志活动，办公室荣获 2010 年度全省修志工作先进单位。程注玲、赵苗远被评为全省修志工作特殊贡献者。在中国出版工作者协会年鉴工作委员会主办的第五届全国年鉴编校质量检查评比活动中《宜阳年鉴》（2010 年卷）荣获二等奖。电话：0379－68887297。

领导班子成员

职　务	姓　名
主　任	程汴玲

【学习贯彻《河南省地方志工作规定》】　2011 年 5 月 12 日，河南省人民政府公布《河南省地方志工作规定》，县地方史志办公室迅速将此信息发出，并组织学习、宣传，贯彻落实《规定》精神，大家写学习心得文章 8 篇，对照《规定》结合自身工作进行了自查，进一步明确了方向，完善了工作计划，为宜阳县地方史志工作的进一步发展奠定了良好基础。

【地方史志工作会议】　宜阳县地方史志工作会议于 3 月 2 日在宜阳宾馆会议室召开。各乡镇人民政府、县人民政府各部门、各有关单位 150 余人参加了会议。副县长李晓波出席了会议。会议发行了《宜阳年鉴》（2010 年）；回顾总结了 2011 年工作，对 11 个先进单位和 19 个先进个人进行了表彰；对 2012 年工作进行了布置安排。

2012 年地方史志工作会议

【《宜阳年鉴》2011 卷出版】　《宜阳年鉴》

2011 卷编写工作于 3 月正式启动。5 月底文字资料收集齐全。6 ~8 月办公室进行了认真编纂，9 月征集图片，10 月完成送审稿，报送中州古籍出版社获批，12 月正式印刷出版。该卷内容涵盖宜阳 2010 年政治、经济、社会、文化、科技、教育等各方面内容，涉及各个行业。全书 60 万字，图片 100 余幅，大 16 开版本，精装印刷。设计大方、装帧精良，是了解宜阳 2010 年情况最权威最全面的工具书。

【《宜阳大事月报》编印】　全年编印发行《宜阳大事月报》12 期，记载大事要事 360 多条。该报为 16 开本、套红印刷，期印 150 份，每月 12 日印刷，内部发行。

【印发《历史与时政》】　《历史与时政》为县地方史志办公室创办，内容精选洛阳历史上著名事件或名著，以时间为序，以条目形式撰写。16 开本，套红印刷，每期印 30 本，每月 10 日发行。该年度编印 12 期，每期 1.5 万字，选编历史条目 378 条，时事政治 860 条，计 52 余万字，发送给县四大班子领导，为其决策提供历史和现实的依据。

【编纂《宜阳乡镇概览》】　《宜阳乡镇概览》编写工作启动于 2009 年 11 月。该年度夏季在主抓副县长李晓波的带领下，到各乡镇进行了督导，并于 8 月 4 日召开了《宜阳乡镇概览》专题会，解决了编写中存在的问题和困难。至年底，16 个乡镇全部拿出了初稿，近 70 余万字。

【供稿任务按时完成】　该年度为《洛阳年鉴》供稿 1 万字 10 幅图片，为《洛阳大事月报》供大事 30 余条。按时高质量完成了供稿任务。

【积极参与县里的中心工作】　该年底积极配合县中心工作，完成帮扶资金 2000 元，完成招商引资 50 万、“六一”儿童节慰问学校 1500 元。

【用志活动深入开展】　该年度馈赠各地各单位地情资料书 800 册，接待各类咨询 30 余人次，为领导干部编印《历史与时政》12 期，发挥了地方志资政作用。

（赵苗远）

新闻中心

主任　宋会杰

【概况】　宜阳县新闻中心是全县新闻宣传工作的枢纽，属副科级事业单位，2011 年有工作人员 5 名，主任 1 名，科员 4 名，办公室设在县委东楼。2011 年，宜阳县新闻中心坚持以邓小平理论和“三个代表”重要思想为指导，始终着眼于服务经济建设这个中心和全县工作大局，主动融入，紧跟节拍，及时宣传县委、县政府工作思路、重大部署和阶段性成果，为全县改革、发展、稳定营造了良好的舆论氛围。电话：0379－68887404。

领导成员

职　务	姓　名
主　任	宋会杰

【新闻宣传再创佳绩】　2011 年，新闻中心分别在中央、省、市主流媒体刊发稿件 20 余篇、70 余篇、330 余篇。其中，在《中国经济时报》刊发《河南宜阳如何走活福民强县一盘棋》、在《河南日报》头版头条刊发《宜阳：示范工程助推经济发展》、在《洛阳日报》头版头条刊发《宜阳县 11 个重大项目集中开工》；另在《洛阳日报》一版、二版和其他版面显著位置刊发《摸村情选对人提水平——宜阳县选派精兵强将夯实村委换届选举基础》、《建设保障房，打造宜居宜阳》、《阳光水岸 富民安居》、《洛河再架新桥》等重头稿件 40 余篇。实现了在《洛阳日报》周周有稿件、月月上头版的承诺，同时推出不求索取、一心为民、淡泊名利、永葆本色、扎根农村、默默奉献的李文祥式模范复员军人——赵保乡西赵村农民李金水，在省市引起强烈反响。上传新华网·中国宜阳、洛阳网·宜阳频道稿件 760 余篇（幅）。全年接待新华社、《河南日报》、《洛阳日报》等主流媒体 150 余批次 400 余名记者到宜阳进行采访报道，借助主流媒体大力宣传宜阳在经济、社会发展方面取得的巨

大成就，有力地树立了宜阳对外良好形象。

【县区新闻版助力宜阳发展】 2011年，新闻中心全年组织出版《洛阳日报》（宜阳新闻）22期，其中整版4期，刊发稿件110余篇（幅）。在报道方式上注重淡化动态报道，强化对县委、政府实施“五轮驱动”，推进“五化”进程，打好“六加一攻坚战”的突出报道，并注重增加稿件分量，增强宣传效果。宜阳新闻版深受领导和读者的好评，有力地宣传了宜阳三个文明建设。

【完善壮大新闻宣传队伍】 建立相对完善的新闻宣传队伍各乡镇、县直单位分别选拔出新闻发言人和通讯员，为他们建立档案，统一管理。还定期组织专门的通讯员培训，不断提高新闻战线工作人员的专业素质，以更好地为宜阳新闻宣传工作服务。同时，组织通讯员把县委、县政府中心工作及乡镇、委局的亮点工作以最快的速度刊发在洛阳网·宜阳频道和新华网·中国宜阳频道等网站，通过互联网，让宜阳走向世界，让世界了解宜阳。

【突发事件应急处置办法逐步健全】 进一步完善重大突发事件新闻报道应急处置工作方案，成立了突发事件舆情应急处置工作领导小组，建立了突发事件新闻应急处置程序，出台《进一步加强新闻采访管理工作方案》，本着“有章可循，行动迅速，主动应对，堵住负面报道”的指导思想，理清工作职责，机动灵活、有礼有节地处理新闻突发事件，依靠政策，依靠智慧，积极妥善处理热点难点问题，全力维护宜阳对外形象。

【规范记者采访接待 维护宜阳良好形象】 严格按照中央、省、市新闻宣传从业人员的管理规定，对来宜记者逐一登记，检查“三证”，并网络核实，对不具备采访资格的假记者坚决拒绝采访，并向各委局、乡镇传达相关精神，帮助他们识别记者证的真伪。

认真学习并研究接待来访记者的技巧，不断完善记者接待工作流程。对一些具体事件，加强与相关单位的密切配合，努力处理好有关敏感问题。全年，新闻中心共接待到宜阳进行采访的上级媒体记者150余批次，经努力，所有问题均妥善解决。

（靳会利）

广播电视

台长 丁五道

【概况】 宜阳县广播电视总台位于宜阳县锦屏大道北路。内设办公室、人事股、事业股、绩效办、总编室、播控中心、监察室、财务室、采购办，下设宜阳人民广播电台、宜阳电视台、宜阳广播电视信息网络中心、广告部、执法室。全台干部职工291人。电话：0379－68882533。

领导班子成员

职　务	姓　名	职　务	姓　名
总台长	丁五道	总台副台长 纪检组长	麦国子
总台副台长	马振江	总台副台长 电视台台长	冯荣国
总台副台长	尚平安	办公室主任	刘红涛

【新闻宣传】 2011年，县电视台共播发新闻稿件2300多条，专题栏目90多期，洛阳新闻联播宜阳版22组220条，外宣180多条，播发专题片30多部。其中，新闻《宜阳消防官兵勇救四名坠入悬崖中学生》相继在央视和省台播出，在社会上引起较大反响。

开辟了《县委县政府全会工作解读》、《两会专题报道》、《乡镇长烟田整地起垄访谈》、《会风曝光台》、《优化政务环境提高行政效能》、《来自重点工程一线的报道》、《以实干求实效 靠实效赢发展》讲话解读、《先锋示范党员风采》、《县十一次党代会报告解读》、《为党旗增辉》、《人大代表风采录》、《红烛情深》等栏目。

广播电台共完成外宣260多条，其中省台2条；完成内宣260多条，其中《宜阳新闻》193组，《整点播报》193组，《关注》193组。文艺节目完成144期，其中《天下女人》72期，《似水流年》72期。《戏迷乐园》50期。

【事业发展】　新发展机顶盒用户1100户，新发展模拟用户1020户；筹资120余万元，完成了数字前端机房建设和数字化电视升级改造，5月1日起正式启用，数字电视节目由原来的56套增加到88套；投资80万元购置了光缆、电杆、解调器、调制器、机顶盒等设备，为农村有线电视新增加了9套电视节目，使宜阳县的模拟信号由原来的36套，增加到45套；已开通水利局小区、白庙天汇源小区、红旗小区、解放路小区以及武装部小区、司法局小区等共架设光缆、电缆等18个光接点，覆盖用户2000余户。农村网络新开盐镇乡石陵盐高村大阳洼村等安装入户290余户。对县城往张坞镇5公里光缆主干线进行旧网络改造。对前进公司家属院1100户进行旧网络改造；共投资38余万元完成对灵山风景区内6公里光缆干线入地工程，南苑路高建路口3公里入地改造，崔村到河下段7公里架空改造，三乡境内往洛宁传送1公里架空改造等；进行"户户通"排查、绘图、登记、造册等活动，经台建网内由原来的实收户数27626户，新增加到33621户，承包网由原来的2297户，新增到6099户。落实省委10件实事。经总台领导多方努力，向省发改委申请上报了308个20户以上自然村"村村通"有线电视工程，争取资金180.4万元。其中8个村为卫星直播，300个村为有线延伸。

【机构改革】　2011年总台参加机构改革有3个下属单位，即：宜阳人民广播电台、宜阳电视台和宜阳县电影公司，已于8月20日圆满完成了3个单位的改制任务。

【依法行政】　对有线电视用户开展拉网式普查，建立档案、澄清底数，对有线电视用户进行微机化管理。采取突击检查、地毯式清查等办法查处和私拉乱接、破坏广播电视有线网络事件670余起。集中销毁卫星地面接收设施420余套。

【安全播出】　建立健全无漏洞、全覆盖的安全保证体系，坚持零报告制度，从信息传递、反映处置、技术防范、值班巡查等方面建立一整套严密的规章制度，关键部位设置多种预案。定期不定期对全台采、编、播设备进行检修，全年没有出现一次安全事故。保障了元旦、春节、全国两会、洛阳牡丹花会、建党90周年、省第九次党代会等重要时段的电视节目安全播出。成功直播了县两会、县第十一次党代会。

【电影放映】　建党90周年之际，开展了为期两个月红色电影展播，共播出国产红色影片1000余场，配合市、县政法系统开展了"崇尚科学、反对邪教"为主题的反邪教宣传片放映活动。10月开展2011年重阳节"崇尚美德、关爱老人"主题放映活动。全年在全县农村放映各类电影4450场次，为宜阳县的新农村建设，先进文化的普及起到了一定的推动作用。

（刘红涛）

档案管理

局长　张军芳

【概况】　宜阳县档案局2011年有工作人员15人。内设办公室和业务指导股；下设档案馆（副科级机构），文件阅览中心。局馆合署办公，实行统一管理，所需经费由县财政全额拨款，办公地址在县城兴宜西路18－3号（租赁）。2011年，档案工作紧紧围绕党和政府中心，认真学习党的十七大和十七届五中六中全会精神，牢固树立和贯彻落实科学发展观，抓住档案工作为社会各界和人民群众服务的主题，加强档案基础建设，加强监督指导，积极开发档案资源，不断拓宽档案利用渠道，积极开展档案服务，满足人民群众利用档案的需求，充分发挥档案工作在构建和谐社会中的作用。电话：0379－68882510。

领导班子成员

职　务	姓　名	职　务	姓　名
局　长	张军芳	馆　长	王　佩
副局长	乔保卿		

【归档文件整理】　基层单位归档文件整理工作是档案工作的基础，加强指导，严格管理，不断改进工作方法，认真研究分析基层单位业务性质和文件

形成情况，按照分类大纲精心指导，严格标准，统一分类，统一装订，使归档文件整理工作圆满完成。全年指导归档文件整理单位110个，整理归档文件1.5万余件。

【机关档案工作规范化管理认证工作】 档案局按照《认证办法》和《认证标准》的要求，积极开展工作，强化指导、监督和检查。基层各单位积极开展机关档案工作规范化管理认证工作，对照《认证办法》和《认证标准》，建立领导组织，制订工作方案，完善管理措施，认真对照检查，及时查漏补缺，按时上报材料。经过档案规范化管理认证小组对上报单位进行严格、公正的考核评定，社保局、计生委、城关镇等单位档案管理认证为省二级标准，电业局和检察院完成“机关档案国家一级”和“机关档案省标一级”。

【开展档案监督指导和检查】 9月中旬，对县直单位和乡镇的档案管理工作开展情况，特别是应接收进馆档案质量、2010年度归档文件整理、室存各门类档案管理、库房管理、安全保护设施等情况进行了一次全面检查。使乡镇和县直机关档案管理水平进一步提高。

【档案馆业务管理工作】 先后接收并整理2010年现行文件1000余件；加强已进馆档案的整理工作，整理上观乡文书档案126卷，专业档案137卷，并对整理的263卷档案进行编目、上架，编制全引目录3本。积极开展档案利用，为社会各界提供档案信息服务，共接待利用者589人次，查阅档案资料695卷册。

【档案信息化建设】 加强对传统载体档案的数字化工作，努力推进档案信息化建设进程。8月争取财政资金16万元，用于开展档案信息化建设工作，主要录入馆藏档案目录及档案全文扫描，完成了馆藏革命历史档案和专业档案（土地证）全文扫描12万页，案卷级目录录入33万条，大力推进了全县档案信息化建设步伐。9月完成馆藏革命历史档案、专业档案全文数据库及声像档案的异地备份工作。（王　佩）

卫　生

局长　张德新

【概况】 宜阳县卫生局位于北城区李贺大道。下属各类医疗卫生机构27个，其中县直医疗卫生机构9个，分别是：县人民医院、县中医院、第二人民医院、妇幼保健院、北城区人民医院、卫生学校（与城关镇卫生院一个机构两块牌子）、疾病预防控制中心、卫生监督中心、口腔病防治所；下属乡镇卫生院18个（包括石村、石陵两个卫生院）。卫生局机关下设15个科室：党政办、后勤股、医改办（2011年4月成立）、人事股、计财股、医政股（含红十字会办公室、医学会管理办公室）、妇幼保健股、疾病预防控制股、卫生监督股、一体化管理办公室、无偿献血管理办公室、纪检监察室、120指挥中心、新型农村合作医疗管理委员会办公室、爱国卫生运动管理委员会办公室。

2011年，卫生局外树形象、内抓管理，坚持以人为本和科学发展观，深化改革、开拓进取，以医药卫生体制改革、扩内需保增长、卫十一项目为契机，通过实施新型农村合作医疗、开展标准化村卫生所建设、加强乡镇卫生院基础设施建设、完善县乡村三级医疗保健网络、加大人才培养力度、加强卫生监督管理、打击非法行医等重点工作，使宜阳县的卫生工作取得了长足的进步，受到上级的表彰。

2011年，卫生部项目监管中心主任于德志（正厅级），省卫生厅副厅长夏祖昌、黄炜、黄红霞、周学山，市卫生局局长张水利先后多次到宜阳县调研医改工作，并对宜阳县医改工作进行了充分肯定；国家卫生县城顺利通过省、国家届满验收；荣获“省食品安全示范县”荣誉称号；国务院政策研究中心于2011年11月底到宜阳县调研；荣获河南省卫生十一项目管理工作先进单位、河南省卫生十一项目创新工作先进单位、全县卫生工作在全市排名靠前、项目工作全省先进等荣誉。电话：0379－68823837。

领导班子成员

职　务	姓　名	职　务	姓　名
局　长	张德新	纪委书记	孔东亮
党委书记	张德新（9月离） 徐留汉（9月任）	副局长	张绍光
副局长	赵银知	爱卫办副主任	张庆桃
副局长	刘建玲	党委委员	王晓黎
副局长	张瑞霞	县食品办主任	曹建华
副局长	周旭辉	党政办主任	商有臣
副局长	刘跟党		

【卫生服务体系更加完善】 征地11.9公顷、投资1.5亿元、开放床位600张的县人民医院整体迁建一期工程进展顺利，主体建筑全部封顶，预计将于2012年10月建成并投入使用；二期工程全面启动，年度完成投资额9300万元。征地1.2公顷，计划建筑面积12000平方米、投资2300万元，新建卫生监督中心、疾病预防控制中心、120急救指挥中心综合业务楼项目，主题已建成四层，总体进展顺利。中医院扩建项目已经获得县政府同意，正在争取立项目。示范乡镇卫生院、村卫生所创建活动全面实施，乡镇卫生院功能更加完善，服务能力进一步提高，50个示范卫生所焕然一新。

【国家基本药物制度初步建立】 2011年1月1日开始，宜阳县18个乡镇卫生院全部实行药品零差率销售，基本药物全部集中采购，药品价格在省定基础上下浮10%。国家基本药物目录及省增补药物目录的所有药品，全部纳入新农合补助范围，且补助比例提高10个百分点。为保障国家基本药物制度顺利实施，争取财政投入740万元，并按照《宜阳县基层医疗卫生机构实施药品零差率补偿方案》全部补偿到位。

2011年，全县18个乡镇卫生院总收入4411万元，较去年增长11%。门诊342959人次，较去年同期增长9.01%，门诊药品费用654.33万元，较去年同期下降8.03%；住院11891人次，较去年同期增长5.21%，次均住院费用下降3.45%。一年来，让利群众药品费用890余万元。

【基层医疗机构综合改革进展顺利】 一是健全人员管理机制。全面推行岗位管理和人员聘用制度，坚持按需设岗、竞聘上岗、合同管理，建立能上能下、能进能出的用人机制。18个乡镇卫生院总编制数702人，核准岗位715个，完成岗位聘用694人。二是健全工资分配机制。2010年8月县卫生局、财政局、人社局出台了《宜阳县乡镇卫生院绩效考核办法（试行）》，建立了以服务质量、数量和群众满意度为核心的考核机制，开展绩效考核，执行绩效工资。三是健全经费保障机制。2011年县本级安排医改资金1844万元，县财政加大经费投入，保证了基层医疗卫生机构正常运转。四是健全村所管理机制。建立了“以乡村卫生服务管理一体化为基础，政府主导、多方筹资、村医积极参与、产权归集体所有的可持续发展的建设和管理新模式”，通过三年努力，全面完成了353个村所建设任务，荣获全省标准化村卫生所建设先进县荣誉称号。五是深入开展综合支付制度改革。在县乡医疗机构，重点开展了分类支付制度综合改革，完善质量管理体系，形成了“政府购买、质量优先、安全有效、绩效支付”的模式，取得了良好的社会效果。

【公共卫生工作持续推进】 2011年，基本公共卫生服务经费人均25元，新增婚前检查项目。为保障公共卫生服务均等化的深入实施，围绕“完善、规范、提高”原则，进一步优化了工作方案和信息管理系统，建立了维护公益性、调动积极性、保障可持续性的运行机制。全县共完成健康档案54万份，建档率89%，电子档案53万份，录入率98%，档案合格率达94%以上。管理七类重点人群13万余人。发放健康教育材料12种32万份。继续实施扩大免疫规划，全年冷链运转12次，计划内疫苗接种率达95%以上。传染病报告及时率达100%、准确率均达98%。完成重点人群体检53651人。10项基本公共卫生服务项目在全县规范有序实施。

手足口病疫情得到有效控制，无死亡病例发生；传染病报告与管理得到加强，乙类及丙类传染病总报告发病率与去年同期相比下降22.60%，传染病漏报率为0；开展碘盐监测工作，经检验合格率为95.5%；配合县畜牧部门积极开展布病防治工作，并积极做好人间布病防治，人间布病发病率呈低发态势。加强流动儿童管理，对漏卡、漏证儿童进行了补种和建卡、建证工作，联合教育部门对托幼机构和学校开展了查验接种证工作。

持续开展结核病、艾滋病防控工作，全面完成市政府下达的210例新发涂阳肺结核病人工作目标，确认HIV抗体阳性者7例，“四免一关怀”政策全面落实。孕产妇降消项目运行平稳，住院分娩补助7249人，补助金额181.3万元。实施孕产妇普服叶酸项目，全县叶酸新增服务人数6782人。为实现2012年消除麻疹目标，在全县范围内集中开展麻疹强化，接种率达到99.69%，受到省、市领导和专家的一致好评。实施了15岁以下儿童补种乙肝疫苗项目，补种率达98%。开展了“健康快车洛阳行”和“百万贫困白内障患者复明工程”活动，使200例患者实施手术后重见光明。

【新型农村合作医疗制度不断完善】　2011年，新农合人均筹资额达到230元，全县总筹资额达12633.9万元，参合率达97.5%。全年共补偿980915人次，补偿金额9318.6万元，受益率达到179%。其中住院补偿45809人次，住院率达8.37%，补偿金额7616.7万元，住院实际补偿比由2010年的44.5%提高到2011年的45.8%，增长2.9个百分点。门诊统筹补偿549766人次，补偿金额442.55万元；家庭账户补偿383402人次，补偿金额1111.25万元；特殊门诊补偿287人次，补偿金额89.69万元。

将0~14周岁儿童急性白血病和先天性心脏病纳入新农合补偿范围。共有42名患者出院结束治疗，新农合补助74.06万元，实际补偿比达84.7%。

自3月1日，取消市内转诊审批制度，参合群众实现市内自由择医。按照上级要求，于4月份完成与省新农合平台的信息链接，实现参合群众省级定点医疗机构住院直补，8月份实现全省内市级医疗机构住院即时补偿，群众住院择医、补偿更加方便快捷。

2012年度新农合集中筹资工作顺利完成，参合人口55.8万多人，参合率达95%以上。

【卫生人才队伍素质明显提高】　继续实施省“51111”工程。与19名定向生签订培养合同，毕业后将全部充实到乡镇卫生院；64名大专以上学历毕业生（含一名研究生）参加了全省统一招录考试，22人通过面试被招录；229名乡村医生进行了理论培训并分别安排到县、乡医疗单位进修学习。“515”、“522”工程全面启动，选派39名县、乡业务骨干到上级医院进修学习。积极开展城市医师下乡技术支援活动，洛阳市第一人民医院15名医疗卫生人员到宜阳县乡镇卫生院进行技术援助。

“滨河之声”专场演出

【医政管理更加规范】　深入开展“医疗质量万里行”、“三好一满意”活动。一是依法搞好医政管理工作。严格落实医疗护理核心制度，严格执业准入、资质准入，加强监督。加强对民营医疗机构的准入和监管工作，422人通过医师资格考试报名，三家民营医疗机构获得执业准入。二是狠抓医疗质量管理。定期开展合理用药、医疗文书、院内感染控制等检查活动，医疗质量明显提高；定期开展业务培训，并组织65名同志参加省厅举办的抗菌药物合理应用及放射、B超专业技术培训；组织51人次参加省厅举办的全科医生转岗培训班、洛阳市消毒供应专业岗位知识培训和洛阳市护理质量管理培训班，县人民医院举办了首届“十佳美丽天使”和“护理技能操作神针手”的评选活动，卫生局在第100个“5·12”国际护士节之际，组织开展了评选“优秀护士”系列活动，推动了优质护理服务活动深入开展。三是中医药工作健康发展。县中医院积极开展“以病人为中心，以发挥中医药特色优势为主题”的中医医院管理年活动，中药使用占药品的比例达到47.4%，中医中药特色明显；开展“读经典，背方歌”比赛，营造浓厚中医氛围；积极开展中医实用技术操作比赛，冬病夏治贴敷等10项技术临床效果明显。在省中医药管理局组织的医院管理年综合考评中得到专家的一致好评。四是深入开展医疗机构规范执业专项整治活动。认真查找医疗隐患，认真整改，顺利通过市局开展的以规范管理、规范执业、规范服务为主题的规范执业专项整治活动验收。五是建立了医疗纠纷防范处置新机制，受理医疗纠纷案件9起，成功调解9起。六是无偿献血与血液管理更加规范。全面实施国家最新采供血管理规范，实行网络化信息管理。全年为临床提供悬浮少白细胞红细胞3568单位、病毒灭活冰冻血浆206700毫升、单采血小板16治疗量、冷沉淀凝血因子67单位。全年无偿献血4269人次，机采血小板116人次，连续三年荣获“市无偿献血先进县”。七是120急救工作

【妇幼工作稳步推进】 一是依法开展母婴保健技术服务。规范母婴保健服务机构执业行为，严格服务项目和从业人员的准入和管理。二是强化高危孕产妇的筛查及管理，继续坚持实行首诊负责制及问责制。县直医疗保健单位成立了孕产妇及新生儿抢救组织，设立了高危妊娠门诊及病房，建立县乡孕产妇和新生儿转诊与急救的绿色通道。三是加强业务培训。召开乡级保健例会10次，206人次参加培训。5月27日至6月2日对县、乡两级妇幼技术人员共611人进行了公共卫生妇幼技术培训，培训合格率99%。选派县产科急救中心2名妇幼技术人员到省妇幼保健院进修学习，提高了业务素质。四是强化三项筛查管理，落实《新生儿疾病筛查管理办法》，降低残疾儿发生率。积极推行婚前医学检查，去年下半年以来，县妇幼保健院免费婚检362人次。

全县孕产妇保健建卡7449人，0 ~36个月儿童保健建卡14389人，两个系统管理率均在90%以上；住院分娩8052人，住院分娩率达99.9%；新生儿疾病筛查587人，新生儿听力筛查898人。圆满完成年初确定的工作目标。

【卫生监督、食品监管力度不断加大】 一是积极开展环境创优效能提升活动，加强队伍作风纪律建设，集中展现卫生监督队伍形象，调整政务公开栏目，公布服务程序，科学、公正为社会服务。二是组织开展元旦、春节、两会、牡丹花会等重点时段食品安全整治专项活动，对旅游景点（区）及其周边餐饮单位和公共场所、重要接待活动的就餐、住宿和娱乐场所、学校食堂及校园周边饮食单位、建筑工地食堂开展重点检查，确保社会秩序稳定。二是针对群众反映的热点问题，积极开展葡萄酒和白酒、餐饮业乳品、猪肉质量和瘦肉精、“地沟油”等专项整治活动，共出动监督员462人次，净化食品市场，保障食品安全。三是积极开展卫生许可清理专项工作，共清理许可事项96项。其中保健食品85家，餐饮具集中消毒企业1家，饮用水1家，其他10家。四是积极开展餐饮具集中消毒单位专项监督检查活动。2011年底全县仅有1家餐饮具消毒服务公司，正常营业。

加强食品监管，强化从农田到餐桌的全程监管，严厉打击食品非法添加行为，巩固完善责任体系、应急体系、监管网络、诚信体系等长效机制建设。组织召开全县食品安全工作会议5次，制定了《宜阳县2011年食品安全工作实施方案》等文件22个，开展各类专项整治15起，督查8次，联合执法检查8起，全县食品安全整体水平明显提升，5月30日顺利通过省级验收，被授予“省级食品安全示范县”荣誉称号。

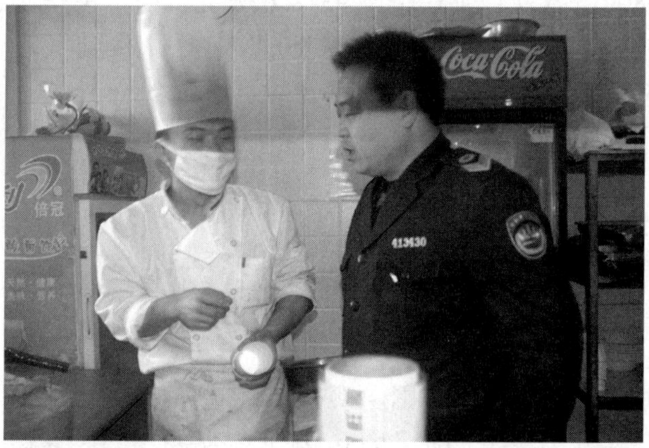

食品安全检查

【卫生十一项目成绩斐然】 一是综合支付制度改革深入实施。不断扩大按病种付费范围，使病种数达122种，针对每一病种，结合实际，科学制定A、B、C三种路径，使单病种纳入率达100%。改革取得了初步成效，受到卫生部、省厅高度关注。二是基本公共卫生服务均等化试点工作不断推进。在总结经验的基础上，不断完善公共卫生质量控制体系和绩效考核办法，其经验和做法在全国得到了广泛推广。三是医疗质量标准与控制体系建设不断完善。四是两年里程碑如期实现。上半年，接受了世界卫生组织、卫生部和省厅领导及专家的多次督导，对宜阳县项目工作取得的阶段性成绩给予了充分肯定，获得“项目创新工作”先进单位荣誉称号，并给予70万元作为奖励基金。

【爱国卫生运动成效显著】　创建国家卫生县城工作成效显著，顺利通过了国家卫生县城市级、省级验收和国家爱卫办的暗访；认真开展第23个爱国卫生月活动，城乡环境卫生状况明显改善；认真开展卫生乡镇、卫生村、卫生单位创建工作，9月20日接受市爱卫会验收，受到专家的一致好评；改厕工作进展顺利，市政府下达宜阳县200户改厕任务现已全面完工。

【五项保障工作得到加强】　党风廉政建设。严格落实领导干部"一岗双责"和"三重一大"报告制。坚持政务公开、院务公开，做到从源头上预防和治理腐败相统一。所有医疗机构药品全部纳入集中招标采购，让利群众780万元。捐款10万元，积极参与县廉政基地建设，干部职工拒腐防变意识得到加强。

卫生行风建设。全县卫生系统认真贯彻落实行风建设的各项规定，坚持标本兼治、综合治理、纠建并举、注重预防的方针，加大行风建设力度，全年无违规违纪案件发生。

信访稳定工作。在医改和其他社会问题引发不稳定因素增多的情况下，未发生集体上访、非正常上访、恶性上访等信访案件，市县交办案件结案率100%，确保了全县卫生系统信访形势平稳。

环境创优工作。一是提升行政许可效能。对行政许可事项公开承诺，缩短办理时限，简化工作程序，工作效率明显提高。二是转变机关作风。严肃工作纪律，建立了工作去向公示制、首问责任制、限时办结制、责任追究制等为重点的行政效能制度体系，干部工作作风得到明显转变。三是转变服务意识，开展医疗服务、疾控、卫生监督进企业、进乡村、进农户活动，变被动为主动，服务意识明显增强。

精神文明建设与信息工作。为庆祝第100个"5·12"国际护士节，弘扬南丁格尔精神，卫生系统举行了热烈隆重的纪念游行和文艺晚会，受到社会各界好评。积极参与为农民工、残疾人"送温暖、献爱心"活动，系统捐款2万余元。响应政府号召，为新农村建设捐款5万元。为丰富群众生活，积极组织参与"滨河之声"文艺活动，并获县委优秀组织一等奖。全年报送信息41篇，医药卫生报采用39篇，市政府采用9篇，其中2篇得到市政府领导批示并转发全市，信息工作在全市九县六区名列榜首，为宣传宜阳做出了应有的贡献。

体　育

局长　张强志

【概况】　宜阳县体育局位于文化路南端，2011年有干部职工48人，内设1个综合办公室、3个业务科室和1所业余体校。2011年，宜阳县体育局认真贯彻《全民健身计划纲要》，积极开展各项活动，完善各项规章制度，促进体育产业健康发展。全年组织各类群众性体育活动24次（项），参加人数2800余人；选拔170余名优秀运动员参加省、市比赛5次（项），获得奖牌16枚。由于成绩突出，被市体育局评为群众体育工作先进单位。电话：0379－68882236。

领导班子成员

职　务	姓　名	职　务	姓　名
局　长	张强志	纪检组长	赵艳丽
副局长	毛高峰		

【群众体育】　全年组织开展了2次全民健身月活动，成功举办规模较大的运动会4次，共举办各种体育比赛活动24项（次）。

2011年，成功举办了春节运动会、"五一"职工运动会、"十一"运动会和老年人运动会4次大型运动会，开展全民健身月活动两次，采取城乡联动的方式，因地制宜开展各种体育活动，组织城乡群众开展各种体育比赛20次，如组织自行车爱好者举办了元旦自行车赛；组织段村篮球赛、南留村门球赛、"望锦杯"象棋擂台赛等，联合各个体育协会在8月8日第三个全民健身日开展了一系列的体育比赛，增强了城乡群众参与体育健身活动的意识，促进了当地经济的发展。

【竞技体育】　2月，县段村篮球队作为洛阳赛区冠军，代表洛阳市参加河南省第三届万村千乡农民篮球赛总决赛，获第三名，并在12月举行的第四届万村千乡农民篮球赛洛阳赛区比赛中再获冠军；

参加2011年河南省鞭陀公开赛，取得了争分夺秒第一名、韩信点兵第三名和组织集体优秀奖的好成绩；参加洛阳市“三八”妇女门球赛，取得了优异成绩；参加第二十二届中国洛阳万基、通域“牡丹杯”门球邀请赛，在全国各地的108个代表队中获得第六名。

【体育设施建设】 完成10个农民体育健身工程项目。为寻村、韩城、高村、三乡、白杨、赵保6个乡镇的10个村民委员会配备一场两台（一副篮球场、两个乒乓球台）健身器材，推动了全民健身活动的深入开展。

【青少年业余体校】 宜阳县青少年业余体校是一所面向社会招生的综合性体育学校。设立有篮球、乒乓球、武术散打、围棋、羽毛球、网球、跆拳道、演讲与口才、形体与礼仪等多个项目，由体育局选派的优秀教练员与聘请的专业教师共同执教，采取长期培养与短期集训相结合的方式，为宜阳培养体育后备人才。2011年在校学员达到了650余人次，创收5万余元。 （范玮玮）

太极拳表演

社会生活

人民生活

【概述】 2011年，宜阳县人民生活质量不断提高，全县居民收入同步增加，市场物价持续向上攀升，其中居民消费价格指数比2010年上升4.9个百分比点；居民消费信心增强，全年实现社会消费品零售总额477910万元，比2010年增长18.0%；城乡居民存款增加，年末城乡居民本外币储蓄存款余额635198万元，比2010年末增长22%。

【城镇居民收支稳步增长】 2011年，全县城镇在岗职工年平均工资28594元，比上年增长8.2%。据统计局城镇居民住户抽样调查资料反映；全县城镇居民人均可支配收入达15531元，同比增长15.8%；城镇居民人均消费性支出13984元，同比增长18.8%。在生活费支出中，食品类人均支出3413元，同比增长4.2%。人均肉、禽、蛋、鱼消费量在28.04公斤以上。城镇居民家庭恩格尔系数（即食品类支出占生活费的比重）为29.4%，较上年降低3.1个百分比。

【农民生活进一步提高】 2011年，农村居民人均纯收入5384元，比上年增长17.1%。据统计局农村居民住户抽样调查资料反映：农民人均工资性收入2814元，同比增长35.5%；出售农产品收入3331元，同比增长19%。农民工资性收入仍然成为主要的收入来源。在生活费支出方面，农村居民年人均生活费支出为3989元，同比增长19.5%，其中：食品类支出1312元，同比增长17.4%。农村居民家庭恩格尔系数为32.9%，较上年降低0.6个百分点。

居民消费价格总指数

（以上年价格为100）

项 目	指 数
居民消费价格指数	104.9
食品	112.2
粮食	110.8
肉禽及其制品	125.3
蛋	118.2
鲜菜	101.3
烟酒及用品	97.3
衣着	99.9
家庭设备用品及服务	100.6
医疗保健及个人用品	105.8
交通和通信	98.5
娱乐教育文化用品及服务	100.8
居住	105.1

（刘少红）

人口和计划生育

【概况】 宜阳县人口和计划生育委员会位于北城区，香鹿山大道西侧，内设7股7室，2个行政监察中队，1个行政执行中队，4个城镇服务区，1个二级机构。截至2011年12月31日，全县人口

主任　马志敏

641484人，农业人口566638人，非农业人口74846人，已婚育龄妇女130275人；全年出生7413人，人口出生率11.56‰；死亡3293人，人口自然增长率6.42‰，全面完成各项目标任务。电话：0379－62717799。

领导班子成员

职　务	姓　名	职　务	姓　名
主　任	马志敏	副主任	乔少波
计生协会常务副会长	李宏治	副主任	郝会平
副主任	刘志强	计生协会副会长	邓红玲
党组成员	刘来杰	副科级干部	马站卯
计生协会副会长	王　斌		

【开展优质服务活动】　在春秋两次活动中，全县共完成“四术”9955例，其中：绝育1902例，引流产2009例，放环6044例，康检率99%，访视率100%，清查漏册已婚育龄妇女79人。

【性别比治理】　2011年，全县共举行大型打击“两非”宣传活动8场次，参加活动人员187人次，印发宣传材料2000余份，张贴标语30条，制作宣传版面24块，大型固定标语65条，并在宜阳电视台《人口·社会》栏目播出“两非”专题宣传教育片，收到了良好的社会效果。

【基层基础建设】　创新计划生育基础台账资料管理模式。把计划生育资料建设纳入日常量化管理之中，结合工作实际把资料分为考核必查类和日常工作必须类，分类制定评比检查标准和扣分依据。

投资20万元建成信息中心，购买高配置的电脑26台及摄像机、投影仪，按要求进行了防火设施装修，可同时供25人进行信息化教学，达到全省甲级信息化中心建设标准；投资2万元购买高标准密集架5列5组，规范档案管理，荣获河南省机关档案工作规范化管理省二级先进单位称号。

【宣传教育】　投入21万余元，购置摄影机、采编机、提词器等设备，建成河南省第三家县级计生系统宣传教育中心。使宣教中心具备了节目采编、制作、录播一体化服务功能，10月22日《人口·社会》栏目在县电视台正式开播。投资4万元建立图书室，购置图书2000余册，订阅报纸杂志40余种，可同时容纳30余人阅读学习。利用民间庙会等宣传载体，组织大型宣传活动7次，接受群众咨询2200余人，出动宣传车118辆次，发放计划生育宣传单1.5万份，宣传挂图6000余份，展出版面76块。计划生育宣传教育工作名列18个县市区第二名，顺利创建市级文明单位。

【奖励扶助】　奖扶政策摸底工作全面完成。2011年全县享受国家奖扶人数820人，特扶人数14人，洛阳市奖扶人数480人，洛阳市低保人数38人，洛阳市特困人数15人。全县14周岁以下领证独生子女全县户数4874户，发放独生子女父母奖励费229.3万元。

【生育关怀行动】　开展生育关怀金募捐，20余家企业现场募捐奖金5.5万元，10名计划生育困难群众代表领取了生育关怀救助金。完成计划生育系列保险办理。共办理保险1756份。完成新农保计划生育家庭参保人员确认。经过乡镇上报、公示、县级复查程序，全县45岁～59岁1853人将享受到每人每年100元的补贴，60岁920人将享受到每人每月20元的补贴。

【基层队伍建设】　开展“精读经典”读书活动。提出了日读一小时，月读一本书，半年一讲评，年底一总结的要求，营造人人爱读书、爱学习的良好氛围，以此提升干部职工的素质。深入开展“强基提质”暨“读好书、知礼仪、强素质”主题教育活动，编写学习手册12期，集中学习9次，开展读书心得评比。在全县计生系统开展首届书法、摄影比赛，共征集书法及摄影作品200余幅。12月进行了总结讲评，对6人进行了表彰。

（韩力博）

民族宗教

局长　王　克

【概况】　宜阳县宗教局位于宜阳红旗中路县委大院东楼。内设办公室、民族科、宗教科。2012年有人员4人。2010年宜阳县民族宗教事务局被市委统战部评为民族工作先进单位。电话：0379－68882244。

领导班子成员

职　务	姓　名	职　务	姓　名
局　长	王　克	副局长	司亚平

【民族宗教概述】　宜阳县有回、满、壮等16个少数民族，共1900余口人，占全县总人口的0.22%，其中回族1200人，占少数民族总人口的75%，全县有韩城镇西关和白杨镇五区两个少数民族聚居村。宜阳是洛阳市宗教大县，有基督教、佛教、伊斯兰教、道教4种教派，信教群众3.8万人，占全县总人口的5.2%；批准开放活动场所108处，其中清真寺2坊，基督教101座，佛教寺院3所，道教宫观2处，教职人员70余名。

【教育培训】　采取多种形式，落实宗教事务条例，先后3次到寺观教堂进行调研，听取各宗教活动场所负责人的意见建议，制定出台了加强宗教团体班子建设的意见。在创建“和谐寺观教堂”活动中，把宗教团体班子建设放在首要地位。举办培训班2期，加强对宗教团体领导班子成员思想政治、团结合作等方面的教育，增强团结意识，为做好宗教工作夯实了基础。

【宗教事务管理】　按照《河南省宗教事务条例》的要求，对宗教活动场所进行了3次全面检查，落实宗教活动场所的巡查制度、矛盾纠纷排查调处工作制度等六项制度，抓好安全、卫生防疫、消防等制度的落实，确保宗教活动场所规范有序。

【工作机制】　建立健全县、乡、村三级工作网络，县委、县政府成立了在县委统一领导下，由统战牵头，宣传、宗教、教育、文化、卫生、公安等部门参与的宗教工作领导小组，各乡镇两委都成了相应组织，明确各党政副职主抓，各村两委都成立了村管小组，安排了一名信息员，构筑起有关部门各司其职、各负其责、密切配合、通力合作、联手互动、齐抓共管的工作格局。

（李才伟）

文化庙会表演

乡 镇 概 况

城 关 镇

书记　王晋阳

镇长　炊为民

【概况】　城关镇位于宜阳县城区，面积10.5平方公里，辖6个居委会42个居民组，户籍人口7万余人（其中老居民1.5万人），是全县政治、经济、文化中心。城关镇南依锦屏山，北临洛河水，东西与锦屏镇相连，隔河与香鹿山镇相望，区位优势明显，基础设施完善，工商业为主导产业。2011年主要经济指标实现两大突破：国民生产总值突破25亿元，财政收入突破3000万大关。是河南省先进基层党组织、河南省卫生镇、河南省精神文明创建先进乡镇、河南省文明村镇、河南省生态乡镇，乡镇绩效考核、综合经济指标、财政收入、城中村改造、创先争优、宣传、党风廉政建设、安全生产、计划生育、平安建设等15项工作在县三级干部会议上受到表彰。电话：0379－68882169。

领导班子成员

职　务	姓　名	职　务	姓　名
书　记	高振立（7月离） 王晋阳（7月任）	武装部长 副镇长	张翼超
镇　长	李健力（7月离） 炊为民（7月任）	副镇长	刘要红
副书记	何贵涛	人大主席 团副主席	刘　锐
副书记	张曼卿	镇长助理	陈龙站
纪委书记	高要志	镇长助理	金安国
副镇长	郝会平（7月离）	综治办副主任	赵巧灵
副镇长	李红良		

【综合经济指标】　财政收入突破3000万元，比2010年增长33%；生产总值达到25.2亿元，比2010年增长15%；服务业增加值达到16.8亿元，比2010年增长20%；居民人均纯收入达7958元，比2010年增长1208元；工业增加值达到3.5亿元；规模以上工业增加值达到3.5亿元；固定资产投资达到17.3亿元，比2010年增长24%。综合实力继续位居全县第一。

【县城建设及城中村改造】　2011年，规划城建工程42项，城建重点工程18项。全年共完成征迁16万平方米，规划建设38万平方米，总投资5.5亿元。白庙一期完成七层建设，白庙二期征迁结束，规划设计、地探物探工作全面展开；灵山大道西街段拓宽改造完成征迁1.9万平方米，两侧建设正在规划设计中；向荣市场改造已完成131户居民入户调查和122间商铺搬迁工作；兴宜路红旗实验学校9月投入使用；红旗东路振华商场征迁结束；锦瑞花园一期项目全部竣工，开始回迁安置；沈屯豫嘉园项目一期主体封顶；山水福地一期开工建设；滨河西路宜水明珠项目进展顺利。配合县完成阳光水岸二期（滨河南路）3.7公顷、锦屏生态文化广场4公顷、兴宜路东延7.3公顷等征地任务。

东关街新貌

【村级组织换届】 镇党委政府严格按照提高素质、完善结构、增强活力的要求，共选出村党组织成员30人，居委会成员27人，村监会成员24人。同时，积极吸收知识化、年轻化、专业化、思想进步、致富带富能力强的人员加入党的队伍，目前，全镇村级组织成员的政治面貌、文化程度、年龄、性别构成更趋合理，带领全镇广大群众发展生产、共同致富的能力进一步增强。

【社会保障】 全年共发放低保、五保、优抚、救灾救济等各类款项370余万元，办理企业退休养老保险80人。积极开展新型农村社会养老保险工作，全镇参保人数达8000余人，缴纳保费112万元，从8月开始，已有2160名60岁以上老人享受到了新农保带来的实惠，让群众又一次真切感受到了党和政府的温暖。

【安全生产及环境治理】 严格安全生产责任制，深入重点企业、量贩、学校、网吧、公共娱乐场所等排查安全隐患160处，下发整改指令书30份，安排4名同志常年住矿，保证企业生产安全。从源头上采取措施，扎实做好禁烧工作。对防汛物资、队伍、车辆、值班等进行了再充实、再加强，排查危房28户71间，确保了全镇人民安全度汛。深入开展环境创优活动，开展环境整治8次，保洁、监管常态化，拆除违章建筑8处1000平方米。

【信访稳定】 深入开展平安建设活动，强化矛盾纠纷排查调处，全年矛盾纠纷排查95起，化解92起，社会治安防控体系进一步加强和完善，公众安全感再有提升。

【教育、卫生、计划生育】 教育教学成绩斐然，共向高一级学校输送人才2066名，落实县政府指示，区域大班额问题得到有效解决，投资6500万元建成红旗实验学校，有效解决了城区学生入学难问题。顺利通过省级卫生村、镇复验。以文明乡镇、文明村创建活动为载体，组织开展群众性精神文明创建活动，丰富了群众文化生活。全年征收社会抚养费17万元，康检已婚育龄妇女8000人次、完成四术346例。

【党建及精神文明民主法制建设】 深入开展创先争优活动，进一步加强党的思想建设、组织建设和作风建设，广大党员的政治意识、大局意识、责任意识明显增强。加强农村党支部建设，组织居委会两委进行理论、政策、法规培训。积极吸收知识化、年轻化、专业化、思想进步、致富带富能力强的人员加入党的队伍，全镇双强支书比例达90%，双强党员比例达85%。全年新发展党员25名，培训入党积极分子53人。强化“一岗双责”和党风廉政建设责任制，将党风廉政工作纳入全镇责任目标体系考核，实现了党风廉政工作与党建、经济、社会发展一起考核、一起奖惩。加强村级“三资”管理工作组织领导，进一步规范了运作程序、工作制度和工作台账。不断完善“目标、绩效、过错”三位一体的“千分制责任目标考核”体系建设，增强了广大干部职工的创先争优、争创一流的工作意识。 （杨晓蕾）

锦屏镇

【概况】 锦屏镇位于宜阳县城郊，南依锦屏山，北临洛河水，西接莲庄，东接洛南新区。八官线、安虎线、宜白路穿境而过，陇海铁路洛宜支线从高桥村起站。辖区内有被誉为白马寺“姊妹寺”的中州古刹灵山寺和省级重点文物保护单位千佛寺。

锦屏镇辖23个村民委员会、194个村民组，常住人口4.5万人，总面积90平方公里，耕地面积2563公顷。镇党委管理1个党总支、37个党支

书记 徐 明

镇长 刘智峰

部，党员1324人。水资源充沛，利济渠引洛水从西向东流过。矿藏资源丰富，工业基础雄厚。辖区内有省、市营厂矿5家，民营企业100多家，形成食用油、石英砂、煤炭、建材等优势产业。2011年，全年完成生产总值12.86亿元，服务业增加值4.07亿元，财政收入3010万元，固定资产投资35.86亿元，农民人均纯收入5535元，规模以上工业增加值4.7亿元。

镇党委、政府以宜东新区大开发和灵山风景区综合开发为契机，紧紧围绕"建设工业大镇，打造旅游名镇，壮大经济强镇"这一目标，聚集人力、物力、财力，创新工作方法，采取得力措施，全镇经济快速稳步发展，社会事业全面进步，重点工程进展顺利，责任目标圆满完成。荣获市计划生育管理先进单位、林业生态建设先进乡镇、统计基础建设先进单位和县绩效考核综合奖、财政收入创优奖、民营经济发展、新农村建设、农田水利建设、畜牧业发展、计划生育、组织工作、宣传工作、统战工作、党风廉政建设先进单位等数十项荣誉。电话：0379－68882053。

领导班子成员

职　务	姓　名	职　务	姓　名
书　记	买作温(11月离) 徐　明(11月任)	武装部长	赵学义
镇　长	李卫国(9月离) 刘智峰(9月任)	人大主席 团副主席	尚鸿雁
副书记	田武伟	科技副镇长	牛伟峰
纪委书记	张静国	镇长助理	杨新定
副镇长	陈社伟	镇长助理	谢喜民
副镇长	尹寒冰	综治办主任	樊庆伟
副镇长	陈万超		

【招商引资】 招商引资到位资金为41193万元。新上投资1亿元以上企业9个:1. 引资2亿元的洛阳向阳红拖拉机有限公司,正在办理相关手续。2. 引资1.8亿元的洛阳贝金科技有限公司,6月24日已开工建设。3. 引资1.4亿元的洛阳超拓实业有限公司,6月6日已开工建设。4. 引资1.3亿元的洛阳市同欣工贸有限公司,正在办理相关手续。5. 引资1.23亿元的洛阳誉斯顿轮业有限公司,正在办理相关手续。6. 引资1.2亿元的洛阳弘路重钙有限公司,1月26日开工建设。7. 引资1.2亿元的洛阳万年红拖拉机有限公司,正在办理相关手续。8. 引资1.2亿元的洛阳金尔泽实业有限公司,正在办理相关手续。9. 引资1.1亿元的洛阳海天车桥制造有限公司,正在办理相关手续。

新上投资1000万元 ~1亿元企业1个:投资1200万元的洛阳芙蓉建材有限公司年产100万平方米网格布项目,已建成投产。

新上投资500万元 ~1000万元企业1个:投资500万元的河南黑谷源土特产品有限公司年销售10万吨黑色食品项目,已建成投产。

新上50万元 ~500万元企业3个:1. 投资300万元的建华沥青搅拌站,建成投产。2. 投资300万元的万朝沥青搅拌站,已建成投产。3. 投资70万元的洛阳华构水泥制品有限公司,已建成投产。

【重点工程】 阳光水岸二期工程已完工,阳光水岸三期土建工程基本结束;同力路原路基南侧加宽10米,北侧加宽20米,已于5月份建成通车;兴宜路建设正在实施土方工程;南环路东延路基工程已完工;西庄专业园区已驻业12家;灵山灵秀安置小区已建成安置房84套。

【新农村建设】 按照要求,镇对各村民委员会的新农村建设分类推进,主要进行以"三清七集中"为主要内容的村容村貌、路容路貌集中整治,其中南营、漫流为市级示范村,铁炉为市级重点整治村。南营、漫流两个市级示范村投入36万元硬化排水渠800米、硬化水泥路300米、粉刷墙壁5000平方米、种植绿化树木800棵;南营村投入16万元新建休闲广场1处900平方米;漫流村投入45万用于硬化水泥路、墙体粉刷、村内绿化和休闲广场建设。两村在12月21日成功通过市新农办验收。其他各村要按照"三清七集中"的要求,搞好村容村貌和路容路貌整治,建设垃圾填埋场,创造干净整洁的生活环境。

全镇新建垃圾池55个,改建152个,所产垃圾集中填埋或运往县城垃圾处理场处理。

灵山社区

【城中村改造】 城中村改造涉及后庄、铁炉、河下3个村。按照"先建后拆、先安置后改造"的原则,对三个村分批、分期进行改造,首先对后庄、铁炉2个村进行了规划设计。后庄村城中村改造工程于春节前夕与洛阳亚威集团签订协议;铁炉村按照"先建后拆"原则,已于2011年12月20日启动城中村改造环岛花园安置项目。

【农业生产】 以种植业为主,全镇夏粮种植面积1335公顷、产量4526吨,玉米种植面积2551公顷,产量15426吨,水稻种植面积218公顷、产量1768吨。

【畜牧养殖业】 完善东店村东岑养猪小区,提高养殖小区的软硬件设施,扩大养殖规模。培育铁炉、河下两个养殖专业村。2011年度全镇共有养猪专业户86户,猪存栏8900余头,年出栏量1.8万余头。镇制定了切实可行的重大动物疫情防治方案,建立了村级疫情报告点,免费为养殖户提供疫苗及防疫物资,春、秋两季共防疫猪32471头,鸡116115只,牛271头,羊5756只,防疫密度达到100%,耳标佩戴率达到100%,免疫证发放率100%,2011年全镇无重大疫情发生。

【林业生产】 完成733.3公顷林地补植补栽任务,其中,发展崔村、山底100公顷核桃基地,大雨淋、焦凹两村封山育林420公顷,大雨淋、崔村两村建设生态能源林30公顷,绿化铁炉至杨店荒山133.3公顷,村镇绿化工程8.7公顷,杨店、崔村更新造林33.3公顷,在灵山、东店、崔村、山底4个村完成80公顷花卉林果产业基地建设任务。

【劳务输出】 健全镇、村、组三级信息网络,提高劳务输出工作水平,全力打造劳务输出平台。组织协调有关部门进行技术培训,先后对1203名农民工进行引导性培训,824名农民工进行技能性培训。2011年共输出15608名劳动力,县外转移劳动力8870人,县内转移农村劳动力6778人。

【环境保护】 采取集中整治活动,6月30日前,对辖区内20家石料厂采取措施,进行断电、取缔或搬迁;镇领导及部分干部进行责任分包,7月10日前,辖区内26家土法烧制石灰窑关闭取缔到位。通过专项整治活动,大大改善了县城环境空气质量。广泛宣传禁烧政策,严格落实各项措施,疏堵结合,严加看管,顺利完成了夏季秸秆禁烧工作,秋季投入80余万元对川区各村秸秆进行灭茬还田和清运,净化了居民的生活环境。全镇无环境保护违法案件发生。

【农民减负】 执行国家各种惠农政策,粮食种植补贴212.86万元,"家电下乡"补贴3950台,134.24万元,全部发放到位。落实好"两免一补"政策,惠及全镇5000余名学生,雨露计划惠及全镇22名高、中等职业技术学校学生。

【科技卫生】 利用灵山庙会、集会等活动组织科技下乡3场次,参与科技人员50余人次;5月9日至15日科技周宣传活动,悬挂标语40条,发放科普宣传资料3000余份。加强建设科普示范基地建设,杨店突尼斯软籽石榴园示范基地,占地18.7公顷,园区投资80余万元对区内水利、生态、生产技术进行了一系列改造,购置先进的除草、灌溉、施肥等设备,已有1公顷石榴进入盛果期,亩产石榴2000斤。马窑花椒基地,村委联合群众共投资10余万元购买花椒树苗、改善基地基础设施。扎实开展农村新型合作医疗工作,群众参合率达到100%。

【民政救济】 认真落实农村低保政策,完成农村低保政策执行情况专项检查工作,全镇共取消低保对象78人,其中核查死亡人员52人,不符合低保条件26人,核查后全镇低保人数为1880人,按时足额发放低保金。95 名五保对象入住敬老院,集中供养率达到 45%。落实双拥优抚政策,完成 130 名 60 岁以上农村籍退伍军人优抚待遇申报工作,各类优抚补助资金兑现到位。严格落实殡葬改革制度,火化率达到 100%;开展平坟复耕活动,平复坟头 9 个、墓碑 3 个。做好倒房重建工作,全镇 42 户 82 间倒房补贴资金 32.8 万元发放到位。做好涉军人员信访稳定工作,无违规越级上访现象发生。

【扶贫工作】 通过贷款贴息、培训农民工等手段,在大雨淋、灵山、苗村、石门 4 个村实施家庭种养项目和农副产品加工业,引导群众因地制宜种植核桃、食用莲、桔梗、苗圃等经济作物,贴息贷款补助困难家庭 35 户、4.8 万元,解决 392 人脱贫。

【计划生育】 2011 年全镇共出生 545 人,其中政策内生育 522 人、政策外生育 23 人,政策生育率为 98%,出生率为 12.2‰,人口自然增长率 6.1‰,数据信息准确率 100%,节育措施落实率、及时率均为 100%。奖励费落实率 100%,征收 54 万元社会抚养费,完成了县分配的社会抚养费征收任务。落实国家计划生育家庭奖励扶助制度,2011 年全镇 885 户独生子女户 42.73 万元奖励资金、国家特抚 3 人 3600 元、国家奖抚 19 人 11400 元补助资金全部发放到位,春、秋两季生殖健康进家庭优质服务活动四项手术均超额完成了县下达的任务。投入 5 万余元打造计划生育基层基础建设示范村、亮点村,并通过验收。

【综合治理】 加大宣传力度,借助农村集市、庙会、节假日和"12·4"普法宣传日,开展平安建设的法律法规专项宣传活动,不断扩大宣传面,有效地发挥舆论的积极引导作用。坚持领导干部接待群众来访、干部下访、信访评估、重大事项报告、"日碰头、周研判、月例会"等制度,认真开展书记、镇长大接访和领导班子成员定期下访活动,2011 年共办理上级转交办案件 26 起,办结 26 件,自办 5 起。接待来访 36 起 115 人次,有效解决 33 起,3 起采取稳控,为全镇经济社会发展创造了和谐稳定的社会环境。

【安全生产】 强化安全生产责任制,严格安全生产责任追究。深入开展煤矿、消防、非煤矿山、道路交通、危险化学品、食品药品等专项检查,全面加强建筑、旅游、教育等领域的安全管理,认真排查和治理事故隐患,下达安全生产整改通知书 22 份,并督促其及时整改到位。进一步加强煤矿安全监管。充分认识当前煤矿安全生产的严峻形势,在思想上高度重视。对镇辖区内天源、宏源、锦坪、翔和 4 家煤矿安全隐患进行拉网式排查。配合县煤矿兼并重组工作,对翔和煤业依法进行关闭。严格驻矿制度,包矿干部 24 小时驻矿,发现问题立即上报处理。同时严格责任追究制,对违规矿井严管重罚;对不在岗、不尽职的包矿人员予以严肃处理。2011 年度全镇无重大安全事故发生,保证了全镇良好的安全形势。

【党的建设】 巩固学习实践科学发展观活动成果,积极实施"先锋示范工程"。2011 年度,镇党委举办入党积极分子培训班 1 期,培训入党积极分子 123 名,发展党员 52 名,为党员队伍注入了新鲜活力,保证了村级班子的延续性。7 月 29 日召开共青团锦屏镇组织格局创新大会,选出共青团锦屏镇委员会委员 13 名、书记 1 名、副书记 3 名,充实了团的力量。完成统战、老干部等年度各项工作任务。11 月 30 日前全面完成第七届村级组织换届选举工作,保证了村级组织的活力。

【精神文明建设】 加强社会主义精神文明建设,协助县委、县政府举办了"灵山文化庙会"活动,继续在各村开展数字电影放映活动,丰富了群众文化生活。协助县委、县政府成功举办了"灵山文化庙会"和"滨河之声"文化广场活动,积极参加"滨河之声"演出,6 月 30 日晚举办"颂歌献给党"锦屏镇庆祝建党 90 周年文艺会演。　　(邵巧飞)

灵山文化庙会开幕式

白杨镇

书记 马红干

镇长 孙耀民

【概况】 白杨镇位于宜阳城东南25公里处，东与伊川高山乡接壤，南与伊川鸣皋镇、嵩县田湖镇交界，境内顺阳河横贯东西，山陕会馆、西寺庙、九龙洞、魁星阁为名胜古迹。桥涵众多，有“一步三孔桥，过桥不见桥”之美誉。属丘陵山区，暖温带大陆性季风气候。全镇辖25个村民委员会、55个自然村、248个村民组、45361人，镇域面积79.2平方公里，耕地4522.97公顷。辖区内有平白路、宜白路、白赵路、白石路4条主干道，交通十分便利。

2011年，白杨镇党委、政府紧紧围绕县委、县政府年初安排的重点工作，围绕推进“六加一”攻坚战，以科学发展为主题，以招商引资为抓手，以项目建设为关键，以增效增收为目标，通过抓企业提效益，抓工程带投资，抓党建葆活力，抓稳定促和谐，抓管理上水平，抓督查保绩效，全年各项工作完成情况良好，全镇国内生产总值达到95730万元；农民人均纯收入达到5390元；财政收入达到1076万元。全镇经济和社会各项事业继续保持持续、稳定、健康发展的好势头，经济实力不断增强，产业特色更加突出，社会大局更加稳定。电话：0379－68798003。

领导班子成员

职　务	姓　名	职　务	姓　名
书　记	王晋阳(7月离) 马红干(7月任)	副镇长	王永庆
镇　长	王玉杰(11月离) 孙耀民(11月任)	副镇长	周　博
副书记	梁爱霞(11月离)	副镇长	常光辉
副书记	孙耀民(11月离)	武装部长	陈幸立
副书记	高振飞(11月任)	副科级干部	孙国伟
纪委书记	高振飞(11月离)	正科级干部	陈　木
副镇长	韩生辉		

【烟叶生产】 2011年白杨镇烟叶收购在大灾之年取得了较好的成绩，完成全年目标任务100公顷的100%；建成育苗大棚12个，完成目标任务的120%。实现了陡沟、张庄、郭沟3个村庄的连片种植。完成收购任务14.2万公斤，完成税收51.8万余元，占年度任务44万元的117.7%，收购量和税收完成比例均居全县第二位。投资82万余元新建烟炕30座，投资70万元建烟水配套工程1个，投资60余万元修建烟地道路4公里。落实2012年烟田面积133.3公顷，发挥了其在农民增收，财政增税的“支柱”作用。

【林业生产】 2011年完成造林320.9公顷，其中核桃基地53.3公顷，封山育林221.3公顷，生态能源林13.3公顷，村镇绿化工程8公顷，更新造林24.9公顷。完成退耕还林补植补栽114.1公顷，高头村村庄绿化被评为县级示范村，全民义务植树10356株。全面完成今年的林业生产任务。

【畜牧业发展】 在龙窝村新增大型生猪养殖基地1个，生猪出栏量新增10万头以上。在角底寨和东庄新发展肉鸡养殖塑料大棚3座，共养鸡2.4万只。组织开展了畜、禽春季防疫工作，防疫鸡6万只、猪3.2万头、牛1820头，防疫率达到了100%。完成青贮饲料3.5万吨，占年度任务的116.7%。牧草种植面积33.3公顷，占目标任务的125%。全镇无重大动物疫情发生。

【新上工业项目】 2011年完成新上项目10个，其中投资1000万元以上项目5个，即投资1.2亿元的洛阳精鑫轴承工贸有限公司建设项目、投资1000万元的东升$C_a(OH)_2$厂、投资2000万元的纳米高科60万吨炉窑改造项目、投资4000万元的金山钙制品60万吨炉窑改造项目、投资3000万元的荣威电子科技一期3、4号生产线项目、投资1000万元的宜阳县东升活性氧化钙10万吨氢氧化钙项目;500万元~1000万元项目2个,即投资500万元的宜阳县白杨镇液化气站、投资600万元的宜阳县恒远石灰岩矿;50万元~500万元项目3个,即投资200万元的宜阳县恒达石灰岩矿、投资300万元的宜阳县白杨镇惠亿家购物广场、投资200万元的宜阳县东升活性氧化钙厂13万吨石子项目。

洛阳矿业集团纳米高科有限公司

【招商引资】 不断探索和创新引资方式,全年引进资金1.42亿元,其中,省外资金1.2亿元,市外资金220万元,已全部到位,占目标任务1.2亿元的118%。投资超亿元项目2个,超千元项目3个,500万元 ~1000万元项目1个,50万元 ~500万元项目2个,总投资1.8亿元。

【新农村建设】 由镇政府牵头,各村两委干部负责,发动全村广大党员干部以及群众义务定期对村里所有街道和空闲地块进行卫生整治,全面清除农村卫生死角,落实农村卫生动态保洁,对全镇农村开展环境卫生集中整治。建设垃圾填埋场和垃圾池,在西马村、东庄、漫流等9个卫生保洁村,按照要求新建垃圾填埋场3个,改建6个。高头村作为2011年白杨镇的市级新农村建设示范村,镇党委、政府从洛阳设计院请来专家对该村进行合理规划,并制作了高头村新农村建设效果图,做到了村庄建设有章可循。清运生产生活垃圾300立方米,平整广场地面拉垫石粉10车,加宽水泥路面、硬化广场和村部地面970平方米,修村组通水泥路4500米,广场四周砌长城墙420米,修建村部30米铁栏围墙大门,大型花池5个,墙体粉刷及外墙涂料1960平方米,绿化植树,购置并安装健身器材。

【小城镇经营建设】 2011年投资60多万元对环北路加油站至镇政府段进行综合改造,包括排水渠的开挖、硬化,路面重新铺油,道路两侧透水砖的铺设,路灯安装,两侧店铺立面粉刷,店牌的统一规格;投资30多万元进行西出口的综合整治,对两侧排水渠疏通硬化,道路两侧硬化,两侧房屋立面粉刷;投资10多万元在北环路西段安装路灯,实现全镇所有街道基本上都安装路灯。

重点解决小城镇经营管理问题,成立了保洁队伍,建立了长效保洁机制,提升小城镇经营管理水平。通过招商引资建起了白杨镇办事处综合商业街、白杨镇供销社综合商贸城、白杨镇隆源农民安置小区以及垃圾中转站、万人吃水工程等,使城镇功能趋以完善。

【集市贸易】 白杨镇为宜阳县南部地区第一大镇,商贸云集,隔一日一集,为宜南的经济中心和商贸流通中心,有副食批发、建材加工、服装布匹3个专业市场。经商范围涵盖饮食、建材、加工12门类135种,经商人员达到1880人,其中固定商户980家,工商户1400多家。此外,培育了农机销售和制造专业市场,商贸经营红红火火。

白杨集贸市场

【基础设施建设】 按照中心镇建设"十个一"工程要求,实施了多项城建工程,基础设施建设工程:投资80余万元完成了镇区西环路标准主街道建设,并安装了路灯,栽植了绿化树木,镇区交通更加通畅;投入资金300余万元在白杨街区新建水厂1个,铺设管网6万余米;对1.7万居民的吃水管道进行改造,入户工程已结束,水质完全达标。商业开发工程:投资360万元,对白杨影剧院旧址进行改造,集商业、文化、娱乐为一体,设计一、二层为商业店铺,年底入驻商户30余户,三层设大型商场1个、高档商务宾馆1个,已于2011年3月投入运营;投资600余万元的宏兴宏光商贸购物中心正在建设中。文体工程:依托大龙台景区典型的历史特点,制定大龙台景区开发规划,投资50余万元,修建了300多平方米的镇文化体育健身活动中心,与古迹大龙台相辅相成,尤受中老年群众的喜爱和好评。

【文化工作】 积极争取省市县文化专项资金,建成农家书屋25个,并订阅了图书报刊,建成文化体育活动广场4个,设施齐全,功能布局合理,现已全部投入使用。其中白杨镇文化体育建设活动中心投资50余万元,面积300多平方米,与古迹大龙台相辅相成,受到中老年群众的喜爱和好评。成功组建南留老年门球俱乐部、南留太极扇表演团等3个民间艺术团;组织电影下乡85场次;加强文化市场管理,查处无证网吧3个,对2个持证网吧进行登记造册。进一步规范了文化市场秩序。

【教育工作】 以巩固基础教育并推进和完善中小学布局调整为重点,扎实推进强师振教工程,利用教师节表彰和奖励全镇优秀教师,重点高中上线率名列前茅,白杨镇中心校小学开工建设,全镇教育事业得到了巩固和发展。

白杨镇中心小学建设项目开工典礼

【卫生工作】 切实加强医疗卫生工作,25个村民委员会村级标准化卫生室全部达标,参合农民41474人,参合率达90%以上,解决群众就医难问题,抓好疾病预防和控制,在全县上消化道疾病普查中名列前茅。

【计划生育服务】 立足统筹解决人口问题,以控量提质为目标,围绕打牢基础,强化规范管理,拓展优质服务,着力创新机制,推动了计生工作不断深入,营造了良好的人口环境。2011年完成春、秋两季计划生育优质服务进家庭活动,全镇完成结扎、引流产任务350余例。迎接省、市、县检查5次,均取得较好成绩,全年工作位居全县乡镇前列。

【党建工作】 完成25个村民委员会的村级组织、村民监督委员会换届选举工作,按照"六有"、"五好"的标准完成25个村委会的软件和硬件建设配备任务,实施村级四议两公开一监督制度,乡级事项集体决策制度严格落实"三重一大"议事制度,推进党风廉政建设深入开展,党风廉政建设责任目标得到圆满完成。2011年白杨镇共发展党员60名,发展入党积极分子75名,培训党员1800人次。完成了全年的党费收缴工作及2012年党报党刊征订任务。整顿治理后进村2个,新建村级办公场所3个,落实离职村干部待遇政策,不断加强基层组织建设、阵地建设,提高村级组织战斗力。

【扶贫工作】 2011年深入贫困村组织农户进行培训18次,培训贫困农户357人次。实施"雨露计划"救助了64户贫困学生。共发放扶贫贴息款7万余元,围绕白杨镇主导产业、各贫困村的特色优势产业核桃产业进行开发,并组织贫困农户进行核桃树新品种、烟叶种植、中药材种植等新技术应用和实用技术培训。结合当前林权改革,做好了产业转型发展、核桃林基地建设、贫困农户三者之间的相互对接。把解决贫困村的基础设施建设落后的问题作为帮扶的首要内容,支持、帮助了贫困村修通村级公路、人畜饮水、修建村级服务场所、教学楼、卫生室、图书室等一大批基础设施建设。

【民政工作】 2011年白杨镇民政所圆满完成任务。五保207人:集中供养敬老院45人,分散供养162人。农村低保:2056人,城镇低保15人;优抚对象213人,其中参战涉核81人,病退军人36人,退伍军人40人,烈属2人,40、50人员、伤残军人、退休各1人,建国前老党员3人,百岁老人2人。全年争取了救助资金10万元,灾情上报及时准确,组织群众进行生产自救,严格救灾物资审批手续,管好用好救灾物资。争取资金26万元改造危房20户、40间。培训残疾人25人,安排残疾人就业5人,残疾人康复10人,残疾人托养20人。对全镇2599名残疾人掌握其个人信息了解其生活状况,办理残疾人托养10人以上,救助孤儿10人以上。

【劳动保障】 2011年白杨镇劳保所完成劳动力转移1.55万人,超额完成县定1.4万人转移任务。其中县内转移6500人、县外转移9000人。培训农民工2100人、其中引导性培训1200人、技能性培训900人,完成县定任务1800人的培训任务。特别是为350名农民工办理了焊工、电工等职业资格证书。6000名到龄人员按时足额享受到了农村养老保险待遇,693名五保、低保和计生特殊群体做到应保尽保。45名异地养老保险金发放者进行了年度审核。为58名返乡农民工进行小额贷款提供了服务。全镇离退休人员工资及时发放到位。

【平安建设】 2011年,镇党委政府积极实施“平安建设强化年”活动。投入25万元在全乡20个村安装了平安大喇叭、8个村安装了视频监控设备,各村都配备了3~5人的巡防队员在村24小时不间断巡逻、实现了技防网络全覆盖。

【社会治安综合治理】 强化镇村综治基础建设,与25个村民委员会、各学校、各镇直单位签订白杨镇2011年度社会治安综合治理和维护稳定工作目标责任书,投资3万余元强化了镇综治工作重心。在每个村设立“两站一室一队”即综治工作站、群众工作站、民调室、治安巡防队等,认真接待群众来访、申诉,及时做好上访人员的稳控工作,全面开展平安创建工作,确保全镇大局稳定,为经济社会发展营造良好环境。

【新农保、新农合工作】 完成新型农村养老保险筹资工作,全镇参保人数达到25650人,缴纳新保费2570270元,参保率达88.6%,位居全县第二名。为解决全镇农村居民养老问题奠定了良好的基础。新型农村合作医疗筹资工作圆满完成,全镇共缴纳新农合资金1943950元,参合人数41474人,参合率达到90%以上,完成比例位居全县前列。

(杨兵强)

香鹿山镇

书记　杨惠江

镇长　李　曦

【概况】 香鹿山镇位于宜阳县东北部,总面积122.3平方公里,东接洛阳高新区,北临新安县,南与县城隔河相望,区位优势明显。辖31个村民委员会、304个村民组有45个基层党支部、1660名党员。耕地面积3934.7公顷,其中水浇地1833.7公顷;总人口62042人,其中农业人口57579人,加之流动人口,全镇常住人口达10万人。宜阳县北城区、产业集聚区、香鹿山生态园在镇域内,香鹿山镇既是宜阳县的东大门,也是宜阳县城的新窗口。2011年,香鹿山镇党委、政府大力实施“两区一带”(川区14.5公里经济隆起带,北部山区以富民为主的种植养殖农业高产带)战略,进一步解放思想、更新观念,转变作风,真抓实干,突出抓好轴承产业园建设、项目建设、城镇建设、城中村改造、产业结构调整、农民增收等重点工作,在全镇上下共同努力下,各项工作稳步推进,社会大局和谐稳定。电话:0379-68714003。

领导班子成员

职　务	姓　名	职　务	姓　名
书　记	宋茂欣(9月离) 杨惠江(9月任)	副书记	田振民
镇　长	杨惠江(9月离) 李　曦(9月任)	科技副镇长	方见粉
副书记	牛新乐	党委委员	宁江涛
纪委书记	李　炜	正科级干部	史治宽
副镇长	徐洪涛	正科级干部	蒲妙杰
副镇长	李金良	镇长助理	邵严明
副镇长	张永干	镇长助理	赵定国

【镇域经济不断发展】 2011年度(预计)完成生产总值20.1亿元,服务业增加值3.61亿元;规模以上工业增加值15.09亿元。全年发放农村居民五保、低保金352万元,发放各类救灾款、定补、定救资金,粮食直补、良种补贴、农业保险,家电下乡、汽车摩托车下乡等强农惠农资金1120万元。各重点项目、重点工程、民生工程有序推进,经济社会各项事业和谐发展,形成了以工业为主的产业优势,建成了一批事关人民群众生产生活的基础设施工程,提高了人民群众的生活水平,实现了群众增收、财政增长、社会稳定的目标。

【工业经济】 2011年,镇政府不断加大对轴承产业园基础设施的投资力度,在2010年投资350余万元修建刚阿大道的基础上,全年投资1000余万元,新修轴承产业园道路2条,全长1420米,涉及桥涵1座,完成排水、绿化、亮化等基础设施建设,为园区内落户的项目提供了良好的环境。全镇完成工业增加值16.36亿元,完成固定资产投资48.7亿元,引进省外境内资金3.35亿元,新上投资亿元以上项目5个,1000万元 ~亿元项目5个,500万元 ~1000万元项目2个,50万元 ~500万元项目5个。

【农业经济】 2011年对沿李贺大道公路两侧地块进行产业结构调整,公路沿线规划种植蔬菜、花生等低秆作物。在公路沿线黄窑、夏街、李营、寻村3个村流转土地80公顷发展蔬菜连片种植;在锁营流转土地33.3公顷发展苗木花卉;继续巩固发展甘棠大棚蔬菜基地,扩大种植面积6.7公顷。加大科技培训和推广力度,积极与扶贫、劳动等部门联系,先后举办不同类型的科技培训班10余次,同时还对种养大户在技术上、项目上给予扶持。

【项目建设及招商引资】 2011年,不断加大在建项目的推进速度和签约项目的落实力度,促进了意向项目早签约、签约项目早开工、开工项目早投产,全年完成项目建设投资5.5亿元,圆满地完成了全年目标任务。

【重点工程不断推进】 2011年,县委、县政府在香鹿山镇境内实施的主要重点工程有30余项。经过全体镇村干部的努力,职教中心、纬一路、阳光水岸、滨河路、同力大桥、锦龙大桥、轴承产业园、锦龙国际酒店、阳光城等一系列重点项目有序推进。全年完成拆迁225户、石棉瓦厂1处,拆迁面积7.73万平方米,其中:牌窑86户,2.66万平方米;官庄31户,1.2万平方米;下河头45户,石棉瓦厂1处,1.77万平方米;段村63户,2.1万平方米。牌窑新型农村社区建设、官庄、下河头、段村城中村改造取得突破,稳步推进。

中信重工

【全面实施民生工程】 2011年,实施的民生工程有35项,工作量大,涉及面广。镇党委、政府把实施民生工程摆在更加突出的位置,逐项分解任务,逐层落实责任,努力形成横向互动、上下联动、合力攻坚的工作格局,并从镇本级挤出不低于500万元的资金,用于群众想办而上级没有项目安排的、涉及群众切身利益的基础设施项目建设,确保各项民生工程顺利实施。

【文化教育卫生工作有力推进】 大力推进素质教育,师资水平、办学条件、教育质量等多项指标均达到国家规定的标准,走在全县的前列;加大投入,配备娱乐、健身器材,积极推进图书室建设,进一步丰富群众的文化生活;进一步强化卫生工作,提高新型农村合作医疗参合率和服务水平。

不断夯实计划生育基层基础工作,围绕创建计划生育优质服务先进单位目标,开展春季计划生育集中月活动,完成"四术"712例;出生人口政策符合率稳定在较高水平;严厉查处了违反计划生育政策对象;发放独生子女费20余万元。全镇计划生育水平明显提高,各项指标均处于全县前列。

【安全稳定工作不断加强】 认真做好稳定工作。实行维护社会稳定领导干部包案制,建立不稳定因素台账、,共建立台账12期,排查调处不稳定因素

47 件,用心、用情化解了一批久拖不决的信访积案、缠案,办理信访共 23 件,办理 110 联动转办案件 21 件,做到了件件有回复,事事有结果,办结率达到 100%,群众满意率达 95%,确保了社会稳定。

【新农村建设】 对李贺大道沿线 13 个村,村村按照示范村标准进行集中整治,对路容路貌进行重点整治,官庄段、下河头段两侧新修景观墙 3000 米,大大提升了沿线形象。加大对镇区综合整治工作,健全日常保洁队伍,人数达到了 15 人,对店外经营、占道经营进行了集中整治,投资 20 余万元对全线路灯进行了维护。在新农村建设工作中,更注重建立健全长效机制,搞好村容村貌、路容路貌工作。沿川区各村均成立了 3 ~5 人的保洁队伍,每天对辖区环境卫生进行保洁。镇、村定期组织开展村容村貌、路容路貌专项整治工作,确保在关键时刻、关键点不出问题,维护良好的对外形象。

牌窑村新貌

【民政扶贫】 完成低保、五保户审核工作,共发放低保、五保及各类优抚补贴 352 万元;加强敬老院建设管理,使农村五保集中供养率达到 45% 以上;尸体火化率达到 100%;落实了涉军稳定工作"三级五包"责任制,严格排查机制,没有发生违规越级上访现象。通过积极落实"两项制度"试点工作,"雨露计划",采取结对帮扶,项目带动,小额贷款等措施,帮助扶贫对象致富,该年共脱贫 178 户、615 人。

【新农保试点】 全镇新农保可参保人数为 36994 人,已参保 31520 人,参保率达到了 85.2%,收缴参保资金 342 万元。

【党委和村级组织换届】 按照上级的统一部署,精心组织,周密安排,规范操作,圆满完成镇党委和 31 个村级组织换届工作,进一步改善了班子结构,增强了干部队伍的整体素质,实现了组织意图和群众公认相结合,做到法定程序不变,规定步骤不少,确保换届选举工作既坚持党的领导,又充分发扬民主;既紧密结合实际,又严格依法办事,党员群众满意度较高。

(刘 斐)

柳泉镇

书记 陈小强

镇长 李振海

【概况】 柳泉镇位于洛河北岸,县城西 15 公里处,下辖 29 个村民委员会、126 个自然村、306 个村民组、1.4 万户、6.2 万人,总面积 99.1 平方公里,耕地面积 4565 公顷,其中水浇地面积 1120 公顷。中共柳泉镇委员会下辖 46 个党支部(其中农村党支部 29 个、非农党支部 13 个),正式党员 1391 名。

柳泉属半山半川地貌,气候温和,四季分明,年平均气温 15°C,年平均降水量 669.1 毫米,雨季集中在 6 ~9 月。柳泉钟灵毓秀,物华天宝,人杰地灵,历为宜阳重镇,古时曾设驿站,建立县府,境内有白鹿苑、板倒井、娘娘坡等历史文化遗迹。省道八官线及在建的卢阳高速公路横穿东西,县乡公路柳盐路、鱼祁路纵贯南北,"村村通"公路四通八达,交通便利。小城镇基础设施完善,服务功能齐全,经商居住环境优越。

2011 年全镇国内生产总值完成 9.6 亿元,财政收入完成 1264.7 万元,农民人均纯收入达 5505 元,获得了洛阳市农业结构调整土地流转生态旅游工作先进单位、小城镇经营管理先进乡镇、宜阳县民政工作先进单位、林业生产先进单位、劳动力转移工作先进单位、新农村建设先进单位、乡镇书记工程先进单位、平安建设先进单位、绩效考核综合奖三等奖、纪检监察工作先进单位、党风廉政建设先进单位、组织工作先进单位等荣誉。上于村被市政府评为2011年度林业生态建设先进村。电话:0379－68729361。

领导班子成员

职 务	姓 名	职 务	姓 名
书 记	陈小强	副镇长	王海波
镇 长	李振海	武装部长	周政伟
副书记	马海涛(9月离)	副镇长	贺龙俊
副书记	张耀敏(9月任)	副镇长	赵创志
纪委书记	张耀敏(9月离)	科技副镇长	孙 薇
副镇长	丁海丛(8月离)		

【粮食生产】 认真贯彻落实国家各项支农惠农政策,为种粮农民发放种粮补贴资金534.96万元,良种补贴105万元。全镇种植优质小麦3263公顷,优质玉米1679公顷,香花辣椒236公顷,全年粮食总产量达3.1万吨,其中夏粮产量1.4万吨。

【烟叶生产】 烟叶是柳泉镇山区的支柱产业,2011年全镇植烟田面积466.7公顷,其中镇长工程尹村千亩烟片植烟80公顷。全镇收购烟叶35.5万公斤,实现烟叶税收136万元。全县烟田整地起垄现场会在柳泉召开。

【蔬菜基地建设】 2011年柳泉镇的镇长工程是200公顷蔬菜种植任务。通过土地流转,在元村、花庄等村种植露地蔬菜153.3公顷,同时加强引导,在纸房、赵沟等村种植露地蔬菜66.7公顷,东高源泉、柳泉金泉、河东为民、西高诚占等蔬菜基地发展设施蔬菜86.7公顷。

【农业观光园建设】 引进洛阳家鑫实业有限公司,在柳泉建设河洛明珠生态农业大观园。该项目规划面积666.7公顷,位于八官公路以南,东起丁湾村、西至元村,涉及土地流转429公顷,工程预算总投资3.5亿元。规划种植优质中草药166.7公顷,观赏牡丹、芍药66.7公顷,风景树、时令采摘果树133.3公顷,花卉苗木1333.3公顷,绿色蔬菜品优蔬菜基地33.3公顷。同时利用洛河滩地、水渐地开挖修建133.3公顷莲花公园。该项目将建成河南省有影响力的农业观光项目。

【林业生产】 继续深化完善集体林权制度改革,做好林改后续工作;大力发展核桃种植,2011年种植核桃120公顷,其中上于村栽植核桃80公顷。2011年冬季,在龙潭村、高窑村又规划了2个千亩核桃基地。

核桃种植

【机械制造专业园】 柳泉镇机械制造专业园区建设初具规模,在抓好项目建设的同时,积极实施专业园区建设,园区规划面积5平方公里,建成区面积2平方公里,入园企业可享受电价、土地审批等方面的优惠政策。目前园区规划的总长5.2公里的"四纵两横"道路网已经建成;电网已经省、市、县有关单位进行规划、设计,其中10千伏电线已开工建设,3.5万伏线路明年将进行建设;供水、污水处理等已向上级申报项目;筹资800万元,成立了宜阳卓飞工业开发有限公司,成功融资1500万元,在专业园区收储土地33.3公顷,为企业快速入驻打好了基础。园区内主导企业有:洛阳忠诚集团公司,固定资产1.2亿元,拥有忠诚铁合金、忠诚贸易、忠诚水电、金刚砂、忠祥生物质发电等独立分公司,2011年忠祥生物质发电公司与香港永正集团达成收购协议,重组后公司将步入新的发展阶段。宜阳大成金属制品有限公司,2011年实现产值1000万元,实现利税200万元。洛阳忠诚水电、洛阳鑫水源、宜阳乘龙、宜阳兴宜等四家水电公司,固定资产1.5亿元,职工80余人,发电量4000万度,年利税800万元。三环建材、吉祥建材、强盛建材等50余家民营企业,从业人员达到1500余人,年利税达到450万元。

【新上项目】 2011年新上工业项目5个,其中1000万元以上项目3个,1000万元以下项目2个:

书记工程宜阳宜滨耐火材料有限公司项目。项目位于柳泉镇专业园区内,总投资3500万元,以生产新型高档耐火材料氧化铬为主,设计年生产能力4000吨,可实现产值1.6亿元,上缴税金800万元,年内已建成投产。

宜阳中祥肥业复合肥生产项目。该项目位于柳泉镇专业园区内,总投资3500万元,占地面积50亩,年产复合肥10万吨,预计实现年产值4500万元,利税1300万元,年内完成了土地平整等前期工作。

宜阳瑞祥有限公司,位于柳泉专业园区,该项目占地0.7公顷,总投资2600万元,年产锰矿粉10万吨,于5月建成投产。

洛阳众力商砼有限公司商砼生产项目,该项目位于柳泉镇元村村,占地面积1.3公顷,总投资500万元,正在建设。

宜阳元升液化气站。该项目位于柳泉镇元村村,项目总投资230万元,于6月建成运营。

【电力资源】 镇域内现有变电站1座,水利发电站4座,秸秆发电厂1座。2002年对11万伏变电站进行扩容后,电力供应充足。沿洛河水利发电站4座,分别是:装机容量为4×500千伏的忠诚水电;装机容量为3×500千伏的鑫水源水电;装机容量为5×250千伏的乘龙水电;装机容量为4×200千伏的兴宜水电。年发电量达到4000万度。洛阳忠诚集团公司3×6000千伏的洛阳忠祥新能源科技股份有限公司生物发电项目,2010年5月第一台机组已试运行发电。全镇电力资源丰富,为企业发展创造了有利条件。

【中心镇建设】 按照中心镇"十个一标准"的要求,高标准进行规划建设。

已建成的项目有:1. 综合市民广场:位于柳泉村,占地面积1200平方米;2. 公共文化活动中心:位于柳泉村,建筑面积540平方米,配置图书万余册,并配齐了桌椅、电脑等办公设施;3. 高标准主街道:对忠诚大道进行了升级改造,翻修主干道1500米,改造慢车道3200米,修建排水渠3200米,店铺立面粉刷1.5万平方米,改造广告店牌680个。4. 垃圾中转站:建成了占地面积550平方米中转站;5. 敬老院:新建敬老院占地面积0.68公顷,建筑面积1836平方米,集中供养五保老人120人;6. 标准化集贸市场:南北两个集贸市场占地面积0.67公顷;7. 汽车客运站:位于河东村,占地面积2000平方米。

在建项目有:1. 特色产业园区:已修建园区道路5.2公里,其他基础设施正在完善。2. 农村环境综合连片整治项目:该项目总投资150万元,2012年4月全面竣工。3. 农民安置小区:源泉大厦地基已开挖,2012年建成;书香泉居小区已完成拆迁,正在勘探。

【小城镇经营管理】 进一步改善投资、经商、人居环境,提升小城镇品位。加大街道卫生、店外经营和市场经营秩序的规范管理力度。第三产业形成以饮食业为龙头,服装、家电、日用、小百货等行业门类齐全的经营格局。拥有资产50万元以上的酒店5家,中小型饭店20余家,较大规模家电超市3家,摩托车、电动车超市5家,服装、百货等其他商户700余家。

【新农村建设】 村容路貌整治。全镇共硬化道路21.9公里,新打机井25眼、维修10眼,绿化道路6220米、村内空地3040平方米,新修建垃圾池24个、建成文化大院1个、群众休闲活动广场1个,改建村部2个26间,修复排水渠3177米。成立了垃圾清运公司,组织清运车辆4台,每天定时对各村垃圾进行清运;对村级保洁员的工作实行周检查、月例会制度。农民群众的居住生活环境得到了进一步改善。示范村、示范社区建设。市级示范村西高村硬化道路4000米,建成村部、卫生所、文化大院及室外健身场所各1处,新建垃圾池2个,安装亮化路灯120盏;市级示范社区河北村硬化道路村内道路2200米,新建群众休闲活动广场1处、垃圾池4个、机井1眼,改建村部12间300平方米,修缮村内排水渠500米。

【科教文卫稳步发展】 文化。投资建成了面积为540平方米的镇综合文化站,配置图书万余册,并配齐了桌椅、电脑等办公设施。

教育。稳步推进中小学定点布局工作。撤并了毛沟、赵沟、英武、高窑、贺沟、黑沟、十字路、曹坪、苗湾9所小学,完成了预定目标。

卫生。全镇已建成29个标准化卫生所,全镇村级卫生、防疫人员达到112人,基本形成"小病不出村,大病不出镇"的卫生医疗格局;经常性开展食品卫生监督、检查工作;大力宣传新农合政策,使群众政策知晓率达100%,农民参合率达95%。

科技、扶贫。全镇29个村民委员会,每村确定

1名村两委干部为专职科技工作负责人,各村根据实际村情,分别成立烟叶、西瓜种植、优质小麦种植、养殖、沼气使用等协会组织,会员总数达5200余人,其中专业技术人员230人,科技示范户上千家;对55名贫困学生进行了“雨露”扶贫救助;通过烟叶种植、养殖、输出劳动力等方式,逐步使贫困人口脱贫致富。

【社会保障】 积极推行新型农村养老保险。共筹集新农保资金313.5万元,全镇参保率达到85%,该项工作在全县名列前茅。低保五保救助。全镇现有农村低保对象2317人,按照家庭贫困程度分为A、B、C三类施保,2011年共发放低保资金223万元;五保对象268人,发放五保资金61万元。低保、五保人员全部参加新型农村合作医疗。农村社会保障体系的建立,使贫困群众的生活基本得到保障,因病致贫、因病返贫问题得到有效缓解。敬老院建设。新建敬老院占地面积0.68公顷,建筑面积1836平方米,集中供养五保老人120人。

【双拥工作】 全面落实优抚政策,发放复退军人优抚资金58万元。代表宜阳县接受省市检查。

【劳务输出】 共向外输出劳动力16010人次,引导性培训农民工1312人,技能性培训860人,提高广大农民的致富技能,拓宽群众增收致富渠道。

【计划生育】 通过开展“计划生育优质服务进万家”活动,全镇集中完成四项手术954例;对贺沟、尹村、赵沟、清泉、龙潭等9个村2247名育龄妇女进行了康检,治疗妇科病人员165人,受到了群众的一致好评。澄清计生底子,完善计生台账,建立流动人口数据库,实现微机化管理,已婚育龄妇女在册率、政策生育率、出生统计准确率等指标均达到上级要求。

【环境保护工作】 做好辖区内环境综合整治,取缔土法石灰窑;积极开展省级生态镇建设规划工作,完成了规划编制;向上级争取了农村环境连片综合整治项目,总投资150万元,目前正在建设;做好辖区内环境信访案件的查处工作。

【河道治理】 对水兑村、苗湾村、五树村洛河堤坝进行了加固,提高了该段的防洪标准;对洛河沿岸10个村民委员会的河道进行了清障,清障面积99.9公顷,清除树木21万棵,清理采砂场6家,完成了县下达的清障任务。

【党的建设】 一是扎实开展镇党委换届和村级组织换届工作。通过严把程序、阳光操作,按期顺利完成党委换届,7名镇党委委员全票当选;全镇村级组织换届顺利结束,共选出基层党支部支部委员95名(其中支部书记29人、副支部书记4人、委员62人),连任支部书记15人,新任支部书记14人;选出村委会成员91人(其中村主任29人,女委员2人);产生新一届村监会成员86人(其中主任29人)。二是积极做好党员发展工作。举办入党积极分子培训班1期,培训积极分子95人,发展新党员65人,缴纳党费1.9万元。三是深入开展创先争优活动及农村基层组织建设“百日活动”。对于村、河东、汪营、十字路等村进行整顿,排查化解干群矛盾,促进村级经济发展。四是加大资金投入力度,对丁湾、河北、于村等村的村部进行改造,完善村级活动场所。五是加强党风廉政建设,实现党务、政务公开常态化,使村级管理更加规范、透明,党组织的凝聚力、创造力、战斗力得到加强,党在农村的执政地位得到不断巩固。

(李　治)

韩　城　镇

书记　周先强

镇长　杨利伟

【概况】 韩城镇位于宜阳县西部,洛河北岸,距县城25公里,因战国时期韩国迁都于此而得名。八官线横贯东西,南车线纵穿南北。东接柳泉,西邻三乡,南与莲庄、张坞隔河相望,北与高村接壤。全镇辖25个村民委员会、207个村民组,总人口47524人,其中回族658人,总面积85平方公里,耕地面积

4200公顷。2011年全镇生产总值5.2亿元,农民人均纯收入4679元,实现财政收入890万元,植烟119.7公顷,烟叶税收44万元。目标管理、农业生产、科技宣传、纪检监察、小城镇建设等10项工作被县委、县政府评为年度先进单位。电话:0379－68990003。

领导班子成员

职务	姓名	职务	姓名
书记	周先强	副镇长	史运绍
镇长	杨利伟	副镇长	杜自成
副书记	王国杰	副镇长	杨红梅
纪委书记	杨智宗	副镇长	陈志强
党委委员	杨好锋		

【招商引资】 韩城镇利用自然优势和使得的交通条件,使招商引资工作有新突破。完成发改委投资1000万元和开发办投资800万元基础设施建设项目;强抓机遇,主动作为,落实好县委、县政府重大项目决策,引进洛阳亿众肉牛清真食品工业1.8亿元项目。

【烟叶生产】 按照年初目标,镇政府认真落实2011～2013年烟叶生产意见,根据全镇的区位特征和地质情况,集中力量搞好"镇长工程"和"百村示范工程"示范园建设,在聂沟岭、于洼、桃村和三道岭规划烟叶连片示范66.7公顷,轮茬倒做,带动全镇烟叶面积发展。2011年植烟面积104.7公顷,收购烤烟11万公斤,实现烟税43万元。

【蔬菜产业得到发展】 2011年围绕八官线和南车线两条主干线,在调高、调大、调优上下工夫,全力扩大种植规模,努力实现集约化、规模化发展,全年新发展蔬菜大棚500个,其中西瓜大棚130个,使全镇蔬菜大棚达到1000座,实现经济利益2000万元,使千余户群众通过种菜走上了致富路,使蔬菜产业成为韩城农村经济新的增长点。

【镇村面貌大改观】 2011年围绕村容村貌整治,坚持以"市级示范村"建设为重点,发挥示范带动作用,达到"以点带面"、"点面结合"的效果。一是南驿村"市级示范村"建设,总投资38万元,硬化水泥路面1300余米,粉刷临街墙体1.1万平方米,硬化沙漠500余米,铺设彩砖1200平方米,绿化树木600棵,安装健身器材30件。使全村的村容村貌、路容路貌取得了很大改观。二是基础设施建设,争取资金160万元完成西关、东关、秦王等村9000米水泥建设。

大蒜丰收

【小城镇建设成绩显著】 韩城镇交通条件便利,区位优势明显,商户众多,商贸繁荣,但同时也给小城镇经营管理造成不小难度,脏、乱、差现象一直比较突出。2011年,镇党委、政府首先聘请有关专家对城镇建设进行规划设计,在2010年整治的基础上,追加投资30万元,对镇区主街道的绿化带进行施工。经过改造、绿化、亮化,整体效果大为改观,同时严格按照市、县小城镇改造提升的要求,对临街道墙面统一粉刷,统一制作店牌,彻底取缔店外经营和马路市场,镇区的路灯和高秆灯全部亮了起来,保持镇容镇貌达到"绿、亮、净、美、畅",创造了良好的人居环境和商贸环境,提升了小城镇品位,树立了小城镇对外的良好形象。其次为缓解镇区人多地少的矛盾,引资1000万元的泰盈安置小区已顺利完工。

【社会各项事业协调发展】 顺利推进分类施保工作,2011年落实低保对象1942人,发放低保资金167.7万元,基本实现了应保尽保,保障了困难群众的基本生活;全面推进新型农村养老保险制度和新型合作医疗制度,全镇新农保参合率83.4%,新农合参合率87.9%;认真实施困难群众危房改造工程,按期完成危房危窑改造任务,改善了困难群众的居住条件;积极贯彻"以人为本"的发展思念,做好劳务输出和劳动力就地转移工作,完成引导性培训15470人,劳动力就地转移78653人;教育质量稳步提高,2011年升入重点高中143人;大力发展家电下乡和汽车、摩托车下乡及“政府补贴绿照工程”；深入开展爱国卫生运动，南驿村顺利通过市级卫生村验收；组织开展“五五”普法活动，运用多种方式对广大干部群众进行法制、理想、信念、道德教育，开展法制宣传12次，举办法律知识考试4次，增强了广大干群的法制意识；加强环境保护，投入30万元，积极做好夏秋秸秆禁烧工作。

【综合治理迈上新台阶】 加大社会治安综合治理力度，严厉打击各类违法犯罪活动，努力营造安居乐业的良好环境；充实信访工作队伍，坚决落实信访工作责任制，坚持领导接访和下访制度，定期排查不安定因素，集中处理了一批涉及群众切身利益的热点问题；重心下移，着力规范村级重大事务集中决策和集中管理，充分发挥镇、村两级干部作用，努力把矛盾化解在萌芽状态，做到小事不出村、大事不出镇，确保全镇社会大局稳定；完善治安防控体系，强力推进“技防、物防、人防”三防一体化建设，使韩镇25个行政村的平安大喇叭和视频监控设施充分发挥作用，为镇巡逻队员配备车辆，做到全天候不间断巡逻，确保了域内各谐安宁。

韩城文化站

【抓基层组织建设，夯实发展基础】 以村级组织换届为契机，创新领导方式和工作方法，在增强村级组织驾驭工作能力方面实现了新突破，顺利完成25个村民委员会换届工作，共选出支部成员66人、村委成员71人，村监督会成员61人；充分运用“4+2”工作法，进一步规范村级事务民主决策、民主管理和民主监督程序，在加强基层民主政治建设方面实现了新突破；提高党员、干部素质为目标，广泛开展“创造争优”活动，使基层党员干部队伍的精神风貌有新变化；以提高全民素质为目标，在群众中开展“知足、知思、知荣、知耻、知法、知德”的“六知”教育活动，使社风民俗有了新变化。

（张阳阳）

三　乡　镇

书记　张午丙

镇长　李忠杰

【概况】 三乡镇，位于宜阳县城西40公里处，地处北纬34°26′，东经111°47′，东与韩城镇接壤，西和洛宁县城郊乡交界，南隔洛河与张坞镇相望，北与高村乡毗邻。辖区面积67.6平方公里，耕地面积3488公顷，其中水浇地面积948公顷，林地1141公顷。全镇下辖27个村民委员会、187个村民组，人口37360人，其中非农业人口6546人。全镇共有35个党支部，党员976人。农业以烟叶、西瓜、大蒜、大枣四大产业为主。三乡镇历史文化悠久，古称昌谷，是唐代著名诗人李贺故里，境内有汉光武庙、唐五花寺塔、竹阁寺等名胜古迹。

2011年，三乡镇党委、政府紧紧围绕“福民强镇”这个中心，按照建设宜阳西部“工业重镇，产业强镇，商贸大镇”三大目标，加快推进新型工业化、农业现代化、城镇一体化、科技信息化“四化”进程，以“两高两保”（即生态环境主要指标和人民群众安全感指数高于全县平均水平；确保社会稳定和安全生产不出问题）为内容，工业上着力培育新型建材、能源化工和生化制药三大支柱产业，农业上着力培育现代烟草、大蒜种植、畜牧养殖、农副产品深加工四大主导产业。全镇经济社会呈现持续、健康发展的良好势头，全年国内生产总值66800万元，工业增加值完成36000万元，财政收入达到1650万元（不含烟叶税），人均纯收入达到5230元，服务业增加值达到18000万元，分别占全年任务的105.5%、101.8%、103.2%、101.1%和109.6%，各项经济指标实现或超额实现预期目标,经济总量跃居全县第四,跻身宜阳县经济社会发展第一梯队行列。“十一五”期间先后荣获:河南省文明乡镇、河南省先进基层党校、洛阳市“五好”乡镇党委、洛阳市民营经济发展先进单位、洛阳市招商引资先进单位,连续5年荣获宜阳县财政收入先进单位、新农村建设先进单位、综合治理先进单位等诸多名片;2011年在县三级干会议上荣获乡镇绩效考核综合三等奖、乡镇长工程先进单位、动物防疫工作先进单位、新上工业企业项目先进单位、劳务输出先进单位、平安建设先进单位等荣誉称号。电话:0379－68748002。

领导班子成员

职　务	姓　名	职　务	姓　名
书　记	张午丙	副镇长	丁杏丽
镇　长	李忠杰	副镇长	吴　炳
副书记	李广伟	人大副主任	黄俊杰
纪委书记	杨　豪	武装部长	卫金吾
副镇长	韩应军	司法所长	全治国

【工业发展及园区建设】　工业经济发展迅速。2011年底,全镇工业民营企业达37家,其中规模以上企业达9家。完成工业增加值36000万元,占年度目标的101.8%,规模以上工业增加值达到29800万元,占年度目标的101.8%。

宜阳县工业园区西区发展迈上新台阶。园区基础设施完善,入驻企业达到23家,集聚规模显现。宜阳县工业园区西区成为河南省首批批准成立的产业集聚区之一,在现有规模和基础之上,规划形成了以新材料、生化科技、精细化工三大支柱产业为主导的专业园区,2011年3月,宜阳县人民政府将其列入《宜阳县国民经济和社会发展第十二个五年规划纲要》,2011年5月,被宜阳县人民政府更名为宜阳县产业集聚区西区。

【招商引资】　2011年引进省外境内资金2.3亿元,占年度目标的115%。新引进项目12个,其中1000万元以上项目11个,分别为:总投资8000万元的圣象木地板项目;总投资3500万元的洛阳永安生物柴油有限公司;总投资4800万元的洛阳昌源实业有限公司;总投资3500万元的宜阳冰河航模有限公司;总投资2000万元的宜阳县锦洋工贸有限公司;总投资3000万元的洛阳兴桥水泥有限公司;总投资1500万元的洛阳天增纺织厂;总投资2650万元的洛阳俊龙精密机械有限公司;总投资1500万元的宜阳县三乡镇下庄砂场;总投资1500万元的洛阳迪兴电子材料有限公司;投资1500万元,可年出栏150万只肉鸭、24万公斤绿色蔬菜的东汉鸭－沼－林(蔬菜)循环农业示范园。在谈谋划项目4个,分别为:投资50000万元的生物制药基地项目、投资35000万元的广宜镁盐项目、投资3500万元的染料生产线项目、投资2000万元的钻石粉末加工项目。总投资3500万元的洛阳永安生物柴油有限公司,是三乡镇2011年的书记工程,项目进展顺利,于12月完成建设任务。

【现代农业】　粮食产量稳步上升,2011年粮食作物总产量2.46万吨,其中夏粮9552吨,秋粮12148吨。农业结构不断优化,农业结构不断优化。建成东柏坡反季节蔬菜大棚80个,发展上沟中药材连片种植15.31公顷,培育核桃基地20公顷。现代烟草农业成效显著。流转土地333.3公顷,实施东柏坡北岭133.3公顷,烟叶连片种植区1个,古村北岭、坡头北岭800亩烟叶连片种植区各1个,植烟面积达400公顷。畜牧养殖业迅猛发展,养殖规模不断扩大。以年出栏肉鸭100万只的东汉禽业养殖小区为依托,大力发展现代养殖业,走规模化、生态化养殖的路子,推动养殖专业村的建设。新建养猪场4个,存栏340头;新建养鸡场8个,存栏4.8万只。农业专业协会、合作社蓬勃兴起。由群众自发成立的大蒜种植协会、富民农业专业合作社、现代烟草农业专业合作社、肉鸡养殖协会等充分发挥合作组织的作用。

收购大蒜

【林业生产】　完成造林38.7公顷,其中上沟核桃基地建设24公顷,生态廊道网络建设工程5公顷,村镇绿化工程9.3公顷。

【畜牧养殖】 全年出栏生猪46438头,牛16767头,羊16664只,家禽194610只,生猪出栏量增长达11%;青贮饲料12万吨;新建下庄100万只肉鸭养殖场1个;开展了多次动物防疫活动,防疫率达到100%,辖区内无重大疫情发生。多次代表宜阳县接受省、市检查验收。

【村镇建设管理】 小城镇提升改造效果明显。投资80万元,开挖硬化排水渠1300米,安装路灯40余盏,栽植绿化树木380棵。聘请5名保洁人员对街道实行全天候保洁与管理。东西村小城镇断档连接成效显著。实施800米的东、西村小城镇断档连接,投入12万元资金,按照统一水平标高,统一外观设计,统一组织施工的"三统一"标准,建设小城镇门面房48间。城镇一体化进程稳步推进。出台优惠政策和社会保障措施,鼓励长期外出务工农民放弃责任田、宅基地,对在小城镇镇区建房入住人员提供优惠政策和便利条件,逐步实现城乡一体化,加速城镇化进程。由河南省黄河园林设计院正在对三乡镇进行总体规划,预计2012年6月可全部完成。

【新农村建设】 完成市级示范村滩子村休闲广场、绿化、亮化、社区服务中心等工程建设,并顺利通过验收;在滩子、东村、吉家庙等16个卫生保洁村,按照15×8×3米的标准新建垃圾填埋场7个,改建9个。新建垃圾池54个,改建78个。以上项目累计投资120万元。投资建成占地9000平方米的泰盈安置小区;投资6万元对市级重点整治村南村开展全面整治,并顺利通过市、县验收;对全镇27个村民委员会村容村貌和13公里八管线的路容路貌进行集中整治。

【旅游开发】 按照宜阳县"三山一寺一水一名人"旅游开发战略要求,加大李贺故里开发力度。与洛阳家鑫实业有限公司达成开发协议,建设李贺故里汉唐文化主题公园,规划占地面积153.3公顷,投资2.1亿元,以三乡镇汉山为中心建设国家5A级景区——洛阳汉唐文化主题公园。建设内容10项:1.建设大型李贺广场及李贺纪念馆、广场雕塑大型李贺全身像、石刻李贺诗集;2.恢复连昌宫(武则天行宫)部分建筑;3.修建赤眉军献玺台,恢复重建汉光武庙;4.修复重建五花寺,建设全国最大的窑洞式五大菩萨院;5.恢复修建通天台,建设玉皇大帝庙;6.修建丝绸之路三乡驿站;7.建设连昌河水系生态景观工程及10公顷鱼形放生池;8.建设汉山生态园林工程,内设5条上山环形路;9.建设汉唐风格游、购、玩、住一条街;10.建设汉唐影视基地。目前,开发建设工作正在有序进行,建设工期2年。2011年底征地、拆迁等工作已结束,正在进行区域内地面平整。

【信访稳定及综合治理】 坚持"预防为主、打防并举、标本兼治、重在治本"的方针,从源头着手,认真开展排查、调解、帮教、禁毒、严打、反邪教等工作,积极推进社会治安综合治理工作,创造了安定、和谐的社会治安环境。加强治安巡逻队伍建设。各村、各单位、各学校、各企业组成3~5人的治安巡防队,配合镇专职巡防队,实行全天候治安巡逻。加强技防设施建设,全镇共安装平安大喇叭73个、视频监控设备12套、十户联防技防设施210套,实现了技防全覆盖。扎实开展不稳定因素排查工作。一方面,变被动接访为主动下访,实行领导下访、领导接待日制度、领导包案处理等制度,加大社会热难问题的排查调处力度,规范信访秩序,畅通信访渠道,最大限度地避免群体上访和越级上访现象发生。另一方面,加强村级民调会建设。每村选聘1专2兼共3名民调员,排查社会矛盾,及时化解矛盾纠纷,充分发挥其第一道防线作用,真正做到了"小事不出村、大事不出镇、矛盾不上交"。全年未发生一起赴市以上信访事件。

【安全生产】 加大安全生产教育力度,开展安全知识培训班4期,受培训人数240人;按照安全第一、预防为主的方针,进一步加大安全工作检查力度。实行一月一排查,一季度一抽查,半年一考核的工作检查制度。集中开展了农用车载人、学校周边环境、食品安全、企业安全生产专项整治活动,集中开展安全生产大排查活动20次,排查并整改安全隐患408处,全年未发生一起安全生产事故。

【计划生育】 计划生育工作跃上新台阶。2011年,镇党委、政府继续加大计划生育工作力度,投资7.3万元高标准建设18个村级计划生育人口文化大院,投资30万元对全镇27个村民委员会办公室进行达标改造,进一步完善了各村档、簿、卡、册、版、库等文件资料。超额完成全年社会抚养费征缴,抓住春、秋两季开展生殖健康进家庭的活动时机,超额完成了四项手术任务。计划生育工作顺利通过了省、市、县的检查考核,步入全县先进乡镇行列。

【社会事业】　本着惠民的原则,落实各项惠农政策,发放粮食直补资金335809.66元、农资综合直补资金3249874.94元。2011年参加新型农村养老保险18440人,缴纳保费1971600元,发放农村60岁以上老人新型农村养老保险金4022人2895840万元。投资20万元对镇卫生院实施改造,并完善医疗设备。新农合参合率达到93%,发放新型农村合作医疗补助资金981700元;认真落实城乡低保政策,组织人员对全镇低保人员进行了复核,实行社会化发放五保金286800元,低保1340064元;五保户集中供养率达到46%。争取"雨露计划"扶持资金30000元,扶持我镇贫困学员30名。集中开展劳务输出活动,完成劳务输出15000人,引导性培训1560人,技能性培训980人;全年共缴纳社会养老保险金13万元,失业救济金3.04万元。郑卢高速公路建设工作正在有序推进。超额完成家电、汽车下乡任务。

【党的建设】　深入学习实践科学发展观,扎实开展创先争优活动,使基层组织建设得到了全面加强,干部素质得到了普遍提高,工作作风得到了明显转变,服务群众意识得到了增强。加强基层组织建设。2011年累计投资40余万元,高标准建成了下庄和南村2个党建精品村,培育了东柏坡和东阳2个基层先进村,新建坡头和后院2个基层阵地,改造了东阳、滩子和上庄3个村级办公场所,全镇27个村民委员会全部达到了党建标准要求。加强党员队伍建设,把党员发展工作纳入各村支部书记"一票否决"管理,实现1000口人以下的村年发展党员2~3名,1000人以上的村年发展党员3~5名;举办入党积极分子培训班2期,培训180人,共发展党员63名,其中农民党员49名,全部消除了三年以上不发展党员的空白村;超额完成党费收缴任务,培育"双强"支部书记6名、党员320名,创建先锋示范工程2个,争创先锋示范村5个,培育先锋示范党员30人。按标准发放离职村党支部书记、村委主任待遇29640元。加强村级班子建设。2011年4月底,完成了镇党委换届,11月底完成了27个村民委员会的支部、村委和村监会换届工作。坚持依法和"公开、公平、公正"选举的原则,把年富力强、政治素质好、威信高和带领群众致富能力强的参选人选进了"两委"领导班子,使全镇的基层组织有了新气象、新形象。

(李兴阁)

樊　村　乡

书记　王新宽

乡长　裴宏超

【概况】　樊村乡位于宜阳县东南丘陵山区,东临伊川县境,南邻白杨,西近赵保,北接城关,处两县四乡结合部,距县城12.5公里。全乡地势呈"四丘六山"分布,土地面积58.9平方公里,耕地面积3019.8公顷,辖15个村民委员会、67个自然村、142个村民组、3.06万人。农业以种植小麦、玉米、红薯为主,培育了一批烟叶、大豆、油葵、花生、药材为代表的特色农业。樊村历史悠久,因明代樊姓从黄河北迁此定居而得名,境内有摩天寨、半坡山、九龙洞、鹿蹄山等景区。樊村乡矿产资源丰富,已探明储量的矿产资源主要有煤炭、石灰石、铁矿、硅石、石英石。

2011年樊村乡工作的总体要求和目标是:认真贯彻党的十七大及十七届五中全会精神,坚持以科学发展观统揽经济社会全局,着力调整产业结构,转变经济发展方式;坚持工业强乡,产业富民和项目引资双带动战略,充分发挥资源优势,突出项目建设,狠抓招商引资;高度重视改善民生,不断促进社会和谐,推动社会又好又快发展。生产总值增长12%以上,达到5.2亿元;地方财政一般预算收入增长10%以上,达到1400万元;规模以上工业增加值增长25%,达到3.2亿元;全社会固定资产投资增长20%以上,达到7.5亿元;农民人均纯收入增长6.5%以上,达到4500元;人口自然增长率控制在6.5‰以内。电话:0379－68978003。

领导班子成员

职务	姓名	职务	姓名
书记	徐明(11 月离) 王新宽(11 月任)	副乡长	王现军
乡长	王新宽(11 月离) 裴宏超(11 月任)	副乡长	金胜强
副书记	宋会波(5 月离) 李新芳(8 月任)	副乡长	马彦粉
纪委书记	李新芳(8 月离) 聂银波(8 月任)	武装部长	马占刚
副乡长	聂银波(8 月离)	乡长助理	王龙章

【项目引资】 2011 年完成超亿元项目 4 个,1000 万元以上项目 2 个,500 万元 ~1000 万元 1 个,共建成 7 个,总投资 5.26 亿元,其中总投资 1 亿元的洛阳嘉维轴承制造有限公司;投资 1.6 亿的洛阳东升机械制造有限公司;投资 1.1 亿元的宜阳县森龙集团华泰农牧有限公司 10 万头生猪养殖项目;投资 1.2 亿元的宜阳县万禾牧业有限公司 10 万头生猪养殖项目还有旺达机械制造;宜阳天恺建材有限公司;宜阳县千兴建材有限公司。

【安全生产】 层层签订目标责任书,将安全工作量化分解,提高相关单位的责任心。认真落实安全责任制,坚持安全工作例会制度。对煤矿企业实行包矿干部 24 小时驻矿监管制度,做好安全隐患排查,并督促整改到位,保证各项安全措施落实到位。深入开展安全宣传教育活动,增强全民安全防范意识,强化督导、检查,防患于未然。

【新农村建设】 认真贯彻落实市、县新农村建设工作会议精神,结合本乡实际,下大力气抓好新农村建设。一是投资 20 万余元,完成市级示范村后构的部分建设任务,完成村内 12 条街道和广场的硬化任务,并对大队伍进行了重新粉刷。二是继续落实村容村貌、路容路貌长效保洁机制。全乡 15 个村民委员会配备了保洁员,实行统一管理,确保保洁效果。三是做好"三夏"工作,圆满完成上级交给的秸秆综合利用暨禁烧工作,提高了秸秆利用率也保证了大气不被污染。

【烟叶生产】 2011 年落实植烟面积 135 公顷,其中 2012 年任村片烟田已规划到位,烟叶集中连片生产规模进一步扩大。

【林业生产】 在马道村、宋村新建核桃基地 53.3 公顷,封山育林 200.9 公顷;荒山造林 45 公顷;城镇绿化 7 公顷。

【畜牧业发展】 培育养殖专业村 1 个,新增养鸡大棚 20 座,6 万只;新增养猪场 3 个,1500 头;新增养牛场 2 个,300 头。完成春季动物防疫任务,辖区内无重大动物疫情发生;完成青贮饲料 3 万吨。

【小城镇提升改造】 新增常住人口 58 人,工商税收及二、三产业产值同比分别增长 24%。年初,该乡通过引资在樊村西新建 1 个移民搬迁安置暨新型农村社区。占地 3.3 公顷,建筑面积 4500 平方米。同时,2000 平方米的群众休闲广场已初具形象。在历次县检查中均位于全县前列。

文化休闲广场

【环境治理】 一是积极配合县环保局等有关部门炸毁小石灰窑 14 座。二是继续落实夏秋季秸秆禁烧政策,采用签订目标责任书、宣传单,宣传车,标语、横幅等形式大力宣传,提高群众自觉性,投资 25 万元出动劳力 1.5 万人次,彻底清除全乡所有秸秆,并顺利通过市县验收。采取有效手段,提高秸秆综合利用率。三是认真做好护林防火工作。拨付消防专项经费 3 万元,购买灭火机、拖把、消防掀等消防工具,成立专业灭火队,有效地保证全乡防火安全,代表宜阳县顺利通过市级领导验收。生活污水处理厂及配套设施已开工建设。

【基层组织建设】 一是实施先锋示范工程 17 个,培养先锋示范村 5 个、先锋示范党员 50 人。二是本着“成熟一批,发展一批”的原则,慎重做好党员发展工作。2011年,预备党员转正式的有28名,积极分子转预备党员的有32名。三是狠抓阵地建设。对全乡15个村民委员会村部进行整修改造,投资20万元对新建的前杓、后杓、沙坡村村部,配备了办公家具,完善配套设施。

【计划生育工作】 15个村民委员会文化大院顺利通过验收,全年完成四项手术516例。出生上报297人,婴儿出生率10.2‰,统计准确率100%;政策外出生17人,政策生育率92.8%;避孕措施落实率达98%,及时率90%,社会抚养费征收35万元。

【综合治理】 一是乡与各村签订综治目标责任书,任务分解到村,定期组织检查考核。二是通过宣传车、横幅、标语、小册子等形式进行广泛宣传,达到家喻户晓。三是及时拨付专项经费,保证综治工作正常开展。四是加强治安巡防队员业务知识培训及技能训练,提高队伍整体素质。五是及时发现矛盾纠纷,做深入细致的劝说、调解工作,每月召开一次民调会,按时发放民调员工资,每成功调解一起纠纷奖励调解员30元,彻底把问题消化在萌芽状态。

【惠农政策】 1. 落实粮食直补239万元,综合补贴232万元,良种补贴590万元,抗旱补贴130万元,花生补贴5.8万元;国家计划生育独生子女父母奖励123户,6万元;享受农村义务教育“两免一补”的中小学生共计3674人。2. 认真落实低保政策,按时发放低保资金;发放农村居民最低生活保障1137人,98万元;农村五保123人11万元,农村五保对象集中供养49人,供养率达到45%;做好救灾救济工作,确保灾民及贫困群众有衣穿、有饭吃、有房住;落实双拥政策,各类优抚补助资金兑现到位;认真落实涉军稳定工作“三级五保”责任制,做好信访涉军稳定工作,无违规越级上访现象;尸体火化率达到100%。2011年12月29日顺利通过省市县撤乡建镇工作验收;投资12万元,改造农村困难群众危房12户20间。3. 全乡新农保参保人数12865人,参保率达81%;为60岁以上老人发放农村养老保险存折2923本。

【社会事业】 一是全年减免学生学费、书本作业费共计182万元,补助贫困住宿生的生活费14万元;二是加大新型农村合作医疗政策宣传及落实力度,

樊村卫生院

群众知晓率达100%,农民参合率达98%;三是12个村民委员会的农家书屋配备了价值50多万元的图书,为广大群众提供了精神食粮;四是依托樊村、任村、马道、半坡山、摩天寨等民间集会,成功举办了乡第八届文化周、在任村举行了宜阳县“三无两有”挂牌仪式开展好媳妇好婆婆评选活动等文化活动,极大地丰富了群众的文化生活,促进了物质文明和精神文明建设大发展。 (温富群)

赵 保 乡

书记 楚汉章

乡长 梅黎明

【概况】 赵保乡位于宜阳县锦屏山南麓,距县城15公里,地处浅山丘岭区,东接白杨镇,西连上观乡,南与董王庄乡毗邻,西北与莲庄镇接壤,东北与锦屏镇相交,东西长13公里,南北宽18公里,总面积127.6平方公里,耕地面积4452公顷。南车线、平莲线、宜赵路交叉穿境而过,交通便利。辖23个村民委员会、228个村民组、3.2万人,30个党支部,989名党员。乡卫生院1所,医生35人,村卫生所18个,医生62人;1所高中,教师55人,学生656人;3所初中,23所

小学,教师208人,在校学生4100人。现有机关干部55人,其中领导班子9人,行政干部7人,事业编制42人。

2011年,国内生产总值48553万元,财政一般预算收入完成512万元,农民人均纯收入达到4890元。获得洛阳市政府林业生态建设先进单位、宜阳县委、县政府2011年度烟叶生产先进单位、安全生产先进单位、农业生产先进单位、扶贫工作先进单位等称号。电话:0379－68788003。

领导班子成员

职　务	姓　名	职　务	姓　名
书　记	楚汉章	副乡长	张书军
乡　长	梅黎明	副乡长	叶宁波
副书记	姚　强	党委委员	田朝峰(3月离)
纪委书记	宋涛阳	党委委员	王宏伟(3月任)

【书记工程】　为中国空空导弹研究院火工产品生产试验基地建设项目,位于该乡坡底、西赵、油路口村;计划投资5亿元人民币,基本建设部分计划投资2亿元,按照生产区、仓储区、实验区和办公区进行区划,规划建筑面积约3万平方米,占地33.3公顷,主要用于空空导弹带火工品部分的导弹换装测试、发动机装配测试及喷漆;全弹成品仓库及发动机成品仓库;研型号的发动机装配、全弹换装、火工口例进行试验等。

【乡长工程】　为现代烟草农业示范,该工程位于宜赵路两侧,北起于沟村的长岭村民组,南至温庄村的下温庄村民组,全长9公里,总面积71.2公顷,涉及于沟、二道沟、温庄3个村民委员会,13个村民组,134户烟农,其中温庄29户,20.3公顷;二道沟97户,44.2公顷;于沟14户,6.7公顷。

【农业产业结构调整】　推动农业增效和农民增收,建立和完善农业经营体系,烟叶、花生、畜牧养殖三大产业不断巩固和壮大。烟叶生产投资600万元,建成现代漂浮业示范园,实施烟水、烟路配套工程;新建大密集型炕房120座;全乡植烟566.7公顷,烟叶税完成110万元。花生种植实施国家油料倍增项目,种植优质花生433.3公顷,成立了2家花生种植专业合作社,整修生产道路3.9公里。全乡花生种植面积1866.7公顷,花生初加工企业12家,年产花生米2万吨。成为豫西地区花生初加工地和集散地。畜牧养殖。新大牧业集团新赵养殖基地项目成功签约,该项目占地100公顷,总投资2亿元,预计年出栏生猪10万头,种猪5万头。成立了新义养殖、兴旺养殖2个专业合作社,会员180名,新建鸡舍62座,占地5.2万平方米,存栏31万只,年出栏肉鸡155万只,年产值8525万元。

【生态林业建设】　完成核桃基地建设141.5公顷,是县定目标的3.5倍,核桃育苗40公顷,义务植树10万株,栽植工业原料林41.3公顷,低质低效林改造38公顷。林权制度改革全面完成,2011年被洛阳市政府评为林权制度改革先进乡、林业生态建设先进乡。

【民营经济】　把握工业兴乡理念,克服地域、电力等招商引资制约因素,利用在外务工人员回乡创业的积极性,搞好服务。新建投资50万元以上的企业8家,投资500万元以上的企业2家,总投资5600万元。投资1200万元的宜阳万会建材有限公司二期工程,可年产6000万块页岩砖,鹏航工贸二期、宗轩化工一期工程,全部建成投产,形成了5家规模以上企业,为赵保经济跨越发展奠定了坚实基础。

农村新貌

【新农村建设】　投资500万元,整修街道56公里,开挖污水、雨水排放设施23公里,栽植绿化树木2.8万棵,建垃圾填埋场10个,建社区服务中心2个,建便民服务中心1个,完成市级示范村史庄村建设任务,重点整治村西赵、田沟已完成阶段性工作目标,完成了马河、油路口、杨庄、龙王庙、二道沟、赵庄6个村的村庄规划任务;创建省级卫生村史庄村,市级卫生村铁佛寺、坡底村,县级卫生村田沟、南窑、和东赵一区;大力推广清洁能源,新建沼气池227座,建成坡地村秸秆沼气示范村和郭凹、铁佛寺、杨庄3个沼气全托服务村。农村环境得到根本好转,村容村貌和路容路貌明显改观。

【小城镇经营管理】 对东赵镇区内街道主干道进行了硬化和整修,立面改造1.2万平方米,垃圾中转站投入使用,实行全天保洁。新改建门面房38间,新装电话166部,新增常住人口168人,新开商店24家。辖区内门面房,入住率、开业率均达到100%。工商税收及二、三产业产值同比增长26%。小城镇的中心作用和辐射作用明显增强,绿、亮、净、美、畅得到长期保持。

【劳务经济】 打造劳务输出平台,加强对农民工的技能培训,全年组织农村劳动力县外转移1.2万人次,县内转移2600人次,引导性培训1300人,技能性培训800人,年劳务创收1.2亿元,在全国叫响了赵保造船、广告传媒两大劳务品牌。劳务输出已成为农民增收的主渠道之一。

【基础设施建设】 把教育放在优先位置。投资200万元,完成乡一中宿舍楼、学生食堂扩建工程,改善学生生活条件,发放"两免一补"资金188.28万元,惠及中小学生12516人次。中招上重点线50人。改善群众出行条件。全乡4个村民委员会硬化"村村通、乡乡连"道路7公里。形成了以南东路、平莲线、宜赵路为干线,133公里村村通为支线的交通网,构成宜阳南部的交通枢纽。

赵保卫生院

【完善社会保障体系】 投资70万元,新建4个村级标准化卫生所,高标准地配备了医疗器械。新农合参合率96%,新农保参合率95.6%。全年在乡卫生院享受住院和门诊补助6.2万人次、196万元;新建双瓮厕所600个;投资137万元,对乡敬老院进行改建扩建,完成76户困难群众危房改造158间、3560平方米,五保户入住率46%;严格按照规定确定低保、五保对象1398名,发放低保金100.6万元、五保户供养金21万元。

【惠民政策】 全年发放种粮综合补贴430.4万元,退耕还林补贴198.6万元,发放抗旱补贴资金26.5万元,良种补贴128.4万元,发放家电、摩托车下乡补贴76.9万元,缴纳职工社会养老保险金12.8万元,失业保险金2.6万元。对十字岭村进行扶贫整体推进开发,实现脱贫665人。

【计划生育工作】 完成四项手术639例,征收社会抚养费38.2万元,发放奖励救助费11.28万元。投入30余万元,规范乡计生服务中心和村室建设,实现12个村民委员会网络终端入村。

【科技工作】 实施科普惠农兴村工程,千村植保、科技下乡活动。开展以种植、养殖为内容的科普宣传。建成现代烟草农业示范园1个、烟叶科技示范园4个;推广作物优新品种4个,2900公顷,培养科技带头人5名、科技示范户176户,新建科技含量较高的鹏航化工二期和1个秸秆碳化科技企业。

【党建工作】 实施"4+2"工作法,开展"创先争优"活动,调动和激发广大党员积极性创造性,实现"科学发展上水平、党员干部受教育、人民群众得实惠"。乡党委加强领导,完善工作机制,严格工作程序和目标考核,强化宣传引导,营造浓厚舆论氛围,提高了乡村组干部素质;全年培训入党积极分子133名,发展党员46名,培育双强党员480名,完成4个党建阵地精品村建设,对3个薄弱村党支部进行整治,推选出3名能力强的支部书记,村级党组织的凝聚力和执行力显著提高。

(邵　伟)

董王庄乡

书记 许 辉

乡长 梁燕燕

【概况】 董王庄乡位于宜阳县城南35公里处，南接嵩县阎庄乡，西依上观乡，东与白杨镇搭界，北与赵保乡接壤。全乡总面积74.5平方公里，基本地形地貌为三分山地七分丘陵，耕地面积3067公顷，林地面积1334公顷，荒山面积3334公顷；辖20个村民委员会、216个村民组、103个自然村、共3.1万人。乡域经济以烟叶生产、畜牧养殖、花生种植为主导产业，是宜阳县主要农业乡镇之一。省道南车公路贯穿全乡南北，素有宜阳“南大门”之称。全乡实现生产总值47500万元，同比增长120.5%；实现地方财政一般预算收入521万元，同比增长140%；社会固定资产投资57000万元，同比增长102%；农民人均纯收入达到5020元，同比增长116%。2011年度获得市林业生态建设先进乡镇、市基层先进党校，县畜牧工作先进单位、县财政收入先进单位、信访稳定工作先进单位、乡镇长工程先进单位、依法行政先进单位、武装工作先进单位等荣誉称号。电话：0379-68968003。

领导班子成员

职 务	姓 名	职 务	姓 名
书 记	马红干(7月离) 许 辉(7月任)	副乡长	张兆伟
乡 长	许 辉(7月离) 梁燕燕(7月任)	副乡长	楚向波
副书记	宋其峰	副乡长	田朝峰(4月任)
副书记	张少停	党委委员	吴慧利
纪委书记	苗新奇		

【烟叶生产】 投资540万元完成赵坡提灌站和渠道等烟水配套工程，完成沿线6公里的灌区渠道修复工程，完成60个密集炕房建设任务，完成5公里砂石路建设工程，基地单元基础条件明显改善。在基地单元的示范带动下，全乡共种植烟叶310公顷，虽遭严重旱灾但收购烟叶27.5万公斤，烟叶产值450万元，实现税收92万元。

【林业生产】 2月在刘河村种植核桃100公顷，邓庄村种植核桃35公顷，次古洞种植核桃20公顷；在灵关殿、武圪村种植生态能源林25公顷；在次古洞、刘河村改造低质低效林25公顷；在前村、南岭村实施村庄绿化8公顷。

采摘花椒

【畜牧养殖】 投资1.2亿元的董大公司10万头生猪项目于4月27日开工建设。年内投资5800万元，建成行政办公楼和20间活动板房。完成厂区路网修建、用电线路建设、完成通往厂区的引水工程建设任务和土地平整建设工程。开工建设猪舍11栋，已建成6栋。

【工业经济】 2011年完成工业增加值9897万元，规模以上工业增加值达到4762万元，固定资产投资完成57000万元。新上项目3个，分别是投资5000万元的洛阳邦强公司铸件项目，投资500万元的丁琦服装加工项目，投资600万元的大石岭醋厂加工项目。

【新农村建设】 投资280万元完成赵坡村的新农村建设，建成高标准社区服务中心1个；完成官庄村和董王庄村的重点村整治；全乡新建垃圾池26个，改建60个，新建垃圾填埋厂3个；投资20万元，完成小城镇路面修补改造，建设高标准垃圾池10个，配备垃圾箱5个。

【劳务输出】　劳动力县外转移9600人、县内转移2200人。组织农民工引导性培训900人,技能型培训660人,劳务经济收入达到1.5亿元。

【社会事业】　推进新型农村合作医疗和新型农村养老保险工作。2011年参加新型农村合作医疗人数3.1万人,参合率98%,全乡参加新型农村养老保险18756人,参保率98%。落实强农惠农政策,全年发放各类补贴1288万元。完成中小学定点布局工作,投资140万元在次古洞、姚村、左沟、洞子沟、董王庄乡中心小学建设教学楼5栋,452名学生迁入新校。完善五保、低保、救灾、救济等民政救助体系。

【环境保护】　落实夏秋两季农作物综合利用和秸秆禁烧政策,通过宣传单、宣传车、标语、悬挂过街横幅等形式进行宣传,提高群众的自觉性,投资30万元出动劳力1万人次清除全乡所有秸秆,全乡没有发生一起大面积秸秆焚烧现象;投资3万元完成省级生态镇建设编制规划。

【计划生育】　全乡共出生331人,出生率11.24‰;落实四项手术283例,其中上环174例,结扎93例,人流引产85例,避孕措施落实率和及时率均达到100%,综合节育率达到86%。推进计划生育工作机制创新和优质服务能力建设,提升全乡计划生育工作水平,首次进入全县一类行列。

【科技工作】　"雨露计划"培训126人,完成科普示范乡镇创建和董王庄村和姚村村2个扶贫村整村推进工作任务。

【信访稳定】　投入25万元,完成乡社会治安综合治理"三站一所"建设,配齐了乡村两级民事调解员。落实乡领导信访接待日和领导包案责任制,共接待上访23起,当场处理20起,剩余3起实行领导包案,限期解决。实行定期矛盾纠纷排查制度、矛盾排查"零报告"制度,共排查出不安定因素21起,化解不安定因素12起,立案查处2起,办理信访案件14起,结案率100%。

【平安建设】　投入资金15余万元,对全乡的视频监控摄像头和平安大喇叭进行维修,平安互助网络服务功能进一步提升;乡政府组建10人专职巡防队,坚持24小时昼夜在全乡巡逻,提高了群众的安全感;为全乡20个村的综治工作站和群众工作站配备了办公桌椅,拓宽群众诉求渠道;聘请老干部、老党员、老专家及社会各界50多名人员担任平安建设监督员,定期召开座谈会,收集信息和建议,对收到的建议进行梳理,全年共收到整改建议153条,全部得到了落实。

【安全生产】　成立了以党委书记为组长,公安、纪检、教育、电业、国土、村镇规划等相关部门领导为成员的安全生产领导小组,加强对企业、交通、校园、食品安全卫生的领导,落实各项工作责任制,全年没有发生一起安全责任事故。

【纪检监察】　坚持党委议事规则,健全乡村财务管理、民主监督、村务政务公开、诫勉谈话、廉政谈话等制度;整顿干部作风;乡纪委对20个村的村民监督委员会成员集中培训3次,提高工作人员的思想素质和业务水平;实行党务、政务、财务、三公经费公开。乡政府投入5万元更换乡村两级的党务、政务公开展版。乡政府成立领导小组,制定工作制度,积极开展政务环境创优活动。

【基础设施】　投资450万元完成12公里武坟万亩灌区渠道修复工程;投资200万元完成官庄6.7公顷土地治理任务;投资420万元完成3.5万伏变电站建设工程。投资200万元完成网通公司办公楼整体搬迁工程。投资120万元完成刘河、官庄提灌站修复工程。投资150万元完成董王庄乡卫生院病房楼建设任务。投资300万元完成董王庄乡农业服务中心综合办公楼主体工程。

党政办公楼

【党的建设】 落实机关干部设岗定责和村级班子“两述两评”制度;完成20个村的组织换届工作,村两委干部的年龄、文化结构明显改善。整顿治理后进村3个,改建村级办公场所4个,落实离职村干部待遇政策24人,加强基层组织建设、阵地建设,提高基层组织战斗力。 (张国平)

莲庄镇

书记 孙智献

乡长 樊志强

【概况】 莲庄镇位于宜阳西部,洛河南岸,东接锦屏镇,西邻张坞镇,南连上观乡,北隔洛河与韩城、柳泉相望,辖区面积83平方公里,全镇辖17个村民委员会(2011年3月陈宅村划归莲庄镇管辖)、44个自然村、168个村民组、8870户、34957口人,耕地面积2417公顷。省道南车线、安虎线交叉穿镇而过,交通便利,区位优势明显,镇政府所在地莲庄村因村南有莲花山而得名,是明朝兵部尚书王邦瑞的故里,距县城20公里。4月25日举行莲庄乡撤乡建镇典礼。电话:0379-68938003。

领导班子成员

职务	姓名	职务	姓名
书记	孙智献	副镇长	程玉国
镇长	樊志强	副镇长	李向阳
副书记	刘宜伟	副镇长	张永国(3月任)
副书记	任晓方	副镇长	孙志刚(3月离)
纪委书记	胡逢魁	科技副乡长	李江飞
党委委员	杨少辉(3月任)		

【工业经济】 完成工业增加值16427万元,规模以上工业增加值11996万元。新上工业(企业)项目5个,分别是投资3000万元的洛阳艺超服饰有限公司,投资2800万元的宜阳金陵玻璃有限公司,投资500万元的河南牡丹艺术烟火燃放有限公司,投资1200万元的宏卓新材料有限公司,投资1560万元的寰邦冶金有限公司。

【招商引资】 引进省外境内资金23000万元。

【农业经济】 完成土地流转233公顷,农民人均纯收入5021元。

【林业生产】 完成造林153公顷,其中核桃基地66公顷、村镇绿化工程8.6公顷、苗木花卉林果产业基地66公顷。完成了投资1000万元的涧河千亩苗木花卉基地建设。

【畜牧养殖】 引进投资1600万元的洛阳东汉禽业肉鸭养殖基地项目(礼渠村);完成投资4900万元的洛阳鸿发养殖有限公司年出栏10万头商品猪厂建设项目。

洛阳东汉禽业肉鸭养殖

【新农村建设】 投资300余万元,完成小城镇人行道彩砖、绿化树、路灯、门店招牌更新和机关改造建设,建成了便民服务中心,完成莲庄文体活动中心、中国移动莲庄中心营业厅建设。投资100万元,完成涧河市级新农村示范村建设、礼渠重点整治村建设,垃圾池新建35个、改造110个。于2月份实现撤乡建镇。

【劳务输出】 农村劳动力转移,县外转移8840人,县内转移2625人,引导性培训1000人,技能性培训800人。

【民生改善】　落实种粮补贴1933公顷,254万元;家电下乡2167台,85万元;倒房重建19户48间,19万元;新农合参合2.6万人,参合资金129万元,参合率98%;新农保参保1.7万人,保费149万元。

【基层组织建设】　投资100万元,完成了石村、沙坡头村部建设,启动莲庄、鲍窑、孙留村部新建工程,完成村级组织换届选举,"两公开一监督"、"4+2"工作法、"三资"管理全面推行。　（石莫非）

上　观　乡

书记　马书祥

乡长　丁擘飞

【概况】　上观乡居宜阳县西南37公里处的深山区,南和嵩县阎庄乡接壤。西连穆册乡,西北连张坞乡,北接莲庄乡,东与赵保乡、董王庄乡交界。总面积142.9平方公里,25度坡以下耕地767公顷,林地5126.5公顷,其中成材林及次生林533公顷。全乡辖8个村民委员会、58个村民组、6679口人,1634户散居于243个自然村中,人口密度为每平方公里46人。党委下设11个支部,共有党员319名。上观花生、烟叶和养殖久负盛名。花生常年种植700公顷以上,烟叶333.3公顷以上。上观乡矿产资源丰富。铁、锌、蛭石、石英石、金、铁、钾长石、铜等都有一定储量。其中蛭石储量达1000万立方米、900万吨,铁矿石储量500万吨,钾长石储量309万吨。上观中草药资源丰富,主要有防风、柴胡、丹参、连翘、枣仁等198种。其中,连翘年产量达3万公斤,枣仁9万公斤。

2011年,实现国内生产总值25696万元,同比增长12%;工业增加值完成9107万元、同比增长25.2%;规模以上增加值完成753.44万元,同比增长21.8%;固定资产投资42441.2万元,同比增长95%;财政收入309.1万元,同比增长1.2%;农民人均纯收入5万元,同比增长1.12%。电话:0379－68939008。

领导班子成员

职　务	姓　名	职　务	姓　名
书　记	马书祥	纪委书记	史英伟
乡　长	丁擘飞	副乡长	李幸伟
副书记 综治办主任	苏　杰	副乡长	谷矿强
副书记	张　�	副乡长	孙雷霆
党委委员	司瑞召		

【花生种植】　种植1646.7公顷,其中乡长工程万亩花生示范方377.3公顷,涉及上观、山岔沟2个行政村,拐沟、旁庄、杨沟、大槐沟、红寺沟、下观、上观、上白龙、下白龙等8个自然村450户。

花生种植

【基础设施】　建成户用沼气64座,标准化卫生所3所,柱顶石核桃基地100公顷,建成柱顶石社区服务中心;完成上观村道路硬化3公里,王沟、杏树洼、柱顶石等3个村道路硬化9公里,完成上观、三岔沟烟水配套工程,全乡技防网络全覆盖;改良花生品种866.7公顷,建成高效示范片2个等十件惠及民生的实事。

【招商引资】　创新招商理念,制定优惠政策,完善激励机制,落实"二分之一"工作法,实行机关全员招商。引资250万元,建成上观旁庄、洪发等2个花生加工厂;引资3000万元的书记工程——道明工贸公司成功落驻产业集聚区。

【平安建设】 投入15万元安装电话70余部,报警器850个,新装视频监视系统,实现了全乡技防网络全覆盖;公开招聘10人成立乡巡防队,各村成立了村级巡逻队;健全乡村民调机构,落实接访、下访制度,确保了全乡大局稳定,在第三季度和第四季度公共安全感调查中,分别荣获洛阳市第一名和第十名。

【民生改善】 种粮补贴1767户,补贴面积1025.3公顷,补贴资金115万元。优质玉米、小麦等粮种补贴402.8公顷,金额达6万余元。低保对象216名,发放低保资金19.44万元。农村五保户集中供养率达45%,投资45.96万元,改造农村困难群众危房35户,倒房重建23户,共46间,改善了山区群众的生产、生活状况。

【基层组织】 加强党风廉政建设。坚持"一把手负总责,班子成员齐抓共管,部门各负责其责,依靠干部、群众的支持与参与"的领导体制和工作机制,围绕全乡中心工作,扎实推进惩治和预防腐败体系建设。加强基层组织建设。广泛宣传,深入发动,扎实开展创先争优活动;成立村务监督委员会8个,完善村务公开,全面推行"4+2"工作法,实行村干部挂牌值班制度,强化党员干部政治理论学习,提高工作水平,造就了蓬勃向上,干事创业的乡村干部队伍,为经济发展,社会稳定提供了坚强的组织保证。

(刘荣耀)

张坞镇

书记　刘宏章

乡长　赵立勋

【概况】 张坞镇位于宜阳县城西40公里处,东邻莲庄镇,西与洛宁县涧口镇接壤,南依熊耳山,北临洛河与三乡相望。南山北川,土地面积115平方公里,耕地面积3000公顷,辖25个村民委员会、187个村民组、3.8万余人。资源丰富,交通便利,历史悠久,文化底蕴深厚。矿产资源有花岗岩、铁矿石、钾长石、蛭石等,花岗岩储量上亿立方米,铁矿石储量309万吨,钾长石储量185万吨,蛭石储量635万吨;省道安虎线贯穿全镇20公里,县道元木路11公里,洛河自西向东流经全镇25公里;境内有省级文物保护单位苏羊仰韶文化遗址和龙潭寺、七峪庙、七峪瀑等著名自然景观。全镇林地面积1569.53公顷,森林覆盖率28%。

2011年,国内生产总值完成56943.7万元,同比增长27.3%;财政收入完成644.6万元,同比增长25.7%;工业增加值完成22106.5万元,同比增长18.3%;规模以上工业增加值完成14741万元,同比增长19.5%;农民人均纯收入达到5063元,同比增长12%;服务业增加值完成15974.8万元,同比增长10%。获得2011年度县目标管理、小城镇建设、平安建设、乡(镇)长工程、群团工作、"创先争优"、征兵工作先进单位。电话:0379-68998003。

领导班子成员

职　务	姓　名	职　务	姓　名
书　记	刘宏章	副乡长	张树青
乡　长	孙三成(4月离) 赵立勋(4月任)	副乡长	周利伟
副书记	许利波	副乡长	李立刚
副书记	杨永强	副镇长	张喜伟(3月任)
纪委书记	韩翠乐	党委委员	杨红梅(3月离)
副镇长	王仁义(3月离)	党委委员	王红伟(3月任)

【招商引资】 引进千万元以上项目7个,分别是投资1.65亿的河南长实矿业科技有限公司,投资1亿元的洛阳盛平生态科技有限公司,投资4000万元的宜阳县张坞镇国昊新型材料有限公司,投资3600万元的宜阳锦粮面业有限公司,投资1800万元的宜阳县张坞镇弘发砂石厂,投资1200万元的宜阳县张坞镇龙兴砂石厂,投资1300万元的宜阳县张坞镇留召砂石厂,全年共落实到位资金17130万元。

【特色产业】 2011年,烟叶生产完成大田移栽277.3公顷,完成育苗大棚35个,收购烟叶12.3万公斤,收购金额207.7万元,烟税45.7万元。在程屋、岳社等村种植药用牡丹13.3公顷,在平北、平南等村种植药用牡丹36.7公顷,在茶沟、庞沟等村建设农业观光园流转土地46.7公顷,全镇全年完成土地流转面积210.7公顷。

中药材种植

【林业生产】 在完成田庄、茶沟、石门等村生态林建设327.8公顷的基础上,新发展经济林120公顷,核桃基地66.7公顷。

【畜牧养殖】 成立了富源、豫兔、安成、兴盛等8个专业合作社,培育了尚坞、凹里、岳社、平北、七峪等5个养殖专业村,养殖专业户286户,引进了总投资1亿元年存栏5000头母猪、年出栏10万头生猪的洛阳盛平生态科技有限公司。

【平安建设】 强化技防、人防、物防建设与管理,投资30万元为各村统一安装视频监控设施和平安大喇叭,配备专人负责24小时值班监控;投资5000元对综治工作中心、群众工作中心、治安巡防中队及25个村民委员会综治工作站、群众工作站、治保会、民调会、巡逻队牌子及宣传壁画进行更新。建立由15人组成的镇专职巡防队,统一服装、统一标志、统一巡逻工具、昼夜上街巡逻,各村成立治安巡防队和民调会。落实接访、下访制度,确保全镇大局稳定,在一季度一次的平安感调查中,排名均在全县前列。

【社会事业】 认真落实城镇低保政策及农村五保政策,按时足额低保资金1514350元,优抚金196220元,农村五保集中供养率达到46%;做好农业综合开发、土地平整、危房改造、安全饮水等事关民生工程,完成危房改建190户,共投入资金114万元。落实新农合、新农保政策,新农合参合32153人,收缴费用160.765万元,参合率达94.3%;新农保参保20511人,征缴费用178.6万元,参保率达80%以上。实现劳动力就业转移15820人,引导性培训1680人,技能性培训1350人。完成计划生育各项工作,人口出生率控制在6.5‰,全年共引产31例,流产90例,结扎116例,上环375例,政策生育率91%,社会抚养费征收45万元,有力地促进了人口与计划生育工作的健康发展。

【新农村建设】 投资80万元完成市级示范村程子村村室建设,新建2个4100平方米的文体广场,硬化广场2600平方米,种植草坪600平方米,栽植绿化树200余棵。投资6万元在元过、下龙、上龙等12个村民委员会新建垃圾池53个,改建104个,新建和改建垃圾填埋场15个。各村按照"三清七集中"的要求,完善卫生保洁长效机制,确保村容村貌干净整洁。小城镇建设按照"八个一"工程要求,投资500万元在凹里建成占地1800平方米的综合性市民广场和1200平方米的品牌连锁超市;投资100万元建成900平方米的敬老院综合办公楼。

尚坞文体广场

【基层组织】 扎实完成村级基层组织换届选举工作。25个村民委员会全部完成支部换届,选举产生支部委员68名,其中支部书记25名;选举产生新一届村委成员46名,其中村委主任22名、村委委员24名;选举产生村监会成员26名,其中村监会主任15名、村监会委员11名。全年培训入党积极分子102人,发展党员63人,为党的队伍注入新的活力。

(王彬周)

花果山乡

书记 李东伟

乡长 马海涛

【概况】 花果山乡位于宜阳县城西南60余公里处的深山区，西、南分别与洛宁、嵩县接壤，东、北分别与上观、张坞毗邻，平均海拔1160米，年平均气温11℃，年降雨量659毫米，花果山国家森林公园位于该乡境内。全乡总面积125.8平方公里，其中林地面积8666.6公顷，占总面积的89%，耕地面积460公顷，辖8个村民委员会、35个村民组、138个自然村、1094户、4378口人，是典型的面积大乡，人口小乡。乡政府所在地穆册村共有184户777口人，小城镇入住率达100%。

全乡8个村民委员会全部通上了水泥路，境内水泥路总计46.03公里；程控电话505部，移动电话310部；有85%以上的人畜都用上了自来水。全乡有中小学3所，其中初中1所，乡小1所，初小1所，教师56人，在校学生575人，其中初中生129人，小学生446人。标准化卫生院1所，现有医生2名，护士2名，有5个村标准化卫生室，现有村医6名。

2011年，乡党委、政府积极实施"生态立乡，产业富乡，旅游强乡"战略，紧紧围绕"生产发展，生活宽裕，乡风文明，村容整洁，管理民主，生态良好"的经济社会发展目标，做大做强支柱产业，大力发展特色产业，不断壮大弱势产业，全面发展社会事业，取得了较好的成绩，全年国内生产总值达到18607万元，占年度责任目标任务的102%，同比增长13.7%；农民人均收入达到4990元，占年度目标任务的100.3%，同比增长15.2%；财政收入达到446.4万元，占年度任务的104.7%，同比增长24.6%。人民生产生活条件不断改善，被授予河南省文化工作先进乡镇、洛阳市园林乡镇称号，安全生产、平安建设、烟叶生产、组织民兵参加平安建设工作受到市委、市政府表彰，林业生产、新农保工作、村级组织换届工作在县三级干部会上受到表彰。电话：0379－68999003。

领导班子成员

职　务	姓　名	职　务	姓　名
书　记	李东伟	副乡长	韩高峰
乡　长	马海涛	副乡长	宁冠乐
副书记	陈建峰	副乡长	王延辉
副书记	王玉洪	党委委员	岳民社
纪委书记	张江飞		

【农业产业结构调整】 花果山乡平均海拔较高，境内森林覆盖率达90%以上，年降雨量适中，形成了独特的小气候。农业种植主要以玉米、大豆、花生、烟叶为主，花果山玉米糁以味美、营养价值高而备受城里人青睐，近年来烟叶生产逐步成为该乡的主导产业和农民增收的支柱产业。烟叶种植是花果山乡的支柱产业。2011年，围绕"花果山开发"和"乡长工程"建设，积极抓好农业结构调整：一是狠抓烟叶生产不放松。植烟面积稳定在286.7公顷，烟叶产值达到630万元，实现烟叶特产税132万元。二是抓好千亩蟠桃基地建设。配合花果山乡开发，投资20余万元，规划种植蟠桃66.7公顷，共栽植蟠桃2.9万余株，涉及关庄、穆册、碾沟、花山4个村265户，主要引进早露蟠桃、农神蟠桃、中蟠1号、春蜜、春美5个优良品种。三是抓核桃基地建设。抓住经济林种植国家补贴政策，在全乡发展优良核桃20公顷。四是发展林药套种。积极组织乡村干部及群众代表到嵩县车村镇参观学习林药套种技术，炒热干群思想，提高广大干群发展中药材种植的积极性。

西游文化之乡花果山乡

【大力发展特色产业】　生态也是生产力。花果山乡森林覆盖率达90%以上,气候条件优越,具有发展生态旅游得天独厚的自然优势,尤其是花山村位于国家级森林公园花果山境内,年平均气温在11℃,是理想的避暑胜地,核桃、板栗、中药材、玉米糁等土特产备受青睐,西游文化资源十分丰富,充分利用这一地域、资源优势,明确了“走旅游强乡,靠生态富民”的经济发展思路,积极发展特色产业:积极组织土特产购销。抓住商机,花山村两委积极组织群众发展核桃、板栗、山萸等特色种植。仅土特产销售一项花山村群众年人均新增收入1500余元。

烟叶种植

【工业发展成绩显著】　乡党委、政府结合本地实际,发挥资源优势和环境优势,实施招商引资和项目带动的双轮驱动战略,新上500万元项目两个,即洛阳天信重工二期续建项目,计划总投资3600万元,预计年底建成投产;新上洛阳维斯格轴承有限公司特种薄壁轴承项目,计划总投资3500万元,年底已完成投资200万元;洛阳市申旭矿产加工项目,已列入宜阳县规模以上工业项目。

【新农村建设效果明显】　投资35万元,完成了穆册村主街道整修改造、绿化和路灯安装工程;投资10余万元,建成文化、计生中心大院和乡政府后院公共厕所;投资14万元,完成乡敬老院大门改造、伙房建设和院民供暖工程;投资40余万元,完成花果山中心小学值班室、厕所、院墙及学校办公设施配套工程;投资19万元,完成寺院桥、刘秀沟、大沟河桥、穆册村桥防护栏和大尖村道路漫水桥建设;投资13万元,完成花果山乡迎宾大门建设;投资10万元,完成乡政府大门升级改造;投资15万元,完成花果山初级中学大门改造。

【造管并重抓林业】　一是全面完成生态造林任务。投资8万余元,在穆册、关庄村实施村庄绿化工程,共栽植金丝垂柳600余株,侧柏1400余株,杨树1800余株,建花池92个,植花900余平方米,围村林1.3公顷;规划荒山造林点四个112.4公顷,品种为油桐、花椒、刺槐。二是尊重群众意愿,完成8个村民委员会的集体林权制度改革工作。三是加大林业管护力度。成立林业生产专项治理整顿领导小组,村里成立护林站,明确分工,通力协作,加大工作力度,对乱砍滥伐、纵火毁林者,发现一起处理一起;与各村签订林业生产目标责任书,将此项工作纳入年终目标考核,且一票否决。与县森林业公安分局联系,对林业生产秩序进行集中整顿两个月,使林业生产秩序从根本上得到好转,加大森林防火力度,成绩显著,被河南省伏牛山第一联防委员会授予森林防林防火先进单位。

【民营经济发展迅速】　2011年乡党委、政府认真实施招商引资和项目带动的双轮驱动战略,发挥资源优势和环境优势,积极开展招商引资工作,一是引资4500万元,在宜阳县产业集聚区轴承产业园建成洛阳双龙塑料制品有限公司风电轴承保持架项目,建成投产后,年产值可达5000万元,利税480万,帮助200人就业问题。二是引资550万元,在花果山乡碾沟村建设花果山西游山泉矿泉水开发项目,预计2012年4月可建成投产,项目建成后,产能为20吨/天,主要生产饮用桶装水和瓶装水,可安排15人就业。三是计划投资500万元的花果山珍开发有限公司,建设地点在寺院村,主要生产柿子醋、黑杂粮、山珍等特产,项目建成后,年销售收入可达1000万元,利税50万元,可安排30人就业。四是投资200万元的玉皇庙养猪场,存栏量可达500余头,年出栏1000余头。

【统筹发展社会事业】　教育、卫生、文化、体育事业取得长足发展。在全县率先完成中小学布局调整工作。按照县委、县政府要求,全力抓好花果山乡中心小学学生宿舍楼、院墙、厕所、值班室等硬件设施建设,联系洛阳牡丹焊材有限公司向花果山乡中心小学捐资10万元,更换配齐了学生双层床、教师办公桌椅和电视、电脑等教学器材，确保花果山乡于9月10日在全县率先完成小学布局定点工作。教育质量不断提高，参加中招考试考生26人，被县重点高中录取10名，普通高中、职业高中录取11人，升学率达到80.7%。在全县率先完成2012年新农合筹资任务，新农合参合率达99.9%。乡卫生院及村卫生所进一步规范，群众看病难问题基本得到解决。数字电影放映和"万村千乡农民篮球赛"工作顺利开展，群众性文化活动日益丰富；社会福利事业取得新突破。社会保障覆盖面不断扩大，全乡低保户175人，五保户19人，共发放低保、五保金8.3万元，"两个确保"全面落实，五保户集中供养率达到45%，完成倒房重建6户18间，修缮1户2间，危房改造80户160间，保证困难群众有饭吃、有衣穿、有房住；在全县率先完成新农保收缴工作，全乡共完成参保人数2352人，参保率达91.2%；人口与计划生育工作顺利开展，人口出生率控制在12‰，康检率达到98%以上，全年收缴社会抚养费4.8万元。

"滨河之声"专场演出

【加强党的建设】　深入开展实施"先锋模范工程"深化创优争先活动，为党员设岗定责，向群众公开承诺，扎扎实实为群众办好事办实事，解决了一批群众关注的热点、难点问题，密切了党群、干群关系。积极做好党务工作，全年培训入党积极分子25人，发展党员18人，举办党员培训班两次，培训党员65人次，培育双强党员25名。认真完成党费收缴任务，上缴党费4600元。

（岳民社）

盐　镇　乡

书记　仝战军

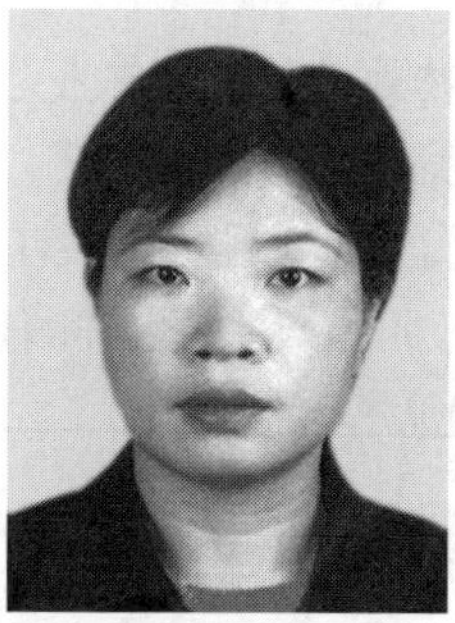

乡长　苗素霞

【概况】　盐镇乡位于宜阳县西北部丘陵区。乡政府驻地距县城33公里，海拔485米，地处北纬34°40′，东经111°59′。西和西北角分别与渑池县天池乡和义马市相连，北与新安县铁门乡交界，东与寻村镇相连，南与柳泉镇接壤，为宜、新、渑、义3县1市结合部。全乡面积161平方公里，耕地9283公顷，辖36个村民委员会、417个村民组、225个自然村、7.5万人。

盐镇乡土质肥沃，土质多为红黏土，主要农作物有小麦、谷子、豆类、红薯、烟叶等，为豫西地区最大的小杂粮集散地，购销品种有玉米、花生、黄豆、绿豆、芝麻等10余种，高峰期日收购量在200吨以上。盐镇区位优越，交通便利，郑西客运高速专线贯穿全境，S318省道横贯东西，县乡公路，村村通道路纵横交错，四通八达。2011年国内生产总值完成66906万元，财政一般预算收入达到480.7万元，农民人均纯收入完成4733元。盐镇乡荣获洛阳市集体林权制度改革先进乡镇、大学生村官管理工作先进乡镇、畜牧业发展与疫病防控先进奖，塔泥村、录化村获得集体林权制度改革先进村称号，克村村获得生态建设先进村。电话：0379－68758003。

领导班子成员

职　务	姓　名	职　务	姓　名
书　记	仝战军	副乡长	史冠伟
乡　长	苗素霞	副乡长	张向博
副书记	李建芳	党委委员	许孝杰

职　务	姓　名	职　务	姓　名
纪委书记	张利锋	人大副主席	冯晓燕
副乡长	孙灿峰		

【林业生产】 林业生产成效显著,2011年完成生态能源林109.7公顷,其中核桃基地建设90.7公顷,生态廊道网络建设工程15公顷,村镇绿化工程7.7公顷,分别占目标任务的175%、226.7%、100%、100%。

【烟叶种植】 投资80余万元,建成大寨、西沟现代集约化育苗基地,可满足万亩烟田的用苗需求;建成北册、上庄等13个村的烟水、烟路配套工程,新增旱涝保收田233.3公顷;建成大小密集型炕房583座。2011年全乡植烟面积715.6公顷,其中精品示范园168.4公顷,连片面积达426.7公顷,收购烟叶573351.1公斤,完成烟叶税收165万元。

烟叶种植

【畜牧养殖】 培育了北册、王坑、张村等8个养殖专业村,完善了重大疫病预防机制,养殖业产值达15000万元。河南远大牧业落户盐镇乡上庄村,10万头猪场正在建设。培育养殖专业村1个,发放能繁母猪补贴资金3万余元,畜牧养殖业走上良性发展道路。

【基础设施建设】 投资20万元在镇区主街道安装路灯106盏;投资60万元实施镇区2300米排水渠改造项目;投资290万元建成辣椒专业市场;是投资9.2万元配备了垃圾车、小铲车各2辆,成立专业的保洁队伍,确保镇区卫生常态化管理。投资300万元的李营水库加固工程;农田水利建设投资1002.7万元,其中,周沟水库加固工程投资300万元,河上沟、周过烟水工程投资95万元;安全饮水工程投资526.1万元(涉及克村、刘岭、会卦、北册、赵峪、张沟、范园、耿沟、贾院、录化)。

【教育卫生】 严格落实"两免一补"政策,义务教育普及率100%。在校师生吃水工程投资81.6万元(涉及张沟小学、录化小学、盐镇一中、盐镇二中、盐镇三中、谢村小学、大寨小学等)。投资216余万元,全面完成村级标准化卫生室建设,投资156万元,改造了卫生院,建成了住院楼,改善了群众就医环境,新农村合作医疗参合率达95%,卫生院及村卫生所进一步规范,群众看病难问题基本得到解决。

【民政事业】 认真落实各项低保政策,按时足额发放了低保资金共计249.5万元、五保资金52万元;五保集中供养率达45%以上;发放救灾救济款12万元,确保了灾民及贫困群众有衣穿、有饭吃、有房住;落实双拥优抚政策,发放优抚补助资金69万元,各类优抚补助资金兑现到位;未发生赴京进省越级上访事件。

【计划生育】 扎实开展了生殖健康服务进家庭活动,圆满完成"四项手术"任务,不断提高出生人口素质,建立健全计生工作管理机制,努力提高全乡计生工作整体水平。人口出生率控制在11‰,人口自然增长率控制在6.8‰以内,康检率达到98%以上。

【综治信访】 牢固树立稳定压倒一切的思想,实行领导干部接访制、下访制、包案制和不安定因素周排查、月结案制度,建立乡、村、组三级综治工作互动体系。平安建设扎实推进,实现人防与技防相结合。安装13套视频监控系统,探头96个,形成"全覆盖、全方位、全天候"的防控网络,成立了196人的乡、村两级巡防队,实行全天候治安巡逻,全乡社会治安状况明显好转。

【特色项目】 利用地域优势,加强对农业的引导与扶持,扩大范元、周沟等桑蚕养殖基地规模;平整土地,提高核桃种植面积,完成核桃基地建设70公顷;完成了中峪、张沟、北召、范园、竹园等5个村民委员会种植面积达206.7公顷,集种植和深加工为一体的仁用杏生产基地。

【党的建设】 以党的十七大、十七届三中、四中全会和全国全省、市机关党建工作会议精神为指导，认真领会县委、政府的思想、部署，从思想作风建设入手，切实加强党委自身建设、基层组织建设、党风廉政建设。全力打造学习型党委，提高领导班子的执政能力和驾驭全局的工作能力。以村委换届为契机，配齐配强了村“两委”班子，选聘57名优秀人才到村干部岗位上，下大力气加强后进村治理整顿，通过选班子、换位子、理路子，先后整顿了5个后进党支部，解决了一部分影响发展和稳定的突出问题。完成盐镇、张村、席沟、盐高、克村等12个村的村级阵地建设。全面推行“4+2”工作法和村务政务公开制度，狠抓领导干部廉洁自律，强化学习教育，搞好制度建设，打造精干高效、廉洁务实的村级干部队伍。

（李海芳）

高村乡

书记 李 辉

乡长 李志刚

【概况】 高村乡位于宜阳县西北部，距县城39公里。北与三门峡市渑池县交界，西与洛宁县毗邻，东接盐镇乡、柳泉镇，南连韩城镇、三乡镇，属浅山丘陵地貌。全乡辖39个村民委员会、329个村民组、13834户、52965口人（其中农业人口51590人），总面积120平方公里，耕地面积8066.7公顷。南车线、盐三路、韩茶路相互贯通，交通便利。近年来通过持续实施产业结构调整，初步形成以“黄、黑、红”（烟叶、黑杂粮、香花辣椒）为代表的特色农业、以金属材料加工为核心的新型工业和小城镇辐射带动的第三产业齐头并进的良好格局。2011年完成国内生产总值64551万元，财政一般预算收入679.6万元，服务业增加值17152万元，工业增加值10548万元，规模以上工业增加值3409万元，固定资产投资60834万元，人均纯收入5110元。

2011年荣获省科技厅全省科技宣传暨杂志通联工作先进单位；市委、市政府农业结构调整土地流转生态旅游工作先进单位；集体林权制度改革先进单位；2010年全市灾区群众倒房重建工作先进单位；市妇联洛阳市妇女工作先进集体；市统计局全市统计基础建设先进单位。县烟叶生产先进单位；农村卫生工作先进单位；农田水利建设先进单位；科技工作先进单位；劳动力转移工作先进单位；纪检监察工作先进单位；党风廉政建设工作先进单位；乡镇概览编写工作先进单位；工商联工作先进单位；台侨工作先进单位；理论学习和党员教育工作先进单位等荣誉称号。张深村获市精神文明建设指导委员会洛阳市文明村镇称号，纪彰村、温村村荣获市集体林权制度改革工作先进村称号。电话：0379－68908003。

领导班子成员

职 务	姓 名	职 务	姓 名
书 记	李 辉	副乡长	陈伟峰
乡 长	全战军（11月离） 李志刚（11任）	副乡长	王伟红
副书记	王海英	副乡长	高俊峰
纪委书记	冯战伟	党委委员	徐朝阳
副乡长	王旭辉	司法所长	李 涛

【粮食生产】 2011年小麦播种面积达3960公顷，克服持续干旱带来的不利影响，动员全乡干群通过打机井、修复病坏水利工程广找水源，利用小水泵、小喷灌、水车运送等措施积极开展生产自救，并及时将39.2万元抗旱资金发放到群众手中，夏粮产量达到15304吨，在大灾之年再创新高。

【烟叶生产】 继续坚持“两头工厂化，中间规模化”的发展思路，改变固有的发展模式，在支持群众零星种植的基础上，更加推崇规模化、精品化发展模式。首先，通过烟叶片区基础设施建设的优惠措施和“农户流转、大户承包、合作经营”的运作经营模式，吸引有能力的村民委员会发展66.7公顷左右的大片。通过百村工程的奖励扶助措施，支持发展33.3公顷左右的中型片。通过小范围政策倾斜和关注，引导想致富的各类人群发展3.3公顷～20公顷左右的小型片。通过分类区别、包容开放的发展思路，使支柱产业在转型中稳定壮大。全年成功发展宋屋133.3公顷、张延46.7公顷、四土地53.3公顷、石村33.3公顷、平原33.3公顷、汪汴53.3公顷等6个烟叶生产连片示范区,28个百村工程,烟叶生产面积较往年稳中有升,全年种植烟叶1848.5公顷,创利税292万元。

【黑杂粮生产】 以广阔的市场前景为切入点,以华裕公司年产4500吨黑色作物加工生产线为依托,围绕演礼沟、王沟、张元、周峪等具有较丰富种植经验的村民委员会,积极推广华裕公司"公司+基地+农户"的成熟运营模式,发展黑色作物种植连片5个,其中133.3公顷以上连片1个,20~33.3公顷连片4个,总面积达到666.7公顷,其中540公顷采取土地流转的种植方式。种植规模的不断扩大,为华裕公司"产、供、销"一体化产业链的初步形成奠定了坚实基础,企业效益的不断提高转而推动了黑杂粮种植面积和产品价格稳中有升,提高群众种植收益。

香花辣椒种植

【红辣椒生产】 继续支持以惠农辣椒种植合作社为主体的辣椒种植,以高村乡辣椒交易市场建设为契机,推广订单销售方式,降低群众种植风险。努力增加传统辣椒种植品种,成功引入"宝塔红"干鲜两用椒,使种植品种更加丰富,收益稳步提高。2011年4月,针对今年香花辣椒迅猛的发展态势和全国范围内蔬菜产品市场极度饱和的堪忧现状,通过逐村播放主流媒体报道视频并讲解和宣传烟叶新政策,将引导群众规避种植风险、支持辣椒合作社发展和规划辣椒连片三项措施和盘托出,实现"规避市场风险、缓和产业冲突"的双赢目标,使香花辣椒面积保持在800公顷。

【招商引资】 坚持"农工并举,均衡增长"的发展策略,将经济发展方式转变作为乡党委、政府的头等大事来抓。通过加强硬件设施配套和建立健全专门服务机构为企业放心落户、专心发展提供有力保障。并通过新年团拜会和牡丹节项目洽谈会等平台,积极开展对外招商。通过多方的共同努力,成功引进总投资350万元的福状元饲料加工项目,乡安排专人为项目建设提供跟踪协调服务,保证了项目的按时建成投产。

在为新上项目搞好服务的同时,派驻联络员协助华裕黑色作物项目加快建设进度,组织碰头会促成华瑞海绵铁厂和汪汴铸造厂的资源整合和升级改造,多方协调帮助凯斯特耐火材料项目早日投产达效。通过一系列措施,全年实现工业税收95万元,新增就业岗位60余个,工业项目"拉动区域经济、促进群众就业、提高双方收入、增强保障能力"的巨大效益充分显现。

【小城镇经营管理】 按照"统一规划,提高标准,分步实施"的原则,对小城镇区域内的绿化树木进行了更新,对所有店牌进行了统一更换,联合交通、工商、土地等部门,对小城镇区域内的违规建筑进行了拆除,并对占道经营和店外经营现象进行了统一清理和整治,使小城镇新增住户16户,新开店铺12家。

【社区服务中心建设】 全年高标准规划和建设张深村社区服务中心,粉刷墙壁12086平方米,栽植香花槐400棵,新建600平方米休闲广场1处并配备了健身器械,新建1处垃圾填埋场、1个标准化垃圾池,改造3个旧式垃圾池。以张深村的全新形象,引领其他村迅速跟进,掀起新农村建设的高潮。

开展村容村貌和路容路貌集中整治4次,清理垃圾5000余立方。扎实做好秸秆禁烧及综合利用工作,先后组织禁烧宣传车16辆,制作宣传横幅120条,发放综合利用宣传单3.2万份,秸秆综合利用率达到95%,较好地完成了夏、秋两季的禁烧目标。

新建32个标准化垃圾池,改造172个旧式垃圾池,新农办配备小型铲车2辆,保洁车2辆,在小城镇成立了10人环卫队,对村级保洁员队伍进行了充实,推行党员干部定期集中清理,保洁员日常清扫维护的双重保障机制，对保洁工作进行周检查、月点评、季排序，按照卫生保洁效果同比例发放工资，彻底根治保洁陋习。

【后进村整顿】 全年共整顿市定后进村2个，县定后进村4个，乡定后进村5个，县、乡多方筹措资金达400余万元，开展建设项目18个，引入企业2个，发展特色产业5个，引导就业600余人。铁炉村整治工作荣登2011年5月23日的《洛阳日报》头版头条，被作为洛阳市后进村集中整顿工作的典型代表广为宣传。

【村级组织换届】 深入开展了39个村民委员会党支部的换届工作，在11月30日前圆满完成全乡的村委、村监会换届选举工作。严格执行中纪委和中组部"5个严禁、17个不准和5个一律"，成功召开第十次党代会并选举出以李辉为首的第十届党委班子和出席县十一次党代会的20名代表。建成站点数位居全县首位，站点收视率100%，全年必修课收看时长达到6491小时，教育党员、施惠于民的作用充分发挥。积极参与创先争优和"党在我心中"征文活动，演出歌曲《东方红》和《保卫黄河》在建党90周年"颂歌献给党"合唱比赛中获得乡镇组第三名。

【纪检监察】 认真抓好农村基层便民服务工作的深化和规范，乡建成高标准的便民服务中心一所，全乡39个村民委员会均建有村级便民服务站，便民服务体系建设均达到了办公设施标准化、服务事项标准化、办事制度和服务类型标准化的"三化标准"。

【开展"进农户问党风"活动】 "进农户问党风"活动是上级纪委为了切实密切联系群众，搞好干群关系，及时掌握党情、民风、群众呼声的有效途径。纪委工作人员每月确定至少5户农民家庭联系户，要求工作人员认真与联系户沟通交流，扎实写好民情笔记，深入了解民情民意，重点了解党的强农惠农政策和资金落实情况、农村基层干部作风情况，以及农村基层党风政风情况等，每月召开1次"进农户问党风"工作例会对阶段工作进行总结。

【林业生产】 圆满完成集体林权制度改革，林权证办证率达到100%，完成核桃基地建设46.7公顷，生态廊道网络建设7.3公顷，村镇绿化工程9公顷，全民义务植树11300株。抓好新修订的《河南省森林防火条例》宣传工作，健全组织，制定各项防火制度，在入山路口设置防火标志及固定性标牌，乡实行24小时值班。对重点林业承包大户实行森林防火目标责任管理，备足各种灭火工具，组织好互联互防，确保防火期内不发生一例森林火灾。

【畜牧养殖】 完成青贮饲料3.4万吨，牧草种植28公顷。完成春、秋季动物防疫工作，防疫牛2763头，猪5970头、羊2581只、鸡64810只，全年无动物疫情发生。成功引入宜阳县鹅宿养殖项目，该项目位于高村乡汪汴村鹅宿自然村，该项目工商注册，初步拟定名称为：宜阳县鹅宿畜牧有限公司。由义马客商吉卓云投资兴办，公司注册资金100万元，占地13.7公顷，项目总投资9000万元，该项目建设分两期实施：第一期投资6000万元，主要从事种猪培育、育肥、销售；第二期投资3000万元，主要实施高粮田改造（改造粮田66.7公顷），对养殖场废水、猪粪、沼液回收利用，从事观光农业建设（栽植果树、发展绿色有机农业、实行公司+基地+农户的经营方式）。项目一期2013年5月能够建成投产，年培育种猪2500头，出栏生猪5万头。

鹅宿畜牧公司典礼

【劳动保障】 全面落实农村居民养老保险工作，全年收缴保费268.6万元，参保人数2.49万人，占全乡应缴费比例86%，位列全县第三。对全乡领取基本养老补贴待遇的人员进行资格认证。对死亡及其他情况进行了核减，确保了基金安全。对享受重复领取社保人员进行清理，对不符合政策人员进行核减。60岁以上应领保费人数5634人，全部按时发放到位。组织动物防疫和电脑技术培训班，培训人员 740 人。配合县小额担保贷款中心积极做好鼓励返乡农民工小额贷款的初审工作,为 65 个符合条件人员办理了相关手续。按时足额发放提前退休人员工资,13 名提前退休人员发放工资 17 万余元。

【民生工程】 圆满完成投资 380 万元的东亚水库除险加固工程建设,实现"饮水、灌溉、渔业"的三重功效。成功争取到张延水库除险加固工程项目,正在进行前期准备工作。开展山洪灾害防治宣传,发放手摇警报器 39 个,完成预案编制及工作。积极开展水利普查,为开展农田水利设施建设提供了参考依据。投资 280 万元完成王沟烟叶育苗基地和蔬菜基地建设,新建漂浮式育苗大棚 54 座,完成王沟村 6 组 35 户扶贫搬迁工程和配套设施建设。继续实施农业高产开发项目建设,提高农业综合抗风险能力。

【惠民政策】 落实发放退耕还林资金 30.9 万元,粮食直补及农资综合补贴 920.65 万元,抗旱资金 39.24 万元,良种补贴 122.11 万元,花生补贴 23.99 万元,摩托车下乡补贴 16.89 万元,家电下乡补贴 68.11 万元,两免一补资金 25.65 万元。争取雨露计划补贴资金 18.9 万元。完成村民一事一议筹资筹劳工作,首批申报项目 17 个,总投资 262.61 万元,拟申请财政奖补资金 87.53 万元。完成扶贫到户贷款贴息汇总,补贴总额 10 余万元。完成城建部门危房改造 200 户,民政倒房重建 20 户。

【困难救助】 发放低保金 182.69 万元,五保金 38.95 万元。进一步加大弱势群体救助力度,完成农村脱贫人口 1434 人,落实 60 岁以上复员军人 151 人,全乡低保 2111 人,五保 237 人,优抚对象 137 人,集中供养率达到 45%。新农合门诊报销 75.04 万元,住院报销 204.54 万元,极大地缓解了群众看病贵的问题。

【保障性工作】 开展安全生产隐患集中排查 4 次,治理安全隐患 17 处。深入开展严禁使用"瘦肉精"宣讲活动并联合工商部门对经营饲料的商户、养殖场(户)肉品销售市场进行定期检查,杜绝了违禁药品及饲料的生产、流通和使用,有效保证了群众的生命健康。积极开展农业科技推广和科普宣传工作,农业科技网络进一步完善。成功举办"高村乡石村管理区信合杯友谊篮球赛"。新农保、事业单位改革、人口普查等工作有序开展。

【教育】 现有小学 39 所,在校生 4530 人,校均 116 人,初中 2 所,在校学生 1622 人,共有教职工 2290 人,学校建设面积 3 万平方米。按照中小学布局调整与当地实际相结合,统筹规划,分类推进,分步实施,注重方便学生就近入学的原则,完成撤并小学 9 所,分别是:宋王沟小学、沈沟小学、麦村小学、阡陌岭小学、安沟小学、平原小学、北王小学、麻延小学、纪彰小学。撤宋王沟小学并入高村小学,撤沈沟小学并入张元小学,撤麦村小学并入黄洼,撤阡陌岭、安沟小学并入马朝沟,撤平原小学并入石村小学并保留教学点,撤北王、麻延小学并入河战小学,撤纪彰小学并入杜渠小学并保留纪彰教学点。

【计划生育】 围绕"提升计生服务水平,稳定低生育率"的工作目标,坚持以稳定低生育水平为首要任务,以综合治理出生人口性别比、提高出生人口素质为着力点,积极探索新形势下人口计生工作的长效机制,突出抓好 MIS 库信息化管理、康健优质服务、流动人口管理三个重点,确保计生整体工作水平稳步提高。

基础建设。年初将计生各项指标和任务层层分解到乡、村干部及相关职能部门,签订目标责任书,严格责任追究,形成齐抓共管的局面。按照"三室一校"的标准,配备完善村室版面及硬件设施,提升整体水平。通过宣传册、宣传标语、宣传车等形式,持续宣传计生法律法规,增强群众依法生育意识。

优质服务。落实"康检四术一体化"目标,春、秋季四术任务圆满完成。建立单月康检访视责任制,保证康检对象按时进站康检,彻底解决漏档、漏管、漏检问题,做好跟踪服务,提高生殖健康水平。

信息库建设。提高村管理员待遇,完善 MIS 数据库,利用数据库引导日常计生工作。全面开展入户普查登记,加强新婚人员管理,提高已婚育龄妇女在册率和出生统计准确率。按照 MIS 库提供的预产期孕妇名单,通过电话和入户进行核实,落实提前告知制度,及时发放初生婴儿上报登记证明,提高政策生育率。

流动人口管理。做好流动人口政策宣传,落实村级管理员责任,督促及时办理婚育证明,按时邮寄康检证明。加强区域合作,共同管好流动人口。抓好计生家庭奖励政策落实,做好奖励扶助政策落实和独生子女父母奖励费发放。配合县计生、卫生、药监等部门，完善对 B 超、终止妊娠手术、药品的管理，及时发现管理漏洞和“两非”线索。深入开展“关爱女孩”行动，引导群众转变生育观念。开展政策外生育清理整顿活动，加大对村级党员干部违法生育查处力度，依法做好社会抚养费征收工作，及时参加依法行政业务培训，提高依法行政能力。

【平安建设】 以平安建设为抓手，通过矛盾纠纷排查化解、开展法律宣传、完善监控设施、加大打击力度等多项措施，营造了良好的发展环境。及时发放民调员工资，全年组织乡、村 50 名民调员培训 2 次，开展矛盾纠纷排查 12 次，排查出矛盾纠纷 67 起，化解 59 起，其中包含两起涉法涉诉案件；开展普法宣传 2 次，发放常用法律知识宣传单 4000 余份，提高了广大群众的法律意识和自我保护能力；积极筹措资金巩固安装监控设施，进一步提高监控设备覆盖范围，为警示不轨行为、打击违法犯罪提供有力支持。邀请公安部门专业人员组织巡防技能培训 1 次，开展巡防技能练兵活动 2 次，使巡防队伍的整体素质得到进一步提高；积极做好安全隐患排查和集中整治、清剿火患行动、瘦肉精收缴等工作，配合公安部门深入开展“打黑除恶扫痞”和网上追逃行动，使广大群众的安全感和对政府工作的满意度全面提高。

【国土资源保护】 第十一次卫片执法检查。第十一次卫片执法检查高村乡共被卫星拍到 2011 年度新增建设用地 18 宗，其中合法占地 5 宗，伪变化 10 宗，违法占地 3 宗。对 10 宗地貌发生变化土地，写出情况说明，准备实地照片、登记卡等资料，顺利通过验收。3 宗违法占地，积极开展调查，完善各种法律文书，全部按照法律规定处理到位并通过上级验收。

建设用地手续预审上报。对利民腾飞建材有限公司、黑杂粮加工基地、石村两处加油站等 4 宗企业占地，60 宗宅基地完成了用地手续的预审、上报工作。

基本农田永久划定。在保证“质量不降低，数量不减少”的前提下，结合本地实际，将全乡 35 块面积为 137.9 公顷的基本农田调整为一般农用地，将 55 块面积为 165.5 公顷的一般农用地调整为基本农田，完成县政府下达的基本农田 92% 保护率指标。

土地综合整治。演礼沟村土地综合整治规划、设计已上报省国土资源厅，搬迁工作正在有条不紊进行中。申请到涉及高村、王沟、张元、鲁村、宋王沟、里沟、温村、丰涧、演礼沟等 9 个村的土地综合整治项目，完成规划设计上报工作。

（许向前）

牛峪村新貌

附　　录

宜阳县人民政府办公室关于印发宜阳县实施食品安全四大放心工程工作方案的通知

（2012 年 7 月 15 日）

各乡（镇）人民政府，县人民政府有关部门，各有关单位：

《宜阳县实施食品安全“四大放心”工程工作方案》已经县政府研究同意，现印发给你们，请认真遵照执行。

宜阳县实施食品安全“四大放心”工程工作方案

为保障人民群众饮食安全和身体健康，全面提高我县食品安全水平，根据《洛阳市人民政府办公室关于印发洛阳市实施食品安全四大放心工程工作方案的通知》（洛政办〔2012〕82 号）要求，决定在全县实施食品安全“四大放心”（放心奶、放心肉、放心菜、放心豆制品）工程，特制定本工作方案。

一、指导思想

以让全县人民喝上放心奶、吃上放心肉、放心菜、放心豆制品为目标，在全县范围内开展奶、肉、菜、豆制品四大类食品安全专项整治和达标创优工作。坚持集中整治与建立长效机制相结合、分工负责与密切配合相结合、专项治理与日常工作相结合、打击伪劣与服务创优相结合的工作原则，突出工作重点，创新工作方法，采取有效措施，加强督查考评，标本兼治，着力治本，确保实现各项目标，进一步增强人民群众食品安全信心，努力开创我县食品安全工作新局面。

二、工作目标

（一）原料乳生产收购秩序进一步规范，乳品生产质量安全控制水平进一步提高。奶站原料乳合格率、乳制品合格率均达到98% 以上。

（二）私屠滥宰、病死肉、注水肉现象得到有效控制，肉类产品中不得检出“瘦肉精”类物质，城镇肉类产品全部来自定点屠宰企业。

（三）蔬菜生产中违规使用农药得到有效控制，基地蔬菜合格率达到 98% 以上，城镇市场蔬菜合格率达到 96% 以上。

（四）豆制品生产秩序进一步规范，豆制品安全水平明显提高。非即食类豆制品产品合格率达到 95% 以上，腐竹类产品合格率达到 98% 以上。

（五）通过实施食品安全“四大放心”工程，人民群众奶、肉、菜、豆制品四大类食品消费满意度明显提升。

（六）围绕实施食品安全“四大放心”工程，支持创建一批食品安全放心工程达标（示范）单位（场、站、企业、店、市场），增强人民群众消费信心，全面提高我县食品安全水平。

三、工作重点

（一）实施放心奶工程

1. 加强生鲜乳管理。全面落实《乳品质量安全监督管理条例》（国务院令第 536 号）和《生鲜乳生产收购管理办法》（农业部令第 15 号），对全县所有奶站开展全面清理整顿，对不符合标准要求的奶站限期整改，对条件较差、质量安全难以保证的奶站坚决依法予以取缔。加强奶牛饲料安全管理，规范原料乳收购秩序，加强三聚氰胺、黄曲霉素、抗生素、皮革水解物、β－内酰胺酶、碱类物质、硫氰酸钠监测。（责任单位：县畜牧局）

2. 提高乳制品质量安全水平。严格食品添加剂管理，强化乳制品出厂检验，加强质量安全管理，推进乳品企业诚信体系建设，建立食品安全可追溯体系。严格落实乳品产业政策，对不符合产业政策要求的项目不予审批、不予办证。（责任单位：县质监局、工信局）

3. 强化市场监管。加强乳品经营资格审查，对流通环节乳制品存放条件进行专项检查，坚决纠正不按储存条件要求存放商品行为。加大乳品市场质量安全和抽检工作力度，对批发市场、农村和学校周边地区乳及乳饮料产品进行重点监管。严禁散奶上市。（责任单位：县工商局）

（二）实施放心肉工程

1. 整治和规范生猪养殖行为。全面贯彻落实《饲料和饲料添加剂管理条例》（国务院令第609号），坚决查处在饲料生产经营过程中和养殖场（户）饲养环节添加“瘦肉精”等违禁物质行为。建立养殖场（户）用药记录制度，落实养殖休药期制度，督促养殖场（户）按照有关法律、法规要求规范用药。完善并落实养殖场（户）生猪免疫检疫制度和病死、病害生猪无害化处理措施。（责任单位：县畜牧局）

2. 整治和规范生猪屠宰行为。认真贯彻落实《生猪屠宰管理条例》（国务院令第525号）等法规、政策，全面整顿和规范生猪屠宰行为。严格落实屠宰检验检疫制度，严厉打击私屠滥宰和屠宰注水、病害生猪及含“瘦肉精”等违禁物质生猪的违法行为。建立完善畜产品安全追溯制度，督促屠宰企业建立健全屠宰生猪进（出）场台账及档案。（责任单位：县商务局、畜牧局）

3. 整顿和规范肉制品加工行为。集中整治无证无照肉制品加工点（作坊），依法查处以病死、病害猪肉加工肉制品行为。加大监督抽查肉制品和处理问题肉制品力度，督促企业加强原料进货查验和产品出厂检验。落实食品添加剂报告制度，依法打击使用非食品原料或滥用添加剂生产加工肉制品行为。开展肉类企业诚信建设评价工作。（责任单位：县质监局、工信局）

4. 整顿和规范肉品市场经营行为。加强对集贸市场、超市等流通环节的监督检查，全面清理规范肉类经营主体资格，督促经营主体落实肉类食品进货台账和索证索票制度，严厉查处非法经营肉类食品和采购、使用私宰肉、注水肉、病害肉以及动物血制品非法添加行为。对进入商场、超市（连锁店）的生鲜肉类产品实行挂牌公示制度，标明产地和检验机构等内容。（责任单位：县工商局）

5. 规范餐饮单位、食堂肉品采购和使用行为。重点检查肉及肉制品采购索证、登记制度落实情况。严厉查处餐饮单位和集体食堂采购、使用未经检验检疫的猪肉及病死、病害猪肉等违法行为。（责任单位：县药监局）

6. 加强牛羊肉管理。根据《中华人民共和国食品安全法》、《河南省清真食品管理办法》（省政府令第36号）要求，开展清真牛羊肉集中屠宰定点企业（站、点）认定工作，向社会公示，并加强监督管理。以查处注水肉、病死肉、假冒牛羊肉为重点，加强牛羊肉质量安全管理工作，严厉打击牛羊肉生产、经营中的违法违规行为。（责任单位：县宗教局、商务局）

（三）实施放心菜工程

1. 加强源头治理。对全县蔬菜生产基地、专业村进行全面检查，主要检查产地环境、农业投入品使用、产品检测、生产记录、包装标志情况，重点查处和纠正违规使用农药行为，对基地蔬菜全面实行检测合格上市制度。加强农药市场监管，严厉打击经营使用高毒高残留农药行为。对无公害、绿色和有机蔬菜的产地认证、标志使用情况进行全面检查，治理不按标准生产、冒用认证称号行为，进一步规范产地认证和上市管理工作。（责任单位：县农业局）

2. 加大上市蔬菜检查力度。建立上市蔬菜质量安全例行监测制度，重点加强蔬菜批发市场、城镇集贸市场、超市等经营场所蔬菜安全检测。建立大型蔬菜批发市场、超市、学校食堂蔬菜检测索票索证制度。对进入商场、超市（连锁店）的蔬菜实行挂牌公示制度。（责任单位：县农业局、工商局、药监局）

（四）实施放心豆制品工程

1. 规范豆制品加工行为。依法加大对无证无照加工作坊的查处力度，坚决取缔不符合要求的黑作坊，切实规范豆制品生产经营秩序。重点打击掺用霉变黄豆和使用卫生部门禁用的非食用石膏、皂矾、色素及吊白块等行为。（责任单位：县质监

局）

2. 加强豆制品质量安全监管。加强对获证豆制品加工企业的监管，加大对豆制品产品质量的抽检力度，提高抽查覆盖率。（责任单位：县质监局）

3. 规范豆制品市场经营秩序。大力落实农贸市场、菜市场、超市、餐饮服务单位、学校食堂豆制品索证索票和进货台账制度，严把豆制品销售的市场准入关。对进入商场、超市（连锁店）的无包装豆制品实行挂牌公示制度。（责任单位：县工商局、药监局）

（五）开展达标创优活动。在治理整顿的基础上，加强服务指导，制定相关标准，创建一批食品安全放心工程达标单位（场、站、企业、店、市场），对食品安全工作成效突出、示范作用明显的生产经营企业，授予食品安全放心工程示范称号，并实行动态管理。（责任单位：县政府食安办、县农业局、商务局、工商局、质监局、畜牧局）

县公安局负责组织协调乡（镇）派出所打击食品安全违法犯罪活动。

四、工作安排

食品安全“四大放心”工程在前期广泛宣传发动的基础上，按治理整顿和达标创优两大主题、三个阶段组织推进。

（一）第一阶段：治理整顿阶段（2012 年 7 月中旬～11 月中旬）

1. 各有关部门要按照方案确定的目标、重点、进度要求，结合实际，明确工作责任，全面开展工作。针对突出问题和薄弱环节，要增加抽检频次，采取坚决果断的措施，集中开展专项整治工作。

2. 认真宣传贯彻食品安全“四大放心”工程达标创优标准，积极推进服务创优工作。

3. 工作进展情况每月 23 日前要向县政府食安办书面报送一次。县政府食安办编发实施食品安全“四大放心”工程工作简报，通报工作开展情况；组织对各有关部门食品安全“四大放心”工程实施工作进行督导检查，适时公布检查结果。

4. 县政府食安办组织人大代表、政协委员和专家参与监督检查工作，并加强和新闻媒体的沟通联系，积极做好信息通报和宣传工作。

（二）第二阶段：总结验收阶段（2012 年 11 月下旬）

各有关部门要认真总结治理整顿阶段工作，县政府食安办将通过组织综合抽检、实地检查、问卷调查等方式进行综合考评。

（三）第四阶段：达标创优阶段（2012 年 12 月上旬～2013 年 1 月中旬）

1. 各乡（镇）、各有关部门要针对治理整顿中发现的问题，指导食品生产经营单位加强企业管理、完善各项措施，帮助企业解决生产经营实际困难和问题，提高食品安全水平，支持企业健康发展，进一步开展达标创优活动。

2. 对符合标准的生产经营单位，经县、市、省级食安办审核后，授予河南省食品安全放心工程达标（示范）单位（场、站、企业、店、市场）称号。

3. 结合贯彻落实《河南省人民政府关于加快农业产业化集群发展的指导意见》（豫政〔2012〕25 号），加强对主要农业产业化集聚区内农产品生产基地、加工企业的服务、指导和帮助，支持产业集聚区内的重要生产经营单位开展达标创优工作。

4. 开展放心食品大家行活动，组织人大代表、政协委员、消费者代表和媒体走进食品安全示范单位，了解食品质量安全管理的各项举措，了解加强食品安全工作的主要成效，提高社会食品安全信任度，营造人人关心食品安全、人人支持食品安全工作的良好氛围。

5. 组织实施食品安全“四大放心”工程总结表彰活动。

五、工作机构

由县政府食安办牵头，成立县实施食品安全“四大放心”工程领导小组，统一领导食品安全“四大放心”工程实施工作。领导小组下设办公室，办公室设在县政府食安办，负责组织协调工作，开展综合抽检和考核评价，推进联合执法和达标创优工作。办公室下设放心奶工程、放心肉工程、放心菜工程、放心豆制品工程和综合协调五个协调工作组，负责具体协调工作。协调工作组成员由相关责任单位业务科室负责人和县政府食安办人员组成。

六、工作要求

（一）加强组织领导。各乡（镇）、各有关部门要充分认识实施食品安全“四大放心”工程的重要意义，切实加强组织领导。要建立实施食品安全“四大放心”工程组织领导机构，形成综合协调工作机制。要针对群众反映强烈、社会危害严重的突出问题，认真制订实施方案（与上年度可比的要量化工作目标），采取有效措施，确保各项工作落到实处。要确定1名工作联络员，工作方案和工作联络员名单报县政府食安办。

（二）落实工作责任。建立食品安全专项整治责任追究制，强化领导责任和工作负责制，做到任务明确、责任到人、措施到位。坚决纠正重发证、轻监管问题，以及职责范围内不发证、不监管的不作为行为。对因工作不力、出现较大工作失误给人民群众身体健康和生命安全造成较大损害的，要依法依纪追究领导和当事人的责任。

（三）抓好综合协调。实施食品安全“四大放心”工程涉及多个领域、多个部门，各责任单位要各司其职，齐抓共管，形成合力。县政府食安办要加强综合协调，开展联合执法。各协调工作组要建立定期会商制度，各有关部门要积极参与、密切配合。

（四）强化工作措施。各乡（镇）、各部门要根据实施方案，制定工作措施，强力推进食品安全“四大放心”工程实施工作。同时，要公布实施食品安全“四大放心”工程举报电话，畅通投诉渠道。工程实施期间，四大类重点品种的抽查、检查频次要有明显提高。加强司法衔接，严厉打击食品安全违法犯罪行为。

（五）加大经费投入。要加大经费投入，加大办案力度，为实施食品安全“四大放心”工程提供可靠保障。县财政保障工作经费，重点支持实施食品安全“四大放心”工程。

（六）确保市场供应。各乡（镇）要结合当地实际，采取具体措施，在抓好治理整顿的同时确保市场供应。尤其是对豆制品、蔬菜类等与群众生活密切相关、问题又较为突出的食品，要制定扶持政策，培育规范的生产加工企业，加强生产组织，保障市场供给，确保人民群众吃上安全放心食品。

（七）加强督导和考核考评。县政府食安办要加强综合协调，强化监督检查工作，认真组织开展综合抽检和考核评价活动。工作进展情况及考核评价结果要及时上报县政府食品安全委员会，并适时向社会公布。将考核评价结果纳入年度考评体系。对工作突出、成效显著的单位和个人给予表彰。

宜阳县人民政府关于进一步加强城区建筑工地及建筑垃圾运输管理工作的通知

（2012年8月27日）

城关镇、锦屏镇、香鹿山镇人民政府，县人民政府有关部门，城区各建设、施工单位：

为进一步加强城区建筑工地及建筑垃圾运输管理，坚决杜绝建筑垃圾运输车辆沿途抛洒、滴漏污染路面和乱倒建筑垃圾现象发生，从根本上治理建筑工地周围环境卫生脏乱差和垃圾围城现象，不断提高城区环境卫生水平。依据国家、省、市有关城市市容和环境卫生及建筑垃圾管理规定，结合我县实际，现就进一步加强城区建筑工地及建筑垃圾运输管理工作通知如下：

一、严格城区建筑工地及建筑垃圾运输管理

（一）严格城区建筑工地管理

1. 建筑工地必须实行全封闭管理，设置高度不低于2.2米的施工围墙，施工围墙建设原则上不能占压人行道，应做到美观、安全并与周围环境相协调。

2. 建筑工地应适时做好施工防护和防尘降噪措施，防止施工扬尘、噪音及高空坠落、抛洒物体现象发生，以防危害城区居民生活环境和人身安全。

3. 建筑工地内应做好现场材料及垃圾的堆放管理，场地外面严禁堆放建筑材料和其他任何杂物，做到建筑垃圾及时清运、工完场清。严禁乱堆乱放、污染环境。

4. 建筑工地内主道路及出入口必须硬化，工地出入口处必须配备完善的冲洗设备及排水设施，对工地内出入车辆进行冲洗，严禁车辆带泥上路污染路面。

5. 建筑工地出入口处应配备专职卫生清扫保洁人员，负责做好工地出入口及工地周边的环境卫生工作。

6. 建筑施工涉及占用城市道路、拆移市政设施、移植绿化苗木及建筑垃圾处置者，在施工前必须到市政管理部门申请办理审批手续。

（二）严格建筑垃圾运输管理

1. 运输车辆和驾驶人员应持有合法有效的行驶证、驾驶证、营运证、《建筑垃圾排放许可证》和《建筑垃圾运输通行证》，证照不全者，一律不得从事建筑垃圾运输。

2. 运输车辆应采取密闭措施，不得超高超载。运输车辆的遮盖篷布必须完好无损，并覆盖至三侧挡板中部以下，车辆遮盖篷布的四角应与车厢两侧挡板、尾板拴牢，防止运输途中沿路抛洒、滴漏现象发生。

3. 运输车辆驶出工地前，必须有专人对车辆适时采取轮胎、车身冲洗措施，确保轮胎、车身干净整洁，方可驶出工地。

4. 运输车辆应严格按照市政管理、公安交警部门规划的时间、路线、地点行驶和倾倒建筑垃圾，严禁沿途乱倒、抛洒建筑垃圾。

二、强化建筑工地施工占道、拆移市政设施或移植绿化苗木及建筑垃圾排放、建筑垃圾运输车辆通行的许可审批

（一）建筑工地施工占道、拆移市政设施或移植绿化苗木的许可审批

在城区从事建筑施工如涉及施工占道、拆移市政设施或移植绿化苗木者，由建设、施工单位持有关证件和申请资料，到市政管理部门申请办理施工占道、拆移市政设施或移植绿化苗木批准书。未经批准，严禁擅自进行施工占道、拆移市政设施或移植绿化苗木。

（二）建筑垃圾排放的许可审批

1. 建筑垃圾处置实行“谁产生、谁处置”的原则。

（1）产生建筑垃圾的单位应当及时将建筑垃圾清运至县城区临时建筑垃圾场（城区临时建筑垃圾场设在锦屏镇马庄村村南、宜赵路东侧）。不能及时清运的，应当妥善堆置，并采取防风、防扬尘等防护措施。

（2）产生建筑垃圾的单位，可以自行清运，也可以委托经批准的清运单位清运。委托清运建筑垃圾的，应当与清运单位签订委托清运合同，明确双方的权利、义务及违约责任，并对清运单位的清运行为进行监督。

（3）自行组织清运的单位，应当在申请办理建筑垃圾排放许可证时注明，并承担相应的法律责任。

2. 实行建筑垃圾处置收费制度。产生建筑垃圾的单位在处置建筑垃圾时，应当按照有关规定向市政管理部门缴纳建筑垃圾处置费。处置费主要用于建筑垃圾场建设、管理和运行。

3. 建筑垃圾排放许可证审批。建设项目施工许可前需要处置建筑垃圾的，由建设项目单位到县建筑垃圾管理办公室办理建筑垃圾排放许可证（县建筑垃圾管理办公室设在县市政管理局市容站），建设项目施工许可后需要处置建筑垃圾的，由施工单位到县建筑垃圾管理办公室办理建筑垃圾排放许可证。

申领建筑垃圾排放许可证，应当具备以下条件：

（1）已具备核算建筑垃圾排放量的相关资料，并按规定缴纳建筑垃圾处置费用；

（2）工地出口洗车槽、车辆冲洗设备及道路硬化符合标准或具备有效的保洁方案；

（3）有建筑垃圾现场分类排放处置方案；

（4）有加盖全密闭运输机械装置的运输车辆；

（5）法律法规规定的其他条件。

（三）建筑垃圾运输车辆通行的许可审批

由建设、施工单位或其委托运输清运单位持运输车辆和驾驶人员合法有效的有关证件及县市政部门办理的建筑垃圾排放许可证，方可到县公安交警部门申请办理建筑垃圾运输车辆通行证。凡未办理建筑垃圾运输车辆通行证的，一律不得从事建筑垃圾运输。建筑垃圾排放许可证副本和建筑垃圾运输车辆通行证必须随车携带，并应积极配合县市政、公安交警部门执法人员及城区临时建筑垃圾场管理人员的监督检查。

三、明确管理单位工作责任

县城市精细化管理工作领导小组负责城区建筑工地及建筑垃圾运输管理工作的统一领导、协调、督导和考核，对城区建筑工地及建筑垃圾运输管理工作实行“部门联动、联合执法”的共同管理机制，具体由县市政、住建、公安交警、交通等部门按照相关法律、法规的规定，各司其职，密切配合，共同做好城区建筑工地及建筑垃圾运输的日常管理工作。

（一）县市政管理局

一是要严格建筑工地施工占道、拆移市政设施

或移植绿化苗木行政许可审批；二是要强化建筑工地出入口及周边环境卫生的监管，负责与施工单位签订市容环境卫生管理协议书和建筑垃圾排放许可审批；三是认真做好城区建筑垃圾场的建设和管理工作；四是会同县公安交警部门做好建筑垃圾运输作业的日常管理和执法监察工作。

（二）县住建局

要督促建设、施工单位，认真执行国家有关建筑施工现场管理规定，做好施工现场出入口的道路硬化、卫生保洁和车辆冲洗设备、排水设施的设置工作，严禁工地内出入车辆带泥上路污染路面；要做好施工防护和防尘降噪措施，防止施工扬尘、噪音及高空坠落、抛洒物体现象发生。

（三）县公安交警大队

要做好城区建筑垃圾运输车辆通行行政许可审批，同时会同县市政部门做好城区建筑垃圾运输作业的日常管理和执法检查工作。依法从严查处建筑垃圾运输车辆超速、超载、超高等违法行为，坚决取缔报废车、黑车等车辆违法违规运行，切实保护合法运营。

（四）县交通局

要会同县市政、公安交警部门做好建筑垃圾运输作业的日常管理和执法检查工作。依法从严查处建筑垃圾运输车辆非法营运行为。

四、治理阶段

（一）集中治理阶段：2012 年 8 月 15 日～20 日

1. 查摆问题、积极整改。城区各建设、施工及运输单位在集中治理期间，必须结合各自的实际情况，严格按照本文件中规定的城区建筑工地及建筑垃圾运输管理标准，认真查摆存在问题，积极进行整改，并及时到相关部门办理和完善有关行政许可审批手续。逾期不整改或不完善手续者，由行政执法部门依法处理。

2. 集中清理城区内乱堆乱放的建筑垃圾。按照管理职责和属地管理原则，明确责任单位对目前城区内突出存在的、严重影响市容市貌的建筑垃圾进行集中清理，由责任单位在集中治理阶段期间负责到县市政、公安交警部门办理建筑垃圾排放许可证和建筑垃圾运输车辆通行证，同时安排运输车辆将其负责清理的建筑垃圾运至城区临时建筑垃圾场。

城区建筑垃圾清理任务划分如下：

（1）宜滨路：住建局负责道路红线以内建筑、生活垃圾和道路两侧建筑施工材料占道清理，香鹿山镇负责道路红线以外两侧建筑、生活垃圾清理；

（2）骏马大道：住建局负责道路及两侧建筑垃圾清理；

（3）锦龙大道北段：市政管理局负责道路红线以内沥青路面以上的建筑、生活垃圾清理，交通局负责道路红线以内沥青路面以外的建筑、生活垃圾清理，城关镇负责道路红线以外两侧建筑、生活垃圾清理；

（4）南环路（义络矿以西区域，含义络矿段）：市政管理局负责道路红线以内建筑、生活垃圾清理，义络煤业负责矿区道路红线以外两侧建筑、生活垃圾清理，城关镇负责辖区道路红线以外两侧建筑、生活垃圾清理；

（5）宜洛南渠两侧、西小河及洛河城区段：水利局负责管理区域建筑、生活垃圾清理；

（6）香鹿山大道北段：市政管理局负责道路红线以内建筑、生活垃圾清理，香鹿山镇负责道路红线以外两侧建筑、生活垃圾清理。

（二）长效管理阶段：2012 年 8 月 21 日以后

1. 落实长效管理机制

一是县市政、住建、公安交警、交通等部门严格按照本文件中规定职责，加强对城区建筑工地及建筑垃圾运输作业的日常管理和执法检查；

二是进一步明确城区内建筑垃圾日常监管责任界定，监管不到位形成无主垃圾者，由相关责任单位负责自行清理。具体责任单位和监管区域为：

（1）县市政管理局：负责城区（洛河以南：西小河桥至东环路，洛河以北：拥军路至兴业路）主干道道路红线以内区域（未移交管理道路除外）；

（2）县住建局：负责作为承建单位承建的且未移交市政部门管理的城区道路红线以内区域；

（3）县交通局：负责作为承建单位承建的且未移交市政部门管理的城区道路红线以内区域；

（4）县水利局：负责宜洛南渠、北渠两侧及西小河、洛河城区段水利局管理区域；

（5）城关镇：负责城关镇辖区（县市政、住建、交通、水利等部门及义络煤业公司管理区域除外）；

（6）锦屏镇：负责锦屏镇辖区（县市政、住建、交通、水利等部门及义络煤业公司管理区域除外）；

（7）香鹿山镇：负责香鹿山镇辖区（县市政、

住建、交通、水利等部门及义络煤业公司管理区域除外)；

（8）县产业集聚区管委会：负责作为承建单位承建的且未移交市政部门管理的道路红线以内区域；负责产业集聚区辖区（县市政、住建、交通、水利等部门及义络煤业公司管理区域除外)；

（9）义络煤业公司：负责义络煤业管理区域。

2. 严格执法管理

在城区建筑工地及建筑垃圾运输管理工作中，如建设、施工单位或运输单位和个人出现违反上述管理标准者，由执法管理部门按照住建部、省、市有关法规规定从严处理，绝不姑息迁就。

五、严格督导考核

（一）实行目标考核。县城市精细化管理工作领导小组要将县市政、住建、公安交警、交通、水利及城关镇、锦屏镇、香鹿山镇、产业集聚区管委会、义络煤业公司等部门的城区建筑工地及建筑垃圾运输管理和建筑垃圾日常监管工作纳入其单位年度城市精细化管理工作目标考核。

（二）严格责任追究。县城市精细化管理工作领导小组要对城区建筑工地、建筑垃圾运输管理和建筑垃圾日常监管工作开展情况，定期进行督查和通报。对工作突出的单位予以表扬和奖励；对工作不力的单位要予以通报批评，情节严重造成不良影响者，将由县监察部门予以效能追究和责任追究。

滨河公园一角

索引

A

爱国卫生运动 273a
爱心奉献 265a
爱心妈妈征募 152b
安全保卫 138b
安全保障 258a
安全播出 268a
安全工作 234a
安全管理 208b 222b 232b
安全监管 204b
安全局面稳定 202a
安全生产 53b 176a 212a 217a 219a 221b 249a 249b 279a 282a 295b 297a 302b
安全生产责任制 249a
安全稳定工作 287b
安全月宣传活动 248b
案件查办工作 115b

B

8月 40a 白杨镇 283a
百亿送贷 242b
班子自身建设 234a
班组建设 207b
搬迁扶贫 192b
办公条件 78a
办理提案 176b
办实事 78a
帮扶工作 159b 222a
帮老区打机井一眼 98a
帮助老区办教育 98a
包村帮建工作 254b
保洁机制 125a
保密工作 94b
保密检查 94b
保密宣传教育 94b
保险 225
保障性工作 314a
保障性住房 161a
报告 19
碧水蓝天工程 172b
标准化工作 247a
表彰先进 152a
宾馆工作 120a
滨河公园 163a
滨河之声 261b
殡葬管理 117a
部队管理 133a

C

财产保险公司宜阳支公司 239a
财务指标 239a

财政 52a 225 225a
财政监督检查 227a
财政收支 225b
参观警示教育 94b
参政议政 129a
参政议政职能 157b
残联 155a
测绘管理 171b
测土配方施肥 183a
查办案件 79b 141a
查处黑网吧 244a
产销情况 213a
产学研技术合作 260b
产业化扶贫 192b
产业化项目 195b
产业集聚区 121a 201a
产业项目 122b
昌谷 153b
超拓实业 217b
车辆管理 118b
陈宝国 65b
陈红善 70b
成本监测 246a
承保 239b
承接产业转移 201b
城关镇 278a
城区段河道 189a
城区防汛 164a
城区供水 162a
城市基础设施 226a
城乡规划 164b
城乡建设 160 160a
城乡建设用地申报 167b
城乡经济调查 251a
城乡居民养老保险 112a
城乡困难群众医疗救助 116b
城乡面貌 106a
城镇经济 75a
城镇居民收支 275a
城镇最低生活保障 116b
城中村改造 160b 219b 278b 281a
程竹菊 62a
持续改进 210b
出入境工作 138a
处突维稳 138a
创建模范县 168b
创先争优 81a 129b 158a 223a
创新管理 210b
从优待警 140a
村级组织换届 279a 313a
村镇规划 165a
村镇建设管理 295a
存款稳步增长 233b

D

打黑除恶 137a
打四黑除四害 139a
大病医前救助保险 240b
大额医疗补充保险 240b
大情报系统 138a
大事记 29
大学生村干部 83a
大遗址保护 262b
代表工作 102b
贷款贴息 196a
单亲学生 99a
党报党刊 88a
党的基层组织建设 121a
党的建设 76b 164b 203b 282b 291b 296a 303a 309a 311a
党费收缴 91b
党风党建工作 255b
党风廉政 164a

党风廉政建设　120b　165b　170b　205b　234b　251b　253b
党建　125b　279b
党建工作　82b　176a　221b　285b　300b
党史大事月报　93b
党史工作　93b
党史知识竞赛　94a
党团组织　140a
党外人士　89b
党委班子　130b
党委和村级组织换届　288a
党员干部培训　96a
党员学习　91b
档案工作　269a
档案馆　269a
档案管理　268b
档案监督　269a
档案信息化　269a
道路绿化　162b
道路养护　163a
道路运输　175b
德育工作　256a
地方史志　265a
地方史志工作会议　265b
地方税务　229a
地方武装　130
地籍与测绘服务　169b
地面测报　193a
地名管理　117a
地质环境治理　170a
地质灾害防治　169b
第六次全国人口普查　250b
第十一次党代会　76b
第十一次土地矿产卫片检查　170a
第一次会议　7　13　19
电价审核报批　246b
电力资源　290a
电网建设　202b
电信　179b
电业管理　201b
电影放映　268b
电子银行　234a
调查研究　109b　232b
定密　94b
董王庄乡　301a
动产抵押　244a
动植物资源　49a
督查工作　93a
督促查办　109a
督导督查　163b
毒品犯罪　137a
杜阳林　63a
段作伟　70b
队伍和文化建设　239a
队伍建设　132b　142b　143a　228b
对外经济　52a
对外贸易　218a
对外宣传　171b

E

2 月　30a
2012 年财政预算（草案）　19
2011 年财政预算执行情况　19
2012 年计划（草案）　13
2011 年计划执行情况　13
2001～2010 年两规划　153a
20 项重点工程　242a

F

发挥优势　129b
发展环境　201b
法警工作　144b

法律援助 146b
法律知识考试 146b
法制工作 254b
法制建设 173b
法制教育 98b
樊村乡 296b
反腐倡廉 230b
反腐倡廉 79a
反洗钱工作 232a
防汛工作 193b
防汛工作 188a
防震减灾 260a
房产基建 118b
房地产行业监管 161b
放心早餐 218b
非公有制经济 89b
非煤矿山整治 249b
非物质文化遗产 262b
非油品经营 223a
丰李镇移交 114b
冯新乾 62b
奉献爱心 176a
扶残助残 155b
扶贫 192a
扶贫帮扶送温暖活动 171b
扶贫工作 282a 285b
扶贫惠民项目 242a
扶贫培训 192b
服务窗口 156b
服务大局 252b
服务地方 179a
服务三农 158a
服务体系建设 155b 201a
服务县委中心工作 104a
服务质量 203a
辐射管理 173a
福民惠民政策 225b
福民强县 89a
福民万家活动 91a
负债规模 235a
负债业务 233a 239a
妇联 151b
妇女参政议政 152b
妇幼工作 272a
附录 316

G

GSP 复认证 224b
副高级职称 72
改造项目 195a
概述 275a
干部大讲堂 96b
干部队伍建设 171a
干部人事制度 83a
干部选拔任用 83a
干旱 194a
高村乡 311a
高建海 59a 64a
高考成绩 257b
高温 194b
高新技术企业 259b
高振立 66a
革命传统教育 98b
革命历史资料 97b
耕地保护 167b
工会 148a
工会工作 203b
工会组织 148a
工矿区管理 120b
工商联 157a
工商联第八届换届 157b
工商行政管理 242b
工商银行宜阳支行 232b

工业　50b　200
工业产品产量　51a
工业发展　308a
工业发展及园区建设　294a
工业经济　74b　287a　301b　303a
工业兴县　105b
工作成效　117b
工作机制　277b
公安　136a
公车治理　119b
公共卫生工作　270b
公路绿化　175b
公路养护　175a
公民思想道德　90a
公司产品　215a
公司品牌　179b
公司荣誉　211b
公文办理　108b
公证　147b
供稿任务　266a
供销合作商业　220b
共青团　149b
沟通联系　157a
购销经营　222a
孤儿及流乞救助　116a
固定资产投资　51b
固定资产投资完成情况　51b
关爱老人　152b
关爱农民工　91a
关心下一代工作委员会　98a
关注民生　209a
管理创新　211b
管理制度　210b
光辉历程　93b
光荣榜　22
广播电视　267b
广场文化活动　86b
广告治理　164a
归档文件　268b
规范化建设　131a
规划编制　165a
规划管理　165a
规划监察　165a
规模养殖　185a
国家基本药物制度　270a
国家税务　227b
国库业务　231b
国民经济　50a
国民经济管理　241a
国民经济监控与管理　241
国内贸易　51b
国土资源保护　315b
国土资源管理　167a
国土资源信访处置　171a

H

函授办学　97a
韩城镇　291b
合法权益　152a
合规经营能力　236a
和谐宜阳建设　226a
河道管理　188b
河道治理　291a
河南省地方志工作规定　265b
黑杂粮生产　312a
红辣椒生产　312a
红旗大道　219a
红旗煤矿改制　205b
红星陶瓷　212b
后进村整顿　81b　313a
后勤管理　119a
户政　138a
花果山乡　307a

花生高产示范基地 183a
花生种植 304b
华陵镁业 216a
环境保护 160 172a 281b 291a 302a
环境创优 91a 125b 165b 228a 254a
环境监测 172b
环境监督管理 173a
环境亮化 207a
环境质量 49b 172b
环境治理 279a 297b
换届选举 82a
黄河同力 211a
黄晓玲 7 55a 63b
会计、国有资产管理 226b
会员服务 157b
惠民政策 197b 298a 300b 314a
婚姻登记 117a
活动开展 238b
火灾形势 132b
货币政策 231a
获得荣誉 145b 151b 180b 260a
获奖情况 194b 222a

J

9月 41b
机构编制 113b 114a
机构改革 268a
机构改制 191b
机关建设 84a 87b
机关事务管理 118a
机关网站统计 94b
机关作风建设 252a
机械制造专业园 289b
机要保密 94a
积极为企业服务 242b
基本农田调整 168b
基本医疗保险 240b
基层残疾人组织 156a
基层党风廉政建设 80b
基层队伍建设 276b
基层基础建设 276a
基层医疗机构 270a
基层站所建设 172a
基层组织 305a 306b
基层组织建设 293a 297b 304a
基础管理、服务水平 235b
基础建设 133b 139a 142b 145b 160b 207a 302b 304b
基础设施建设 123a 177b 284b 300a 310a
集聚区总体规划 121b
集市贸易 284b
集体林权制度改革 186b
集团两大主业 206b
计划生育 279b 282a 291a 295b 298a 300b 302a 310b 314b
计划生育服务 285b
计量监督管理 247a
记者采访接待 267a
纪检工作 78b
纪检监察 80b 302b 313a
技防 137b
技防全覆盖 135a
技术成果 207a
技术创新 213b
技术改造 210a
加大环保投入 210b
家电下乡 218b
价格调节基金征收 246b
价格法律宣传 245b
价格管理 246a
价格监督检查 246a
价格评估认证 246b
假日接待 264a

监督工作　102a
监督检查　79a
监督培训　83b
监所管理　139a
检察　140b
建党 90 周年　81b
建设队伍　214b
建设文稿　97b
建设项目环境管理　173a
建设银行宜阳支行　235a
建设用地保障　167b
建置及沿革　47a
建筑市场管理　161b
建筑业　50b
讲话　1
讲师团建设　97a
奖励扶助　276b
交通　52a　174
交通管理　139a
交通基础设施　174b
交通运输　174a
教师队伍建设　255b
教师培训　255b
教学设施　257a
教研工作　96b
教育　52b　255　255a　279b　314b
教育工作　285a
教育培训　140b　277b
教育事业　107a
教育卫生　310b
教育优先发展　225b
接待工作　119b　120a
节能减排　212a
节能降耗　119a
节日文化　87a
节支活动　120b
金融　52a　225　231b　237a
金融联席会议　231a
金融生态环境　231b
金融统计　232a
金融稳定　231a
锦屏镇　279b
进农户问党风活动　313a
经济发展调查　97b
经济犯罪　137a
经济运行调控能力　241b
经济运行会　1
经济指标　200a
经营定位　236b
经营管理　208b
经营情况　235a
经营损益　234a
经营指标　211b
经营状况　235b　236a
精神文明　86b　90a　279b　282b
精细管理　179a
精细化管理　226b　229b
精研政策　264b
警民恳谈　140a
警务督察　139b
竞技体育　273b
敬老院建设　116b
纠风工作　115a
旧城　160b
就业和社会保障　226a
就业培训　156a
就业再就业　112a
举办各种活动　91b
卷烟销售　199a
军事斗争　130b
军政军民关系　131b
骏马化工　209b
竣工投产项目　122b

K

开展调研 128b
康复服务 156a
抗旱工作 188b
抗旱应急工程 189b
科技 255 258b
科技扶贫 259b
科技工作 300b 302a
科技培训 153a 259a
科技人员包村 184a
科技卫生 281b
科技信息 259a
科技宣传 259a
科技研发 214b
科技引进与推广 259b
科教文卫 290b
科普惠农 158a
科普活动日 158b
科普示范县 158b
科协 157b
科学技术 52b
客户服务 178a 180a
控告申诉 142a
矿产资源 48a
矿业权管理 169a
矿业秩序整顿 169a
困难救助 314a
困难职工帮扶 149a

L

6月 37b
垃圾处理 163b
垃圾中转站 163a
劳动保障 286a 313b
劳动力转移 112b
劳动力转移培训 182a
劳务经济 300a
劳务输出 281b 291a 302a 303b
老干部 95a
老干部待遇 95a
老干部发挥作用 95b
老龄工作管理 117a
老区建设促进会 97a
礼品开发 120a
李珂 13
李晓波 64b
李忠杰 69a
理财业务 239a
理论武装工程 86a
理赔 239b
理赔及各种给付 240b
历史与时政 266a
莲庄镇 303a
联合通信 177b
联谊会 153b
廉洁自律 79b
良种补贴 181b
粮食仓储 220a
粮食购销 220a
粮食流通 219b
粮食生产 181a 289a 311b
两免一补 257a
两抢一盗 136b
林业 186a
林业科技 187b
林业生产 186b 281a 283b 289b 294b 297b 301b 303b 306a 310a 313a
林业执法 186b
林政管理 187a
临时性工作 92a

灵山段河道治理　189a
灵山风景区开发　263b
灵山文化庙会　263b
刘宝兴　64a
刘飞　71a
刘建国　62b
刘晓丽　71b
柳泉镇　288b
六五普法　146b
六一慰问　152b
龙翔建材　216b
路灯改造　163a
路政管理　175a
旅行社服务网点备案　264b
旅游　52a　263a
旅游经济　75b
旅游开发　295a
律师务管理　146b
罗宏伟　57a

M

煤炭管理　204b
民间社团管理　117a
民生改善　304a　305a
民生工程　287b　314a
民生经济　75b
民事审判　144a
民营经济　200a　299b
民营经济发展迅速　308b
民政　116a
民政扶贫　121a　288a
民政工作　285b
民政救济　281b
民政事业　310b
民族宗教　89a　277a
民族宗教概述　277a
命案侦破　136b
母猪补贴与保险　185b
牡丹焊材　215a
目标管理　109b

N

内部管理　245a
内控合规　235a
年终总评　92a
凝聚力工程　157b
牛刚　60b　64a
农产品产量　50b
农产品质量监督　183b
农村环境　124b
农村基础设施　125a
农村技防　138a
农村科普　158a
农村青年创业　150a
农村社区　125a
农村社区服务中心　125a
农村土地流转　183a
农村危房改造　161a
农村信用合作社　237b
农村饮水安全　189b
农村最低生活保障　116b
农机　190a
农机安全监理　191a
农机购置补贴　190b
农机合作社　191a
农机技术服务　191b
农机技术推广　191a
农机培训　190b
农机市场建设　191b
农机总动力　190a
农家书屋　262a　265a
农建工作　188b

农忙服务　223b
农民负担监督　182b
农民减负　281b
农民生活　275a
农业　50a　181　181a
农业产业结构调整　299a　307b
农业发展银行宜阳县支行　236a
农业观光园建设　289a
农业经济　75a　287a　303b
农业气象　193b
农业生产　281a
农业银行宜阳县支行　233b
农业执法　182a
农业综合开发　195a
农资经营　221a
女职工工作　149a

O

欧瑞冶金科技　214a

P

排污征费　173b
培训工作　211a
裴万寿　63a
平安建设　286a　302a　305a　306a　315a
普瑞斯玻璃纤维公司　215b

Q

7月　39b
气候特点　193a
气候特征　49b
气象　193a
气象科技　193b
气象要素　193a
企事业单位改革　114a
企业改革　220a
企业关闭　205a
企业管理　203a　216b
企业兼并重组　205a
企业经营　220a
企业荣誉　213b
企业文化　199b　207b　209a　214a　217a　234a　237b
企业一套表工作　251a
千场电影乡村行　87a
迁建工作　97a
签约项目　110b
前进化工　206a
强农惠农　226b
抢险救援　133a
青年志愿者服务　149b
青少年科技教育　159a
清洁家园行动　90b
清网行动　136b
区位　47a
取得荣誉　248b
全国第一次水利普查　189b
全民技能振兴工程　112b
群众来访　109b
群众体育　273b
群众文化活动　261a

R

人才工作　83b
人大常委会会议　101a
人大领导　61b
人防工程管理　166a
人防工程规划　166a
人防工作　165a
人防五进工作　166b
人工影响天气　193b

人口和计划生育　275b
人口资源　49b
人力资源　210b
人民币业务　232a
人民代表大会　100b
人民调解　146a
人民防空　165b
人民生活　53a　275a
人民武装部　130a
人民银行宜阳县支行　230b
人事劳动　111b
人事任免　102b
人寿保险公司宜阳支公司　240a
人物　54
任晓平　60a
荣誉　149a　162a　164b　177b　184a
199b　206b　227a　242a　258b
融资平台　124a
入党积极分子培训　91b
弱势群体　99a

S

3·15 活动　244b
3 月　31a
4 月　33b
10 月　43b
11 月　43b
11 月　44b
三创一带　158b
三农服务　238a
三乡镇　293b
扫黄打非活动　262a
森林防火　187a
森林资源　187b
山洪灾害防治　188b
商业　218a
商业贸易　218
商业项目　219a
上观乡　304a
设备管理　210a
设施管理　163b
社会保险　113a
社会保障　53a　279a　291a
社会保障工作　107b
社会保障体系　300b
社会发展　50a
社会福利　117a
社会各项事业　292b
社会公益　164a
社会贡献　238a
社会生活　275
社会事业　296a　298a　302a　306a
社会团体　148
社会形象　143a
社会宣传活动　87b
社会治安防控网络　135a
社会治安综合治理　286a
社区服务中心建设　312b
社区文明建设　121a
涉军稳定　116b
摄影活动　154b
审计工作　139b
审计监督　251b
审计监督效力　251b
审判　143a
审判工作　143b
审判管理　144b
审判监督　144b
生产经营　210a
生产救灾　116a
生态保护　173a
生态林业建设　299b
生育关怀行动　276b

省部级先进个人 70b
省农运会 184a
十大杰出青年 68b 151b
石油销售 222b
实名制数据库 114a
食品安全 247b
食品监管 272a
食品市场监管 244b
食品药品监督管理 252b
史洪发 63b
市场发展 125a
市场规范管理 125b
市场监管 243b
市场监管 218b
市人大代表 104b
市政管理 162b
事故隐患排查治理 249b
事业单位 114b
事业单位改革 171b 125b
事业单位岗位设置 113b
事业单位转企改制 262b
事业发展 268a
试卷保密 94b
收费管理 246a
书法艺术 154b
书画展 153b
书记工程 200b 299a
蔬菜产业 292a
蔬菜基地建设 289a
蔬菜生产 182a
数质量管理 223a
双合格家庭 152b
双拥工作 291a
水库除险加固 189a
水利 188a
水利服务体系建设 190a
水土保持 189b
水资源 48b
税收收入 228a
税收秩序 230a
税务 225
硕果累累 117b
司法鉴定 147b
司法为民 145a
司法行政 145b
思想道德教育 149b
思想政治 130a
饲草饲料 185b
宋来法 61b
送戏下乡 262b
诉讼监督 141b
素质强税 228b
孙智献 68b

T

特色产业 124a 305b 308a
特色项目 310b
特载 1
特种设备安全监察 248b
提案办理 129a
提升队伍活力 230a
体育 52b 261 273b
体育设施 274a
体育卫生工作 256a
天气预报 193b
田群献 58a 68b
铁路运输 176b
通信 174
通信建设 166a
仝爱民 19 68a
仝宇鹏 58a
统筹发展社会事业 308b
统计法制 251a

统计服务　251a
统计工作　250b
统一战线　89b
统战工作　88b　89a
突发事件　267a
图书发行　264b
图书馆工作　263a
土地变更调查　169b
土地开发整治　168b
土地使用权处置　168b
土地整治项目库　168a
土地执法监察　170a
土地资源　47b
团队建设　212b
团组织建设　150b
退耕还林　187a

W

5 月　36a
外经工作　218b
完成税收　229b
万村千乡市场工程　218b
王凯　69a
王留乾　68a
王三章　67b
王涛　58b
王琰君　1　54a
网吧管理　262a
网吧监督　99a
网点建设　235a　223b
网点转型　235a
网络安全　139a
网络建设　178a　179a　180a
网络宣传　86a
危险化学品　250a
为企业服务　176b
维护安全稳定　108a
卫生　52b　261　269b　279b
卫生保洁　163b
卫生服务体系　270a
卫生工作　285a
卫生监督　272a
卫生人才队伍　271a
卫生十一项目　272b
未成年人教育　90a
未成年人权益保护　151a
委员活动　128b
魏淼　66b
文稿起草　109a
文化　52b　261　261a
文化工作　285a
文化广场　163a
文化建设　210b　212b　214b
文化教育卫生　287b
文化联谊　154a
文化兴财　227a
文化站建设　261b
文件清退　94b
文联　153a
文明单位　140a
文明单位创建　90a
文明中原系列行　90b
文体宣传　156b
文物保护　262a
文学创作　154a
稳产高效　208b
污染防治　172b
污染物减排　173a
无泄漏工作　210b
吴长贵　70a
五保供养　116b
五杯竞赛　148b
五访联动　92b

五五普法　245a
五项保障工作　273a
武装部领导　68b
物价管理　245b
物业市场监管　162a

X

西游文化之乡　87b
希望工程　151a
辖区稳控工作　121a
先进单位　22b
先进个人　25b
县财政局　19
县城建设　278b
县第十二届人民代表大会第六次会议　100b
县第十三届人代会　7　13　19
县情　47
县区新闻版　267a
县人民政府　105
县人民政府办公室通知　316
县十二届人大常委会第二十九次会议　101a
县十二届人大常委会第三十次会议　101a
县十二届人大常委会第三十二次会议　101a
县十二届人大常委会第三十三次会议　101b
县十二届人大常委会第三十四次会议　101b
县十二届人大常委会第三十五次会议　101b
县十二届人大常委会第三十一次会议　101a
县委办公室　77a
县委领导简介　54a
县委十一届八次全会　1
县委书记　1
县委中心工作　78a
县乡人大换届选举工作　103b
县政府次全会　1
县政协七届二十次常委会　128a
县政协七届二十二次常委会　128b
县政协七届二十一次常委会　128b
县政协七届十八次常委会　128a
县政协七届十九次常委会　128a
县政协七届五次会议　127b
县直党委　91a
县直武装工作　92a
现代农业　107a　294b
现代烟草农业建设　197b
现代远程教育　82b
乡长工程　299a
乡镇长工程　184b　197a
乡镇概况　278
乡镇文化周　87a
香鹿山省级森林公园　186b
香鹿山镇　286b
项目备案　200b
项目工程管护　196b
项目建设　113b　200b　211b　221a　241b　287a
项目引进　121b
项目引资　297a
消防大队　132a
消防管理　138b
消防宣传　132b
消费价格指数　50a
销售市场　213a
小城镇基础设施　161a
小城镇建设　292b
小城镇经营管理　290b　300a　312b
小城镇经营建设　284b
小城镇提升改造　297b
小额贷款发放　112b
小农水重点县　189b
校园周边治理　138b
效能监察　115b
新开工项目　122a
新农保　286a
新农保发放　177b

新农保试点　288a
新农村帮扶　164a
新农村建设　107a　124b　280b　284a　288a　290b　295a　297a　299b　301b　303b　306b　308a
新农合工作　286a
新上工业项目　283b
新上项目　289b
新网工程建设　221a
新闻人物　71b
新闻宣传　85b　266b　267b
新闻宣传队伍　267a
新闻中心　266b
新项目建设　210a
新型农村合作医疗　271a
新中心建设　118a
信贷品种　237a
信贷业务　236b
信贷资产　233b
信访案件　138a
信访工作　78b　92a　93a　103a　135a　145a
信访接待大厅　119a
信访维权　156b
信访稳定　135a　219b　221b　258b　279a　302a
信访稳定及综合治理　295b
信用工程　238b
刑事犯罪　140b
刑事审判　143b
行风建设　220b
行风政风建设　80a
行业管理　264a
行政服务　117b
行政服务大厅　119a
行政监察　114b
行政区划　117a
行政审判　144a
行政审批　113a
行政执法　248b
性别比治理　276a
畜产品质量安全监管　185b
畜牧养殖　295a　301b　303b　306a　310a　313b
畜牧养殖业　281a
畜牧业　184a
畜牧业发展　283b　297b
畜牧业生产　184b
畜禽改良　185a
续建项目　122b
宣传报道　98a
宣传调研　144b
宣传工作　85b　165b　176a
宣传活动　190a
宣传教育　166b　173b　276b
宣传培训　250a
宣传、政务信息　248b
学科竞赛　257a
学校建设　256a
巡逻防控　137b
迅凯电子科技　216a

Y

12315 维权　244b
1 月　29a
烟草　197
烟草销售　197b
烟花爆竹　221a　250a
烟叶生产　198a　283b　289a　292a　297a　301b　311b
烟叶育苗　197a
烟叶种植　197a　310a
闫宏安　69b
严打　134b
沿革区划　47a
盐镇乡　309b

盐政管理 221b 222a
阎发现 71a
阎进卿 63a
演讲赛 94a
杨惠江 69a
杨建坤 61b
养老保险 164a
药品供应 224b
药品两网建设 253b
药品日常监督检查 253a
药品药械打假治理 253a
药品专项整治 253b
业务发展 240a
业务经营 178b
业务情况 126b
业务状况 177a
业余体校 274b
医疗保险 240b
医疗器械监管 253a
医疗卫生事业 226a
医疗卫生体制改革 107b
医药经营 224a
医药商贸城 224b
医政管理 271b
依法行政 110a 113a 268a
依法行政与窗口办件 170b
宜东新区 160b
宜阳大事月报 266a
宜阳精神 88b
宜阳年鉴 265b
宜阳县村级组织史 94a
宜阳县人民代表大会 100 100a
宜阳县人民政府 105a
宜阳县人民政府通知 319
宜阳县委 74a
宜阳县组织史资料 93b
宜阳乡镇概览 266a
移动通信 178b
亿元以上重大项目 111a
义络煤业公司 208a
音协活动 154b
应急管理 109b
营销服务 178b
营销土地整治项目 237a
拥军优属 116b
拥政爱民 133b
用志活动 266a
优质服务活动 276a
邮电 52a
邮政 177a
邮政储蓄银行 238b
邮政综合服务 177b
舆情监控 86a
雨露计划 192b
预防职务犯罪 142a
员工生活 208a

Z

灾害 194a
在建项目 110b
造管并重抓林业 308b
站线设备 176b
张飞跃 65a
张国松 55b
张慧敏 57a 63b
张景彦 67a
张社民 70a
张书磊 70a
张坞镇 305a
张霞 59b
张旭 68b
招商活动 110b
招商目标 121b

招商引资　110a　159b　164a　175b　243a　265a　280b　284a　287a　292a　294a　303b　304b　305b　312b
沼气建设　182a
召伯文化　155a
赵保乡　298b
镇村面貌　292a
镇域经济　287a
征兵工作　131b
征订　98a
征管改革　228a
征信工作　232a
整村推进工作　192a
整治市场环境　90b
郑卢高速公路　168a
政策机制　123b
政策性资金　201a
政策宣传　222a
政法　134
政法队伍　135b
政风行风建设　244b
政府办公室工作　108a
政府工作报告　7
政府领导　63b
政务公开　109b
政务环境创优　80b　264a
政务信息　108b　245b
政协常务会议　128a
政协领导　67a
政协全会　127b
政协委员会　127a
政协宜阳县委员会　127
支持宜阳发展　229b
执法规范化　139b
执法监察　115a
执行工作　144a
职工教育　223b
植物保护　182b
指导乡镇人大工作　104a
制度能力建设　252a
质量管理　247a
质量技术监督　246a
质量监督　247b
治安防范　138a
秩序管理　163b
中共宜阳革命史　93b
中国共产党　74
中国老区建设　98a
中国西游文化之乡　153b
中国银行宜阳支行　234b
中华魂主题教育　99b
中间业务　233a　234a
中文域名注册　114a
中心工作　138b　266a
中心工作进课堂　96b
中心镇建设　290a
中央投资项目争取　242a
众悦精密轴承　213a
重大动物疫病防控　185a
重大事项决定　102a
重点工程　178a　280b　287a
重点企业简介　206
周云峰　69b
主体班培训　96b
主要指标　204a
助学金发放　257a
住房公积金管理　126a
注册登记和年检验照　243a
驻村任职　82b
专利管理　259b
专卖管理　199a
专项治理　132b
准军事化管理　167a
资产处置　234a

资产规模　234b
资产业务　233a　239a
资金管理　196a　223a
资源　47b
资政建言　128b
自身建设　103a
宗教事务管理　277b
总支、支部换届　91b
综合打击效能　137b
综合管理　180b
综合经济指标　278b
综合实力提升　241a
综合协调　249b
综合性荣誉　22a
综合治理　293a　298a
综合治理　282a
综述　134a
综治信访　310b
组织发展　91b
组织工作　81a
组织协调　77b
组织信访工作　84a
作业场所职业健康检查　250a

图书在版编目（CIP）数据

宜阳年鉴．2012/宜阳县地方史志办公室编．——郑州：中州古籍出版社，2012.12

ISBN 978-7-5348-4108-8

Ⅰ.①宜… Ⅱ.①宜… Ⅲ.①宜阳县—2012—年鉴 Ⅳ.①Z526.14

中国版本图书馆 CIP 数据核字（2012）第 306071 号

责任编辑：吕兵伟
责任校对：程汴玲　赵苗远
出 版 社：中州古籍出版社
（地址：郑州市经五路 66 号　　邮政编码：450002）
发行单位：新华书店
承印单位：郑州方志印务有限公司
开　　本：889mm×1194mm　1/16　　**印　　张**：23
字　　数：740 千字　　**印　　数**：1—500 册
版　　次：2012 年 12 月第 1 版　　**印　　次**：2012 年 12 月第 1 次印刷

定价：218.00 元